山西文華·著述編

祁韻士集

第一冊

《山西文華》編纂委員會 編

劉長海 ◎ 整理

山西出版傳媒集團
三晉出版社

圖書在版編目（CIP）數據

祁韻士集 / 劉長海整理. —太原：三晉出版社，2015.11
ISBN 978-7-5457-1271-1

Ⅰ. ①祁… Ⅱ. ①劉… Ⅲ. ①邊疆地區—地方史—中國—古代—文集 Ⅳ. ①K928.1-53

中國版本圖書館 CIP 數據核字（2015）第 285761 號

祁韻士集

整 理 者：劉長海
責任編輯：落馥香
封扉設計：山西天目・王明自
出 版 者：山西出版傳媒集團・三晉出版社（原山西古籍出版社）
地　　址：太原市建設南路 21 號
郵　　編：030012
電　　話：0351-4922268（發行中心）
　　　　　0351-4956036（綜合辦）
　　　　　0351-4922203（印製部）
E-mail：sj@sxpmg.com
網　　址：http://www.sjcbs.cn
經 銷 者：新華書店
承 印 者：山西人民印刷有限責任公司
開　　本：700mm×1000mm　1/16
印　　張：46.25
字　　數：650 千字
版　　次：2015 年 11 月　第 1 版
印　　次：2015 年 11 月　第 1 次印刷
書　　號：ISBN 978-7-5457-1271-1
定　　價：190.00 圓（全二冊）

版權所有　翻印必究

《山西文華》編纂委員會

主　　任　李小鵬
顧　　問　胡蘇平
副主任　　張復明
委　　員　李高山　楊　波　郭　立
　　　　　閻潤德　齊　峰　武　濤
　　　　　張瑞鵬　王建武　李茂盛
　　　　　李中元　閻默彧　安　洋

編纂委員會辦公室
主　　　任　安　洋（兼）
常務副主任　連　軍

《山西文華》學術顧問委員會

（按姓氏筆畫排序）

李文儒　李　零　李學勤　袁行霈
唐浩明　張　頷　張光華　梁　衡
葛劍雄　楊建業

《山西文華》分編主編

著述編　劉毓慶　渠傳福
史料編　張慶捷　李晉林
圖錄編　李德仁　趙瑞民

出版説明

　　山西東屏太行，西瀕黄河，北通塞外，南控中原，是中華民族的主要發祥地之一。中華文明輝煌燦爛，三晋文化源遠流長。歷史文獻豐富、文化遺産厚重，形成了兼容並包、積澱深厚、韵味獨特的晋文化。山西省政府決定編纂大型歷史文獻叢書《山西文華》，以彙集三晋文獻、傳承三晋文化、弘揚三晋文明。

　　《山西文華》力求把握正確方向，尊重歷史原貌，突出山西特色，薈萃文化精華，按照搶救、保護、整理、傳承的原則整理出版圖書。叢書規模大，編纂時間長，參與人員多，特將有關編纂則例簡要說明如下。

　　一、《山西文華》是有關山西現今地域的大型歷史文獻叢書，分"著述編""史料編""圖録編"。每編之下項目平列；重大系列性項目，按其項目規模特徵，製定合理的編纂方式。

　　二、"著述編"以1949年10月1日前山西籍作者（含長期在晋之作者）的著述爲主，兼收今人有關山西歷史文化的研究性著述。

　　三、"史料編"收録1949年10月1日前有關山西的方志、金石、日記、年譜、族譜、檔案、報刊等史料，以影印爲主要整理方式。

四、"圖録編"主要收録1949年10月1日前有關山西的文化遺産精華,包括古代建築、壁畫、彩塑、書畫、民間藝術等,兼收古地圖等大型圖文資料。

五、今人著述采用簡體漢字横排,古代著述采用繁體漢字横排。

《山西文華》編纂委員會

萬里行程記

壽陽祁韻士鶴皋記

西戌之役余以乙丑二月十八日自京師啟行閱兩六月至七月十七日始抵伊江時經一百七十餘日路經一萬七千餘里所見山川城堡名勝古蹟人物風俗及塞外烟墩沙磧一切可異可怖之狀無不周覽徧歷繫於心目每憩息旅舍隨手疏記投行篋中時日既久積累遂多亦自不復記憶矣抵戌後暇日無事或愁風苦雨獨坐無聊偶檢零縑碎片集而省閱以寄情懷暑加編綴遂爾成篇余籍隸壽陽其自京師至壽陽十日程素所熟游不復劄敘祇就西行所未經者起自太

清咸豐刻本《萬里行程記》書影

西域釋地一卷姻丈祁鶴皋先生謫戍時所箸書之一也天山南北壃域山川條分件繫攷古證今衢而核矣至喀什噶爾烏什庫車之譯名與
欽定新疆識略不同者先生成書在丁卯戊辰間傳聞異詞早登簡札非誤也巴顏喀喇山之卽古崑崙也
欽定河源紀略有定論矣先生以非所親歷略之而
蔥嶺之南北兩支星宿海之潛源重發則縷孹焉昔人為輿地之學者每云目驗得之先生亦猶是義爾頃者
淳父侍郎寫定遺書先以此本開彫屬瀛為釐訂體例因綴數言弁諸冊首

張穆爲《西域釋地》所作弁言

西陲要略自序

近年士大夫于役西陲率攜瑣談聞見錄等書為枕中祕惜所載不免附會失實有好奇誌怪之癖山川沿革按之歷代史乘皆無攷據又於開闢新疆之始末僅就傳聞耳食為之演敘訛舛尤多夫記載地理之書體裁近史貴乎簡要倘不足以信今而證古是無益之書可以不作赤奮若之歲余奉謫濛池橐筆自效緬思新疆

高宗純皇帝神武獨闢之區千古未有余既得親履其地多所周歷得自目觀而昔年備員史職又嘗伏讀
周二萬餘里為

清咸豐筠淥山房刻本《西陲要略》書影

皇朝藩部要略卷之一

　　前史官壽陽　祁韻士　纂
　　　　　寶山　毛嶽生　編次
　　　　　江陰　宋景昌　校寫
　　　　　平定　張穆　覆審

內蒙古要略一

蒙古元裔也元之亡其子孫之在漠南北者百餘部率更迭爲盛衰內蒙古皆漠南諸部之近我者科爾沁部六札薩克及札賚特杜爾伯特郭爾羅斯阿嚕科爾沁四子部落茂明安烏喇特八部十六旗與阿拉善、青海

出版前言

清代中後期,以徐松、祁韻士爲代表的西北史地研究,繼承和發揚了清代實學學風,在乾嘉後期成爲中國學術的新亮點。祁韻士的西北史地研究,運用乾嘉考據之學,對傳統意義上中國的邊緣——西北地區進行研究。這種具有鮮明時代特色的研究取向,深入而細緻地勾勒出近代中國的生成路徑。祁韻士通過對西北史地的研究與考證,將在傳統意義上原屬於中國邊緣的西北地區納入中國傳統學術的研究範疇,使中國的時空概念日漸明晰起來。繼之而起的邊疆史地之學,成爲近代中國人開眼看世界的"第一瞥"。

祁韻士(1751—1815),字鶴皋,又字諧庭,別號筠淥,晚年又號訪山。山西壽陽平舒村人,清代名臣祁寯藻之父。乾隆四十二年(1777)被選爲貢生,乾隆四十三年(1778),赴京參加會試,以殿試二甲第四十七名賜進士出身。乾隆四十七年(1782)受命擔任國史館纂修官,他從原始檔案入手,奉旨創立《蒙古回部王公表傳》,歷"八年而書成",深受翰林院掌院學士阿桂等人夸獎。祁韻士對西北史地之學有開創之功,他的著作對《清史稿》中相關內容的編撰起了重要的作用。祁韻士五十四歲時,因寶泉局庫虧銅案發被無辜牽連入獄。次年二月謫戍伊犁。在新疆三年,協助時任伊犁將軍的松筠完成了《伊犁總統事略》十二卷的編纂。書成後摘其要撰爲《西陲要略》《西域釋地》,其間還著有《萬里行程記》《濛池行稿》《西陲百詠》等書。祁韻士邊疆史地著作之刊行,當時不僅在國內引起巨大反響,同時在國外也引起了不少專家的注意,沙俄時代的漢學奠基人、著名學者比楚林,早在1808年即將《西陲要略》譯爲俄文。在山西學術史上,特別是中國疆域史上,祁韻士都是不可忽略的人物。因此,特將《祁韻士集》收入《山西文華》叢書。

  2013年,劉長海先生整理的《祁韻士集》由我社出版。此書將祁韻士傳世的個人著述悉數彙集,爲學界提供了一個較爲全面的祁韻士個人著述文本。此次再版,吸收了中國人民大學、內蒙古大學、新疆大學等高校相關領域專家對初版本的修改意見,並由四川大學羅凱先生對全書再次校訂。2015年,適值祁韻士逝世二百週年,謹以此書紀念這位清代西北史地之學的開拓者。

三晉出版社
2015年7月

整理説明

祁韻士(1751—1815),字鶴皋,又字諧庭,別號筠渌,晚年又號訪山。山西壽陽平舒村人。乾隆十六年(1751)八月十四日生於鳳臺縣學署,時父祁文汪任鳳臺教諭。五歲始識字,六歲入家塾,自幼學習用功,成績優異。二十六歲被山西布政使、著名學者朱珪所器重,二十七歲中舉,二十八歲成進士,引見改翰林院庶吉士,學滿文期滿授編修。三十二歲任國史館纂修官。奉旨創立《蒙古王公表傳》,歷時"八年而書成",深受翰林院掌院學士阿桂及稽璜等人誇獎。四十歲補授左春坊右中允,四十一歲改補户部主事,五十四歲因寶泉局庫虧銅案發被無辜牽連入獄。次年二月發戍伊犁。在戍三年,協助伊犁將軍松筠完成了《伊犁總統事略》十二卷的編纂工作。書成後摘其要撰爲《西陲要略》《西域釋地》,還著有《萬里行程記》《濛池行稿》(其子祁寯藻分別於道光十六及十七年刊行)。五十八歲期滿回籍。六十歲赴南京爲松筠"襄理部務"一年,因氣候不適返鄉。六十一歲時應陝甘總督那彦成聘主講蘭山書院,後那彦成調任直隸總督,祁韻士時六十四歲,亦隨那到保定任蓮池書院山長一年許,於嘉慶二十年三月二十五日卒於蓮池書院任上。享年六十五歲。

祁韻士一生勤於著述,精於邊疆史地研究,遺稿頗多。除上述著述外,還有《皇朝藩部要略》《皇朝藩部世系表》《己庚編》(其子祁寯藻分別於道光二十六、二十八年刊行)。另據《鶴皋年譜》載:祁韻士還著有《史書輯要》《珥筆集》《袖爽軒文集》《覆瓿詩集》《筠渌山房試帖》《訪山隨筆》《雜録》。2011年4月,從上海辭書出版社又查録《袖爽軒文稿》三卷、《覆瓿詩稿》一卷,現已録入本書,其他還未查到傳本。祁韻士邊疆史地著作的刊行,當時不僅在國内引起了巨大影響,在國外也引起了不少專家的注意,沙俄時代漢學家、著名學者比楚林早在1808年就將《西陲要略》譯爲俄文。日本史學家内藤虎次郎曾評價祁韻士著《皇朝藩部要略》:"質實、正確,事實上超過魏源《聖武記》、趙翼《皇朝武功紀盛》《東華録》和《平定朔漢方略》等書。"現代史學家評論:"祁韻士筚路藍縷、辛勤耕耘,開創了清代私家西北邊疆史地研究的新風,是私家西北邊疆史地研究的奠基人,其學術成就值得重視。"

爲弘揚壽陽祁氏文化,現將祁韻士的傳世作品匯集成《祁韻士集》一書。内容包括:《萬里行程記》《濛池行稿》《西域釋地》《西陲要略》《西陲竹枝詞》《皇朝藩部要略》《皇朝藩部世系表》《己庚編》《袖爽軒文稿》《覆瓿詩稿》《平舒山莊六景詩》《鶴皋年譜》,以上遺作多爲壽陽筠淥山房刻本,此次整理時,均以此刻本爲底本,參照其他刊本,逐一詳核慎校。對個別錯字和模糊不清者徑改,不出校。只有《袖爽軒文稿》《覆瓿詩稿》是稿本,先請張厚餘先生作了點斷,後又請山西大學閻鳳梧教授進行了覆核,編入本書。還附録了程春海撰《户部福建司郎中鶴皋祁公神道碑銘》《清史列傳·祁韻士傳》及《山西獻徵》中的《郎中祁鶴皋先生事略》。

在搜集本書資料時,得到了國家清史編纂委員會文獻組、資料中心以及山西省圖書館、山西大學圖書館、上海辭書出版社等單位的大力支持。編録時請友人李元孝、弓有芳、盧佩鈺分篇進行了校對,又請内蒙古大學白拉都格其教授復校了此稿。謹此特向支持和幫助整理過此書的單位和同仁,特别是白拉都格其、張厚餘和閻鳳梧三位學者,深表謝意。

限於學識,整理工作中難免有失當之處,敬祈讀者諒解、指正。

編　者

凡　例

一、本書所録之文，均以筠渌山房刻本爲底本，校訂時又參考了臺灣新文豐出版公司印行的《叢書集成新編》和山西人民出版社影印本《山右叢書初編》中所録祁韻士著《萬里行程記》《西陲要略》《西域釋地》《濛池行稿》及《振綺堂叢書》中所收録祁韻士《己庚編》刻本互校。對有誤之處，擇善而從之。

二、編排順序以原刻時間爲序，《袖爽軒文稿》《覆瓿詩稿》爲稿本，置於《己庚編》後。《平舒山莊六景詩》雖爲嘉慶十六年刻，但爲詩作，特置於以上各篇後。

三、原文中的古體字、異體字、俗體字、通假字，均按《國家清史編纂委員會文獻整理工作通則》有關規定照原文排録，極個別的生辟字、避諱字改爲通行繁體正字，不出校記。

四、原文中的避諱字、行草體字，因筆誤所致之錯字或顛倒之字詞，徑改不注。殘缺或脱落字、無法辨認的字，用虚缺號□表示。衍文徑刪不注。原文有空缺處以方框表示，視上下句文意由編者補齊者加圓括號（　）。疑爲錯字者加圓括號，其後之正字加方括號［　］。句中疑有缺字者，隨文加編者説明。

五、賦、駢文基本以韵脚爲句，少數以文意爲句。文章中引用典籍文字爲概述大意者，不加引號。

六、本書所録之文，原稿均未斷句、標點，這次編録時，用逗、頓、句、冒、書名號、引號等加以斷句、標點。

七、書中原有的夾注，用比正文小一號的楷體字表示，亦加以斷句、標點。

八、《皇朝藩部世系表》，原版爲竪排，改爲横排後排列格式有所變化。如原竪排版爲"右科爾沁部：天命九年來歸，旗六、爵十七"均排在該部内文之後。此本爲横排，特把"右"去掉，將"科爾沁部：天命九年來歸，旗六、爵十七"置於該部之文首。原"右郭爾羅斯部：天命九年來歸，旗二、爵三。以上哲里木盟"，因横排已將各部的稱號置於該部文之首，所以在"以上哲里木盟"前面均將各部名稱列出，以便讀者查閱。其它部亦如此排列。

目　錄

第一册

出版説明 …………………………………………… 一
出版前言 …………………………………………… 一
整理説明 …………………………………………… 一
凡例 ………………………………………………… 一

萬里行程記 ………………………………………… 一
濛池行稿 …………………………………………… 二二
西域釋地 …………………………………………… 四七
西陲要略 …………………………………………… 六五
　西陲要略卷之一 ………………………………… 六六
　西陲要略卷之二 ………………………………… 七七
　西陲要略卷之三 ………………………………… 九四
　西陲要略卷之四 ………………………………… 一〇四
西陲竹枝詞 ………………………………………… 一一五
皇朝藩部要略 ……………………………………… 一三二
　皇朝藩部要略卷之一 …………………………… 一三四
　皇朝藩部要略卷之二 …………………………… 一五二
　皇朝藩部要略卷之三 …………………………… 一六七
　皇朝藩部要略卷之四 …………………………… 一八〇
　皇朝藩部要略卷之五 …………………………… 一九二

皇朝藩部要略卷之六 …… 二〇四
皇朝藩部要略卷之七 …… 二一五
皇朝藩部要略卷之八 …… 二二六
皇朝藩部要略卷之九 …… 二三八
皇朝藩部要略卷之十 …… 二五四
皇朝藩部要略卷之十一 …… 二七五
皇朝藩部要略卷之十二 …… 二九四
皇朝藩部要略卷之十三 …… 三〇九
皇朝藩部要略卷之十四 …… 三二二
皇朝藩部要略卷之十五 …… 三三〇
皇朝藩部要略卷之十六 …… 三五三
皇朝藩部要略卷之十七 …… 三七一
皇朝藩部要略卷之十八 …… 三八五

第二册

皇朝藩部世系表 …… 三九七
　皇朝藩部世系表卷之一 …… 三九七
　皇朝藩部世系表卷之二 …… 四三五
　皇朝藩部世系表卷之三 …… 四七二
　皇朝藩部世系表卷之四 …… 四九五
己庚編 …… 五〇二
　卷上
　　議覆查倉摺 …… 五〇三
　　議准搭放倉麥摺 …… 五〇四
　　議駁挨年放米摺 …… 五〇五
　　議覆查倉暨筒票錢摺 …… 五〇六
　　議覆加徵漕費暨收漕各款摺 …… 五〇七
　　議准頒給內務府鐵斛摺 …… 五一〇

議駁通州裁倉摺 …………………………………… 五一一
議駁裁坐糧廳摺 …………………………………… 五一三
議駁粟米折錢摺 …………………………………… 五一四
奏控爭洲産摺 ……………………………………… 五一五
議駁加徵漕米摺 …………………………………… 五一六
奏控給餘租銀兩摺 ………………………………… 五一八
議覆銅額運務摺 …………………………………… 五一九
議駁屯糧改歸巡道督理摺 ………………………… 五二三
議駁分限買餘抵補摺 ……………………………… 五二五
議駁兩江加徵銀米摺 ……………………………… 五二六
議覆車戶積欠摺 …………………………………… 五二八
議覆兩江津貼運丁摺 ……………………………… 五二九
議覆浙江津貼運丁摺 ……………………………… 五三二
議覆東豫津貼運丁摺 ……………………………… 五三四
議駁江西裁減糧船摺 ……………………………… 五三六
議覆兩湖津貼運丁摺 ……………………………… 五三八
議駁借給幫丁銀兩暨輕齎改徵本色米摺 ………… 五四〇
議准添給浙江幫丁折色銀兩摺 …………………… 五四二

卷下

議駁兩江裁減糧船摺 ……………………………… 五四五
議准江西州縣僉丁摺 ……………………………… 五四六
議覆橋壩銀錢摺 …………………………………… 五四七
議覆搭放倉麥摺 …………………………………… 五五〇
奏江蘇濫給改兌耗米摺 …………………………… 五五一
議駁給丁改兌耗米摺 ……………………………… 五五二
議覆內黃漕糧仍歸河南糧道經理摺 ……………… 五五三
議覆改撥兵餉摺 …………………………………… 五五四
議准江蘇給丁改兌耗米摺 ………………………… 五五六

議覆銅廠減額摺 …………………………………… 五五八
　議覆調劑江浙疲幫摺 ……………………………… 五六一
　奏平糶米麥摺 ……………………………………… 五六三
　奏抵補米麥折耗摺 ………………………………… 五六五
　議覆興武幫分賠漕米摺 …………………………… 五六六
　奏官員承買豆石摺 ………………………………… 五六八
　議奏倉場兩議俸米摺 ……………………………… 五六八
　議覆南北丁役情形摺 ……………………………… 五七〇
　議奏運糧千總俸工摺 ……………………………… 五七八
　議駁輕齎改徵本色摺 ……………………………… 五八〇

袖爽軒文稿　一 …………………………………… 五八四

　那繹堂先生《奏議初編》序 ……………………… 五八四
　世譜引 ……………………………………………… 五八六
　賑紀序 爲鐵冶亭先生作 ………………………………… 五八七
　《宜良嚴氏族譜》序 代繹堂先生作 …………………… 五八八
　《類函文鈔》序 …………………………………… 五八八
　范母郭太夫人八十壽序 …………………………… 五八九
　席含馨先生八十壽序 代作 ………………………… 五九〇
　樊橘翁先生六十壽序 ……………………………… 五九一
　鄭彥伯先生七十壽序 ……………………………… 五九二
　賈翰翁先生六十壽序 ……………………………… 五九三
　照遠王太先生壽序 ………………………………… 五九四
　趙母王孺人八十壽序 ……………………………… 五九五
　學師鄧綬翁先生七十壽序 ………………………… 五九五
　張太翁八十壽序 代大司馬周海山先生作 ………………… 五九六
　弓母王太恭人八十壽序 代大宗伯德定圃先生作 ………… 五九七
　鈕太翁八十壽序 代侍御潘容齋作 ………………………… 五九八
　李處士七十有一壽序 ……………………………… 五九九

弓仲錫六旬壽序 …………………………………… 六〇〇
白桃花賦 以"名爲銷恨,淡欲無言"爲韻 …………… 六〇〇
青藜照讀賦 ………………………………………… 六〇一
以德爲車賦 ………………………………………… 六〇二
五明扇賦 …………………………………………… 六〇三
君以民爲體賦 ……………………………………… 六〇四
六事廉爲本賦 ……………………………………… 六〇五
棘猴賦 ……………………………………………… 六〇六
程表朱裏賦 ………………………………………… 六〇七
玉水記方流賦 ……………………………………… 六〇七

袖爽軒文稿 二 …………………………………… 六〇九

祈雪疏 ……………………………………………… 六〇九
公謝緩徵大同府屬積欠錢糧疏 乾隆五十三年 ……… 六〇九
謝授右中允呈稿 乾隆五十五年 …………………… 六一〇
公謝緩徵永濟六縣錢糧倉穀疏 乾隆六十年 ………… 六一〇
公謝恩免六省錢糧十分之二疏 乾隆六十年 ………… 六一一
蒙古回部王公表傳書成,奏請議敘疏 乾隆五十二年 … 六一二
蘭山書院告諭 ……………………………………… 六一三
諭蘭山書院諸生 …………………………………… 六一四
爲容子靜與陸劭文爲啓 名耀遹 …………………… 六一五
《晉乘蒐略》跋 …………………………………… 六一五
宗室夫人言行贊 七章 有序 夫人爲宗室恒將軍瑞之女 … 六一六
伊犁鐘銘 嘉慶丁卯夏五月 ………………………… 六一八
漢高帝欲易太子論 ………………………………… 六一八
滇司職守説 ………………………………………… 六一八
祁氏老塋祭田記 …………………………………… 六二〇
海瀕六聖祠碑記 …………………………………… 六二〇
重修蘭州城碑記 自此以下九篇代那繹堂先生作 …… 六二一

重脩固原州城碑記	六二二
重修寧夏渠工碑記	六二三
分建雷雨風雲太白泉神廟碑記	六二五
重脩雷祖廟碑記	六二五
重脩泉神廟碑記	六二六
老龍泉神祠記	六二七
金縣太白泉神廟碑記	六二八
固原重脩萬壽宮碑記	六二八
吉祥寺香火碑記 爲蘇雲畊觀察作	六二九
增置蘭山書院膏火恩德碑記	六三〇
重脩雙鳳山五龍聖母廟碑記	六三一
平定州東路脩治石道碑記 甲戌十一月朔書代繹堂先生作	六三二

袖爽軒文稿 三 ..... 六三三

徵仕郎李直甫墓誌銘 代相國梁階平先生作	六三三
湖南綏寧知縣加同知直隸州銜漢章趙公墓誌銘	六三四
劉母曹宜人墓誌銘	六三六
從堂伯父效周公墓表	六三七
從堂伯父邑庠公墓表	六三八
武庠生孫君墓表	六三八
太學生孫君墓表	六三九
處士郝君墓表	六四〇
陳方伯墓表 代那繹堂先生作	六四一
璞莽吳公墓表	六四二
公舉賢孝揞書祁處士墓表	六四二
皇清敕贈脩職郎隰州大寧縣儒學教諭例晉文林郎崇祀本邑忠義祠浩然鈕封翁墓表	六四四
徵仕郎歲進士彥伯鄭先生家傳	六四五
鄭母劉孺人傳	六四七

故河帥心如徐君治河行狀 代容子靜作 ……………………… 六四八
郭室范安人誄詞 …………………………………… 六四九
廣室馮淑人誄詞 …………………………………… 六五〇
劉母馬太宜人祭文 ………………………………… 六五〇
李直甫先生祭文 …………………………………… 六五二
郎耕莘先生祭文 …………………………………… 六五二
郎拙夫先生祭文 …………………………………… 六五二
崔乙齋先生祭文 …………………………………… 六五三
褚師母主太夫人祭文 ……………………………… 六五四
雷師母張恭人祭文 ………………………………… 六五五
衛母某孺人祭文 …………………………………… 六五五
張文學祭文 ………………………………………… 六五六
某處士祭文 ………………………………………… 六五六
祭某公文 …………………………………………… 六五七
薛母李太孺人祭文 ………………………………… 六五八
祭金輔之先生文 諱榜壬辰狀元官止脩撰 ……………… 六五八
祭彭蕓楣先生文 …………………………………… 六五九
劉外姑王宜人哀辭 ………………………………… 六六〇
萃五亭記 兄貫亭爲李直甫作 ……………………………… 六六〇

覆瓿詩稿 …………………………………………… 六六二

宗室夫人行畧恭紀 七律四首 ……………………………… 六六二
寄容靜止 時靜止扶柩歸京 ……………………………… 六六二
題趙霽園刺史《望雲圖》小照 名宜暄 ……………… 六六三
題友人小照倣選體 ………………………………… 六六三
題顧篠榭《采藥圖》小照 ………………………… 六六三
陸寸園明府寄和山莊之作，賦此答謝 …………… 六六四
張春溪 名伯魁 ……………………………………… 六六四
紙鳶 ………………………………………………… 六六四

哈密瓜	六六四
《五泉補禊圖》序並詩	六六五
閱邸抄佘女上書事感作	六六五
滑城行	六六六
題姜筠厓《左右脩竹圖》長句	六六六
題施鶴來《琴菊》小照	六六七
題《荷淨納凉》卷子	六六七
題《三徑吟秋》卷子	六六七
附録：邀同鄉諸老食家鄉蕨，賦長句二十韻	六六八

平舒山莊六景詩 …… 六六九

《平舒山莊六景詩》序 祁韻士	六六九
平舒山莊六景詩 祁韻士	六七〇
平舒山莊六景詩 祁廷儀	六七一
平舒山莊六景詩 祁朝鷟	六七二
平舒山莊六景詩 祁宬藻	六七三
平舒山莊六景詩 祁寀藻	六七四
平舒山莊六景詩 祁朝驥	六七五
平舒山莊六景詩 祁寯藻	六七六
平舒山莊六景詩 祁用唐	六七七
平舒山莊六景詩 祁　琛	六七八
平舒山莊六景詩 祁世兪	六七九
平舒山莊六景詩 祁恩光	六八〇
《山莊六景詩》跋 祁寯藻	六八二

鶴皋年譜 …… 六八三

附録 …… 六九七

户部福建司郎中鶴皋祁公神道碑銘	六九七
清史列傳·祁韻士傳	七〇〇
郎中祁鶴皋先生事略	七〇二

萬里行程記

壽陽祁韻士鶴皋記

西戍之役,余以乙丑二月十八日自京師啓行,閱兩六月,至七月十七日始抵伊江。時經一百七十餘日,路經一萬七百餘里,所見山川城堡、名勝古蹟、人物風俗及塞外烟墩、沙磧,一切可異可怖之狀,無不周覽徧歷,係於心目。每憩息旅舍,隨手疏記,投行篋中。時日既久,積累遂多,亦自不復記憶矣。抵戍後,暇日無事,或愁風苦雨,獨坐無聊,偶檢零縑碎片,集而省閱,以寄情懷,略加編綴,遂爾成篇。余籍隸壽陽,其自京師至壽陽十日程,素所熟游,不復劄叙,祇就西行所未經者,起自太安驛,訖於伊江,一路程途里數及景物大略分注如左,以誌遠游之迹,抑使他日東歸,可按册而稽焉。

京師至壽陽九百八十五里,由壽陽西行七十里至

太安驛 驛爲壽陽西南境,四面皆高阜,驛居其中如井,韓文公詩亭在焉。西有五峯山,山上出泉,冬夏不溢不涸,謂之龍池。明時,郭雨師居之,遇旱禱雨輒應,龍神最靈,碑言"五禱五應"云。由太安西南行三十五里至什貼鎮,入榆次縣界,再三十五里至

王湖鎮 此榆次北境最大之鎮也。前此,驛路皆在山中。登陟者以馬瘠爲欵。至是乃就平坦,西望川原無際,太原境內之山,爲之一開。由王湖西行三十里至

永康鎮 鎮亦榆次所轄,居民引水溉田,流經村落屋宇間,活活可愛。由永康西行四十里至

徐溝縣 縣北郭外爲赴太原省會之路,其地水鹹苦,不耐茶飲。西行四十里至

賈令鎮　鎮隸祁縣，舊有驛，今裁。民居多以甎爲樓房，原野脩整，力於耕作。西行二十里至祁縣，以春秋時祁大夫食邑得名。再五十里至

平遥縣　縣民服賈者多，城中廛肆縱橫，街衢皆黑壤，有類京師，蓋人烟稠密之故。西南行三十里至

張蘭鎮　鎮爲介休縣所轄，城堞完整，商賈叢集，山右第一富庶之區。然風氣奢靡，路旁竟有乞食者，非復從前景象矣。西行四十五里至

介休縣　縣南有緜山、狐岐山之勝，北有汾水環抱，地勢最爲雄厚。太原境内之山至此一合。縣東十里，漢郭有道墓在焉。蔡中郎所書碑已亡，今存者，傅青主所摹。祠前漢槐尚茂，大數十圍，真神物也。將抵縣，路旁有文潞公故里碑。由縣西行出義棠鎮，折而南行入山五十里至

兩渡鎮　此靈石北境也。兩面山勢緜亘，汾水徑其中如帶。山上村居，樓閣層疊，宛如圖畫。南行四十里至

靈石縣　縣以瑞石得名，石在城北門外。南行登山十里至

韓侯嶺　將至嶺，見山畔有小祠。俗呼夫妻廟。蓋虬髯遇衞公夫妻地也。石磴盤空而上數十轉，路益陡峻，策馬至山巔，紅垣繚繞，爲漢淮陰侯墓，前有祠宇頗宏整，下馬入拜謁，壁間詩甚夥，大抵當道者駐節所題。侯死長安，不解何以葬此。閲古碑則云：吕后既誅信，函首送代，適高帝還師駐蹕此山，遂命瘞之，後人爲起塚焉。由嶺南下三十里至

仁義鎮　鎮爲靈石南境，在韓侯嶺之下，形如釜底。南行六十里至

霍州　仁義一線路行萬山中。午憩後，登所謂逍遥嶺者，雖土質無石，而陡峻與韓侯嶺南北相埒，回首若屏嶂。行半日許，稍展轉就平地，抵霍州，州爲古彘縣地，霍山雄峙東南，高出霄漢，蒼翠欲滴，即霍太岳也。由霍州南行二十里至辛置鎮，又三十里至

趙城縣 路繞汾曲，越數土陘，四圍山勢至此一開。南行三十里至

洪洞縣 初入縣境，路旁大書"山川明媚"四字於坊額。旋見溝塍方罫，春樹雲林，芳靄氤氳，青葱滿目，氣象明秀，爲晉中第一。聞繞郭皆種荷花，自多佳趣。有聚瑞橋，惜余方春過此，未覩其勝。路旁有明韓忠定文故里碑。又余始祖河東公本此邑大槐里人，明初徙居壽陽。今訪大槐里，竟無知者，蓋逆旅主人不足知之。匆匆一宿，未暇再訪，以俟他日。由縣南行六十里至

平陽府 府城在平原突高處，爲古帝舊都，股肱大郡。年來適遇歲歉頻仍，風物頗形蕭索，不稱游者之望。城外有堯井。南行六十里至

史村驛 驛隸太平縣，太平在府西南，孔道所不到，割此驛歸太平，爲往來供億計耳。將至史村，山畔有題"巢父洗耳處"者，不覺啞然一笑。惟豫讓橋在襄陵、太平兩界之間，差可據耳。王阮亭謂在趙城，誤也。又中途有文中子故里碑。汾水從霍州流經平陽，時時與行人相觸，怒濤驚駛，至此不見，蓋折而西矣。由史村南行四十里至

高縣鎮 鎮爲曲沃縣所轄，直隸省欒城、獲鹿所出棉花、布疋，販運者皆卸集於此，商旅甚多。南行三十里至

侯馬驛 亦曲沃所轄。曲沃縣治在其東北，即春秋時新田晉都也。自平陽南來，土肥饒而民淳厚，村堡雲連，景象雄闊，有陶唐氏之遺風。凡平陽境內之山，至此又稍一合。南行二十里至隘口鋪，又西南行二十里至

東鎮 出侯馬，渡澮水，登岡隴，但不甚峻，高阜之田，其平如盤，層層映綠，極可觀。鎮隸聞喜縣。西南行四十里至

聞喜縣 縣城小而地勢開敞，土厚水深，爲晉舊都。中條山袤延東南數百里，婉蜒如龍。道左多石碣，率皆表揚貞節德教之所爲，風俗近古。裴晉公祠亦在道旁，北來山勢至此又稍一開。西南行四十

里至

水頭鎮 水即涑水,鎮有橋,水經其下西流,此鎮隸夏縣。司馬文正公故里也。西南行五十里至

北向鎮 三晉雲山皆北向,鎮其取此而名歟,地爲安邑縣北境,閭閻極繁盛。南行三十里至

油村鎮 鎮爲油聚之所,繁盛不減北向,猗氏縣所轄也。西南行三十里至

樊橋驛 驛隸臨晉縣。地近蒲州,人民俱帶樸野氣,非復平陽富饒景象,若汾州、太原,則愈華矣。此大略也。西南行三十里至

高翁鎮 亦隸臨晉。蒲州境内麥田中,柿樹成陰,於麥無礙,仍芃芃長發,柿產最多,土人用以釀酒及醋,味薄不足嘗。西南行四十里至

寺坡底 路自霍州迤邐趨下,至此則下益甚。地氣益暖。將至寺坡,見古柏森森,欹生山畔,極有致,山上有寺,土人云即所謂普救寺。此地距蒲州城一里許,貿茶者價頗廉,西行人多攜之。自聞喜山勢開後,東南青嶂,層出懷抱,縈繞而前,直至蒲州始盡。以黄河爲之限,折而東走,不複合矣。路旁有明楊襄毅博故里碑。由寺坡過蒲州,南行五十里至

可河 從蒲州城南沮洳中登山麓,循之南行抵辛店,遥見長虹西亘,如在天半。御者告余曰:"此黄河也。"已而入土嶺中行,不復見。至可河,村落甚小。又見華山仙掌聳出天表西南,青蒼之氣咄咄逼人,覺心目爲之一爽。洎臨河濱,仰觀潼關,倚水突起,壁立千仞,其下洪流怒號,滔滔而來,令人又生怛怖。余過此在三月念四日,夕陽西墜,天色如墨,呼船急渡,幸風力差微,篙楫無驚,夜漏初下,始敂關焉。山陝二省以黄河爲界,河東爲山西,河西爲陝西,冀雍之分,自古然矣。計自可河南行二十里至

潼關 關自漢以後始著。秦時所謂函谷關,在此關之東,今澠池境也。秦關百二,潼關爲首,雄壯莫比。未入關,疑其矗立之勢,若

車不得方軌,馬不得連騎者,比至,乃寬然有餘,堂皇大路,若履平地,直西而行,殊非意料所及。地阻山中,極高而氣候極暖,亦奇。西行四十里至

華陰縣 自潼關迤西,官柳夾道,如界畫然,乃知"兩行秦樹直"良非虛語。長安道上,按轡徐行,緬懷百代興亡,千秋歌咏,皆同雲烟過眼,轉瞬輒空,惟見太華芙蓉,終日爭奇競秀于前,目不暇給。雙輪西轉,山逐車行,滴翠拖藍,撲人眉宇,流連愛慕之情,不能已已。華陰縣裏,無數綠柳,陰濃成衙,徙倚女墻,隱現林表,絮飛徧地如雪,真仙境也。縣在華山之麓。城東五里有華岳廟,畢中丞所建,頗閎壯。此地在漢爲弘農,路旁有漢楊太尉震墓碑。由華陰西行七十里至

華州 嘗閱華山圖,爲之神往,今親履其地,飽看山色,馬上車中,有流覽卧遊之樂。山之高峻,所謂只有天在上,並無山與齊,其言確甚。然乘驛看山,終未一一領略。他時再過,當躡屐暢遊也。州亦在華麓。城東爲郭汾陽故里,有祠宇。由華州西行五十里至

渭南縣 縣居渭水之隈,青疇綠野,四望無涯。西行四十里至

零口鎮 春日賽會,游女如雲。西行二十里至新豐鎮,尚存古名。再二十里至

臨潼縣 縣倚驪山下,萬松蒼然,城近始見。山半行館,樓檻縈迴,擅泉石之勝,天然佳妙。温泉一泓,自石罅噴玉而出,匯爲數池,解衣就浴,塵氛頓盡。因憶開寶華清,風流如昨,而霓裳一曲,舞破太平,爲惘然者久之。西行三十里至

灞橋 灞岸爲昔人贈別之地,楊柳依稀,感人離緒不淺。獨訝其何以無橋,土人曰:"濁流迅駛,曾爲橋輒圯,不能成也。"西行二十里至

西安府 長安形勢,虎踞龍蟠,自古帝王之都。城外八水環流,抵東郭始見百雉崔巍,遠則無睹,蓋林阜包羅,最爲雄厚。憶昔史所載,此城名大興城,隋時所築,始徙都之。隋以前皆都咸陽,即今咸

陽縣。客爲余言,唐雁塔在城南,歲歉則塔中分爲二,却不傾。歲豐則仍合焉。城中多售竹器,詢皆出自鼇屋、鄠縣云。計自京師至西安共二千四百八十里。西行五十里至

咸陽縣 過灃水橋,渡渭至咸陽,秦漢故都也。城郭未見宏闊,自非舊基。出北門,上峻坂,古塚纍纍,慨然歎古之豪傑,不知青山埋却多少矣。縣有孔道二:西行爲入川路,西北行爲入甘路。四十里至

店張驛 驛隸興平縣,縣在其南。西行三十里至

醴泉縣 原隰寬平,土脈膏潤,唐太宗昭陵在縣南,惜未往一謁。西行四十里至

干州 此地在唐爲奉天,高宗陵在州北。西北行五十里至

監軍鎮 干州所轄。唐時多以宦官監軍,稱軍容使,此猶有舊名。西北行四十里至

永壽縣 岡阜漫衍,愈上愈高,隘口中開,縣當其缺。陘嶺之上,有塔巍然。下瞰城中,一覽而盡。西北行四十里至

太峪 邠州所轄。永壽在高岡之上,循坂上下,路甚紆曲。涉流泉,抵太峪,復登土嶺,峻甚,索費馬力。既登,則四望悉平,蓋極高之地,不見其高。久之,又下峻坂,是爲邠州。范文正公舊治也。由太峪西北行三十里至

邠州 古豳地。自永壽至邠州,人民皆穴土而居,陶復陶穴遺風,至今未改,蓋土性堅可耐久。他地爲之,則將壓焉。州城傍南山,下包平地,勢如龍,館中牡丹甚茂。邠西十數里有明岨山甚奇,山之頂皆土,其趾乃皆石,洞穴玲瓏,不可勝數,備諸佛像。沿山前進,桑棗成林,矮而秀茂,鬱鬱葱葱,令人思"斧斨遠揚"之句。又行十餘里,見石龕中大佛高八丈五尺,就山石雕成,亦奇。由邠州西行四十里至

亭口鎮 亦邠州轄。陝省一帶堡堞與河東大略相同。永壽以西則無堡,惟有土屋。至甘省隆德以西乃又有堡,過蘭州則堡益多,所

過驛亭，無不有堡。蓋地近邊，官爲之，與民間自築者不同矣。由亭口西北行四十里至

長武縣 縣在高岡上。自咸陽登隴至醴泉、干州，路稍平，抵永壽乃高峻嶺路，時上時下，至邠州又平。自邠西北行則又高，長武爲最高處，視之乃成平地，四不見山。然偶有坎窞，則皆深溝高壘，天造地設，處處如是。客或語余，此地即白起坑趙卒處。夫趙遠都邯鄲，長平之戰，即今高平縣，地近上黨，而乃驅卒四十萬，坑于咸陽之北二三百里外，恐無是理，其謬不待辨也。由長武西行四十五里至

瓦雲驛 驛爲甘肅涇州轄，乃陝甘二省分界處也。西行六十里至

涇州 瓦雲趨涇，將下峻坂，見西來一峯插天，圓秀可翫。又見羣巒繚繞，烟樹蒼茫，極有致。次日訪之，則漢時所謂回中也。西王母宮在其麓，有宋陶穀碑，城倚山臨水，形勝最佳。西有涇汭二水，清流映帶，心爲灑然。因憶涇渭清濁，聚訟紛紛。詩言涇以渭濁，是涇水本清，因渭而濁。注家誤解耳。今觀涇水清甚，足驗其誤。由涇州西行三十里至

王莊 涇州所轄。州境桑棗成陰，田園潤澤，風景絕類邠州。西行四十里至

白水驛 驛爲平涼縣轄。自驛以東，未見有婦女當罏者，至是始有之。西行七十里至

平涼府 府城雄峻，涇水流其南。康熙間，叛將王輔臣據其地，久不下。文襄公圖海，由虎山墩俯瞰城中，得其虛實，輔臣窮蹙乃降。余昔纂史記其事。今虎山墩在城北，文襄祠在城東郭外。城西南皆山，崆峒山在焉。崆峒凡有五，非一地，此爲黃帝訪道廣成之所，太史公所游也。時有元鶴翔舞山中。平涼之名，仿於古之高平第一。晉時南涼、西涼、北涼皆在今甘涼二州之境，遠在河西，與此隴東無涉。西行四十里至

安國鎮 平涼縣轄。平涼西行入山，氣象蕭踈，山勢漸合漸高。

由安國西行五十里至

瓦亭驛 此宋時所謂瓦亭關也。今隸固原州。州在驛西北。未至瓦亭二十里許，兩山夾峙如門，僅容一轍，轉側而過，水嚙山根瀧瀧然，險要莫比。過此則嵯峨萬仞，疊起雲間。循澗前進，如坐井觀天。山高日落，路脩馬疲，人亦憊甚。由瓦亭西行二十里至

六盤山 自瓦亭行十餘里，曰和尚坡，爲六盤之麓。余晨興到此，微雨初零，土人以泥滑阻余莫前，僕者恃其勇不聽，遂登，路曲折陡峻如壁，盤磴而上，愈上愈高。始猶土石相錯，雖濘尚可行，至山半，俗呼猫兒坪，有帝君廟，甚巍煥。新鑿之路，皆土覆石上，遇雨淖甚。已而雨愈大，泥益深，膠黏阻轍，色紫黑，雨忽變爲雪，濟之以風，烈甚。僕馬阻峻坂下，屢起屢仆，寸步不能前。余乃舍車而騎，鼓勇直上。雪花大如掌，風乃益狂，翻撲人面如織。身在風雪陣中，若騰雲霧而起，目迷口噤，馬亦股栗。望山巔有舊驛亭，馳往避。及下馬入，亭朽，被撼欲倒，岌岌不可留。乃復乘馬陡下千丈坡，踏冰雪鑿鑿有聲。迤邐至楊家店，路稍平，有茅屋數家可憩，解衣烘焉。少頃，雪復變爲雨，回視山頭，皆白氣繚繞，不復辨。計此程五十里，上山下山祇二十里耳，而倉皇狼狽，一至於此。次日，行李始度嶺追至。晚無枕寢，獨坐達旦，此豈天之所以窘余也耶。然亦殆矣，幸矣。由六盤帝君廟西行，過嶺三十里至

隆德縣 縣爲隴西第一衝要之地，景色荒涼特甚，而羯鼓紅牙，歌喉宛轉，四鄰幾徧，風俗淫靡，爲之慨然。西行四十五里至

神林鋪 隆德所轄。西行四十五里至

靜寧州 宋韓魏公治兵防夏於此。風景稍勝。西行四十五里至

高家堡 靜寧所轄。路入坡嶺，登降者屢。西行四十五里至

青家驛 驛隸會寧縣。坡嶺益甚。西行四十里至

翟家所 亦隸會寧。坡嶺猶多。中途過王家川，入山澗中，但見高岸深谷，一水瀠洄若線，乍東乍西，時時褰涉，俗稱爲七十二道脚不乾云。澗中土石多赤。西南行六十里至

會寧縣　水自東北澗中來，向西南澗中去，此中土石皆白，與前澗赤者異矣。縣當其中，鎮山之口。西南行六十里至

西鞏驛　安定縣所轄。驛在坡嶺高處，乏水。西行三十里至

清涼山　自西鞏啓行，即越深澗。登岡阜，漸入清涼山。雖土質無巉巖石壁，而坡陡曲不一，其處遇雨則泥滑難行，商旅憚之，地亦乏水。西行三十里至

安定縣　東西驛路皆在山中，縣城稍平坦。西北行六十里至

秤鈎驛　安定所轄。在高阜之上，路曲如秤鈎，故名。西行三十里至

車道嶺　此嶺亦號難行，其陡曲與清涼山相似。西北行三十里至

清水驛　金縣所轄，途經坡坨尚多。西北行三十里至

三角城　亦金縣轄。楊柳垂街蔭渠水，頗有致。西北行三十里至

猪嘴驛　仍金縣轄，在西山下，林木森森，蔚然入目，蓋數日來童山如秃，求一木不可得見，至是始覺生趣盎然。西北行四十里至

東關坡　猪嘴迤北有所謂九溝十八坡者，土人呼爲大狼山，紆曲上下，極隘處轉側而前。坡盡則蘭州在望矣。西行二十里至

蘭州府　城東衢路盪平，直至坡下，目擊園畦叢薄，點綴道旁，心爲一暢。府城雄據黃河南岸，五泉山在城南二里許，稱名勝，遊人不絶。城北黃流浩渺，自西而東有二十四舟爲浮橋，束水若帶，兩岸鐵索係之，復用集吉草爲巨緪，維舟屬橋，渡者如履平地。北岸多酒樓，開窗臨水，南望城郭，林樹如畫，惟岸上山梧，草木不生，僅有番僧寺宇耳。計自西安至蘭州共一千四百二十五里。由蘭州西北行四十里至

沙井驛　皋蘭縣所轄，在山澗中，南猶望見黃河。其地多赤土，而性疎易坍，侵澗水過此，則土之在地中者往往塌陷似沙眼。四望皆頹垣敗壘，荒陋特甚，無寸草，土人以爲古營盤地。土崖高處有帝

君廟,碑云:曾顯應于此。寥寥數家,依廟而居。過數岡阜,忽見西南春樹雲生,參差掩映,兼有渠流引灌,滿目青蒼,乃平番之苦水驛也。由沙井西北行七十里南折至

苦水驛 平番縣第一驛。甘省驛之多者莫如平番,有八驛焉,此其最東之驛。地名苦水,而水味實甘,惟色稍濁。原田萬頃,灌溉饒沃。西行五十里至

紅城驛 平番第二驛。傍山椒而行,土色盡赤,沿流綠樹甚多。北行四十里至南大通鎮,路平。再三十里至

平番縣 縣有二城:一爲莊浪,滿兵駐守。一爲縣治,相距五里許。縣在莊浪城之北,有孔道二:西行爲赴西寧路,北行爲赴涼州路。西郭外商民錯處。雨纓,其土產也。由平番北行三十里至

武勝驛 平番第三驛。起苦水、紅城,過平番,至武勝,村落銜接,水木清腴,民居豐實,市閣縱橫,所過之地,徧生草蘭,馬足芬芳,爲西來第一沃壤。武勝之水流出山口,清湛可鑑毛髮。西行四十里至

岔口驛 平番第四驛。地居險要,面面皆山。驛南有一山突起,峭岝若削。番民散處兩山中,帽以氈爲質,而簷微窄,男女皆然,女番項背係白色帶垂之,男著皮韡,女則赤腳而已。其人即古之羌種,自平番界至西寧口,內外種落極多。由岔口西北行五十里至

鎮羌驛 平番第五驛,爲最西之境。途間過一河,見滿山亂石,度烏梢嶺,峻甚,地氣極寒。西北行六十里至

黑松驛 古浪縣所轄。前由武勝入山,數日程皆在萬山之中,勢險隘,跋涉不易,氣象亦甚荒劣,絕少草木,令人悶絕。此驛猶在山谷,直至古浪始出山耳。由黑松西北行三十里至

古浪縣 縣城鎮山口如鎖鑰然。山勢忽開,路亦平坦。城南水畔有巨石,上鐫"天關玉闕"四字,疑是"鎖"字。又一石名爲甘酒石,疑即平泉醒酒石之類。或云研末服之,可醫心痛,未知然否。北行六十里至

靖邊驛 亦古浪轄。從此驛起至永昌縣之水磨關二百五十餘里,路雖平,然皆碎石子,與車輪相觸,隆隆然竟日不已。由靖邊北行四十里至

大河驛 此武威縣轄也。驛東北有一路,設臺站,可出寧夏,達歸化城至京師,爲邊外文報所經,不須由蘭州、西安迂道矣。由大河西北行三十里至

涼州府 府城勢閎敞,面山而居,其山巃嵷,緜亘自塞外來,即古祁連。山頂皆積雪不消,盛夏日暖,稍稍化水,流入溝渠,引以溉田,爲自然之利。自此西去,雨澤率少,惟恃雪水入田。蓋河西自古富饒皆以此耳。由涼州西北行五十里至

懷安驛 驛隸武威。西北行二十里至豐樂鋪,又二十里至

柔遠驛 亦隸武威。驛東有振武將軍孫思克碑,康熙間名將。西北行四十里至三十里鋪,再三十里至

永昌縣 風景閒曠,似靜寧州。西行三十里至

水磨關 過此村,碎石子路始盡,然漸登岡阜,非復平路。西北行四十里至

水泉驛 水磨關既過,約二十里許,有一帶沙岡,橫亘南北,無寸草。中途有王將軍進寶祠,亦康熙間名將。此驛爲永昌所轄。西行五十里至

峽口驛 驛隸山丹縣,以兩山夾峙得名。地居山口,艱于水。山澗有一泉,取飲焉,約二里許。自涼州西來,折而北,所過隨山築墻,遠近高低不一,土人呼爲長城。然秦隋所築,西起臨洮,在今蘭州狄道之境,蓋以黄河爲天塹,安得至此。況秦時涼州爲匈奴所據耶,此疑明時防守故垣耳。邊墻之外,爲阿拉善蒙古遊牧之所,即古賀蘭山也。由峽口北行四十里至

新河驛 亦隸山丹。並無河,或驛路不經歟。西行四十里至

山丹縣 焉支山在縣之北,即漢時匈奴所歌:"奪我焉支山,使我婦女無顏色"者也。縣雖山僻,城有流水,風景尚佳。西行四十

里至

東樂驛 張掖縣丞駐此分治，路多沙石。西行三十里至

仁壽驛 張掖所轄，亦沙石路。途中過一河。西行四十里至

甘州府 古張掖郡也。茂林薈蔚，水亦清，天山、黑水俱在境內，天山即祁連山。西北行五十里至

沙井驛 此又一沙井，張掖所轄。驛西二十里，地名沙河。又十餘里爲九眼泉墩，泉流甚細，綠草蒙茸，川原平曠，牛羊散齕草間，有野趣。過此則墝鹵地，不堪寓目。西行六十里至

撫彝驛 張掖所轄。未至驛，有大沙岡，没車輪難行。此地多水田，産稻極佳。西北行五十里至

高臺縣 路出撫彝，曉日初升，渠流四達，灑道盡湮，清爽可喜。頃見稻畦彌望，秧鍼秀苗，不類邊城。款段徐行，水田潤澤，林樹蒼茫，瓜蓏之屬，亦皆肥盛。河西風景，無踰此邑，釀酒亦佳。北行五十里至

黑泉驛 高臺所轄。驛西北陟紅寺沙岡，回望一帶平原，半屬膏壤豐草，牧畜繁滋。越岡西折，則沙深草絶，斥鹵不毛。抵深溝驛，始有水泉，然亦寂寞空寥，無可流覽。西行五十里至

深溝驛 高臺所轄，路皆沙石。西行三十里至

鹽池驛 亦高臺轄。途中見北山之下，自西趨東，繡錯如雪，詢之知爲鹽池。色白者乃硝，鹽則黑色，以其尚是水耳。西行四十里至

雙井驛 仍高臺轄。高臺驛站最長。西境半鹵區，不堪耕收，與東境大不類。西行六十里至

臨水驛 肅州所轄。驛路到此，始又得見水草林木。西北行四十里至

肅州 州爲極邊要地，古酒泉郡也。自臨水啓行，田疇漸廣，草樹蔥蘢，距肅益近，林木尤多，水亦淪漣清漪，環繞道旁。既至州城，人民浩盛，百貨貫輸，俗尚繁奢，鄰郡莫比。蓋逼近關塞，五方雜處，

其勢然也。自蘭州至肅州共一千四百七十里。由肅州西行三十里至

丁家壩 出肅州北郭，行數里入古灘，碎石縱橫，人跡絕少。遙望前路孤墩，寒烟出沒，斜陽西匿，道阻且長。由丁壩西行四十里至

嘉峪關 關距肅州七十里。民人出關者須自州給票，始得放行，此外亦須檢驗公文，乃定例也。南北兩山，遙遙拱峙，不見峯崔巍峨之勢。關據其中，亦僅地居高阜，未爲險峻。然而西門鎖鑰，啓閉森嚴。紫塞龍堆，從茲萬里。關門既出，复不見人，壯志離情，一時交集。瞻視山形地勢，頓覺改觀。然古人所稱玉門、陽關，尚在此關之西數百里，爲今敦煌縣境，則嘉峪猶未足爲遠也。西行四十里至

雙井 出都之日，西望咨嗟，未審何時始能出關，及此僅指程途，已越五千三百三十餘里矣。回首敬望神京，依依欲絕。由雙井西行五十里至

惠回堡 自此而西，回民比屋皆是，逆旅投宿，必詢明，始可卸裝，否則一切未便也。西行三十里至

火燒溝 土色多赤，然實無溝。西行四十里至

赤斤湖 非湖也，地平而草肥。漸行，入沙石路，二十里至赤斤衛。又二十里至

赤斤峽 山勢忽合，中通一逕，故以峽名。近峽雜樹頗多，惟狂風吹滿谷中沙耳。此地在明爲赤斤蒙古駐牧之所，今乃訛稱"赤金"云。西行四十里至

高見灘 沙路平衍，有瀚海石，但不甚佳，地乏水。西北行五十里至

玉門縣 舊名達爾圖，今爲縣，距嘉峪關二百九十里。近城十餘里，始見清流映帶，草木叢生，遠則無之，皆沙磧也。古玉門關，在今敦煌縣，自今玉門縣視之，遠在西南，西行者不復經彼，蓋古今驛路不同耳。縣名蓋採古玉門而名之。西北行五十里至

三道溝 灘流清淺，水净沙明，風景差佳，田畝肥潤，民生其間者亦秀。北行五十里至

六道溝　地亦平衍，但不及三道溝之潤澤。塞外產茂草，備牧牛羊爲生業，不重耕作禾稼。草中有呼爲集吉草者，其莖極堅韌，高數尺，可作箸，又可編爲簾，不亞於竹，到處皆有之。物無無用如此。由六道溝西行四十里至

布隆吉　荒草平蕪，地極寥廓。雍正間，曾于此及巴里坤駐師爲大營，今有土城。西行四十里至

雙塔鋪　有水依山西流，嶺畔有雙塔。西行五十里至

小灣　有灌溉之田，頗不梏瘠。西行四十里至

甘溝　沙路，無旅店。西行三十里至

安西州　舊名大灣，後設安西府，今改爲州。唐時安西都護府在今土魯番，與此地無涉，蓋亦採古安西之名而名之。城東尚有水草，出北門五里許，過一涸河，即入沙磧，土人呼爲戈壁，即古瀚海也。地以沙石爲骨，如鎔鍊而成，膚無寸土，日光照射，閃爍若有浮烟，就視不見。從此一望平沙，水草皆絕。凡行沙磧者，因途中無覓食飲之處，率裹糧齎水而行，或百里，或百餘里，始得停車稍憩。每俟日斜後始行，日出時即投宿，蓋乘夜氣清涼，防馬渴也。又塞外無歧路，信馬所之，未嘗有迷。車上亦不須引燭，執鞭者皆以水澆輪，日凡數次，欲其不乾，實亦無益。又慣於黑暗中行，其車甚大，而輪高轍寬，亦最穩也。由安西西行九十里至

白墩　在沙磧中。到此始有一泉可汲飲，然味咸甚。自此西去，惟星星硤井水差可飲，味亦不能甘也。由白墩西行七十里至

紅柳園　在沙磧中，一名紅柳硤，但未見所謂紅柳者。硤中岡巒起伏，沙石自然結成，方圓大小不一，亦奇。此地北山中產鉛。西行五十里至小泉，無水。又三十里至

大泉　在沙磧中。西行四十里至地窩鋪。再三十里至

馬蓮井　在沙磧中，有二路：西爲星星硤路，西南爲沙州路，山中產金。西行五十里至紅柳河。再三十里至

星星硤　在沙磧中。山石惡劣，勢亦逼仄，土人又壘亂石，豎立

山上作人狀,處處皆是。由彼西行十餘里過硤,入溝壑中,時時見峯起有秀者,但無情耳。土色甚異,黑、黃、青、赤皆具,各以類從,相間對峙。"星星"之名不解所謂,或云山中出星星石,石有金點,錯落如星。余求之弗得,云在層嶺疊嶂中,無暇往跡之也。或又云山中多猩猩,亦未曾見。西行五十里至小紅柳園。又四十里至

沙泉 在沙磧中。所謂紅柳者,枝條叢生極繁,莖帶微紅而細,不能如楊柳枝幹粗直,蓋杞柳之類也。塞外此物甚多,小紅柳園始見之,前過大紅柳園,乃反未見。沙泉水益鹹,飲者腹爲之脹。由沙泉西行三十里至疙瘩井。又五十里至

苦水 在沙磧中,水尤難飲。西行八十里至紅山墩。再六十里至

格子烟墩 在沙磧中。此程一百四十里,最遠。烟墩形如破釜,覆附沙岡之下,又如近海波濤冲汕,蟹殼礧砢。水差可飲。有帝君廟,在沙岡上,多鴿。西行七十里至

長流水 至此沙退土生,方見林木,水味始甘。村之中央,起一土阜,建帝君廟于上,雜木翕然如翼。迤西路左出一泉,柳斜蔭之。西行四十里至四十里井子。再四十里至

黃蘆岡 民居漸多,田草亦茂。路近哈密,則有種谷麥者矣,大半皆回民爲之。西行四十里至慮晴墩,再四十里至

哈密 哈密距嘉峪關,一千五百九十里,爲新疆咽喉要地,有兩孔道:北達巴里坤,即鎮西府,爲天山北路,凡赴古城、烏魯木齊、庫爾喀喇烏蘇、塔爾巴哈台、伊犁,皆取道于此。西達土魯番,爲天山南路,凡赴喀喇沙爾、庫車、烏什、阿克蘇、葉爾羌、和闐、喀什噶爾,皆取道于此。北路本蒙古,南路本回子所居,哈密爲漢伊吾廬地,唐置伊州,內地商賈戀遷者多,回民尤衆,謂之"纏頭"。城市村落,不一而足。土潤泉甘,地脈宜禾,芃芃長發,土產甜瓜頗佳。回王城距辦事大臣及通判所駐之城五里許,大城在東,回城在西,到處清流瀠注,溪樹烟深,明爽怡人,風光可掬。番長帥所部聚族而居,安生樂

業，居然安樂國也。西行六十里至

　　頭堡　頭堡、二堡、三堡皆纏頭回民所居，田園墾藝，亦見饒沃。由頭堡西行三十里至二堡，再三十里至

　　三堡　地勢平衍，一望無際，林木亦多。西行入沙磧，又乏水草，較哈密迤東之磧更甚。七十里至

　　鴨子泉　在沙磧中。傍北山而行，裹糧齎水，如前白墩啓行狀。西行八十里至

　　瞭墩　在沙磧中。由此地西北入山澗，有一逕可達古城，名小南路。西行九十里至

　　梧桐窩　在沙磧中。此地只有一店，店只一間屋。如此梏境，而名曰梧桐窩，甚不解，繼而悟曰，哈密以西產胡桐，樹極多，似柳而拳曲擁腫，材不堪用，僅可作薪。胡桐者，譯言柴也。想昔年此地多有此樹，故得名。後人以音相近，訛胡爲梧，題壁詩輒引疎雨之句，真所謂訛以傳訛者。抑思此地，安得有此美蔭嘉樹哉。西行九十里至

　　三間房　在沙磧中。坡嶺登降，索費馬力。沙岡上亂石縱橫，色似豬肝，又有紫中透綠者，扣之，其聲清越如磬，即瀚海石也。余令從者撿投車中，把玩之餘，尚留數片，欲以爲硯材焉。此地無日無風，怒號不已。西南行一百四十里至

　　十三間房　在沙磧中。自三間房至此，途中云有風穴，古謂之黑風川，有鬼魅爲祟，見明史，最險處也，行人往往被風災。當揚沙走石之際，或碎人首，或徑吹去無踪，千觔重載之車，掀簸立盡，並車亦飛去，只輪無反者。《西域聞見錄》言其狀甚詳。余發梧桐窩，抵三間房，兩程之內，風吼已甚，日夜不息，御者憚：過此乃入風穴，且不測，請勿行。余曰："天也，此地荒涼特甚，令人憤懣欲絕，安能守風一二日耶"，決計前進。時天籟颷颷，透屋溜中，聲甚厲。行未三十里，四山黑雲吹散，忽晴朗，有青氣浮天半，衆皆喜。乘夜疾行，路坎坷，覺甚不平。比黎明，俯視所經，則見沙礫大石委積道上，紛紛若人爲抛棄者，並無路徑可尋。迎面巨石，磨牙屹立欲搏人，兇惡不可

名狀,覺森森黑暗,非復人間世。幸風力稍軟,不爲祟,得以徑過,保無恙焉。乃知履險出險之難。既抵旅舍,從者話剌剌不休,以爲天幸。由十三間房西行八十里至

苦水 前一苦水在沙磧中,此一苦水亦在沙磧中。自梧桐窩至此三百餘里,每投宿處並無二店,平生從未見此窘況。水亦奇咸,飲則破腹。西行六十里至

七克騰木 在沙磧中,然到此稍有草木及流水矣。西行四十里至蘇魯圖,再五十里至

闢展 路有沙磧。此地爲土魯番東境,即古柳中,地皆沃土。河流清冽,綠樹陰森,田園彌漫,中見禾苗遂生,瓜蔬錯雜,略似哈密。有土城,巡檢駐之。西行六十里至

連木沁 回民叢處,風景最佳。村西河水自北而南,清澈可愛。稍東,則石罅中突吐一泉。稍北,又有一溪從深林內湧出。匯合橋畔,潨潨振響。上有萬柳陰雲爲之庇羃,炎天酷熱,頓極清涼。時看頭人皞皞,婦子嬉嬉,飲馬搗衣,往來不絕,別有天地。徘徊半日,覺塵襟爲之一滌,解襪濯足於溪頭,快事,快事!過河登岸,良苗盈畝,蓋回民習於耕作,安樂之況可想。西行六十里至

勝金口 連木沁迤西,漸入山峽,水流巖畔,乃引以溉田者。流甚遠,始入田,峽中沙磧無可灌也。峽盡,出山爲勝金口,土石夾雜而生,色皆赤,壁立千尋,土人呼爲火燄山。其地奇熱殊常,不可耐,至閉人呼吸氣,雖夜靜亦然,往往行至中途,有喝死者。唐時,高昌王所云熱風如燒,良不虛矣。從此前進,路仍沙磧,如蟻行鐵釜中,其不至暈絕者甚少,雖扇不停揮,轉覺益招虐燄,不若不揮之爲愈也。西行九十里至

土魯番 古高昌國。唐于此置西州,地極饒沃,人多而雜,俗復靡麗,奇熱尤甚。聞回酋避暑窟室中。蓋地氣獨異。所產棉花遍野,蒲萄蔓地而生,不須架引,綠者無核最佳。甜瓜極妙,以皮瓤純綠爲上。中土最重哈密瓜,實不及此地之美。至西瓜乃無佳者,不

及榆次瓜遠甚。城中有辦事大臣及同知駐之。孔道有二：西行爲赴哈喇沙爾路，西北行爲赴烏魯木齊路。此地距哈密一千零三十里。西北行七十里至

　　坑坑　出土魯番，風景又漸蕭索，至坑坑益甚，止有一店可宿。西行七十里至

　　頭道河　路在沙石坡坨中。西行八十里至

　　白洋河　入山澗中，松柳極多，車過，枝梢披拂，與篆篷相摩，珞珞有聲。河流清駛，馬爭就飲。西行折而北，登博克達坂。八十里至

　　達坂城　達坂即達巴罕，猶言嶺也。此嶺最陡峻，沙子若流，馬蹄滑難行。踰嶺迤邐出山，遠見水草盈目，雪山橫亙北面，數峯插天，雲氣繚繞於下，晨日東升，射照璀璨，爛然如銀，誠大觀也。及抵迪化州，回視雪山，則在東南矣。達坂城爲喀喇巴爾噶遜營，有糧員居之。黃昏後從此西行，見西南火光燭天，照耀巖谷，初疑野燒，詢之，乃煮鹽者爲之耳。西行九十里至

　　柴窩鋪　未至柴窩，先過隘嶺，至白鹽池，周圍十數畝，鹽水溶溶，雁浴其中，四面泛白皆硝。余停車親往池邊，嘗其味果鹹甚，惟泥淖幾陷。自達坂城迤西，水草豐茂，夾道蒙茸，高至丈許。野獸往來其中，然不見牛羊牧群，蓋散齕草間，匿不出耳。西北行一百里至

　　迪化州　州即烏魯木齊，俗呼爲紅廟兒，以僧寺據紅山嘴之上，紅泥堊壁故也。有滿漢二城，夾河相對。東爲漢城，提督駐之；西爲滿城，都統及道州各員駐之。此地在北路爲第一富庶之區，廛舍稠密，炊烟四起，沙山林樹，一望蒼茫，形勢厄要，一大都會也。東爲巴里坤、古城來路，距哈密一千四百九十里。東南爲土魯番來路，距土魯番四百九十里，距哈密一千五百二十里。自迪化州西行四十里至地窩鋪。再六十里至

　　昌吉縣　舊名洛克倫，今爲昌吉縣。途中多引水渠道，車行弗便到縣。風景差佳，山勢曠邈。西行三十里至小蘆草溝，又四十里至

大蘆草溝,再二十里至

  呼圖壁 巡檢駐此。有土城,多水田。禾稼徧野,饒有生趣。西行六十里至

  圖古里克 俗呼土葫蘆。西行過一河,河中有魚。九十里至

  綏來縣 本名瑪納斯,今爲綏來縣。其地產稻,糧米價皆廉,商民輻輳,廬舍如雲,景象明潤,豐饒與内地無異。西行十里許,渡瑪納斯河,水深而溜急,由南趨北,浩浩奔騰,軒然波起,河面亦闊。凌晨問渡,猶没馬腹。若日高,則山中雪水增入,暗石衝激益甚,涉者病矣。由綏來西行四十里至破城子,再四十里至

  烏蘭烏蘇 此地始有蚊。從此西去十餘日,種類滋繁,白晝嘬人,揮之不去,頭目欲腫,始知蚊雷露筋之虐。西行一百里至

  安濟海 中途過三河始至。其地有所稱鹽池者,不知池在何所。西行七十里至

  奎墩 此地樹木最多,於無數柳林中渡奎墩,河闊有十數道,水亦深。西行六十里至

  庫爾喀喇烏蘇 城近南山,林阜秀潤,有辦事大臣及糧員駐之,商民亦多。有兩路:西北爲赴塔爾巴哈台路,西爲赴伊犂路。土爾扈特蒙古遊牧境内。西行七十里至

  布爾噶齊 自庫爾喀喇烏蘇迆西,徑河灘中宛轉而行,水草肥美,雜木團圞如圈,過一圈又入一圈,四望不見隙,濃陰匝匝,又有紅柳,花木蘿蔓,縈繞錯雜於其間,輪困葳蕤,紅綠相映,令人目眩神移,終日延賞不盡。由布爾噶齊西行四十里至

  四顆樹 一路蒙古男婦往來不絶。西行四十里至

  墩木達 塞外紅柳叢生而有花,若剪絨爲之,色紅鮮豔,如火如荼,道旁處處有之。又胡桐樹成林,木性疎散易朽,取以爲柴,土人呼爲梭梭木。塊而爇之,若内地木炭然,甚耐,久不灰,家家用之。足見樗櫟朽質未嘗無用,亦奇。由墩木達西行六十里至

  庫爾圖 未至,須渡一大河,水深闊,與瑪納斯、奎墩兩河相似。

西行五十里至

托多克 此地之東有葦湖，浩渺無際，飛雁群翔，野樹叢生，望之若林。由托多克西行，漸入沙路，八十里至

沙泉 又名鹽池，産鹽甚白。由沙泉西行，沙路益大，六十里至

晶河 俗作精河。地勢平敞，有土城，糧員居之。土爾扈特遊牧境內。此地蒼蠅又多于蚊。西行，過一沙岡，疲馬力。又渡一河，甚闊，六十里至

托里 俗呼爲牌坊，實無所謂牌坊者。一路南北兩山相拱。望見西面忽起一峯，正當其中，行半日許，則移近北矣。西行五十里至

大河沿 此地土爾扈特廬帳在道旁者多，地亦肥潤。迤西過一河，傍南山最高峯，折而西南行，見無數峯巒突兀西北一帶，或圓或尖或方平，生動入畫，極有致。三十里至

五臺 此伊犂東界也。路入沙石間，地勢差高。西行八十里至

四臺 自五臺迤邐而西，山勢漸合，崖谷間樹影青蒼，森秀溢目。西行八十里至

三臺 四面皆山，中有一澤，呼爲賽里木諾爾，匯浸三臺之北。青藍深淺層出，波平似鏡，天光山色，倒映其中，倏忽萬變，莫可名狀。時有鴛鴦白雁，往來游泳，如海鷗無心，見人不畏，極可觀也。此臺阻海角山根，鑿石成路，逼水而過，設卡倫焉。路旁有嘉慶戊午巡檢顧譓所撰《修路碑記》。沿海皆駐防察哈爾，列帳而居，錯落碁布，牛羊牲畜，爛漫若錦。覩此境界，有海闊天空之想。西行越達坂六十里至

二臺 自三臺循海西指約四十里許，抵達坂下，稍憩，策馬登嶺，亦有顧譓《修路碑記》。既至嶺頭，折入塔爾奇溝，俗名果子溝。不數武，忽見林木蔚然，起疊嶂間，山半泉湧，細草如鍼，心甚異之。前行翹首，則滿谷雲樹森森，不可指數，引人入勝，注目難徧。欣悅之情，惟慮其盡。已而峯回路轉，愈入愈奇。木既挺秀，具干霄蔽日之勢；草亦蓊鬱，有蒼藤翠蘚之奇。滿山頂趾，繡錯罕隙，如入萬花

谷中,美不勝收也。泉流十餘里,與東澗中大水合流,潮湃砰訇,出入危石峻磴間,沿岸雜樹叢枝,覆水不見,但聞其聲,七十二橋回環屈曲於千巖萬壑之中,密箐深林之下,憑誰摹此畫中境耶。夫此溝,一綫天耳。而其山其水及其草木,無一不臻佳妙,足稱富麗天成,不必更以蕭疎澹遠爲勝,何期萬里巖疆,乃有此一段仙境,奇絶,快絶。由二臺南行四十里至

頭臺 塔爾奇溝之勝,至此漸稀,乃出山矣。南行五十里至

小蘆草溝 沿途新濬渠道甚多。東南行三十里至

綏定城 總鎮駐此,爲伊犂屏翰。地形開敞,官道兩行柳色,掩映怡人,叱犢耕田,村村打麥,太平景象,浩蕩無邊,頌揚所莫罄也。南行三十里至

伊犂惠遠城 距迪化州一千九百餘里。自哈密至此三千三百餘里,自嘉峪關至此五千二百餘里,自蘭州至此六千八百餘里,自西安至此八千二百餘里,自京師至此一萬七百餘里。然關外地方遼闊,其路程里數約略計算,有贏無絀,非內地驛站確經丈量者可比。故往往有二三十里行至半日方到者,遠道迢迢,惟征戍之人備極領略耳。

男宋藻、宷藻、宿藻敬校字

濛池行稿

《濛池行稿》自序

余少喜讀史,討論古今,未嘗少倦,顧獨不好爲詩。通籍後始稍稍爲之,然酬唱嫌其近諛,賦物又苦難肖,操觚率爾,急就爲章,已輒削棄之,不復置意。當在史局時,承纂《藩部表傳》,歷八年而成書。嗣總纂史藁,日惟蒐輯掌故,自喜得其性之所近,益不樂爲詩。厥後遷秩郎曹,勞形案牘,牽率益劇,其於詩更無暇爲之。以故備員京轂垂三十年,吟詠之作僅《珥筆》《覆瓿》兩集及《筠渌山房詩草》寥寥數卷而已。歲乙丑,以事謫赴伊江,長途萬里,一車轆轆無可與話,乃不得不以詩自遣。客游日久,詩料滋多,雖不能如古人得江山之助,然無日不作詩,目覽神移,若弗能已。憶曩者纂傳時,嘗念國家版圖式廓,西北尤廣袤,爲古所未有。戎索所至,部別區分。其山河幕落,傳聞異辭,竊慕康熙間圖侍讀理琛奉使絕域之事,思亦躬履邊徼,詳誌所見,以廣所聞。詎知此念一動,早爲今日讖乎?願借是得以孳孳於詩,補平生所未逮,亦未始非幸矣。辭都之日,時維仲春,越保陽,渡滹沱,由井陘口西上,便道出家縣,辭墓而行。過縣山之麓,登韓侯嶺,慨然憑弔。道左望霍太山,徙倚汾曲,流覽藐姑射、中條、雷首諸勝,歷平陽、蒲坂間,覺唐魏遺風至今未泯已。乃艤舟渡黃河,出潼關,飽看太華山色,浴驪山溫泉,觀長安所謂八流繞郡者。復渡灃渭,登咸原,古塚纍纍,類漢唐人埋骨於此,爲之歎息。踰梁山,抵古豳國,陶復陶穴舊俗依然。泝涇水,度六盤峻嶺,自隴西行,坂險非一。越皋蘭,復渡黃河,經河西、武威、張掖、酒泉諸郡,見氏羌所居,邊堞迤邐,直抵關塞。少小時所讀伊涼詩,多言征戍之苦,及天山、黑水、飲馬、長城諸蹟,一一皆親見之。叩關西出,景象蒼涼,雪窖龍堆,糾紛極目。輾轉走瀚海中千餘里,疊經風穴、火山、沙坂、急流之險。又數月,始抵戍所,已徂秋矣。自念此行,若非得詩以爲伴侶,吾何以至此。重五之年,羸弱之軀,幸未僵仆於道,皆詩力也。即所爲詩間有哀音促節,不免近於蟬嘒蛩吟。然以余所見山川城堡之雄闊,風土物產之瑰奇,雲烟寒暑之變幻,一切可駭可愕之狀,有所觸於外,輒有所感於中。悱惻忠愛,腸迴日久,無一不寄之於詩。吟嘯偶成,吮筆書之,長短惟意所適。其所不能盡,則又爲行程記以紀之。是役也,余始信詩之不可以已。向者獨不好此,乃余之陋也。發行篋中所存,得百數十首,彙錄之,題曰《濛池行稿》,誌不忘,且待刪定也。別有《西陲竹枝詞》百首,茲不復錄。

　　嘉慶丙寅如月寒食日,壽陽祁韻士鶴皋甫自識於伊江靜虛書室。

濛池行稿

壽陽祁韻士鶴皋著

二月十八日出郡留別祖舫齋、閻墨園、曹定軒、郭可之、劉澄齋諸君子

知交代我感君恩,握手西郊告語溫。班馬蕭蕭留不得,幾行柳色暗銷魂。三十年來老弟兄,臨岐分袂更關情。也知別後相思苦,且向龍沙萬里行。詞壇一蹶賦靈光,又失曹司白首郎。慚愧不才還自哂,生平宦迹似黃楊。久要雅意佩金蘭,重荷殷勤別眼看。欲洒天涯知己淚,他時圖報稱心難。

門人王漢庭送至盧溝橋,遠眺口占示之

何日到邊城,今朝始啓行。回看雲樹密,一望曉烟清。翠黛迎車入,蒼苔傍岸生。驚心桃李長,無限別離情。

定州道中

笑指中山路,驅車緩緩行。人稀茅店遠,土潤野田平。官道新栽柳,烟村未喚鶯。寄懷雪浪石,不得訪題名。

至安肅縣食菘菜

晚菘下箸足分甘,滋味清腴不厭貪。此物北方稱絕勝,莫誇蓴菜憶江南。

方順橋

曲逆水流方順橋,無邊草色逗眘腰。東皇只喜春來早,又遣柔風

颭柳條。

宿伏城驛

夢中猶不廢吟哦,半世萍蹤付逝波。野鶴閒雲何處覓,清風明月幾回過。二驛名。解鞍聊爲停征馬,對酒還當發浩歌。那得雞鳴不起舞,匆匆夙駕渡滹沱。

過正定府

策馬登前路,雙蹄傍曉嘶。平沙人跡遠,夾道柳陰齊。沱水看新改,常山認舊題。趙順平祠,向在城南二里許滹沱北岸。今水侵及城,祠久圮,惟碑移立甕城中。古來名勝蹟,無上問菩提。

行至獲鹿縣迤邐入山

出都六百里,到此入西山。匹馬投榆塞,單車向固關。漢家遺跡渺,當代戍樓閒。歷經崎嶇路,鄉園廿載還。

雨中喜見杏花

前村忽見幾枝紅,始覺時過二月中。一路征衣塵土滿,借他微雨沐春風。

固　關

雙門鎖一峽,大石立當關。路入井陘口,人懷楚漢間。左車陳上計,赤幟下青山。惆悵英雄去,巖扉碧蘚斑。

訪龍窩寺

繭足入關溝,爲訪龍窩寺。寺廢荊棘中,俯仰迷弗識。憶昔初過此,茶亭延客次。仰視浮雲端,丹黃雜山翠。濃陰萬木長,殿閣莊且邃。梵唄聲相聞,寶刹書大字。行人喜讚頌,皆云名勝地。一別廿餘載,遲予再登寄。時時夢遊之,仿佛舊景記。夫何今日來,乃作真夢寐。梧僧衣藍縷,一磬佛前侍。招手問因由,云自雨水致。峯頂落奔泉,乖龍濤裏戲。一洗萬古空,事創駴絕異。予聞三歎息,翹首動遐思。造物戒盈滿,太盛是所忌。茲寺窮工巧,昔年真少二。變故忽中摧,冥冥豈無意。興廢亦何常,興難廢則易。冷眼歸達觀,陳迹姑徐置。

寒食行次平定州感賦

計日纔知值禁烟,春陰懶說養花天。淺深草色青袍映,遠近嵐光翠幄連。忙裏看山如夢耳,客中遇節轉淒然。來朝已屆清明日,敬詣家園掃墓田。

至家辭墓告別

焚黃廿有四年前,拜掃徒虛歲月遷。一事無成今罷職,百年已半去投邊。室家妻子心何繫,險阻艱難命可憐。欲向雙親訴衷曲,九原不見淚如泉。

望方山

乍得相逢轉汗顏,遂初久負不知還。豈期入夜方歸錦,祇為無錢可買山。百事蹉跎緣自誤,萬端糾結合全刪。他年重訪華嚴洞,稽首仙靈莫掩關。

太安驛韓文公詩亭

偶爾題詩處,千秋驛路傳。我今來問字,公昔此投鞭。放眼雲山外,長吟雪月邊。故鄉明日別,慷慨憶前賢。

訪五峰山龍池

五禱曾皆應,名傳郭雨師。獨無遺像在,但見古碑辭。地僻流泉閟,池深碧草滋。五峯山上樹,老幹擁支離。

至榆次縣境出山

天賜膏腴地,春多隴畝人。犁翻新雨濕,水灌野田勻。食力羞安逸,勤農備苦辛。山河看表裏,風俗喜猶淳。

祁縣祁大夫祠

敢效崇韜後子儀,未遑拜謁向宗支。三卿鼎峙今無土,七邑瓜分尚有祠。屬籍馬頭留世系,余籍壽陽,爲春秋馬首地,即七邑之一。通家羊舌溯心知。謂救叔向事水源木本千秋感,慨想當年乘驛時。

抵張蘭鎮撫今追昔率爾寄慨

二十年前此授餐,今來又復歇征鞍。但聞車馬聲轟烈,不見金銀氣鬱盤。市上爭估嫌價貴,道傍乞食憫衣單。此邦富庶稱無比,祇恐浮華力已殫。

至介休縣謁郭有道祠

共羨先生折角巾,當時冰鑑仰羣倫。不攖一網清流禍,無愧千金諛墓人。豐碣久殘書再勒,傅青主徵君重書八分。老槐獨茂蔭常新。祠前漢槐尚存。巍巍俎豆尊鄉產,潞國耆英尚後塵。文潞公亦介休人。

韓侯嶺懷古長句

淮陰死漢近未央,無端藁葬霍山傍。云昔函首欲送代,高帝還師駐此岡。頭雖可斫魂不滅,启笥隱隱鬚眉張。遽命掩以一抔土,英風萬古悲白楊。後人增築作馬鬣,留鎮巨嶺摩天揚。重垣繚繞起祠宇,題詩壁上遙相望。我來弔古三歎息,莫須有事殊難詳。侯如果反羹不早,解推義重非忍忘。垓下功成經百戰,僞游雲夢何太忙。自云羞與噲等伍,老將失意語倔強。前此請作假王時,躡足已伏禍機彰。不學無術終未悟,鞅鞅觖望徒慨慷。即此便成縛虎勢,一旦就擒若驅羊。君不見,飛鳥盡,良弓藏,越王滅吳范蠡亡。一葉扁舟五湖去,網羅脱却隨翶翔。又不見,買宅自汙蕭相國,學仙辟穀張子房。袴下能屈無賴子,老死何必諸侯王。噫嘻乎!山蒼蒼,土茫茫,至今過客猶感傷,千金漂母真知己,哀爾王孫空斷腸。

霍　山

詰屈知途險,嵯峨笑石頑。纔過九折坂,又見一重山。白日催人去,浮雲逐鳥還。州城看斗大,山在霍州城南。指點爲開顔。

入洪洞縣境風景可愛喜作

春來乍覺氣和融,緑野青疇四望通。茅舍近溪新雨後,遠嵐横翠夕陽中。稻孫樓畔盈盈水,燕子橋邊習習風。莫詫江鄉時景好,山川明媚有洪洞。界坊題"山川明媚"四字。

訪大槐樹里無知者慨然有作

書帶階前草,柴桑里中樹。前哲既云遥,舊蹟良可慕。田園無一存,流連及邱墓。數典重根本,矧敢忘其故。繄維吾祖德,縣縣衍世祚。相傳手植槐,家在洪洞住。當明洪武中,移民實諸路。卜宅壽水陽,北過龍門渡。斯言豈無徵,少小聞已屢。今我邁西征,鄉縣偶停駐。入境重徘徊,徧訪覬一遇。井邑忽已改,蒼莽迷前赴。但見阡陌平,川原自縈互。犬吠不知村,緑樹生烟霧。杏林不可即,桃源誰再度。感歎古今人,淹没殆無數。遥遥祁大夫,華胄吾敢附。十四世以前,鈞游難遠溯。肇遷作土著,貽謀守儒素。寄語後世人,忘本吾所懼。

平陽道中望藐姑射山

我行汾水隈,遠睇藐姑射。落落青芙蓉,上有仙人宅。仙人在天上,曠與人境隔。一朝墮凡界,來向此山謫。青峯爲廬舍,白雲爲幕席。烟霞爲餐飯,不肥亦不瘠。烟火俗骨多,誰能近履舄。謫滿凌風去,一去無返跡。遂令千載人,悵望空山碧。春草自年年,綠遍山中石。

汾　水

力齧兩山開,滔滔自北來。幾番聽濁浪,一路響奔雷。姑射層峯迥,文中故里迴。西流入黃水,瞻望白雲隈。

過太平縣境見文中子故里碑敬賦

龍門教授繼西河,中論精言自不磨。家倚河汾千古秀,才成將相一朝多。每從史册尊山斗,況近枌榆問薜蘿。遺澤欲尋書帶草,鄭鄉敢作等閑過。

國士橋論豫讓事

知己既云死,吾生憤不伸。一心成國士,幾次報讎人。事許擊衣創,情憐吞炭真。聞風感義氣,莫復論君臣。前輩謂讓與智伯非君臣,其報讎非公義,故論及之。

中條山

未訪王官谷,中條在眼中。東南屏障合,氣象萬千雄。松憶幽人筆,亭留遯世躬。我來興仰止,山勢望巃嵷。

途中偶占

帝墟人物數河東,陳迹千秋指顧空。故老不知三鳳里,新田那憶六宗風。開皇經術文中子,西漢才名太史公。只此數賢堪不朽,雲山佳氣尚葱葱。

聞喜弔郭景純即用其體

暮春遠于役,轆轆行趑趄。駕言登隴坂,晨氣流平蕪。睠思古英哲,增我心煩紆。高抱託蓬萊,靜嘯凌仙裾。浮邱及洪崖,拍肩相與俱。塵網一墮落,不能保厥軀。神明山岳秀,奕奕留寰區。葳蕤露藻采,灼若出水蕖。況餘卜筮外,二九注蟲魚。詎惟文章伯,抑亦聖賢徒。白雲望遙遙,英風遍路隅。我來千載下,但讀所著書。當時佞奸輩,誰復存一廬。搔首去莫問,俯仰爲欷歔。

裴晉公祠

平蔡元功著,昌黎豈譽詞。當年心事晦,公論至今垂。祠宇留基址,江山詎改移。猶傳三卷譜,苗裔衍孫枝。

途次書所見

山川淳樸氣豐隆,耕鑿惟安上古風。老婦濯衣渠水上,兒童挑菜麥田中。穹碑當道貞良勸,教澤貞節之碑,路旁甚多。團堡連鄉守望同。勤儉性成由耐苦,莫言富庶少貧窮。

蒲州道中望華山

秀拔驚人目,天然景不同。烟鬟橫碧落,仙掌擘晴空。屈指心先快,披圖昔未窮。隔河回望處,雷首失穹窿。

詢詩人吳天章故廬所在

九曲桃花水到門,西崑詩格玉溪存。蓮洋不遇漁洋老,冰雪誰將幾卷論。笙頭大字瘦通神,傲骨當年被相嗔。今日我來尋舊隱,河聲嶽色壯詩人。

潼關

此地稱天險，秦中第一關。樓臺連崒崔，城堞隱回環。仙掌碧雲外，洪流霄漢間。泥丸何足道，時際太平閒。

華陰道中

向平游五岳，余亦愛看山。此去西秦路，循行二華間。白雲迷洞府，紫氣辟仙關。拔宅何年事，希夷自往還。

過華州謁郭汾陽祠

再造興唐室，安危繫此身。天鍾河岳秀，不是等閒人。一代福星曜，千秋桑梓新。式間懷駿烈，鄉產首西秦。

浴驪山溫泉作

到此不解浴，齷齪非丈夫。轉令妃子笑，謂彼後人拘。天地本傳舍，吾生各異軀。客中逢一濯，留得斗塵無。

臨潼早行

太華山頭是華州，臨潼又過少山頭。東風夜送濛濛雨，一幅烟雲畫裏收。征衫薄絮不禁風，林外春寒日影紅。欲覓村沽爲小飲，青帘斜掛綠楊中。

西安府

佳哉雲氣鬱蒼蒼，形勝由來重帝鄉。聖世龍飛成右輔，雄州虎視鎮西方。天開渭北林光遠，日近終南雪影長。一望川原皆沃土，耕犁徧野勸農桑。慈恩塔影驗豐荒，經古碑殘石洞藏。耆老至今知有漢，長安猶昔已非唐。曲江地僻鶯花杳，灞岸春深草木香。我亦千秋一過客，欲從夸父逐斜陽。

出西安城西行

清和初入夏,繞郭曉烟齊。麥浪平翻隴,楊花淺覆泥。天高雲作幕,岸闊水迎隄。山色終南好,晴嵐望欲迷。

過咸陽縣北原有感

不到咸原上,那識塚纍纍。強半犁爲田,但留土數堆。彼豈無豪傑,今乃不知誰。欲往攷世代,没字並無碑。白楊風蕭蕭,向我耳際吹。世事浮雲變,富貴徒爾爲。黃土慣埋人,玉山曾幾頹。獨念繁華子,終忘死去悲。

邠州偶題

山城一角起崇巃,遍野桑田望未窮。陶穴遺風留古意,還思小范在軍中。<small>范文正公舊治。</small>北來已越三千里,西去方盈五十程。鞍馬敢言多困頓,自憐文弱本書生。

旅館牡丹盛開,鄰舍女有乞花者,折而付之

幾朵教他插鬢鴉,小名莫問阿誰家。天香國色神仙種,占盡人間富貴花。

明岨山紀異

山頭蹲若鼎,厥趾富百足。洞穴中玲瓏,脈注筋相屬。蜂房氣通透,森然映寒綠。斜睨深無底,石罅繚而曲。蟲背死不僵,鶴脛斷復續。斧鑿疑鬼工,長鑱倩誰劚。仰首瞰陰崖,戴土暗結束。憶昔凌井道,鍾乳乖蜷局。岡巒俯千仞,一一羼肩觸。<small>凌井溝在太原西北山下,多洞穴,玲瓏與此界略同。</small>及此忽再見,駭目逢故矚。瑰景欲罕覯,吮筆爲記錄。徘徊緩就車,願僕休餘促。

涇州

涇州風景似邠州,桑柘陰濃夾道稠。最喜林巒如削出,回中山下俯雙流。

回中懷古

神仙富貴兩茫茫,甲觀樓臺尚鬱蒼。爭說西池金母駕,就觴東帝此山傍。雄心豈讓穆天子,英略何如秦始皇。飽食蟠桃難覓種,秋風吹散白雲鄉。

渡涇水

入渭洪濤不自由,涇源重復探笻頭。出山湜湜原無滓,莫把清流當濁流。向作涇濁渭清解,今正其誤,見《御制詩集》。

晤平凉太守閻柱峰賦贈

惻怛爲仁政,賢名一郡知。我從所部過,民頌使君慈。有子真堪慰,無錢莫自疑。故人明日去,萬里寄相思。

四月十四日度六盤山,雨雪交作,狼狽殊甚,次日作長歌紀其事

平凉西行及百里,山勢縱橫拂面起。奇峻無如六盤山,一嶺插入浮雲裏。危坂陡絕上青霄,時有風雪相倚徙。車馬趑趄不敢前,往往歎詫行且止。時維孟夏月幾望,我行到此將西向。和尚坂前雨急作,土人阻余幸莫上。謂值清和猶可行,雨輒泥濘滑千狀。疑欲迴車憩瓦亭,僕夫恃勇請行壯。聞言適符愛山癖,遂擬乘雨窮登降。隆隆車軛過九折,石磴嶙岣土道缺。汨汨流泉建瓴下,雨點繽紛化爲雪。雪白泥紫路濘甚,馬瘏僕瘁若就縛。果然一步不能前,牽牽至此悔無及。足趾二分垂在外,深澗萬丈冰雪窟。進退維谷喚奈

何,智勇俱困難爲力。舍車而騎獨向前,橫空盤硬到層巔。是時風雪復大作,雪花如掌風如烟。目迷耳鳴帽屢墜,烽火臺高姑往避。數椽亭狹吹欲倒,一卒從余僵且悸。勢殆岌岌不可留,引鞭直下窮山陬。路轉峯回不記數,冰裂雪綻風颼颼。當道哀鳴老駝卧,馬逸不止繞荒邱。漸入平地楊店息,雪則不見雨未休。此身疑是從天降,回首但看山白頭。車價棄置嶺左旁,我向嶺右行蒼茫。就館脫却征袍濕,借得半榻無行裝。堪笑狼狽一至此,沽酒獨酌澆枯腸。乃知事多出意外,輕進冒險勢必殆。頃刻風雲變態多,百靈乘間作狡獪。山下作雨山上雪,兼有狂風助雄怪。遂令過客心胆寒,至此皆言行路難。不怕層峯疊嶂險,但愁泥滑雪漫漫。

過安定縣,憶漢皇甫規事,爲之一笑

昔有一高士,僵卧此山隅。軒車貴客至,拜謁不起扶。顧問卿作郡,食雁曾美乎。剥啄來縫掖,倒屣迎之趨。握手延入座,歡笑旁若無。傴人毋乃甚,倨恭變須臾。彼豈惡作劇,良由所見殊。乃歎二千石,不如一寒儒。

抵蘭州,蔡小霞方伯話別感賦

何時脫駕到伊濱,且向蘭山一問津。念我艱難金石告,服君肝胆笑言親。心交自覺情偏厚,贈別還思語最真。紉佩難忘良友意,始知古道屬同人。

隴右竹枝詞六首

西來氣候少和融,早晚温凉便不同。夏葛冬裘一日裏,行人欲换怕頭風。

清凉車嶺路行難,峻坂高坡似六盤。溝水還過七十二,馬蹄終日不曾乾。

大車檻檻最蹣跚,笨伯扶輪轍迹寬。登陟劇憐身短小,皮弦葦箔

木欄干。

淡巴菰種幾何年，採得靈苗自五泉。呼吸爭誇風味別，居然烟火出丹田。

烏雲挽髻露雙丫，紅袖携春兩鬢斜。土屋藏嬌藏不得，烟花部裏學琵琶。

日食需錢僅數株，附身襦袴賤而麤。氈裘以外無長物，四季披來總不殊。

出蘭州北郭渡黃河浮橋作

黃河出龍門，一瀉勢乃大。驕蹇不可制，劇爲東南害。當其在皋蘭，束縛若衣帶。浩浩濁流平，馴繞北郭外。舟造廿四橋，踏若杭葦快。又聞過寧夏，仍復滋灌溉。厥性豈不同，相反實非怪。譬彼強悍徒，孤掌少氣概。衆若附和之，仰首逞侈汰。石水泥八斗，難禁百川會。溜合力愈猛，時時欲瀰湃。任之固非宜，防之亦終敗。所以禹治水，下流九河殺。若向上流看，幸有此橋在。

山中早行

地僻人稀見，途長馬懶嘶。坡坨過隴右，沙礫到河西。影對邊城月，心摧旅店鷄。行程知日遠，回望白雲低。

抵涼州劉葦亭觀察見招

馬蹄蹩蹀下巖阿，日傍防秋故壘過。山外有山皆擁雪，水中無水尚名河。地鄰邊塞人烟少，路隔鄉關客感多。愁裏忽逢東道主，銜盃不覺醉顔酡。

甘州道中

涼州西去是甘州，積雪青山半白頭。長路生憎逢斥鹵，前途忽喜見林邱。春遲塞草不成綠，風緊河沙無定流。莫說此游同汗漫，長安遠望不勝愁。

張掖縣

古郡尋張掖,芳菲綠滿隄。草橋臨岸淺,雜樹拂城低。雪隱天山北,沙屯黑水西。從兹邊塞近,羌笛暮烟迷。

過九眼泉

略彴粗排傍水行,沙河西去景還清。雪峯遠出層霄逈,芳草低迷十里平。吹笛看他牛背穩,嘶風憐我馬蹄輕。前村旅店知多少,惟見斜陽向暮橫。

河西竹枝詞六首

山童水劣少人烟,廬帳安居大道邊。羌笛幾聲怨楊柳,踏歌解唱太平年。

豚蹄欲祝滿車簍,灌溉全資雪水流。稂莠未除芸事缺,祇知播種靠天收。

隆陸竟日走圈車,無定河邊石子賒。懊惱行人多繭足,慣隨風浪逐黃沙。

倚門賣笑近青樓,頰暈桃花欲語羞。不解娥眉宜淡掃,焉支山色鎖春愁。

肩戶家家過節時,道琴爭說鼓兒詞。靈符艾葉都無用,窄窄門楣插柳枝。

倒騎牛背牧兒回,日暮烟迷烽火臺。雞栅羊牢人臥榻,甘尋同夢土墻隈。

肅　州

山色空濛裹,氈輿當臥遊。人行平野闊,天近玉關愁。久負看花約,空逢賣酒樓。題詩佳句少,欲貯錦囊羞。

飲閻觀察署中

一別竟三年,相逢到酒泉。那期今夕話,遠在塞雲邊。相見故人歡,依依欲別難。出關一杯酒,拚着爲君乾。

出塞前夕不寐口占

離情無限望家山,欲向長城飲馬還。濁酒幾杯聊獨酌,何人送我出陽關。詰旦將爲塞外行,雞鳴起視斗杓橫。毛錐投却談戎馬,莫把儒冠誤此生。

五月廿七日出嘉峪關西行

種種嗟余兩鬢斑,窮沙遠戍幾時還。始知天下傷心處,無過西來嘉峪關。回首仍看雲際月,前途只見雪中山。行行忽遇東歸客,不覺低頭淚欲潸。

玉門縣道中

乘驛經三月,邊庭到尚遲。饑驅憐體瘦,囊澀避人知。畏冷披裘好,傾陽戴笠宜。識途憑老馬,却幸路無歧。

寄 內

一車兀坐當枝棲,終日馳驅任馬蹄。夙駕未過葱嶺北,宵征已到玉關西。音書久隔憐兒輩,井臼親操念老妻。手勒平安聊寄語,莫從風雨怨凄凄。

無 題

客西水自向東行,三五人家村不成。廣漠無邊芳草白,流沙極目暮雲平。伊誰能却思鄉念,獨我還生弔古情。中外一家逾萬里,秦皇徒爾築長城。

宿三道溝有感

平岡一望遠天低，風疾沙迷塞草萋。日卧氈車疑鹿夢，晚投茅店似雞棲。月從綠樹林中見，詩向黃泥壁上題。忽憶家園在何處，此身今已隔關西。

曉行

孤村人靜聽雞鳴，秣馬脂車傍曉行。山外月明斜欲落，沙中水過寂無聲。星稀漸覺東方白，天遠遥瞻北斗橫。殘夢不知關塞阻，獨隨鵷鷺待朝盈。

咏路票

關門不禁往來人，官給名符驗放真。一紙送君行萬里，棄繻誰敢置閒身。

偶占

堪憐漂泊去家鄉，木偶何如土偶良。往往來來緣底事，青山也笑白雲忙。

夜行戈壁中

安西北郭外，千里起沙磧。一望少人烟，所至水草缺。赤日午當空，精光遠流鑠。覆釜欲煎豆，馬蹄苦觸熱。向夕稍可行，裹糧走蹩躠。明月從東來，照我西去轍。涼風徐撲面，清氣乍相逐。浩然發長歎，仰視河漢隔。念我再生人，今作遠遊客。家山在何許，魂夢依北闕。莫漫咏歸來，且覓盃中樂。濁醪冷傾缾，一醉天地闊。風月當塞外，兹景堪自悦。冷冷清凉界，身忘在沙漠。頹向車中卧，起視東方白。

途中書呈丁立齋、鳳祥菴、遐九峯

何處最消魂，西去過玉門。見沙不見草，無水竟無村。路闊青山杳，風高白日昏。此行偕舊侶，差幸笑言溫。

紅柳峽

日斜登車去，夜半猶未息。無景可流覽，枯坐常合目。獨有紅柳園，一名紅柳園。快我紓遐矚。游龍走瀚海，至此勢一束。平地起雲烟，蜿蜒未肯伏。初當過峽時，一步一登陟。柳枝竟不紅，但見山矗矗。峯回路幾轉，豁若異境闢。岡巒互拱抱，迎面露突兀。或方如鼎峙，或圓如釜覆。或亞如蓮跗，或尖如筍立。形狀幻萬變，俶詭難具述。我聞媧皇氏，補天曾鍊石。餘滓棄不用，瀉向恒河曲。至今西北地，半爲沙礫窟。何年巨靈手，復作此搏埴。置向玉關道，畫本留數幅。我來逢日暮，蒼翠紛相逐。山靈揖我笑，客況破岑寂。去去頻回顧，翻惜車輪疾。

星星硤

天地鼓洪鑪，鎔鑄非一狀。荒僻關塞外，亦復糸意匠。紅柳既稱殊，星星又別樣。一峽鎖萬峯，橫絶瀚海上。大石阻岞崿，磨牙屹相向。紓回過石門，新境疑忽創。雲氣生蒼茫，層巒與疊嶂。被以五色土，色色出意量。吾乃徧目之，約畧審厥象。若舉青玉案，若披絳紗帳。若登朱雀舫，若入烏衣巷。譬彼面不同，俯仰互揖讓。奇哉少所見，使我心一暢。山骨森界劃，狡獪誰爲倡。又聞産拳石，燦若星宿降。絕壁深澗中，精光頻蕩漾。乃知造化工，如此無盡藏。行人好事徒，輒欲生依傍。携石置山巔，如人立而望。猥瑣奚足觀，徒令嗤庸妄。

旅次遣懷

幾回桄觸在天涯,不見長安不見家。作字那尋蘇武雁,嘗新欲飽邵平瓜。行經瀚海難爲水,渡向恒河但有沙。寂寞長途誰是伴,中書老秃尚生花。

塞外獨行忽有所悟

清凉極樂境,非暑亦非寒。自在吾心穩,無遮世界寬。但從空裏想,莫向忙中看。一切冰消矣,何須掛舌端。

晚宿小店率爾成篇

寥天又看夕陽紅,竟日奔馳夸父同。逆旅豈懸高士榻,流沙且避大王風。人言極樂西天遠,我悟閻浮世界空。堪笑達觀如阮籍,無端痛哭爲途窮。

憶唐書哥舒翰事,有感明季諸人

哥舒輕禄山,視之爲羯雛。潼關一敗衄,北面甘受污。肉眼作司空,至以聖人諛。獨羨氣節士,不畏鼎鑊誅。富貴苟薰心,貪生惜須臾。兇燄忽已燼,徒供世揶揄。嗟彼武人何足道,後世苟活乃吾徒。宗伯曾拜賊御史,宰相羞遇馬家奴。君不見,晉處士,莽大夫,綱常若不重千古,大書特書胡爲乎。

山鳥有唧哳求旦者聞而感賦

辨色想熹微,黎明玉漏稀。朝班方立鵠,聖主早求衣。入夢征塵隔,驚心往事非。如聞鶡旦鳥,悽愴更依依。

晚宿格子烟墩

百餘里外未逢村,沙路遲遲問遠墩。日暮途遥頻駐馬,更深店閉懶開門。濁沽漫覓三杯酒,殘夢爲尋一席温。喜得新泉非苦水,茶餘客話且同論。

無題

太平邊塞靜無塵,烽火臺空記里眞。一日難齊寒暖候,長途時見兩三人。登樓王粲應多淚,投筆班超豈愛身。西北雲山看欲飽,獨憐東望夢魂親。

抵哈密

草菜彌漫麥苗匀,菜圃瓜畦入望新。柳蔭垂街青漠漠,渠流繞郭碧粼粼。居民不改天方俗,豐樂無殊內地人。更向番王城畔過,林溪明媚景常春。

西瓜

三白<small>白皮白瓤白子爲三白瓜。</small>逢新摘,瓜期任早嘗。鎭心宜熱客,得氣應西方。暑際神添爽,冰餘齒覺涼。還思鄉味好,中合記紅瓤。<small>榆次瓜出中合村者最佳。</small>

甜瓜

愛覓堆盤綠,<small>內外純綠爲上品。</small>爭傳金棒瓜。<small>形如棒謂之金棒。</small>十分甜似蜜,半破手爲華。肉厚充腸好,漿濃到口誇。分甘小兒女,對此忽思家。

偶占

流水皆東去,吾行獨向西。沙原春寂寞,惟見草萋萋。

梧桐窩次壁間韻

小店差容膝,風飄入戶聲。客孤如過鳥,月暗不知更。破屋題詩遍,長途雜感生。挑燈聊一續,不覺愴離情。

風穴行_{即明史所謂黑風川也。}

男子競說胆如斗,幾履虎尾脫虎口。一虎且足制人命,何況風穴連天吼。連天吼,動地來,行人到此色成灰。鴻毛不順脅無翼,十常八九遭殘摧。沙磧崎嶇亘千里,此穴橫穿沙磧裏。三間房至十三間,_{兩地名,相去約有二百四五十里,風穴最險處在此。}無端巨浪從空起。沙石錯雜迷道路,晝夜狂號風不止。風不止,路難通,人人雌伏大王雄。皆言飛石慣碎首,若被攫去類轉蓬。千觔重載銜尾至,一一翻撲爲之空。須臾車亦騰空去,隻輪不反人無蹤。余始聞言疑過甚,親歷乃覺非無憑。詢之不解是何怪,但云有穴在山中。憶昔鴻濛初開鑿,洩漏元氣通山澤。大塊吸破土囊口,天籟席捲青蘋末。噴薄而去勢莫當,積之既厚發必力。造物於人本仁愛,人不知避或誤觸。況有神靈護所居,雲門咫尺誰敢越。封姨少女若居此,廣寒月府連宮闕。凡俗豈容近門戶,必遣爪牙守其缺。蚩尤旗,飛廉鉞,假借聲勢爲剽掠。吐舌南箕助簸揚,橫杓北斗梗車轍。雷公電母欲赴會,雲龍霧豹爭觭角。突若千軍萬馬至,咆哮騰踏森廣漠。浩浩蕩蕩神力猛,一怒天地皆錯愕。咄哉入坎一身輕,有進無退人馬驚。銜枚疾走一日夜,百五十里作兼程。晴朗且喜塵埃靜,微颺送我向西征。恰似偶值猛虎睡,未逢彼怒嘯不生。世間萬事悉前定,涉險惟當受以平。臨穴惴惴亦何益,黑風川作天衢行。

闢 展

碧樹紅橋外,裙腰草色齊。泉分瓜圃潤,人入豆棚低。暫憩停征馬,將炊聽午雞。柳中懷故壘,_{漢屯田柳中即在此。}烟霧目還迷。

連木沁風景甚佳喜作

塞外苦無水,覓得輒稱幸。睠彼清且漪,厥名連木沁。宿霧濕客衣,晨光吐明潤。繚繞溪幾曲,羣流勢相競。高柳覆層陰,堤草遥掩映。溪西一水來,委折行何迅。其東又一水,激湍出深箐。又東石罅中,怒涌竹箭勁。略彴會縱橫,潺潺響樾蔭。人家溪上居,牛馬溪下飲。漂者杵相聞,汲者缾靡罄。水碓與良田,豐樂適其性。我行偶過此,一覽萬念淨。濯足倚清流,塵氛忽已盡。俯仰恣瞻玩,異類莫余憎。纏頭回子所居。昔聞桃花源,避地津罕問。淵明一作記,世詫神仙洞。又聞空靈岸,沄沄霞石峻。子美擬營居,新詩發高詠。中邦佳山水,所在多幽興。獨兹世外境,綺麗殊絕勝。知者果誰歟,創獲自不佞。欣然欲私之,景與心相印。開豁暢征襟,白日忘西竟。行邁有程期,僕夫促余乘。回首滋戀戀,既遠覺猶近。詎意沙漠中,遇此清凉徑。

勝金口苦熱作

纔過黑風川,還逢熱火扇。此地人呼爲火燄山。天將鑪炭熾,人作釜魚煎。無計調冰水,何方採雪蓮。吳牛喘未息,尚欲著鞭先。

行次土魯番

密雲不雨是西郊,況值炎歊六月交。但有薰風吹面目,絕無爽氣出林梢。天生瓜果臻佳妙,人喜繁華列酒肴。過客敢嫌襪襪觸,欲從窟室問編茅。回王避暑窟室中。

有談岔口鳥者詩以誌之

雪山小鳥不知寒,水腹堅時出卵完。火鼠冰蠶非怪事,奇聞莫作等閒看。

烏魯木齊

雙城對峙接郊坰,濤響砰訇隔岸聽。嶺上停雲連雪白,溪頭密樹帶烟青。紅泥壁護叢林古,城南有廟,紅泥堊壁,俗遂呼爲紅廟子。赤石崖開寶刹靈。記取輪臺即漢輪臺故地。風景略,曉嵐詩後有黃庭。紀曉嵐先生謫居於此有絕句百首。後浙人黃庭亦有絕句,惜未之見。

望博克達山

山脈遠自葱嶺發,蜿蜒直向東北來。插天三峯勢欲落,中橫一脊高崔巍。峻坂仰看白雪老,連城俯壓青雲開。天外奇觀似此少,壯游使我歌莫哀。

即　目

路越金沙嶺,天開赤谷城。川原多沃土,屯戍足深耕。遠岸炊烟出,斜陽古渡橫。牛羊看徧野,民氣樂昇平。

自　遣

出塞何曾一夢成,愁來山水覺無情。征衫欲換羊裘暖,冷露還嫌席帽輕。好鳥飛時皆自得,野花開處不知名。劇憐作客難添病,莫遣孤軀太瘦生。

晨渡瑪納斯河

山雪消將盡,灘頭水怒號。北流聲活活,西顧勢滔滔。問渡求車穩,凌晨避日高。流迅早渡爲穩,日既高則水不可渡。濟川誰作楫,策馬客心勞。

望家信

憂患鬢眉變,艱難志氣摧。征塵和淚濕,鄉夢逐雲回。野水送人去,山花迎我開。馬前雅噪集,日日望書來。

自庫爾喀喇烏蘇西行

雪山入望鬱嵯峨,蔓草荒原取次過。車轄已投東道主,楊圃別駕見留一日。馬蹄頻濕北流河。胡桐樹匝濃陰遠,紅柳花開別豔多。獨有蚊雷添懊惱,伶俜瘦骨日摩挲。

患蚊口占

驅逐不離身,公然晝嘬人。憐渠憨就死,使我意回嗔。揮麈無停晷,蒙紗欲效顰。豈惟蜂蠆毒,引避作逡巡。

月夜旅宿不寐

嗷嗷八口想飢啼,旅館蕭條月色淒。家滯都中惟有夢,詩成塞外半無題。松濤偏入幽人耳,雁唳頻驚客子棲。中夜徬徨眠不得,吟髭變白已將齊。

無題

乾坤到處本無垠,薄笨車行向閶昆。曲岸水迴芳草短,對山風起夕陽昏。羊肝下酒沙壺暖,牛乳烹茶木鉢溫。竟日長途人影少,停驂喜見一家村。

飛雁篇

年年送雁塞北飛,不知飛向何處依。今我追雁來到此,雁驚避我起沙磯。葦湖森森望不極,六月無暑猶寒暉。塞外相識惟爾雁,疇昔過余是耶非。雪泥蹤跡偶然耳,行見銜蘆歸去肥。吁嗟乎,爾雁到處我亦到,爾雁歸時我未歸。

晚過大河沿,南山極雄峻,其西忽見小山聳翠,一一秀削可愛,記之以詩

沙路隨山轉,雄奇仰鉅觀。別開生面目,無數小峯巒。翠吐青蓮瘦,烟凝玉笛寒。欲移屏障裏,留作畫圖看。

行抵伊犂三臺觀海子

三千弱水竟誰探，巨澤蒼茫勢遠涵。萬頃光分濃淡碧，一奩影劃淺深藍。群飛白雁翔初起，對舞文鴛浴正酣。極目寥天明月好，_{時中元前一夕。}清輝徹夜浸寒潭。

塔爾奇溝記勝

峻坂初過欵段輕，林溪深處快新晴。天然罨畫誰摹得，却憶山陰道上行。不分山尾與山頭，石筍森森萬木稠。仿佛龍鱗烟霧裏，翠濤聲捲一天秋。丹黃繡錯逗芊眠，碧彩葳蕤映日鮮。采藥何人過山去，青鞵踏破嶺頭烟。此行底事訪桃源，入谷時逢獻果猿。_{土人呼爲果子溝。}不見一人來詢問，鳥啼花落自無言。萬峯高聳與天齊，碧澗縈迴九曲溪。七十二橋行未了，流泉已逐夕陽西。濃陰繞舍晚烟籠，茅店人稀小徑通。喜向林間先得月，那知身在萬山中。

七月十七日抵戍書懷

謫居今已到天邊，回首燕雲路萬千。翼息何心符六月，_{此行計一百八十日。}艾願有願待三年。恩同福載知無極，材愧庸愚秖自憐。葵向微忱如望歲，他時馬首快言旋。

西域釋地

《西域釋地》序

《西域釋地》一卷,媚丈祁鶴皋先生謫戍時所著書之一也。天山南北,疆域山川,條分件繫,攷古證今,簡而核矣。至喀什噶爾、烏什、庫車之譯名與欽定《新疆識略》不同者。先生成書在丁卯、戊辰間,傳聞異詞,早登簡札,非誤也。巴顏喀喇山之即古崐崙也,欽定《河源紀略》有定論矣。先生以非所親歷略之。而於蔥嶺之南北兩支,星宿海之潛源重發,則縷擘焉。昔人爲輿地之學者,每云目驗得之,先生亦猶是義爾。頃者,淳父侍郎寫定遺書,先以此本開雕,屬瀛爲釐訂體例,因綴數言,弁諸册首。

道光十有六年八月初吉,媚愚姪張瀛遐拜敍。

西域釋地

前史官壽陽祁韻士鶴皋輯

古之西域，今爲新疆。伊犁其總匯之區也，出嘉峪關，由安西州西行千五百一十里至哈密，爲新疆門户，天山自西來，橫亘其間，南北兩路從玆而分。自哈密循天山之南，迤邐西南行千三百里至土魯番，又八百七十里至喀喇沙爾，又九百五十里至庫車，又七百三十里至阿克蘇，其西北二百里至烏什，西南千三百五十五里至葉爾羌，其東南七百七十里至和闐，西二百九十里至英吉沙爾，又西北二百一十里至喀什噶爾而極，是爲南路。自哈密踰天山之北，迤邐西北行三百二十五里至巴里坤，又七百二十里至古城，又四百五十里至烏魯木齊，又八百三十里至庫爾喀喇烏蘇，其北七百六十里至塔爾巴哈台，西一千九十里至伊犁而極，是爲北路。攷《漢書·西域傳》所載，南道、北道皆在天山迤南，今之所謂南北路，乃合天山迤北而中分之。兩路雖分，皆稱新疆，總屬於伊犁，東西相距凡七千餘里，南北三千餘里，周圍二萬餘里。東界安西州，東北界阿拉善及喀爾喀，北界科布多，西北界哈薩克，西南界布魯特及霍罕、安集延，南界西藏，東南界青海，此全境之大略也。先是，北路之地爲準噶爾所據，南路之地爲回部所據。國初，哈密即內屬，土魯番亦奉表貢，餘部尚未臣服。準噶爾有渾台吉噶爾丹者，其先本元之臣僕，稱衛拉特，即今額魯特。其部有四：曰綽羅斯，是爲準噶爾。曰都爾伯特、曰和碩特、曰土爾扈特，後以輝特代之。準噶爾世爲四衛拉特部長，傳至噶爾丹，恃其强，虐鄰部，擾及喀爾喀。康熙三十五年，聖祖仁皇帝親臨朔漠，授大將軍費揚古方略，大破之於昭莫多。噶爾丹走死，其姪策妄阿喇布坦懼，獻噶爾丹尸集及女鍾濟海。班師還。策妄阿喇布坦既代噶爾丹爲渾台吉，漸驕橫，以計襲哈密，入西藏，我軍擊走之。

策妄阿喇布坦死，子噶爾丹策凌嗣，性尤狡，每伺侵喀爾喀。雍正十年，額駙超勇親王策稜奉命率軍進討，大敗之於額爾德尼昭，以其乞和，乃罷兵。當是時，準噶爾據有天山南北地，逼役諸回供貢賦取給，號富強，我軍留屯巴里坤及土魯番，屢有偏師告捷，然未及掃穴犂庭也。既而噶爾丹策凌死，子策妄多爾濟那木札爾殘暴，庶兄喇嘛達爾札篡之，其族達瓦齊又篡喇嘛達爾札而自立，酗虐滋甚，所屬不堪命，內亂，都爾伯特台吉策凌率眾內附，尋輝特台吉阿睦爾撒納亦降。具言準噶爾將亡，狀進乞進兵爲嚮導甚力。高宗純皇帝以降眾日集，錯處喀爾喀邊境非久計。莫若因其地其俗而安集之，且準噶爾人民陷水火宜拯，乃定議出師。時乾隆十有九年也。明年，將軍班第等統師進勦，所過簞食壺漿，迎師恐後，師以二月啓行，五月直抵其幕庭，即今伊犂也。達瓦齊敗遁，旋就擒。準噶爾平。回部諸城聞之，相率乞降。未幾，阿睦爾撒納以覬爲渾台吉，弗遂，煽眾宰桑喇嘛等作亂，師再進，二十二年伊犂始定。初，回酋有大小和卓木兄弟二人，兄曰布喇呢敦，弟曰霍集占，世居葉爾羌。自其父瑪哈墨特爲準噶爾所忌，誘執之，禁諸阿巴噶斯，瑪哈墨特死，二子仍被禁有年。伊犂既平，釋令還故土，不意其糾眾叛，諸回應之。大軍還擊，霍集占兄弟抗拒，繼乃克庫車，徇阿克蘇，略烏什，收和闐，破葉爾羌、喀什噶爾諸城以次降。賊窮蹙西遁，布喇呢敦死于道，霍集占竄巴達克山部，爲其汗素勒坦沙所戮，以尸獻。二十四年，回部平。蓋自興師以來，前後凡五載，叛黨悉就殲滅，南北兩路肅清，新疆底定，皆賴宸謨廣運，廟算丕昭，闢從來未闢之土，竟兩朝未竟之緒。聖德神功，超越千古，爰是築城堡、畫疆圻、開兵屯、設將軍及都統、參贊、辦事、領隊各大臣鎮撫其地，安輯其民，制度大備，與內地郡縣無異，實千古所未有也。攷歷代史所稱，中國號令斑於西域者，莫如漢唐，都護、校尉兼置，都督、節度遞設，紀載綦詳矣。由今攷之，三十六國叛服靡常，安西四鎮興革屢易，大抵羈縻勿絕，非能式廓版圖。元代起自和林，削平西北，幅員最廣，然角端之見，印度海水之淺,欽察史臣夸大之詞,衹述兵威所極,雖云達嚕噶齊設官監治,于久遠奠定之謀未審焉。孰若我國家建不拔之基,規模宏遠若此,允宜垂諸方册,昭示來茲者矣。謹就新疆全境分敘地理四至著于篇。

伊犁　漢及北魏爲烏孫國。唐爲西突厥。明稱瓦剌,即衛拉特之訛,後改號準噶爾。乾隆二十年,準噶爾滅,定今名,蓋取《唐書·伊麗水》而名之。其地爲北路極邊,至京師萬七百餘里,至嘉峪關五千二百餘里。東距庫爾喀喇烏蘇千餘里,又東距烏魯木齊千九百餘里。東北距塔爾巴哈台千五百餘里。南皆大山,距阿克蘇千餘里,通烏什及庫車。東南通喀喇沙爾,爲土爾扈特遊牧。西與北卡倫外皆哈薩克遊牧,西南卡倫外爲布魯特遊牧,通喀什噶爾。

塔爾巴哈台　舊爲準噶爾北境,本名楚呼楚,後定今名。至京師萬三百餘里,至嘉峪關五千餘里。東南距庫爾喀喇烏蘇七百餘里。東阻大山及戈壁。西南距伊犁千五百餘里。東北距科布多二十四站。西與北卡倫外皆哈薩克遊牧。

庫爾喀喇烏蘇　亦準噶爾故地,後定今名。至京師九千五百餘里,至嘉峪關三千八百餘里。東距烏魯木齊八百餘里。西距伊犁千餘里。南阻大山。西北距塔爾巴哈台七百餘里。

烏魯木齊　漢車師后王庭地。唐初置庭州於此,後改北庭都護府,設後庭縣。元爲回鶻五城,本準噶爾東境,後定今名。至京師八千六百餘里。由土魯番軍台至嘉峪關三千三百餘里,由巴里坤營汛至嘉峪關二千八百餘里。東北距古城四百餘里,又東距巴里坤千一百餘里。西距庫爾喀喇烏蘇八百餘里。東北通科布多。西北通塔爾巴哈台。南阻大山,距喀喇沙爾千三百餘里,距土魯番五百里。

古城　唐北庭都護府所領之地,其時金滿、輪台、蒲類、海西四縣皆隸北庭都護,此爲何縣所遺之城不可攷,只以古城名之。至京師八千一百餘里,至嘉峪關二千五百餘里。東距巴里坤七百餘里。南阻大山。西距烏魯木齊四百餘里。北界科布多。

巴里坤　漢蒲類國地,本名巴爾庫勒,譯曰巴里坤。至京師七千五百餘里,至嘉峪關千八百餘里。南近天山,距哈密三百餘里。西距古城七百餘里。東北通阿拉善及喀爾喀遊牧。

喀什噶爾 漢疏勒國。唐置疏勒都督府於此。其地爲南路極邊。喀什譯言初,噶爾創也。以初創此地,故名。又稱哈什哈爾,譯義同。至京師萬一千九百餘里,至嘉峪關七千二百餘里。東南距英吉沙爾二百餘里,又東距葉爾羌五百餘里。西南卡倫外通巴達克山諸部。西北卡倫外皆布魯特遊牧,通霍罕、安集延諸部。東北卡倫外亦布魯特遊牧,通伊犁。別有徑,名樹窩子,通烏什,僅七百餘里。

英吉沙爾 漢依耐國地。本名英阿雜爾,又名英噶薩爾,後定今名。英吉謂新,沙爾城也。以新立此城,名之。至京師萬一千五百餘里,至嘉峪關七千餘里。東南距葉爾羌三百餘里。西南卡倫外爲布魯特遊牧,通巴達克山諸部。西北距喀什噶爾二百餘里。

葉爾羌 漢莎車國地。北魏爲渠沙國。唐以後並入于闐。本名葉爾奇木,或稱葉爾欽,後定今名。葉爾謂土宇,奇木急呼爲羌,廣大之謂,言其土宇寬大也。至京師萬三百餘里,至嘉峪關六千五百餘里。東由台路距阿克蘇千三百餘里。東南距和闐七百餘里。西南大山,即古蔥嶺,卡倫外爲布魯特遊牧,通巴達克山部。東南有徑通西藏。西北距喀什噶爾五百餘里。北阻湖灘戈壁。南卡倫外亦布魯特遊牧。

和闐 漢于闐國。唐置于闐都督府於此。回人謂漢人爲"黑台",和闐即"黑台"之訛。相傳漢任尚棄其衆於此。至京師萬五百餘里,至嘉峪關六千六百餘里。西南東三面皆大山。西北距葉爾羌七百餘里。東北距阿克蘇六百餘里,又有徑通庫車所屬之沙雅爾,僅五百餘里。

烏什 漢及北魏爲尉頭國。隋爲疏勒地。唐置尉頭州。宋仍稱疏勒。元明爲巴什伯里,即別失八里。準噶爾時名爲圖爾璊。今名烏什。烏什者,猶言峯巒飛峻也。至京師萬五百餘里,至嘉峪關五千七百餘里。西北南皆大山。西北卡倫外爲布魯特遊牧,有徑名樹窩子,通喀什噶爾七百餘里。北通伊犁。東南距阿克蘇二百里。

阿克蘇 漢及北魏爲温宿國。元明爲巴什伯里地。今名阿克蘇。阿克謂白,蘇即水也。河水色白,故名。至京師萬三百餘里,至嘉峪關五千五百餘里。東距所屬拜城四百五十里,賽里木五百三十里,又東距庫車七百餘里。由台路自南而西,距葉爾羌千三百餘里。西北距烏什二百里。北皆大山,距伊犁千餘里。東北卡倫外通土爾扈特遊牧。

庫車 漢龜茲國。唐置安西都護府於此。庫車猶言衚衕,其地爲達西南要路,故名。至京師九千五百餘里,至嘉峪關四千七百餘里。東北距喀喇沙爾九百餘里。西距阿克蘇七百餘里。西南由所屬之沙雅爾通和闐。東南阻沮洳。西北大山通伊犁。

喀喇沙爾 漢焉耆國。唐置焉耆都督府於此,後改碎葉鎮。宋爲西州回鶻,本準噶爾牧場,名哈爾沙喇,後定今名。喀喇言黑,沙爾城也。至京師八千六百餘里,至嘉峪關三千八百餘里。東北距土魯番八百餘里。東南阻戈壁及沮洳。西南距所屬庫爾勒百六十里、布古爾五百五十里,又西南距庫車九百餘里。北有珠勒都斯,爲土爾扈特、和碩特遊牧。西北通伊犁。

土魯番 漢車師前王庭地,又名前部壁。晉爲高昌郡,北魏爲高昌國。唐滅之,以其地爲西州,置安西都護府,後徙都護於龜茲,猶置都督府於此。貞元中没入吐蕃。五代時爲回鶻所據。宋末,號輝和爾,即畏吾兒也。元平之,設畏吾都護,太祖次子察哈岱封于此。明爲火州地,嗣稱土魯番。至京師七千七百餘里,至嘉峪關二千七百餘里。南距所屬闢展二百餘里。又東北距哈密千三百里。東南距所屬羅卜諾爾五百餘里。西南距喀喇沙爾八百餘里。北皆大山。西北距烏魯木齊五百里。

哈密 漢伊吾廬地,置宜禾都尉,屯田於此。晉屬敦煌郡。北魏置伊吾郡。唐爲西伊州,尋改伊州,置都督府,後陷吐蕃。五代時,號胡廬磧。元封族子瑚納舍利于此。明建哈密衛。今仍舊名。其地爲南北兩路分岐處,至京師六千四百餘里。東距安西州界五百餘里,又東距嘉峪關千五百餘里。南阻戈壁。西南距土魯番千三百里。北爲天山,距巴里坤三百餘里。自西而北有徑,多戈壁,名爲"小南路",通古城。

以上疆域

昔人言天下山脈起於崑崙,山脈所起即水源所出。顧崑崙究在何地,其距中國道里遠近,史冊所載,言人人殊。就今新疆之山攷之,皆發脈于葱嶺,起西南,趨東北,蜿蜒内向,袤延數千里,亘南北兩路之中,疑古所謂崑崙者,與今葱嶺相近。然自張騫鑿空,史遷已有烏睹崑崙之説。降及近代,益無可攷,兹不具論。論其可據者,大抵新疆境内諸山,東以天山爲主,西以葱嶺爲宗。葱嶺者,葉爾羌之西南大雪山,回人呼爲塔爾塔什達巴罕者也。山脈起葱嶺,分爲二支:其一南折而東,越和闐,通青海,還抱安、肅、甘、涼之境,爲南祁連。《漢書》所謂南山者是。其一西折而北,越喀什噶爾,通伊犁、烏什、阿克蘇,直趨土魯番、哈密,爲北祁連,《漢書》所謂北山者是。祁連即天字之切音。山之陽,爲土魯番、哈密,山之陰,爲巴里坤。其迤西,諸山巍然,高而大者以百數,其最著者,在北路則有伊犁之額琳哈畢爾罕,塔爾巴哈台之楚呼楚,烏魯木齊之博克達。在南路則有喀什噶爾之玉斯圖阿爾圖什,葉爾羌之密爾岱,和闐之桑谷樹雅,烏什之貢古魯克,阿克蘇之穆蘇爾達巴罕,喀喇沙爾之博爾圖達巴罕。重巖疊嶂,所在不一,類多積雪,俗概以雪山呼之。雖隨地異名,實葱嶺一脈所分也。就新疆之水言之,南北兩路河流異趨,與山之共爲一脈者不同,大抵南路之水皆東流,出自南北山中,最著者若喀什噶爾之烏蘭烏蘇,葉爾羌之塔里木,和闐之哈喇哈什、玉隴哈什、哈琅圭塔克,烏什之瑚什奇,阿克蘇之渾巴什,庫車之渭干,喀喇沙爾之開都,其下流皆東匯于土魯番之羅卜諾爾。又南北山中積雪融化之水亦入之,瀹渝渟蓄,伏流地中,即古所謂蒲昌海,一名鹽澤也。北路之水，在伊犁者如伊犁、薩瑪爾諸河，多西流。在塔爾巴哈台者如額爾齊斯諸河，多東流。在烏魯木齊者如瑪納斯諸河，多北流。或注諾爾，或歸葦湖，或伏沙磧，以及雪融會合之水不可勝紀。語云：山本同而末異，水本異而末同。其説諒矣。或疑史載西域山川多與今不合，謂由元太祖平西域，盡易前代地名以蒙古語，于是皆不可攷。不知名目雖更，山水猶昔。鄭樵云："郡縣有時而更，山川千古不易。"設非撫有其疆域，奚由詳攷其山川。國朝自戡定新疆以來，南北兩路山水，按之圖籍，證所見聞，莫不了然可稽。西陲地理之書何殊，直省郡國之志，兹分載其山川形勢如左：

伊犁 將軍所駐，名惠遠城。

格登山　惠遠城西南百里。乾隆二十年，大軍勦準噶爾，其酋達瓦齊結營此山，兵近萬，面淖背巖以自固。巴圖魯侍衛阿玉錫等三人率二十二卒策馬仰攻，破其營，降六千五百騎，達瓦齊遁，尋被擒獻，勒石山巔紀功。

額琳哈畢爾罕山　城東北四百餘里。乾隆二十二年，再定伊犁，將軍兆惠等由此進兵。

塔爾奇山　城東北九十里。一作闥勒奇。大軍定伊犁時，由博羅塔拉越此山之嶺而入。峻險如關，闥路曲折，通一綫，爲果子溝，林木茂密，疑非凡境。又近伊犁有庫隴癸亦山隘口。將軍兆惠曾乘夜以八十餘人奪險擊賊于此。是爲六戰圖之一。

阿勒坦額墨爾都圖山　城西北四百餘里。

空郭羅鄂博　城東北三十里。

博羅布爾噶蘇山　城東二百一十里。將軍班第、參贊大臣鄂容安殉節處在其東。

那喇特達巴罕　城東南通喀喇沙爾。達巴罕猶言嶺也。自此而西至察林河，爲厄魯特遊牧。

伊犁河　城南一里許。源出哈什、空吉斯二河，洪流深廣，境内之水皆歸焉。過城南折而西北流七百餘里，入哈薩克界，遇沙而伏。

按《唐書》，貞觀中，西突厥分其部爲二，以伊列水爲界。顯慶二年，蘇定方爲伊麗道行軍總管討西突厥沙鉢羅汗，至曳咥擊敗之，乘雪兼行至其牙帳，斬獲數萬，沙鉢羅走石國，乃分十姓之地置濛池、崐陵二都督府。曳咥河，在今伊犂河之東。濛池、崐陵皆在伊犂河之西。唐時，碎葉川亦在其地。至所稱伊麗，即今伊犂，以水爲名。"犂"與"麗"同音，"列"則音近相轉耳。

哈什河　城東北七百餘里，伊犂河之上源也。由圍場流出，水極清，駛西至博羅布爾噶蘇，有空吉斯河自東南來會之，自此始名伊犂河。

空吉斯河　城東南六百餘里，亦伊犂河上源。

薩瑪爾河　城西北二百里。

策集河　城西北百六十里。

奎屯河　城西北二百五十里。

察罕烏蘇河　城西北八十里。

和爾霍斯河　城西北百二十里。

賽里木諾爾　城東北二百餘里，塔爾奇嶺之東。其北有川，名博羅塔拉，策妄阿喇布坦舊牧處，今爲察哈爾遊牧。

烏哈爾里克河　闢里沁河　皆在城東北。

博羅布爾噶蘇河　在城東。

察布察爾河　特克斯河　皆在城東南。

特穆爾里克河　格根河　哈爾奇喇河　察林河　皆在城西南。

特博爾津喀喇烏蘇諾爾　在城西北。

善塔斯達巴罕　在西南卡倫外百餘里。嶺畔多產野蔥。自此行三百餘里爲特穆爾圖諾爾水，周六百餘里，西北南三面皆山，山麓爲布魯特遊牧。沿岸潮沙可鎔爲鐵。特穆爾譯云鐵，圖者有也，以水產鐵故名。並產大魚。由諾爾南岸越巴爾渾山，渡塔爾垓河，行三百餘里，西南過察爾奇圖山，經穆蘇爾達巴罕之西麓，行五百餘里，踰鐵里冶克山南折而東，計四百餘里，至喀什噶爾城，所至水草不乏。昔伊犁派赴喀什噶爾換防之兵，因穆蘇爾達巴罕冰雪難行，皆由此路往返云。

塔爾巴哈台 北路參贊大臣所駐，名綏靖城。

鄂勒霍楚爾山　綏靖城東二百餘里。

巴克圖山　城西四十里。

茂海柯凌山　城東二百餘里

賽里山　城東八百餘里。山之陽，名和博克薩里。準噶爾未滅時，此其牧地，今爲土爾扈特遊牧。

烏里雅蘇圖山　城北十里。

巴爾魯克山　城東南百餘里。爲厄魯特遊牧。

沁達蘭山　城西南三百餘里。接伊犁界。

額密爾河　城南七十里。河有兩源，一自東南，一自東北。流經茂海柯凌山麓會合而西，入阿拉克圖琥勒諾爾。

裕勒雅爾河　城西二百餘里。

額爾奇斯河　城東北六百餘里。爲科布多界。此水發源東南山中，縈洄環繞，匯入齋桑諾爾。又西北溢出，流入俄羅斯境。

齋桑諾爾　城東北五百餘里。爲額爾齊斯河所匯。

額賓格森諾爾　城西南卡倫外三百餘里。

阿拉克圖琥勒諾爾　距額賓格森諾爾一里許，亦在卡倫外。

札噶蘇諾爾　在城東北。近額爾齊斯河。

札噶爾巴什諾爾　在城東北。近烏梁海。

特伊犁諾爾　在城東南戈壁中。

庫爾喀喇烏蘇 烏魯木齊領隊大臣分駐，名慶綏城。

哈什山　在慶綏城西南山之陽，即伊犁哈什河源所出。

濟爾噶朗河　在城西南。爲土爾扈特遊牧。乾隆二十年，將軍兆惠駐師于此，聞伊犁宰桑等煽亂，移兵往勦，甫至鄂壘札拉圖，突遇賊，乘夜擊之，殲千餘人，適其酋噶爾藏多濟等糾衆邀歸路，力戰，全隊還屯巴里坤，是爲六戰圖之一。

敦穆達河　在城西南

奎屯河　博爾峒古河　皆在城東南。

蓮花池　城西二里許。小邱形,周如釜,中有池,水極涼,約深數丈,四時不消不長。每夏白蓮自水底挺出,花朵稍小,間有如盌大者,榦或長至一二丈,可異也。

精河　在精河城外。爲土爾扈特遊牧。

鹽海　在精河城西北。

烏魯木齊都統所駐,名鞏寧城,即迪化州,俗呼紅廟子。

博克達山　鞏寧城東南二百餘里。望之如在目前,三峯峭拔入雲,山頂有潭,周數十里,山腰有潭,周十餘里,土人稱爲海子。山南有俗所呼七箇達坂者即此。山嶺最高處,路通土魯番,爲軍台孔道。過嶺凡七上下,計四十餘里。按《唐書》西州交河縣,北行經柳谷度金沙嶺至北庭都護城。又按《杜甫詩注》:自交河北行八十里至龍泉館,北入谷百三十里經柳谷度瑩沙嶺,百六十里經石會漢戍至北庭都護府。今烏魯木齊爲唐北庭都護府故治。土魯番爲西州故治。以相距道里攷之,此達坂即所謂金沙嶺也。今嶺畔有陡坡,沙子細碎,滑馬足,"金沙"、"瑩沙"之名當以此。

福壽山　城南一里許。本名靈應山,每山頭雲霧迷漫,夏必雨,冬必雪。後定今名,建塔其上。

紅山　城東南三里。山色皆赤,上建玉皇廟,以赤土堊壁,故俗呼烏魯木齊爲紅廟子云。

烏魯木齊河　紅山之下有溪河二,自南山流出,匯合北流,經鞏寧、迪化滿漢兩城之間。

溫泉　城東二十里。泉上有亭覆之,旁建龍王廟。

昌吉河　城西九十里。流經昌吉縣城之東。

洛克倫河　城西百餘里。流經昌吉縣城之西。

呼圖壁河　城西百八十里。流經呼圖壁之東。

圖古里克河　城西二百里。

塔西河　城西二百餘里。

瑪納斯河　城西三百二十里。流經瑪納斯即綏來縣之西，距縣城十里。水極深闊，中産細鱗白魚，頗肥美。

庫爾濟勒河　城東四十里。

察罕果爾河　在城東。

特納格爾河　城東百二十里。流經阜康縣城西。

鹽池　有大小二池，一在城南二十里，名小鹽池，周二里許。一在迤南百二十里昂吉爾圖諾爾軍台之前，周八十餘里。

古城 烏魯木齊領隊大臣分駐，名孚遠城。

吉木薩河　在孚遠城西。流經吉木薩城之東。

察罕烏蘇河　在城西時和堡。

雙岔河　在城西。環育昌堡北流。

木壘河　在城東。流經木壘城之西。

千佛洞　吉木薩城西南十餘里，山中樹木叢茂。相傳乾隆三十五年有人病目翳，已失明矣，入山樵採，目暴腫痛不可忍，遥聞山間人語之云：山下泉水洗目宜愈，若是者三，其人匍匐而下，耳畔水聲淙淙，祝而洗之，痛良已，再三掬洗，目忽明，乃悟向語之者，非人也，因望空謝。尋舊徑欲歸，瞥見土石裂處，粉垣半露，隱約有洞，亟歸告其儕，攜鍤具往。土盡，洞出，然甚深黑，燭之，形如半月，有大佛卧其中，金面跣足，顔色如新。洞中銅佛像尺餘至三五寸者甚多，不知何代所供養也。其人感佛拯救，誓落髮爲僧，住此山，募修莊嚴。至今極其壯麗，洞中銅佛九尊，曾入貢云。

巴里坤 烏魯木齊領隊大臣分駐，名會寧城。

天山　即祁連山，在城東一百五十里。深巖峭壁，盤道縈迴，古松亭亭，遍滿山谷，舊稱南山達坂，今呼爲松樹塘嶺。北面最陡峻，盤旋行三十餘里始至，其巔建關帝廟，最靈異。廟西數十步小峯頂有唐貞觀十四年碑，大書"大唐左屯衛將軍姜行本勒石之紀文"十五字于碑額，拓頗不易，近有作僞者，文字舛劣可笑。按《紀文達公筆記》云：侯君集平高昌碑斯役也，侯君集、薛萬均、姜行本偕，故可通稱。在嘉峪關外闊石圖嶺脊。闊石圖譯言碑也。守將砌以甎石，不使人讀云，讀之則風雪立至，屢試不爽。然則此本乃後人轉摹別刻，又不足深辨也。又有漢永和二年碑，篆書，其文曰：惟漢永和二年八月，敦煌太守雲中裴岑將郡兵三千人誅呼衍王等，斬馘部衆，克敵全師，除西域之災，蠲四郡之害，邊境又安。振威到此，立海祠以表萬世。此碑舊在山巔，嗣恐風雨剥蝕，移建巴里坤北門外關帝廟中。

海子　即古蒲類海，一名婆悉海。俗不知其名，呼爲海子，在城西北沙山之下。東西袤一百餘里，對岸廣數十里。行人早行過此，往往見有樓臺殿閣，城垣街衢之狀。按《後漢書》張當言，匈奴呼衍王常展轉蒲類、秦海之間。又《元和志》言，伊州納職縣北直抵蒲類海。唐之伊州，即今哈密，距巴里坤相近，而巴里坤又爲漢蒲類國地。是此海子其爲蒲類海無疑。

鹽池山　在城東。天山至此截然而止，伏入地中矣。附近有鹽池，故以呼其山云。

喀什噶爾參贊大臣所駐，名徠寧城。

玉斯圖阿爾圖什山　徠寧城西北九十里。

穆什山　城西北百五十里。

密里山　城西南百五十里。以上三山連岡不斷，接葉爾羌。

伊蘭烏瓦斯河　城東北百二十里。

圖舒克塔什河　城西北九十里。

烏蘭烏蘇河　城西北二百一十里。有兩源出布魯特境入喀琅圭卡倫之北，合而爲一，南流始名烏蘭烏蘇。逕城南四十里名雅瑪雅爾河，有一水自烏帕喇特南來注之，又一水自奈曼西來折而北注之。

霍色爾河　源出城西喀卜喀山，流逕城南，一名七里河。

泰里布楚克河　城南三十里。

托庸河　圖巴里克河　皆在城南。

霍斯庫魯克嶺　在西南卡倫外。乾隆二十四年，參贊大臣明瑞等追擊逆回布喇呢敦、霍集占于此,爲六戰圖之一。

阿爾楚爾山　在西南卡倫外。副將軍富德等追擊布喇呢敦、霍集占于此,爲六戰圖之一。

伊西洱庫爾諾爾　在西南卡倫外,近巴達克山界。大軍追擊布喇呢敦、霍集占至此,賊絶諾爾隘口,據山阻水而陣,我軍分佈力擊,立旗招降,賊大潰,紛紛乞降,霍集占手刃之不能止,乃繞山遁入巴達克山。軍進追索,布喇呢敦道死,霍集占爲巴達克山部所戮,以尸獻,乃勒石紀功而還。

英吉沙爾_{領隊大臣駐之。}

庫森塔斯琿河　出城西羌琿山。東北流,遇沙而伏。

葉爾羌_{辦事大臣駐之。}

密爾岱山　城西南百二百餘里。一名米勒台,又名闢勒。山極高峻,徧山皆玉,備五色,俗呼礠子石,其即古所謂崑山歟。

蔥嶺　亦在城西南。與密爾岱山相連,回人呼爲塔爾塔什達巴罕。明《一統志》亦有此稱。山峭拔特出,峯巒層疊,緜亘無際,分二支:一向東南達和闐境,爲南祁連山之祖脈。一向西北達喀什噶爾境,爲北祁連山之祖脈。《漢書·西域傳》所言三十六國西限蔥嶺,即此山也。按顏師古《西域傳注》引《西河舊事》云:蔥嶺,其山高大,上悉生蔥,故以名焉。今伊犁西南卡倫外有善塔斯嶺,滿山徧産野蔥,即此山之分支。是嶺以蔥名,原非妄語。

玉河　城西南百六十里。自密爾岱山中流出。按《漢書》言河有兩源,一出蔥嶺,一出于闐,此即所云蔥嶺河也。水勢極駛,中産雜色玉子,故俗呼爲玉河,東流又名塔里木河。

喀喇烏蘇河　在城南。乾隆二十三年,將軍兆惠勦逆回霍集占于葉爾羌,直薄其城,偵賊遊牧在城南英峨奇盤山,欲乘虛襲其輜重,取道城東,渡河未及半而橋圮,從四百餘騎,遇賊萬餘,地沮洳,人馬難行,且戰且退,結營固守,是爲通古思魯克之戰。六戰圖之一。明年春,援兵至,圍解。今其地名洗泊云。

和闐 領隊大臣駐之。

雪山　在城南。自葉爾羌分支入境,以積雪故名。然西域之山多積雪,不止和闐為然也。回人呼為桑谷樹雅,金玉皆產其中。東南遙達西藏,東則緜延數千里,直抵青海之庫爾坤山。東麓為巴延喀喇達巴罕,北即星宿海矣。

哈喇哈什河　在城西哈喇哈什之地。

玉隴哈什河　在城東玉隴哈什之地。

哈琅圭塔克河　在城南哈琅圭塔克之地。以上三河皆產玉,自雪山發源,夾城北流,《漢書》所謂其河多玉石者也。流逕和闐城北三百餘里,始匯合為一河,與葉爾羌之玉河合,東流數千里注入羅卜諾爾,《漢書》所稱于闐河,即此三水匯合為一河耳。按晉天福中,鴻臚卿張匡鄴使于闐,著《行程記》云:玉河在于闐城外,其源出崑山,流一千三百里至于闐,疏為河三:一白玉河,一綠玉河,一黑玉河。五六月水漲,玉隨流而至,多寡視水之大小。七八月水退可取,土人謂之撈玉。以今驗之,河流猶昔云。

克里雅河　源出南雪山三百九十里。

車呼河　源出西南雪山二百八十里。

塔克河　源出東南雪山八十里。

烏什 辦事大臣所駐,名永寧城。

貢古魯克山　在永寧城北。山自西而東,緜亙無極。西北有巴克塔山口,通布魯特遊牧。又其北庫車山口、雅滿素山口,皆通布魯特。乾隆二十年,大軍平準噶爾,達瓦齊山格登山,竄踰庫魯克嶺,將往喀什噶爾地,烏什伯克霍集斯紿擒以獻。庫魯克,疑即貢古魯克之訛。

巴什雅哈瑪山　城西南百里。為布魯特遊牧。

屯珠素山　在城南,接葉爾羌界。

瑚什奇河　自城西畢底里卡倫東流分為二,南一支逕城西又分為三,繞城東北復合為一,與北一支合流至察哈拉克出境。

阿克蘇辦事大臣駐之。

穆蘇爾達巴罕　在城北。穆蘇爾譯言冰,達巴罕謂嶺,即所謂冰嶺者也。嶺北爲伊犂境,嶺南爲阿克蘇境。南北兩路相接,取道於此,冰雪滿山,最爲難行。由嶺北噶克察哈爾埃度雪海山行二十餘里至嶺,無草木沙土,横側平陂,無在非冰,層巒疊巚千百仞,横空巉巚如嵩華者,皆冰爲之。冰裂處窅不見底,但聞流水聲,澎湃如雷鳴。踰嶺南行八十里至塔木哈塔什台,河流浩瀚,即冰山湧出之水,東南流數千里入羅卜諾爾。

渾巴什河　城西五十里。源出冰嶺。

滴水崖　在城東温巴什。其地產銅。

鹽池溝　城西四十里。亦產銅。

庫車辦事大臣駐之。

丁谷山　在城北。上有古寺,多唐碑。浮圖高數十丈。

硇砂山　城北百餘里。產硇砂。

渭干河　在城西。自北山流出,逕城南。

鄂根河　在所屬沙雅爾回城境。乾隆二十三年,大軍圍庫車,逆回霍集占來援,我軍一殲之于托和鼐,再殲之于鄂根,即此地也。

喀喇沙爾辦事大臣駐之。

珠勒都斯山　在城北珠勒都斯之地。其山北連雪山,回環千餘里,水草豐茂,爲土爾扈特、和碩特遊牧。

博爾圖達巴罕　在城東北。

開都河　俗呼通天河,或訛爲海杜河。源出北雪山中,逕城西五里,水闊,東南流。先是,有沙拉斯、瑪琥斯者,準噶爾二十四鄂拓克之二,聚牧此河之西。乾隆二十四年作亂,大軍殲滅之。

葦湖　在所屬布古爾回城境。四面湖水環繞,其中蘆葦茂密,僅有土橋一,往來西域者必于此過渡,此外別無逕路可通也。按《漢書》焉耆國有葦橋之險,班超至西域,焉耆絕橋,不欲令漢軍入,即此地也。

土魯番烏魯木齊領隊大臣分駐，名廣安城。

天山　在城東北。按祁連山分南北，此即北祁連也。杜佑《通典》云："祁連自張掖以西至於庭州，皆周徧。"蓋統南北兩祁連而言耳。

靈山　在城北。即博克達山之陽。相傳有羅漢靈磧，故名。

火山　在城東。《肅州志》載作火焰山。自土魯番東至喀喇、和卓諸回城，山皆赤色，如火焰形，故明時有火州之名。按《魏書》云："高昌郡東西三百里，南北五百里，四面多大山，國有八城，多石磧，氣候溫暖，北有赤石山。"所載與今正合。

貪汗山　在城北。山之陰，即烏魯木齊境。

羅卜諾爾　在城東南五百餘里，闢展西南三百餘里。諾爾猶言澤也，周數千里，爲新疆東南第一大澤。澤中有回村二島，居各四五百户，其人不種五穀，不知遊牧，惟捕魚爲食，語言與陸居回子無異，但不解諷經禮拜。時有入庫爾勒回城者，不能食肉及黍穀，食輒大吐不止。以庫爾勒多魚故，偶一來他處不往也。每年貢水獺皮九張。設六品伯克于土魯番轄之。按此諾爾古有數名，一名蒲昌海。一名鹽澤，見《漢書》。一名泑澤，見《水經注》。一名輔日海。一名牢蘭。一名臨海，見《括地志》。或謂之普浴池，皆今所謂諾爾也。回疆諸大水及雪山冰嶺融化之水悉注入其中，渟而不流，潛行地下。其南沙磧數百里，時有小水上泛，伏流之跡宛然。東南大山阻隔，路不通，直青海境，水至彼復出，爲星宿海，即《元史》所稱火敦腦兒也，是黃河之源，實出星宿海之上，地脈潛通，未可混而爲一。康熙中，遣使探河源，已辨始發星宿海之非。迨乾隆二十四年平定回部後，復行履勘，始知古所云河有重源注于鹽澤之説，確然無疑。或以羅卜諾爾謂即火敦腦兒，則又失之遠矣。

哈密辦事大臣駐之。

天山　在城北百三十里。即祁連山，俗呼雪山，是爲南北兩路要隘。按《元和志》云：一名時羅漫山。《一統志》云唐伊、西二州皆有天山,蓋二州東西相距千餘里,此山跨越界内,故皆有此名。又按漢永平十六年,都尉竇固等破匈奴呼衍王于天山,伊吾盧即今哈密之地。又哈密西有烏克克嶺及畢柳達坂,皆要隘也。

拘密山　在城西北。

松谷水　在城東。《元和志》云:"柔遠縣柳谷水有東西二源,出縣東北天山,南流十五里合流。"即此水。

瀚海　東至安西州,西至土魯番界,俱有沙磧乏水草不毛之地數百里,謂之瀚海,一作旱海,今呼爲戈壁。按《漢書》云:車師、伊吾在隴沙以西。《廣志》云:流沙在玉門關外,東西數百里,有三斷,名曰三隴。《通誌》云:前庭縣有大沙海,在柳中縣東南九十里,亦名旱海。今土魯番爲車師前庭故地,哈密爲伊吾故地,皆有瀚海,疑即所謂隴沙者也,然新疆戈壁又不獨此二境爲然矣。

已上山川

西域釋地戬
張瀛暹覆審

嘉慶丁卯先君子戍伊犂時,松文清公爲將軍,方纂輯《新疆南北兩路事略》,屬爲編次,暇則綴録其要爲《西陲要略》四卷,《西域釋地》一卷。道光丙戌、丁亥間,回疆用兵,寯藻儤直之暇,攷求邊域,證之家著,始略知端緒。外舅陳石士先生曾攜《釋地》一卷去,擬爲校刊。未幾,寯藻重丁大戚,先生亦歸道山,此事遂閣。今年夏,服闋入都,乃託石州釐訂體例,付諸梓人。《要略》四卷亦將續刻云。

道光十六年丙申秋八月男寯藻謹識
男宷藻、宿藻校字

西陲要略

《西陲要略》自序

　　近年士大夫于役西陲,率攜瑣談聞見録等書,爲枕中祕,惜所載不免附會失實,有好奇誌怪之癖,山川沿革,按之歷代史乘,皆無攷據。又於開闢新疆之始末,僅就傳聞耳食,爲之演敘,訛舛尤多。夫記載地理之書,體裁近史,貴乎簡要,倘不足以信今而證古,是無益之書,可以不作。赤奮若之歲,余奉謫濛池,橐筆自效,緬思新疆周二萬餘里,爲高宗純皇帝神武獨闢之區,千古未有。余既得親履其地,多所周歷,得自目覩,而昔年備員史職,又嘗伏讀御制文集、詩集,及平定準噶爾回部方略二書,故於新疆舊事,知之最詳,頗堪自信。適松湘浦先生駐節邊庭,以伊江爲總統南北兩路之地,親事丹鉛,創爲事略十二卷,己又奉有續輯《同文志》之命,將彙送各城故實事蹟,余獲總司校核,參證見聞,益覺信而有據,爰就要者攷而録之,備存其略,凡四卷,並掇聞見録諸書中之可信者,證以所見,纂爲二篇,附載書後,俾後之人知所折衷云。

　　嘉慶丁卯夏五月壽陽祁韻士鶴皋甫自識。

西陲要略卷之一

前史官壽陽祁韻士鶴皋輯

南北兩路疆域總敘

今之新疆，即古西域。出肅州嘉峪關而西，過安西州至哈密，爲新疆門户。天山橫亘其間，南北兩路從此而分。由哈密循天山之南，迤邐西南行，曰土魯番、曰喀喇沙爾、曰庫車、曰阿克蘇、曰烏什、曰葉爾羌、曰和闐、曰英吉沙爾、喀什噶爾，是爲南路。由哈密踰天山之北，迤邐由北而西，曰巴里坤、曰古城、曰烏魯木齊、曰庫爾喀喇烏蘇、曰塔爾巴哈台、曰伊犁，是爲北路。《漢書·西域傳》所載南道北道，皆在天山以南。今之所謂南路北路，則合天山南北而中分之，總屬於伊犁。全境之地，東界安西州，東北界阿拉善及喀爾喀蒙古，北界科布多，西北界哈薩克部，西南界布魯特及霍罕、安集延等部，南界西藏，東南界青海蒙古。東西七千餘里，南北三千餘里，周圍二萬餘里。就其相距道里計之，自伊犁惠遠城東北，行一千五百餘里至塔爾巴哈台城，又東北七百餘里，與科布多以額爾齊斯河爲界。伊犁自北而西及塔爾巴哈台東北一帶，皆哈薩克遊牧。伊犁西南一帶邊外，皆布魯特遊牧。自伊犁惠遠城東行一千餘里至庫爾喀喇烏蘇城。又東經綏來、昌吉二縣，行八百餘里至烏魯木齊城，即迪化州，俗呼爲紅廟子者也。自烏魯木齊東南越博克達山通土魯番五百餘里。自烏魯木齊東行，經阜康縣，行四百餘里至古城，又東經奇台縣，行七百餘里至巴里坤城，有鎮西府及宜禾縣在焉。南即天山，極高峻，路經天山行三百餘里抵哈密城，此北路之疆域也。自伊犁惠遠城南越穆蘇爾達巴罕至阿克蘇一千餘里。由阿克蘇西北二百餘里至烏什，由烏什而西經樹窩子草地行七百餘里直達喀什噶爾城，乃捷徑，布魯特遊牧於此。凡伊犁西南及阿克蘇、烏什西北一帶,皆布魯特遊牧,即所謂東布魯特是也。自阿克蘇由南而西一千四百餘里至葉爾羌城,自葉爾羌西北五百九十餘里至哈什噶爾城,中有英吉沙爾城,其巴達克山回部距英吉沙爾西南烏魯克卡倫一千七百餘里。喀什噶爾所屬卡倫以外與布魯特遊牧連界,即所謂西布魯特是也,外通安集延及霍罕諸部落。又自葉爾羌東南行七百餘里至和闐城。迤南沙磧戈壁或雪嶠連岡,路不復通。自葉爾羌東南出庫車、雅爾卡倫,經和闐西南,行月餘可達西藏。沿途山徑狹隘,兼多煙瘴,路極難行。詢之克什米爾及安集延、喀齊商回,言由西藏西北拉達克之地往復貿易,有至葉爾羌者。先年,準噶爾台吉策妄阿喇布坦遣其將大策凌敦多卜擾藏,曾由此路云。自阿克蘇東北行七百餘里至庫車城。庫車西南一帶界阿克蘇、和闐,西北至伊犁一千七百餘里。庫車東南,皆沮洳草澤,人馬難行。自庫車東北行九百餘里至喀喇沙爾城,由城西北經著勒士斯河至納喇特達巴罕四百八十里接伊犁東南界。喀喇沙爾東南一帶,或沙磧戈壁,或湖灘泥淖,人馬難行。自喀喇沙爾東北行九百餘里至土魯番,東南經闢展回城約五百餘里至羅卜諾爾,即古蒲昌海也。又東南多戈壁大山,界連青海,西北界連烏魯木齊。自土魯番東北行一千二百餘里抵哈密城,此南路之疆域也。由哈密南至南湖三十里外,俱戈壁,北與巴里坤、宜禾縣連界,東至嘉峪關一千五百餘里。其嘉峪關外赤斤湖地方,南行百餘里至庫克拖羅垓,即青頭山,路通青海,凡關外赴藏熬茶之蒙古人等,經行此路焉。

南北兩路山水總敘

新疆境內之山,發脈於蔥嶺,自西而東,天山最大,即《漢書》所謂祁連山。山之陽爲土魯番、哈密,山之陰爲巴里坤,然跨越數千里,重巖叠嶂,隨地異名,最著者在北路,若伊犁之額琳哈畢爾罕、塔爾巴哈台之楚呼楚、烏魯木齊之博克達。在南路,若喀什噶爾之玉斯圖阿爾圖什、葉爾羌之密爾迪、和闐之桑谷樹雅、烏什之貢古魯克、阿克蘇之穆蘇爾達巴罕、喀喇沙爾之博爾圖達巴罕,皆其分支,盛夏積雪不消,俗概以雪山呼之。新疆諸水分流異趨,南路之水,皆東流出自南北山中,若喀什噶爾之烏蘭烏蘇、葉爾羌之玉河、和闐之哈喇哈什、玉隴哈什二河、烏什之瑚什奇、阿克蘇之渾巴什、庫車之渭干、喀喇沙爾之開都,悉東匯於土魯番之羅卜淖爾,凡南北山積雪融化之水皆入之,瀹瀹渟瀦,伏流地中,即古蒲昌海也。北路之水,若伊犂諸河多西流,塔爾巴哈台之額爾齊斯諸河多東流,烏魯木齊之瑪納斯諸河多北流,或歸入淖爾,或流經葦湖,或伏入沙磧,以及雪融會合之水甚多,蓋嘗一一羣攷之。

伊犂之山有格登山,在城西南一百餘里。有額琳哈畢爾罕山,在城東北哈什河,接連圍場山陰一帶約三百餘里。有阿布喇勒山,在城東二百餘里,哈什河東一帶與烏魯木齊之博克達山一脈。有阿勒坦額墨爾都圖山,在城西北四百餘里。有塔爾奇山,在城東北一百餘里。有崆郭羅鄂博,在城東北五十餘里。水則有伊犂河,附近城南縣亙千餘里,流入哈薩克遊牧。有哈什河,在城東北二百餘里。有崆吉斯河,在城東七百餘里。此二水即伊犂河上流。有特克斯河,源在城南,隔山三百餘里,東流而北,北而西,亦為伊犂河上流。有奎屯河、有策集河、有薩瑪爾河,俱在城西北三百餘里。有霍爾果斯河,在城西北二百餘里。有察罕烏蘇山泉,在城北二百餘里。有阿里瑪圖河,在城北二百餘里。此外東北而南尚有烏哈爾里克、有闢里沁、有濟爾哈朗、有博羅布爾噶蘇、有察布察爾各河,汲水灌漑,廣利屯田。有賽里木淖爾,在城東北隔山二百餘里,係察哈爾遊牧。西南一帶,又有特穆爾里克、有格根、有哈爾奇喇、有察林諸水,皆資遊牧。凡境內之水,皆朝宗於伊犂河,惟賽里木淖爾不與焉。西南四百餘里鄂爾果珠勒及哈爾奇喇等卡倫以外,行百餘里有善塔斯大嶺,山中多產野蔥,疑《漢書》所謂蔥嶺者,此其支脈。自善塔斯西行三百餘里至特穆爾圖淖爾,其水周廣數百里,西北南三面皆山,山麓皆布魯特遊牧。沿岸潮沙,土人以之熬鋖。特穆爾者譯言鐵也,圖者有也,淖爾者海子也,言此水產鐵故名。並產大魚。由淖爾南岸越巴爾渾大山,渡塔爾垓河,溯流向東,南越大山,可達回疆烏什,此水西流歸納林河入安集延。由淖爾南岸至塔爾垓河,共行三百餘里,西南過察奇爾圖大山,經穆蘇爾達巴罕西麓,由此而西,仍經布魯特遊牧。又行五百餘里至鐵里冶克山嶺下,二十餘里,西而轉南,由南而東,共行四百餘里至喀什噶爾矣。穆蘇爾達巴罕者,冰山也,在伊犁南界。自伊犁西南行一千五百餘里始至山趾云。

塔爾巴哈台之山,則有塔爾巴哈台山,又名楚呼楚,在城北一百餘里。有巴克圖山,在城西七十餘里。有珠爾呼珠山,在城東北二百餘里。有霍博克薩里山,在城東二百餘里。有達爾達木圖山,在城東南五百餘里。有巴爾魯克山,在城南二百餘里。有格德蘇山,在城西南五百餘里。有綽諾庫圖勒山,在格德蘇山迤東。水則有額彌勒河,城南縣亘三百餘里。有固爾圖河,在城東南二百餘里。有額爾齊斯河,在城東北七百餘里,與科布多以此河為界。有齊桑淖爾,在城東北五百餘里,為額爾齊斯所匯。又有噶札勒巴什淖爾,在城東四百餘里。有額賓格森淖爾、有阿勒克圖琥勒淖爾,在城西南卡倫以外。有扎噶蘇淖爾,在城東北附近額爾齊斯河。此外亦有泉源諸水,均資屯牧。

自伊犁而南至烏什,則有貢古魯克山,在城北二百餘里。有巴什雅哈瑪山,在城西南一百里。有雅滿素山,在城西北二十里。水則有畢底河,來自布魯特遊牧,東流分為二支,南一支復分為三,又東流合而為一,與北一支匯而東流出境。其官屯及回莊田畝,均資灌溉。

喀什噶爾之山,則有玉斯圖阿爾圖什山,在城西北九十餘里。有穆什山,在城西北一百五十餘里。有塔什密里克山,在城西南一百五十餘里。三山連岡疊翠,環繞三面,直接英吉沙爾,上多積雪,春融,回莊資以灌溉。水則有伊蘭烏瓦斯河、有圖舒克塔什河、有烏蘭烏蘇河、有霍色爾河、有泰里布楚克河,各流統匯烏蘭烏蘇為大河,回田亦賴灌輸之益。下流匯入葉爾羌、和闐諸水。英吉沙爾之山連喀什噶爾。其水則有圖木舒克大河，東自布魯特流至城南，闊四五丈，至沙梁，架木橋以渡行人。回民開渠引以溉田。

葉爾羌之山，則有密爾迪山，在城西南二百餘里，産玉。有瑪爾瑚廬克山，在城西南四百餘里，産玉。又有一大山，在葉爾羌西南，與密爾迪山相連，峭拔特出，峯巒層叠，緜亘無際，回人呼爲塔爾塔什達巴罕，疑即所謂葱嶺者是也。水則有玉河，自密爾迪山流出，南支分入和闐。

和闐境内正南一帶之山，與葉爾羌之密爾迪諸山連岡不斷，皆積雪。水則有哈喇哈什河，本名桑谷樹雅。有玉隴哈什河、有哈琅圭塔克河，俱多産玉，且資灌田。

阿克蘇，山則有穆蘇爾達巴罕，在城北五百餘里，即冰山。伊犁、阿克蘇南北兩路孔道也。有滴水崖，在城東温巴什地方，察爾奇克西南六十里，産銅。有鹽池溝，在鄂依斯四十里，産銅。水則有渾巴什河，在城西五十里。

庫車迤北一帶，亦係雪山緜亘，有丁谷山，在城西北一百餘里。又城北百餘里有山，産硇砂。水則有渭干河。在城西百餘里，源自北山出，環城東南流，回莊多引渠溉田。

喀喇沙爾，山則有博爾圖達巴罕，在城東北一百三十里。有著勒土斯山，在城西北一帶。接連雪山，迴環千里，其中水草暢茂，土爾扈特、和碩特兩部落遊牧於此。水則有著勒土斯河，在著勒土斯之地。有開都河，在城西門外五里，源出大雪山，經喀喇沙爾城西，水勢甚闊，回人引渠灌注田畝。有布古爾葦湖，在城西四百餘里，湖上有土橋一，乃西入回疆之咽喉，即《漢書》所謂土橋之險。凡自葉爾羌、和闐、喀什噶爾、阿克蘇、庫車、英吉沙爾、烏什等處東北來者，皆於此過渡，舍此別無路徑也。

土魯番之山即天山，東北界巴里坤，西達穆蘇爾達巴罕，又西極葱嶺，緜亘數千里。水則有羅卜諾爾，在城東南五百餘里，其澤周圍數百里,爲西域東南一大藪。澤中有回莊二處,人户各四五百,每年貢水獺皮九張,設六品伯克居之,歸土魯番約束。此諾爾普受西域回疆諸水及雪山冰山消融之水,渟而不流,潛行地中。東南至西寧所屬番目那木錯多瑪遊牧。有山名噶達蘇赤老,出而爲黄河,經星宿海,即青海南岸,東流至西寧一千餘里。詳見御制《河源記》。古所謂河出崐崙墟,蓋因天山、葱嶺及穆蘇爾冰嶺一帶,蒙古語呼爲崑都崙,急呼則爲崑崙。其羅卜諾爾所匯之水,無非自天山、葱嶺而來,特由羅卜諾爾伏流地中至噶達蘇赤老始見,是爲黄河之源,或以羅卜諾爾爲即星宿海,誤矣。

哈密之山,即天山,最高處在城北一百三十里。山之北三百餘里爲巴里坤。水則有柳谷水,在城東北。源出天山,藉資灌田焉。

南北兩路卡倫總敍

新疆北路之塔爾巴哈台與科布多毗連,以額爾齊斯河爲界。河東卡倫地名和尼邁拉虎,隸科布多。河西卡倫地名輝邁拉虎,隸塔爾巴哈台。自輝邁拉虎至塔爾巴哈台,夏季設大小卡倫十三處:烏里雅蘇圖、哈瑪爾達巴罕、板廠溝、博洛呼濟爾、固爾班烏里雅蘇圖、哈達蘇、特莫綽爾霍、哈拉布拉、干齊漢莫多、喜呢烏蘇、策克德克果勒、札哈蘇淖爾、輝邁拉虎。冬季設卡倫八處:錫伯圖、博勒齊爾、布爾噶素爾、烏蘭布拉、俄棟果勒、烏里雅素圖、鄂倫布拉克、瑪呢圖噶圖勒干。此外俱哈薩克遊牧。塔爾巴哈台西南一帶卡倫八處:巴克圖、瑪呢圖、沙喇布拉克、察罕托輝、額爾格圖、巴爾魯克、莫多巴爾魯克、阿魯沁達蘭。界連伊犂。卡倫以外亦哈薩克遊牧。伊犂東北七百餘里與塔爾巴哈台接界之處,由哈布塔海沁達蘭一帶而南,設大小卡倫二十三處:塔爾奇阿滿、鄂博勒奇爾、鄂勒齊圖博木、烏蘭布喇、綽倫古爾、達爾達木圖小、扎克鄂博小、哈布塔海、音德爾圖小、烏柯克小、沁達蘭小、索達巴罕、冲庫克小、哈喇烏卓爾小、阿爾奇圖哈瑪爾小、穆魯小、沙喇布魯克小、察奇爾圖呢蓋小、庫庫托木小、察罕蘇蘇小、雅瑪圖小、鄂托克賽哩安達拉、博碩圖。察哈爾領隊大臣專轄。卡倫以外俱哈薩克遊牧。又西而南尾至伊犂河北岸,設大小卡倫八處:霍爾果斯、齊齊罕、奎屯、博羅呼濟爾、崆鄂羅倫小、(十月設,四月撤)、奎來圖小、輝發小、(九月設,三月撤)奇沁。索倫領隊大臣專轄。卡倫以外俱哈薩克遊牧。自伊犁河南而西設大小卡倫十六處：固爾班托海、安達拉、沙布爾托海、托里、瑪哈沁布拉克、春稽(以上係三四月應駐之所)、烏里雅蘇圖小、額木訥察罕烏蘇、霍依圖察罕烏蘇小、塔木哈(以上係五月移駐之所)、察罕托海小、托賚圖、沙喇托羅海小、厄楞莫多小、哈喇烏蘇色奇音小、察林多歡(以上係十月後撤回應駐之所)。錫伯領隊大臣專轄。卡倫以外隔河與哈薩克接壤，其錫伯屯牧，西南因有回子屯所，每年夏秋設卡倫於達爾達木圖，以資巡察。由錫伯卡倫接連迤西轉南而東大小卡倫十七處：特穆爾里克、特穆爾里克渡口、雅巴爾布拉克、鄂博圖、額爾格圖、扎拉圖、哈爾奇喇渡口、庫圖勒、格根、鄂爾果珠勒、哈爾奇喇、沙里雅斯、特克斯沁、敦達哈布哈克、伊克哈布哈克、察察、那林哈布哈克。額魯特領隊大臣專轄。卡倫以外西北係哈薩克遊牧，西南係布魯特遊牧。又厄魯特屯牧，東南設卡倫八處：垓爾巴特、拜布拉克、博托木、赤老圖、昌曼、烏弩古特、納喇特、博爾克阿曼。界連喀喇沙爾之土爾扈特、和碩特遊牧，亦係額魯特領隊大臣專轄。至伊犁城北塔爾奇一帶及伊犁河渡口，設有卡倫七處：沙喇布喇克、塔爾奇、干珠罕、庫庫哈瑪爾、庫庫鄂囉木、鄂博勒齊爾、固爾扎渡口。專為貿易哈薩克並稽察逃人而設。惠寧城領隊大臣專轄。此伊犁及塔爾巴哈台所屬大小卡倫方向，皆將軍統轄也。自伊犁南越穆蘇爾達巴罕至回疆烏什城西北一帶，設卡倫六處：巴什雅哈瑪、畢底爾、沙土、雅滿素、貢古魯克、畢得克里。外通布魯特，烏什辦事大臣專轄。自烏什而西經草地，布魯特遊牧，地名樹窩子，七百餘里直達喀什噶爾城。由城東北而西轉南，設大小卡倫十七處：巴爾昌、伊蘭烏瓦斯、冲布爾罕、七里克、伊斯里克、阿爾哈布拉克、圖舒克塔什、勒沁烏瓦斯、喀琅圭、喀爾拜、烏蘭烏蘇、烏帕拉特、蘇巴什、郭爾吉罕、玉都巴什、克博都魯克、米奇特。外通布魯特，西達霍罕、安集延，喀什噶爾參贊大臣專轄。自喀什噶爾東南行二百餘里至英吉沙爾城，由城西北而南，設大小卡倫十二處：鐵列克、奇克滿、烏魯克、俄爾多籠、空伊布拉克、托依洛克、特比斯、綽達雅爾、特爾格齊克、達卜薩、圖木舒克、汗達喇克。以上侍衛俱由喀什噶爾派撥更換。外通布魯特。西南千數百里以外至巴達克山，英吉沙爾領隊大臣專轄。自英吉沙爾東行三百餘里至葉爾羌城，由城西南轉而東北，設卡倫七處：梁噶爾、伙什喇卜、庫庫雅爾、玉喇里克、齊靈、桑珠、賽里克。西南一帶外通布魯特，東北卡倫，向為稽察逃人，葉爾羌辦事大臣專轄。自葉爾羌東南行七百餘里至和闐城，和闐東西河設卡倫十二處，向爲稽察採玉。又扎瑪爾卡倫一處，通阿克蘇，爲稽察逃人而設，和闐領隊大臣專轄。自葉爾羌東北行一千四百餘里至阿克蘇城，其東北通著勒土斯，設卡倫二處：阿爾通伙什、尼雜爾阿塔。稽察喀喇沙爾所屬之土爾扈特遊牧，阿克蘇辦事大臣專轄。自阿克蘇東北行七百餘里至庫車城，由城西北而南設卡倫五處：博勒奇爾、渭宦塔什里克、沙爾達朗、沙雅爾特里木、賽拉里克。專稽察逃人，庫車辦事大臣專轄。自庫車東北行八百餘里至喀喇沙爾城，由城東北設卡倫二處：察漢通格、沁札蓋圖。稽查逃人，喀喇沙爾辦事大臣專轄。自喀喇沙爾東北行九百餘里至土魯番城，由城西南而東設卡倫六處，稽察逃人，土魯番領隊大臣專轄。自土魯番東北行一千二百餘里至哈密城，由城東北設卡倫四處，稽察逃人，哈密辦事大臣專轄。此回疆各城所屬卡倫方向也。

南北兩路軍台總目

伊犁至塔爾巴哈台及精河有軍台，無營塘。精河至烏魯木齊有軍台，有營塘。烏魯木齊至土魯番有軍台，有營塘。烏魯木齊經巴里坤至哈密無軍台，有營塘。土魯番至哈密有軍台，無營塘。喀什噶爾至土魯番有軍台，無營塘。哈密至嘉峪關有軍台，有營塘。

伊犁起至嘉峪關各台站：

伊犁惠遠城東北七十里至烏哈爾里克台，東北八十里至塔爾奇阿滿台，東四十里至博勒齊爾台，八十里至鄂爾哲圖博木台，九十里至胡素圖布拉克台，八十里至托霍木圖台，七十里至托里台，一百三十里至精河台，一百二十里至托多克台，九十里至固爾圖台，九十里至墩木達台，八十里至布爾噶濟台，七十里至

庫爾喀喇烏蘇底台，八十里至奎屯台，九十里至安集海台，一百里至烏蘭烏蘇台，一百一十里至

瑪納斯台，一百二十里至圖爾里克台，一百二十里至呼圖壁台，九十里至洛克倫台，一百二十里至

烏魯木齊鄂倫拜昇底台，一百二十里東至昂吉爾圖台，一百一十里至哈喇巴勒噶遜台，一百一十里至哈必爾罕布拉克台，一百里至根忒克台，六十里至

土魯番底台，八十里至勝金台，九十里至雅木沁台，一百二十里至

闢展台，五十里至蘇魯圖台，六十里至齊克騰木台，一百八十里至鹽池台，一百二十里至梧桐窩台，一百四十里至套賴泉台，六十里至肋巴泉台，五十里至橙槽溝台，八十里至了墩台，八十里至鴨子泉台，七十里至三堡台，六十里至頭堡台，六十里至

哈密底台，七十里至黃蘆岡台，七十里至長流水台，七十里至格子烟墩台，一百四十里至苦水台，七十里至沙泉子台，九十里至星星硤台，八十里至馬蓮井子台，七十里至大泉台，八十里至紅柳園台，七十里至白墩子台，九十里至安西台，七十里至小灣台，九十里至卜隆吉台，九十里至三道溝台，五十里至玉門縣台，九十里至赤斤硤台，一百一十里至惠回堡台，九十至嘉峪關。以上六十站共五千二百餘里。

庫爾喀喇烏蘇起至塔爾巴哈台十三軍台：

庫爾必喇台、沙喇烏蘇台、鄂倫布拉克台、沙爾扎克腰站台、烏爾圖布拉克台、坤都倫烏蘇腰站台、雅瑪圖台、托里布拉克腰站台、沙喇霍羅素台、阿布達爾莫多腰站台、色德爾莫多台、干齊罕莫多腰站台、塔爾巴哈台底台。以上一千五百餘里。

喀什噶爾至土魯番各軍台：

喀什噶爾底台，一百一十里至庫森塔斯渾台，一百里至

英吉沙爾台，七十里至托布拉克台，五十里至察木倫台，一百里至喀拉布札什台，七十里至

葉爾羌底台，東北七十里至愛吉特虎台，九十里至賴里克台，七十里至邁那特台，一百里至阿朗格爾台，六十里至阿克薩克瑪拉勒台，六十里至皮產里克台，七十里至海南木橋台，八十里至巴爾楚克台，八十里至庫庫車勒台，一百四十里至恒阿喇克台，八十里至烏圖

斯克滿台，六十里至伊勒都台，八十里至都奇特台，八十里東至洋阿里克台，一百七十里至渾巴什台，七十里至

阿克蘇底台，八十里至札木台，八十里至哈拉玉爾滾台，一百四十里至察爾齊克台，八十里至鄂玉斯塘台，六十里至

拜城，五十里至賽里木台，八十里至河色勒台，一百六十里至

庫車底台，六十里至托知奈台，一百四十里至阿爾巴特台，一百里至布古爾台，一百里至洋薩爾台，六十里至策達雅爾台，一百六十里至車爾楚台，一百里至喀喇布拉克台，七十里至庫爾勒台，六十里至哈爾哈阿滿台，一百里至

喀喇沙爾開都河底台，九十里至特伯爾古台，八十里至烏沙克塔爾台，一百五十里至喀喇河色爾台，九十里至庫木什阿哈瑪台，一百三十里至阿哈爾布拉克台，八十里至蘇巴什台，九十里至托克遜台，七十里至布幹台，九十里至土魯番。以上五十站，共四千四百餘里。

伊犁起至阿克蘇十五軍台

巴圖蒙克台、海努克台、索果勒台、博爾台、霍諾海台、特克斯台、沙圖阿滿台、噶克察哈爾海台、他木哈他什台、胡素圖托海台、圖巴拉特台、亮噶爾台、阿爾巴特台、札木台、阿克蘇。以上一千餘里。

阿克蘇起至烏什三軍台

察哈喇克台、阿察塔克台、烏什底台。以上二百里。

葉爾羌起至和闐七軍台：

坡斯克木台、洛伙克梁噶爾台、啯嗎台、滾得里克台、披雅勒滿台、哈喇哈什台、和闐。以上七百餘里。

精河至哈密營塘：

精河底塘、托多克塘、古爾圖塘、墩木達塘、布爾噶濟塘、庫爾喀喇烏蘇塘、奎屯塘、安濟海塘、烏蘭烏蘇塘、瑪納斯塘、土古里克塘、呼圖壁塘、昌吉塘、迪化底塘、柴窩鋪塘、噶遜底塘、烏魯木齊。以上一千二百八十里。

迪化底塘、黑溝塘、阜康塘、大泉塘、清水塘、三台塘、濟木薩塘、

古城塘、奇台塘、木壘塘、阿克他斯塘、烏浪烏素塘、色必塘、噶順塘、烏兔水塘、肋巴泉塘、蘇吉塘、巴里坤底塘。以上一千四百餘里。

奎素塘、松樹塘、羊圈溝塘、南山口塘、墨帳房塘、哈密底塘。以上三百五十里。

黄蘆岡塘、長流水塘、格子煙墩塘、苦水塘、沙泉子塘、星星硤塘。以上五百一十里。

張瀛暹校訂

西陲要略卷之二

前史官壽陽祁韻士鶴臯輯

南北兩路城堡

伊犂向無城,準噶爾時隨畜逐水草移徙,本行國。乾隆二十年,平準噶爾,我軍之防守於是者結營而居。二十九年,始於伊犂河北岸度地創築,賜名惠遠城。垣高一丈四尺,周九里有奇,門四:東景仁、西說澤、南宣闓、北來安。中建鼓樓鎮之。五十九年,就城東偏展築一百二十丈。滿營兵駐城中,察哈爾、索倫、錫伯、額魯特四營分列四境,爲新疆第一重鎮。所屬城八:曰惠寧城、曰綏定城、曰廣仁城、曰瞻德城、曰拱宸城、曰熙春城、曰塔爾奇城、曰寧遠回城。

惠寧城,在惠遠城東北七十里,地名巴彥岱。乾隆三十五年築,名惠寧城,駐滿營兵。垣高一丈四尺,周六里有奇,門四:東昌彙、西兆豐、南遵軌、北承樞。嘉慶十年,以城內東偏有水泉湧出,移向西面,展築如舊。

綏定城,在惠遠城北三十里,地名烏哈爾里克。乾隆二十七年築,名綏定城。垣高一丈七尺,周四里有奇,門三:東仁熙、西義集、南利渠。

廣仁城,在惠遠城西北八十里,地名烏克爾博羅素克,俗呼大蘆草溝。乾隆四十二年築,名廣仁城。垣高一丈三尺,周三里有奇,門三:東朗輝、西迎灝、南溥惠。

瞻德城,在惠遠城西北七十里,地名察罕烏蘇,俗呼清水河。乾隆四十年築,名瞻德城。垣高一丈三尺,周三里有奇,門三:東升瀛、西履平、南延景。

拱宸城,在惠遠城西北一百二十里,地名霍爾果斯。乾隆四十二年築,名拱宸城。垣高一丈七尺,周三里有奇,門三:東寅暉、西遵樂、南綏定。

熙春城，在惠遠城東八十里，亦巴彥岱地，俗呼城盤子。乾隆四十二年築，名熙春城。垣高一丈，周二里有奇，門三：東覲恩、西凝爽、南歸極。

塔爾奇城，在惠遠城西北三十里。乾隆二十六年築，無城名，即以山名名之。垣高一丈，周一里有奇，門皆無名。以上六城，皆駐綠營兵。

寧遠回城，在惠遠城東南九十里，地名固爾札。乾隆二十七年築，名寧遠城，回衆居之。垣高一丈六尺，周四里有奇，門四：東景旭、西環瀛、南嘉惠、北歸極。

塔爾巴哈台城，初在雅爾地方，乾隆二十九年所築。三十一年，因其地冬雪大，官兵難以駐守，移東二百里，於楚呼楚地方新築一城，爲阿睦爾撒納舊遊牧處，賜名綏靖，易其地名爲塔爾巴哈台。垣高一丈二尺，厚一丈二尺，門三：東翔和、西布悦、南遂亭，四十一年重修。

庫爾喀喇烏蘇城，乾隆四十六年所築，名慶綏城，門四：東撫仁、西向義、南溥澤、北奉恩。城垣高一丈六尺，底厚二丈，頂厚一丈二尺，周三里有奇，居烏魯木齊西境。

烏魯木齊向無城，乾隆三十一年，創築於紅山之側，名迪化城，門四：東惠孚、西慶豐、南肇阜、北憬譓，其南郭接連舊城一，則初定此地時，協鎮駐劄所築也。三十七年，去迪化城西八里築一城，賜名鞏寧，駐滿營官兵，迪化城則以緑營兵駐之。鞏寧城垣高二丈二尺五寸，厚一丈七尺，周九里有奇，門四：東承曦、西宜稼、南同軌、北樞正，以滿、蒙、漢三體及回子字書於門端。四十八年重修。所屬各城自庫爾喀喇烏蘇、古城、巴里坤、土魯番四大城而外，其城堡之居東路者凡十三：曰惠來堡、曰屢豐堡、曰輯懷堡、曰阜康城、曰惠徠堡、曰育昌堡、曰時和堡、曰愷安城、曰保惠城、曰古城漢城、曰靖寧城、曰木壘城、曰鎮西城。居西路者凡十四：曰宜仁堡、曰懷義堡、曰頭屯所、曰寧邊城、曰寶昌堡、曰樂全堡、曰蘆草溝所、曰景化城、曰康吉城、曰綏寧城、曰綏來堡、曰遂成堡、曰豐潤堡、曰安阜城。居南路者一,曰嘉德城。

惠來堡,在鞏寧城東五里,爲六道灣中營屯堡。

屢豐堡,在鞏寧城東二十里,爲七道灣中營屯堡。

輯懷堡,在鞏寧城東四十里,爲古牧地中營屯堡。

阜康城,在鞏寧城東一百二十里,爲阜康縣治。

惠徠堡,在鞏寧城東三百里,爲吉木薩三台。

育昌堡,在鞏寧城東三百四十里,地名雙岔河。

時和堡,在鞏寧城東三百六十里,地名柳樹溝。

愷安城,在鞏寧城東三百七十里,地名吉木薩,爲縣丞治。

保惠城,與愷安城毗連。

古城有滿、漢二城,此爲漢城,無城名以地名之。

靖寧城,在鞏寧城東五百五十里,爲奇台縣治。

木壘城,在鞏寧城東六百四十里,無城名以地名之。

鎮西城,爲巴里坤漢城,在鞏寧城東一千二百八十里,鎮西府及宜禾縣治此。

宣仁堡,在鞏寧城西,爲中營頭工屯堡。

懷義堡,在鞏寧城西,爲中營二工屯堡。

頭屯所堡,在鞏寧城西八十里。

寧邊城,在鞏寧城西九十里,爲昌吉縣治。

寶昌堡,在鞏寧城西,爲左營屯工。

樂全堡,在鞏寧城西。

蘆草溝所堡,在鞏寧城西一百二十里。

景化城,在鞏寧城西一百八十里,地名呼圖壁。

康吉城,在鞏寧城西三百三十里,地名瑪納斯,爲綏來縣治。

綏寧城與康吉城毗連,南北相對,中設靖遠關,名陽巴爾噶遜,或以爲即陽關,誤也。

來綏堡,在鞏寧城西。

遂成堡,在鞏寧城西。

豐潤堡,在鞏寧城西。

安阜城,在鞏寧城西九百三十里,地名精河,爲烏魯木齊極西之境,接伊犁界。

嘉德城,在鞏寧城南二百三十里,地名喀喇巴爾噶遜,爲通土魯番路。

土魯番城,地居南路,載後條,此不著。

古城滿城,乾隆四十年築,名孚遠城,與漢城毗連,門皆無名,駐滿營兵,居烏魯木齊東境。

巴里坤滿城,乾隆三十八年築,名會寧城,與漢城毗連,門四:東宣澤、西導豐、南光被、北威暢,城垣高一丈八尺,底厚一丈八尺,頂厚一丈二尺,周六里有奇。駐滿營兵,居烏魯木齊東境。

喀什噶爾舊有城,爲回酋瑪哈墨特所屬之地,後其子大和卓木布喇呢敦據城叛,乾隆二十四年討平之,官兵就其城駐守。城周三里餘,東門二,西南門各一,今名舊城,回衆居之。二十七年於舊城西北二里許臨河爽塏之地創築一城,其基即布喇呢敦故園也。城垣高一丈四尺,底厚六尺五寸,頂厚四尺五寸,周二里有奇,門四:東承恩、西撫羌、南彰化、北闢遠,賜名徠寧城。所屬回莊較大者,曰牌斯巴特、曰塔什伯里克、曰阿拉圖什、曰別什克里木、曰玉什納爾圖什、曰阿爾古。

英吉沙爾舊有城,周二里餘。乾隆二十四年後駐官兵於城中,隔一墻,墻之南回民居之,其北官兵居之。四十年展築城垣,納郭外回民於内城,垣高一丈七尺,底寬八尺,頂寬三尺,南北門二,皆無名。城中隔墻,東西長十五丈一尺,高一丈五尺,底厚二尺,頂厚一尺,中有栅門通之。

葉爾羌舊有城,爲回酋瑪哈墨特世居之地,後其子小和卓木霍集占據城叛,乾隆二十四年討平之,以官兵駐守其城,垣高三丈三尺，周十一里有奇，東西北各有門一，南門二，皆無名。回城內東南隅有古塔一，周圍約十二三丈，外無簷櫺窗檻，中有磴道，頂三十餘丈，塔中無木石，以磚爲之，望之極高，若天柱然。回人名曰圖特，爲喀喇和台國人所建云。所屬回莊較大者曰哈拉噶里克、曰托古斯堪、曰桑珠、曰英格奇盤、曰塔克、曰庫庫雅爾巴什里克、曰和什拉布、曰巴里楚克、曰賽闊羅。

和闐舊稱六城，霍集占作亂時，攻陷三城，乾隆二十四年戡定其地，官兵駐守。六城以伊里齊爲首，即今和闐城也。垣高一丈九尺，周三里有奇，門四，皆無名。其城內東南隅隔開一門，官兵居之，餘三面皆回人居之。所屬五城最著，然惟哈喇哈什及克里雅有城，其玉隴哈什、車呼、塔克實無城，僅一村耳。

哈喇哈什，在和闐城西北七十里。乾隆二十四年，大軍擊回賊於博羅齊，在此境內。

玉隴哈什，在和闐城東十里。按《元史》卓齊等分攻鄂托落爾、玉隴哈什等城即此地，其時又名玉隴城。

車呼，在玉隴哈什東南二百二十里。

克里雅，在車呼一百九十里。

塔克，在克里雅南一百二十里。由和闐至塔克四百里，又至所屬之伊瑪木拉四百七十里。《回疆通志》言：準噶爾策妄阿拉布坦時遣大策凌敦多卜擾藏，道由此入。

烏什依山爲城，爲回部長霍集斯世居之地。乾隆二十四年討平回部，霍集斯入居京城，授郡王爵，乃以別城伯克轄之。三十年，逆回賴黑木圖拉據城叛，將軍明瑞、參贊大臣永貴討定之。明年重築新城，垣高一丈七尺，底厚一丈二尺，頂厚七尺，周四百六十八丈有奇，賜名永寧城，門四，皆無名。其地回戶本萬餘，以賴黑木圖拉之亂，從逆者多聚而殲焉。乃於阿克蘇、葉爾羌、和闐、喀什噶爾，徙回民五百戶於此屯種。

阿克蘇舊有城。乾隆二十四年戡定後以官兵駐守。城垣高一丈二尺，底厚八尺，頂厚五尺，周一百四十丈。東西南門三，皆無名。所屬回莊曰拜城、曰賽里木城，最著。拜城，在阿克蘇城東四百五十里，回民四五百户居之。賽里木城，在拜城東八十里，回衆居之。地據雪山之麓，群山環繞，氣候稍寒。

庫車舊有城，以柳條夾沙土築成，依山爲基最固。周四里有奇，門皆無名。乾隆二十四年戡定後以官兵駐守，五十八年重修。城外有頹城一段，長五里許，堅實高厚，雉堞猶存，土人言即漢時屯兵之所也。所屬回莊曰沙雅爾，最著。

沙雅爾，在庫車城西。名爲城，實回莊也。地下濕，暑熱多蛟蝱。西南馬行八日可達和闐，東南馬行二十八日可抵西藏。然皆沮洳草澤，人馬難行。準噶爾策妄阿喇布坦時，嘗欲由此侵西藏，遣沙雅爾回酋爲嚮導，全軍盡没，乃改道由和闐入藏云。

喀喇沙爾舊有城，高一丈三尺，周二百五十四丈，東西門二：東德綏、西撫徠。乾隆二十二年，大軍定伊犁，以其地要害，設官兵駐守。四十三年、五十二年、五十九年重修。所屬回莊曰庫爾勒、曰布古爾，最著。

庫爾勒城，在喀喇沙爾城西南一百五十里，回民七百餘户，大半皆惰蘭回子，地方遼闊，開都河環繞其境，有魚蝦蒲葦之利。

布古爾城，在庫爾勒城西四百五十里。初有回人二千户，後經霍集占之亂，布古爾適當其衝，大軍進剿，逃亡略盡，僅存百餘户，歸入庫爾勒。二十四年，乃徙惰蘭回子五百户實其地。惰蘭，一作"多倫"，回子中別一種，爲霍集占牧馬養雕者也。城東有土橋，古所謂葦橋之險。城南皆戈壁，馬行四五日，山場豐美，多野牲，再南則沮洳，近蒲昌海矣。

土魯番舊有城，爲回部長額敏和卓世居之地。以被準噶爾侵掠，避居魯克沁，乞内附。雍正九年，遣兵守護之，尋攜其衆遷於瓜州。準噶爾回部既平，還居故土，封郡王爵。城外交河二道，源出金嶺，環漑田畝，回人稱其爲安樂城云，城周三里有奇，賜名廣安城。垣高一丈六尺,底厚二丈,頂厚一丈二尺。門四:東朗曦,西利成,南殷阜,北宣義。城居烏魯木齊南境,駐滿營兵,歸烏魯木齊都統節制。所屬回莊曰喀喇和卓、曰魯克沁、曰闢展、曰托克遜,最著。

喀喇和卓,在廣安城東五十里,即明時火州故治。火州為漢車師前國地,漢班超嘗屯兵於此,地卑下極熱,山色如火,雖有城名,實無城,惟回民數百家居之。

魯克沁,在廣安城東一百餘里。

闢展,在廣安城東二百二十里,《明史·西域傳》云:柳城縣一名魯城,即後漢柳中地,西域長史所居。唐於此置柳中縣,東去哈密千里。以道里攷之,疑即今闢展也,回民三四百戶居之,城周五里有奇。乾隆二十四年平定回部,辦事大臣駐守於此,後移駐土魯番,闢展設巡檢治之。其東九十里為齊克騰木,又東至下梧桐窩三百餘里,皆沙磧無水草,有所謂三間房、十三間房之地。大風起輒不可行,土人謂為風戈壁。闢展之西,有連木沁,水極清澈,亦回莊也。

托克遜,在廣安城西,疑即漢交河縣故地。

哈密舊有城,為回部長額貝都拉世居之地。苦準噶爾侵虐,乞內附,子郭帕伯克徙居肅州,再傳至額敏歸故土後,封貝子爵。雍正五年,於舊城之外建築新城,遣兵守護之。垣高二丈四尺,底厚一丈二尺,頂厚六尺六寸,周一里有奇。北門外圍墻一道,長一百七十六丈,為貯糧之所。東西北門三,皆無名。南北兩路轉運糧餉皆取道於此。城西南三里許有回城一,即回爵所居也。所屬回莊較大者曰素們哈爾琿、曰阿思塔納、曰托克齊、曰拉卜楚克、曰喀喇都伯。

南北兩路職官 兵額附

伊犂自平定後,副都統阿桂於乾隆二十五年由南路帶兵至伊犂,興屯駐守,為辦事大臣。二十七年,設立將軍,部頒銀印一顆,駐惠遠城,總統新疆南北兩路事務。惠寧城滿營、察哈爾營、索倫營、錫伯營、額魯特營,領隊大臣各一員。

印房,掌關防司員一員,幫辦一員,筆帖式二員,委筆帖式二員,專管一切日行事件及吏兵各部應行咨覆稿件。

摺奏處歸印房兼管,並派協領等官同辦。

功過處亦印房兼管,登記八旗功過檔案。

糧餉處,掌關防司員一員,幫辦三員,筆帖式一員,委筆帖式一員,專管錢糧支發文案及年終造冊報銷,並關涉戶工二部稿件。

駝馬處,掌關防司員一員、幫辦一員、筆帖式一員、委筆帖式一員,專管各部落牧放孳生牛馬冊籍,及哈薩克貿易牲畜之事。

營務處無定員,派協領佐領,專管卡倫,嚴禁私行出入及滿營閱操挑缺之事,有委筆帖式二員。

滿營檔房派協領佐領等官,專管八旗官兵之事,有委筆帖式二員。

糧員四員,分駐惠寧城、固爾札、綏定城、塔爾奇城四處,專管各倉收放糧石之事。

管糧同知一員,駐惠遠城,專管倉庫錢糧綢緞布疋各項收放之事。

理事同知一員,駐惠遠城,專管惠遠、惠寧兩城滿營各部落回子等一切命盜脫逃各案及旗民交涉事件。

撫民同知一員,駐惠遠城,專管九城牲畜、煤窯稅賦並房租地租、錢局廠工及一切商民綠營命盜詞訟案件。

巡檢四員,分駐惠遠及惠寧、綏定、霍爾果斯四城。

卡倫侍衛十五員,在城營務處酌留一二員,餘俱分撥卡倫帶兵駐守。

乾隆二十九年起,三十一年止,調熱河、涼州、莊浪、滿洲、蒙古官兵,攜眷移駐伊犁惠遠城,協領八員、佐領十四員、防禦四十員、驍騎校四十員、世襲恩騎尉二員,領催一百六十名、前鋒三百二十名、馬甲二千八百名、砲手四十名、步甲六百名、匠役八十名、養育兵二百四十名。五十五年,增設鳥槍步甲四百名。

乾隆三十五年起，三十六年止，調西安、滿洲、蒙古官兵攜眷移駐伊犁惠寧城，即於三十六年設領隊大臣轄之，協領四員、佐領十六員、防禦十六員、驍騎校十六員、世襲恩騎尉三員、委筆帖式二員、領催八十名、前鋒一百六十名、馬甲一千四百五十六名、砲手十六名、匠役四十八名、步甲三百二十名、養育兵六十四名。

乾隆二十八年，自張家口外調察哈爾八旗官兵一千八百戶移駐伊犁，在博羅塔拉、哈布塔海、賽里木諾爾一帶地方遊牧，種地自食，隨時操演騎射。即於是年設領隊大臣轄之。三十二年，分為八旗左右翼，每翼九百員名。嗣因該營閒散幼丁甚少，不敷挑補甲缺，於乾隆三十八年、四十四年、五十五年由額魯特營閒散內三次撥入察哈爾營四百二十戶。左翼總管一員、副總管一員、佐領八員、驍騎校八員、委筆帖式一員、領催三十二名、兵八百六十八名。右翼總管一員、副總管一員、佐領八員、驍騎校八員、委筆帖式一員、領催三十二名、兵八百六十八名。兩翼領催兵丁，內有額設挑補卡倫六品空藍翎各三員。

乾隆二十九年，調黑龍江索倫、達虎爾官兵一千戶移駐伊犁。索倫在奎屯薩瑪爾地方遊牧，種地自食。達虎爾在霍爾果斯科河一帶地方建蓋房屋居住，種地自食，隨時操演騎射。是年，設領隊大臣轄之，總管一員、副總管一員、佐領八員、驍騎校八員、委筆帖式二員、前鋒校四名、前鋒三十六名、領催三十二名、兵九百六十八名、養育兵二百名，領催前鋒內有額設挑補卡倫空藍翎四員。

乾隆三十年自盛京調錫伯兵丁一千戶移駐伊犁，在河以南一帶地方遊牧，種地自食，秋收後操演騎射。是年，設領隊大臣轄之，總管一員、副總管一員、佐領八員、驍騎校八員、委筆帖式二員、領催三十二名、兵九百六十八名，領催兵丁內有額設挑補卡倫空藍翎四員。

乾隆二十九年，自熱河調達什達瓦、額魯特官兵五百員各攜眷移駐伊犁，編為左翼。除設總管、佐領、驍騎校等官，原設領催兵丁五百名。又自二十五年以後，陸續招撫額魯特及由哈薩克、布魯特陸續投出額魯特編爲右翼，除設總管、佐領、驍騎校等官，原設領催兵丁七百名。三十年，設領隊大臣轄之。三十二年，將左翼分爲上三旗，右翼分爲下五旗，各設總管一員、副總管一員，每旗佐領二員、驍騎校二員，管束兵丁。上三旗在特斯一帶地方遊牧，下五旗在霍諾海、空吉斯一帶地方遊牧。三十七年，將投誠土爾扈特内安插伊犂之沙畢納爾人等共八百六十七户歸入下五旗，額魯特增設副總管、佐領、騎驍校管束。奉旨：伊犂額魯特生齒日繁，又有隨土爾扈特投來之人，著加恩賞給錢糧以資養贍，欽此。旋經奏定，上三旗給五錢，錢糧一百五十六分。下五旗給五錢，錢糧二百三十八分。沙畢納爾給五錢，錢糧二百六十七分。六十年，奉旨：上三旗添給錢糧四百六十八分，下五旗添給錢糧七百六十分，沙畢納爾添給錢糧三百零四分。額魯特上三旗總管一員、副總管一員、佐領六員、騎驍校六員、空藍翎三員。食二兩，領催二十四名。食一兩五錢，披甲三名。食一兩，披甲四百七十三名。食五錢，披甲六百六十四名。額魯特下五旗總管一員、副總管一員、佐領十員、驍騎校十員。食二兩，領催四十名。食一兩，披甲五百名。食五錢，披甲一千零七十七名。沙畢納爾營副總管一員、佐領四員、驍騎校四員。食二兩，領催十六名。食一兩，委領催十六名。食五錢，披甲五百七十一名。

乾隆二十五年起，三十五年止，陸續調陝甘綠營兵三千名駐防伊犂，開墾屯田。四十三年，改爲攜眷分駐各城。原額三千名内以一千八百名種地，一千二百名當差，隨時操演。設屯鎮總兵一員駐綏定城，專理所屬綠營屯田及兵丁操防之事。中營駐綏定城，遊擊一員、守備一員、千總二員、把總四員、經制外委六員、額外外委六員、馬步兵各三百名。左營駐廣仁城，遊擊一員、守備一員、千總二員、把總四員、經制外委六員、額外外委六員、馬步兵各三百名。右營駐瞻德城，都司一員、守備一員、千總二員、把總四員、經制外委六員、額外外委六員、馬步兵各三百名。霍爾果斯營駐拱宸城，參將一員、守備一員、千總一員、把總四員、經制外委六員、額外外委六員、馬步兵各三百五十名。巴彥岱營駐熙春城，都司一員、千總一員、把總二員、經制外委三員、額外外委三員、馬步兵各一百五十名。塔爾奇營駐塔爾奇城，守備一員、千總一員、把總一員、經制外委二員、額外外委二員、馬步兵各一百名。

乾隆五十五年，設城守營，稽查盜賊，派撥守備一員、把總一員、外委二員、兵一百名，駐惠遠城北關汛地。嘉慶十年於中左右等六營添撥把總一員、經制外委、額外外委各一員、兵一百名，一同駐守。

右伊犁大小職官共四百六十八員，兵共一萬七千二百零二名。

塔爾巴哈台于乾隆二十九年設立參贊大臣，部頒銀印一顆，駐綏靖城，總理駐防屯田官兵事務。初由烏魯木齊派撥京營及黑龍江索倫等兵九百名駐守，三十一年，改由伊犁駐防兵內派撥滿營並錫伯等四部落兵一千三百名，其前項兵全行撤回。三十七年，因分撥土爾扈特於本處安插增添換防兵二百名，共一千五百名。四十二年，裁三百名。五十四年，因索倫兵不敷派撥，裁索倫兵五十名，添錫伯兵三十名，滿營兵二十名，仍足一千二百名之數，按期更換。

協辦領隊大臣一員，專管察哈爾、索倫、錫伯、額魯特四部落及南北卡倫。

管理遊牧領隊大臣一員，乾隆四十二年，因烏魯木齊額魯特一千户，移駐本處所屬齋爾地方，奏明增設。

印房司員一員，糧餉處司員一員，駝馬處司員一員，委筆帖式十員。

管糧理事撫民廳一員，由甘省調派，以同知通判兼充。卡倫侍衛十二員，內管理軍台一員，管理營務處一員，伊犁換防滿營協領委營總一員，佐領委副營營總一員，佐領委參領一員，防禦委參領一員，驍騎校七員，兵七百二十名。伊犁換防錫伯營佐領委營總一員，此缺係錫伯、察哈爾輪補。驍騎校委參領一員，兵百三十名。伊犁換防索倫營驍騎校委參領一員，兵五十名。內委驍騎校一員。伊犁換防察哈爾營佐領委參領一員，驍騎校委參領一員，兵一百五十名。內委驍騎校一員。伊犁換防額魯特營佐領委營總一員,兵一百五十名。內委驍騎校一員。總理屯務一員,以副將參將兼充,副理屯務兼管城守營一員,以遊擊都司守備兼充,千把總共九員,經制外委八員,兵八百名。以上綠營官兵俱由甘省派撥更換。

右塔爾巴哈台大小職官共六十五員,兵共二千名。

烏魯木齊初設迪化、寧遠二廳,並派官兵駐守。嗣于乾隆三十八年建置府州縣,設立都統,部頒銀印一顆,駐鞏寧城,總理烏魯木齊、庫爾喀喇烏蘇、古城、巴里坤、土魯番各城事務。

鞏寧城滿營,領隊大臣一員、協領六員、佐領二十四員、防禦二十四員、驍騎校二十四員、筆帖式二員,領催兵丁等三千七百七十六名。

庫爾喀喇烏蘇,辦事領隊大臣一員,駐慶綏城,專管遊牧濟爾噶朗之土爾扈特及庫屯、精河二處屯田之事,所屬筆帖式一員。

古城滿營領隊大臣一員,駐孚遠城,協領二員、佐領八員、防禦八員、驍騎校八員、筆帖式一員,領催兵丁等一千零七十九名。

巴里坤滿營領隊大臣駐會寧城,協領二員、佐領八員、防禦八員、驍騎校八員、筆帖式一員,領催兵丁等一千零七十六名。

土魯番滿營領隊大臣一員,駐廣安城,協領二員、佐領四員、防禦四員、驍騎校四員、筆帖式一員,領催兵丁等五百六十四名。按土魯番地居南路,以職官為烏魯木齊都統所轄,故附載于此。

印房司員一員、糧餉處司員一員、駝馬處司員一員、筆帖式三員、委筆帖式八員、營務處協領一員,于滿營佐領防禦內挑派委筆帖式一員。

鎮迪糧務兵備道一員,駐鞏寧城,轄府一、州一、縣五、廳二、糧員三。

鎮西府知府一員,駐鎮西城,轄縣二:宜禾、奇台。教授一員,學額三名。經歷一員。

宜禾縣知縣一員,駐鎮西城。訓導一員,學額四名。典史一員。

奇台縣知縣一員,駐靖寧城。訓導一員,學額四名。典史一員,古城巡檢一員。

迪化直隸州知州一員,駐鞏寧城。轄縣三:昌吉、綏來、阜康。學正一員,學額四員。吏目一員、巡檢一員,駐迪化城。頭屯所千總一員。

昌吉縣知縣一員,駐寧邊城。訓導一員,學額四名。典史一員,呼圖壁巡檢一員,蘆草溝所千總一員。

綏來縣知縣一員,駐康吉城。訓導一員,學額四名。典史一員,塔西河所千總一員。

阜康縣知縣一員,駐阜康城。訓導一員,學額四名。典史一員,吉木薩縣丞一員。

土魯番同知一員,駐廣安城。巡檢一員,闢展巡檢一員,理事通判一員,駐鞏寧城。糧員三員,分駐庫爾喀喇烏蘇、精河、喀喇巴爾噶遜三城。

烏魯木齊設立提督,部頒銀印一顆,駐迪化城,總理烏魯木齊提標四營並瑪納斯、吉木薩、庫爾喀喇烏蘇、精河、鞏寧城守,喀喇巴爾噶遜營及巴里坤綠營事務。

中軍參將一員、守備一員、千總二員、把總四員、經制外委五員、馬步兵九百四十四名。

迪化城守營,都司一員、守備一員、千總二員、把總四員、經制外委六員、馬步兵九百九十四名。左營遊擊一員,駐昌吉縣城,守備一員、千總二員、把總四員、經制外委六員、馬步兵九百四十三名。右營都司一員,駐呼圖壁城,守備一員、千總二員、把總四員、經制外委六員、馬步兵九百四十三名。鞏寧城守營都司一員、千總一員、把總一員、經制外委二員、馬步兵三百四名。

瑪納斯,協副將一員,駐綏來縣城。左營都司一員,駐綏來縣城。守備一員、千總二員、把總四員、經制外委四員、馬步兵八百名。右營都司一員,駐綏寧城。守備一員、千總二員、把總三員、經制外委六員、馬步兵七百九十九名。

庫爾喀喇烏蘇，遊擊一員，駐慶綏城。守備一員、千總二員、把總二員、經制外委四員、馬步兵六百五名。

精河營，都司一員，駐安阜城。千總一員、把總二員、經制外委二員、馬步兵四百四名。

吉木薩營，參將一員，駐保惠城。守備一員、千總二員、把總四員、經制外委八員、馬步兵九百九名。

喀喇巴爾噶遜營，千總一員，駐嘉德城。把總二員、經制外委二員、馬步兵三百二名。

巴里坤鎮，總兵一員，駐鎮西城，專管鎮標四營及哈密、古城、木壘等營操防屯田之事。

中營，遊擊一員、守備一員、千總二員、把總四員、經制外委六員、馬步兵六百四十七名。左營，遊擊一員、守備一員、千總二員、把總四員、經制外委六員、馬步兵六百四十四名。右營遊擊一員、守備一員、千總二員、把總四員、經制外委六員、馬步兵六百六十四名。城守營都司一員、千總一員、把總二員、經制外委二員、馬步兵一百八十二名。

古城營，遊擊一員，駐古城漢城。千總一員、把總一員、經制外委四員、馬步兵四百一名。

木壘營，守備一員，駐木壘城。把總二員、經制外委二員、馬步兵三百名。

哈密協，副將一員，駐哈密城。都司一員、塔爾納沁屯田都司一員、千總二員、把總六員、經制外委六員、屯田兵八百二十四名。

右烏魯木齊大小職官共四百零八員，兵共一萬七千七百零四名。古城、巴里坤、庫爾喀喇烏蘇、土魯番及哈密綠營官兵俱在其內。

喀什噶爾，于乾隆二十五年設立參贊大臣，部頒銀印一顆，駐徠寧城。三十年，移駐烏什。五十二年仍由烏什移回喀什噶爾，總理回疆八大城事務。

協辦大臣一員，專理本處及英吉沙爾事務。

印房章京一員、回務處章京一員、經牧處章京一員、糧餉處章京一員、筆帖式四員、委筆帖式九員、卡倫侍衛十八員。初設十五員，嗣由烏什裁汰三員，移派于此。滿營協領一員、佐領一員、防禦二員、驍騎校三員、貼寫兵六名、兵四百名。此項換防官兵由烏魯木齊輪撥更換。綠營副將一員、遊擊一員、千總三員、把總三員、經制外委六員、聽差都司、守備各一員、兵六百一十名。此項換防綠營官兵由甘省派撥更換。

英吉沙爾領隊大臣一員，兼管卡倫。

筆帖式一員、委筆帖式四員、滿營防禦一員、兵八十名。此項官兵由喀什噶爾官兵數內轉撥更換。綠營遊擊一員、千總一員、把總一員、經制外委二員、兵二百一十七名。此項官兵由甘省派撥更換。

葉爾羌辦事大臣一員，協辦大臣一員。

印房章京一員、糧餉局章京一員、筆帖式三員、委筆帖式八員、卡倫侍衛十三員。內駐卡倫七員，在城聽差五員，輪流更替。滿營佐領一員、防禦一員、驍騎校二員、貼寫兵十一名、兵二百名。此項官兵由巴里坤、土魯番、古城、烏魯木齊輪撥更換。綠營副將一員、遊擊一員、都司二員、千總三員、把總六員、經制外委九員、兵六百七十三名。此項官兵由內地綠營派撥更換。

和闐領隊大臣二員，聽葉爾羌辦事大臣節制。

委章京一員、筆帖式一員、委筆帖式二員、軍台筆帖式三員、綠營都司一員、千總一員、把總二員、經制外委二員、兵二百三十三名。此項官兵由內地綠營派撥更換。

烏什辦事大臣一員。

印房章京一員、筆帖式二員、委筆帖式四員、額外委筆帖式五員、從九未入流職銜六員、糧餉局章京一員、從九未入流職銜三員、卡倫侍衛六員。滿營佐領一員、驍騎校二員、貼寫兵十三名、兵二百名。此項官兵由古城、巴里坤、烏魯齊木輪撥更換。城守營署都司一員、守備一員、千總一員、把總三員、經制外委七員、額外外委二員、兵六百七十名。屯田參將一員、守備二員、千總二員、把總一員、屯田兵二百五十名。以上綠營官兵由內地派撥更換。

阿克蘇辦事大臣一員。

糧餉局章京一員、筆帖式一員、委筆帖式三員。滿營佐領一員、防禦一員、驍騎校一員、兵六十名。此項換防官兵由喀什噶爾、葉爾羌、烏什官兵數內輪撥更換。綠營遊擊一員、千總二員、把總二員、經制外委二員、兵二百六十五名，內種稻穀兵十八名。管理銅廠遊擊一員、把總一員、經制外委二員、兵二百九十八名。管理錢局把總二員、兵六十名。以上綠營官兵由內地派撥更換。

庫車辦事大臣一員。

印房章京一員、糧務章京一員、筆帖式二員、委筆帖式三員、滿貼寫兵八名。由烏魯木齊派撥更換。綠營遊擊一員、千總一員、把總二員、經制外委三員、兵三百名。此項官兵由內地綠營派撥更換。

喀喇沙爾辦事大臣一員。

印房章京一員、糧餉章京一員、管理夷回章京一員、筆帖式三員、委筆帖式五員、滿貼寫兵十一名。由烏魯木齊派撥更換。城守營遊擊一員、把總二員、外委五員、兵二百二十一名。管理屯田都司一員、把總二員，經制外委一員、兵一百七十二名。管理沙克塔爾屯田千總一員、經制外委一員、兵一百三十名。以上綠營官兵由內地派撥更換。

右喀什噶爾、英吉沙爾、葉爾羌、和闐、烏什、阿克蘇、庫車、喀喇沙爾八城，大小職官共二百五十九員，兵共四千七百二十一名。

土魯番領隊大臣所屬屯田遊擊一員、守備一員、千總四員、把總三員、經制外委七員、兵七百名。聽差都司一員、守備一員、千總四員、經制外委八員、兵三百三十名。此二項綠營官兵由內地派撥更換，與各回城同。

右土魯番綠營武職共三十二員，兵共一千零三十名，其自領隊大臣以下文職及滿營官兵俱隸烏魯木齊都統轄，附見前條，茲不復載。

哈密辦事大臣一員,協理大臣一員。

印房章京一員、筆帖式一員、通判一員,初隸烏魯木齊轄,乾隆四十九年改屬陝甘總督。專管地方案件、庫貯經費銀兩、倉存屯糧、供支廉俸兵糧及新疆各城往來官役並兵遣鹽菜、口糧、衣履,運送餉鞘、綢緞、茶、封紙、剳、農具,年班伯克人等銀糧、車輛、脚價一切報銷之事。

右哈密大小文職共五員,其綠營武職十七員,兵八百二十四名,俱隸烏魯木齊提督轄,見前條,兹不復載。

張瀛暹校訂

西陲要略卷之三

前史官壽陽祁韻士鶴皋輯

伊犂駐兵書始

新疆滿洲緑營官兵分布南北兩路,有駐防換防之分。駐防者,攜眷之兵,永遠駐守,惟伊犂及烏魯木齊、古城、巴里坤、滿洲緑營皆然,土魯番滿營兵亦如之。北路之塔爾巴哈台滿兵,則自伊犂調撥。南路之喀什噶爾、英吉沙爾、葉爾羌、烏什、阿克蘇滿兵,則自烏魯木齊、古城、巴里坤調撥。其緑營兵,則自内地調撥。皆輪班更替,非常駐者也。伊犂地極西徼,又爲將軍帥庭,故較之烏魯木齊駐兵尤多。有滿洲蒙古八旗兵,有緑營屯兵,有錫伯、索倫、察哈爾、厄魯特等兵,環衛森嚴,所以靖邊圉而資控馭,最爲整肅。溯其始駐之年,惠遠城滿營始自乾隆二十九年至三十一年,由熱河、涼州、莊浪移駐。惠寧城滿營,始自乾隆三十五年至三十六年,由西安移駐。錫伯營始自乾隆三十年,由盛京移駐。索倫、達虎爾營始自乾隆二十九年,由黑龍江移駐。察哈爾營始自乾隆二十九年,由張家口外移駐。厄魯特有自乾隆二十九年由熱河移駐者,爲達什達瓦厄魯特。達什達瓦者,準噶爾台吉小策零敦多卜之子爲其汗喇嘛達爾札所殺,屬衆投誠,安插熱河,事在準噶爾未滅之前。有自準噶爾既滅于乾隆二十五年以後,陸續招撫,並由哈薩克、布魯特投出者,又有沙畢納爾人等于乾隆三十六年隨土爾扈特歸順,安插伊犂者。此外緑營屯兵,則自乾隆二十五年以後三十五年以前,由陝甘兩省陸續移駐,至四十三年,始改爲攜眷。此各營官兵先後駐防之大略也。

伊犂興屯書始_{三屯水利附}

新疆各城屯田,有兵屯,有回屯,有户屯,而無旗屯,惟伊犂皆有之。兵屯者,緑營兵丁之屯;回屯者,回民之屯,皆創自乾隆二十五年。時初設兵駐守,高宗純皇帝以武定功成,農政宜舉,特命參贊大臣阿桂專理屯田。由阿克蘇率滿洲索倫驍騎五百名、緑營兵百名、回子三百名,越穆蘇爾達巴罕至伊犂鎮守辦事。搜捕瑪哈沁,招撫潰散之厄魯特,即以緑營兵築城,回子乘時興屯,開渠灌漑,是爲伊犂屯田之始。二十六年至三十四年,陸續由内地增調屯田兵至二千五百名,五年更替,以五百名差操,二千名屯種。四十三年,將軍伊勒圖奏准改爲攜眷,定額三千名,以一千二百名差操,一千八百名屯種,分爲十八屯,仍視倉儲之多寡,隨時增減屯種,此兵屯也。回屯自阿克蘇原帶回子三百名於伊犂河南海弩克之地分撥墾種。次年調取伯克並由烏什、葉爾羌、和闐、哈密、土魯番等處陸續增調回子,至三十三年共有六千三百八十三戶,内除彥齊回子彥齊者,隨伯克品級給與服役之回子。三百二十三戶種地所收之麥爲大小伯克及挖鐵回子六十戶養贍口糧外,奏定種地回子六千戶,分爲九屯,于固爾札建寧遠城居之,設阿奇木伯克管轄,此回屯也。戶屯者,商民之屯。創自乾隆三十七年,將軍舒赫德奏明,客民莊世福等四十八戶,以無礙屯工之隙地,請撥令開墾,即於本年陞科,永爲土著,此戶屯也。以上兵、回、戶屯等項行之有年,其來已久。惟旗屯一項則前此所未有,至嘉慶七年而始興。先是,乾隆二十九年奉高宗純皇帝諭旨,伊犂田土肥潤,如敷多人耕作,莫若令滿洲官兵分種,既得勤於力農,而於養贍家口,餵養馬匹,均屬有益。著查明地畝,俟滿兵到齊後,酌量分給耕種。其時,將軍明瑞覆奏以附近伊犂二百里以内可種之地甚多,俟官兵到齊再爲妥議辦理。嗣於回屯之東,開築新渠,因地勢較高,未就而罷。三十七年,又設法引水,爲土爾扈特屯田,不一二年亦罷。迨乾隆五十年、五十五年,疊奉諭旨,駐防官兵生齒日繁,而國家經費有常,伊犂地廣田肥,著分給官兵地畝,佃人耕種,用資生計。歷任將軍皆以灌漑乏水,未及籌辦。嘉慶七年,將軍松筠相度地形,親爲履勘,始得導水要領,奏明於惠遠城東、伊犂河北岸,濬大渠一道，迤逦数十里，引用河水灌田。又于城西北草湖中觅得泉水，设法疏濬，築堤岸，開支渠，引溉旗屯地畝。又於城東北就渠畔擇可種善地，分授惠遠城官兵播種。而以前此緑營裁撤之屯授惠寧城八旗官兵，均令閒散餘丁代耕，並雇人佃種，永爲世業。得旨允行。嗣又濬大渠一道，與前所濬渠通，名通惠渠，並於其東阿奇烏蘇地方濬大渠，引丕里沁山泉之水灌田數萬畝，此又旗屯之所由始也。

兵屯水利

綏定城屯鎮中營屯田，引用烏哈爾里克山泉並小蘆草溝泉水上游，分溉喇嘛寺溝遣屯民地，綏定城屯鎮中營官屯地畝並城南户民地畝，水泉子一帶滿營五旗地畝及户民園地、旗下園地入惠遠城，街渠適用。

中營官屯又兼引用左營四屯遣水及泉水灌溉，餘水流歸磨河渠。其渠上游本有山泉，由塔爾奇城西北濬渠，環繞城南，折東而又南，引泉水灌溉正紅、鑲紅兩旗屯地，並本城官兵新墾地畝，是爲西地。

屯鎮左營大蘆草溝屯田，在綏定城西北。該營官屯引用果子溝_{即塔爾奇溝}泉水。龍口分水一支，引溉屯地外，餘水流歸中營屯地。又自龍口分水一支，引溉左頭屯地畝，餘水流歸塔爾奇屯。

左營又引大東溝水灌溉屯地外，餘水流歸塔爾奇屯。左營又引小西溝水灌溉屯地外，餘水流歸塔爾奇屯

屯鎮右營清水河屯田，在左營之西。該營官屯用大西溝泉水，自龍口分水一渠，另濬水泉一道，引溉屯地外，餘水流入頭道河。又自龍口分水一渠，引溉屯地外，餘水流入二道河

右營又用察罕烏蘇溝泉水，自龍口分水一渠，引溉屯地外，餘水流入三道河。又自龍口分水一渠，引溉屯地外，餘水流入三道河。

屯鎮塔爾奇營屯田，在綏定之西微北。該營官屯引用左營各屯遺水，並引泉水灌溉。

塔爾奇營稻屯，引用磨河渠水灌溉，餘水退入磨河下游草湖。自

湖東岸引灌遣屯地畝，亦謂之西地。

屯鎮霍爾果斯營屯田，引用霍爾果斯河水併滾壩溝泉水分溉，兼用索倫屯地餘水灌溉。所有餘水統歸三道河。

屯鎮巴彥岱營屯田，在惠寧城東南。該營官屯引用闢里沁溝泉水，自龍口分水濬渠二道引溉該營地畝，並惠寧城旗屯民人園地。又於巴彥岱屯渠分開一渠，引溉惠遠城旗屯阿齊烏蘇地畝。

阿里木圖溝泉水，在闢里沁之西，分引灌溉商戶地畝並綏定城旗屯，餘水由七里溝新渠引溉惠遠城之阿齊烏蘇旗屯，餘水引入八旗稻屯大渠。

旗屯水利

惠遠城東南紅柳灣一帶旗屯，引用伊犁河通惠渠水灌溉，分授鑲白旗五佐領耕種。

惠遠城東北沿山一帶旗屯，引用烏哈爾里克泉水灌溉，分授正黃旗五佐領耕種。

惠遠城東北水泉子一帶旗屯，引用烏哈爾里克泉水灌溉，分授正藍旗五佐領耕種。

惠遠城新北屯旗地，引用烏哈爾里克泉水灌溉，分授鑲黃旗五佐領耕種。

惠遠城東通惠渠迤北一帶旗屯，引用烏哈爾里克泉水灌溉，分授正白旗五佐領耕種。

惠遠城東分水閘迤北一帶旗屯，引用烏哈爾里克泉水灌溉，分授鑲藍旗五佐領耕種。

惠遠城西北一棵樹西南一帶旗屯，引用塔爾奇上游草湖泉水灌溉，分授正紅旗五佐領耕種。

惠遠城西北一顆樹一帶旗屯，引用塔南奇上游草湖泉水灌溉，分授鑲紅旗五佐領耕種。其內第三佐領地畝兼用烏哈爾里克渠水。

惠遠城東旗屯稻田，引用通惠渠伊犁河水灌溉，爲八旗公田。此項收穫米石用抵羊隻口食,每年分散官兵,撙節羊隻價銀,酌給種地壯丁,鹽菜月銀,其有盈餘,分瞻旗下貧乏。

惠遠城稻田迤東七里溝即阿齊烏蘇旗屯,引用阿里木圖溝泉水並闢里沁之新開渠水灌溉,爲八旗公田。

惠遠城西北葦湖新開渠水,引灌船工處遣屯地畝。

惠寧城東旗屯,引用闢里沁新開渠水灌溉,分授正黃、正紅兩旗四佐領耕種。

惠寧城東旗屯,引用闢里沁新開渠水灌溉,分授鑲黃、正白兩旗四佐領耕種。

惠寧城東旗屯,引用闢里沁新開渠水灌溉,分授鑲紅、鑲藍兩旗西佐領耕種。

惠寧城北旗屯,引用磨霍圖泉水灌溉,分授鑲白、正藍兩旗四佐領耕種。

惠寧城西北旗屯,引用阿里木圖溝泉水灌溉,爲八旗公田。

附錫伯營八旗八佐領分爲八屯。鑲黃、正白二旗駐豁吉格爾。正紅旗駐巴圖蒙克,引用泉水灌溉。鑲白旗駐綽豁囉。正黃旗移駐塔什布拉克。鑲紅旗移駐厄爾格穆托羅海。正藍旗移駐綽豁囉之東。鑲藍旗移駐綽豁囉之西。俱引用河水灌溉。

索倫營八旗八佐領分左右翼,左翼屯田,引阿里木圖河水灌溉。右翼屯田,引圖爾根河水灌溉。

察哈爾營八旗分左右翼屯田,皆依博羅塔拉河岸,河北之田多引山泉,河南之田引用河水灌溉。

厄魯特營上三旗六佐領屯田四處:曰敦達察罕烏蘇、曰懷圖察罕烏蘇、曰特爾莫圖、曰塔木哈,各引用其地之水灌溉。下五旗十四佐領屯田十六處:曰昌曼、曰哈什、曰春稽布拉克、曰蘇布台、曰渾多萊、曰滾佐特哈、曰庫爾庫壘、曰呢勒哈、曰大濟爾噶朗、曰算珠圖、曰特勒克、曰明布拉克、曰特古斯塔柳、曰沙拉博果沁、曰巴哈拉克、曰弩楚袞,各引用其地之水灌溉。

回屯水利

海弩克種地回子六百户，引用山泉灌溉。

哈什種地回子五百户，引用河水。

博羅布爾噶素種地回子一千一百户，引用河水。

吉爾噶朗種地回子九百户，引用山泉。

塔舒斯塘種地回子四百户，引用山泉。

鄂羅斯塘種地回子六百户，引用山泉。

巴爾圖海種地回子六百户，引用山泉。

霍諾海種地回子八百户，引用山泉。

達爾達木圖種地回子五百户，引用山泉。乾隆五十四年奏明撥給此地。

呢勒哈回户加種地畝，引用山泉。

烏里雅素圖回户加種地畝，引用山泉。

烏蘭庫圖爾回户加種地畝，引用哈什河水。此地即銅鉛廠田畝，改歸回子耕種，每年交糧二千石。

春稽回户加種地畝，引用泉水。以上四處屯地均係嘉慶九年奏明撥給。

訓　練

惠遠城滿營官兵四千三百七十員名，鳥槍步甲四百名，内除換防塔爾巴哈台及出卡倫各項差使外，其餘官兵定例每月逢四、七、十日演合隊行操，二、八日演過堂準頭馬槍，一、五、九日演步箭，三、六日演馬箭。惠寧城官兵操演亦然。

嘉慶九年將軍松筠奏定行操式，是日詰旦，各旗官兵齊集教場演武廳前，兵分八隊，令按八旗分中左右三軍。以鑲黃旗官兵爲中軍，站立中間；以正白旗官兵爲左軍，站於左翼；以正紅旗官兵爲右軍，站於右翼；以鑲白旗官兵爲前隊，站於中軍之前；以鑲紅旗官兵爲後隊，站於中軍之後；以正黃旗官兵爲殿後，站於後隊之後；以正藍、鑲藍兩旗官兵分爲二隊，爲伏兵。教場寬闊，因立晾臺三座，相去各數百步，一西一東，一又東。當各旗官兵分隊站立之際，即飭正藍、鑲藍兩隊伏兵，潛行伏於又東晾臺之東，於是鑲黃等六旗各統領率同隊長兵丁吹海螺齊以列陣，各隊官兵俱各整立。中軍揮旗止海螺，鳴號砲三，擊鼓，各隊按次前進，至西晾臺前，哨馬兵報於中軍，該章京即揮鑲白、正紅之旗，鳴砲，以前隊及右翼官兵，吶喊而出向晾臺，先操以三進連環鎗，繼以拋擲火毬，繼以連射。當是時，中軍揮正白、鑲紅之旗，鳴號砲一，後隊及右翼官兵穿出，整隊正進至東晾臺，兩隊同擊鼓，鳴砲一，兩隊官兵吶喊前進，操演與前隊右翼同。當是時，前隊與翼官兵檢拾箭枝已畢，與中軍官兵相繼趨至，前隊與右翼縶住不動，吹螺，鳴砲一，獨中軍官兵前進，與後隊左翼相合操演如前。正操時，中軍揮鑲白、正紅之旗，鳴砲三，前隊右翼官兵，亦照後隊左翼官兵旁出整隊前進，吹螺，行至晾臺，其鳴砲操演與後左翼同。當是時，中軍及後隊左翼檢拾箭枝已畢，相繼趨至，吹螺縶住。中軍揮正黃之旗，殿後援兵鳴砲一，吶喊出戰，與前隊右翼官兵相合，操演亦如前。當是時，中軍揮鑲紅、正白之旗，鳴砲三，後隊左翼官兵即分隊旁出，未至又東晾臺之際，其先分投埋伏之兩藍旗官兵，靜侍中軍號砲。至是，中軍揮兩藍旗，鳴砲三，兩伏兵各奮勇吶喊出戰，俱各進至晾臺一箭之地，揮旗勒隊，見後隊與左翼官兵正在操演，各鳴信砲一，即與後隊左翼官兵合演鳥鎗，繼擲火毬，又繼以連射。演畢，與前隊、右翼、中軍、後隊、中翼合兵齊至中央，吹螺收軍。中軍復吹海螺，鑲藍、正藍二旗在前分隊行走，次鑲白、鑲紅，次正白、正紅，按隊續行，次中軍接行，殿後正黃旗仍尾行。整隊俱各站立，中軍揮旗鳴砲三，各隊俱鳴鼓緩退。當是時，中軍若揮某隊之旗，令向某方操演，則某隊之兵突出前往操演。又接揮某隊之旗突出援之，繼操已畢，吹螺，復整大隊如例操式，合操三進聯環畢，按步伍分列八隊縶住，吹螺而撤。

每年十月演砲時，所有行操官兵帶赴紅山口教練山操一次，以習搶上壓下之法。

錫伯、索倫、察哈爾、厄魯特四營各於屯所遊牧處，隨時操演鳥鎗、騎射。

綠營操演兵一千二百名，隨時操演。屯田兵一千八百名，秋收後輪流操演。兵丁俱習鎗箭，間習刀矛、藤牌。

每年十月，滿營及綠營官兵，在紅山口演放砲位。

每年春秋，分旗在四城門樓，清晨演吹海螺，二月十五日起，三月初一日止。七月十五日起，八月初一日止。

將軍隨時親赴教場，閱看本城滿營官兵技藝。其惠寧城滿營官兵技藝，每年於夏秋間前往該城閱看。

冬月，赴綏定城，閱看綠營官兵技藝。

每年八月，將軍帶領各營官兵，前往哈什地方演圍。

每年十月間，八旗陳軍器於東城門外教場，按旗排立，將軍親往查閱。

每年八九月間，將軍派領隊大臣帶同官兵，巡查哈薩克邊界，酌收馬稅。踰一二年，派領隊大臣帶同官兵巡查布魯特邊界。哈薩克遊牧自西而北過塔爾巴哈台，直接科布多交界。每年巡查哈薩克邊界，原爲收取馬租，定例不准冀圖多收，量其所能而取之，所以示體恤也。至布魯特邊界，遠在西南哈爾奇喇卡倫以外，越善塔斯、太畢勒、哈圖等山行數百里，始見其遊牧之人。至特穆爾、圖淖爾兩岸間，有布魯特所種田地，向之巡查，官兵誤聽嚮導厄魯特謊言，每每踐踏其禾，此項厄魯特皆平定準噶爾時竄赴布魯特，因被凌虐，始行投出。大凡巡查邊界之領隊大臣，莫不尋覓通曉布魯特言語之厄魯特以爲通事，並爲嚮導。而厄魯特借此洩忿，即以布魯特必須踐踏其田禾使知畏懼爲言，是以每逢巡查，竟將踐踏田禾稟知將軍，相沿已久，遂爲成例。後有察哈爾部落副總管職銜巴雅斯瑚朗者具言其狀，自是以來，巡查邊界之領隊大臣始禁官兵踐踏田禾，布魯特人等無不頂感皇仁，群相歡悅。蓋邊界者係指卡倫以外接界處所而言，果其於卡倫界內種地，自應踐踏驅逐，此在卡倫以外數百里之遠，本與邊界無涉，且該遊牧人等借地而資生計，豈可聽從厄魯特任意踐踏，因推所以深入布魯特遊牧巡查之故，起自副將軍侯富德，當時因向哈薩克追阿睦爾撒納無獲，折赴布魯特，至喀什噶爾追討回逆霍集占等，中途曾經具奏布魯特遊牧，原係準噶爾所有，至後始有巡查布魯特之役。其實布魯特並非準噶爾所有，該部落沿邊頭人名之曰"比"，即伯克之稱。投誠以來，一如哈薩克恭順，以此較之，名雖巡查邊界，實則巡查遊牧，若不嚴禁官兵藉端滋擾，殊不足以服外夷之心。此事余知之最悉，因附識於此。

牧　養

　　伊犁牧廠始自乾隆二十五年，陸續由阿克蘇、烏魯木齊並張家口外牧群達里剛愛等處運到，孳生馬一萬四千零三十三匹，又陸續購買孳生馬三千五百二十六匹。三十年起，至五十八年，將軍保寧奏准爲止，陸續收穫孳生馬一萬一千零一十匹，共孳生本馬二萬八千五百六十九匹。按立馬年限先後分爲三限取孳，謂之三年一均齊。每三年本馬三匹取孳一匹。統計每三年共取一歲至三歲孳生馬駒九千五百二十四匹，截至嘉慶十三年七月止，除照例撥補撥運各處應用外，現存孳生及新收各項馬匹共計一萬一千零七十四匹。

　　乾隆二十七年，陸續由烏里雅蘇台等處並達什達瓦厄魯特由熱河帶來孳生牛五千五百六十一隻，又陸續購買孳生牛一千五百七十六隻。三十一年起，至五十八年將軍保寧奏准爲止，陸續收穫孳生乳牛七千七百零八隻，除撥給三千戶回子牧放，抵補倒斃種地耕牛並不另行取孳之三千隻牛外，共孳生本牛一萬一千八百四十五隻。按立牛年限先後，分爲四限取孳，謂之四年一均齊。每四年本牛十隻取孳八隻。統計每四年共取一歲至四歲孳生牛犢九千四百七十七隻。截至嘉慶十三年七月止，除照例撥補撥運各處應用外，現存孳生及購買哈薩克牛共計八千六百八十二隻。

　　乾隆二十六年，陸續由烏里雅蘇台運到兒騍駝並備差駝内挑出孳生駝一千五百一十一隻。三十一年起，至嘉慶七年止，陸續收穫孳生駝二千六百六十五隻，共孳生本駝四千一百七十六隻。按立駝孳生定例，分爲五限取孳，謂之五年一均齊。每五年本駝十隻取孳四隻。嘉慶七年起限，扣至十二年限滿，應行取孳。因於嘉慶九年被災，奏奉恩旨，再展一限，扣至十七年限滿，應收孳生駝羔一千六百七十二隻。官廠現截至嘉慶十三年七月止，存備差駝一千五百九十三隻。

　　乾隆二十六年，陸續由巴里坤、烏里雅蘇台等處運到孳生羊八萬七千四百三十五隻。二十八年起至三十七年止，由口食羊內陸續挑出並購買哈薩克孳生羊五萬九千七百六十隻。察哈爾、厄魯特兩營共領孳生本羊一十四萬零六百九十五隻。按立羊之年定爲一限取孳，謂之一年一均齊。每一年本羊十隻取孳三隻，統計每一年共取孳生一歲羊羔四萬二千二百一十一隻，俱係按限收取，隨年搭放官兵口食之需。後於乾隆五十三年，將軍保寧因按年所取察哈爾、厄魯特孳生羊羔將至一歲，不堪搭放官兵口食，奏明於另廠牧放購買哈薩克大羊內，五十四、五、八等三年，代察哈爾、厄魯特放過兩城滿營及綠營官兵等口食大羊共十三萬八千零七十隻。截至嘉慶十三年七月止，現存孳生口食羊一歲至三歲共五千八百五十隻。又另廠牧放購買哈薩克大羊一萬六千八百六十五隻。

每年約佔分撥馬牛數目

綠營屯田兒騾馬九十匹，犍牛一百三十五隻。

綠營頭二兩起外委兵丁，補缺過伍騎操騸馬一百三四十匹不等。

回子種地補缺馬牛九百匹。

烏魯木齊補缺騎操騸馬五百九十二匹。

內地各營補缺騸馬五六百匹至一千一二百匹不等。

烏魯木齊屯田台卡補缺兒騾馬一二百匹至五六百匹不等，犍牛八十隻至一二百隻不等。

阿克蘇咨調補缺騸馬八十六匹，犍牛二十七隻。

伊犂南北軍台補缺騸馬九十匹，犍牛二十三隻。

銅廠補缺兒騾馬三匹、犍牛四隻。

寶伊局補缺騸馬一匹。

春秋二季致祭山河廟宇祠堂等處，供用犍牛二十隻。此外尚有南路各回城咨調馬牛數目，每年多寡不等。

張瀛暹校訂

西陲要略卷之四

前史官壽陽祁韻士鶴皐輯

土爾扈特源流

土爾扈特舊爲四衛拉特之一,徙居俄羅斯境,其俗重黃教,置鄂拓克,設宰桑,悉同準噶爾。乾隆三十六年,其汗渥巴錫等率全部來歸,受封爵。先是,康熙年間,有阿玉奇汗名最著,慕天朝威德,曾通貢。聖祖仁皇帝遣侍讀圖麗琛等假道鄂羅斯往宣諭,而俄羅斯故爲紆繞其程,凡行三年又數月始反命。圖麗琛有《異域風土記》紀其事。阿玉奇之父曰棚楚克,其祖曰書庫爾岱青,其曾祖曰和鄂爾勒克,其高祖曰卓立甘和鄂爾勒克,其高祖之父曰貝果鄂爾勒克,以上世遠無可考。自貝果鄂爾勒克至和鄂爾勒克皆單傳,和鄂爾勒克有子六人,一即書庫爾岱青,餘三無子,其二有子孫,皆式微無足傳。書庫爾岱青子四人,絕嗣者二,其一即棚楚克,是爲汗渥巴錫之曾祖,其一曰那木策楞,是爲郡王巴木巴爾之曾祖。阿玉奇有子八人,其六皆無嗣,其一曰衮紥布,是爲親王策伯克多爾濟之曾祖。其先世之徙俄羅斯也,蓋自阿玉奇之曾祖和鄂爾勒克始。其時四衛拉特各自爲汗,無所統屬。和鄂爾勒克與準噶爾巴圖魯渾台吉不睦,率子書庫爾岱青等北徙俄羅斯,屯牧額濟勒河,倚騰吉思巨澤,所居地曰瑪弩托海。時阿玉奇尚在襁褓,以巴圖魯渾台吉乃其外祖,被留不遣。後書庫爾岱青往西藏,還至準噶爾,始索阿玉奇以歸。其額濟勒之境,北界俄羅斯,南界哈薩克,東界哈喇哈爾榜,西界圖里雅斯科,以鄰牧互市皮馬。俄羅斯嘗與雪西洋及西費雅斯科戰,土爾扈特以兵助之,厥後稍就弱,俄羅斯因稱爲己屬,然本附之,非降之也。迨渥巴錫之父敦羅布時,俄羅斯益征調師旅不息,繼復徵子入質,不堪其虐。而俄羅斯又屬別教,非黃教比,故渥巴錫與合族台吉密謀,挈全部歸順中國,以息肩焉。其遠族有舍稜者,曾以計誘害我副都統唐喀禄,懼誅,逃往額濟勒,至是亦隨渥巴錫來歸。以乾隆三十五年冬,自額濟勒啓行,歷哈薩克,繞巴勒喀什淖爾戈壁,于次年六月始至伊犁之沙拉伯勒界,凡八閱月,歷萬餘里。本有户三萬三千有奇,口十六萬九千有奇,及抵伊犁,僅存其半,且皆饑餒狀,甚憊。高宗純皇帝鑒其歸順之誠,撫而納之,且爲贍其生,所以優恤之者無微弗至,事具御製記中甚詳。封汗一,曰渥巴錫。親王一,曰策伯克多爾濟。郡王二,曰巴木巴爾、曰舍稜。貝勒二,曰默們圖、曰恭格。貝子三,曰沙喇扣肯、曰旺丹色布騰、曰雅蘭丕勒。輔國公一,曰拜濟呼。扎薩克台吉四,曰達木拜、曰德爾德什、曰扎爾桑、曰諾海。餘皆以次遞授爵秩有差。渥巴錫同族設十扎薩克,爲烏訥恩蘇珠克圖盟,稱舊土爾扈特。舍稜族設兩扎薩克,爲青色特啓勒圖盟,稱新土爾扈特。恭格、雅蘭丕勒、諾海,本和碩特族,其先亦徙俄羅斯,今偕渥巴錫來歸,其同族設四扎薩克,爲巴圖色特啓勒圖盟。遊牧之地共分五處,其分駐喀喇沙爾之著勒土斯地方者爲土爾扈特汗渥巴錫、和碩特貝勒恭格等部衆遊牧,東南界喀喇沙爾城,西北界伊犁之納喇特達巴罕,東北界烏魯木齊南山,西南界阿克蘇、庫車。其分駐伊犁之東精河地方者,爲土爾扈特貝勒默們圖等部衆遊牧,東界精河城,南界伊犁圍場哈什山陰,西北與伊犁屬之察哈爾遊牧連界。其分駐庫爾喀喇烏蘇之濟爾哈朗地方者,爲土爾扈特郡王巴木巴爾等部衆遊牧,東與瑪納斯即綏來縣西界接壤,北與塔爾巴哈台之沙喇布拉克地方連界,南界奎屯溝,西界托多克軍台。其分駐塔爾巴哈台之和博克薩里地方者,爲土爾扈特親王策伯克多爾濟等部衆遊牧,西南與彼處所屬之察哈爾厄魯特連界,西北與哈薩克連界,東南皆戈壁荒山,東北界噶札勒巴什淖爾,與科布多之烏梁海接壤。此四遊牧,即所謂舊土爾扈特及和碩特皆屬伊犁將軍統轄者也。其新土爾扈特遊牧,則分駐科布多所屬阿勒台地方,隸科布多參贊大臣專轄。此外有杜爾伯特部汗、王、貝勒、貝子、公、台吉,凡十四扎薩克，遊牧烏蘭固木；又輝特兩扎薩克台吉，均隸科布多。以其皆爲四衛拉特之遺，故併叙之。

哈薩克源流

向傳哈薩克爲古大宛國，非也。《漢書》言：大宛有城郭，而今哈薩克則隨畜徙牧，與大宛異俗，且距伊犁西北二面。伊犁爲烏孫故地，證以《漢書》所言"烏孫西北與康居接"之文，則哈薩克，當即古康居國，詳見高宗純皇帝御制集中。其部有三，曰左部、曰右部、曰西部，其實東中西耳。距京師萬餘里，向爲準噶爾所阻，未通聲教。乾隆二十二年，大軍追剿叛賊阿睦爾撒納，直入其境，哈薩克謀擒之以獻，其左部汗阿布賚稱臣內屬，受封爵，尋遣使扎噶喇等入貢。是年秋，參贊大臣富德率兵追捕準夷餘黨哈薩克錫拉至右部境，會其與塔什罕部構釁互攻，方背水決勝，因遣侍衛蒙古爾岱單騎入其陣，宣諭威德，哈薩克稽顙聽命，而塔什罕回目亦悔悟息爭。右部汗阿布勒比斯即日遣使入貢，其書略曰：右部與左部阿布賚同爲雄長，今得均隸臣僕，請陪左部自效。語極真摯。使至，均賜宴，優賚遣歸。二十四年，阿布賚遣其從子俄羅斯蘇爾統入覲，蘇爾統者，其汗近族之貴稱，猶準噶爾所謂台吉也。二十五年，復遣從子都勒特赫勒蘇爾統入覲。上慮其道遠不能急馳，傳諭緩程而行，於十月初旬至熱河。而蘇爾統以九月三日自烏里雅蘇台啓行，月之十八已抵波羅河屯，奏言途中驛騎餼糧極蒙優恤，不致跋涉之勞，急欲瞻覲天顏，以抒誠悃，上優獎之。其同來之陪臣鄂莫爾、色楞伯特爾，皆乞留充宿衛，命爲乾清門侍衛。二十八年，西哈薩克啓齊玉蘇部之努喇麗汗、巴圖爾汗、烏爾根齊部之哈雅布汗同遣使奉表貢，賜賚如左右二部例。三十四年，阿布賚遣子幹里蘇爾統等，阿布勒比斯遣子卓勒齊等先後入覲，宴賚有加。四十七年，阿布賚卒，上念哈薩克誠心歸順，歷久益虔，即封阿布賚之子幹里爲汗，尋遣其弟沙海蘇爾統來謝恩。阿布勒比斯亦遣子噶岱入覲，並賜宴賚。嗣西部努喇麗汗遣子阿布賴蘇爾統來貢，卒於途，陪臣哈喇托霍代至，亦預宴賚。蓋自哈薩克向化輸誠以來，備極恭順，朝貢至今不絕云。所部本回種，而遊牧散處，無屋宇定居。其屬雖設鄂托克以頭目領之，然攘竊成風，漫無約束，即其汗亦不能禁止。風俗大抵與回人相似，惟不知禮拜諷經之事。宴會以牛羊馬駝爲饌，馬渾爲酒，以衣多爲華美。其附近伊犁、塔爾巴哈台一帶遊牧者，往往潛入卡倫竊馬，必嚴緝懲治之。每遇冬季邊外雪大，許其附近卡倫牧放牲畜暫爲度冬，每馬百匹例收租馬一匹。每年夏秋，其台吉頭目等各率所屬分運牛羊馬匹，並由安集延所販氈片牛皮等物至伊犁貿易，以綢緞布定償之。塔爾巴哈台亦然。其初來之時，各卡倫官兵查明稟報，始准放入。及貿易，則另派官兵照料。台吉頭目，照例筵宴，此撫馭之大略也。

布魯特源流

布魯特在伊犁西南邊外，有東西二部。其遊牧阿克蘇、烏什西北及伊犁西南者，爲東布魯特。遊牧喀什噶爾北與西及葉爾羌西南者，爲西布魯特。環繞近邊之地，逐水草而居，與外番安集延、霍罕諸部接壤。按《漢書》休循國出蔥嶺西，捐毒國與蔥嶺屬西北，皆當大宛，大宛有城郭、土著。休循、捐毒皆塞種，無城郭。今安集延即古大宛城郭居，而布魯特密邇與鄰，無城郭，當即所謂休循、捐毒二國者是。又《唐書·西域傳》，大小勃律王，其地直土魯番西去長安八千里，以方域攷之，亦即今布魯特之地，詳見高宗純皇帝御制集中。布魯特向爲回部別族，與中土聲教不通。乾隆二十三年，大軍討逆回布喇呢敦霍集占，將軍兆惠以搜捕伊犁餘孽，旋師會剿，道經布魯特界，其酋長圖魯起拜等遮道自陳，言向爲厄魯特所阻外王化，今西域蕩平，所部人衆咸願內屬，乞遣大首領赴闕輸款。事聞。上以布魯特本遐荒殊域，並未脅以兵威，又非馭以智術，茲望風歸附，納款稱臣，情詞甚爲諄懇，特允其遣使入覲，用抒向化之忱，比使至，優加宴賚。上復念其部畜牧爲生，非若回人之習耕作盡地利，雖經慕化歸誠，祇令職貢效忱，免其納賦。布魯特感聖恩厚，亟圖報，偵知霍集占被圍，葉爾羌布喇呢敦自喀什噶爾往援，乃以兵襲其後，劫掠屬邑，爲我軍應。布喇呢敦懼不敢進，及霍集占等敗竄，布魯特兵猶攻喀什噶爾之布喇村。檄以逆賊兄弟已遁，葉爾羌、喀什噶爾皆底定，乃止。尋大軍追賊至阿爾楚爾，破其伏，斬馘千餘，是時布魯特皆隨軍爲嚮導。三十年，烏什逆回賴黑木圖拉糾衆叛，恐大軍進剿不克抗，潛遣其黨巴布敦偕安集延、貿易回人，齎書幣間道赴霍罕乞援，且通安集延，道出布魯特，揚言諸回城皆叛，爲煽惑計。適伯克噶岱默特，遣屬赴布魯特額爾格訥、薩爾巴噶什諸鄂拓克，告言自烏什外他城悉安堵。布魯特比齊里克齊乃誘巴布敦擒之，遣其弟喀爾們縛獻喀什噶爾伏法，賊自是窘，卒就誅滅。布魯特俗重牲畜，與哈薩克略同。其部落沿邊散處，凡十有七。大首領稱爲比，猶回部"阿奇木伯克"也。比以下有"阿哈拉克齊"。大小頭目皆由喀什噶爾參贊大臣奏放給以翎頂，二品至七品有差。每歲遣人進馬，酌賚綢緞羊隻。商回以牲畜皮張貿易，至者稅減內地商民三分之一。其遊牧之地有近伊犁界者，間歲將軍遣領隊大臣親往巡查一次。至常年稽察約束，則歸喀什噶爾參贊大臣專轄。

霍罕路程記

西陲荒服，自左右哈薩克、東西布魯特而外，若安集延、若瑪爾噶朗、若那木塔什、若塔什罕、若博洛爾、若巴達克山、若愛烏罕、若痕都斯坦、若布哈爾諸部，於古皆爲大荒以西。自新疆戡定以來，無不向化歸誠，虔奉職貢。凡夫八駿、四駿之馬，白鷹、海青之鳥，以及劍、斧、刀、匕首之器，琛賫疊獻，藉申悃忱，見于高宗純皇帝《御制詩集》者不可勝紀。諸部中以霍罕爲最大，今記其路程里數于左。

喀什噶爾至木什卡倫九十里。有柴、水、草，居住明伯克一名，喀什噶爾回子一百名。

木什卡倫至汗玉罕六十里。有柴、水、草。

汗玉罕至特爾勒克六十里。此處出鉛，有柴、水，無草。

特爾勒克至庫舒烏珠黑六十里。有柴、水、草。

庫舒烏珠黑至鄂克蘇嚕爾三十里。小達巴罕一座，有柴、水、草。

鄂克蘇嚕爾至峨斯克奇克七十里。有柴、水、草。

峨斯克奇克至色爾哩克野塞三十里。有柴、水、草。

色爾哩克野塞至納哈爾察勒迪四十里。有柴、水、草。

納哈爾察勒迪至伊根二十里。有柴、水、草。

伊根至托海巴什五十里。有柴、水，無草。

托海巴什至依克依雜克達巴罕十里。

依克依雜克達巴罕至依克依雜克布拉克三十里。兩處有水、草，無柴。

依克依雜克布拉克至庫庫蘇四十里。有水、草，無柴。

庫庫蘇至鐵葉爾哩葉克達巴罕下三十里。有水、草，無柴。

鐵葉爾哩葉克達巴罕下至達巴罕十里。

過嶺至色哩庫楚克七十里。有柴、水、草。

色哩庫楚克宿一日，至塔爾噶拉克六十里。有柴、水、草，中間沙爾騰恩格斯亦通喀什噶爾。

塔爾噶拉克至圖巴拉克塔木三十里。有水、草，無柴，有坍塌土城墻，圈周圍一里之地，此處是峨德格訥所管，阿塔布托遊牧，修橋路之十餘戶布魯特。

圖巴拉克塔木至古勒沙四十里。有柴、水、草。

古勒沙至圖古爾克托海七十里。有柴、水、草，中間有噶布蘭蘇、提布拉克二處達巴罕。

圖古爾克托海至鄂什九十里。此處有土城一座，霍罕所管三百餘戶回民住。此城有辦事一人，名曰阿克呢雜爾，又有管兵一人，名曰伊爾哩扈哩，又有一河，名曰阿克卜古拉爾，有水、草，無柴。

鄂什至阿拉班五十里。有小土城一座，只有西門一座，此城有所住五十餘戶回民，無柴，無水、草。

阿拉班至明圖伯四十里。有坍塌土城墻，圈周圍三里之地，此處是霍罕十餘戶回子住所，有水、草，無柴。阿拉班至明圖伯，舊扈什齊遊牧人等耕田之地。

明圖伯至扈巴六十里。有小土城一座，霍罕五十餘戶回子住所，有水、草，無柴。

扈巴至瑪爾噶浪六十里。有回民三千餘户。再沙拉斯瑪胡斯人等所住之處。瑪爾噶浪有納爾巴圖之子邁瑪迪敏統轄伊等，都管伯克呢雜爾鄂布、勒克色木等幫辦。有水、草，無柴。

瑪爾噶浪至阿克圖伯四十里。

阿克圖伯至布拉克巴什八十里。中間布帕拉散、阿拉普圖伯等鄉莊，此等莊子五六十户起至二三百户不等，回子住所。

布拉克巴什至霍罕六十里。塔爾噶拉克起，自沙爾騰、阿格依斯，路行止托海巴什四十里，有柴、水、草。

托海巴什至沙爾騰達巴罕三十里。有柴、水、草。

沙爾騰達巴罕至愛哩雅瑪九十里。有水、草，無柴。

愛哩雅瑪至托海巴什八十里。兩中間有嶺二處，有柴、水、草。

厄魯特舊俗紀聞

昔準噶爾厄魯特未滅時，分統四衛拉特，皆有大台吉主之，亦稱汗。餘小台吉，皆汗之宗屬爲之。其臣下謂之宰桑，大臣稱圖墨什，其次稱札爾扈齊，佐圖墨什理事者。其汗所屬人户曰鄂拓克，台吉所屬曰昂吉，猶言部分也。鄂拓克遊牧環其汗所居，昂吉遊牧環諸鄂拓克。其辦理喇嘛之事曰集賽，以宰桑領之。守邊界之人曰札哈沁，司礮者曰包沁，包者礮也，以鐵爲腔，駕於駝背以施放者。俗最重黃教，凡決疑定謀，必咨於喇嘛而後行。喇嘛坐牀者爲西勒圖。坐牀即掌教也。人生六七歲，即令識喇嘛字，誦喇嘛經，病則先延喇嘛誦經，然後服藥。若大台吉有事諷經，則其下爭輸貨物於喇嘛以爲禮。衆喇嘛聚而諷經之室曰都綱。噶爾丹策淩時，曾於伊犁河之北固爾札河之南海弩克建立都綱三層，繚垣周一里許，聚集喇嘛，令其五鄂拓克輪值供養之，謂之塔本集賽。塔本言五，集賽言輪值也。歲首盛夏，其膜拜頂禮者遠近咸集，往往捐珍寶、施金銀以事莊嚴。廟之閎壯，甲於漠北。阿睦爾撒納之叛，賊黨肆刧焚掠，廟乃燬廢。今巴彦岱之南地名金頂寺，是其遺址。準夷不習耕作，以畜牧爲業，飢食其肉，渴飲其酪，寒衣其皮，馳驅資其用，無一不取給於牲。欲粒食則因糧於回部，回人苦其鈔掠，歲賦以粟，然僅供酋豪饘粥。其達官貴人夏食酪漿酸乳，冬食牛羊肉，貧人則但食乳茶度日。畜牧之外，歲以熬茶西藏爲要務。其酒，縫皮爲袋，中盛牲乳，束其口，久而釀成，味微酢，謂之挏酒。每歲四月馬渾新得時置筵酬神，詐馬爲慶，謂之玉醴。斯蒙古亦然，但不如其盛耳。廬帳方位以東爲南，南爲西，西爲北，北爲東。戶必東面，猶內地之南向也。飲食用椀用匕而不用箸。其匕之制大小不同，以木與皮爲之。其地有樹如槿，取其油以爲燈火云。冠無冬夏之別，但以毛質厚薄爲差，白氈爲裏，外飾以皮，貴者飾以氈，或染紫綠色，其頂高，其簷平，謂之哈爾邦，略如內地暖帽，而綴纓止及其帽之半。婦人冠與男子同，帶以絲爲之，端垂流蘇，其長委地。婦人辮髮雙垂，約髮在紅帛，在辮之腰，帛間綴以好珠，瑟瑟之屬，望若繁星。呼袍爲拉布錫克，台吉用錦緞爲之，飾以繡。宰桑則絲繡氆氇爲之。賤者多用綠色。御冬無棉，以駝毛爲絮，名庫棚。亦有衹衣羊皮者，皆右衽，平袖，四圍連紉。男子衣不鑲邊，婦人衣用棉繡，兩肩兩袖及交襟續衽處鑲以金花，其民婦則以染色皮鑲之。台吉韡以紅香牛皮爲之，中嵌鹿皮，刺以文繡。宰桑用紅香牛皮，不嵌不繡。民人曳皮履，或黑或黃，無敢用紅者。婦人韡貴賤視其夫。有都爾布錦者，以羊毛織成，若內地之坐褥然。其文字謂之托忒，共十五字頭，每字頭凡七音，共得一百五音。其法直下右行，用木筆書之，或削竹爲筆，長四寸，上闊而下銳，取墨以作書，謂之烏珠克。台吉、宰桑所居皆建旗纛，或以綠緞，或以綠色布幅爲之，書喇嘛經咒於其上，遇風展動則種福與諷誦等。台吉之印，其形圓範，金爲之。宰桑以下之印，或以銀，或以銅鐵錫，五金備用，各視其職掌以爲差等。四時不知甲子，衹以十二物紀年，如歲在寅，則爲虎年之類。每歲元旦、四月八日、五月望日、十月二十五日爲四大節，禮佛諷經不殺生。春月，女子有蹋踘之戲。秋月，酋長有馬射之棚。長夏，親朋有馬渾之會。三冬，穉孩有潑水之樂。積年置閏，亦同中國，但不拘月分，屆當閏之年，宰桑等請於大台吉，隨意中所欲置閏於某月，遇小建之月，亦不必定無三十日，隨台吉之意，而中去一日焉。自寅至丑，每月俱可閏，自朔至晦，每日皆可虛也。其地亦無二十四氣，星家之書名《珠露海》。男女婚姻，以羊馬爲聘禮。婚之日，婿至女門，女家諷喇嘛經，婿與女共持一羊脾骨，拜天地日月，夫婦交結其髮，女家爲設蒙古包以成婚。明日，婿先歸，別擇日以娶。婦乘馬至婿家，諷經亦如之。人死不立喪制，子孫親屬丐延喇嘛諷經，檢《珠露海》所載，有應五行葬法，則以其法葬之。如應金葬，則置諸山。應木葬，則懸諸樹。應火葬，則焚諸火。應水葬，則沈諸河。應土葬，則埋諸地。若不應五行葬，則撤蒙古包，棄尸道旁。自亡日起，諷經四十九日，不殺生，不薙髮，有翦髮以爲孝者。每忌日設果食湩乳以祭。遇草青時，子孫思其祖父，亦酹奠於野。至從軍失伍者，冠以紙冠，并令其妻服短布衣遊行示辱。盜馬者，罰九牛或九羊九馬給事主。無牲畜者，則以盜者之妻給事主以償之，無妻者則鞭其腰。其刑罰若此。所用錢名普爾，回人所輸，制小而厚，橢圓而首微銳，中無方孔，面鑄準部台吉之名，背附以回字。凡台吉新立，輒更鑄，舊錢皆銷。其樂器多以馬鬃尾爲弦，無用絲者，弦之大小以鬃之多寡爲差，亦間有皮弦者。樂音大抵以絲爲主，而竹附之。其鼓曰鏗格爾格，喇嘛諷經用之。有曲曰《遜雅布圖達爾》者，皆彼中頌禱之辭，歡會宴飲所用也。其俗尚之大略如此。

回俗紀聞

回俗不信佛書，事天爲本，有禮拜寺而無像設，誦經其中，相傳爲排哈木巴爾裔，其祖國曰默特納，即史所載默德那國也。熟於經典者名曰阿渾，每七日輒爲衆誦經祈福一次。其紀年有地支而無天干，三百六十日爲一年，月無小建，歲無閏，滿三百六十日謂之大年。大年第一日如內地元旦，伯克詣禮拜寺纛前行禮，殺羔祭天，大小相慶賀。過年節謂之入則，先期三日必把齋不茹葷，不殺牲，把齋於日出閉關，至日落星全方飲啖。大年之前十五日，謂其主下降，察人善惡,舉家誦經不寢達旦。懸葫蘆燈於樹頭,油盡燈落則踏破之,以爲破除一切災咎也。回字凡二十九字頭,或兼數音而成一字,或聯數字而成一音。其字書名《阿里卜》,占候書名《嚕史訥默》,史名《陀犂克》。童子能書記者謂之墨魯。至阿渾則能解其文義,衆皆敬信之,遇有疑難,必問阿渾,行止俟其一言而決。即男女婚嫁,皆所主持,雖謬誤不少怨悔。俗忌食豕肉,他牲非其人自宰殺,去血凈者不食。見人無跪拜之禮。見尊長及伯克交手當胸而頓其首,謂之阿斯拉木。惟納馬玆始跪拜。納馬玆者送日西入禮拜之名。然自歸化以來,見內地官長皆跪拜請安,蓋敬之如天日神人矣。無姓氏宗譜,呼婦人爲鴦哥。婚姻之事,婿家邀媒至女家,以連襟爲詞,不直言議婚,既許諾,則宰一羊,借之以綢,覆之以被,送女家爲定。前娶之三日,婿宿女家,而不入內。屆期女家延阿渾誦經,以氈毯昇女出門,抱之上馬。至家,先拜竈神,潑油於竈門,然後入房。或半年一年,新婦始去障面,出見舅姑。夫婦若不睦,輒自離異,謂之揚土爾。其帽冬用皮,夏用綢緞,猩氈爲頂,倭緞爲翅。凡官長帽頂高尺餘,尋常帽頂高五寸,前後翅各五寸,男翅兩平,女後翅少垂,頂飾花紋而不綴纓。牛羊之皮爲鞾爲履,皆朱色。女子辮髮數十,嫁後一月則梳髮後垂,以紅絲爲絡,末綴細珠寶石珊瑚之屬。貧有喪者則否,所衣之袍謂之托恩。大領窄袖,男右袵,女敞前襟,內襯衫襖領無鈕,袖不鑲,四圍連紉,貴者用錦繡及貂爲之。呼棉花爲白答,餅餌爲囊,牛馬乳釀酒爲阿拉占,酸乳爲氣格,即馬㮇也。樂器以鼓爲主,大小不一制,又有提琴洋琴之類。歌舞盤旋,皆以鼓爲節。日中之市,名爲八雜爾,每七日一集,交易以內地元寶爲貴,否則疑有贋偽。錢以紅銅爲之,一錢爲一普爾,五十普爾爲一騰格。量穀麥以帽數,多則用他哈爾即小布袋也,大者謂之帕特瑪。其人性巧,善雕刻,準噶爾時,呼之爲和通。又趫捷者善繩技,蓋古尋橦度索之遺。俗好育雕鶚,富者多至數十。司飼養者謂之鶻師。齊鞫囚之法,縛置高處,令足不著地,以繩勒其腹,不服則鞭其腰,或囚之於地牢中。地牢者掘地爲牢,方深二丈餘,以草木泥土覆之,開一竇於上通飲食,污穢不堪坐卧。吐實後設木架懸以示衆,三日無不死者,其酷特甚。自投誠以來,凡遇死罪之囚,俱各報明,處以律,其罪輕者,准依回俗折贖,無復向之殘酷矣。居喪無服制,惟屏紅緑著黑布而已。貧者以白布纏尸,舁而瘞之。富者或斂以棺,其上所覆綢緞,分致送葬者,爲制小帽。起墳多肖棺形,或開穴或緑琉璃爲飾,率在孔道之旁,謂往來人多爲之唸經祈冥福云。

西陲要略戩
張瀛暹校訂

西陲竹枝詞

《西陲竹枝詞》序

程振甲　撰

自玉門以西,秋氣盈抱,商聲滿耳,天似穹廬,聞《勅勒》之歌。地當甌脱,按鮮卑之語,在昔黃麈行酒之什,赤驥呈材之辭,騷客善懷,懷何能已。則有祁君鶴皋者,以石渠著作之彦,適輪臺廣莫之鄉,耳目所治,發爲文章,曲册所遺,值於俄頃。疇昔寱言,虚傳泑澤之水,今也出遊,屢達崑崙之墟,此《西陲竹枝》之作所由來也。夫其大去鄉國,遠適異徼,依倚宛馬,追隨皂鵰。經闐展之穴,則天風落衣,過祁連之山,則古雪照面,新蟾耿子朔朐,列象燦乎宵明。引領南望,蔽於瓜沙,窮日西逐,亘以葱嶺。於是導言泉之富,振意蕊之繁。紀其疆索,首十又六城,條諸沿革,歷五十餘國,與夫境俗之優薄,産載之區品,川塞之基源,氣節之通隔,莫不宛轉附物,怊悵切情。嗚呼!祁君之詩,可以觀矣!且士大夫局於跬步,侈言卧遊,目未覘冰谷火井之奇,手未披樹槐刻箭之奥,是以話金河之重源,則駭聞列星,玟窮石之餘波,則誤指半月。其他屬國所隸,都護所屯,安能證其緜褫,增成故實哉!亦有握尺一之符,統萬衆之師,勞心於屯田,詰戎息意於模山範水,則亦未遑奮清鏘之管,爲混沌書眉,搜宛委之編,爲鑿空補注。彼神怡而務閒,慮周而藻密者,我儀其人,蓋祁君也。至於皇威之普,土宇之恢,誦此詩者,北戌之北共戴撑犁之高,西瀛以西群占干吕之氣,將見價重黃龍,户藏白璧矣。飛行有日,跂予望之。

《西陲竹枝詞》小引

歌詠之作,曰情、曰景。西陲遠在塞外,果有何景可摹,何情可寄。然而天地之大,萬物之變,書册所載,猶欲裒集恭稽,以廣異聞。若既有所見而顧無一言以紀之,可乎！况龍沙萬里,久入版圖,遊斯土者,見夫城郭人民之富庶,則思德化覃敷,怙冒罔極;見夫陵谷藪澤之廣大,則思《山經》《水注》耕漏殊多;見夫物産品彙之繁滋,則思雪海崑墟瑰奇不少。每有所觸,情至而景即在,是豈必模山範水,始足言景,弄月吟風,始足言情哉。塞廬讀書之暇,涉筆爲韻語,得一百首,聊自附於巴渝之歌。首列十六城,次鳥獸蟲魚,次草木果蓏,次服飾器用,而終之以邊防夷落,以誌西陲風土之大略。詞之工拙有所不計,惟紀實云。

歲在戊辰如月,前史官壽陽祁韻士鶴皋甫謹題。

西陲要略 附西陲竹枝詞一百首

宮保將軍松湘浦先生鑒定　前史官祁韻士鶴皋稿

哈　密

玉門磧遠度伊州，_{唐伊州地。}無數瓜畦望裏收。天作雪山隔南北，_{天山俗稱雪山。新疆南北兩路，以此山分界。}西陲鎖鑰鎮咽喉。

土魯番

黑風川盡柳中過，_{所屬闢展爲漢柳中。}酷熱如燒喚奈何！_{其地極熱，用高昌王語。}獨喜人稱安樂國，_{土魯番爲安樂城。}此間物產本來多。

喀喇沙爾

行國王庭繞幕氈，_{乾隆辛卯，土爾扈特全部歸順，封汗爵，令在珠勒都斯遊牧。}開都河畔慣游畋。可汗却恨歸降晚，日月恬熙四十年。

庫　車

古堞猶傳定遠遺，_{相傳城爲班定遠故址。}安西四鎮首龜茲。_{唐滅龜茲，置安西都護于此，爲四鎮之首。}輪迴經寫唐人筆，佛洞穹窿石壁奇。

阿克蘇

邊城歲歲樂豐年，秋日黃雲被野田。_{各城回民皆習樹藝之事。}土著頭人衣帽整，紫貂腰跨鹿皮韉。

烏　什

閭閻風宣萬里疆，專城撫馭鎮天方。藩王入侍長安邸，_{乾隆乙亥，回目霍集斯投誠，封王爵，留居京師。}禾黍曾無故國傷。

葉爾羌

昔年西海戮鯨鯢，乾隆己卯，平定回部。自奉車書靜鼓鼙。都會爭趨蔥嶺畔，蔥嶺，在葉爾羌境内。遠方珍異集雕題。

和闐

黑探乃是漢于闐，回人稱漢人爲黑探，即和闐之訛。靈秀山川得地偏。河水濫觴經過處，天生美玉勝藍田。和闐水中産玉子，即古撈玉河也。

英吉沙爾

重重遠戍見烟霏，雪霽春融百草肥。大食遺民歌鼓腹，瓜囊雜飽倚斜暉。各城並産甜瓜，回人呼麵餅爲囊，二物每相和食之。

喀什噶爾

雲開秦海望西池，城保遙連接塞陲。莫數漢家三十六，懷柔福已極條支。此地爲南路極邊，接布魯特及安集延、巴達恢山諸部落。

巴里坤

西北由來古戰場，即今式廓靖巖疆。陰山剩有穹碑在，松樹塘達巴罕有唐貞觀十四年討高昌碑。猶帶松風臥夕陽。

古城

但知直北接金山，北界科布多城與阿爾台山相近。漢址唐基合就刪。城爲何代所遺，無確據。殘雪幾峰吹不落，迎風飛上白雲間。

烏魯木齊

瑩沙嶺北問王庭，漢車師后王庭地。絕巘排空擁翠屏。博達克山在城南東，三峯插天，聳秀若屏。郡縣久經成腹裏，輪臺舊蹟草青青。

庫爾喀喇烏蘇

東南牖戶啓穹廬,嚮日回思叩角初。土爾扈特王在此遊牧。挏馬名王依黑水,牛羊徧野樂安居。

塔爾巴哈台

戎索烏孫盡故墟,附近伊犂一帶,皆漢烏孫故地。拓將土宇到康居。西北接哈薩克部落,即漢康居。北方漫說無雷國,哈薩克北界俄羅斯國。案角遠歸隴種餘。

伊　犂

伊犂曾聞屬定方,濛池碎葉路茫茫。投鞭直斷西流水,伊犂河水西流,即唐伊麗水。永徽中,蘇定方討突厥至此。始信當年我武揚。乾隆乙亥,平定準噶爾。

陽　關

千古傷心送客亭,今來驛路不曾經。沙州東望陽關道,玉門關及陽關,皆在今敦煌縣境,非驛路所經玉門縣也。自有春風塞草青。

戈　壁

目斷龍堆寸草枯,尋常鴉鵲鳥還無。橫空隔絕幾千里,安西州至哈密、哈密至土魯番,沙磧極遠,所謂瀚海也。不信迤西有奧區。

天　山

三箭爭傳大將勳,祁連耳食說紛紛。祁連山即天山,自張掖以西際於蔥嶺,緜亙數千里,橫跨南北兩路。《漢書》所謂南山北山皆是,未可以一地名之。中原多少青山脈,鼻祖還看就此分。

黑　水

莫作鷄山故蹟求，大通支派在瓜州。黑水出哈密境，東南流，至河州入黄河，即今瓜州大通河。舊謂出甘州，非是。誰言積石能飛越，暗渡黄河向海流。此《禹貢》雍州黑水，與入南海之黑水，非出一地。

河　源

張騫昔衹到烏孫，都實重來認火敦。星宿海在青海境内。未識蒲昌猶赴壑，那知地脈起崐崙。《漢書》言河有重源：一出葱嶺，一出于闐。其説最古。

蒲昌海

滔滔匯合水西來，鹽澤亭居暗溯洄。蒲昌一名鹽澤，今名羅卜諾爾，在土魯番。九曲崐墟何處是，莫將星宿漫相猜。有謂星宿海即羅卜諾爾者，不知兩地相去尚遠。

冰　嶺

巨嶺摩天盡是冰，蒙古語呼爲穆蘇爾達巴罕，在伊犂、阿克蘇之間。日光山色映千層。玲瓏雪窨深無底，繭足盤旋履戰兢。

葦　橋

葭葦叢生野水旁，土橋古徑尚依然。葦橋見《漢書》，在今喀喇沙爾。雁群急自蘆中起，西向飛飛入遠天。

火　山

冰山雪海界將交，赤地洪鑪鼓異颷。土魯番東有呼爲火燄山者，即明火州之地。難執陰陽殊氣解，熱來無晝亦無宵。

苦　水

渴際誰甘飲盜泉，生憎滴水苦荼煎。葫蘆車上朝朝掛，戈壁乏水，有亦極苦,行人每貯水葫蘆中,掛于車上,渴則飲之。昏暮求人便值錢。

鹽　澤

廣斥何須問海濱,不毛土半白如銀。烏魯木齊之南,鹽池凡二,他城亦多有之。鹹鹺自足供民用,關塞稀聞淡食人。

雪　水

良田十斛祝豐饒,天賜三冬雪水澆。塞外雨少雪大,每至盛夏,雪化爲水,田中資其灌溉。粗作溝塍誰盡力,功成事半樂逍遙。

柴　墩

墩栅層堆老樹柴,壁間熊虎雜弓靫。平安烽火今無用,相傳爲岳將軍鍾琪遺制。野戍猶看歷歷排。

風　穴

履穴方知猛則苛,土魯番之東三間房至十三間房,有怪風難行。《明史》稱爲黑風川者是。到來人有戒心過。封姨不是無情侶,誰遣妖氛作路魔。

柳樹泉

皮存僅剩劫餘灰,噴玉跳珠混混來。歲歉歲豐皆可卜,天然一孔好傳杯。泉有二:一在陽薩爾軍台,一在烏什城南。回人皆呼爲哈喇察奇,言靈泉也。水多歲豐,少則歉云。

風戈壁

漫空雪陣欲埋人,不死蚩尤作轉輪。蜎縮魂消舒爾漢,風雪之謂。花牛犢子漫言神。或言舒爾漢起必有小花牛見,其說詢之無據。

賽里木海子

澄波不解產魚蝦,飲馬何曾問水涯。塞外海子不一,此則在伊犁三台者,尤清泓可愛。但水鹹不堪飲馬耳。碧草青松看倒影,蔚藍天遠有人家。

果子溝

陰濃萬樹欲參天,伊犁塔爾奇山谷中,林木極盛。叠嶂層峯起馬前。買夏論園何足道,谷量百果露初鮮。

圍　場

肄武疆場重合圍,將軍每秋例得演圍於哈什山中。角弓風勁令旗揮。三千組練如雲錦,遠向狼山射獵歸。

水　田

灌溉新開鄭白渠,伊犁舊無旗屯,嘉慶甲子,松湘浦先生創爲疏墾,歲收稻麥甚多。沃雲萬頃望中舒。便宜誰上安邊策,充國屯田十二疏。

霧　淞

豈是梅花開滿樹,俗呼樹掛。居然柳絮欲滿天。多情慣解迎人去,不在衣邊在帽邊。

鄂　博

告虔祝庇雪和風,壘石施金廟祀同。過者必祭,或插箭,或擲財物而去。塞遠天空望不極,行人膜拜過殘叢.

雁

嚤唳聲從海上還,高秋夜月度蕭關。相呼南返江干去,不戀清凉雪外山。

雉

草淺風嘶雪霰飛,離披五色雉初肥。伊犁冬,雉多脂,若牛肉之肥厚。火鎗舉處紛紛落,且趁平明獵一圍。

孔　雀

圓眼金翎映日高,屏開璀璨翠舒毫。雄者生三年翎始齊,其開屏極可玩。吉光片彩因人顯,聲價當時重異遭。

鴛　鴦

翾翾新浴翼何鮮,列隊參差向海壖。鷗父底須作解事,無端驚起作蹁躚。

雪　雞

啄雪雞肥肉可烹,劇憐雙肋擅冰清。《聞見錄》言之,惜餘未見。西方佛地多靈物,憫彼蠢愚好殺生。

壓油鳥

非關覓食往來頻,體累多脂解何人。大如雞,色黑,肥則向人哀鳴為壓。取其油,輒復飛去。卻憶侏儒飽欲死,蘭膏徒自速焚身。

黑　雀

螽蝗害稼捕艮難,有鳥群飛競啄殘。雀如燕而大,色黑,有斑點,啄蝗立斃,然不食也。土人目為神雀。斑點赤睛鶯鶯爾,此雀疑即鶯鶯爾,阿文成公鎮伊犁時所獻者。橫空來去倏無端。

鴉

聑耳慈禽孰與噴,伊江樹色接城闉。春來秋去期無爽,伊犁多鴉,黑灰二種。黑者驚蟄至霜降去,灰者反,是若換班然。又有冬鴉作替身。

鵰

朔颷陡轉白雲端，一鵰盤空振遠翰。爭說遺翎八九尺，<small>大雕翎有長八九尺者。</small>垂天翼若大鵬搏。

鹿

性秉純陽却也癡，卧從麛鹿採靈芝。仙膠益氣爲人餌，<small>鹿角熬膠，可醫氣虛之症。</small>角解空山在夏時。

馬

渥窪異種漫相推，宛馬何須獨擅才。<small>今安集延爲漢大宛，西域皆産良馬，不必專屬一地。</small>一顧空群逢伯樂，莫將汗血認龍媒。<small>土魯番一帶，夏日蛟蠓吮馬，輒見血，意汗血之説。因此傳訛，非真有汗血馬也。</small>

虎

壯士鷹揚氣若虹，殷殷虎嘯碧山空。三軍祇聽將軍令，除害功歸片刻中。

白駝

碧眼人騎白橐駝，川原平曠往來多。單峰一日行千里，<small>蒙古馳驛用駝，白者足健，行戈壁中，馬不及駝。</small>快馬應輸轉瞬過。

黄羊

獵較邱陵笑觸羝，天高漠遠草萋萋。歸鞍拉雜馱將去，肥胙還應速客齊。

野豕

野畜爭看羸與牛，<small>野豕之外，又有野騾、野牛。</small>豵豜種類更云稠，不貛牙勢徒剛狠,那識葭蓬有射哉。

麚

本從廬屬亦名麃,與麚同。肥比羔羊味更饒。肥甚於羊。麚至那期一獲十,人人下馬覓柴燒。

豻

山中狠獸莫如豻,投彼兇殘檮杌儕。若遇周官服不氏,抗皮定與虎狼皆。

魚

北海鱏鱨美在顳,長安佳品托冰厨。關西也有銀絲膾。南路魚極有大而肥者,名大頭魚。未免鄉心只憶鱸。

八叉蟲

神蟲競說類虺蛇,毒螫人人避八叉。形如蜘蛛,八爪,口具雙歧,嚼鐵有聲,被傷者茜草汁塗之。見怪何如能不怪,任他來去莫紛拏。遇此蟲勿加戕害,若戕其一,則紛紛踵至,厄魯特人最畏之。

蚊

殷雷直似到南方,手不停揮道路長。奚必露筋祠下過,南北兩路,蚊蠓極盛之區,所在有之。怒人拔劍作徬徨。

胡桐淚

憐渠拳曲養天年,胡桐見《通考》,蓋木之不堪用者。樗散甘推梁棟賢。獨訝無端頻下淚,夏日晒津液結為淚,白者佳。以燒酒冲三釐許,服之,治胃痛極效。又治瘰癧喉痛。療人疾病結良緣。

紅柳花

自生自長野灘中，吐穗鮮如百日紅。_{花作紅穗，路旁極多。}最喜迎人開口笑，却羞買俏倚東風。

集吉草

霜莖堅韌鬱成叢，獨立亭亭竹性同。編作帽絲_{松湘浦先生創令制帽，極精緻。}裁作箸，龍須也共上簾櫳。_{作簾、作箸，爲用不一。}

梭梭木

化工生物亦奇哉，有用還從無用來。竟日瓦盆留活火_{，燃火終日不滅。}更宜閨閣慣催胎。_{婦人難産，取梭梭木握于手中，胎即下。故一名"催生木"，又名"札克木"。}

雪　蓮

剷朸冰崖路萬千，奇葩忽覿雪中蓮。_{花瓣淡白色，多筋而微刺，中叢綠蕊。然餘所見，乃其干者。}一枝應折仙人手，豈向汙泥較色鮮。

乾活草

微生若寄性宜乾，小草無根碎葉攢。一點水星沾不得_{，遇水即死，俗呼爲濕死乾活。}時從壁上把來看。

棉　花

白棉衣被利無窮，裘褐稀勤紡績功。販豎業非洴澼絖，牽車包匭日朝東。_{土魯番産棉花甚多，但宜作布，不宜作線，販入關內絡繹不絕。}

苜　蓿

欲隨青草鬭芳菲，求牧偏宜野䭴肥。幾處嘶風聲不斷，沙原日暮馬群歸。

沙竹

竹箭如藤向野叢，叢生似藤，名"依爾該"。無心何必解虛中。那堪皮相同蘆葦，適用良材在直躬。

沙棗

金棗嘗新貯滿籃，離離亦有赤心含。蒲萄美酒雖難匹，風味還憐小釀甘。回人取以釀酒。

石榴

移植當年說使輶，葳蕤照眼玉階稠。物歸中土能宜子，不似西方安石榴。

梨

壘堆砢盤手自擎，色香與味過柑橙。齒牙脆嚼無渣滓，錯認波梨是永平。出沙雅爾回城者甚佳。

哈密瓜

分甘曾憶校書年，乾隆癸卯，嘉平曾蒙頒賜。絲籠珍擕祇半邊。今日飽餐忘內熱，莫嫌納履向瓜田。

蒲萄

紫漿凝處似瓊膏，玉露垂涎馬乳高。出土魯番，琄琄不及馬乳之甘。風味宜人留齒頰，那隨桑落釀仙醪。

香菌

大青山外白營盤，珍味由來重食單。豈識松根精液厚，肥甘莫漫佐常餐。

沙葱

針細何殊草一叢,摘來盈把向沙中。中不空而極細,回人呼爲"丕雅斯"。不隨薑桂老同辣,羊角多鬚是若翁。

圈車

遠行最穩是圈車,車制極寬大,輪尤高。薄笨垂帷體態舒。日臥高軒向廣漠,居然天地一蓬盧。

琶離

轔轔未解聽車聲,無輪之車,雪後乘之。尺雪從教踏處平。誰道陸舟行不得,到門恰似一船輕。

鮓答

畜腹藏形或守宮,非金非石亦非蟲。羌髣祈禳誇神術,回人及厄魯特祈陰晴,輒下鮓答,喇嘛爲之尤驗。風雨能歸掌握中。

繩伎

尋橦度索巧無雙,傳自花門遠部降。回人善爲踏繩之伎。孑孑于于多少態,熟能趫捷力能扛。

瀚海石

袖石擕將旱海回,瀚海,一名旱海,蒙古語爲戈壁。嶔奇影落碧雲堆。綠者爲上,猪肝色者多。耳邊彈指聞清越,泗水何勞覓磬材。

硇砂

勾漏丹砂本異胎,嚴冬那得燄初灰。向聞生火洞中,冬月燄熄探之,今詢知並無此事。傳聞失實多難信,莫詫龜茲火洞來。即今庫車。

松皮膏

茯苓幾見化松脂,換骨仙膏重在皮。痼疾沉疴求艾切,出巴里坤,治婦人血虛子宮寒冷之症。良方特贈折肱醫。

骨重羊皮

策馬常爲短後裝,細珠抖擻鬧成章。試看一片烏雲外,珍貴還皮草上霜。

泥　屋

邊隅雨少四時乾,白屋稀逢片瓦看。大雪壓廬深數尺,呼兒却掃若磐安。

煤　火

人氣薰蒸地氣和,冬來亦作等閒過。惟求灰木添爐少,車運連山石炭多。

府　茶

水寒端合飲熬茶,大葉粗枝亦足誇。茶甚粗,名爲府茶。隨意濃煎同普洱,龍團不重雨前芽。

代　酒

梨花淡白入杯香,十字帘前下馬嘗。轟飲不妨爭拇戰,豈如清絕紹興良。味薄,代人所造故有此名。

酥

濃酥到口滑如油,挏飲家家養牸牛。一飯誰知終日飽,茶香微沁黑瓦甌。

阿拉占

香醪甘液泛瑤觴,美釀憑誰起杜康。馬乳爲酒,謂之"阿拉占"。淡裹藏濃風趣別,非逢嘉客莫輕嘗。

皮裘

千羊皮集腋何肥,挾纊人披無縫衣。可愛黄緜冬日暖,寒侵黍谷覺春歸。

毛褐

被褐名由寬博傳,氄毛織就效洋氈。價廉買得當風雪,一幅深衣耐幾年。

皮笥

學得裘工妙手柔,剪裁新笥作香牛。以熟牛皮爲笥頗佳。夜寒窗靜爐烟裊,簾捲微聞麝氣浮。

普兒錢

番餅曾看個個圓,西來又説普兒錢。不分肉好無輪郭,騰格流通滿市廛。每五十爲一騰格。

回節

天干不解地支傳,習俗何妨任自然。五十二回八雜爾,市集交易之期爲八雜爾,每七日一次,歲凡五十二回。把齋入則過新年。年前一月把齋,望見新月開齋過年謂之"入則。"

回字

識字先須讓阿渾。熟于經典者稱爲"阿渾"。清真禮拜教何尊。纏頭自有侏㒧語，白帽回子，俗以纏頭呼之。可當蟲書一討論。

回　布

長短裁量百用宜，就中巧塔爾稱奇。回布極細者名"巧塔爾"。看他細密成非易，想見辛勤手織時。

回　樂

琴笳迭和鼓鼕鼕，索享迎神祭賽恭。更有韋囊長袖女，回女歌舞謂之韋囊。解將渾脱逞姿容。

市　易

深目虬髯狀貌殊，扣關通市集睢盱。萬方玉帛通西極，欲繪成周王會圖。

兵　屯

細柳雲屯劍氣寒，貔貅百萬勢桓桓。列城棋布星羅日，闡外羣尊大將壇。南北兩路以伊犁爲總統。

卡　倫

刁斗聲殘夜寂寥，龍沙極目雪花飄。守邊一一皆飛將，生手何人敢射鵰。

外　夷

率土綏寧壯遠猷，天光照耀海西頭。織皮久叙崐崙外，哈薩克、布魯特而外，如霍罕、安集延、巴達克山諸部落皆內屬。服貢要荒徧小侯。

西陲要略附西陲竹枝詞終

皇朝藩部要略

《皇朝藩部要略》序

鶴皋大前輩之在翰林也，歷年最久。當被命爲蒙古回部諸王公列傳，皆内檢黃册，外譯舌人，僅能通曉，久而後成。蓋先生於蒙古、回部之事，盡勞勩矣。既進呈，爲欽定蒙古王公列傳，編之四庫。先生之爲是書也，先以年月日編次，條其歸附之先後，叛服之始終，封爵之次第，以爲綱領，而後分標各藩之事跡，而爲之傳，名曰《藩部要略》。是《傳》仿《史記》，而《要略》仿《通鑑》也。淳父學使視學江左，行轅在江陰，而兆洛忝主講席，因進見叩鶴皋先生諸書。學使因以《西陲要略》《西域釋地》見賜，而曰《藩部要略》尚未刻也。兆洛因請而讀之，既卒業，謹拜手稽首作而言曰："鯫生伏几案，終世佔畢，矇然不能見五帝三王之盛德大業，炳耀宇宙，其度量所存，心志所及，不知若何其大且遠也，乃於此而恍然遇之，皇天眷佑有清，戀篤世德，全付以覆燾之下所有疆土無内外，彌成大一統之規，亦惟列聖追配皇煌帝諦之盛業，長駕遠馭，用宏兹賁，承平晏安三百年，於今翼子貽孫，君臣同慶，以享天之福，逮三代以下之極軌。夫豈拘學之士，井蛙之識，所得窺其運量哉。"

太祖高皇帝撫有科爾沁、札賚特、杜爾伯特、郭爾羅斯。

太宗文皇帝綏定柰曼、巴林、札嚕特、喀喇沁、土默特、敖漢、四子部落、茂明安、烏喇特、阿嚕科爾沁、翁牛特、克什克騰、烏珠穆沁、浩齊特、蘇尼特、阿巴噶、鄂爾多斯。

世祖章皇帝又納喀爾喀右翼。

聖祖仁皇帝又納阿巴哈納爾，而內札薩克四十九旗備。乃平喀爾喀、厄魯特、土爾扈特、西藏和碩特四部。

世宗憲皇帝以西藏編設札薩克。

高宗純皇帝平杜爾伯特，皆編設佐領，編以旗分。其於諸藩也，容之如天地，養之如父母，照之如日月，威之如雷霆。飢則哺之，寒則衣之；來則懷之，勞則勞之；患則捄之，量材而授任。疏之以爵土，分之以人民；教之以字畜，申之以制度。一民尺土，天子無所利焉；寸賞斗罰，天子無有私焉。修其教不易其俗，齊其政不易其宜，曠然更始而不驚，靡然向風而自化。雖背恩悖義如騰機思、和囉理、羅卜藏丹津、阿睦爾撒納等，叛則討之，遁則宥之，降則舍之。甚至噶爾丹之爲患邊圉，屢次突犯，敗困力竭，逃無所往，猶拳拳賜書招徠，開布誠信，許以不死。蓋所以求服其心者，諄諄無已也。

仁皇帝以喀爾喀諸部逼於厄魯特，率衆歸附，矜其窮厄，發倉儲以賑其乏，賜白金茶布以給其用，買牲畜以資其生，使皆得其所。

純皇帝以土爾扈特逼於俄羅斯，率衆來歸，賜馬牛羊二十餘萬，屯粟四萬石，革裘五六萬領，布棉十餘萬，帳千具。至者如歸，而費國帑皆百餘萬。上以此感，下以此應，服教畏威懷德之思，千萬年曷有極哉。

先生此書，於皇朝數百年以來，所以綏養藩服者，無不綜具其緣起，悉載著列聖恩德之所由，隆明威之所以畀。恍然造化之亭毒，皇極之相協，如讀邃皇之書，睹鴻蒙開闢之規模焉。烏可不令承學之士，聞所未聞，見所未見，了然於天人之故哉。

道光十九年冬十月，館後學武進李兆洛書於暨陽書院之葦學齋。

皇朝藩部要略卷之一

前史官壽陽　祁韻士　纂
寶山　　　毛嶽生　編次
江陰　　　宋景昌　校寫
平定　　　張　穆　覆審

內蒙古要略一

蒙古，元裔也。元之亡，其子孫之在漠南北者百餘部，率更迭爲盛衰。內蒙古，皆漠南諸部之近我者，科爾沁部六札薩克及札賚特、杜爾伯特、郭爾羅斯、阿嚕科爾沁、四子部落、茂明安、烏喇特，八部十六旗，與阿拉善、青海兩厄魯特，其始祖爲元太祖弟哈布圖哈薩爾。阿巴噶、阿巴哈納爾，二部四旗，其始祖爲元太祖弟布格博勒格圖。翁牛特部二旗，其始祖爲元太祖弟諤楚因。其土默特右翼一旗及歸化城之閒散輔國公，皆元太祖十六世孫阿爾坦裔。其浩齊特、蘇尼特、烏珠穆沁、敖漢、奈曼、鄂爾多斯、札嚕特、巴林、克什克騰、喀爾喀，十部二十二旗，與外喀爾喀同祖，皆元太祖十五世孫達延車臣汗裔也，皆姓博爾濟吉特。惟喀喇沁及土默特左翼，二部四旗，爲元太祖臣濟拉瑪之裔，則姓烏梁罕。是爲內札薩克四十九旗。其察哈爾八旗及歸化城土默特二旗，其初雖亦元裔掌之，今皆治以京員，與在京之八旗蒙古相等，不設札薩克。初，蒙古有強部三：曰察哈爾；曰喀爾喀；曰衛拉特，後聲轉爲厄魯特。明洪熙間，科爾沁爲厄魯特所破，避居嫩江，以同族先有阿嚕科爾沁，乃號嫩科爾沁以自別，與札賚特、杜爾伯特、郭爾羅斯，皆服屬於察哈爾。其始得接於我也，自太祖高皇帝癸巳年，時葉赫部貝勒布齋，與我爲難，率哈達、烏拉、輝發、錫伯、卦爾察、珠舍哩、訥殷、科爾沁，凡九部，合兵三萬，分三路來侵，先攻札喀城，不克，退攻赫濟格城，陳於城外古埒山下，太祖諭諸將曰："彼雖衆,皆烏合,我以逸待勞,傷其一二台吉,衆自潰。"命巴圖魯額亦都,率百騎挑戰。葉赫貝勒布齋、科爾沁貝勒翁果岱、莽古斯、明安,突而前,我軍迎擊,大敗之,斬布齋,明安馬蹶,裸以遁,追至哈達部柴河寨南,俘獲甚衆。明年春,科爾沁遣使通好,使進駝馬來朝。戊申三月,我師征烏拉部,圍宜罕阿林城,科爾沁貝勒翁果岱,復與合兵拒我,不敢戰而還。

天命二年二月,科爾沁貝勒明安來朝。先是,壬子年,明安以女歸太祖,其朝也,太祖迎於百里外富爾簡岡,明安獻駝十,馬牛百,太祖優禮之,賜戶四十,甲四十。

四年七月丁未,我兵克明鐵嶺城,其夜喀爾喀貝勒齋賽,札魯特貝勒巴克、台吉色本等,共引兵萬餘,伏秋田以伺,我大貝勒擊敗之,追至遼河,大破斬之,擒齋賽及其二子色特希勒、克什克圖與札嚕特部巴克、色本兄弟,科爾沁台吉桑噶爾。先是,太祖夜寢,夢天鵝白鶴及衆鳥翺翔上下,羅之,得白鶴一,呼曰："得齋賽矣。"太祖覺,翼日告諸貝勒,皆曰："此吉兆也。"未幾,我大貝勒果獲齋賽。既班師,諭諸貝勒曰："我畜齋賽於此,而殄其兵,彼所畜人民、畜產,恐爲他部攘而取之,不如縱所擒兵五百餘人,還其國。"其冬,喀爾喀衆貝勒遣使來告,合謀并力於明,因遣使與其部長會盟。

五年正月,察哈爾林丹汗以書來,詞意驕悖,上報書切責之。三月己卯,釋札嚕特部色本還其國,并賚以裘帶鞍馬,色本誓曰："若不感恩圖報,殃及臣身。"

六年三月乙卯,克明瀋陽。越六日,喀爾喀部卓哩克圖等二千餘騎,乘我兵取遼陽,來略瀋陽財粟,我駐守兵擊之,擒三十人,斬二十四人,縱六人持書歸,責其罪。八月甲申,釋齋賽還其國,其部人以牲畜一萬來贖,又以二子一女爲質,以質女爲大貝勒代善妃。冬十一月,喀爾喀部台吉古爾布什、莽古勒,率衆六百戶,并驅畜產來歸。太祖以女妻古爾布什,賜號青卓呢克圖,滿洲蒙古牛彔各一。又以族弟濟伯哩女妻莽古勒,並授總兵官。

七年二月壬午,宴勞烏嚕特部貝勒等。是月,喀爾喀貝勒錫爾綽納克及台吉等,率所屬三千餘户,並驅畜產來歸。賜賚授職有差。

八年正月,喀爾喀台吉拉布什希布等,率所屬及別屯蒙古,凡五百户來歸。賜如前。初札嚕特部貝勒巴克被擒,其子鄂齊爾桑來質,釋之歸。及是來朝,太祖嘉其誠,並釋其子與偕還。而其部長昂安、忠嫩等,先後以兵劫我使臣所齎及使其部貝勒色本者,因命台吉阿巴泰等往征,乘夜疾行。四月庚寅,過羅地,渡遼河,前鋒達音布率精鋭五百人,先至額爾格勒地,知爲昂安所屬,略地而前,攻及其所居,昂安攜妻及二十餘人將遁,雅希禪博爾進擊之,盡獲其妻孥畜產,又執貝勒忠嫩子桑圖妻子而還,桑圖以書謝,遂來朝,命歸其妻子。六月,撫慰蒙古諸部長。

九年二月,遣侍臣希福,與科爾沁部長會盟,其部長奧巴以書請曰:"嫩江水濱科爾沁台吉等,聞諭皆欽服,何以修好,共定大業,惟帝命無敢敗約,但察哈爾及喀爾喀,知我歸附,必見掠,乞賜援。"允之。奧巴,翁果岱子也。

十年十一月乙卯,發兵援科爾沁。時察哈爾林丹汗,糾喀爾喀掠其地,奧巴遣使來告急,上親往援,閱兵開原北關,簡精騎五千,命三貝勒、四貝勒及台吉阿巴泰、濟爾哈朗等統之。先馳至農安塔地,林丹汗已圍奧巴所居格勒珠爾根城數日,城守堅,不克,聞我師至,倉皇遁,圍遂解。初,喀爾喀衆貝勒,與我盟誓,征明,則并力同征,議和,則相約同和,後背盟與明,邀殺我斥堠獻之,受重賞,又屢劫我使者財貨牲畜。

十一年四月丙子,太祖率大貝勒征之。丁丑,出十方寺,渡遼河,精騎疾馳,分兵八路並進,先至其巴林部,其貝勒囊弩克棄寨走,四貝勒射之殪,取其環屯七寨。辛巳,命諸貝勒率兵征錫喇穆倫,諭曰:"馬力乏即還。"諸將未至其地而返,三貝勒夜行相左,至錫喇穆倫,獲畜產無算。癸卯,巴林貝勒古爾布什所屬塔布囊拉班,及其弟牙得勒格爾,率百人來降。是月,科爾沁貝勒奧巴來朝,命諸貝勒出迎,遇於開原中固城,宴之。至范河郊,奧巴與諸貝勒迭爲宴,太祖出城迎十里許,行抱見禮,同入城,數賜宴,優禮之。奧巴請婚,太祖以貝勒舒爾哈齊第三子台吉圖倫女妻之,授和碩額駙。越十餘日,辭歸,至渾河岸,誓曰:"世不敢忘德,若渝盟,永罹災害。"上嘉其誠,賜號土謝圖汗,又賜其兄圖美號岱達爾漢,弟布達齊號札薩克圖杜稜,和爾和岱號青卓哩克圖,賞賚有差。及歸,太祖復率貝勒大臣,送至蒲河之南岡,諭曰:"爲惡而蒙天譴,國乃滅亡。爲善而蒙天佑,國必昌熾。總之,主宰在天也。當察哈爾兵至時,科爾沁族衆多遁,獨奧巴奮力拒戰,故朕仰承天意,賜今名以優異之。"冬十月乙酉,大貝勒征札嚕特部,以其劫奪我遣往科爾沁使臣,先傳示其背盟之罪,責之以書,獲其貝勒巴克及其二子,并拉什希布等十四人,斬其貝勒鄂爾齊圖,盡俘所屬人户。是月,太祖遣楞額哩等,以兵六百征巴林部,驅哨焚原以張聲勢,使與札嚕特不得相顧,遂入巴林,獲人口二百七十,駝三十,馬牛千餘,羊二千餘。丙寅,凱旋。十一月癸酉,勞征札嚕特軍,賜巴克、鄂齊爾桑等衣服財物器用。

天聰元年正月,有喀爾喀部人逃至者,言察哈爾林丹汗,興兵攻掠其部,從者收之,拒者被殺。札嚕特、巴林二部奔依科爾沁部。二月,太宗賜奈曼部長袞楚克書,并令與克什克騰諸貝勒觀之。四月,袞楚克同敖漢部長索諾木杜稜,及弟寨臣卓哩克圖,及察哈爾部濟農台吉,遣使通款。奈曼者,元太祖嘗滅奈曼部,其十九世孫額森偉征諾顔,因以爲所部號。太宗復與書。六月辛亥,敖漢、奈曼使人至,言其貝勒率衆來降。庚申,太宗率諸貝勒,統兵千五百人出。翼日,駐蹕都爾弼山岡,敖漢、奈曼使人復至,上明與其部書。七月戊辰,駕自都爾弼山岡渡遼河十里外駐蹕。乙巳,袞楚克等至,太宗出營迎之,率以拜天,乃升御坐,謂之曰:"諸貝勒遠來勞苦,可勿拜,但互相抱見可也。"袞楚克奏曰:"異國歸命,蒙鴻慈容納,敢不拜。"趨前叩拜畢,命造前抱見,次與諸貝勒序齒,出則攜饌以進,命袞楚克坐於右,索諾木杜稜、寨臣卓哩克圖坐於左,台吉土謝圖、岱青達爾漢、桑阿爾齋、鄂齊爾、都爾巴分坐於旁。賜部長三人雕鞍良馬各一,台吉五人鞍馬各一。詔索諾木杜稜居開原,塞臣卓哩克圖還舊牧,嗣以索諾木杜稜私獵哈達葉赫山罪,仍奪開原地。穆案:敖漢、奈曼,地沃宜禾,康熙三十七年冬,遣官往教之耕。諭曰:"朕巡所經見敖漢及奈曼諸部,田土甚嘉,百穀可種。如種穀多獲,則興安嶺左右,無地可耕之人,就近貿易取糴,不須入邊市米矣。其向因種穀之地不可牧馬,未曾墾耕者,令酌留草木之處爲牧地,自兩不相妨,且敖漢、奈曼蒙古,以捕魚爲業者衆,教之引水灌田,彼亦易從,凡有利益於蒙古者,與王台吉等相商而行。"辛未,部長恭進筵宴。冬十一月,察哈爾部貝勒昂坤杜稜攜妻子率衆來歸。

　　二年夏四月丙辰,宴喀爾喀巴林部長來歸者。秋七月,喀喇沁部塔布囊蘇布地,遣喇嘛偕五百三十人來朝。先是二月,蘇布地偕弟萬丹偉徵等,乞內附,表奏察哈爾汗不道,喀喇沁被虐困,因與土默特、鄂爾多斯、阿巴噶、喀爾喀諸部兵,於土默特部之趙城地,擊破察哈爾兵四萬。師還,值其赴明張家口請賞兵三千人,復殪之。察哈爾根本動搖,機可乘,如皇帝剿之,喀喇沁當先諸部至。太宗命其先遣使臣來議,及是果至,遂刑白馬烏牛與盟誓。喀喇沁者,元太祖大臣札爾楚泰子濟拉瑪之裔,始附與明,爲朵顏三衛都督都指揮。九月,上親征察哈爾,先期傳檄諸部,會綽洛郭勒,敖漢、奈曼、喀爾喀、札嚕特、喀喇沁,諸貝勒台吉,皆先後率兵來會,大破降之。而科爾沁土謝圖汗奧巴,言自於其部往攻之,已而遽歸,惟台吉滿珠習禮及貝勒洪果爾之子巴敦力戰,親以所俘獲來告,賜滿珠習禮號達爾漢巴圖魯,巴敦號達爾漢卓哩克圖。十二月丁亥朔,札嚕特右翼貝勒色本來歸,色本因察哈爾侵掠,奔依科爾沁,科爾沁不能給,至是與其弟瑪尼偕來。

　　三年春正月,科爾沁土謝圖汗奧巴來朝。初,伐察哈爾時,奧巴弗至會地,偕弟布達齊,私以兵掠察哈爾邊,又私與明市,詔遣侍臣索尼,以書詰責之。奧巴捧書震恐,力疾馳入請罪。議罰駝馬各二十,尋宥之,賜賚如前。六月丁卯,土默特部入貢駝馬等,且請率衆來附。冬十月辛未,會師至喀喇沁境,定議征明。九月甲辰,召外藩蒙古部長,各率兵來會,巴林部馬多瘠,諭責之曰:"朕諭爾等,善養馬匹,勿輕騎用,以備征討,爾等違令嗜獵,致馬羸兵乏,從行何益?"命卻所貢,諸札薩克議罪,應罰駝馬甲冑,詔免。十月癸丑,太宗親統師啓行,以來朝喀喇沁台吉布爾哈圖,嘗受賞於明,識徑路,爲向導,柰曼、札嚕特、巴林部皆從。壬戌,駐蹕遼河。命總兵官、副將,追察哈爾部人逃奔明者,俘百人,獲駝馬牛羊等。丙寅,科爾沁土謝圖汗奧巴,率其族圖美、洪果爾、烏克善等二十三台吉,以兵來會。

四年二月己未,遣書與明議和。三月壬午,班師。是役也,自喀喇沁之青城,入洪山口,克遵化,圍燕京,破良鄉、香河,焚通州,克永平、灤州,攻城轉戰,蒙古部多有功。攻燕京時,額駙恩格德爾兵小卻,札嚕特貝勒色本與其弟瑪尼,奮擊敗之。始攻遵化城,札嚕特部阿海先登無繼,陣亡,後遵化既克,分兵鎮守,明兵來攻,圍喀喇沁營,台吉布爾哈圖拒戰,破之,擒明副將丁啓明,又遊擊一、都司二、生員一。秋七月,喀喇沁、土默特部來朝。十月,阿嚕科爾沁、四子部落內附。初,哈布圖哈薩爾十三世孫曰圖美尼雅哈齊,有三子,長奎蒙克塔雅哈喇,即嫩科爾沁,次巴袞諾顏,次布爾海。巴袞諾顏三子,長昆都倫岱青,號所部曰阿嚕科爾沁,季諾延泰,四子,號四子部落。而布爾海裔,則號爲烏喇特。其初與茂明安、翁牛特、阿巴噶、阿巴哈納爾,及喀爾喀內外札薩克,統號阿嚕蒙古。穆案:蒙古謂山陰曰阿嚕。蓋是諸部先皆駐牧杭愛山之北也。

五年夏四月丙午,罷徵察哈爾兵。先是,調諸蒙古會師至三窟地,科爾沁部土謝圖汗奧巴奏言,蒙古馬不堪用,所發兵又少,宜俟馬壯大舉,遂止。八月戊申,圍明大凌河,諸蒙古兵皆從。

六年,翁牛特部來歸。初,元太祖弟諤楚因裔曰蒙克察罕諾顏,有二子,長巴延岱洪果爾,號所部曰翁牛特,次巴泰車臣諾顏,別號喀喇齊哩克,皆曰阿嚕蒙古。自歸附後,止稱翁牛特,以喀喇齊哩克附之,不復冠阿嚕舊名。夏四月戊辰朔,征察哈爾。先是,五年十一月,聞察哈爾林丹汗侵掠阿嚕科爾沁部,乃遣貝勒薩哈璘、豪格率兵往援，上親統師繼之，林丹汗遁，遂班師。至是大軍復發。辛未，駐蹕都爾弼地，喀喇沁、土默特部長，各率兵來會。丙子，次錫喇穆倫河岸，喀喇沁、伊蘇特、札嚕特、敖漢、奈曼諸部，越二日，翁牛特、巴林、科爾沁三部，皆率兵從。以諸部發兵少，觀望不前，嚴責之曰："爾附近喀爾喀諸部，爲察哈爾侵掠，甚或離其妻孥，取其部曲。今朕興師伐之，正爾諸部奮志雪仇之期，何以轉惜馬匹。巴林色特爾，嗜飲無度，動輒托病，阿嚕科爾沁，爲察哈爾所逐，來歸我國，朕屢令移牧近地，乃不遵朕旨，仍遠遊牧，致被掠。屬國爲人所襲，朕猶有憾，爾等躬罹其害，積怨宜深，當思借朕力復仇，亦僅以一旅從征，何耶？"時詔諸步兵至昭烏達會征，科爾沁土謝圖額駙奧巴如期至。諭曰："朕以察哈爾林丹汗不道，整旅徂征，先期諭諸台吉等，以兵來會，今多寡不齊，遲速亦異，惟土謝圖額駙，率兵甚多，又盡出所畜馬給部衆，疾馳來會，具見立心誠愨，憂樂相同，朕甚嘉之。"五月甲子，駐軍歸化城，察哈爾林丹汗聞兵至，大懼，奔庫赫得爾蘇地。越二日，知林丹汗在喀喇莽鼐之左界，定議進征，既而窮追不見賊，時已近明境，遂征明，乃分兵攻明邊。巴林、札嚕特、喀喇沁、土默特、翁牛特、科爾沁諸部，從貝勒阿濟格左翼兵，掠明大同、宣府邊外。初大軍駐歸化城，諸將往掠黃河左右，尋奏，察哈爾蒙古前已渡河遁，不料我軍即至，復渡河而歸，俘獲以千計。又科爾沁部奏，近明界察哈爾部人，盡逃入沙河堡。六月丁卯朔，命大臣楊善，率兵六千，偕所獲察哈爾通事一人，往索之。又與各官書，責其胥以逃人歸我。沙河堡各官得書，知兵至，大驚，凡逃入堡中蒙古男女三百二十餘人，及牲畜一千四百餘，紬緞布帛六千四百餘，悉以歸。辛未，諸將領各籍所俘獲獻，皆分給之。其從察哈爾、克什克騰部來歸，及喀喇沁與新附呼爾哈等所俘獲者，聽其自取。克什克騰，元太祖十八世孫沙喇勒達部名也。尋許明和。是月庚寅，移師駐宣府邊外，我軍大市於張家口。科爾沁部三人，潛入明邊取牛羸，以違令，執爲首者，斬明邊上，從者各鞭一百，貫耳。秋七月庚申，班師。以六月所得沙河堡、張家口財帛五之一,賜科爾沁土謝圖額駙奧巴,餘量給從行諸將。九月,奧巴卒。上爲素服垂涕,諭侍臣曰:"凡人無益於國家,雖屬姻戚,朕未嘗痛惜,若喀喇沁塔布囊蘇布地與土謝圖額駙,皆最優之才,臨陣每獨當一面,長於謀議,如此良臣,何可再得。曩時朕賜以元狐冠狐裘及金鞓帶,聞彼於彌留之際,執鞓帶泣曰:'昔從征察哈爾時,我於上前,欲冲陣先入,人皆歡羨,今不幸至此,如養育之恩未報何。'其勇敢忠赤如此,誠足助朕指臂也。"遣宗室篇古、額駙揚古利等致祭。尋授其子巴達禮爲濟農,襲土謝圖號。冬,命大臣武巴率兵征烏札拉部。武巴分八旗兵爲四路,並驅渥赫河,斬三百三十八人,俘五百餘人,獲馬三百七十,貂狐猞猁猻獺貉虎狼等皮千餘張,裘二十餘領。

七年正月乙卯,征烏札拉部。二月癸亥朔,茂明安部長車根,偕其從父固穆巴圖魯,台吉達爾瑪、岱袞、烏巴什等舉部來歸,行抱見禮。車根,元太祖弟哈布圖哈薩爾十七世孫也。賜宴及甲冑雕鞍銀器緞布諸物。三月甲寅,征明寧遠。夏四月辛未,擊敗明兵於遼河。是時駐蹕楊什穆河岸,敖漢部長班第,遣使貢駝馬牛羊,喀喇沁部長固魯思奇布,科爾沁部台吉烏克善、綽爾濟,額駙滿珠習禮來朝,獻貂皮駝馬等,賜賚有差。

八年春正月庚申,敖漢、奈曼、喀喇沁、札嚕特、巴林、烏喇特、阿嚕科爾沁、翁牛特、四子部落、科爾沁諸部,並以朝正至,既賜賚之,且定外藩禁令:凡奪人婦配他人者,罰駝馬五十,其納婦者,罰七九之數與原夫;凡姦誘人婦逃者,男婦俱論死,其家產盡給原夫。如部長不察治,亦罰駝五、馬五十。至盔甲無號帶,馬匹無印牌,及盔纓、纛纓、纛幅不如制者,俱論罪。二月己巳,浩齊特部台吉額琳臣、塔布囊巴特瑪攜壯丁二百三十九人,婦女幼丁六百九十七口,駝二百、馬四百,自喀爾喀部內附,遣使迎宴,賜甲冑雕鞍蟒服銀幣,其屬有先來歸者五十三戶,仍隸之。時有哈爾呼所屬之黑龍江濱頭目羌圖禮、瑪爾罕率六姓六十七人亦來朝。浩齊特部,元太祖十八世孫庫登汗裔也。庫登汗昆弟三人,曰庫克齊墨爾根台吉,即蘇尼特部祖,曰翁衮都喇爾台吉,即烏珠穆沁部祖,與察哈爾同族,爲所屬,以林丹汗不道徙牧瀚海北依喀爾喀,故台吉等自其部來。五月丁未,征明。六月甲申,師次喀喇鄂博。先是,命大臣阿什達爾漢、伊拜,往科爾沁部徵兵,伊拜還言:"其部噶勒珠塞特爾,與海賴、布顏岱、伯谷壘、塞布壘等,嚮言往取北方索倫部財賦,各率部衆叛去。巴達禮與從祖洪果爾,從父布達齊,從兄烏克善,率兵追之。"上恐噶勒珠塞特爾等襲索倫,詔盛京留守貝勒,亟令索倫部來朝頭目巴爾達齊者,還備寇。索倫部,遼裔也。遣巴(什克)〔克什〕希福往科爾沁部,諭巴達禮曰:"法律所載,叛者必誅,爾等若擒獲諸亡者,欲誅則誅之,不誅,而欲以爲奴者,聽。"喀喇沁、土默特、巴林、奈曼部長,各率兵至。六月辛酉,札嚕特、烏喇特、翁牛特、阿嚕科爾沁部長,皆以兵會。甲戌,命貝勒德格類,大臣覺羅色勒,宗室芬古,率兩翼旗兵,武訥格率左翼蒙古兵,偕巴林、札嚕特、土默特諸部長,規取獨石口,居庸關。乙亥,次博碩堆。希福還奏,科爾沁土謝圖濟農巴達禮等,已追殺噶勒珠塞特爾、海賴、布延岱、伯谷壘、塞布壘,盡收其部下戶口。諭曰:"朕視諸台吉,猶臂指然。今噶爾珠塞特爾等,爲其族兄擒誅,猶傷吾指也,朕甚憫之。"以其部班第、塞本、額古三人,向懷二心,今與噶喇珠塞特爾等同叛,復盡收所屬人口,札賚特部長蒙衮,土默特部人明安達哩,科爾沁部長巴達禮,貝勒烏克善及棟古爾杜稜等,各授一分。又分十户並海賴家屬牲牧,與噶爾圖賴古,止留五户與三人。班第令隸洪果爾,塞本隸烏克善,額古隸棟果爾。棟果爾,洪果爾從子,父明安,即初與葉赫諸部來侵者。棟果爾後從承政尼堪,由朝鮮征瓦爾喀有功,又從征明,敗總督洪承疇於松山,尋令噶爾圖賴古,與洪果爾合爲一旗。甲戌,次喀喇鄂博,命大貝勒代善,貝勒薩哈璘、碩托,大臣葉克舒、葉臣,率兩紅旗兵,阿岱率右翼蒙古兵,偕敖漢、奈曼、烏喇特、喀喇沁、翁牛特諸部長,規取得勝堡,進征大同。有敵兵三百,自城潛出,四子部落長鄂木布追擊之,俘其附明蒙古務巴什索諾木朗素等。秋七月丙戌，駐軍宣府城東南，科爾沁部長巴達禮，及洪果爾、布達齊、烏克善、滿珠習禮、棟果爾等，率兵五千來會。己丑，分軍四路入明邊，期會於朔州。命貝勒阿濟格、多爾袞、多鐸，大臣阿山、伊爾登，率兩旗兵，偕翁牛特部，新附察哈爾部圖巴濟農及諸宰桑，自巴顏珠爾格地入龍門。先是月壬午，師次烏爾圖布拉克，遇圖巴濟農率衆來歸，即以從征。八月癸亥，駐軍大同城南。甲子，以礮攻應州東南石家堡。巴林部滿珠習禮與海桑、蕭格、噶達輝、綽諾先登，敵以大刀拒擊，綽諾力戰敗敵，遂破其堡。壬申，科爾沁部長巴達禮與洪果爾、布達齊、烏克善，敖漢部索諾木杜稜，柰曼部袞楚克，喀喇沁部古嚕思奇布，察哈爾部圖巴濟農等，及杜爾伯特、札賚特、烏喇特、郭爾羅斯、四子部落諸部，各籍所俘獲以聞。閏八月庚寅，班師。以柰曼、翁牛特部違令罪，各罰駝馬。冬十月乙巳，遣大臣赴碩翁科爾，定蒙古牧地疆界。巴林部與鑲黃旗蒙古，以克哩葉哈達、瑚濟爾阿達克爲界。翁牛特部與巴林，以瑚喇琥、護呼布里都爲界。柰曼部與兩紅旗蒙古，以巴噶阿爾和碩、巴噶什嚕蘇特爲界。敖漢部與正黃旗蒙古，以札噶蘇台、囊家台爲界。四子部落與鑲黃旗蒙古，以杜穆達都騰格里克、沃都爾台爲界。阿嚕科爾沁部與兩白旗蒙古，以塔喇布拉克、遜壘爲界。札嚕特與正藍旗，以諸綽噶爾、多布圖鄂魯穆爲界。既定界，越者坐侵犯罪，往來駐牧，務會齊移動，毋少參差。其分定地方戶口，敖漢部一千八百，柰曼部一千四百，巴林部長色特爾八百，台吉滿珠習禮八百，札嚕特部長內齊二千，巴圖魯圖巴二千四百五十，阿嚕科爾沁部長達賚、車根、塞稜各二千，翁牛特部長遜杜稜、濟農達爾漢棟岱青各二千。四子部落達爾漢圖們二千。十二月辛丑，宴察哈爾新附諸臣。先是，六年四月，上親征察哈爾，過興安嶺，至達勒鄂謨，林丹汗驚竄，渡黃河，將奔唐古特部，其臣民素苦其暴虐，多不從，從者亦中路逃亡。七年八月，有鳥曰鵖鳩，群集遼東，遼東素無此鳥，乃西北蒙古所產，其色淡黃，形如鴿，爪如人足而有毛，國人皆曰："蒙古之鳥來，必蒙古有歸附者。"是年正月，上聞察哈爾部衆，流散於錫爾哈錫伯圖地，命大臣巴思翰、巴海等，率兩翼蒙古兵，徵巴林、喀喇沁、翁牛特、阿巴噶諸部兵，會於都爾弼地，合徵之。阿巴噶者，元太祖弟布格博勒格圖，十八傳至塔爾尼庫同，號所部曰阿巴噶，其弟曰諾密特默克圖，號所部曰阿巴哈納爾。初皆服屬於察哈爾，後爲林丹汗所虐，徙牧瀚海北，依喀爾喀車臣汗碩壘。六年其部台吉奇塔特楚琥爾，攜衆五百內附。是年部長額爾德尼固圖押，附車臣汗碩壘，表貢方物。阿巴哈納爾部，至崇德七年，其部人和碩泰、托克托伊達等始來歸。康熙五年，部長色稜墨爾根始內附。五月庚寅，林丹汗之叔茂奇塔，前奔科爾沁者來朝。時林丹汗已病死於大草灘，其部頭目宰桑台吉等，先後率五千餘戶來歸。壬辰，命大臣額爾德尼囊蘇、哈爾松阿，同八旗前鋒將，各率兵百，往偵林丹汗子額爾克孔果爾額哲蹤蹟。丁酉，察哈爾阿蘇特部男子十二人，婦人三，來歸。己亥，以察哈爾來歸各官，分隸旗，贍給之。辛亥，察哈爾四大宰桑，德森濟旺、噶爾瑪、巴圖魯濟農多爾濟、達爾漢諾顏多尼庫魯克，率衆六千，奉汗妃攜家口來歸。自七年九月至是月，近明界宰桑等，先後復攜五千戶至。是年，克什克騰部長索諾木，茂明安部台吉揚固海杜稜、烏巴海達爾漢巴圖魯、瑚稜、都喇勒、巴特瑪額爾忻岱青、阿布泰，咸率屬來歸。索訥木，沙喇勒達孫也。索諾木弟曰巴本，曰圖壘，向皆服屬於察哈爾，至是內附。烏巴海達爾漢巴圖魯、都喇勒旋叛逃喀爾喀，遣兵由鄂諾河往剿，至阿古庫克特勒，斬叛屬千餘，追至喀木尼哈，盡俘以還。

九年二月丁丑，編內外喀喇沁蒙古壯丁，共一萬六千九百五十三名，爲十一旗，喀喇沁部長布蘇布地子古嚕思奇布，領五千二百十六人爲一旗，土默特右翼部長鄂木布楚琥爾，領一千八百二十六人爲一旗，左翼善巴與其族唐格爾，領二千一十名爲一旗，其餘在內舊喀喇沁，合舊蒙古爲八旗，以大臣額駙領之。凡編丁，自年六十以下，十八以上，有隱匿者，事發治罪，其十家之長，罰馬二，其疲癃殘疾者勿與,著爲令。五月丙子,林丹汗子額爾克孔果爾額哲降。初,貝勒多爾濟、岳托、薩哈璘、豪格統兵至黃河西額哲所駐托里圖地,其母蘇泰福晉爲葉赫貝勒錦台什女孫,因遣其弟南楚,偕同族,往告以大兵俱至,招之降。時天霧昏黑,額哲不虞軍至,無備,蘇泰與額哲,乃惶遽率衆宰桑出迎,於是全部平。我軍未至時,鄂爾多斯部濟農額璘臣,私要額哲盟,分取其衆以行,我軍追及之,索所獲,額璘臣懼,獻察哈爾户千餘,其部亦自是内附。額璘臣居河套,元太祖二十世孫,其先屬察哈爾,林丹汗惡之,奪濟農號,來歸後賜復之。康熙三十五年,上親征噶爾丹至所屬界,札薩克等率屬渡河,朝御營獻馬,上手書諭皇太子曰:"朕至鄂爾多斯地方,見其人皆有禮貌,不失舊時蒙古規模,各旗俱和睦如一體,無盜賊,駝馬牛羊,不必防守,生計周全,牲畜蕃盛,較他蒙古殷富,圍獵嫻熟,雉兔復多,所獻馬皆極馴,取馬不用套竿,隨手執之,水土食物皆甚宜。"上以諸貝勒征察哈爾,必入明山西邊界,明必發寧遠、錦州兵救援,於是遣貝勒多鐸率師屯寧遠、錦州,使明戒嚴不敢往。又令喀喇沁部廣格爾、萬丹、塞稜等,赴明北邊,乞犒賚并互市,以疑懼之。喀喇沁部至遼河,遇明卒三十人,自冷口來偵,殺二十人,擒一人歸。九月多爾袞亦略明邊,自平魯衛入朔州,直抵長城,又經寧武關、代州、忻州、惇縣、黑峰口、應州復還平魯衛,擊斬明兵六千餘,俘獲人口、牲畜七萬六千三百有奇,乃出邊,會於歸化城,自沙河堡旋師。先是,多爾袞等平察哈爾部,獲歷代傳國璽。璽藏於元朝大内,至順帝北奔,攜入沙漠,後崩於應昌府,璽遂遺失。越二百餘年,有牧羊者,於山岡見一函,羊三日不囓草,但以蹄跑地,牧者發之,得璽,歸於元後裔歸化城土默特部博碩克圖汗,其部後爲察哈爾林丹汗所破,璽爲所得。林丹汗亦元裔也。貝勒多爾袞等聞璽在蘇泰福晉所,索取之,璠璵爲質,交龍爲紐,光氣爛然,其文乃漢篆"制誥之寶"四字。歸化城土默特部,與土默特部右翼爲同族,元太祖十六世孫阿爾坦,號格根汗,明嘉靖間,據豐州灘,築城架屋以居,謂之拜牲,即明時訛爲板升者,後通好於明,受順義王印,因名所居曰歸化城。有子九,長僧格,子噶爾圖,以避察哈爾侵,自歸化城徙居土默特,即右翼汗鄂木布楚琥爾父,而歸化城土默特,自阿爾坦四傳,爲博碩克圖汗,察哈爾林丹汗强役屬之,不從,嘗偕喀喇沁諸部,破其軍,又殲其赴明請賞兵,後卒,林丹汗襲有之。天聰六年,大兵平察哈爾,移駐歸化城,博碩克圖汗子俄木布,與其部頭目托博克、古禄格、杭高等集衆降,詔居守之。托博克亦元裔,世居歸化城,古禄格姓納喇,其先本姓土默特,因滅扈倫國之納喇,遂以爲姓,世隸葉赫部,葉赫亡,乃依歸化城土默特,偵林丹汗西奔唐古特部,懼掠,匿山砦乃免,至是內附。巴林部宰桑布兌山津,以大軍收察哈爾來朝,預宴,因奉觴稱慶,上曰:"承天眷佑,吉慶肇臻,宜益圖治道,儻政有缺失,爾當直言極諫,何相侑以酒乎。"布兌山津慙而退。

　　十年四月己卯,大貝勒代善,貝勒濟爾哈朗、多爾袞、多鐸、岳托、豪格、額駙揚古利、八旗大臣譚泰、宗室拜音圖、葉克舒、葉臣、阿山、伊爾登、達爾漢、芬古,蒙古八旗大臣,六部大臣,都元帥孔有德,總兵官耿仲明、尚可喜、石廷柱、馬光遠,外藩蒙古貝勒,察哈爾部額爾克孔果爾額哲、是年正月尚公主,爲固倫額駙。圖巴濟農,天聰八年來歸。科爾沁土謝圖濟農巴達禮、卓哩克圖台吉烏克善、追封忠親王齋桑之長子。冰圖貝勒洪果爾、納穆賽長子。札薩克圖杜稜布達齊、奧巴之弟。達爾漢巴圖魯滿珠習禮、烏克善之弟。喇嘛什希、奧巴從兄圖美之子。穆齊、天聰三年偕喇嘛什希來朝。伊勒都齊、棟果爾,札賚特部達漢和碩齊蒙袞、奧巴叔父。昂安、伊勒都齊,來朝年月無考。杜爾伯特部達爾漢台吉塞稜、奧巴從弟。郭爾羅斯部哈坦巴圖魯固穆、奧巴近族。伊爾登、布木巴,奧巴從弟。敖漢部額駙班第、塞臣之子。索諾木杜稜、塞臣之兄。奈曼部袞楚克、額森偉征諾顔之子。巴林部台吉滿珠習禮、色特爾兄子。阿玉什,天聰二年隨色特爾來歸。土默特部鄂木布楚琥爾、格根汗之曾孫。墨勒根台吉索諾木、天聰三年來朝。吉英、塔布囊賡格爾、天聰九年與善巴同領喀喇沁旗。塔布囊善巴,諾木圖之子。札嚕特部達爾漢巴圖魯色本、都喇勒諾顔之子。内齊、忠圖汗之子。瑚弼爾圖、忠圖汗之弟。喀巴海偉徵、天聰二年,陣斬察哈爾台吉噶爾圖,俘七百人來獻,賜號偉徵。岱青、瑚弼爾圖之子,天聰三年,隨父來朝。際爾哈朗、色本族弟。青巴圖魯瑪尼，色本之弟。四子部落達爾漢卓哩克圖鄂木布、諾顏泰第三子。墨勒根台吉伊爾札穆，諾顏泰第四子。阿嚕科爾沁部達賚楚琥爾、昆杜侖岱青子。台吉穆彰，達賚之子。翁牛特部遜杜稜、杜稜汗長子。額爾德尼棟岱青、杜稜汗第三子。班第偉徵、杜稜汗第四子。達拉海宰桑、杜稜汗第五子。喀喇齊哩克部噶爾馬台吉、遜杜稜族弟。阿喇納諾木齊，噶爾瑪之弟。喀喇沁部古嚕思奇布、蘇布地之子。塞稜、左翼部長，隨蘇布地來歸。塞臣、來朝年月無考。萬丹偉徵、蘇布地之子。圖里瑚馬齊，蘇布地之叔父，天聰三年來朝。烏喇特部圖們達爾漢、鄂木布、元太祖弟哈薩爾裔巴喇賽之孫。額爾赫圖巴亦巴喇賽之孫，三人俱於天聰七年來歸。等，恭請上稱尊號。太宗曰："勉從眾議，朕思既受尊號，當益加乾惕，憂國勤民，有所不逮，惟天佑助之。"擇吉於四月十一日壬午，太宗齋戒三日。乙酉黎明，親率諸貝勒大臣祭告天地，乃受寬溫仁聖皇帝尊號，建國號曰大清，改元爲崇德元年。是月丁酉，敘外藩蒙古諸貝勒功，封巴達禮爲和碩土謝圖親王，烏克善爲和碩卓哩克圖親王，固倫額駙額爾克孔果爾額哲爲和碩親王，布達齊爲多羅札薩克圖郡王，滿珠習禮爲多羅巴圖魯郡王，袞楚克巴圖魯爲多羅達爾漢郡王，遜杜稜爲多羅杜稜郡王，固倫額駙班第爲多羅郡王，洪果爾爲冰圖郡王，棟果爾爲多羅達爾漢岱青，鄂木布爲多羅達爾漢卓哩克圖，古嚕思奇布爲多羅杜稜，善巴爲達爾漢，廣格爾爲多羅貝勒，各賜雕鞍甲冑金銀器皿及文綺有差。諭阿嚕科爾沁台吉穆彰曰："爾父年高嗜酒，部務皆爾掌管，凡賦役務期均平，爾若不敬父母，更敬何人？凡物皆可求而有之，父母之年可再得耶？"五月庚午，命武英郡王阿濟格、饒餘貝勒阿巴泰、額駙揚古利、大臣宗室拜音圖、譚泰、葉克舒、葉臣、阿山、圖爾格、芬古、額駙達爾漢，率師征明。諭之曰："彼處之人，出城野戰，破之甚易。往者蒙古鄂齊爾桑、札嚕特部貝勒。巴圖魯詹、阿嚕科爾沁部人。額駙多爾濟，烏嚕特部貝勒。曾率數人，敗宣府兵五百。三人者，皆上所新信任，用稱以激勵之。"秋七月丙辰，上諭大學士希福、剛林、范文程曰："昔科爾沁部土謝圖額駙，有名馬曰杭愛，朕曾以甲十副往易之，彼察哈爾汗强索之，止予一胄,從此科爾沁諸貝勒與之解體。察哈爾汗又以一胄,遺阿嚕濟農,索馬千匹,阿嚕濟農曰:'此直欲構釁而來侵伐耳。'與之馬五百,從此阿嚕諸貝勒,亦爲解體。科爾沁卓哩克圖親王有一鷹,能橫捕飛鳥,察哈爾汗又遣人往索,卓哩克圖親王欲不與,土謝圖額駙勸令與之。既取其鷹,一無所償,並送鷹之人,亦不令見,如此人心何從而服?今各處蒙古,每次來朝,皆厚加恩禮,因此俱傾心相附,雖去猶戀戀,而蒙古各國亦從此富足安閒,由此揆之,以力服人,不如令人中心悦服之爲貴也。"十一月丙午,綜核察哈爾、喀爾喀、科爾沁諸部户口。先是十月丁亥,命內宏文院大學士希福,蒙古衙門承政尼堪,塔布囊達雅齊,偕都察院承政阿什達爾漢,往察哈爾、喀爾喀、科爾沁諸部稽户口,編牛彔,讞庶獄,頒法律,禁姦宄,並諭來會之親王、郡王、貝勒、貝子等曰:"今俟河水凍合,即當起兵,時欲朝賀者,概暫停止之。"至是還奏,以五十家編爲一牛彔,具載牛彔姓名及甲士清册以獻。己酉,喀爾喀二部,車臣汗碩壘、土謝圖汗袞布,遣使來貢。先是,天聰九年五月,喀爾喀車臣、土謝圖二部,以書一函付察哈爾部索諾木台吉云:"遇天聰皇帝之人付之。"又以書招察哈爾汗子額爾哲孔果爾額哲,貝勒多爾袞等征服察哈爾並得其書以獻,其書稱述功德,期通信使,而貽額哲書,則勸其勿事我國,歸附其部。書曰:"瑪哈撒嘛諦車臣汗、土謝圖汗、車臣濟農率大小諸貝勒,奏書於滿洲國天聰皇帝,人君撫有大寳,以宣揚美名於諸國,當興起教化,輯寧遠人,我等雖不能奮興,然誼屬同宗,倘念舊業尚存,互相通好,信使不絶,則我等當共享太平之福,尊爲有道之主也。"遺察哈爾書曰:"瑪哈撒嘛諦車臣汗,諭林丹汗子孔果爾額哲,在先哲琿貝勒送還,彼此締盟,後因國亂遂不相往來,自爾汗棄世,聞舉國全然附我。即宜來歸,勿再遲延。"比還師,貝勒岳托以疾駐歸化城,有土默特人密告博碩克圖子俄木布,遣人往喀爾喀處,必有與同來者,岳托因遣阿爾津、武巴海、喀木齊哈、尼堪四人,候於途,喀爾喀百人及明使者四人,果與俄木布所遣人同至。時俄木布乳母之夫毛罕,密遣人告喀爾喀人云:"滿洲兵在此,汝等當回。"喀爾喀人聞信遂還。阿爾津、武巴海等兵追及之,擒毛罕所遣之十人,及明使四人,獲駝五十、馬四十六、貂皮五十有奇。又得烏珠穆沁部貿易人四十六名,駝三十七、馬一百有八、貂皮二百二十。初,毛罕稱俄木布爲西土格根汗,自稱烏爾隆額齊克達爾漢貝勒,又殺害來歸我國之察哈爾什喇奇塔特、武班札爾固齊、奇塔特台吉,又與明沙河堡參將通謀,稱明國爲一路,喀爾喀爲一路,土默特爲一路。於是斬毛罕,併其黨羽,執俄木布歸。令古祿格、托博克、杭高分守歸化城,轄土默特部衆。以阿嚕部民,與喀爾喀人同謀藏匿駝馬,遣土默特人往剿之,分土默特壯丁三千三百七十名爲十隊,每隊以官二員主之,授以條約。又授鄂爾多斯條約。凱旋後,賜土默特部托博克、古祿格、鄂爾多斯部額璘臣濟農母之使臣綽爾濟喇嘛,濟農使臣卓哩克圖、固嚕台吉_{額璘臣從弟}。之使臣囊素喇嘛及其從人鞍馬器物。後分土默特部爲二旗,以古祿格爲左翼都統,杭高爲右翼都統領之,托博克授三等參領,隸右翼,而博碩克圖汗裔,分隸左右翼,稱台吉。順治四年,杭高子巴桑以罪黜。托博克先從豫親王多鐸擊土謝圖汗、車臣汗二部喀爾喀,有功,遂代爲右翼都統。其左翼有喇嘛札布者,乾隆二十年,征土默特兵千,從北路大軍討達瓦齊於伊犁,喇嘛札布獻馬二百助軍,授一等台吉。明年,從承恩公明瑞往巴理坤,徙厄魯特達什達瓦部衆於阿爾台,以女妻和托輝特郡王青袞咱卜。青袞咱卜叛,欲遁俄羅斯,從參贊大臣納穆札爾等追擒之,封輔國公,授札薩克,增立土默特一旗,隸烏蘭察布盟。十二月,喀爾喀部瑪哈撒嘛諦車臣汗碩壘,_{左翼部長謨羅貝瑪之子}。及烏珠穆沁部車臣濟農多爾濟,蘇尼特部素塞巴圖魯濟農,浩齊特部策凌伊爾登、土謝圖,阿巴噶部都思噶爾札薩克圖濟農等大小貝子,遣偉徵喇嘛、弼徹齊、達爾漢武巴什、達爾漢塔布囊托博兑冰圖四頭目,率一百三十二人,齎書來朝,貢駝馬貂皮等物。書曰:"成吉思汗後裔瑪哈撒嘛諦車臣汗等,書奏天聰皇帝,伏惟皇帝,躬膺厚祉,起居康泰。向者察哈爾明圖克圖汗,居必不可敗之勢,自取滅亡。竊思欲圖太平之道,皇帝自有睿裁,但撫有大寶,必聲名洋溢,爲天下法,俾政令昭煥,如日方昇,庶幾利賴,萬世揚休,倘蒙睿鑒,以此言爲然,願往來通問不絶,共守盟約,以享太平。"太宗以其初通朝貢,厚賚之。烏珠穆沁者,元太祖十五世孫達延車臣汗子圖魯博羅特，由杭愛山徙牧瀚海南，子博第阿喇克繼之，有子三，分牧而處。長庫登汗，號其部曰浩齊特，次庫克齊圖墨爾根台吉，號其部曰蘇尼特，次翁袞都喇爾，即烏珠穆沁部汗多爾濟父也。喀爾喀者，達延車臣汗有子五，圖魯博羅特、巴爾蘇博羅特、阿爾楚博羅特、鄂齊爾博羅特，四子皆南徙，爲敖漢、奈曼、巴林、札魯特、克什克騰、烏珠穆沁、浩齊特、蘇尼特、鄂爾多斯九部祖。季子格呼森札札賚爾琿台吉，獨留杭愛山，號其部曰喀爾喀，分爲左右翼，而令七子分掌之。札薩克圖汗素巴第，則其右翼長子阿什海達爾漢琿台吉曾孫，土謝圖汗袞布，則其左翼第三子諾諾和曾孫，車臣汗碩壘，則其左翼第五子阿敏都喇勒孫。而諾諾和第四子圖蒙肯，護持黃教，唐古特達賴喇嘛賢之，授賽因諾顏號，其曾孫額駙策凌有功，雍正三年命率其近族親王貝勒等十九札薩克，別爲一部，以其曾祖賽因諾顏號冠之，爲喀爾喀部中路，不復隸土謝圖汗，喀爾喀有四部自此始。圖蒙肯亦於崇德三年通使貢，札薩克圖汗部、車臣汗部、土謝圖汗部，則先於康熙三十一年定爲喀爾喀部西路、東路、北路。九白之貢，則定於崇德三年。九白者，白駝一，白馬八也。十年二月，命偉宰桑、巴賴、山津、伯布格齋敕往諭曰："爾謂朕欲圖太平之道，自有睿裁，此言誠是。朕凡征伐人國，未有出無名之師，而以貪得爲事者，向因明國與我夙讎，以兵征之。察哈爾貪明國財幣，助之以兵，朕是以聲罪致討，蒙天眷佑，以察哈爾全部與朕。今爾又以馬鬻於明人，貪其財物，非助明而何？爾行事如此乖悖，朕亦不以介懷，其講和事宜，專候爾等音耗也。"至是，偉宰桑等偕其進貢使臣偉徵喇嘛、弼徹齊、武巴什、托博兌冰圖，烏珠穆沁部納木渾津等六人，及從者一百五十六人至。越二日，偉徵喇嘛等朝見，陳所進貢物，跪獻其主奏疏曰："私鬻馬匹，我等正欲禁止，因見喀爾喀七旗及厄魯特、四子部落皆與明國貿易，故效而行之耳。"使臣行三跪九叩禮，賜之宴。歸國時，太宗遣察罕喇嘛，率六十四人偕往，賜瑪哈撒嘛諦汗及衆台吉大臣雕鞍、轡帶、弓刀、撒袋、金銀器皿、珊瑚、素珠、貂鑲朝衣、蟒緞、白金、布疋等物,並賜貢使偉徵喇嘛等衣物緞布等有差。命大臣宣諭朝鮮、蒙古諸部,遣屬齎書從,遇明皮島兵阻擊之,不得達,歸。辛亥,將征朝鮮,遣官齎敕調兵於外藩蒙古諸貝勒,敕曰:"凡應出兵諸貝勒等,可將各旗派定兵丁,所乘駝馬,俱烙印繫牌,以爲標識,甲冑器械,亦各爲記號,備二旬糗糧,約本月三十日,俱會集盛京,科爾沁由卓索口入,喀爾喀、察哈爾、阿巴噶由十方寺入,入邊以後,宜嚴飭士卒,勿探親戚,勿入城堡,有任意妄行紊亂法度者,諸將其嚴行約束之。"十二月辛未朔,外藩蒙古諸王貝勒,各率兵來會。己亥,太宗命大臣譚泰、阿岱、拜音圖、武賴、都賴、恩格圖、葉臣、固穆,宗室芬古、巴特瑪等,率騎兵入朝鮮王京城搜剿,並留外藩蒙古與俱,親統大軍由城外徑渡漢江,直抵南漢城西駐營。時朝鮮王李倧遁守南漢山城。

皇朝藩部要略卷之二

前史官壽陽　祁韻士　纂
寶山　　毛嶽生　編次
江陰　　宋景昌　校寫
平定　　張　穆　覆審

内蒙古要略二

二年正月癸亥，克朝鮮江華島，獲李倧妃及子二人。庚午，李倧詣軍前降。二月壬申，自南漢山城班師。辛卯，車駕還盛京。命睿親王多爾袞、安平貝勒杜度，率滿洲、蒙古、漢軍官兵，以所俘獲在後行。庚寅，渡太子河，鄭親王濟爾哈朗，遣禮部參政尼堪、哈爾松阿，工部參政星訥等，於盛京南二十里塔北石橋後，除道設帷幄。武英郡王阿濟格、郡王阿達禮率貝子文武群臣，及土默特、鄂爾多斯、呼爾哈等部貢使頭目，元年十二月乙酉，土默特部山津、巴克什等二十九人，鄂爾多斯部頭目四人同至，貢馬匹蟒緞素緞等物。是月丁亥，呼爾哈部托科羅氏、克依克勒氏、耨葉勒武頭目，率兵十人來朝，貢貂狐皮張等物。出城二十里祗候。六月辛丑，敘錫特庫等追剿喀木尼堪部逃人葉雷功。先是，天聰十年，太宗命阿賴達爾漢率外藩蒙古諸貝勒兵，往追茂明安部下逃人，至使鹿部喀木尼堪地方，招服葉雷、舍爾特庫、巴古奈、土古奈等，及其從役家口來獻，俱賜冠服囊鞬等物有差。葉雷等尋往科爾沁部，盜占巴拉天聰八年秋七月，與其弟塞爾固稜率兵來朝。部下馬八百，及冰圖王洪果爾部下馬四十五匹而逃。是時，洪果爾及貝勒棟果爾，郭爾羅斯部汗布木巴，輔國公固穆等所屬，有四五家散處，及出采捕約五十人，皆被殺。洪果爾部下十七人追及之，逃人還，擊殺三人，又奪馬十七匹去。興京守將扈什塔以聞，命甲喇章京錫特庫，執信牌往寧古塔，會同守將武巴海率寧古塔兵追之。又遣正黃旗牛彔章京噶爾糾執信牌，率卦勒察兵，沿烏拉境追緝。又遣蒙古衙門撥什庫博羅，執信牌往科爾沁部，令土謝圖親王巴達禮、卓哩克圖親王烏克善發兵躡追，並令防失牲畜。錫特庫等率二十二人躡逃人蹤跡，自多爾博庫地行至烏拉駐防邊城，武巴海率四十五人來會。時科爾沁部土謝圖親王下鄂爾多木，卓哩克圖親王下托和泰，奉命率兵二百往尼喀善城駐防，聞信，即簡甲士四十人往追。占巴拉之弟塞爾固楞貝勒，亦率所部兵阻擊之。鄂爾多木追至博木博果爾地，行月餘，遇武巴海、錫特庫同行，見天鵝三，鄂爾多木射中其一，帶箭而飛，穆案：科爾沁巴達禮傳，葉雷作葉類，天鵝作宿雁，情事亦稍異。逐取忽不見，乃見逃人營中遺火，遂星夜馳往，至溫多地圍之，令降，不從，因攻殺九十四人，生擒八十七人，獲馬五十六匹，問葉雷安在，答云："葉雷殺鹿爲食，攜妻子遁去。"錫特庫、武巴海即率兵前進。葉雷聞知，乃殺其妻子，遁入山中，我兵追至，與葉雷縱矢交射，忽有白狐躍起，觸葉雷弓而馳，因射殺葉雷。有葉雷兄弟率四十人，攜妻子欲歸我國，途遇葉雷，留之，亦被殺。五月癸未，奏聞，錫特庫等凡七閱月始還。太宗命管旗大臣出城五里迎宴之。至是敘遠追逃人功，擢武巴海、錫特庫、噶爾糾世職，加賜衣服馬匹奴僕莊田。賜鄂爾多木號卓哩克圖庫魯克達爾漢，子孫世襲。其隨徵士卒，並賞銀兩衣服有差。九月己巳，禁止蒙古部人訐告強奪。前遣都察阿什達爾漢、蒙古衙門承政塞稜、尼堪等，往科爾沁、巴林、札嚕特、喀喇沁、土默特、翁牛特諸部，會集諸王貝勒等，頒佈赦詔，清理刑獄。太宗以敕書諭阿什達爾漢曰："朕聞札嚕特部內齊等，虐害所兼管之塞稜綽博惠等，縱部下人潛行訐告，塞稜綽博惠之有一二牲畜者，誣而取之，彼等既屬同居，又相統轄，其有無財貨，彼此悉知，若皆被誣訐，強奪所有，人將何以爲生？且令彼兼管者，本欲其愛養之，而反虐使之乎？若果如此擾害，若輩之牲畜既盡，朕必仍取害人者之牲畜與之，前曾以此誡諭內齊等，業經認過，復諉其咎於兄弟，朕固不之信也。爾等可留札嚕特數日，詳審從前告訐奪取牲畜之人，如實則已，否則即以所罰牲畜給還本主，並嚴切申禁，嗣後毋得少有侵害。爾等此行,以此爲第一要務,其詳慎議之。"冬十月丙午,青海厄魯特部顧實汗圖魯拜琥,遣其頭目庫魯克,來貢馬匹白狐皮獺喜獸羖毯等物。圖魯拜琥初入貢,聞太宗德威遠播,乃於元年遣使,以路遠,至是始至。是月精格里河琿春屯内扈育布禄,亦初入朝,貢貂皮,俱令禮部迎宴之。賜扈育布禄及其從人蟒緞朝衣、冠帶橐鞬、弓矢鞍轡等物有差。圖魯拜琥,元太祖弟哈布圖哈薩爾十九世孫也。兄曰拜巴噶斯,其子鄂齊爾圖,與圖魯拜琥長子巴延阿布該、阿玉什子和囉(哩)〔理〕十二人居西套,爲西套厄魯特。康熙十三年,準噶爾部噶爾丹攻破其部,和羅(哩)〔理〕等來歸,賜牧阿拉善,故後稱阿拉善厄魯特。而圖魯拜琥,分青海部衆爲二翼,令子十人巴延阿布該、阿玉什等領之,爲青海厄魯特。十二月癸亥,征瓦爾喀,諸將奏捷。先是,正月癸亥,太宗於朝鮮軍營遣科爾沁、札嚕特、敖漢、奈曼諸部兵,出朝鮮咸鏡道,往征瓦爾喀,命蒙古衙門承政尼堪、甲喇章京吉思哈、牛彔章京葉克舒率每旗甲士十人導之行,道出會寧,擊敗朝鮮平壤巡撫兵二千人于吉木海,餘兵悉降。五月十九日,至烏拉地,遣還蒙古十六旗兵。七月己巳,復命喀凱、塔克珠、來虎、舒書、翁愛尼、噶禮、克布圖、輝山、恩古里、雅薩諳巴、巴爾噶、遜綏、赫德、珠瑪、喇綽、貝塔、哈布海、塞蒙格、哈什屯、雅布喀、棟果爾、滿都祐、占楚、喀音達禮等,率兵一千三百,分爲四路,往征瓦爾喀。兩黄旗一路,率阿庫里尼滿地壯丁一百名,穆稜地壯丁四十名,烏爾固依地南濟蘭牛彔下喀克篤哩兄弟等壯丁三十名,共一百七十名,以圖必喜、分達哩、瑪哈達爲向導。兩紅旗一路,率綏芬壯丁七十名,雅蘭壯丁四十名,瑚葉壯丁二十名,烏爾吉壯丁七十名,共二百名,以圖球恰、塔齊什納爲向導。兩藍旗一路,率額赫庫倫壯丁六十名,額勒以東、塞木克勒以西壯丁五十名,共一百十名,以愛韜、多爾周、常濟里、濟布楚爲向導。兩白旗一路,率諾囉阿萬壯丁三百名,以雅爾布、佛得密、封濟達、蘇布特赫爲向導。至是,諸將遣六人奏捷,言兩黄旗舒書、塔克珠率甲士六十人,入烏爾阿辰,獲塞約、愛塔哈、佛珠、武克星額、塔克圖男子三十名，家口八十，馬七十有三。兩紅旗恩古里、克布圖率甲士六十人入綏芬，獲剛球畢爾哈木、巴爾珠男子二十八人，家口六十五。兩白旗哈什屯、滿都祜于所入汛地，獲古木善、伊訥肯索畢、伯得根、哈里瑚、阿爾珠、克木訥、畢爾珠男子一百三十人，家口三百三十，馬八十有三，並獲貂狐、猞猁猻、水獺等皮甚多。明年四月，師還，賜新獲瓦爾喀男婦幼稚衣服居室器用牲畜等物，賞喀凱等從征兵丁銀兩有差。

　　三年二月丁酉，親征喀爾喀札薩克圖汗部。先是，正月庚辰，駐守歸化城土默特左翼部長古禄格，遣札幹等三人奏言："臣等偵知歸化城北，有喀爾喀部札薩克圖汗，巴延達喇長子賽瑚爾。率兵及家口，周圍駐營，似欲侵犯我城，乞速發大兵以備之。"太宗御篤恭殿，諭諸王大臣曰："喀爾喀侵犯歸化城，爾等其令軍士，早夜秣馬，豫備糧糧，朕將親統大軍討之。"二月丁酉，太宗率豫親王多鐸、武英郡王阿濟格、郡王阿達禮、貝勒岳托、貝子大臣及護軍等，於午刻出撫近門，謁堂子啓行，命禮親王代善、鄭親王濟爾哈朗、睿親王多爾袞、安平貝勒杜度、饒餘貝勒阿巴泰等留守。是日，車駕出沙嶺舊邊駐營。己亥，遣拜賽偕十六人往探札薩克圖汗蹤跡。丁未，駐軍喀勒占，科爾沁部長土謝圖親王巴達禮、札薩克圖郡王布達齊、卓哩克圖親王烏克善、巴圖魯郡王滿珠習禮、喇嘛什希、穆齊、占巴拉、塞爾固楞等，札賚特部長達爾漢和碩齊蒙袞等，奈曼部長達爾漢郡王袞楚克等，敖漢部長額駙班第等，札嚕特部長内齊、尚嘉布、内齊子。桑圖、桑古爾、札木素、桑噶爾、色本子。瑪尼、茂奇塔特、瑪尼子。額騰、多爾濟等，阿嚕科爾沁部長達賚、穆彰、達賚子。海色、固嚕等，四子部落長達爾漢卓哩克圖郡王鄂木布、伊爾札木、索諾木等，茂明安部長巴特瑪、瑚稜等，巴林部長滿珠習禮、阿玉什等，翁牛特部長棟岱青、薩揚墨爾根、達拉海、諾木齊、班第偉徵、本巴、楚琥爾、噶爾瑪即喀喇齊哩克部長。等，各率所部兵來會，獻駝馬，俱卻之。遂行至錫喇穆掄、喀喇穆掄兩河交界處駐營。戊申，大軍至哈納哈達。壬子，過興安嶺行獵。

是日駐營達勒諾爾東。癸丑,拜賽自歸化城還,奏言,喀爾喀札薩克圖汗驚聞大軍將至,於正月三十日倉皇遁去。太宗疑其或逐好水草處藏匿,復遣莽奈都爾率八人往探,於是行獵至達勒諾爾西。壬戌,遣前鋒將領勞薩、梅勒章京錫特庫等,自多原齎書,諭明宣府各官曰:"壬申之夏,朕率大軍往征察哈爾,察哈爾汗聞風遠遁,歸化城及各寨部衆咸歸於朕。彼時曾謂宣府執事人等曰:'爾宣大之人,無怨於朕,惟遼東邊吏,欺詐特甚,朕故征之,令爾等與朕修好互市。凡歲幣之與察哈爾者,應悉與我。'爾云:'察哈爾汗雖遁,其身尚在,倘復來索歲幣,奈何?'故雖與而不盡如例,但與我講和通市,因對天地盟誓,大軍遂不入境而還。嗣後朕踐此盟言,靜俟一載,兩次遣人致書,爾竟背盟,未答一語,朕是以有甲戌之役。今天下蒙古,入我版圖,朝鮮爲我藩服,察哈爾汗畏威遠竄,身死國亡,妻子臣民,我悉綏定,向時推委之詞,謂察哈爾汗尚在也,今更將何辭以對乎?彼北邊蒙古喀爾喀者,非與爾有盟誓之好也,乃與之歲幣開市,而結盟之國,反不與歲幣開市者,何哉?朕今親統大軍,駐布顏阿海遊牧之地以待,爾如能悔過,無棄盟言,則不入爾宣大之地,止征遼東。夫逆則征伐,和則貿易,古亦有之。爾若不審天時而逆朕命,朕當令朝鮮、蒙古諸大軍,分路縱略,廢爾農時,恐後悔無及也。朕以實告爾,爾其速圖而裁答焉。"並面諭勞薩等曰:"爾等若遇喀爾喀部人衆多,力不能勝,即還報,能勝則取之,拒者殺之。"三月甲子朔,自多原至博碩堆,遣牛彔章京法譚等,齎敕諭留守諸王曰:"喀爾喀爲漢人所恐,云大清兵已至矣,彼遂驚懼,未敢犯我歸化城,亦未嘗與漢人交市,於正月三十日倉皇而去,但恐彼去未遠,已遣人往探,若果未遠,朕必前往,其糧米須待此處人到輸運,不然,朕亦意從此班師,行糧已足,不必更運矣。"越二日丙寅,知札薩克圖汗果率兵遠遁。諭古禄格及右翼都統杭高曰:"爾等所守城小壕狹,勢難禦敵,宜於城外建築城垣,以資捍禦,垣如城然,高一丈五尺,闊稱之,俾可屯兵其上,垣四面置四門,門置甕城,四隅各建望樓,垣外環以深壕,工竣之日,内城外垣,嚴加防守,敵自不敢窺伺,爾等其善爲之。"於是命王貝勒以下、梅勒章京以上,各出銀赴歸化城貿易。尋遣大學士剛林,齎信符赴盛京,令速發駐防前鋒兵以迎之。甲戌,駐軍宜喜里。勞薩等還奏,路遇蒙古碩雷使者,往明國交易,獲其馬百四十,駝四十,其蒙古四十人,給以羊隻爲行糧,遣之去,獲二漢人還。太宗曰:"何爲輕釋蒙古耶?"復令勞薩等率每旗章京一員,甲士十五人,於夜分往追之,以所獲駝馬,賜一等公以下、牛彔章京以上各官;後法司議勞薩等違命縱敵之罪,得旨從寬罰懲。辛酉,宴新附烏珠穆沁部車臣濟農多爾濟等。二年十一月,多爾濟聞太宗惠養國人,恩意周至,率台吉奇塔特、塔布囊偉徵、索諾木、博倫、達拉海、納穆琿津等三十人舉部來附,賜宴清寧宮。至是車駕至多原,多爾濟率其四子塞稜、桑阿爾、垂僧格、德音楚克及同部噶喇木札布、蘇格岱青、錫達索諾木、都斯噶爾、和多和沁、伊勒札爾、山津、武克索木伊勒、畢斯德勒格爾、塔布囊袞桑、班第岱、阿哈、土謝圖等來會師,進獻駝馬甲冑等物。令多爾濟朝見,設黃幄,列儀仗,王貝勒以下,群臣依次立帳外,太宗於巳刻出行幄,率多爾濟等拜天畢,御黃幄,多爾濟率所部貝勒及臣屬朝見,具筵宴進上。是日,同會師之阿巴噶部噶喇木札布,蘇尼特部武善、伊勒登、塞稜達爾瑪等,浩齊特部博羅特推囉阿納特、塔布囊達雅固什等亦朝見,各獻駝馬鞍轡,均量納之。賜大宴,命較射角觝,賜甲冑雕鞍弓矢銀幣有差。尋皆遣還。三月庚辰,自登努蘇特班師,大軍次克依繃之次日,賜科爾沁、奈曼、敖漢、札嚕特、四子、翁牛特、巴林、茂明安等部諸王貝勒等貂裘鞍馬衣服,並賜宴遣歸。以翁牛特部達爾漢棟岱青屬下塞内琿津,正黃旗阿爾哈車臣,每遇會議聽斷,勤勞平允,特賜車臣號札爾固齊,賜塞内琿津豹裘緞布。辛卯,度興安嶺。壬寅,至遼河,閱視新城垣。乙巳,至盛京,自外攘門入,還宮。六月庚申,更定蒙古衙門爲理藩院,專治蒙古諸部事。是日,授土默特部章京古禄格等二十二人世職,各視其品級,分別授之。尋鑄給理藩院印信。丁卯,遣還喀爾喀部札薩克圖汗使臣達爾漢囊蘇喇嘛等,使臣於三月庚午來朝,進獻駝馬彩緞等物,以車駕親征,至是始遣。太宗諭之曰:"朕以兵討有罪,以德撫無罪,惟行正義,故上天垂佑,將蒙古諸部悉以畀朕。今蒙古主察哈爾汗之子見在,朕加意撫養,爾喀爾喀部,當念爾主既在我國,即應歸順,以安其身,反興兵搆怨,來侵我歸化城,甚非爾分所當爲也。朕欲平定區宇,理應加兵於爾,爾亦當以加兵是懼,想爾以爲奔往征討所不到之處,便可偷安旦夕,但爾所能至,我師豈有不能至者乎?昔金、遼、元三國之主,西伐額訥特珂克,東抵朝鮮,北及黑龍江,南至於海,朕今日正與相等,爾知罪而來則已,否則必不爾宥。"又諭曰:"我國行事,悉循大義,雖興師征討,從不加戮使臣,頃所言者,爾主之咎,於爾何尤。"命賜之食,囊蘇喇嘛不勝欣幸,更無一語回奏,良久曰:"仰承聖諭,當往導吾主愚蒙爾。"八月癸丑,命睿親王多爾袞、貝勒岳托統左右翼軍,分道征明。冬十月丁酉,貝勒岳托等奏報右翼軍入墻子嶺,喀喇沁部萬丹、索諾木擊敗明兵一隊,獲馬十三,前鋒將領錫特庫、勞薩等追擊潰兵,獲馬八十,大小礮位二十五,擒哨卒問之,知墻子嶺堅不易拔,惟嶺東西兩旁高處,可以越入。於是分我軍爲四路,令護軍將領圖賴,率右翼每牛彔護軍一名,及喀喇沁部下每旗蒙古甲喇章京一員,從嶺之右側,步越高峰,恐圖賴兵少,復令貝子芬古及葉臣兩旗護軍騎兵助之。未至,而圖賴兵已先入,攻克十一臺,令阿岱、恩格圖兩旗,郭爾羅斯部長固穆一旗,俱離嶺五里,自高山入,而恩格圖兵先之,譚泰、圖賴兩旗護軍騎兵,令距阿岱等,於五里外高峰無邊墻處齊入,令巴特瑪率本旗兵,會喀喇沁、巴林、敖漢、柰曼、烏喇特、阿嚕科爾沁諸部兵,並漢軍孔有德、耿仲明屬下兵,俱從邊城東小門平坦處,舉火礮,豎雲梯攻之。時明兵俱於邊界平坦處拒守,巴林部阿玉什屬下索爾古先登,諸軍遂相繼攻入。又軍中獲海龍城邏卒一名,訊係明守備遣來議貿易價值者,縱之使歸,且令傳諭海龍守備曰:"前聞爾邊城云,有邏卒十八名,爲我軍所殺,又殺爾關上貿易良民。此豈我軍識其人而殺之耶?且長城邊內,屬爾明國,邊外乃我大清國之地,因入我地而殺之耳。前緣爾等貿易相好,故進邊時不加擾害,直入昌平,今又避爾地,從墻子嶺入,豈以爾關險阻而不入耶?以此思之,相好如初,乃爾之幸,倘爾等稍懷變志,禍難免矣。"戊戌,睿親王多爾袞等奏報左翼軍入青山關。九月二十八日,自董家口東二十里,青山關西二里許,步登山岡,由墻邊缺處率兵前進。青山關嶺峻墻堅,問之土人,云關內有明兵二百防守,聞我右翼軍至,已於二十五日往援。我軍乘其無備,毀墻而入,莫敢攖鋒。青山關、董家口、青山營三處人民,棄城逃走,執其人問之,云青山關東二十里榆木嶺口,有步兵二百,與董家口兵,亦以我右翼軍至,同往救援,是以缺兵防守。又問流賊消息,云在河南等處肆掠,今年大水,禾稼半收,我右翼軍於二十四五日進邊,山海關高太監,已調入關內矣。己酉,太宗親統大軍征明,分三路繼進。丁亥,出懷遠門,至演武場,閱視漢軍大臣石廷柱、馬光遠兩旗兵,令試礮較射角觝畢,賜宴。冬十月丁酉,命石廷柱、馬光遠運礮位火器等具先行。己亥,太宗率鄭親王濟爾哈朗、豫親王多鐸等統大軍,向山海關進發。辛丑,次彰武臺口。甲辰,大軍至渾河,科爾沁部土謝圖親王巴達禮、卓哩克圖親王烏克善、札薩克圖郡王布達齊、巴圖魯郡王滿珠習禮等率十旗兵來會,喀喇沁部長古嚕思奇布率四旗兵來會,各獻駝馬,量納之。丙午,駐軍哈喇烏蘇。己酉,車駕至托袞博倫行獵,命鄭親王濟爾哈朗、貝子碩托各率本旗護軍及喀喇沁兵,從前屯衛、寧遠中間進發。豫親王多鐸、貝子博洛,各率本旗護軍及土默特兵,從寧遠、錦州中間進發。太宗親統大軍,從義州一路進發。辛亥,次敖穆掄。十一月庚午,自中後所班師。大軍至錦州南之次日,太宗以鄭親王濟爾哈朗兵力寡,命豫親王多鐸,率本部兵往中後所助之。十一月庚戌朔,多鐸軍將過中後所,會明總兵祖大壽往援北京,以兵來襲多鐸軍後,土默特部右翼鄂木布楚琥爾及甲喇章京翁克等率眾先退,前鋒將領哈寧阿等不能敵,且戰且退,貝子博洛迎擊,始卻。多鐸收軍不戰,夜至濟爾哈朗營,濟爾哈朗聞之怒,次日,同多鐸率兵至中後所，大壽兵懼，不敢出，乃還營。庚午，自中後所班師出明邊，至六洲河。庚辰，至圖根河，遣外藩蒙古各歸部，漢軍由平路行，太宗行獵至奇爾哈納。丙戌，車駕自撫近門還宮。十二月己丑朔，賜朝貢諸外藩宴。時厄魯特部尹札胡圖克圖下額爾格、布什格隆宰桑等十七人，土默特部武巴什、巴彥蒙庫等四十七人，蘇尼特部騰機思下巴克察爾塔布囊等十五人，鄂爾多斯部濟農下武巴什等十二人，烏珠穆沁部多爾濟濟農下奇塔特塔布囊等三人，均貢駝馬朝見。次日，黑龍江薩哈連<small>額駙巴爾達齊之弟</small>。瑚爾布爾屯費揚古、沃呼屯武第堪、烏魯蘇屯莽古珠等五十有一人，索倫部博木博果爾、透特等九人，呼什哈禮氏納木達哩等十人，巴雅喇氏滿第特喀下二人，布克圖禮等五人，賴達庫等四人，均以貢貂朝見。太宗御崇政殿賜宴，命七家以次宴之，賜綵緞、銀兩、衣服、鞍馬等物有差。

　　四年五月庚辰，敘張家口開市功。太宗於三年六月內，遣達雅齊、塔布囊偉宰桑、侍衛諾木圖偉徵率喀喇沁部弼喇什、拉什希布等，往明宣府北張家口，與鎮守官議歲幣，一如與喀喇沁貝勒之數，並開關互市。至是敘其功，授達雅齊等世職，加襲二次。十二月癸卯，蘇尼特部長騰機思率族屬一百十四人，右翼部長素賽率族屬六十七人，偕阿巴噶部長多爾濟，由喀爾喀來歸。先是，正月甲戌，其部台吉超察海率十戶；丁亥，右翼台吉噶布楚、瑭古特、卓特巴、什達喇等率百二十戶；夏四月，台吉莽古思率四十戶，及同部之巴圖賴、額思赫爾、僧格等先後內附。至是騰機思等入朝。俱賜賚有差。以巴林部從征喀爾喀，私遣馬先歸罪，議罰戶口，奈曼部、阿嚕科爾沁部遣兵不及額，各罰馬五十。

　　五年正月，以騰機思部下阿布圖，自初朝貢至今，往來勤慎可加，賜名達爾漢，與世襲。二月丙戌，遣多濟里等往征烏札部。夏四月乙亥，征索倫部師還。先是，索倫部博木博果爾等，於二年閏四月及三年十月來朝，貢貂皮等物，尋叛去。四年十一月辛酉，遣索海、薩木什喀、穆成額、葉克舒、永順拜、伊遜羅奇等，率兵往討，大破，斬俘獲，降之。

六年正月壬辰，錫特庫等自索倫部擒博木博果爾還。五年三月，博木博果爾既敗亡，是年七月丙午，命錫特庫、濟什哈等，率護軍與敖漢、柰曼、烏拉特、阿嚕科爾沁、四子部落諸部兵往征，令諸部兵先集札嚕特部較射，簡壯勇二百四十人隸之行。凱旋，賜阿嚕科爾沁部台吉阿玉什、札嚕特部台吉桑古爾、烏喇特部台吉布達齊、四子部落將領博內、敖漢部將領色穆、柰曼部將領札丹等蟒緞朝衣、貂與猞猁猻狐豹裘、冠帶甲胄、櫜鞬弓矢、銀兩、緞布等物有差。三月乙未，蒙古博爾袞岱等來降。初，蒙古博爾袞岱、哈喇爾岱、巴彥岱等逃入明國，既而率男子四百二十一人，婦女幼稚共五百口，攜馬贏二百一十有一，毀大同、陽和邊墻來降，二月二十日至歸化城，土默特章京古祿格遣納木什哩等送至。賜博爾袞岱三人鞍馬、繡緞、朝衣、冠帶、櫜鞬等物，其餘在歸化城者，賜銀一千兩。又賜納木什哩等銀兩有差。乙巳，分編錦州蒙古貝勒諾木齊等歸降部衆，鄭親王濟爾哈朗、武英郡王阿濟格等奉命往代睿親王多爾袞等圍錦州，每面分立營，繞營俱濬深壕，壕邊修築垛口，兩旗中間復濬長壕，近城設邏卒哨探。時明援兵前隊已至松山、杏山，錦州城中蒙古見我軍嚴整，呼告邏卒等曰：“城中積粟可支二三年，縱圍困，豈可得耶？”邏卒應之曰：“無論二三年，縱有四年之糧，至五年後，復何所食？”蒙古等聞之，知我軍圍城，志在必得，皆警恐。於是城中蒙古貝勒諾木齊、武巴什、琿津、清善、山津、古英塔布囊、楚肯、博博克泰、昂阿岱、蘇巴達爾漢、滿濟、額森、托濟、布達習等遂謀來降，有一人聞之，欲奔告祖大壽，武巴什等幽殺之，遣二人持降書，縋城下，潛入我營。其書曰：“我等知王貝勒等至，早有歸順之心，今貝勒諾木齊、台吉武巴什等，約誓已定，倡率衆蒙古請降，至二十七日黎明時，可遣兵四面來攻，諾木齊守東門，武巴什守南門，若不信我等，有上天在，有如天之聖主在，我等願爲編氓，納職貢，若蒙鑒納，幸賜回書，可舉信礮三聲爲驗。”濟爾哈朗覽書，又細訊之，與諸王貝勒大臣等定議，約於二十七日，兵必前進，遂舉信礮爲驗，並遣啓心郎額爾克圖，持其降書馳奏。是日，祖大壽探知其事，遂整兵以待，會日暮，至外城門，遣副將遊擊各一人率兵，欲以計擒之，爲武巴什等所覺，即持兵器以迎，外城蒙古等亦爭執兵器，既接戰，聲聞關外，濟爾哈朗、阿濟格、多鐸等相繼至城下策應，關内蒙古縋繩城下，我軍陸續援繩而上，於城上吹角，夾攻明兵，明兵敗入城內，我軍遂乘勝入關，城中蒙古男婦及諸器物，盡送義州。壬寅，鄭親王濟爾哈朗等遣護衛岱袞奏言："臣等於三月二十四日薄暮，聞錦州關內蒙古兵與明兵接戰，兩白旗相去甚近，率兵先登，左右之兵繼之，俱至外城，諾木齊等盡率其官屬兵丁以降，都司守備把總等官八十六員，男婦幼穉共六千二百一十有一人。"時喀喇沁部古嚕思奇布，具筵進獻，適捷音至，太宗大悦，命八旗擊鼓召衆，於篤恭殿宣佈捷音。翼日，諾木齊、武巴什等將至，先命多爾濟達爾漢諾顔、揚善等，至廣城迎宴之。甲辰，親率諸王貝勒及文武各官，出懷遠門，迎至演武亭，太宗率衆拜天，行禮畢，升御座，諾木齊、武巴什等，率部衆朝見。令諾木齊、武巴什等較射。又命大臣侍衛等較射，選力士角觝，賜大宴宴之。諾木齊等進獻雕鞍馬匹、琥珀念珠、金銀器皿、蟒衣等物。俱卻之。乙巳，以諾木齊、武巴什攜來蒙古人一千五百七十有三名，漢人一百三十有九名，婦女幼穉二千六百五十五口，編爲九牛彔，每三丁，一人披甲。諾木齊部下蒙古二百有四人，分隸正黃旗，武巴什部下蒙古七百有二人，分隸鑲藍旗。阿邦、伊木圖、文都爾瑚、滿韜部下蒙古五百五十三人，分補各旗之缺者。令諾木齊、武巴什秩視梅勒章京，阿桑喜、滿韜、額布根、海塞、巴布岱、額布格爾德、琿津秩視甲喇章京，巴布岱之弟鄂爾洪、安達哈、山津、多爾津、伊木圖、文都爾瑚、阿邦等秩視牛彔章京，並達爾瑪、古什以下，各賜頂帶朝衣、鞍馬弓矢甲胄、彩緞布匹、銀兩、莊田、牲畜等物有差。後賜諾木齊、武巴什部下撥什庫鍾化、額森、博波克托、席柱等莊田奴僕、朝衣冠帶、鞍馬甲胄弓矢、莊緞布匹、銀兩等物有差。五月丁丑，鄭親王濟爾哈朗等，敗明總督洪承疇兵於松山。又蒙古人名古什者，初與諾木齊、武巴什等同謀歸附，未偕出，及是明兵敗,越城來降,墜傷肱,濟爾哈朗攜之歸。丁亥,索倫部蒙塞爾瓦岱之子巴爾達齊,率其部下二百四人來降。己丑,索倫部人一千四百七十一人歸附,俱迎宴之。辛亥,睿(郡)〔親〕王多爾袞、鄭親王濟爾哈朗等,合軍敗明援兵於松山。八月丁巳,太宗親統大軍,征明錦州。乙丑,大破明兵十三萬於松山。九月,分兵圍錦州、松山城,科爾沁部卓哩克圖親王烏克善、巴圖魯郡王滿珠習禮,圍守高橋,車駕自松山還。松山之捷,科爾沁部土謝圖親王巴達禮,察哈爾部宰桑索諾木偉徵與巴特瑪,四子部落都爾拜、翁牛特部兵皆從。

七年二月己未,克明塔山。札賚特部蒙袞長子色稜先登,毀其城。進攻松山,擒明總督洪承疇。命議科爾沁土謝圖親王從征退縮罪。先是,上詔巴達禮,隨睿親王等由塔山協擊洪承疇軍,期暮至,巴達禮旦乃詣營。至是議削爵奪官屬,詔免,罰馬百匹。冬十月辛亥,征明。甲戌,至黃崖口,將入長城。時輔國公芬古、管旗大臣譚泰、葉克舒等,定議兩路夾攻邊口,遂遣滿洲、蒙古每旗護軍二十名,每牛彔騎兵二名,科爾沁、敖漢、奈曼、烏喇特、阿嚕科爾沁、巴林、喀喇沁等部兵三百五十名,令蒙古管旗大臣瑪喇希、署梅勒章京事卦喇率領,從右山路而登,奪其邊口,追擊山城敵兵至山下,進克其城。左翼令梅勒章京和托,率護軍四十名,先往登城,署章京阿爾海,棄梯不用,率本旗數人,於護軍未至前,先至城下,次第畢登。兩翼軍既克長城,斬守備一員,城內兵俱潰走。十一月,喀爾喀部碩雷下巴特瑪,率男婦幼穉,攜馬五十匹來降。

八年二月丙寅,增設禮部蒙古理事官、副理事官各一員。是日,喀爾喀部達喇吳巴三察下托克推達嚕噶,率男子九人及其婦女幼穉三十四口,攜駝馬九十餘來歸。六月癸酉,征明大軍還。大軍直入明境,至兗州府,殱其親王一,郡王五,宗室等千人,凡克三府、十八州、六十七縣,共八十八城,歸順者六城,敗明兵三十九所,俘獲無算。八月丁卯,賜來朝外藩大宴。先是,太宗以征明克捷,於中元節祭告太廟、福陵,並頒敕宣示朝鮮。至是科爾沁部土謝圖親王巴達禮,卓哩克圖親王烏克善,巴圖魯郡王滿珠習禮,額駙奇塔特、畢爾塔噶爾、巴雅斯呼朗及棟果爾、塞稜,郭爾羅斯部桑噶爾等率衆來朝,上表稱賀,大宴之。賜巴達禮、烏克善等銀兩有差。丁亥,世祖章皇帝即皇帝位,以明年爲順治元年,頒詔大赦。

元年春正月,世祖御殿,受朝賀,見喀爾喀部使臣跪拜參差,問侍臣曰:"此何國人,乃行禮若是?"奏曰:"此北方投誠喀爾喀使臣也,歲貢駝馬,未嘗有缺,因尚未入版圖,是以不嫺禮節。"衆於是咸服上嚴明。四月乙丑,賜攝政睿親王大將軍勅印,統軍征明。先是,七年九月,攝政鄭親王濟爾哈朗,攻克中後所、前屯衛,山海關附近中前所人,皆棄城走。是年三月,明寧遠、沙河所二城人,亦棄城走,山海關外地盡爲我有,隨下令整軍器,儲糧秣馬,俟大軍進討。壬申,大軍次翁後,明平西伯吳三桂遣使來乞師,時明季流賊李自成已陷燕京,崇禎帝后俱自經。自成僭稱帝。庚午,攝政睿親王師次翁後,賊首李自成遣人招吳三桂降,三桂不從,隨自永平返據山海關,遣副將楊珅、遊擊郭雲龍來致書,書云:"三桂初蒙我先帝拔擢,以蚊負之身,荷遼東總兵重任。王之威望,素所深慕,但春秋之義,交不越境,是以未敢通名。今我國以寧遠右偏孤立之故,令三桂棄寧遠而鎮山海,思欲堅守東陲,而鞏固京師也。不意流賊逆天犯闕,以彼狗偷烏合之衆,何能成事?奈京城人心不固,姦黨開門納款,先帝不幸,九廟灰燼。今賊首僭稱尊號,擄掠婦女財帛,罪惡已極,誠赤眉、綠林、黃巢、禄山之流,天人共憤,其敗可立而待也。我國積德累仁,謳思未泯,各省藩鎮,悉起義兵,三桂身受國恩,拒守邊境,欲興師問罪,以快人心,奈京東地小,兵力未集,故特泣血求助。竊思我國與貴朝通好二百餘年,今遭此大變,貴朝應惻然念之,而亂臣賊子,亦非貴朝所宜容也。夫除暴翦惡,大順也;拯危扶顛,大義也;出民水火,大仁也;興滅繼絶,大名也;取威定霸,大功也。王以蓋世英雄,值此摧枯拉朽之會,誠難再得之時也。乞念亡國孤臣忠義之言,速選精兵,直入中協、西協,三桂自率所部,合兵以抵都門,滅流賊於宮庭,示大義於中國,則我國之報稱,豈有盡耶?本應上疏於貴朝皇帝,但未悉體制,不敢輕瀆聖聰,乞王轉奏。"王得書,即遣學士占巴、來衮往錦州,諭漢軍齎紅夷礟,向山海關進發。癸酉,睿親王師次錫喇塔拉,報吳三桂書曰:"向欲與明修好,屢行致書,明國君臣,不計國家喪亂,軍民死亡,曾無一言相答,是以我國三次進兵攻略,蓋示意於明國官吏軍民,欲明國之君,熟籌而通好也。若今日則不復出此,惟有底定國家,與民休息而已。予聞流寇攻陷京師,明主慘亡,不勝髮指。用是率仁義之師,沈舟破釜,誓不返旌,期必滅賊,出民水火,及伯遣使致書,深爲嘉悅,遂統兵前進。夫伯思報主恩,與流賊不共戴天,誠忠臣之義也。伯雖向守遼東,與我爲敵,今亦勿因前故,尚復懷疑。昔管仲射桓公中鉤,後桓公用之爲相,以成霸業。今伯若率衆來歸,必封以故土,晉爲藩王,一則國讎得報,一則身家可保,世世子孫,長享富貴,如河山之永矣。"己卯,大軍入山海關,敖漢部長班第,巴林部長色布騰,阿嚕科爾沁部長穆彰,土默特部左翼善巴,奈曼部善丹,札嚕特部哲肯赫,四子部落多爾拜及札賚特、杜爾伯特、郭爾羅斯、科爾沁諸部,皆從吳三桂迎降。賊首李自成敗走。

順治十年,喀爾喀土謝圖台吉本塔爾,以與其汗有隙,偕弟本巴什希、札木素、額琳沁、袞布率户千餘來歸,賜牧塔嚕渾河,封和碩達爾漢親王,統其衆,與内札薩克諸部並列,是爲喀爾喀右翼。其稱左翼者,爲貝勒袞布伊勒登,亦自喀爾喀來歸,受封在本塔爾後。本塔爾者,喀爾喀左翼諾諾和次子,阿布和孫也。袞布伊勒登則其部右翼阿什海達爾漢琿台吉次子,圖捫達喇岱青孫。札薩圖汗台吉,皆達延車臣汗五世孫,去元太祖二十世也。

十三年,上以科爾沁及札賚特、杜爾伯特、郭爾羅斯、喀喇沁、土默特、敖漢、奈曼、巴林、札嚕特、阿嚕科爾沁、翁牛特、烏珠穆沁、浩齊特、蘇尼特、阿巴噶、四子部落、烏喇特、喀爾喀右翼、鄂爾多斯諸札薩克歸誠久,賜敕曰:"爾等秉資忠直,當太祖、太宗開創之初,誠心歸附,職效屏藩。太祖、太宗,嘉爾勳勞,崇封爵號,賞賚有加,朝覲貢獻,時令陛見,飲食教誨,爲數甚多,凡有懷欲吐,俱得陳奏,心意和諧,如同父子。朕荷祖宗鴻庥,統一寰宇,恐於懿行有違,成憲未洽,恒用憂惕。親政以來,六年於兹,未得與爾等一見,雖因萬幾少暇,而懷爾之忱,時切朕念,每思爾等效力有年,功績卓著,雖在寢寐,未之有斁。誠以爾等相見既疏,恐有壅蔽,不能上通,故特遣官齎敕賜幣,以諭朕意。嗣後有所欲請,隨時奏聞,朕無不體恤而行。

朕方思致天下於太平,爾等心懷忠藎,毋忘兩朝恩寵,朕世世爲天子,爾等亦世世爲王,享富貴於無窮,垂芳名於不朽,不亦休乎。"先是,科爾沁内附,莽古斯以女歸太宗文皇帝,是爲孝端文皇后;孫烏克善等,復以女弟來歸,是爲孝莊文皇后;曾孫卓爾濟,復以女歸世祖章皇帝,是爲孝惠章皇后。科爾沁以列朝外戚,荷國厚恩,列内札薩克二十四部首,有大征伐,必以兵從,如親征噶爾丹,及勦策妄阿喇布坦、羅卜藏丹津、噶爾丹策凌、達瓦齊諸役,札薩克等效力戎行,莫不懋著勤勞。土謝圖親王、達爾漢親王、卓哩克圖親王、札薩克圖郡王,四爵俸幣,視他部獨增,非惟禮崇姻戚,抑以其功冠焉。

皇朝藩部要略卷之三

前史官壽陽　祁韻士　纂
寶山　毛嶽生　編次
江陰　宋景昌　校寫
平定　張　穆　覆審

外蒙古喀爾喀部要略一

外蒙古喀爾喀,亦元太祖裔,以在漠北,故謂之外蒙古。大部四:曰土謝圖汗部,爲喀爾喀後路;曰車臣汗部,爲東路;曰札薩克圖汗部,爲西路;曰賽因諾顏部,爲中路。分左右翼,距京師各三數千里。舊服屬於察哈爾。天聰九年,大軍平察哈爾,車臣汗碩壘偕烏珠穆沁、蘇尼特諸部長,上書通好,貢駝馬。

崇德元年春,以車臣汗部私與明市,諭責之曰:"明,朕讎也。前者察哈爾林丹汗,貪明歲幣,沮朕伐明,且欲助之,朕故移師往征,天以察哈爾爲非,故以其國予朕。今爾與明市馬,是助明也,爾當以察哈爾爲戒。"冬,碩壘遣偉徵喇嘛等來朝,請與明絶市,上嘉之,命察罕喇嘛往賚貂服朝珠弓刀金幣,此喀爾喀部通好之始。自是,土謝圖汗袞布,札薩克圖汗素巴第,賽因諾顏部長圖蒙肯相繼至。初,喀爾喀無汗稱,袞布祖阿巴岱,赴唐古特謁達賴喇嘛,迎經典歸,衆服之,稱汗。至袞布始號土謝圖,與碩壘、素巴第同時爲三汗。喀爾喀有所謂紅教者,與黃教爭,圖蒙肯尊黃教,爲之護持,達賴喇嘛賢之,授賽因諾顏號,令所部奉之,視三汗。圖蒙肯尋卒,次子丹津喇嘛,復受諾掃汗號於達賴喇嘛,居翁吉河霍岳爾克,爲喀爾喀八札薩克之一。

二年,車臣汗碩壘,獻所產獸曰獺喜。

三年,札薩克圖汗素巴第謀掠歸化城,上親征之,所部遁,遣使謝罪，並貢馬及獨峰駝、無尾羊。諭曰："朕以兵討有罪，以德撫無罪，惟行正義，故上天垂佑，蒙古察哈爾諸部皆以畀朕，爾等皆其所屬，當即相率歸誠，否則亦惟謹守爾界，乃反興兵搆怨，謀肆侵掠，豈以遠處西北即爲征討不及之區耶。今與爾約，嗣後慎勿復入歸化城界，重貽罪戾。"是年，土謝圖汗袞布，遣使貢駝貂皮雕翎及俄羅斯鳥鎗，車臣汗貢馬及甲冑貂皮雕翎，俄羅斯鳥鎗，回部弓箙鞍轡，阿爾瑪斯斧、白鼠裘，唐古特元狐皮。詔歲貢白駝一，白馬八，謂之九白之貢，以爲常，他物毋入獻。賽因諾顏亦遣使通貢。

順治三年，車臣汗碩壘，誘蘇尼特部長騰機思叛，豫親王多鐸率師追剿，至札濟布喇克，碩壘遣子本巴等，土謝圖汗袞布遣其屬喇瑚里等，合丹津喇嘛兵五萬餘援騰機思，大軍敗之，棄駝馬而竄，有楚琥爾者，袞布族也，復私掠巴林部人畜。師旋，詔責碩壘曰："蘇尼特，本察哈爾屬部，向化來歸，爾誘之使叛，朕遣兵追剿時，猶誡勿加兵於爾，詎意爾反稱兵抗拒，以致上蒼降譴，立見敗衂，倘非朕飭令班師，大兵既壓爾境，何難長驅直入耶。今爾若知自悔，欲贖前愆，其速擒騰機思來獻。"并詰責袞布、丹津喇嘛，協擒騰機思，歸所掠巴林人畜。札薩克圖汗素巴第聞詔，欲代解罪，偕同族俄木布額爾德尼上書乞好，上因其書不稱名，辭近悖慢，切責之。

五年，騰機思乞降。車臣汗碩壘遣使獻駝百馬千，入謝。土謝圖汗袞布等並上表引罪。詔各遣子弟來朝，不從。

七年，札薩克圖汗部人俄木布額爾德尼等，詭稱行獵，私入歸化城界，掠牧產，遣官飭歸所掠，會其汗素巴第卒，子諾爾布嗣，稱畢錫哷勒圖汗，遣使入貢。諭曰："朕本欲許爾等和好，故命察歸所掠，以贖前罪。今反以朕留爾逃人爲辭，是何心耶。朕統一四海，爾等彈丸小國，勿恃荒遠，勿聽奸辭，致隕爾緒。"尋賽因諾顏部長丹津喇嘛，遣子額爾德尼諾木齊上書乞好。詔偕土謝圖汗袞布，約誓定議。

八年，土謝圖汗袞布，不歸巴林人畜，僅獻駝十馬百入謝，嚴諭詰責。

九年，以車臣汗部，妄爭歲貢賞，諭責勿貢。

十年，命侍郎畢哩克圖，往土謝圖汗部，察巴林被掠人畜，袞布等匿不盡給，會其屬喇瑚里子台吉本塔爾，攜衆來歸，封札薩克親王，駐牧張家口外塔嚕渾河，因詭言巴林人畜，本塔爾攜往，應就彼取，幷乞遣本塔爾等還。諭曰："不遣子弟來朝，不進九白常貢，不盡償巴林人畜，冒此三罪，反請遣還來歸之人，是何理也？今即遵旨釋此三罪，朕亦弗使本塔爾等還，爾等其自擇之。"秋，袞布遣使補貢九白，至張家口，詔弗納。

十一年，札薩克圖汗部人額爾德尼諾木齊復表至。諭曰："爾奏言喀爾喀左翼四旗，皆爾統攝，凡有敕諭，罔弗遵行，今即如所請，可速飭爾部長遣子來朝，有不遵者，即行奏聞。"

十二年夏，土謝圖汗袞布子察琿多爾濟，車臣汗碩壘子巴布，並繼其父稱汗，偕札薩克圖汗諾爾布、賽因諾顏部長丹津喇嘛，各齎表遣子弟來朝。諭曰："爾等遵旨服罪，朕不咎既往，其應歸巴林人畜缺數，悉從寬免，嗣後逃人來此，當即遣還。"冬，土謝圖汗等復遣使乞盟，許之，賜盟於宗人府。是年，設喀爾喀八札薩克，仍分左右翼，命察琿多爾濟、巴布、丹津喇嘛及察琿多爾濟同族墨爾根諾顏，各領左翼札薩克之一，諾爾布及同族俄木布額爾德尼、車臣濟農昆都倫陀音，各領右翼札薩克之一。命丹津喇嘛歲貢九白，如三汗例。

十五年，遣大臣齎服物，賚諸札薩克，敕曰："朕觀爾等審知天命，誠心誓好，凡一詔下，靡不敬從，自兹以往，其益勵忠貞，仰膺寵眷，以慰朕懷柔至意，果克恪慎罔懈，以獲天眷，以承國恩，奕世永享太平之福矣。"

十八年，賜賽因諾顏部長丹津喇嘛遵文順義號，給之印。

康熙元年，先是，札薩克圖汗諾爾布卒，子旺舒克襲稱汗，同族札薩克俄木布額爾德尼卒，子額琳沁襲，號羅卜藏台吉。至是，額琳沁以私憾，襲殺旺舒克，土謝圖汗察琿多爾濟、賽因諾顏部長丹津喇嘛兵擊之，奔就厄魯特，其叔父袞布伊勒登，避難來歸，封札薩克貝勒,駐牧喜峰口外察罕和朔圖。

三年,詔賽因諾顔所部毋越界遊牧,尋丹津喇嘛卒,子塔斯希布襲,頃之,塔斯希布卒,子善巴襲,賜信順額爾克岱青號。

九年,命旺舒克弟成袞襲札薩克圖汗號。先是,旺舒克被戕,兄綽墨爾根,因自立爲汗,以未請於朝,衆弗附,多歸土謝圖汗察琿多爾濟。至是,詔廢綽墨爾根,以成袞襲札薩克圖汗,輯其衆。

十六年,厄魯特部鄂齊爾圖汗,爲同部台吉噶爾丹所襲,土謝圖汗察琿多爾濟救之,會鄂齊爾圖汗被戕,因與噶爾丹搆難,遣台吉色稜達什引兵三百,劫其貢使,事聞,諭罷兵誓好。

十八年,噶爾丹自稱博碩克圖汗,虐附近諸部。土謝圖部札薩克畢瑪里吉哩諦,偵知其謀侵喀爾喀,遣使告,上嘉賚之。畢瑪里吉哩諦,賽因諾顔圖蒙肯弟九子也,號巴圖爾額爾德尼諾顔。

十九年,札薩克圖汗成袞遣使貢。喀爾喀舊俗,汗最貴,濟農次之,諾顔又次之。有多爾濟者,爲右翼札薩克之一,以濟農號表貢。尋成袞與之隙,奪濟農號,授其從昆弟薩瑪第,俾代貢九白,理藩院請卻其使,詔納之。噶爾丹屬額爾德尼和碩齊,私掠內札薩克烏喇特部界,畢瑪里吉哩諦,以所居哈嚕特山,距烏喇特六日程,慮還掠,偵額爾德尼和碩齊,竄處額濟內河,以聞,詔設汛防禦。

二十一年,遣大臣分賚諸札薩克冠服佩帶弓刀器幣,內大臣費揚古等往土謝圖汗部,散秩大臣博洛特等往車臣汗部,副都統班達爾什等往賽因諾顔部,都統阿密達等往札薩克圖汗部,各入朝謝。札薩克圖汗部額琳沁之亂,屬衆潰,多依土謝圖汗。成袞既襲汗,遣告察琿多爾濟索逃衆,匿弗予。至是厄魯特台吉噶爾丹送額琳沁歸。成袞以其舊列八札薩克,令隨己入貢,額琳沁懼前罪,弗從,反約俄羅斯來攻,成袞覺之,遣子沙喇率兵萬餘襲執額琳沁,尋逸,復奔厄魯特,成袞盡收其戶畜,復遣赴察琿多爾濟所索逃衆。會達賴喇嘛遣阿爾布奈,召察琿多爾濟與成袞盟,卒弗聽,成袞自是與察琿多爾濟交惡。車臣汗以所屬巴爾呼人,私掠烏珠穆沁部界,議增汛兵防禦，會貢使至。諭曰："朕聞爾屬衆，與界内蒙古，互相竊奪，彼此效尤，恐乖生計。朕已飭界内人，毋許出境滋擾，爾亦當約束所部，守分安居，違者即拘治之，毋稍姑息。"尋又詔車臣汗部，毋越噶爾拜瀚海遊牧，大軍征俄羅斯，絕弗與通市。先是，俄羅斯部人散居雅木薩、尼布楚諸地，車臣汗諾爾布屬巴爾呼與接壤，時以牲畜及貂互市，其黠者闌入黑龍江，沿邊肆掠，人因呼之爲羅刹。至是，大軍往征，詔車臣汗諾爾布，飭所屬與絕市。諾爾布，巴布子也。

二十二年，詔車臣部、賽因諾顔部毋越噶爾拜瀚海舊界遊牧。先是，都統畢哩克圖奉命勘喀爾喀與内札薩克遊牧，以噶爾拜瀚海爲界。久之，多越界互竊，議置哨，至是，善巴以蒙古舊俗，逐水草居，疏乞免，詔識舊界毋越。

二十三年，命内大臣阿齊圖格隆偕達賴喇嘛，赴札薩克圖、土謝圖二汗諭和，會達賴喇嘛所遣參巴陳布呼圖克圖至歸化城，病卒，召阿齊圖格隆還。

二十五年，詔理藩院尚書阿喇尼齎敕，與達剌喇嘛使噶爾旦西勒圖會，未至，成袞卒，詔其子沙喇襲札薩克圖汗，隨阿喇尼赴庫（掄）〔倫〕伯勒齊爾，與察琿多爾濟盟。察琿多爾濟不親至，使弟哲卜尊丹巴呼圖克圖往受盟，令盡遣所收逃衆。諭沙喇亦如之。既察琿多爾濟僅歸其半於沙喇，復交惡。是盟也，察琿多爾濟長子噶爾旦多爾濟，弟西第什哩咸與，並授札薩克。札薩克圖汗部人，朋素克喇布坦，嗣薩瑪第，稱額爾德尼濟農，遣使貢，詔歸導其汗睦鄰修好，賜珊瑚朝珠。

二十六年，土謝圖汗察琿多爾濟，偕車臣汗諾爾布疏請給印，且上尊號。諭卻之曰："爾等恪恭敬順，具見惻忱，但宜仰體朕一視同仁、無分中外至意，自今以後，親睦雍和，毋相侵擾，永享安樂，庶慰朕懷，勝於受尊號也。"亦不允給印。尋察琿多爾濟長子札薩克噶爾旦多爾濟，率宰桑額爾德尼額爾克等來貢。會大閱，扈駕往觀，命之射。秋，土謝圖汗與噶爾丹搆兵。先是，庫（掄）〔倫〕伯勒齊爾之盟，哲卜尊丹巴呼圖克圖與達賴喇嘛使噶爾旦西勒圖抗禮，噶爾丹聞之，怒其不尊達賴喇嘛也，又怨察琿多爾濟嘗助鄂齊爾圖汗攻己，且以女妻其孫羅卜藏袞布阿喇布坦，貽書詰責，揚言率衆來攻，察琿多爾濟奏請往擊，詔守前約，勿復興兵端。有噶爾丹戚屬，曰阿喇布坦，沙喇女兄之夫也。噶爾丹因誘沙喇攻察琿多爾濟，爲會於固爾班赫格爾，台吉德克德赫、卓特巴從，察琿多爾濟，惡沙喇迎附噶爾丹，追擊之，殺沙喇及德克德赫、卓特巴遁。事聞，命傳諭達賴喇嘛，召還噶爾丹，而先遣學士拜哩等，諭察琿多爾濟罷兵。比至，察琿多爾濟已執殺沙喇等，復偕其壻羅卜藏袞布阿喇布坦，追斬噶爾丹之弟多爾濟札卜，進屯喀喇額爾奇克、察罕額爾奇克地，與噶爾丹相拒，噶爾丹尋遷沙喇妻布尼特達喇，子巴朗、恭格，居阿爾台山陽。

二十七年春，內大臣索額圖等率兵赴色楞額河，與俄羅斯議界，道出喀爾喀，詔所部安堵毋恐。尋噶爾丹引衆三萬，由杭愛山入掠，察琿多爾濟暨子噶爾旦多爾濟御之于特穆爾，不克，走翁吉。噶爾丹偵哲卜尊丹巴呼圖克圖居額爾德尼昭，遂分兵越圖拉河，東趨克嚕倫，掠車臣汗牧地，別遣將丹津鄂木布，由喀喇卓爾渾攻額爾德尼昭，哲卜尊丹巴呼圖克圖攜察琿多爾濟孥，避居額古穆爾，聞車臣汗牧被掠，因南走蘇尼特部界，馳告急，詔發阿巴哈納爾部兵，沿瀚海防禦之。秋，噶爾丹自克嚕倫還掠圖拉，察琿多爾濟悉衆，由尼列圖至鄂羅會諾爾，鏖戰三日，衆潰，遂自察袞庫勒踰瀚海，會哲卜尊丹巴呼圖克圖，籲請內附。噶爾丹上書，訴其棄好興兵，妄殺無辜，請勿納，上弗許，命入居蘇尼特界內鄂琳圖。于是察琿多爾濟悉族來歸，弟西第什里，賜牧蘇尼特界內阿嚕額垾蘇台，從弟巴朗、岱青諾顏洪果爾牧蘇尼特界內烏納齊，族子禮塔爾附牧右翼親王諾內部，族弟固嚕什喜牧四子部落界外洪果爾，發歸化城倉粟賑之。尋命與噶爾丹會盟議和。噶爾丹既遷沙喇妻子，沙喇弟策旺札布，隨母札爾穆轉徙年餘，遂相失，至是，策旺札布偕同族色稜阿海等相繼至，詔附牧烏喇特諸部。是時車臣汗部、賽因諾顏部並避噶爾丹難，率屬來歸。初,車臣汗諾爾布卒,伊勒登阿喇布坦嗣稱汗,駐牧克嚕倫河北巴顏烏蘭。伊勒登阿喇布坦卒,子烏默客襲,上遣侍衛阿南達往賵。會噶爾丹敗察琿多爾濟,偵烏默客幼弱,由圖拉踰克嚕倫,謀掠巴顏烏蘭,所部聞之懼,欲遁。烏默客叔父納木札勒,倡議內附,衆始定。因白烏默客母率衆來歸,阿南達以聞,詔附牧烏珠穆沁界外阿爾圖。烏珠穆沁及浩齊特、蘇尼特、阿巴噶、阿巴哈納爾舊爲車臣汗屬部,後相繼南徙,隸內札薩克。獨阿巴哈納爾諸台吉,有留故土者,曰根敦額爾克、阿海烏巴什、伊克岱青、額爾克烏巴什,凡千餘户,仍隸車臣汗。至是隨烏默客至,并所部十餘萬户,均於界外賜牧安置。有車布登者,亦烏默客叔父,號額爾克台吉,駐牧克嚕倫河之南烏純地,隨烏默客來歸,以烏純距邊近,遣歸牧,命烏默客襲汗號如故。烏默客幼,詔納木札勒駐牧烏珠穆沁界外布哈和賴,距烏默客居一日程,兼領其衆,代掌旗務。賽因諾顏部長善巴,嘗以兵助察琿多爾濟禦噶爾丹于鄂羅會諾爾,不敵兵潰,攜孥來歸,賜牧烏喇特部界外,其再從弟丹津額爾德尼,仍駐牧哈嚕特山。丹津額爾德尼,畢瑪里吉哩諦之孫也。其偕至之伊勒登楚琥爾烏巴什,居烏蘭布拉克,諾木齊岱青居都什,喀喇庫蘭居奧吉碩嚨,木札勒墨爾根居茂金口,阿玉什額爾克阿海居蘇巴爾罕,阿喇布坦岱青阿海居楚布魯洪郭爾,烏巴什居喀喇和碩,皆附牧烏喇特界。有札薩克圖汗部人索諾木、伊斯札布者,額爾德尼濟農朋素克喇布坦從弟也,率屬由和碩托輝來歸,命居歸化城。理藩院奏降衆日多,請授納木札勒等爲札薩克轄之,報可。命科爾沁親王沙津等,往示內地法度,諭曰:"朕因爾等爲厄魯特所掠,憐而納之。今觀爾等並無法制約束部曲,恐劫奪不已,離析愈多,爰命增置札薩克,分掌旗隊,禁止盜賊,各謀生業。爾等果能遵而行之,寇盜不興,禍亂不作,庶副朕撫育歸降、愛養群生之至意。"是年,爲噶爾丹故,上幸塞外,駐蹕紅川,車臣汗部人洪(俄)〔果〕爾岱青,率衆來歸。先是,洪(俄)〔果〕爾岱青,世爲琿台吉,駐牧克嚕倫河之南,穆壘和碩、瑪塔特諸界,以時入貢,最恭順。噶爾丹掠所部,誘達賴宰桑授之檄,令還誘其主,洪(俄)〔果〕爾岱青弗從,遣使乞內附,召覲行幄。諭曰:"爾喀爾喀與厄魯特,世世通貢,朕一體優禮,從無偏私,今聞互相結怨,亟遣使諭令和睦,使臣未至,而喀爾喀敗遁,悉至汛界,朕以亂尚未定,故留之未遣。朕昔遣兵討羅刹時,爾母達賴達喇納豫備粻糧牛羊,資送大軍,今爾又率屬歸誠,朕甚嘉之,特賜爾御用朝珠一,以示優獎。"尋命附牧札賚特界外琿圖塔什海,授札薩克。

二十八年,土謝圖汗察琿多爾濟疏乞免與噶爾丹會盟。諭廷臣曰:"朕統御天下,窮者救,絕者繼,離散者使之完聚,交惡者使之和協,恒欲中外生靈,群底安樂。察琿多爾濟與噶爾丹交惡,朕屢遣使諭止,不肯罷兵,以致屬衆潰散,窮困來歸。朕因其昔日職貢維謹,憐而納之,留置邊境,頒給米粟,但念兵端未息,生民何日可安,是以敕令議和,今伊既以會盟爲難,朕亦不強,其諭使知朕意。"詔授察琿多爾濟族弟固嚕什喜濟農號。諭曰:"墨爾根諾顏固嚕什喜,係喀爾喀舊札薩克,職貢有年,今因所部潰亂,即率衆內附,洵不愧墨爾根號,朕甚嘉悦,著進號濟農,居三汗之次。"尋以固嚕什喜與諾顏呼圖克圖,爭產互訐,遣官諭解,諭諸部輯所屬潰散者。土謝圖汗族岱青諾顏洪果爾至,命巴朗兼領其衆。洪果爾,巴朗族弟,父額爾克岱青,順治初嘗偕兄巴朗、父喇嘛塔爾貢方物,蒙頒賚。會蘇尼特部人騰機思叛逃,袞布、碩壘皆遣兵迎,獨喇嘛塔爾與額爾岱青不可,且遣送前使至,世祖嘉悦,諭曰:"爾等自通好以來,惘忱甚摯,今復不肯舉兵助逆,惠順如此,朕豈有不報之理耶。"嗣是朝貢不絕,賜賚便蕃,偵同族偉征諾顏阿玉什,被噶爾丹掠,岱青諾顏洪果爾因避居楚克地,巴朗亦徙牧色楞額河,近俄羅斯,至是聞巴朗內附,攜屬七百餘戶來歸,同族台吉諾木齊岱青,子齊巴克額爾克,鄂齊爾子達什敦多卜等相繼至,命察琿多爾濟轄之。車臣汗部台吉額爾克綽克圖暨包爾呼巴特瑪達嚕噶、索諾木達嚕噶等,攜屬踵至,命烏默客轄之。尋授烏默客叔父車布登札薩克,時大軍征噶爾丹,車布登捐助弁兵乏馬者。有阿南達者，車臣汗碩壘第十子，烏默客曾叔祖也，駐牧克魯倫河之北索和尼，至是率子貢楚克暨台吉札布伊勒登等來歸。詔阿南達所攜戶屬，分牧錫喇什寶台及烏珠穆沁界内之都什多羅特，浩齊特界内之固都哩呼，而令阿南達留牧阿嚕科爾沁界内之呼嚕蘇台，往來防護，會其屬泰賴等糾衆肆劫，命嚴懲之。授賽因諾顔部長善巴札薩克，詔隸内札薩克之喀爾喀右翼親王諾内，往示内地法度，并遣官發殺虎口倉粟贍其衆。札薩克圖汗部人根敦者，世居和托輝特，其地爲喀爾喀極邊，西近厄魯特，北近俄羅斯，俗喜鬭，烏梁海復錯處其間，捕貂射獵，依木而居，納賦和托輝特，有事則籍之爲兵，故和托輝特雖隸札薩克圖汗，實自爲一部。二十五年，尚書阿喇尼奉命赴庫（掄）〔倫〕伯勒齊爾，涖喀爾喀盟，時根敦從兄子額琳沁，戕其汗旺舒克，西奔厄魯特，久無主，阿喇尼承制授根敦札薩克，使領其衆。二十七年，噶爾丹侵所部，徙屬避色楞額河，自引兵，擊走噶爾丹將濟喇克偉徵哈什哈等，所部齊巴克塔爾及諾木齊札朗阿伊爾札海等，附噶爾丹逸走，根敦追執之，收其户畜，乘勝由杭愛山趨阿爾台，斬噶爾丹將察罕台吉及烏爾袞而還。十二月，善巴等請赴寧夏互市，許之。是年秋，土謝圖汗部滅收，遣内大臣伯費揚古往賑，諭廷臣曰："朕聞土謝圖汗屬衆，有乏食致斃者，深爲軫念。費揚古採買牲畜，尚需時日，著速發張家口倉粟，運往散給，計支一月，牲畜繼之，則衆命可活矣。"

二十九年春，詔察土謝圖汗所屬貧户，遣就食張家口。故札薩克圖汗沙喇子巴朗等，由阿爾台逃歸，遇故台吉卓特巴，偕内附，聞同族岳蘇圖阿海遊牧烏蘭，往依之。三月，土謝圖汗族人昆都倫博碩克圖袞布，爲噶爾丹所掠，集衆來歸，命同族札薩克噶爾旦多爾濟選兵，偕車臣汗部兵，隨尚書阿喇尼、侍郎温達，赴圖拉河援之。諜袞布居額爾古納河，遣郎中馬迪往迎，渡克魯倫河而南。時噶爾丹居阿爾坦額默爾，在克魯倫河北，由烏爾順、喀爾喀二河來追，袞布敗走，大軍迎擊，噶爾丹遁。諭戒袞移牧内汛。賽因諾顔部人托多額爾德尼，素勇悍，噶爾丹之自杭愛山轉掠克嚕倫，所部多潰走，托多額爾德尼獨拒戰，殺傷略相當，賊衆稍衰，有兩人共一騎及削木爲仗者，至是偵噶爾丹居巴顏烏蘭，偕同族素泰伊勒登，以兵三千赴圖拉，遏噶爾丹歸路。五月，巴朗率所屬來朝，乞襲汗號，上憫其父無辜被殺，欲俟會閱以雪其冤，而後命之襲，未許也。授卓巴特札薩克，賜居歸化城。同族台吉喇布坦、納木札勒、鄂齊爾、冰圖岱青等相繼降，命轄之。發粟賑所屬貧戶。十月，托多額爾德尼自軍營入覲，優賚之。土謝圖汗部人敖巴，私縱屬千餘劫驛騎，上憫其無知，不忍治，檄察哈爾兵制之。車臣汗部人洪(俄)〔果〕爾岱青及達賴宰桑，爲噶爾丹所掠，不獲歸。洪(俄)〔果〕爾岱青兄子罕篤，代領其衆，肆劫内地，命尚書阿喇尼，遣罕篤攜衆入科爾沁界，附親王沙津遊牧，罕篤至，仍肆劫，遣出界，其兄車布登乞留牧，諭飭屬毋爲盜。札薩克圖汗部札薩克博貝來朝。先是，博貝奉貢至，奏喀爾喀習尚偷惰，必敗亡，彼時臣必來歸。至是上憶前奏，嘉其先見，賜賚甚厚。

　　三十年正月，上以噶爾丹服罪立誓，上書請降，慮其狡詐，命賽音諾顏部札薩克善巴，隨侍郎瓦岱赴圖拉河偵禦，路由克嚕倫。土謝圖汗從弟錫布推哈坦巴圖魯，率諸弟迎瓦岱降。初，噶爾丹由杭愛山肆掠，錫布推哈坦巴圖魯逆擊之，有和托輝特二台吉，誓相戮力，既而背盟，怒而拘之，會噶爾丹誘降，又執其使，避走克魯倫河，至是來歸，上嘉之。諭曰："爾於察琿多爾濟爲兄弟行，職貢有年，當噶爾丹誘爾時，獨知大義，雖敗不降，今隨大軍慕化歸誠，朕甚嘉悦，特封爾爲札薩克輔國公，爾其勗之，仍歸巴顏烏蘭遊牧。"尋徙圖拉河，上以其地爲噶爾丹往來所必經，嚴敕防禦。上以察琿多爾濟來歸後，喀爾喀全部内附，封爵官制，宜更定，且降衆數十萬錯處，應示法制俾遵守，將幸多倫諾爾，行會閱禮，詔三汗及賽因諾顏諸部長，隨四十九旗札薩克，先集以俟，尚書馬齊奉命往議禮，定賞格九等，坐次七行，以察琿多爾濟爲之首。夏四月，駕至。喀爾喀汗、濟農、諸顏、台吉等三十五人，以次朝見。諭曰："爾等以兄弟之親，自相侵奪,啓釁召侮,致全部潰散。其時若令四十九旗札薩克,將爾人衆收取,爾部早已散亡。朕好生之心,出於天性,不忍視爾滅亡,置附界内,給與贍養,自古以來,未有如朕拯救愛養如此者也。用是親臨教誨,普加賞賚,會同之時,見爾等傾心感戴,特沛恩施,俾與四十九旗同列,以示一體撫育,罔分中外,爾等其知朕意。"命改諸部濟農、諾顔舊號,封王公、貝勒、台吉等爵,各授札薩克,編佐領。封土謝圖汗部人固嚕什喜爲多羅郡王。噶爾旦多爾濟以貢至京,扈駕會閱,封多羅郡王,仍兼札薩克,賚銀幣牲畜。并命發獨石口倉粟,賑所屬貧户。授車木楚克納木札勒札薩克一等台吉。封西第什哩多羅貝勒,仍兼札薩克。班珠爾多爾濟,父班第達額爾德尼納木札勒,以來歸授札薩克,詔授一等台吉,襲父遺職。封車臣汗部濟農納木札勒爲多羅郡王。諭曰:"爾於車臣汗爲叔父行,當噶爾丹肆掠時,爾能倡議率衆來歸,保全爾部人民,復籲請視四十九旗例,編立佐領,向化抒誠,朕甚嘉之。特封多羅郡王,仍兼札薩克,其勉承恩,勗哉毋斁。"尋授盟長。上追念洪(俄)〔果〕爾岱青内附意誠,封罕篤鎮國公,襲稱札薩克。封札薩克圖汗弟策旺札布札薩克和碩親王。巴朗與弟恭格,已相繼卒,格色克以幼不能赴會,策旺札布自與母相失,困靡依,至是長史瑪尼圖以小車載之入覲。諭曰:"札薩克圖汗沙喇存日,抒誠奉貢,備著勤勞,其子巴朗若在,即應襲封,但今已身故,策旺札布係沙喇弟,年雖幼,衆皆稱賢,著加恩封和碩親王,代領部衆,封博貝固山貝子,仍兼札薩克。"初,博貝弟班第,爲厄魯特所掠,有達賴巴圖爾者,青海和碩特族也,遣歸喀爾喀,留其孥百餘育之。至是班第具疏自陳,上因喇嘛商南多爾濟奉使青海,命攜歸,使完聚。諭德克德赫子旺舒克曰:"旺舒克之先,累世納貢,因兩汗交惡,其父德克德赫無辜被戕,以致屬衆潰散,窮困無依,朕甚憫之,已命察還所屬,俾復舊業,著加恩封札薩克輔國公。"朋素克喇布坦札薩克多羅郡王,時多爾濟子索諾木伊斯札布,乞襲車臣濟農,朋素克喇布坦訴世爲額爾德尼濟農,奉貢有年,不應居索諾木伊斯勒札布後,且出前所賜朝珠爲信，乃得封。授索諾木伊斯勒札布札薩克一等台吉，有格寧者，號伊勒登和碩齊，其弟也，避噶爾丹徙居青海，至是率百餘户來歸，乞與其兄同居，詔令完聚。賽因諾顔部札薩克善巴，封多羅郡王，仍兼札薩克，同族盡隸之。餘授貝勒、台吉各有差。部各設札薩克，編佐領，自是土謝圖、車臣、札薩克圖三汗之名始定。惟額爾克阿海、敖巴以私劫驛騎罪，不封。先是，以察琿多爾濟擅殺沙喇等，詔所司追議罪，駕未至，遣内大臣索額圖，諭察琿多爾濟據實陳情，至是以所具疏不引罪，反諉咎沙喇及德克德赫，議削汗號，上念其率衆歸誠，命宥之，仍留土謝圖汗號，召覲行幄，温旨慰諭。并詢知有七子，各加封授。察琿多爾濟奏："臣等以垂斃之軀，賴聖主鴻恩，得更生，願長此安居樂業，共享太平。"翼日，召所部三十五人侍宴，策旺札布以次應列車臣汗烏默客後，特命先之，賜冠服朝珠，其餘賜酒徧飲之。諭舒懷共語，勿過謹，大閲。諸札薩克扈駕從觀，以御用帳幕賜察琿多爾濟。是役也，察琿多爾濟感上隆恩，恨來歸晚，及旋蹕，伏地涕零，依戀不已。諭曰："朕欲攜爾至京師，路遥天暑，恐生長邊外之人，不習内地水土，俟他年朕臨幸邊塞時，即召爾等相見。"多倫諾爾之會，札薩克圖汗部人卓特巴弗至，有遵義札薩克朋素克者，時以疾卒，卓特巴掠其牧，朋素克從父額爾德尼袞布愬諸朝，詔奪札薩克職。九月，卓特巴服罪來朝，詔封多羅貝勒，仍授札薩克。十月，格色克隨母布尼達喇，赴訴京師。諭曰："舊札薩克圖汗沙喇之子格色克，被噶爾丹所虐，逃難來歸，雖未會多倫諾爾，念伊先世通貢有年，伊父無辜被殺，其子又僅留格色克一人，朕其憫之，著加恩封輔國公，附策旺札布旗。"札薩克車布登來朝，優賚之。先是，車布登屬車稜楚琥爾等，避噶爾丹，往俄羅斯，至是攜千餘户來歸，命仍轄之。尋車布登叔父伊勒登台吉，與札木巴喇藏布呼圖克圖交惡，爲所執，土謝圖汗部郡王固嚕什喜勸釋之，不聽，伊勒登台吉及子丹津旺布皆被殺，車布登訴諸朝，遣官往鞫。札木巴喇藏布呼圖克圖懼罪，遁附噶爾丹，敕擒獻抵罪。理藩院議土謝圖汗、車臣汗既留故號,請令仍貢九白,上憫其新附,牧產未裕,詔寬其期三年。尋疏請給地耕作,以贍生計,許之。詔罕篤牧喀爾喀河,策旺札布牧歸化城北,以岳蘇圖阿海理旗務。命善巴選兵隨侍郎瓦岱赴圖拉河,偵禦噶爾丹。札薩克丹津額爾德尼以厄魯特巴圖爾額爾克濟農和囉理居阿拉善,與己牧毗連,多被竊,遣使訴於朝,遣官詰責和囉理,令徙牧界內,和囉理懼遁,詔即收其人畜,畀丹津額爾德尼,復諭偕郡王善巴、輔國公托多額爾德尼備禦和囉理。尋以和囉理乞降罷兵。

皇朝藩部要略卷之四

前史官壽陽　祁韻士　纂
寶山　毛嶽生　編次
江陰　宋景昌　校寫
平定　張　穆　覆審

外蒙古喀爾喀部要略二

三十一年，土謝圖汗部郡王西第什哩、札薩克圖汗部親王策旺札布來朝，宴之，優賚遣歸。初，策旺札布有姑曰額爾克布第素克，爲噶爾丹所掠，尋釋歸台吉羅卜藏，貧不給。適諾爾布妾烏特罕默齊克，自厄魯特逃歸與遇，因偕赴歸化城乞賑，會喇嘛商南多爾濟奉使青海，攜策旺札布母札爾穆至，詔悉歸策旺札布，令完聚。賽因諾顏部長郡王善巴再從弟策凌及其弟恭格喇布坦來歸，詔賜居京師，教養内廷。命編所屬佐領，附察哈爾鑲黄旗駐牧，授策凌三等輕車都尉。策凌者，賽因諾顏部長圖蒙肯曾孫，祖丹津，號班珠爾，父納木札勒，號約蘇圖偉徵阿海，至是丹津妻格禁勒哈屯，自塔密爾攜至京，上念其幼，爲圖蒙肯嫡嗣，故施恩尤渥。善巴從子阿哩雅攜衆來歸，阿哩雅曾祖錫納喇克沙特，居克嚕倫，領所部札薩克，祖齊巴克塔爾，以附噶爾丹故，爲和托輝特貝勒根敦所執，父布尼早死，幼爲其從祖薩木濟特所虐，薩木濟特已嗣札薩克，不願隸之。詔授阿哩雅一等台吉兼札薩克，并命其舊屬阿爾薩蘭衛宰桑協理旗務。先是，阿爾薩蘭衛宰桑偵噶爾丹自烏蘭布通敗歸，邀擊之，擒台吉丹津哈什哈、阿玉奇等，至是以獻，諭獎之。札薩克圖汗部人納瑪琳藏布來歸。納瑪琳藏布祖羅卜藏台吉額琳沁，以戕札薩克圖汗旺舒克，奔厄魯特，嗣與噶爾丹隙，避居西藏，依達賴喇嘛，至是由西寧入覲。上以其舊爲札薩克，封輔國公，駐牧歸化城。詔發粟賜諸部所屬貧户,有伊拉古克三呼圖克圖者,奉命諭噶爾丹,至則叛隨噶爾丹,掠烏珠穆沁、克什克騰諸部界,烏蘭布通之敗,潛遣黨人入邊伺釁,札薩克圖部人袞占,縛以獻。詔獎之。袞占,郡王朋素克喇布坦從父也。是年秋,上幸塞外,駐蹕舒琥爾呆爾,土謝圖汗察琿多爾濟迎覲行幄。冬,遣第七子齊旺多爾濟來朝,均優賚之。蓋自察琿多爾濟悉族歸附,蒙恩給內地,噶爾丹以不得逞私忿,屢請逐還故土,上惡其狡,因決策親征。車臣汗烏默客乞由阿爾圖徙牧伯依爾,許之。

三十二年,敖巴病歿。禮塔爾入覲,謝罪。詔授札薩克一等台吉,賜幣。禮塔爾旋卒,子旺舒克襲。土謝圖汗部人車稜札布,集屬六百,自俄羅斯來歸,聞錫布推哈坦巴圖魯駐牧巴顏烏蘭,乞往附,允之。尋授一等台吉仍兼札薩克。根敦遣達爾漢諾顏,獻阿爾台之捷。先是,上以衆喀爾喀內附,獨根敦與其族錫布推哈坦巴圖魯,為噶爾丹所阻,不得歸。根敦復轉戰數載,表貢久不至,詔遣人間道往諭內徙,至是根敦使至,奏由色楞額河南徙杭愛山,上嘉悅,厚賚其使。

三十三年,車臣汗部貝勒車布登子旺札勒襲札薩克多羅貝勒。時所屬巴爾呼人,散居興安嶺後霍勒烏勒輝,糾衆肆劫。旺札勒幼,母博第蘇克遣台吉川珠爾齊旺多爾濟往緝之,不克,具以聞。命黑龍江將軍薩布素就近招撫之。巴爾呼凡數種,有稱齊巴齊努特者,其屬塔布囊等,避噶爾丹攜六百戶,奔附札薩克阿哩雅所,而留五百戶。棲呼倫貝爾之烏稜地,無所依。諭旺札勒白其母,收之還。四月,以錫布推哈坦巴圖魯既內徙,根敦弗至,遣官赴圖拉河,約錫布推哈坦巴圖魯往召之。九月,根敦遵諭至,詔封多羅貝勒仍兼札薩克。

三十四年,詔遣官往車臣汗部購駝馬。額爾克阿海子錫喇布以罕篤誘奪所屬瑚爾拉特等衆,訴于朝。遣官往鞫。罕篤詭言車臣汗碩壘嘗以瑚爾拉特人畀其祖噶爾瑪,哲卜尊丹巴呼圖克圖猶識之,詢哲卜尊丹巴呼圖克圖,則云:"畀額爾克阿海,不聞畀噶爾瑪。"同族郡王納木札勒等,皆右錫喇布,事乃白。錫喇布以與罕篤訟,仍隸其旗,懼虐,請改隸納木札勒旗,罕篤怨之,益遣人誘奪其屬。會噶爾丹掠巴顔烏蘭,郞中音札納奉命往諭,徙牧界内布哈和賴,罕篤不從,又以誘奪錫喇布屬,懼討,執音札納以叛,脅台吉札木巴拉等,遁附俄羅斯,邀車布登與俱,車布登不可,泣告曰:"我等毫無報效,聖主念我先世職貢有年,恩授爵秩,今反謀他遁,負聖主恩,辱先人業,將安之?"罕篤卒弗聽,掠阿南達屬綽内色稜、呼森岱鄂齊爾等數十户遁。車布登遣子圖巴,馳告郡王納木札勒,而自與貝子朋素克率兵追至呼拉濟,大敗之,獲其孥,復遣人往招,以雪阻弗及。時郞中阿必達、員外郞伯什喜偕納木札勒,由喀爾喀河追降賊衆。烏默客檄諸札薩克兵,朋素克、阿南達由噶勒伯哩會緝。札木巴拉等謀擒罕篤,不克,攜衆返,告罕篤已由博爾濟遁俄儂河,追兵乃還。朋素克遣第三子根敦札布往求音札納,謀罕篤由博爾濟河走俄羅斯,弗納,攜五百餘衆棲額克阿喇勒,勢甚憊。朋素克以噶爾丹方于巴顔烏蘭作度冬計,罕篤必往奔,遣人赴克魯倫、鄂爾札、俄儂河諸界,分路偵緝,而自設汛牧地,督沿邊弁兵防守。罕篤既被追急,綽内色稜子額騰格等得攜衆歸。于是車布登、阿南達攜屬由琿圖塔什海,往阿嚕科爾沁界内烏蘭庫博爾遊牧。八月,噶爾丹貽書納木札勒陀音,誘往會,拒之,隨錫布推哈坦巴圖魯走陰山北,詔亟徙歸化城界,所屬戀故土,勿肯徙,噶爾丹猝至,復被掠。未幾,俄羅斯擒獻罕篤,伏誅。諭曰:"當罕篤叛遁時,車布登感朕牧養恩,不惟不從之同逃,且能率衆追擊,深明大義,不顧私情,朕甚嘉悦。著即以罕篤鎮國爵授之,仍兼札薩克。"十月,納木札勒陀音自縛請罪,詔宥之。尋徙色楞額河。固嚕什喜偵噶爾丹謀復掠,移牧蘇尼特之甌爾地,詔侍衛阿南達率兵護之。車木楚克、納木札勒、阿玉什並赴綏克洪果爾偵噶爾丹,并備駞馬糗糧資弁兵。車稜札布由巴顔烏蘭移牧俄儂界。是年,敦多布多爾濟來朝,賜冠服銀幣。敦多布多爾濟,噶爾旦多爾濟長子,襲多羅郡王。命根敦偵噶爾丹,詔所至給馬,會巴顔烏蘭被掠,根敦道阻,居色楞額河,尋移牧齊斯希布。

三十五年四月,上親征噶爾丹。諸部札薩克奏,臣等被噶爾丹掠,全部潰,賴聖主天威正其罪,請從征效力。諭曰:"朕爲中外萬國主,凡小國危亡,罔弗加之撫恤,况爾等朝貢有年,猝被劫掠,百姓流離失所,朕以此故,躬統大軍,除暴安良。我朝用兵以來,所向無敵,此行朕必成功,爲爾等雪恥,捷音指日可至,無庸盡行。"於是諸部從征者,土謝圖汗部則多羅郡王車木楚克納木札勒,輔國公錫布推哈坦巴圖魯,多羅貝勒西第什哩;車臣汗部則汗烏默客,多羅郡王朋素克;札薩克圖汗部則多羅貝勒根敦,輔國公索諾木伊斯札布,輔國公袞占,札薩克烏爾占,札薩克哈瑪爾岱青,札薩克羅卜藏台吉額琳沁;賽因諾顔部則多羅郡王善巴、袞布,輔國公旺舒克,輔國公阿玉什,札薩克阿哩雅,台吉納木札勒,鎮國公烏巴達。五月,上躬率兵前行。癸亥,抵克魯倫河,諸軍並會。車木楚克納木札勒選所部卒齊旺,朋素克遣護衛穆札哈爾,阿玉什遣屬齊旺、齊呼蘭等爲大軍向導。上策噶爾丹必遁,敕朋素克、錫布推哈坦巴圖魯等,各引騎由巴爾岱哈山麓往誘之,偵噶爾丹遁,復扈駕追剿至拖諾山。癸酉,撫遠大將軍費揚古捷音至,大破賊衆于昭莫多,噶爾丹引數騎竄,索諾木伊斯札布、哈瑪爾岱青、烏巴達、阿哩雅等,赴昆都倫額濟内河,分路追緝。大軍凱旋,察琿多爾濟偕諸札薩克,迎覲賀捷,優賚之。諸部衆沿途慶獻日億萬計。先是,善巴遣屬札勒等,赴庫(掄)〔倫〕伯勒齊爾偵賊蹤,比還,報噶爾丹黨博羅特和卓潛入界,善巴捕獲之,奏噶爾丹若久居巴顔烏蘭,必窺塞肆掠,請勅大軍速剿。上韙其言,及大軍行,諭所屬選兵千,善巴增選千五百赴調,以健馬給官兵,且獻羊助食,昭莫多之捷,降其衆五百五十九。軍旋,諭曰:"善巴肫誠效力,懋著勤勞,著晉封和碩親王,仍留信順舊號,以示優眷。"尋命察所屬喇嘛之交通噶爾丹者,收其書以獻。朋素克格隆以諭降噶爾丹被留,還遇阿哩雅軍,與偕行,至特勒爾濟諜厄魯特數百竄伏河畔,烟起犬吠,亟往捕,盡俘之還。台吉阿喇布坦者,準噶爾戚屬也。根敦適自額格穆爾布爾哈蘇台至，奪擊其衆，阿喇布坦竄，謀降未決。固嚕什喜遣屬阿玉什，偕策旺札布長史瑪尼圖，諭令速降。八月，費揚古奉命由科圖至塔密爾，移駐鄂羅會諾爾，檄善巴遣兵沿邊偵禦。有噶爾丹從子台吉丹濟拉，不知我師再出，謀掠善巴牧，善巴諜報費揚古，擊敗之。費揚古遣車布登屬色爾濟等以兵六百，由齊思希特、克木齊克往迎根敦，車布楚克阿玉什隨安郡王瑪爾琿，護厄魯特降衆赴張家口外，資給駞馬糗糧并赴圖拉河，偵禦噶爾丹。九月，根敦至自博羅罕，請追擒噶爾丹，獎賜冠服。諸從征者，進爵札薩克貝勒台吉有差，以朋素克功多封多羅郡王，諭曰："貝子朋素克，此次從征噶爾丹，始終奮勉，勞績懋著，朕甚嘉之，著晉封多羅郡王，仍留伊勒登濟農號。"賜牧烏蘭布拉克，授盟長，賫冠服器幣。并授穆札哈爾雲騎尉世職，賜號達爾漢。尋命徙屬赴達哩剛愛，與土謝圖汗部札薩克車琳札布同牧。諭烏默客還牧阿爾圖，辭以馬瘠，乞緩徙，從之。冬十月，瑪爾琿還。車木楚克納木札勒等，偕員外郎舍稜仍留駐。十一月，丹濟拉遣其黨格壘沽英乞降，善巴長史伊布根齎疏聞。詔侍郎滿丕往受之，仍偕善巴協力防賊。十二月，車木楚克以私歸遊牧被劾，上詢知舍稜實倡議，宥弗問。昭莫多之役，羅卜藏台吉額琳沁卒于軍，有子三，皆留西藏。至是召來京，長子鄂爾齊圖哈坦巴圖爾，以疾廢停襲，子二，長納瑪琳藏布，次札木揚。是歲冬，上幸歸化城，袞占、札薩克圖部郡王色稜阿海、阿哩雅暨阿爾薩蘭衛宰桑等來朝，命較射，時車稜札布亦至。先是，上征噶爾丹，車稜札布迎覲行幄，獻所擒厄魯特賊二，請從征。諭曰："爾等連歲播遷，勞頓已極，今達哩剛愛爲我軍牧馬地，可攜爾屬衆赴彼安居，即爲督理牧務，不必隨征。"車稜札布乃遣兄子多爾濟札勒等代往，至是來朝，上念其與飭屬執訊有功並諭獎之。尋扈駕還京，宴賚歸。賜袞占牧杭愛山陰之額德爾齊老圖。齊旺班珠爾移牧巴顏濟嚕克，奏佐領十有三，今祇存三，以雪盛損牧畜，多乏食者，賜粟賑之。齊旺班珠爾，固嚕札布長子，襲封札薩克。賜烏默客移牧克嚕倫河北翁都爾多博，其地居巴顏烏蘭東,以擒獻噶爾丹使卓哩克圖獎賚金幣。復授墨濟噶爾雲騎尉世職,賜號達爾漢。

三十六年春二月,出師討噶爾丹,善巴、烏爾占請從軍,許之。車布登亦請從,上知其乏馬,諭歸牧。丁亥,上視師寧夏,諸部扈從。朋素克喇布坦來朝,請駕臨牧,許之。尋授盟長。四月還,渡黄河,詔留車木楚克納木札勒與阿玉什,由水驛扈蹕,他札薩克皆登陸,遣歸遊牧。命朋素克偕員外郎常禄,赴噶爾達台河,收貝勒旺札勒舊屬齊巴齊努特百餘户,安置烏順河。以叛賊伊拉古克三呼圖克圖竄伏黄河西岸,謀劫汛馬,詔輔國公旺舒克、札薩克丹津額爾德尼等,設汛防緝。善巴疏言:素達尼父羅卜藏,號額爾德尼伊拉古克三陀音,為丹津喇嘛第三子,舊掌所部札薩克。素達尼復隨西路大軍擊噶爾丹黨固英必齊葉齊等於汗阿林,有功,請編所屬别為一旗,令轄之。詔允其請,授札薩克一等台吉。是年,以噶爾丹竄斃,朔漠平,遣諸部並歸舊牧。根敦獻所降阿喇布坦人户。命土謝圖汗部札薩克多羅郡王敦多布多爾濟尚和碩恪靖公主,授和碩額駙,旋晉和碩親王,會其祖察琿多爾濟卒,詔襲土謝圖汗。

四十年,上幸塞外,駐蹕喀喇烏蘇,車臣汗烏默客來朝,尋扈駕幸索約勒濟山,進宴,賜衣幣。命策旺札布仍襲札薩克圖汗號,賜牧産贍之。尋尚縣主,授多羅額駙,旋晉和碩額駙。

四十三年,札薩克圖汗部台吉墨德卓哩克圖亦以被噶爾丹掠,族潰奔青海,至是乞還牧喀爾喀。詔授一等台吉,賜牧阿爾台額爾齊斯烏嚨古界。

四十四年,策旺札布迎覲喀喇河屯,賜鞍馬銀幣。嗣是每時巡,輒入覲,賜賚便蕃。車臣汗部固山貝子丹津卒,其母蘇嘛達喇奏丹津子延楚布多爾濟幼,請以阿南達第四子齊巴勒阿喇布坦襲,允之。詔降襲鎮國公,尋卒,仍以延楚布多爾濟襲。根敦卒,所屬人穆庫爾等,請以嗣子博貝襲輔國公爵。諭曰:"貝勒根敦子松津僧格,曾經承襲輔國公爵,因伊身故,令根敦嗣子博貝以札薩克台吉管理旗務。

今屬人又請承錫公爵,朕念根敦從征噶爾丹懋著勤勞,著加恩即令博貝襲札薩克輔國公。"

四十五年,詔三等輕車都尉策凌,尚和碩純慤公主,授和碩額駙,尋賜貝子品級,詔攜屬歸牧塔密爾。其弟恭格喇布坦亦尚郡主,授固山額駙。

四十六年,析達什敦多布屬,別爲一旗,令其弟車稜達什轄之,授札薩克一等台吉。尋以協濟軍需功,諭曰:"大軍出征以來,札薩克台吉車稜達什供應駝馬羊隻,奮勉效力,甚屬可嘉。前者車臣汗烏默客之叔父,台吉三濟札布,曾以助辦軍需優封公爵。車稜達什事同一例,著加恩封輔國公,仍兼札薩克。"是年,上由喀喇河屯巡視蒙古諸部,駐蹕德爾濟庫木都和洛,土謝圖汗敦多布多爾濟偕公主迎請,駕幸其第,賜章服及幣。

四十八年,授納瑪琳藏布札薩克一等台吉,諭曰:"和托輝特貝勒博貝與厄魯特接壤,防守不可不嚴,念伊力孤,必得族中兄弟助之,方克有濟。納瑪琳藏布本和托輝特人,著授札薩克一等台吉,與博貝同居。"尋賜牧塔斯郭勒、克木克木齊克地。

四十九年,晉封袞布子額琳沁多羅郡王。諭曰:"貝勒額琳沁於喀爾喀部爲尊行,人甚老成,昭莫多之捷,伊從征亦甚奮勉,伊父本係郡王,著加恩晉襲原爵,出缺時仍襲貝子。"

五十年,土謝圖汗部台吉車稜巴勒,車臣汗部貝子布達札布,札薩克圖汗部輔國公袞占來朝。上追念察琿多爾濟來歸之誠,詔封車稜巴勒札薩克輔國公,析其從子札薩克台吉班珠爾多爾濟五佐領隸之。諭布達札布曰:"貝子布達札布于車臣汗部爲尊行,年老艱履,猶抒誠入覲,朕甚念之,著加恩晉封多羅貝勒。"諭袞占曰:"爾自來歸以來,奮勉效力,屢著勤勞,行走甚屬敬慎,今業已年高,于爾部中爲尊行,胅誠盡力,至老不衰,朕甚念之,著加恩封爲輔國公。"

五十一年,延楚布多爾濟獻馬助軍,會上由塞外行圍,隨其祖母蘇嘛達喇迎覲,賜蘇嘛達喇墨爾根哈屯號。諭曰:"爾一婦人,能教孫大義,協助軍需,朕甚嘉悅,俟軍需竣時,必于爾孫額外加恩勉之。"

五十二年,烏默客族叔父吹音珠爾,初授協理台吉,隸貝子喇布坦旗,至是請編屬丁五百自爲一旗,詔授札薩克一等台吉。

五十四年,上以準噶爾策妄阿喇布坦扇衆喀爾喀,命散秩大臣祁里德,率大軍赴推河偵禦,札薩克博貝從。博貝因言準噶爾不靖,恃烏梁海障之,乞往招,若抗,即以兵取。札薩克台吉濟納彌達、阿哩雅及根敦羅卜藏兵俱習戰,請與同往,上韙其議,從之。上念輔國公敏珠爾居邊遠,勢稍弱,詔給軍符,令有警輒馳報。仍下廷臣議駐防策。尋議令祁里德會喀爾喀衆札薩克,于敏珠爾所居額德爾齊老圖附近額克阿喇勒、科布多、烏蘭固木各擇適中地,有水草可耕者,移兵屯駐,以壯聲援,兼護敏珠爾遊牧。詔如議。又議屯田鄂爾坤、圖拉,裕軍食。詔土謝圖汗旺札勒多爾濟勘奏所部可耕地,因言附近鄂爾坤、圖拉之蘇呼圖、喀喇烏蘇、明愛察罕格爾、庫爾奇呼、札布堪河、察罕瘦爾、布拉罕口、烏蘭固木及額爾德尼昭十餘處,俱可耕,遂命公傅爾丹選善耕人往屯種。九月,烏梁海頭目和羅爾邁率屬降。先是,和羅爾邁居吹河,嘗以越界射獵,爲博貝縛獻,上宥其罪,諭還巢。至是將遣子瑚洛虎納請降。博貝至,因遷其遊牧赴特斯。冬,和羅爾邁遁,博貝追至呼爾罕什巴爾執之還。諭俟明年進兵。貝勒丹津多爾濟選兵赴阿爾台防禦,朋素克隨右衛將軍費揚古駐防札布堪,尋偕侍衛尼斯昆赴烏蘭固木、伊圖克溫多爾防汛。

五十五年,詔車臣汗部,選駝六千,以兵五千領之,由郭多里巴勒噶遜運軍糧赴推河。

五十六年三月,命富寧安爲靖逆將軍,由巴里坤、公傅爾丹爲振武將軍,祁里德爲協理將軍,由阿爾台,分路剿準噶爾。上知博貝勤慎,諭偕署副都統常關保及札薩克喇布坦等,由布嚕勒趨博羅布爾噶蘇自爲一路,札薩克圖汗部輔國公沙克札布,札薩克伊達木札布等從。七月,敗賊衆于和特克什哩及額納特珂克,追斬五人,擒宰桑羅卜藏錫喇布、奇爾薩噶勒等四人。傅爾丹遣額駙吳爾袞等,遣人分路尋探,已遠遁,並無賊蹤。詔土謝圖汗部貝勒丹津多爾濟,賽因諾顔部親王善巴,率兵赴阿爾台,防禦策妄阿喇布坦。鎮國公車布登隨大軍由阿爾台,擒斬特楞古特賊眾。札薩克圖汗部札薩克鄂木布濟,奉檄赴哈達青吉勒護軍牧,偵特楞古特降衆叛,率兵二百,立木柵于阿爾台,防賊逸。尋率兵千餘,駐呼勒瑪諾爾。札薩克班珠爾多爾濟,隨振武將軍傅爾丹駐防崆格、札布堪。札薩克圖汗部多羅郡王格埒克延丕勒,先隨祁里德赴推河防禦,至是移駐塔斯果爾瑪及哲斯庫布枯爾庫業根,會大軍由布嚕勒凱還,至和通呼爾哈諾爾。格埒克延丕勒獻牲畜濟軍。阿爾台之役,輔國公通謨克隨前鋒統領定壽,先往擊之,賜諭嘉獎。時策妄阿喇布坦遊牧博囉塔拉,以額琳哈畢爾噶爲要隘,通謨克居邊久,悉賊勢虛實,上知其能,詔隨土謝圖汗部貝勒丹津多爾濟赴巴里坤援剿。通謨克,故台吉墨德卓哩克圖子也。策妄阿喇布坦遣大策凌敦多卜,潛兵擾西藏。詔賽因諾顔部鎮國公策旺諾爾布,偕侍衛阿齊圖等駐噶斯,偵禦之。

　　五十七年三月,侍衛色楞奉命援西藏。廷臣議檄策旺諾爾布及四川總督額倫特、都統瑚錫圖赴噶順固木,護青海。額倫特請令瑚錫圖以兵千駐噶順固木,已與色楞分路進藏。策旺諾爾布復請令額倫特、瑚錫圖同駐噶順固木,上以兩奏互異,訓飭之。尋議瑚錫圖駐守,色楞、額倫特進剿,策旺諾爾布繼援。九月,色楞、額倫特擊賊于喀喇烏蘇、齊諾郭勒,乘勝深入,以兵寡戰歿。策旺諾爾布援弗至,全軍還。詔優恤色楞、額倫特。他日諭廷臣曰:"色楞、額倫特固屬失機,但策旺諾爾布係隨往接應之兵,而遲延不前,致前軍失援戰歿,雖伊所統克全,兵丁固屬感念,于國事有何裨益?"

　　五十八年,命土謝圖汗部札薩克輔國公車稜巴勒隨右衛將軍費揚古,籌築札克拜達哩克城。鄂木布濟移駐布拉罕蘇伯。尋由阿濟督解巴里坤軍需。四月,撫遠大將軍固山貝子允禵奉命駐西寧,檄策旺諾爾布偕副都統寶色等,防索羅木。策旺諾爾布請檄青海兵六百守軍營。尋由索羅木獲自西藏來歸之札穆揚善木巴等，至西寧。時里塘達賴喇嘛瑚畢勒罕羅卜藏噶勒藏嘉穆錯居西寧，唐古特人以其部拉藏汗爲大策凌敦多卜所戕，願迎達賴喇嘛瑚畢勒罕歸，置禪榻。允禩以聞。諭集青王台吉等定議，并召策旺諾爾布入奏。

五十九年正月，羅卜藏噶勒藏嘉穆錯封第六世達賴喇嘛。詔策旺諾爾布及土謝圖汗敦多布多爾濟，參贊平逆將軍延信軍由里塘護往西藏。命敦多布多爾濟駐其地。八月，由卜克河進屯齊諾郭勒、綽瑪喇擊敗準噶爾賊，謀定西將軍噶爾弼率雲南四川兵，由拉里抵藏馳進，大策凌敦多卜遁，西藏平，軍旋。大軍自阿爾台分路進勦準噶爾，土謝圖汗部輔國公巴海，札薩克圖汗貝勒諾爾布班第，札薩克伊達木札布，賽因諾顏部額駙貝子策凌，隨振武將軍傅爾丹由布拉罕路襲擊策妄阿喇布坦，至格爾額爾格，擒其宰桑貝坤等百餘人，斬獲甚衆，焚其糧于烏蘭呼濟爾，軍旋，次哈達青吉勒，遇賊援，擊敗之。尋赴汗庫奎烏伯爾賽堪呼拉濟駐防。博貝偕朋素克喇布坦隨征西將軍祁里德，由布嚕勒進勦，至鏗格爾河，偵宰桑色布騰率衆據山守，大軍分擊之，降其屬二千餘，并擒烏梁海逃衆四百，封多羅貝勒，籍準噶爾降衆賜之，大軍旋。朋素克喇布坦率兵百，鄂木布濟率兵二百，至察罕呼濟爾偵賊蹤，由伊彌勒河、沙喇呼魯蘇擒厄魯特逃衆，還駐布拉罕蘇伯。

六十年，允祹卜尊丹巴呼圖克圖請，賜旺札勒多爾濟印，文曰：鄂齊賴巴圖土謝圖汗。命督理俄羅斯邊境事。札勒多爾濟，察琿多爾濟孫也。調車臣汗兵防護烏梁海降衆于巴顏車爾克。三月，策旺諾爾布復奉命隨延信駐藏。尋延信病，召還，噶爾弼代，復病。詔策旺諾爾布佩定西將軍印代之。諭丹津多爾濟偕副都統穆克登，以兵五百赴巴里坤，參贊靖逆將軍富寧安軍，鄂木布濟駐拜達哩克，解送軍駝。冬，駐塔爾彌。

六十一年，車臣汗部台吉齊當等，訟朋素克侵駝丁賞及勒買民婦狀，遣散秩大臣巴咱爾勘得實。詔奪俸年半，補賞駝丁，所買婦歸其夫。命土謝圖汗部札薩克輔國公車稜巴勒,率兵由汗阿林移厄魯特降人羅卜藏錫喇布遊牧於察哈爾。鄂木布濟由奈曼、茂明安督解軍需。

雍正元年,詔封貝勒丹津多爾濟、額駙策凌並爲多羅郡王。諭策凌曰:"額駙策凌自出師以來,從征效力,甚屬奮勉,著封多羅郡王以示殊眷。"諭丹津多爾濟曰:"自西北兩路用兵,貝勒丹津多爾濟,歷戎行,奮勉效力。聖祖仁皇帝深愛其材,著加恩晉多羅郡王,以示獎勵。"策凌弟固山額駙恭格喇布坦,上念其性貞慤,材超衆,留任京秩,不若遣赴軍可得力,特封多羅貝勒,令隨兄效力。未至,卒於途。三月,命撤駐藏兵。先是,策旺諾爾布赴青海涖盟,時羅卜藏丹津僞從命,既而背盟,謀脅衆據西藏與準噶爾連和。有諾顔哈什漢及台吉巴勒珠爾者,策旺諾爾布同族,居青海,聞其謀,先後密遣人告策旺諾爾布。四月,策旺諾爾布奏言:"臣聞羅卜藏丹津負恩倡逆,自取滅亡。以臣愚見,青海台吉等彼此不睦,骨肉離析,各逞己見,羅卜藏丹津又甚糊塗酗酒,失人心,伊雖傳集會盟,度衆人無不感戴養育深恩,未必與伊同逆,但事有關係,不可不預爲防備。臣現行文駐劄西寧侍郎常壽、雲貴總督高其倬等,一體偵禦。"疏至,上命常壽馳赴青海,宣諭羅卜藏丹津,至則羅卜藏丹津已叛。厄魯特羅卜藏錫喇布者,烏梁海人。初,隸厄魯特和托輝特,貝勒博貝擒降之,置汗阿林,後徙置察哈爾,授佐領偕藍翎侍衛春丕勒轄其屬。至是攜衆叛逃,土謝圖汗部札薩克車木楚克納木札勒偕同部札薩克車布登,車臣汗部貝勒旺札勒偕同部輔國公車稜旺布,札薩克色稜達什等,追擒之,射斃賊衆阿玉什、額博壘等。上嘉悦,敘功,晉封車木楚克納木札勒爲多羅貝勒,以車布登父原爵貝子,晉封多羅貝勒,封旺札勒多羅郡王,尋授副盟長。

二年正月,貝勒博貝來朝,諭廷臣曰:"朕詢貝勒博貝管轄烏梁海,何以資生?據奏在將軍祁里德處,借餉一萬八千餘兩,買牲分給,各得產業,今勝于昔,所借項,伊自以貝勒俸逐年扣抵。朕思博貝宣力戎行,勳績卓著,且烏梁海均朕百姓,豈有朕之百姓而借餉于朕之理,所借銀兩,著不必扣還。"諭祁里德知之。

二月,撤北路大軍,詔留喀爾喀兵二千,駐阿爾台,以郡王丹津多爾濟及額駙郡王策凌、貝(勅)〔勒〕博貝各授副將軍分統之,所部有副將軍自此始。車臣汗部蘇嘛達喇攜延楚布多爾濟來朝。上曰:"延楚布多爾濟協助軍需,夙蒙聖祖仁皇帝嘉獎,朕猶憶當年隨圍烏喇爾罕時,伊祖母手炊一飯以進,食之甚甘,此雖小節,亦可想見其竭力抒誠矣。著加恩晉封延楚布多爾濟爲札薩克固山貝子。"羅卜藏丹津竄準噶爾,青海平。策旺諾爾布由西寧入覲,詔獎進藏功,晉封固山貝子,賜三眼孔雀翎。通謨克隨副將軍阿喇納,駐布隆吉爾,偵逆賊羅卜藏丹津黨阿喇布坦、蘇巴泰等,據喀喇諾爾路肆掠,偕總兵孫繼宗往捕,至推默爾,賊敗遁,復偕副都統阿玉什追縛其黨丹津以獻。詔通謨克及袞布札布,俱晉封輔國公。諭曰:"袞布札布,曾從征昭莫多,此次大兵駐阿爾台,伊不論班期久駐軍營,督辦購馬事宜,復隨大軍三擊賊衆,甚屬奮勉,著授輔國公。"鄂木布濟仍駐塔爾弼。

皇朝藩部要略卷之五

前史官壽陽 祁韻士 纂
寶山 毛嶽生 編次
江陰 宋景昌 校寫
平定 張 穆 覆審

外蒙古喀爾喀部要略三

雍正三年，詔丹津多爾濟、策凌軍用正黃旗纛，博貝軍用正白旗纛。尋丹津多爾濟因督視軍營駝馬并捐羊助軍，得旨優敘。和羅爾邁復遁，由阿哩克竄準噶爾界。博貝遣次子額琳沁由托濟邀擒，而自赴克木克木齊克，緝叛黨誅之。上以額駙策凌所部係出賽因諾顏，較三汗裔繁衍，而策凌自簡任副將軍勞績懋著，命率近族親王達什敦多布，貝勒納木札勒齊素嚨，貝子策旺諾爾布，輔國公阿努哩、敦多布、額琳沁、札木禪、旺札勒，台吉格木丕勒、齊旺、錫喇札布、達爾濟雅、根敦、車布登、巴朗、延達博第、泥瑪特、克什、諾爾布札布，凡十九札薩克，別爲一部，以其賽因諾顏號冠之，稱喀爾喀中路，不復隸土謝圖汗，喀爾喀有四部自此始。

四年正月，博貝偕策凌奉命勘阿爾台形勝。初，厄魯特與喀爾喀未搆兵時，錯處科布多、烏蘭固木。噶爾丹既滅，喀爾喀西境直抵阿爾台，故自唐努山陰之克木克木齊克，至博木等處，皆博貝及來歸之厄魯特貝子策稜旺布所屬烏梁海遊牧其地。至是策妄阿喇布坦奏，克木克木齊克舊隸準噶爾，乞還。上弗許，慮伺間掠烏梁海，詔博貝率所部兵千，隨前鋒統領定壽駐唐努山陽特斯地防護之。尋諭理藩院曰："朕詳思克木克木齊克、烏梁海皆博貝等所屬，和羅爾邁既已就擒，交博貝撫恤，居之公所，但念此等人向在喀爾喀邊外林木中射獵爲生，與準噶爾所屬烏梁海接壤，又與俄羅斯連界，宜令博貝等同大臣前往曉諭，令自爲預備，以防不虞，著傳諭博貝知之。"是年，丹津多爾濟以偕土謝圖汗旺札勒多爾濟助給屯田兵糧，得旨獎賚。土謝圖汗旺札勒多爾濟等，因額爾德尼昭乏相宜穀種，遣人購之俄羅斯，並請助屯田兵糧。諭曰："前議屯田時，曾有奏言喀爾喀未必踴躍從事者，朕思此舉，正爲伊等計及久遠，豈有反不樂從之理，今果感戴抒誠，與朕意相符，殊可嘉尚，著交理藩院議敘，各予紀錄，并賚幣有差。"

五年，以庫掄、恰克圖爲土謝圖汗部與俄羅斯互市地，詔非市期，毋許俄羅斯踰楚庫河界。命策凌偕内大臣伯四格等赴楚庫河，與俄羅斯使薩瓦立石定界，策凌陳兵鳴礮謝天。四格歸劾奏，議罪，應削爵，詔罰俸三年，免削。博貝率子額琳沁，追擒烏梁海逃人和羅爾邁于托濟，降其衆。

六年，車布登班珠爾襲車臣汗，賜之印。文曰："根敦車臣汗以幼，命其叔祖郡王垂札布代掌旗務。"

八年，詔札薩克圖汗郡王格埒克延丕勒偕同部輔國公通謨克，以兵千，赴塔爾弼、阿嚕諾助前鋒統領定壽，防禦準噶爾。先是，靖邊大將軍傅爾丹，以通謨克遊牧逼阿濟畢濟，慮爲賊侵，奏遣前鋒統領定壽、副都統瑪爾齊喇錫等，由庫卜克爾屯兵伊克斯諾爾遏賊衝，通謨克等駐塔爾弼、阿嚕諾互爲聲援，故有是命。命土謝圖汗部札薩克輔國公巴木丕勒多爾濟，由額爾德尼昭運屯田穀，實於塔本托羅海。尋復以築科布多城解所用鐵。車臣汗部札薩克督運鄂爾坤米，赴烏里雅蘇台軍營，貝勒旺札勒以遲誤軍駝罪削爵。鄂木布濟移駐蘇伯和寧烏蘇。

九年七月，命札薩克圖貝勒班第、賽因諾顔貝勒納木札勒齊素嚨等，徙居色楞格河南北岸，保護遊牧。命土謝圖親王丹津多爾濟，偕大學士馬爾賽駐防圖拉河。尋議移駐四子部落界。丹津多爾濟以地曠，恐冬艱芻薪，請附牧歸化城，上從其請。九月，以準噶爾賊由華額爾齊斯至索勒畢烏拉克沁，謀掠喀爾喀，靖邊大將軍傅爾丹擊之于和通呼爾哈諾爾，不利，退守科布多。策凌偵賊由和通呼爾哈諾爾窺圖墨、茂海、奎素諸界，偕翁牛特部貝子羅卜藏等分兵卻之。詔土謝圖貝勒車木楚克納木札勒赴軍效力，中道病足，恐失期，授子台吉成袞札布兵馳赴軍，自引餘騎扶病歸。值厄魯特貝勒色布騰旺布屬奇爾吉斯人叛，梗塗，力疾擊，中鎗，陣歿。詔丹津多爾濟隨順承親王錫保防護察罕廋爾，為科布多軍援。札薩克多羅郡王敏珠爾多爾濟，奉軍檄，不即至，錫保劾奏議削。諭曰："敏珠爾多爾濟之祖固嚕什喜，在喀爾喀部中極為恭順，遇噶爾丹之亂，倡衆先歸，厥功最著。此次敏珠爾多爾濟奉調遲誤，或有別故，著來京面詢降旨。"十月，額駙策凌由察罕廋爾進剿準噶爾。時賊酋大策凌敦多卜擁衆三萬，謀掠喀爾喀，聞錫保、傅爾丹各屯重兵，不敢進，偵察罕廋爾屯重兵，潛遣將海倫曼齊等，取道阿爾台迆東，以賊衆六千分掠克嚕倫及鄂爾海喀喇烏蘇，而自擁兵二萬餘衆，由蘇克阿勒達呼繼進丹津多爾濟。額駙策凌率土謝圖汗部札薩克齊巴克札布，賽因諾顏部札薩克諾爾布札布，札薩克格木丕勒、札薩克齊旺等，迎擊之。至鄂登楚勒，授台吉巴海兵六百，令宵入賊營，擒三人還，先伏兵待，賊將貢楚克札布、喀喇巴圖魯等，果率騎三千來追，伏發擊之，斬喀喇巴圖魯，餘衆潰，大策凌敦多卜及海倫曼濟遁。諭曰："策凌、丹津多爾濟督率弁兵，奮勇爭先，擊敗準噶爾，甚屬可嘉。前在軍效力，並已晉親王，可各賞銀一萬兩，以示獎勵，餘並賚銀幣。並授巴海札薩克一等台吉。"鄂木布濟隨副都統阿三等，率兵二千，赴庫卜克爾防禦準噶爾。土謝圖汗部貝子車布登奏敗賊于蘇克阿勒達呼，賜阿克敦巴圖魯號，并三眼孔雀翎及黃帶。是年秋，格埒克延丕勒還駐科布多，尋偕侍郎查克丹由烏遜珠勒分擊賊衆于齊克齊諾爾，賊入阿濟掠通謨克牧，其屬多潰析。格埒克延丕勒汛牧地邇，亦被掠，傅爾丹檄由科布多馳歸，即內徙。十一月，遣侍衛常尼慰諭，命總督查郎阿察置，務令得所。諭額駙親王策凌議剿賊方略，尋授喀爾喀大札薩克。上以丹津多爾濟告捷疏，不列班第名，恐駐牧被擾，詔錫保傳令東徙。鄂木布濟棄汛私歸,順承親王請削職治罪,詔來京面詢降旨懲。通謨克被掠。又遣官移之阿拉善頒給糧茶,尋請移駐阿拉善附近之綽碓地,許之。十二月,錫保奏,遵旨遣詢班第,知前因準噶爾入掠,由原駐桑錦達賚東遷額格地,偵賊敗遁,由額格至色楞格河,同札薩克根敦等,駐牧南北兩岸,嶺峻林密,兼河流深闊,據要害可禦敵,報聞。

十年三月,鄂木布濟入覲。諭曰:"鄂木布濟棄汛私歸,固有應得之罪,但念爲賊阻截,不能通信,回守遊牧,使賊秋毫無犯,情尚可矜,且人材亦甚出衆,著加恩免其削職,即隨郡王格埒克延丕勒統率所屬兵丁,赴伯格爾建勳將軍達爾濟軍營效力贖罪。"尋移牧奇齊格納洪果爾、阿齊喇克。俄羅斯使入貢,道被劫,車臣汗部台吉敦多卜遣人護之行,且給糧,獎賜銀幣。敏珠爾多爾濟遵諭至,以患病自陳。諭曰:"軍前退縮之罪,例不容寬,但敏珠爾多爾濟因病未能率兵前赴軍營,以致伊旗派出兵丁,半被賊人截回。念伊祖固嚕什喜功,免其削爵,別選賢能台吉馳往,代轄兵丁,俟伊病痊後,仍赴軍營效力贖罪。"命頒牲糧賑格埒克延丕勒被掠人户,並賜銀千兩。諭隨建勳將軍達爾濟駐防伯格爾。尋授盟長。六月,賊酋小策凌敦多卜,復糾衆三萬,由奇蘭至額爾德畢喇色欽,策凌偕將軍塔爾岱禦之于本博圖山,未至,賊掠克爾森齊老,喀爾喀衆札薩克懼不敵,多棄牧歸,策凌等反旆擊之,相拒二日,檄丹津多爾濟率兵赴援,不至,賊遂趨額爾德尼昭,台吉齊旺獨隨策凌督兵據險,奮擊之。朋素克喇布坦方督所部廟工,聞之亟引兵會大軍往剿。八月,策凌追賊十餘戰,賊屢敗,據杭愛山麓逼鄂爾坤河而陣,策凌麾衆進,札薩克巴海奮擊,衆乘之斬馘萬餘,獲牲械無算。小策凌敦多卜遁,格埒克延丕勒,引兵由拜達哩克,追至哈琳城,復由布克哈喇追至烏蘭布拉克,斬賊數百,掔其纛,偵走庫爾圖勒,夜攻之,斬四百餘級,賊乃大潰。賽因諾顏部札薩克格木丕勒,克爾森齊老之役,力戰被創,歸察罕廋爾營,療少愈,仍請擊賊。順承親王壯其勇,授兵三千,由喀喇阿濟爾罕追餘賊,越阿爾台,至畢濟嶺,斬獲甚衆。諭曰:"格木丕勒去歲懋著勞績,今復奮勇剿賊,被創愈奮,深可嘉予,著封輔國公,以示獎勵。"順承親王告捷,首表策凌功。賜超勇號。諭曰:"準噶爾賊衆越察罕廋爾軍營,至杭愛山,肆其猖獗,額駙親王策凌尾追千里,至鄂爾坤之額爾德尼昭,奮勇攻擊,將三萬賊衆,殲除殆盡,爲國輸誠,忠勇超絶,其特賜黃帶以旌異之。此次軍功,非尋常勞績可比,隨征官兵,著從優議敘,其隨策凌在克爾森齊老擊賊者,並著加倍優敘。"封巴海爲輔國公。諭曰:"巴海曾由協里台吉,效力阿爾台軍營,去歲蘇克阿勒達呼之捷,勞績懋著,朕擢授札薩克台吉。今復于額爾德尼昭奮勇剿賊,深可嘉尚,著加恩封輔國公。"方賊衆之由奇蘭襲阿爾台也。札薩克圖汗部一等台吉徹埒克,輔國公通謨克叔父也。選騎四十餘,與子彌什克迎擊之。賊益衆,徹埒克力戰死,彌什克亦被擒,尋脱歸。順承親王以聞,詔追封輔國公,改附通謨克旗,特命世襲罔替。賊衆掠克爾森齊老,振武將軍傅爾丹,由烏遜珠勒邀擊,檄策旺札布協剿。賽因諾顔親王喇嘛札布托故私歸,策旺札布又縱騎劫糧,並議削爵論死。諭曰:"策旺札布昔爲噶爾丹所掠,流離遷徙,狼狽來歸。聖祖仁皇帝憫其窮困,收集潰散人户,悉以畀之。封親王,授額駙,洊襲汗號,恩養備至。朕念伊係一部之汗,復授副將軍,俾赴軍營,統兵進剿,乃甫與賊戰,望風奔潰,擾動衆心,復不歸軍營,匆遽移居内地,恬不知恥,反借保護遊牧爲詞,且並不約束所屬,任令劫糧,沿途商賈,亦被侵擾,甚玷國家養育之恩,理應于削爵後,立正典型,但念伊祖父累代抒誠,不忍予以顯戮,著從寬免死,永遠監禁。朕觀伊族弟多羅郡王格埒克延丕勒,人材出衆,此次追擊準噶爾,奮勇效力,足爲所部表率,著加恩襲封札薩克圖汗,兼副將軍。至策旺札布屬人,膽敢劫糧,不可不示懲儆。著御前侍衛旺札勒赴歸化城,傳諭格埒克延丕勒,嚴緝治罪。"冬十月,特封丹津多爾濟長子貝子多爾濟色布騰爲世子。定例,宗室親王始封世子。外藩有世子自多爾濟色布騰始,蓋異數也。以準噶爾敗遁,諭曰:"去歲朕降旨,令爾等徙居内地,並不感悦遵行,屢次催促,始勉強遷移。今幸大軍于蘇克阿勒達呼及額爾德尼昭,兩敗賊衆,爾等始得安居,否則豈能保護牲畜乎?朕思爾等本屬一體,豈有甘居庸懦,受人庇蔭之理,嗣後各宜激烈奮發,不惟永享昇平亦且垂光史册矣。"詔移通謨克屬衆於阿拉善,頒糧茶給之。查郎阿奏通謨克屬業盡失,請增口糧,理藩院議遣員攜帑二萬,往賞,并給一年口糧,詔如議速行。以厄魯特降衆居張家口者編一佐領,賜策凌轄之。復以策凌轉戰不得歸牧,戚屬為小策凌敦多卜所掠,牧産多失,上憫之,諭給馬二千、牛千、羊五千、銀五萬,并察賑所屬失業者。尋命築塔密爾城,建瓦屋居之。格埒克延丕勒遵旨議防遊牧,奏洪郭爾鄂隆可駐兵千,東南百餘里外圖伯策克可駐二千,西什巴爾台河至濟爾噶朗圖可駐三千,請令都統哈什哈、副都統綽爾多等,率兵分駐。十二月,晉授策凌固倫額駙,追贈純愨公主固倫長公主。諭喇嘛札布曰:"喇嘛札布怯懦無恥,理應照議論死,但念伊祖善巴,當喀爾喀未定之先,輸誠内附,屢隨大軍奮勉效力,朕實不忍予以顯戮。著削爵免死,永遠監禁,所遺札薩克原爵,以其弟德沁札布襲,撤還一佐領,給額駙策凌。"

十一年,定邊大將軍平郡王福彭,統大軍駐烏里雅蘇台。詔策凌佩定邊左副將軍印,進屯科布多。尋授盟長。額爾德尼昭之役,丹津多爾濟、車布登並戰不力,偵賊遁,馳疏以大敗賊衆告,賜智勇號及黃帶。尋授盟長,晉封車布登多羅郡王。至是追論賊越察罕廋爾軍營,順承親王防禦不力罪,並及丹津多爾濟、車布登飾奏冒功狀。諭曰:"丹津多爾濟蒙聖祖仁皇帝施恩教育,襲貝勒爵,朕因其督辦駝馬,積有勞績,由貝勒洊封親王,優加恩眷。昨歲額爾德尼昭,伊妄奏冒功,今乃知其往援克爾森齊老時,行未十里,駐兵不前,及額爾德尼昭之役,賊由杭愛山陰敗遁,伊不尾追,反由杭愛山陽迂道遷延,致賊兔脱,理應重治其罪,但念前此曾經效力,暫行寬免,削智勇親王爵及世子,并撤回黃帶,降封郡王,仍留所部副將軍任,督辦未完駝馬,隨定邊大將軍平郡王福彭協理蒙古事務。倘不奮勉自贖,仍蹈前轍,定加倍治罪,其傳諭知之。"諭車布登曰:"車布登初襲公爵,因追剿羅卜藏錫喇布,著有勞績,恩擢貝勒,嗣與丹津多爾濟飾奏蘇克阿勒達呼及額爾德尼昭擊賊功,妄邀封賞,今實情畢露,知其率一千兵,遇賊百餘,輒畏懼不前,虛張聲勢,令賊遠遁。及偕副都統塔爾岱率兵追賊,誑令迷路,縱賊遠颺,並無爲國效力實心。著削郡王爵及賜號,撤還黃帶,降授貝勒,飭赴科布多軍營,效力贖罪。倘仍舊退縮瞻顧,定從重治罪。"命朋素克喇布坦,解送科布多軍駝。格埒克延丕勒選健駝以獻,詔策旺札布舊屬令轄之。尋入覲,諭隨定邊大將軍福彭駐烏里雅蘇台,賜元狐冠服。冬,朋素克喇布坦請隨額駙策凌由科布多進剿,諭:"爾初襲汗號,現駐軍營,董率爾屬,保護遊牧,自可出力報效,況軍營蒙古王公甚少,爾可無庸隨往。"鄂木布濟偕前鋒統領塔爾瑪善,擒獲準噶爾賊衆,賜孔雀翎。車臣汗車布登班珠爾以暗弱削爵,詔垂札布襲,垂札布既襲爵,請給俸。諭曰:"前此喀爾喀三汗皆不給俸,蓋欲伊等守蒙古舊業,不令與衆札薩克一例,是以未經頒給,今垂札布既有此奏,著給親王俸,每歲加賞銀二千五百兩。土謝圖、札薩克圖二汗,著行文詢問,若願請給,一體施行。"穆案:會典定制,外札薩克汗俸二千五百兩,俸緞四十疋。其親王、郡王、貝勒、貝子、鎮國公、輔國公、札薩克台吉,下嫁之公主格格及各額駙之俸,皆如内札薩克。車臣汗部輔國公格埒克巴木丕勒,以所屬巴爾呼人由塔爾巴哈台遁俄羅斯,馳擊之,賜雙眼孔雀翎,尋助軍需,得紀錄。

十二年二月,以烏里雅蘇台距科布多遠,諭進剿機宜,悉聽策凌總理。五月,召策凌來京議軍務。班第獻駝馬助軍,福彭予之值,辭不受。七月,撤科布多軍,駐察罕廋爾,時格埒克延丕勒解駝馬赴科布多,諭留屯轄蒙古兵。

十三年三月,噶爾丹策凌乞和,表稱阿爾台舊係厄魯特牧,杭愛舊係喀爾喀牧,請由哲爾格西喇呼魯蘇至巴里坤,畫界分守。詔策凌議,因言往者喀爾喀遊牧,尚未至哲爾格西喇呼魯蘇,應如所請。

但喀爾喀汛原設阿爾台迤東科布多、額貝和碩、和通額博、布延圖托爾和烏蘭等處,並在哲爾格西喇呼魯蘇界外,應設汛如故。至準噶爾遊牧,應以額爾齊斯及阿爾台爲界。策妄阿喇布坦存日,遊牧和博克薩哩、察罕呼濟爾迤西,數年來漸越額爾齊斯,賊性狡,請令毋越阿爾台,爲永禦計,上韙其議。諭噶爾丹策凌曰:"夫阿爾台之屬厄魯特,乃噶爾丹從前之事,爾準噶爾並未越此遊牧,乃謂爲厄魯特牧地可乎,且喀爾喀尚不令近阿爾台,原欲兩界稍遠,免啓爭端,而可令爾居之乎?爾父在時,曾將阿爾台山梁外哈道里、哈達青吉勒、布拉青吉勒三處,不必置爲閒地,朕未允行,今特欲安逸衆生,將此三處屬爾,祇自克木齊克汗騰格里,上阿爾台山梁,由索勒畢嶺,下哈布塔克拜達克之中,過烏蘭烏蘇、羅卜諾爾直抵噶斯口爲界,并自呼遜托輝至喀喇巴爾楚克,悉作閒地,爾其遵諭行。"四月,策凌入覲歸牧,格延埒克延丕勒還駐烏里雅蘇台。克爾森齊老之役,順承親王檄札薩克圖汗部兵萬,赴烏遜珠勒援剿喇布坦弗至,私歸遊牧,議罪削職,并減其屬戶,以賜鄂木布齊。至是格埒克延丕勒奏,喇布坦曾再從征,又輓米捐羊,歷著勞績,罷斥後,深自愧懼,奮力軍營,請恩予開復,詔授原職。九月,皇上御極,策凌請入覲。諭曰:"準噶爾乞和定界事,尚未決,防守正宜嚴密,不可暫離軍營。俟夷使到日,再行來京。"十月,格埒克延丕勒奏:"臣遊牧舊在察罕廈爾附近腔格地,避準噶爾內徙,現居鄂爾坤迤西哈魯納,不利畜牧,請外徙推河、伊克鄂拉、翁吉等處,不惟生計可復,且距軍營近,效力便。"詔策凌等議,尋議所請地,爲賽因諾顏部親王德沁札布、札薩克台吉阿保吹木丕勒牧,錯處不便,應令所屬以納壘察罕和賴西、伊克鄂拉等處爲界,就推河、鄂羅克諾爾、和爾博爾津、阿爾察、喀喇托輝東,伊克鄂拉山陰廈濟迤西遊牧。從之。鄂木布濟駐防偉歡勒滿。車臣汗垂札布卒,仍以車布登班珠爾之弟達瑪璘襲車臣汗,而以其子德木楚克襲札薩克多羅郡王爵。賜德木楚克貂冠服。

乾隆元年正月,撤大軍還。詔策凌統喀爾喀兵千五百,駐烏里雅蘇台及鄂爾坤。尋諭王大臣曰："額駙超勇親王策凌,總統北路軍營,伊母現居京師,不得朝夕定省,恐其思念不置,著送歸遊牧,用慰孝思,并賞整裝銀五千兩。"二月,遵旨議駐兵備邊,格埒克延丕勒請選內地兵萬,駐鄂爾坤,三千駐烏里雅蘇台,伺賊踪,決進止。選西三部兵萬,車臣汗部兵五千,以三千分駐偉袞特里默及台錫里,餘萬二千,令副將軍札薩克等,訓練備調,至札布堪、台錫里、崆格、特斯四地。請仍設內汛,令蒙古遊牧,無踰察罕和羅畢留台、齊老圖、色楞額。上以其言多可採,示廷臣。成袞札布議選喀爾喀兵,駐庫卜克爾干、特斯干、卓克索等處五千,各築城。有事則入保。拜達里克、察罕廋爾、推河、塔密爾所駐內地兵,悉撤還。惟鄂爾坤應暫留滿洲、蒙古兵萬。報聞,車臣汗達瑪璘議擇額爾德尼昭水草地,設汛防守,從之。封策凌長子成袞札布爲固山貝子,授所部副將軍。成袞札布前隨大軍擒準噶爾宰桑貝坤,又剿賊額爾德尼昭有功,授一等台吉,至是晉封。仍封丹津多爾濟爲和碩親王。諭曰："郡王丹津多爾濟自出師以來,督辦駝馬,宣力有年,疊蒙世宗憲皇帝寵眷,嗣因自蹈愆尤,降授郡王,俾令自贖。近見其竭力抒誠,諸事奮勉,不負激厲懲誡之意,著加恩仍封和碩親王,并命其第三子三達克多爾濟乾清門行走。"授格埒巴木丕勒爲所部副將軍。命土謝圖汗、車臣汗、札薩克圖汗,各選所部兵,赴鄂爾坤防秋。命格埒延丕勒駐防偉袞特里默,賜貂冠及裘。

二年四月,命額墨根往諭噶爾丹策凌定牧界。噶爾丹策凌貽策凌書,欲仍遊牧阿爾台,稱策凌爲車臣汗,策凌獻其書,詔以己意答之。策凌奏遣台吉額墨根持書往報,書曰："阿爾台乃天定邊界,爾父琿台吉時,阿爾台迤西,原無厄魯特遊牧,自滅噶爾丹以來,我等建城駐兵其地,衆所共知,其不令爾遊牧者,原欲以此爲閒地,兩不相及,以息爭端耳。今台吉云難以讓給,試思阿爾台果係誰地,誰能讓給,爾誠遵旨定議,我必不爲禍始,亦不復向科布多居住。又謂我等置哨逼阿爾台,宜向內撤。夫哨兵乃聖祖仁皇帝時所設,至今並未外移,即議定地界,哨兵豈能不設,爾台吉其自思之。"定邊大將軍平郡王福彭奏,喀爾喀四部防秋兵,皆駐鄂爾坤,札薩克圖汗部駐牧札克拜達哩克西南,距鄂爾坤尤邇,請即令在彼駐防,徵調無難即至,詔如所請。札薩克圖汗部貝勒班第卒,子青袞咱卜襲,詔授所部副將軍,并授敏珠爾所部副將軍。十一月,準噶爾使至,召額墨根隨策凌馳來京主其議。晉格木丕勒鎮國公。

　　三年正月,授額墨根一等台吉,命乾清門行走。二月,以準噶爾未遵旨,指明地界,飭策凌歸牧。三月,額墨根復齎敕諭噶爾丹策凌。詔賜車木楚克札布貝子爵。諭曰:"車木楚克札布之父策旺諾爾布,當世宗憲皇帝時,內廷行走,宣力有年,嗣駐藏奮勉,由鎮國公晉封貝子,前因年老予告,以車木楚克札布降襲鎮國公,今觀車木楚克札布效力軍營,亦屬奮勉,著加恩令其晉襲貝子。"格木丕勒偕札薩克圖汗部公品級敏珠爾,告所屬台吉特克什等,牧產減損,生計實艱,各札薩克助之,卒莫資,請展遊牧至諾克圖,毋越綽克圖,視可漁獵,暫爲外徙。額駙策凌代奏,上因與準噶爾議界未定,諭弗允。十二月,額墨根還,噶爾丹策凌遣使哈柳奉表隨至,請循布延圖河,南以博爾濟昂吉勒圖、烏克克嶺、噶克察等處,北以逐多爾庫奎、多爾多輝庫奎至哈爾奇喇博木、喀喇巴爾楚克等處爲界。厄魯特邊人,仍在阿爾台山後遊牧,并乞令托爾和、布延圖哨兵向內移,詔弗允。是年,土謝圖汗部郡王丹津多爾濟卒,子三,長即貝子多爾濟色布騰,尚和碩和惠公主,授和碩額駙,前卒,子桑齋多爾濟襲郡王,次喇木丕勒多爾濟,次三達克多爾濟。上念桑齋多爾濟幼孤,詔隨和惠公主來京,教養內廷,嗣尚縣主,授多羅額駙。諭成袞札布曰:"貝勒成袞札布效力軍營以來,甚屬奮勉,其父車木楚克納木札勒,前因力疾擊賊,歿於王事,朕業加恩追封郡王爵,即令成袞札布晉襲。"尋授所部副將軍。

　　四年正月,命哈柳往見策凌。哈柳曰:"額駙遊牧部屬,盡居喀爾喀地,何弗居彼。"策凌答曰:"我主居此,予惟隨主而居,喀爾喀地，特予遊牧耳。"哈柳又曰："準噶爾尚有額駙子，何不令來京。"答曰："予蒙恩尚公主，公主所出，乃爲予子，他子無與也。即準噶爾送還，予亦不以爲子，當奏聞誅之。"二月，哈柳還。十月，哈柳復至，請如原議毋踰阿爾台。蓋自與準噶爾議界，策凌凡三至京，議始定。十二月，諭曰："額駙超勇親王策凌入覲，朕諭以噶爾丹策凌，送所掠喇嘛羅卜藏西瓦還時，曾言車臣汗子現在準噶爾，若念之，當即送還。策凌奏，臣受國恩，至優極渥，前準噶爾掠臣二子。若等不即自盡，尚復苟且偷生，全不知恥，臣欲得此不肖子何用，且與國事無益，噶爾丹策凌性本狡詐，臣若欲得二子，彼必妄行干請，所關非小，國事爲重，臣斷無愛子之心。朕思父子關乎天性，策凌感激隆恩，祗圖裨益國家，顧惜大義，不思復與子相見，朕心深爲惻然，思有以獎之。伊長子成衮札布，人材出衆，在軍前亦甚奮勉，著加恩照宗室親王例，封爲世子，以昭殊眷。"上念額墨根使勞，詔授札薩克。

五年，諭札薩克圖汗部輔國公敏珠爾，由多倫諾爾送哲卜尊丹巴呼圖克圖歸居庫掄。五月，勘定喀爾喀部遊牧，與準噶爾各守定界。諭曰："前以軍務方興，恐爾部遊牧被賊侵擾，悉令內徙，噶爾丹策凌謹遵朕旨，奏稱不敢越阿爾台遊牧，甚屬恭順，朕亦降旨，令爾諸部遊牧，毋踰札布堪、齊克慎、哈薩克圖、庫克嶺等處，爾等當遍諭所屬，永遠遵行，倘有違令生事者，嚴行治罪。況今雖許準噶爾和好，罷息干戈，而平日不可不訓習武備，爾等其留意毋忽。"札薩克圖汗部郡王格埒克延丕勒定所部遊牧，自鄂爾海取中，南以博羅椿濟、塔爾喇布喀、岱罕諾爾、黨納爾台、圖穆爾哈巴、沙喇布魯都、奇齊格納、阿魯通津、鄂倫諾爾、達蘭圖爾爲界，北以額德爾齊德爾、伯勒齊爾、準舒瑪勒台、桑錦達賚、喀喇塔爾、阿勒坦噶達蘇爲界。諭嚴飭屬人毋越汛。十月，策凌、格埒克延丕勒等議烏里雅蘇台及鄂爾坤，專用喀爾喀兵駐防。從之。即命策凌督調。

六年，命參贊大臣都統塔爾瑪善，赴土謝圖汗部閱防秋兵于烏克圖爾濟爾哈朗，車布登、朋素克喇布坦旗軍容嚴整，並獎賚之。赴車臣汗部,閱于塞勒壁口,獎賚格延克巴丕勒、札木禪,如車布登等。以格埒克旗軍散弛,嚴飭格埒克。札薩克齊旺班珠爾子札木禪,鎮國公圖巴子格延克巴丕勒,復獻駝助軍,得紀錄。命參贊大臣副都統慶泰,赴札薩克圖汗部閱防秋兵于哈里勒邁。尋赴賽因諾顏部閱防秋兵于桑錦托羅海。以車木楚克札布、達木布多爾濟旗軍容嚴整,並獎賚之。策凌請給鄂爾坤及烏里雅蘇台駐防兵銀米,詔從所請行。尋因策凌年老,諭移軍營于塔密爾。詔土謝圖汗敦丹多爾濟移駐庫倫。先是,哲卜尊丹巴呼圖克圖示寂後,其弟子襲故號,代演黃教,由額爾德尼昭移居庫倫。至是詔敦丹多爾濟駐守其地,護視之。

皇朝藩部要略卷之六

前史官壽陽　祁韻士　纂
寶山　　毛嶽生　編次
江陰　　宋景昌　校寫
平定　　張　穆　覆審

外蒙古喀爾喀部要略四

七年，御題詩扇賜策凌。札薩克圖汗格埒克延丕勒卒，子巴勒達爾新襲郡王爵，來朝。諭曰："札薩克圖汗號尚未承襲，已召郡王巴勒達爾，偕原封札薩克圖汗策旺札布兄孫輔國公多岳特入覲。朕思策旺札布身獲重譴，兼乏子嗣，而格埒克延丕勒，自襲汗以來，效力軍營，甚屬奮勉，其子自應承襲，況多岳特又非應襲汗號之人，其札薩克圖汗，仍著郡王巴勒達爾承襲。"尋授盟長。車臣汗部札薩克輔國公車稜旺布，以老罷，子台吉格埒克襲。

八年，青袞咱卜以怠玩，爲額駙策凌所劾。諭曰："朕聞青袞咱卜，凡事怠惰，並不赴軍營效力。去歲察閱所部防秋兵，伊係副將軍，所屬兵丁器械，全不整飭，又將伊本身開入軍營行走之列，希圖雙俸，經策凌察出，除名，嚴行訓誡。喀爾喀副將軍有統轄全部之責，爲衆蒙古表率，豈可稍有怠玩苟且，因諭策凌傳旨詢問伊俯首無詞，理應治罪。但既自知其罪，姑行寬免，飭令嗣後加意奮勉，效力贖罪。"賜札薩克圖汗部一等台吉額琳沁公品級，命轄烏梁海降衆。諸部扈駕木蘭行圍。詔車臣汗部札薩克台吉貢楚克札布，以兵五百赴庫掄護視哲卜尊丹巴呼圖克圖。貢楚克札布，固嚕札布長子也。尋以哲卜尊丹巴呼圖克圖，擅赴額爾德尼昭，敦丹多爾濟未經勸阻，諭責之。格埒克以解駝馬遲誤，爲所部副將軍札薩克輔國公巴蘇所劾，詔削職，子索諾木敦多布襲。車臣汗部台吉旺札勒札布駐防鄂爾坤，攜牲械濟兵，賜孔雀翎。是年，敦丹多爾濟卒，弟敦多布多爾濟襲。

九年，車臣汗部多羅郡王貢格三丕勒卒，貢格三丕勒車臣汗垂札布弟，雍正末，垂札布由札薩克郡王，代車布登班珠爾爲車臣汗，貢格三丕勒襲所遺札薩克郡王爵，及垂札布子德木楚克襲札薩克郡王，詔貢格三丕勒仍爲郡王，不兼札薩克，至是理藩院議停襲。諭曰："貢格三丕勒所授王爵，本係額外加恩，又未奮勉效力，理應照議停襲，但伊素係郡王，今因身故，遽爾削除，朕心殊覺不忍，著加恩授其子丹津爲多羅貝勒。"

十年，命土謝圖汗部札薩克和碩親王額璘沁多爾濟，督理俄羅斯邊境事。

十二年，策凌入覲，優賚遣歸。授土謝圖汗部札薩克和碩親王額璘沁多爾濟所部副將軍，赴塔密爾駐防。

十三年，授土謝圖汗延丕勒多爾濟爲盟長，及所部副將軍偕哲卜尊丹巴呼圖克圖，督理俄羅斯邊境事。諭令諸部選配駝五百，運歸化城米，赴塔密爾軍營，並留兵駐防。尋延丕勒多爾濟偕衆札薩克議軍營臺站，爲護牧設，兵糧業蒙恩賞，至歲需牲畜，願照數公捐，無庸由牧廠運送，策凌代奏，允之。厄魯特降人達什哈，脫歸布拉罕，札薩克一等台吉乾清門行走，達什丕勒擒之，詔賚幣，并賜戴孔雀翎。札薩克圖汗巴勒達爾所屬，有多爾濟者匿厄魯特逃人察岱。歲餘，巴勒達爾始縛獻，策凌劾其不嚴緝賊罪，詔免議。青袞咱卜請以其叔父公品級一等台吉額璘沁別授札薩克，許之。詔授車臣汗部郡王德木楚克署盟長。德木楚克，垂札布長子。

十四年，旺札勒札布捐貲造矢千，送軍營，并以羊四千餘給兵。諭曰："旺札勒札布前因屢助軍需，授一等台吉，今復備辦軍器，協濟口糧，感恩效力，殊可嘉尚，著加恩授札薩克。"烏梁海降人巴黨遁，有烏勒木濟者，馳告旺布多爾濟，追至貢贊伯勒齊爾，盡擒還。理藩院議，雖擒獲，究因疏懈所致，停敘功。上以旺布多爾濟聞信疾追，奮勇可嘉,賜幣。旺布多爾濟,額璘沁子。尋授二等台吉。

十五年春二月,額駙策凌薨,訃至,上軫悼。諭曰:"定邊左副將軍固倫額駙喀爾喀大札薩克和碩超勇親王策凌,以名藩尚主,班崇懿戚。在聖祖仁皇帝時,即已宣力邊陲,勳猷懋著,世宗憲皇帝眷注優隆,晉爵親王。任專閫外,身先血戰,珍靖狡寇,偉績丕昭,益勤忠藎。朕以王爲兩朝勳舊,倚畀彌殷,寄重長城,倍加渥澤。前聞遘疾,遣命賜藥選醫,令伊次子車布登札布馳驛侍奉,復遣乾清門侍衛德山前往存問,方期漸就痊可。忽聞溘逝,深爲軫惻。著加恩賜銀一萬兩治喪,即命德山往奠茶酒,允伊遺奏,合窆固倫純慤公主園寢,著伊長子成袞札布扶櫬來京。俟到京日,朕親臨奠醊,所有應行典禮,俱照宗室親王例,考諡建碑具如儀式,自昔功臣勳戚,侑食廟庭。以王之功,宜配享太廟,雖蒙古親藩,從未有與配享者,朕以王功在王室,名勒旗常,簡在久孚,宜膺特典,且令衆蒙古知朕崇獎賢勞,中外一體,俾共知感奮,益切勸勉,並照和碩怡賢親王例,崇祀賢良祠,永垂秩祀,以示朕酬庸展親,優賢篤舊至意,賜諡曰襄。"御制七言詩悼之。有"不必讀書知大義,每於臨陣冠三軍"之句。命成袞札布襲札薩克和碩親王兼授盟長。策凌子八,列譜者六,長成袞札布,次車布登札布,封札薩克郡王,次蘇巴什里,次札木禪多爾濟,均封公品級,次額琳沁多爾濟,授一等台吉,追封公品級。六月,諭曰:"額駙超勇襄親王策凌,爲國家竭誠宣力。世宗憲皇帝,授以定邊左副將軍重任。訓兵飭備,準夷懾服,喀爾喀賴以寧謐,實爲勳戚重臣,不意溘逝,所遺缺甚屬緊要,簡任務在得人。成袞札布,係伊長子,前在軍營,懋著勞績,才具實堪勝任,雖此非世襲之職,而因才器使,有所弗拘,著授爲定邊左副將軍,務益勵忠勤,勉成父志,以副特簡畀任之意。"車臣汗部札薩克輔國公巴蘇,卒於塔密爾軍營,上念其宣力有年,軫悼賜卹,子達爾濟雅襲。

十六年三月,成袞札布奏守汛弁兵,私與界外回衆互市,致爭,請嚴鞫之。詔勿株連,嗣後嚴禁。青袞咱卜坐縱屬私與準噶爾互市罪,削爵。諭曰:"青袞咱卜縱所屬人,私出汛界,與準噶爾回衆貿易,以致潛居烏梁海,甚屬疏懈,且於特諭擒解之。喇嘛札木闌尚未解到,怯懦推諉,深負朕恩,著革副將軍及札薩克貝勒爵。朕觀額琳沁人材出衆,著襲札薩克多羅貝勒。但念青袞咱卜係博貝長孫,一旦全削,朕心殊爲不忍,著即以額琳沁所遺公品級札薩克台吉職,令其調補。"詔額琳沁議定烏梁海出入汛界例,并飭禁所部越境與準噶爾及回衆私市。授土謝圖汗部郡王成袞札布子,齊巴克雅喇木丕勒副盟長。授賽因諾顔部親王達什特多札布次子德沁札布所部副將軍,尋授副盟長。九月,回衆至伊都克汛,仍乞市,成袞札布檄守汛侍衛飭勿再至。復遣土謝圖汗部札薩克車布登往驅之。又至札薩克額木根牧乞市。諭遣還,授策凌次子車布登札布所部副將軍參贊。

十七年三月,賽因諾顔親王成袞札布,率兵三千環屯塔密爾軍營。土謝圖汗部札薩克琳丕勒多爾濟,亦率兵駐防塔密爾。詔授札薩克圖汗部貝勒額琳沁所部副將軍參贊,與汗巴勒達爾,各以兵三千,隨副都統達青阿駐防鄂爾海喀喇烏蘇。車臣汗嘛呢巴達喇,率所部兵四千,駐防巴顔烏蘭。賽因諾顔部親王德沁札布,偕土謝圖汗部郡王齊巴克雅喇木丕勒,率兵千,駐防錫喇烏蘇。十二月,成袞札布來朝,奏每年鄂爾坤及烏里雅蘇台,駐喀爾喀防秋兵二千,四部各有備用兵,札薩克圖汗部千,賽因諾顔部二千,土謝圖汗部四千,俱在遊牧預備,距軍營近,僅數日,遠亦不過旬餘,若盡調烏里雅蘇台糧馬,由各部派給,將滋累,請仍居本遊牧聽調,從之。成袞札布請析屬,令其弟車布登札布自爲一旗,詔允其請。

十八年,達什丕勒、巴勒達爾、德沁札布各獻駝馬助軍並得紀錄。授嘛呢巴達喇爲盟長。詔車臣汗部札薩克旺舒克達爾札長子貢楚克赴庫倫駐防。杜爾伯特台吉車凌、車凌烏巴什、車凌蒙克等攜衆降。成袞札布率車布登札布、格埒克巴木丕勒、車木楚克札布等,各以兵千,赴烏里雅蘇台防準噶爾追兵。有宰桑瑪木特者,引兵二百來追,馳由巴顏珠爾克、博托和尼溝往,揚言其部台吉噶爾藏多爾濟、阿睦爾撒納將至,車木楚克札布偵知之,遣報成袞札布發兵援,而自赴車凌、車凌烏巴什所,令速徙烏里雅蘇台,車凌蒙克後至,復令由庫密固爾河入西爾哈瀚海以避。上諭勿縱禡木特還巢,禡木特逸,嚴旨詰責。詔車木楚克札布,偕沙克都爾札布等,以兵二千赴卓克索駐防,賜雙眼孔雀翎。賽因諾顏部札薩克輔國公巴圖蒙克,偕同部鎮國公貢格敦丹等,率兵千赴烏里雅蘇台駐防,防護杜爾伯特降衆。達青阿檄諸部兵追緝擅入内汛之宰桑禡木特。成袞札布檄額琳沁,偕車臣汗部公格垺克巴木丕勒助之,額琳沁以馬疲弗至,禡木特逸,成袞札布劾其逗留,應削職。諭曰:"額琳沁原係二等台吉,朕因其人才出衆,行走奮勉,授一等台吉,復賜公品級,嗣因伊兄子青袞咱卜獲罪,奪貝勒爵,令額琳沁承襲,伊自宜感激隆恩,益加奮勉,乃奉將軍調遣,托故不前,理應治罪,但念伊父博貝,舊有勞績,仍賞公品級,留軍效力,其貝勒爵,仍以青袞咱卜襲之,伊等若知朕恩,效力自贖,朕亦不究前愆,否則必重治其罪。"并有詔責成袞札布及車木楚克札布,飭偕達青阿擒賊自效。禡木特尋就擒,復釋還。札薩克圖汗部二等台吉達什朋素克,隨參贊大臣薩拉爾,擒私入科布多汛之烏梁海人札木闌等,獎賚幣。尋偕賽因諾顏部貝勒沙克都爾札布等,招降札哈沁宰桑禡木特屬,達什朋素克父圖巴,以克爾森齊老之役,援剿不力,削輔國公爵。達什朋素克從軍數有功,額駙策凌薦其才,乃授台吉職。命車臣汗達瑪璘長子嘛呢巴達喇為盟長。

十九年正月,詔土謝圖汗札薩克郡王車稜拜都布,赴烏里雅蘇台軍營,齊巴克雅喇木丕勒、德沁札布等,率錫喇烏蘇備調兵赴烏里雅蘇台附近駐防。二月,烏梁海人博羅特瑚圖克等,擅入汛界,土謝圖汗部札薩克輔國公巴木丕勒多爾濟次子車登三丕勒隨參贊大臣薩拉爾擒之,有詔獎諭。薩拉爾遂由崆格進屯卓克索,招撫烏梁海。青袞咱卜、額琳沁等,並率兵從,旋追擒禡木特黨札木闌等。額琳沁尤奮屬,薩拉爾以聞,詔封輔國公。二月,諭成袞札布曰:"前因軍營無事,額駙策凌年老,就近以塔密爾作爲軍營,今有辦理烏梁海之事,軍營應移駐烏里雅蘇台,以塔密爾作爲內地。"尋與尚書舒赫德議防秋,詔來京面授方署。三月,以收撫烏梁海,詔桑齋多爾濟署所部副將軍,偕車布登率諸部兵親隨成袞札布,駐防鄂爾海喀喇烏蘇。尋偕參贊大臣安崇阿、德寧等,移駐庫克嶺。以車稜屬被賊劫,又詔達什丕勒率兵五百往護之。夏,額璘沁多爾濟奉詔購駝馬。丹津督解,由翁吉達什和碩,解崆格、札布堪飼牧備用。車臣汗部札薩克輔國公格埒克,獻馬助軍,得紀錄。同部台吉車稜多岳特,獻馬五百助軍紀功,晉一等台吉。車木楚克札布又購馬六千解軍,馬用備足。命貢楚克札布,解馬赴庫克納塔爾飼牧。命丹津督解駝馬至翁吉達什和碩。四月,罷成袞札布定邊左副將軍職,命赴額爾齊斯督屯田。賽因諾顏部台吉齊旺多爾濟獻馬,請從攻達瓦齊,許之。又念其前經獻駝馬助軍,賜公品級。六月,參贊大臣烏爾登,調貢格敦丹赴察罕札拉烏魯格依諾爾駐防,尋召入覲。秋七月,新降杜爾伯特台吉車稜蒙克子巴朗,攜衆由庫克嶺叛逃,達什丕勒率巴勒達爾兵追擒其餘黨,車布登懼罪,以追捕弗及奏,諭曰:"車布登與安崇阿、德寧同駐庫克嶺,專爲防範逃衆,乃巴朗從此脫逃,伊等率兵尾追,並不奮勇前進,即行退歸,安崇阿、德寧二人著即正典刑。車布登削貝勒爵,降授貝子,仍留軍營效力贖罪。"晉封達什丕勒爲輔國公。又諭曰:"達什丕勒護視杜爾伯特遊牧,甚爲妥協,今一聞巴朗逃遁,即率兵追斬餘黨,奮勇出力,朕甚嘉之,著加恩封輔國公,以示獎勵。"賜巴勒達爾冠服及幣。諭仍駐巴雅特。輝特台吉阿睦爾撒納來降。詔琳丕勒多爾濟,隨德沁札布移所攜降衆於塔密爾,留兵防護。尋由塔密爾移置固爾班舒魯克,設汛防護。檄貢楚克札布守塔密爾軍倉。九月,青袞咱卜、土謝圖汗部札薩克台吉三都布多爾濟,各以兵千,隨參贊大臣努三等赴阿勒和碩,偵烏梁海宰桑赤倫遁吹河,乃率兵由喀喇莽奈直抵所居,降其衆四百四十五戶,徙所屬台吉班札喇克察於特斯、偉袞安置之。薩拉爾又率額琳沁、車布登札布、貢格敦丹、車木楚克札布等，剿撫烏梁海宰桑達克、車根等于察罕烏蘇。尋復擊宰桑禡木特及通禡木特，降之。既命額琳沁率兵二百，赴圖蘇爾勒軍營聽調。命車木楚克札布隨參贊大臣烏爾登，赴塔本托羅海駐防。召貢克敦丹入覲。十月，班第奏貢格敦丹從努三駐防齊克諾爾，請緩覲期，允之。敍功得紀錄幷賚幣。十一月，敍功，晉封青衮咱卜郡王品級，復授所部副將軍。札薩克圖汗部札薩克台吉根敦，由塔密爾移駐哈喇阿濟爾罕。授土謝圖汗部札薩克額璘沁多爾濟爲西路參贊大臣。

二十年正月，大軍進剿準噶爾達瓦齊，分西、北兩路，以班第爲定北將軍，阿睦爾撒納爲定邊左副將軍副之。陝督永壽爲定西將軍，薩拉爾爲定邊右副將軍副之。格垺克巴木丕勒督解駝馬愆遲，班第劾奏，詔削副將軍及輔國公爵，從軍贖罪。札薩克台吉成衮札布，由烏里雅蘇台赴阿嚕博爾濟、巴顏濟嚕克督解駝馬，獎賜珮飾。賽因諾顏部札薩克台吉賚充札布捐馬助軍，命赴科布多督牧務。車稜多岳特獻馬六百、牛百、羊千濟軍，詔封札薩克輔國公。二月，成衮札布請隨征，詔暫駐烏里雅蘇台，俟大軍行，偕護軍統領塔爾瑪善往督屯田。時軍營所用馬，由喀爾喀購未至，成衮札布恐後期，檄由烏里雅蘇台督解科布多，札薩克圖汗部輔國公多岳特私攜所解馬歸牧，詔削爵，仍解馬贖罪。三月，將軍班第率大軍赴伊犂，青衮咱卜引兵先進，賜三眼孔雀翎。烏里雅蘇台辦事大臣哈達哈，檄根敦選兵五百，分巡海喇圖、庫列圖、哈道里、科布多、布延圖等處，與駐防烏哈爾和碩之公品級諾爾布札布，互爲聲援。巴雅爾什第偕賽因諾顏部札薩克輔國公巴圖蒙克，將駐防烏里雅蘇台兵三千，爲伊犂大軍聲援，有急則繼進。尋馳兵二百，降穆哈賚得秦七十戶，賜幣及珮飾。巴圖蒙克旋以疾卒于軍，子丹巴旌準襲。額琳沁從征，行至松樹塘病卒。諭曰："額琳沁所封輔國公，原非應襲之爵，但念伊雖未至軍營，中途溘逝，亦屬可憫，著加恩以其子旺布多爾濟襲。"時旺布多爾濟隨永常在西路軍先行。桑齋多爾濟等率輕騎繼進。車木楚克札勒由巴里坤至珠勒格圖,偕杜爾伯特公瑪什巴圖等,以兵三百前行,擒準噶爾宰桑伊勒巴爾屬,復奉薩拉爾檄偕阿拉善貝勒羅卜藏多爾濟、杜爾伯特貝勒色布騰,益兵七百,招降札哈沁宰桑敦多布。布魯古特台吉諾海奇齊克、輝特台吉敦博勒達克、噶勒雜特、宰桑哈薩克錫喇等,謀達瓦齊居格登,阻伊犂河,疾引兵,由博羅塔拉赴哈塔濟勒渡。車布登札布亦偕台吉達什,由察罕呼濟爾至集賽,擒宰桑齊巴漢,以三百騎疾馳至,遂奪其舟,渡大軍,合兵進擊。達瓦齊遁,諸將分路追捕,獨車布登札布率同部兵追至沙喇雅爾嶺而還。四月,成袞札布屯田兵,由額爾齊斯移駐伊蘇圖鏗格爾。七月,班師,屯田兵撤還。尋烏什阿奇木伯克霍集斯擒獻達瓦齊,阿睦爾撒納偕副都統額爾登額,以兵五百由穆色爾嶺往取,械達瓦齊詣軍,青袞咱卜偕賽因諾顏郡王納木札勒齊素嚨等,收達瓦齊游牧,獲其孥屬,並喇嘛六千餘。阿睦爾撒納謀據伊犂,潛與其黨納噶察,貽書哈薩克汗阿布賚,詭言統領蒙古漢兵駐伊犂,車布登札布責納噶察曰:"爾等匪奉天子命,反若自統兵至,可乎?"納噶察不從,車布登札布告班第飭易書,且密陳阿睦爾撒納擅奪宰桑鄂勒錐駞馬,借稱防禦哈薩克及布魯特,私調兵九千駐各路,諸狂悖狀,班第具以聞。葢阿睦爾撒納謀逆,同事者多不之察,獨車布登札布發其奸,頃之,詔偕其兄齊木庫爾等入覲。班第由尼楚袞軍營,遣額璘沁多爾濟等護之行。齊木庫爾窺阿睦爾撒納叛跡已著,密勸額璘沁多爾濟擒之,弗從,行至烏隆口,以將軍印授護行,稱歸牧治裝。額璘沁多爾濟信之,遣琳丕勒多爾濟從二十餘騎送歸,至察罕郭勒,阿睦爾撒納麾所部兵三百還攻,琳丕勒多爾濟等被圍,拔矢還射,奮勇鬭,賊不敢逼,奪路走歸,遇其後隊,邀擊之,獲阿睦爾撒納所用旗纛甲冑。賊遂由額爾齊斯河馳遁,額璘沁多爾濟追之不及。時桑齋多爾濟攜索倫、札哈沁兵千,自伊犂還,即馳赴額爾齊斯,收將軍印,擒賊黨阿喀察定進等。檄沿途汛兵護軍需并防新降厄魯特衆。三都布多爾濟以督辦軍需,駐烏里雅蘇台,聞叛,隨駐剳大臣阿蘭泰等馳赴札布堪,擒阿逆孥及其黨班珠爾、札木禪等。時固爾班和卓等賊衆千餘户，潛通烏梁海誘同逃，大軍猝與遇，分路掩擊，盡誅之。先是，上預知阿逆中途必叛，密諭班第選軍中威望大臣監送，班第奏額璘沁多爾濟老成可任，上以其人小有才，不更事，飭諭班第，至是果僨事。諭曰：“逆賊阿睦爾撒納已叛遁，額璘沁多爾濟率兵追捕，量亦無濟，著與齊木庫爾等，迴行入覲。”及至，議削爵，論斬。諭曰：“額璘沁多爾濟以札薩克親王、参贊大臣，膺監送阿睦爾撒納之任，齊木庫爾以逆謀既著，勸速擒治，乃恬不知警，反以彼雙親王，我單親王，不敢便宜從事爲辭，致逆賊兔脱。夫既爲國家叛賊，尚何雙親王之足論？且逆賊公然授印，率衆徑行，何至逾日始遁去，領兵追捕業已無及，試思此何等事，而有心貽悞至此，其心尚可問乎？核其情罪，萬無可逭。但念乃祖乃父，夙著勤勞，朕尚不忍加以顯戮，令其自盡，于是停襲王爵。”詔獎琳丕勒多爾濟之勇，封輔國公，賜孔雀翎并賚白金。授三都布多爾濟公品級，晉桑齋多爾濟親王爵。諭曰：“桑齋多爾濟以一少年，奮勇效力，甚屬可嘉。其祖丹津多爾濟，本繫親王，著加恩晉襲原爵。以車布登札布先發逆謀，晉封多羅貝勒。”班第之剿達瓦齊于伊犁也，道出阿爾台，以烏梁海潛附準噶爾，遣車布登沿途剿捕。至固爾班霜塔克及烏蘭布拉克、喀喇哈巴地，遇烏梁海副都統察達克屬得木齊綽罕，宰桑圖布慎屬得木齊、喀喇曼濟等衆盡降之。並獲巴朗從賊二百餘户，師旋。車布登偕副都統敦多卜率兵三百，由薩噶勒巴什嶺往收汗烏梁海汗，即烏梁海所居地也。宰桑郭爾卓輝鄂木布及布魯古特宰桑根都什，特楞古特宰桑瓜齊楞，皆率衆降。青袞咱卜又招降宰桑齊巴漢等，自是烏梁海地畧定，編新降旗分，補授總管，以青袞咱卜習烏梁海情，命總轄之。先是，巴朗叛逃，青袞咱卜追至和通鄂博率兵還，言巴朗由西路額琳哈畢爾噶遁，故追不及，至是巴朗就擒，青袞咱卜言盡妄，諭責之。五月，副都統齊旺、侍衛圖倫楚、納木札勒齊素嚨，各以兵追緝叛賊，巴朗就擒，札薩克圖汗部台吉齊巴克札布，偕宰桑烏勒木濟械送京師，賜孔雀翎。尋赴烏里雅蘇台聽調。阿逆黨克什木巴、蘇泰都噶爾擾伊犁，班第遇害。車稜拜都布、旺沁札布、貢格敦丹擊之，弗克，車稜拜都布、旺沁札布皆陣歿。土謝圖郡王齊巴克雅喇木不勒方由烏蘭呼濟爾運軍糧，馳援力戰，被執不屈。格埒克巴丕木勒、車布登齎敕往諭噶爾衆，被創，亦為所留。札薩克圖汗部輔國公多爾濟車登、賽因諾顔部協理台吉多爾濟，均被執。多爾濟車登脫歸，多爾濟留養於宰桑托克托博羅特家。有達瓦藏布者，阿逆族也，邀于路，復執之去，或言已降賊，命削爵嚴緝治罪。時定西將軍策楞，引大軍復赴伊犁，貢格敦丹突圍出，偕協理台吉博爾綽對，由珠勒都斯間道至軍。上念喀爾喀諸札薩克隨班第留駐伊犁，猝遇叛賊，以兵寡被圍，詔策楞傳旨慰諭，令歸遊牧示恤。貢格敦丹跽言，世受國恩，無可圖報，願擊賊自效，策楞代奏，許之。尋烏梁海逸賊，戕守汛侍衛貝多爾。時齊巴克札布率兵駐防奇爾吉斯諾爾，即偕根敦往捕，至察罕烏蘇，遇青衮咱卜自伊犁歸，與合兵赴巴斯庫斯，收撫烏梁海。時舊屬準噶爾之烏梁海散居汗哈屯等處，青衮咱卜宣揚上命，於是宰桑哈爾瑪什、瑪濟岱、納木札勒、保衮、莽噶拉克、納穆克布、珠庫鄂木等相繼降。敘功，車布登封多羅貝勒，齊巴克札布公品級，授德木楚克所部副將軍，偕副都統納木札勒，由塔密爾徙輝特、和碩特降衆于固爾班舒魯克防護之。八月，阿逆煽包沁部衆，總管阿克珠勒，副總管台拉克、和濟木呼哩等，叛應之，由索勒畢烏拉克沁，踰阿爾台，掠首汛侍衛齊徹布、台吉達瑪琳等牧產。成衮札布檄貢格敦丹，以兵四百，赴哈達青吉勒與協理台吉圖巴札布、察哈爾參領博碩郭勒等追擊之。駐臺大臣阿蘭泰檄會剿，車臣汗部札薩克巴雅爾什第偕達爾濟雅馳赴布拉罕路，擊斬台拉克、和濟木呼哩，擒阿克珠勒，俘其衆，以所獲還齊徹布等，詔嘉之。晉封巴雅爾什第和碩親王，達爾濟雅固山貝子，命巴雅爾什第赴科布多布延圖駐防，達爾濟雅由都固稜赴索勒畢烏拉克沁駐防。時包沁餘賊有竄伏烏隆諸界者，達爾濟雅偕副都統札爾杭阿等，以兵千餘，由阿爾台烏蘭嶺分捕，至額爾齊斯、庫克托輝盡擒之。布庫努特宰桑敦多克曼集等附逆，車木楚克札布偕台吉唐古特追擊之，誅其衆，復乘勝與旺布多爾濟剿叛黨阿巴噶斯、哈丹等遊牧，詔嘉其功，賜三眼孔雀翎。諭隨策楞由博囉塔拉復赴伊犁。九月，諭青袞咱卜率烏梁海兵，隨參贊大臣哈達哈剿阿逆。青袞咱卜請選兵五萬，俟來歲進剿。諭曰："前聞青袞咱卜諸事迎合阿逆，會降旨擒治，念其情尚可恕，旋諭停止，以觀後效。今詢阿逆屬人，供稱青袞咱卜實有以班第、薩拉爾參奏之處，通信阿逆，伊既從中漏洩，則聞其叛遁，心必惶懼。現今所請派兵追剿之説，不過借此姑延時日，著傳諭哈達哈遵前旨擒解來京。"方大軍之剿達瓦齊也，青袞咱卜與阿逆同隊，交甚暱。定北將軍班第，與參贊大臣薩拉爾，密奏阿睦爾撒納逆狀，青袞咱卜微聞之，私以相告。阿逆既叛，青袞咱卜潛遣烏梁海人諾爾布丹津赴阿逆所，至是事發，故有擒解之命。未幾，上追念其招撫烏梁海功，宥弗究。會烏梁海賊郭勒卓輝博博等，僞傳阿逆煽哈薩克阿布賚汗入寇，仍命青袞咱卜以參贊大臣隨哈達哈進剿，命旺布多爾濟隨定西將軍策楞，由博囉塔拉進剿阿逆，賜孔雀翎。

皇朝藩部要略卷之七

前史官壽陽　祁韻士　纂
寶山　毛嶽生　編次
江陰　宋景昌　校寫
平定　張　穆　覆審

外蒙古喀爾喀部要略五

二十一年春，達爾濟雅偕塔爾瑪善等，踰阿爾台剿阿逆，至布拉罕察罕托輝，偵知和碩特訥默庫叛，分兵屯和通鄂博哈布塔之伯爾克蘇伯口。訥默庫就擒，還屯塔密爾。四月，車木楚克札布自伊犂縛獻阿巴噶斯、哈丹戚屬，請駐巴里坤剿逸賊。諭曰："爾等自去歲效力軍營，往返勞頓，今不過弋捕逸犯，毋庸多人，可歸遊牧休息。"命復格埒克木丕勒札薩克輔國公爵，賜雙眼孔雀翎，並遣歸牧，與德木楚克會緝劫賊。詔車布登札布，以參贊大臣隨哈達哈率師剿哈薩克。有固爾班和卓者，奇爾吉斯宰桑也，攜千餘戶，潛赴烏梁海，車布登札布、車登三丕勒等邀擒之，因進兵哈薩克界。五月，達爾濟雅、納木札勒、齊蘇嚨等，由海喇蘭伯勒齊爾旺剿烏梁海之倡亂者，追至庫楚克及哈達什伯根，斬獲甚衆。車布登札布、達爾濟雅等，迎會哈達哈大軍于哈什拉克，諜哈薩克賊千餘，由巴顏山遁，偕土謝圖汗部台吉三都市多爾濟，追至伊什勒郭爾，及烏拉罕布木巴汗札爾會掩擊之，斬獲無算。上嘉車布登札布功，晉封多羅郡王。大軍抵烏梁海。青袞咱卜私攜所部兵還牧搆逆，且遣赴烏里雅蘇台軍煽衆喀爾喀令散歸。輝特逆賊普爾普、德濟特等，由固都爾格叛逃，齊巴克札布追擒之，復隨參贊大臣納穆札爾捕烏梁海逃衆。至阿固特，賊逸，尾擊之，歿於陣，事聞。諭曰："齊巴克札布歿于行陣，深堪嘉憫，著追封輔國公，賜銀三百兩治喪，視一品大臣例賜祭葬，入祀昭忠祠。其子巴圖濟爾噶勒襲爵,并授札薩克。"詔貢楚克札布由翁吉達什和碩解内札薩克焉,納烏里雅蘇台。自青衮咱卜屢干重譴,上不忍置之法,恩宥者三。至是叛蹟顯著,不可復逭。諭廷臣曰:"青衮咱卜受朕恩最深,去歲將軍大臣參奏阿逆,伊敢私自漏洩,百計趨承,以致阿逆趾高氣揚,肆行無忌。後于追緝之時,觀望退縮,妄言必得兩路出師五萬,方可追擒,種種乖謬,指不勝屈。前此屢欲擒治,念伊祖博貝,夙著勤勞,施恩寬宥。今無故自軍營擅歸,又揚言額璘沁多爾濟、達木巴札布等,治罪之後,衆心疑懼,而喀爾喀數年以來,皆以用兵爲累,以其怨望之私,托爲他人之説,妄行瀆奏,蔑法已極,斷難姑容,必當明正典刑,以示懲戒。著傳諭舒明、阿蘭泰,如已歸遊牧,可諭哈達哈等旋師往剿,如至舒明所駐地方,即降旨擒解。"青衮咱卜之叛,造僞符,撤汛兵,衆札薩克多爲所惑。延丕勒多爾濟子旺沁多爾濟等,並棄汛歸牧。土謝圖汗部貝勒達什丕勒,亦慮所屬遊牧被掠,由烏里雅蘇台軍營私歸,尋覺其詐,督兵往護臺汛。獨桑齋多爾濟,飭所屬安伍,察獲台吉阿雅喇所匿僞符,札薩克圖汗部台吉遜篤布,與車臣汗部札薩克台吉成衮札布亦察其詐,安堵如故。初,遜篤布等,以檄由德沁札布所至,疑與青衮咱卜通,以聞。諭曰:"僞檄流傳,或係他人假冒德沁札布之名,亦未可定,著加恩免究,飭令速歸舊汛,接理驛務,毋自貽悮。"遜篤布督兵嚴守各汛,誓以死拒,事聞。諭曰:"喀爾喀王公等,爲青衮咱卜所煽,多擅離職守,遜篤布等特一札薩克台吉耳,獨明大義,不肯附逆,誓死效力,朕甚嘉之,賜公品級,以示獎勵。"詔獎桑齋多爾濟之能,授北路參贊大臣,命往諭烏梁海總管赤倫,協擒青衮咱卜。土謝圖汗部貝勒達什丕勒復訐德沁札布所屬,乘閒劫馬,詔速擒賊贖罪。車布登將以兵會參贊大臣塔爾瑪善,赴烏蘭嶺追阿逆,未至,遽由納林喀喇歸牧,塔爾瑪善以聞。諭曰:"車布登係喀爾喀舊人,受恩最爲深重,今乃擅棄職守,私行逃歸,情甚可惡,著擒解來京治罪。"以賽因諾顔部札薩克台吉喇布坦、賫充札布、額琳沁、台吉旺舒克多爾濟守護汛地,督牧如故,並賜孔雀翎,命給牧夫口糧示奬。自諸札薩克棄汛後,驛路中梗,軍書旁午,不得達,經過官吏輒遇害。車木楚克札布督兵續遞,同部三等台吉噶瓦供給牲畜,爲之護送,且多捐馬助驛用,諸汛之路始通。詔晉封車木楚克札布多羅貝勒,賜噶瓦公品級。諭達什丕勒曰:"昨聞達什丕勒私歸遊牧,朕即料其不過爲浮言所惑,今果知悔悟,率兵接遞驛務,前咎不足深責,仍加恩晉封郡王品級,但驛站既係新設,非加意巡察,恐有遲誤,著達什丕勒會同總管達松阿等,悉心辦理。"七月,宣諭喀爾喀王公等曰:"青袞咱卜係獲罪斥革之人,復加恩令襲貝勒,並授副將軍。去歲從征伊犁,封授郡王,稍有人心,自當圖報,孰意深負朕恩,實出情理之外。此次辦理烏梁海,授爲參贊,予以自新之路,伊至烏梁海,並未擒獲鄂木布郭勒卓輝等,即撤兵還,雖自有哈達哈率兵往剿,伊即退還,無關輕重,但既爲參贊,並不奏請諭旨,亦未諮報將軍,率兵擅還,律以軍法,罪不容誅,且妄造浮言,煽惑衆聽,其心實不可問。試思辦理準噶爾一事,原爲喀爾喀經理長久之計,命將興師,以期一勞永逸,然選派爾部官兵,俱經賞給錢糧米石,購辦牲畜,何次不給價值,而伊乃以連年用兵爲累,是誠何心?至軍營賞罰,乃國家憲典所必行。達木巴札布係管理杜爾伯特遊牧之人,縱令巴朗遁走,諱匿不報,額璘沁多爾濟監視阿逆來京,明知叛跡已著,袖手旁觀,致令兔脱,二人情罪,斷無可逭,然猶不忍加以顯戮,令其自裁,此而曲爲寬貸,國法何在,伊乃謂成吉思汗裔,向不治罪,此語舛謬更甚,如朕宗室中有犯刑章者,朕又何嘗廢法耶。至於稍知奮勉,如巴雅爾什第、桑齋多爾濟及車布登札布等,則優封顯秩,賜賚便蕃,伊寧不聞之耶。本應除其屬衆,削其封爵,朕始終眷念舊勳,不忍遽令澌滅,所有貝勒爵,仍著施恩,以額琳沁子輔國公旺布多爾濟承襲。"先是,衆喀爾喀爲青袞咱卜所煽,棄汛私歸,或乘間肆劫,青袞咱卜又分遣其黨,誘厄魯特貝子朋素克、公丹拜及烏梁海總管赤倫、察達克等與同叛,及聞諭,無不悔悟乞罪。七月,詔旺布多爾濟就近擒獻青袞咱卜,諭曰:"逆賊青衮咱卜,背恩叛逆,所襲之爵,自不應復令承襲,但念此爵本係博貝所襲,且效力有年,不忍遽削,著加恩即令旺布多爾濟晉襲,青衮咱卜所屬盡轄之。"哈達哈追剿阿逆,擒達瓦藏布,多爾濟車登始脫歸,哈達哈以聞。諭曰:"去歲伊犁復叛,多爾濟車登力弱被擒,賊退後他人俱已全歸,伊獨弗至,朕意其順從阿逆,苟且偷生,不獨深負國恩,實爲衆喀爾喀之辱,是以令嚴緝治罪。今覽哈達哈奏,始知其被賊拘留,備經勞瘁,甚屬可憫,著加恩復其公爵,即隨哈達哈進征哈薩克。"協理台吉多爾濟亦還,詔封輔國公。多爾濟,貢格敦丹近族也。八月,以車臣汗所屬齊木齊格特人肆竊,命參贊大臣納穆札爾等往緝,寘之法。諭札薩克等曰:"朕因爾等不善經理遊牧,以致盜賊肆行,特命大臣前往督緝。念皆起于饑寒,復令發帑賑給貧户,以贍生業,爾等遊牧,始皆寧謐,恐爾等習于玩愒,徒知盜賊已除,不復爲貧者籌畫生計,又或目前尚知約束,日久漸至廢弛,當各統率所屬,詳察貧困之由,俾謀生有策,不至爲非,即有頑悍不悛之徒,亦當嚴加約束,有犯必懲,務令上下安全,共享昇平之福。"延楚布多爾濟不能戢賊,乞避居阿巴噶部界。詔喀喇沁部貝子瑚圖靈阿,會郡王德木楚克等嚴緝之。復諭廷臣曰:"齊木齊格特人所居,與呼倫貝爾甚近,原係延楚布多爾濟屬,因伊不能約束,妄生事端,若不盡行翦除,地方何由寧謐。著傳諭德木楚克等查出爲首倡亂之人,即正典型。餘亦無庸交該札薩克管轄,即賞給喀爾喀曾經效力之人爲奴,以示懲儆。"九月,命成衮札布復爲定邊左副將軍。先是,青衮咱卜陰謀逆,成衮札布首發其狀,獎賜珮飾。至是偕德沁札布檄調衆札薩克兵丁協剿,復令哲卜尊丹巴呼圖克圖,徧諭所部知大義,俾勿爲所惑,上嘉之,故有是命。并諭獎德沁札布,著交理藩院議敘。令速合兵擒剿,會哲卜尊丹巴呼圖克圖,以青衮咱卜悔罪乞宥具奏,詔弗許,青衮咱卜窘懼,爲擁兵自衛計,脅所屬伊克和托輝特、巴罕和托輝特、明噶特、哈柳沁、托斯、奢集努特六鄂拓克及烏梁海十六鄂拓克附己,大兵至,皆棄去。青衮咱卜攜孥由托濟走斯吉特,謀遁俄羅斯。諭旺布多爾濟："爾必無與逆賊同謀之事,朕可深信,昨據貝勒車布登札布屬人告稱逆賊令遷爾遊牧,爾雖聽從,並非有心附之,今大兵已抵和托輝特,爾若能擒獻,朕必加重賞,否即率屬速赴軍營,既可永受朕恩,且不墮爾祖博貝舊勳,況青袞咱卜屬人,不過脅從,若棄之來歸,概免治罪,爾其熟思審慮,善自為計,毋貽後悔。"丹津來朝,賜雙眼孔雀翎、黃馬褂,命乾清門行走。克什木等就擒。齊巴克雅喇木丕勒及格埒克木丕勒自伊犂還。諭曰："郡王齊巴克雅喇木丕勒,當逆賊倡亂時,能奮勇擊賊,馳援班第,朕甚嘉之,著加恩晉封和碩親王,遣歸遊牧,以示體恤。"閏九月,授桑齋多爾濟所部副將軍,諭歸遊牧。嚴緝棄汛肆劫逃兵。車木楚克札布解送駝馬助軍。諭軍需項內,折價賞給。命副都統濟福赴車臣汗部,會汗嘛呢巴達喇緝所部劫賊,適嘛呢巴達喇疾,濟福以聞。諭曰："嘛呢巴達喇年幼不更事,今既染疾,無庸俟其會緝,伊同族郡王德木楚克,現由軍營遣歸遊牧,著協同辦理。"青袞咱卜之叛,獨嘛呢巴達喇所屬台吉達瑪琳率子塔木楚克約從眾,無擅離軍汛者,詔諭獎之。琳丕勒多爾濟自科布多軍營調赴庫掄,協理俄羅斯邊事。十月,成袞札布奏多爾濟車登弩,與逆賊同居,應令由軍營速歸牧,示所屬毋惑,從之。冬,成袞札布集諸部兵,追剿青袞咱卜。以車布登擅歸遊牧,復詭病,不從剿青袞咱卜,請削爵論死。詔削貝勒,宥死。復劾齊巴克札布不赴調。詔削公品級。授巴勒達爾為所部副將軍。初,青袞咱卜之叛,檄杜爾伯特兵赴軍,賊揚言將盡擒喀爾喀王公治罪,巴勒達爾以遊牧密邇和托輝特,懼禍私歸,上鑒其無他,詔成袞札布,諭弗疑懼,令協剿青袞咱卜,遂有是命。十一月,成袞札布遣參贊大臣納穆札爾輕騎往追,旺布多爾濟亦率兵從,至杭哈將噶斯,擒青袞咱卜及其子車蘇隆多爾濟、齊旺札布、巴里械送京師。賊平。解德沁札布參贊大臣職。十二月,諭曰："親王成袞札布奉命討罪,實心效力,迅奏膚功,朕甚嘉之,著賞杏黃帶,封伊第四子占楚布多爾濟為世子,以獎忠勤。"尋命占楚布多爾濟代掌札薩克。青袞咱卜之叛也,其部贝勒车登札布助逆，上命二贼就擒後，籍所属给成衮札布，及弟郡王车布登札布等。成衮札布奏，和托辉特属六鄂拓克，并乌梁海十六鄂拓克，闻大兵至即解，尚知感戴。和托辉特辅国公旺布多尔济，係贝勒博贝嫡嗣，辅国公多尔济车登、台吉达什朋素克，係博贝从子，皆未附逆，请令辖青衮咱卜属，至车登札布助逆时，台吉诺尔布曾经谏沮，弗听，乃率众台吉驰赴乌里雅苏台军汛，诉世受国恩，誓不从贼。因率属由博罗哈卜齐尔赴察罕托辉游牧，供应驼马，亦极奋勉，请授札萨克，令辖车登札布属，庶伊等不致离析，各札萨克知感，自必严加钤束。诏奖协机宜，如议行。

二十二年正月，青衮咱卜伏诛，诸子皆连坐，特旨宥其幼子巴里。谕曰："逆贼青衮咱卜亲属，理应概予骈诛，但念伊祖原封贝勒，博贝之妻巴勒津，年逾八旬，孤苦无依，博贝曾著劳绩，不忍令其绝嗣，著加恩令巴里与之同居，免其正法，以示朕格外优恤至意。"诏授赛因诺颜亲王成衮札布定边将军，统大军赴巴里坤，剿辉特逆贼巴雅尔。谕曰："将军重任，甚难其人，成衮札布熟悉蒙古事宜，且深感朕恩，诚心报效，著授将军印，赐整装银五千两，伊子弟有愿随往者，听其指名具奏。此次进兵，非初进伊犁可比，现在贼势穷蹙，擒剿甚易，成衮札布勤劳已久，毋庸久驻行间，以示体恤。"成衮札布长子一等台吉额尔克沙喇从剿，诏封辅国公。春，遣车臣汗部公达尔济雅归牧。寻谕偕副都统济福，会缉所部劫贼。弭齐罕扣等于色布蒐勒，复由鄂煖郭勒擒贼塔瑚赉。命土谢图汗部额璘沁多尔济兄根札布多尔济，复世爵，改为札萨克固山贝子。根札布多尔济，敦多布多尔济长子，康熙末尚郡主，授和硕额驸。五月，土谢图亲王桑齐多尔济获弁汛兵二十七人，寘於法。命徧谕汛兵知之。五月，授札萨克图汗贝勒旺布多尔济副盟长。六月旺布多尔济随大军由巴里坤擒准噶尔叛贼呢玛于阿尔察图山，谕奖其功，赐郡王品级。八月，土谢图汗部公车登三丕勒驻防翁固尔诺尔，有台吉达玛琳者，其族也，附青衮咱卜叛。副将军亲王桑齐多尔济，率赛因诺颜郡王车布登札布等,奉詔往擒,未至,達瑪琳遁,車登三丕勒偕協理台吉占楚卜,由翁固爾諾爾馳追,縛以獻,桑齋多爾濟遣兵解赴京師,並獲獎賜。車臣汗郡王巴雅爾什第偵所部劫賊什等,竄呼倫貝爾之西墨爾根哈瑪爾,偕同部郡王德木楚克、公格坿克巴木丕勒等,掩擒之,置之法。敘功加一級,賚幣,賜德木楚克三眼孔雀翎。貝子延楚布多爾濟以溺職,詔削爵。車木楚克札布偕唐喀禄,奏言:"杜爾伯特貝勒巴圖博羅特、公舍稜、台吉阿喇善等,通阿逆,走額爾齊斯,不從其汗車凌徙牧,臣等偵得狀,偕副都統瑚爾起馳赴輝巴郎山後,擒巴圖博羅特,並剿烏梁海賊五十户,乃旋兵,赴塔爾巴噶台,緝哈薩克錫喇。"諭嘉其能和衷,且協機宜,以御用珮飾賜之,飭敘加級。秋,達爾濟雅扈駕木蘭行圍,授副盟長。九月,諭車木楚克札布偕車布登札布招降烏梁海宰桑博和勒、納木札勒等,札薩克圖汗部已革輔國公多岳特,單騎赴濟伯拉克堡偵賊,為所窘,不屈歸,詔授三等台吉,賜公品級。烏梁海内大臣察達克率兵四百往招,車木楚克札布檄布延圖兵百繼進,盡降之。有特勒伯克札爾納克者,阿勒坦諾爾之烏梁海宰桑也。聞之,亦攜屬至。詔車木楚克札布定貢賞例,宣示德意。九月,車布登札布請遣烏梁海大臣察達克,率兵四百,往招烏梁海博和勒、納木札勒等,復由布延圖軍選兵策應,上韙其議。十月,諭曰:"車布登札布辦理軍務,皆合機宜,較前大有進益,明歲進兵,著授兆惠為定邊將軍,代成衮札布,而以車布登札布為之副,即來京請訓。喀爾喀王公内有能協同辦事之人,伊即指名具奏,毋庸派兵,但將親隨人役,酌量足用,仍加恩賞銀二千兩,以備整裝之用。"成衮札布世子占楚布多爾濟卒,命其長子輔國公額爾克沙喇代掌札薩克。詔賽因諸顏親王德沁札布購馬解軍,同部貝子諾爾布札布獻馬助軍,得紀録,尋賜雙眼孔雀翎。一等台吉公品級齊旺多爾濟以病不能赴軍,請獻馬五百,免給值,上嘉其誠,賜貝子品級。十一月,旺布多爾濟卒于軍,土謝圖汗部一等台吉三濟札布亦以疾卒,成衮札布以聞。諭曰:"旺布多爾濟及三濟札布久駐軍營,黽勉行走,前曾降旨,令歸牧休息，今已溘逝，深堪憫惻。著加恩以旺布多爾濟之子車都布襲貝勒，仍賞郡王品級，賜銀五百兩治喪。三濟札布之一等台吉，亦令伊子三都布多爾濟承襲，并賞公品級，賜銀三百兩治喪。"車布登札布奏，札薩克圖汗部輔國公彌什克老成練事，請遣護杜爾伯特遊牧，從之。授札薩克圖汗部輔國公多爾濟車登所部副將軍參贊。詔札薩克圖汗部一等台吉根敦，偕參贊大臣唐喀祿護侍衛松達納赴哈薩克。授札薩克圖汗部二等台吉達什朋素克札薩一等台吉，析青袞咱卜屬，命轄之。初，青袞咱卜叛，馳報烏里雅蘇台軍，令設備，敘功，故有是命。詔札薩克圖汗部一等台吉諾爾布，駐防布延圖、額德格特汛。車布登札布奏派土謝圖汗部公品級札薩克台吉三都布多爾濟、一等台吉齊旺札布，賽因諾顏部札薩克台吉達什、一等台吉敦多卜、四等台吉庫爾奎等，隨征聽調。從之。十二月，成袞札布來朝，諭曰："成袞札布世篤忠貞，夙諳軍旅，前曾授定邊左副將軍，永居邊陲，嗣因巴雅爾作亂，授定邊將軍，統兵進剿。朕思北路軍營，關係甚重，自平定伊犁以來，拓地廣遠，統轄匪易，今復授為定邊將軍，駐守烏里雅蘇台，統領官兵綏柔邊境，其勖之。"賽因諾顏部貝子福保自伊犁歸，雍正間為準噶爾所掠，至是賊平，始得歸，賜公品級。先是，福保陷賊，其兄沙克都爾札布代襲貝子。福保，貝勒恭格喇布坦第四子。十二月，諭曰："車木楚克札布數年宣力戎行，勤勞懋著，近復招降烏梁海，善為撫納，著晉封多羅郡王。"賽因諾顏部札薩克一等台吉額墨根卒，子達什襲。是年，車臣汗部公格埒克以病罷，子貢楚克多爾濟襲。以和托輝特逆賊青袞咱卜既誅，諭札薩克圖汗部諸札薩克曰："前因青袞咱卜負恩背叛，散布流言，眾喀爾喀間有煽動，經朕訓諭，爾等旋知悔悟，各奉職守。今逆賊就誅，黨附人等，應分別治罪，以彰國憲。但爾等為國家臣僕百餘年，誤聽浮言，致干罪戾，並非有心附賊，免其查究，嗣後益宜仰朕恩，湔滌前愆，約束所屬，各安本業，綏靜邊隅，長享太平之福。"

二十三年正月，詔授郡王車布登札布定邊右副將軍，隨將軍兆惠由巴里坤進剿厄魯特餘賊，及逆回霍集占。二月，土謝圖汗部被災乏食。詔遣都統多爾濟齎銀萬兩賑之。土謝圖汗部親王參贊大臣桑齋多爾濟，赴庫倫協理俄羅斯邊境事。阿睦爾撒納斃俄羅斯，獻尸至界。詔土謝圖汗部郡王齊巴克雅喇木丕勒馳赴恰克圖驗視。定邊右副將軍親王車布登札布奉命進兵哈薩克，索叛賊哈薩克錫喇及布庫察罕，以土謝圖汗部札薩克三都布多爾濟數著戎績，奏請隨往，允之。車臣汗嘛呢巴達喇、札薩克圖汗部郡王巴勒達爾來朝，並命乾清門行走，賜嘛呢巴達喇三眼孔雀翎、黃馬褂及紫轡。尋偕桑齋多爾濟緝獲劫賊阿彌斯瑚等，賚幣。三月，賜定邊左副將軍親王成袞札布銀千兩，命攜孥赴軍。車布登札布率兵至伊犂，時叛酋阿睦爾撒納斃，逸賊阿巴噶斯、哈丹、舍稜、布庫察罕、哈薩克錫喇等未就擒，車布登札布奏遣兵赴哈什崆格斯搜逸賊。諭曰：「此等處所，伊犂進兵時俱已經過，何必重勞馬力，現今阿巴噶斯、哈丹及舍稜等俱未殲除，殊屬不知緩急，伊等當自知愧悟，益加奮勉。」車布登札布奏請赴塔爾巴噶台偵緝舍稜。諭曰：「當舍稜初遁時，伊等若即尾追，又有和碩齊堵截，必為擒獲，今已逋逃兩月餘，豈尚在塔爾巴噶台坐待追兵耶？可速赴額爾齊斯，與成袞札布等協力會剿。」尋諭赴博囉塔拉，緝阿巴噶斯、哈丹、布庫察罕、哈薩克錫喇，毋庸復至額爾齊斯。車木楚克札布奏，偕察達克勘烏梁海戶口，其得秦有十餘戶、二十餘戶不等，分置得木齊、收楞額等員，請并戶少者約四十戶，編得秦一。上知其悉烏梁海情，詔如所請。四月，車布登札布率賽因諾顏一等台吉達什等至伊犂，捕厄魯特餘賊。以土爾扈特台吉舍稜遁俄羅斯，詔成袞札布赴科布多會剿，時成袞札布已領兵三百赴布延圖追剿，奏至，諭獎之。夏，三都布多爾濟偕侍衛庫爾圖，率五十騎為大軍導，至和落霍斯偵賊據高岡，夾擊之，賊棄岡遁，追剿至昭達里克，賊眾盡降，馳疏告捷，賜孔雀翎。凱旋。以土爾扈特台吉舍稜、勞章札卜等叛逃，偕副都統鄂博什引兵百馳追之，至伊蘭博羅特圖喇，偵竄俄羅斯乃還。烏梁海總管阿拉善攜戶百餘叛逃，賽因諾顏部郡王品級車木楚克札布，率札薩克圖部公多岳特追擒。有車根者，亦烏梁海總管也，縛獻阿拉善，收其眾。烏梁海人恩克叛逃，命成衮札布調諸部兵擒獲，並賜銀幣。尋諭札薩克圖部公多爾濟車登偕參贊大臣福祿，緝烏梁海劫賊布爾古特、布格等擒之，並蒙獎賚。時烏梁海賊阿木古朗等劫馬，札薩克圖部札薩克達什朋索克護所屬，福祿劾之，詔削札薩克留軍效力，尋隨福保，追擒阿木古朗等，寘于法，詔宥前罪，仍授札薩克。靖逆將軍雅爾哈善剿庫車逆回，札薩克圖部一等台吉朗衮札布，偕台吉額琳沁率兵八百繼進，由巴掄沙札爾至積噶托果納擊賊援兵，斬獲甚眾，諭嘉之，封輔國公。尋克庫車，朗衮札布邀擊逃賊，無脫者。復隨定邊將軍兆惠進師葉爾羌，至呼爾滿擊賊，敗之。晉封鎮國公，賜雙眼孔雀翎。定邊左副將軍親王成衮札布，劾札薩克圖汗部一等台吉根敦緝盜馬賊弗獲，詔奪俸。時賽因諾顏參贊大臣親王德沁札布，緝獲盜馬賊瑪塔克，加級，賚幣。六月，車布登札布奏，收服烏魯特得木齊托羅和卓六十餘戶于哈什河。諭即策應兆惠，會布庫察罕為哈薩克部人察哈瑪巴圖爾所擒。諭曰："前諭車布登札布不必往追舍稜，俟擒布庫察罕等，即策應兆惠。今聞布庫察罕見擒于哈薩克，則哈薩克錫喇亦必竄伏其地，車布登札布速由塔爾巴噶台，檄諭哈薩克阿布賚汗，將哈薩克錫喇一體擒獻。"先是，哈薩克錫喇及宰桑鄂哲特等，潛遁和落霍斯，聞追急，度不得脫，悉眾據高岡，侍衛瑪琥等以我兵少，請待其走攻之，車布登札布持不可，麾兵進擊，擒鄂哲特，哈薩克錫喇僅以身免，斬獲甚眾，捷聞。詔以其父超勇號賜之。賜達什公品級，命車木楚克札布護理盟長印，偕親王成衮札布剿詭降之土爾扈特台吉舍稜，偵遁俄羅斯，乃還。七月，鄂哲特械至，供稱副將軍車布登札布身先士卒，所向無前，上愈嘉歎，賜金黃帶。諭曰："車布登札布奮勇剿賊，以少克敵，不愧超勇之目。前者舍稜逃遁，伊未及尾追，諒因不能兼顧，亦事勢使然，此時布庫察罕料哈薩克自必縛獻，惟聞哈薩克錫喇逃西哈薩克部之特柳克，參贊大臣富德兵少窮追，似屬可虞。

昨諭車布登札布策應,自應前往,但亦須酌量馬力,儻有不足,即撤兵,與富德暫回伊犁,再圖進取。朕於他人,每降旨督催,伊天性勇往,故降此旨,著傳諭知之。"是月,車布登札布由固爾班察爾進屯阿布勒噶爾,哈薩克縛獻布庫察罕。車布登札布因請馳赴阿克蘇,策應將軍兆惠,命還駐伊犁,晉親王品級。八月,車布登來朝,諭曰:"原封貝勒車布登,係附和逆賊青衮咱卜之人,原應按律治罪,朕因其平日爲人愚昧,又年老可矜,從寬只令削爵,仍許其子承襲輔國公,伊悔罪感恩,抒誠入覲,念前此曾經宣力,積有勤勞,著加恩賜公品級,遣歸遊牧。"九月,諭曰:"撫定回部,已有兆惠、納穆札爾等自易竣事,車布登札布軍營效力已久,撤兵後即歸遊牧休息。"烏梁海總管阿拉善、恩克等叛竄,車木楚克札布偕札薩克圖汗部公品級多岳特,分勦阿拉善及恩克屬就擒,諜恩克竄哈屯河,疏請暫歸阿勒和碩屯駐,冬雪後賊必就擒,許之。十二月,成袞札布奉詔購駝馬,解巴里坤。授三都布多爾濟所部副將軍、參贊,協理俄羅斯邊境事。尋署副將軍,以擒獲厄魯特逃賊珠卓木等,賚幣。車木楚克札布果擒恩克,賚幣。是年,土謝圖汗延丕勒多爾濟卒,從子車登多爾濟襲。

皇朝藩部要略卷之八

前史官壽陽　祁韻士　纂
寶山　毛嶽生　編次
江陰　宋景昌　校寫
平定　張　穆　覆審

外蒙古喀爾喀部要略六

二十四年正月，命土謝圖汗部郡王副將軍桑齋多爾濟督解駝馬，送烏里雅蘇台軍營。二月，桑齋多爾濟請以茶布易俄羅斯馬，詔如所請。輔國公齊旺多爾濟擒自喀喇木蘭叛逃之厄魯特丹巴等，諭獎之，賜雙眼孔雀翎。嗎哈沁盜薩拉布拉克汛馬，詔賽因諾顏部郡王車布登札布越阿爾台，沿途偵緝阿巴噶斯、哈丹及綽囉斯。台吉烏勒木濟、車木楚克札布參贊其軍。親王成衮札布奏遣長子額爾克沙喇偕參贊大臣札隆阿分路繼進。諭曰：「額爾克沙喇奮勇有爲，朕所深知，與其同行，不若獨往，庶無掣肘，可即赴札隆阿營代領其衆，但車布登札布已先行兩月餘，盜馬賊人又非大隊，著暫停前進。」成衮札布亦奏言，時近秋，若令額爾克沙喇赴車布登札布處，馬力疲，且薩拉布拉克汛邇被掠，額爾克沙喇業起兵，請自烏嚕木齊赴察拉垓等處，牧馬緝賊，兼令台吉烏木布濟率兵策應，報可。夏四月，詔車布登札布由塔爾巴噶台赴特穆爾圖諾爾，協剿霍集占，會將軍兆惠已率兵進葉爾羌。諭車布登札布由博羅呼濟爾，還駐伊犂。七月，命額爾克沙喇赴哈薩克部界偵禦。札薩克圖汗部公品級多岳特隨車布登札布赴伊犂，追捕嗎哈沁賊。一等台吉車都布多爾濟從額爾克沙喇捕嗎哈沁賊。車臣汗部二等台吉衮布札布擒嗎哈沁賊珠靖特穆爾，獎賚幣。車都布多爾濟尋隨杜爾伯特郡王車稜烏巴什等，追剿烏梁海宰桑庫克辛，盡降其衆，詔嘉之，命乾清門行走。先是,烏梁海人郭木薩,以擅殺懼罪,遁俄羅斯,車都布多爾濟追至和寧嶺縛之獻,至是并賚幣示獎。八月,詔賽音諾顏親王成袞札布安置新撫烏梁海衆。貝子品級齊旺多爾濟父德沁札布奏本旗丁户滋衆,請增編佐領,授齊旺多爾濟轄,別爲一旗。詔從其請,授札薩克。十月,以車布登札布追剿嗎哈沁不力,傳旨訓飭。回部底定,命成袞札布宣諭衆喀爾喀知之。十一月,成袞札布奏撤布延圖兵還烏里雅蘇台。十二月,成袞札布、車布登札布、車木楚克札布召覲京師,賜宴,獎賫遣歸。尋授車布登札布所部副將軍。先是,青袞咱卜之叛,車臣汗部鎮國公成袞私歸遊牧,議削爵,詔赴鄂爾坤效力贖罪,至是卒。諭曰:"成袞自獲罪後,雖無效力之處,但念伊卒于軍營,究屬可憫,著伊子德木楚克降襲札薩克一等台吉,不必仍襲公爵。"

二十五年,車臣汗部札薩克輔國公格埒克巴木丕勒來朝,晉鎮國公,賜黄馬褂。札薩克固山貝子旺沁札布以輕刑斃命,削札薩克,詔以其弟一等台吉貢素嚨札布襲,別封旺沁札布爲閒散鎮國公。復授車臣汗部人納旺伊什、桑齋璘沁札薩克一等台吉。諭曰:"納旺伊什與桑齋璘沁削職後,留居軍營效力有年。現在軍營無事,伊等所獲之罪,不過昏愚所致,著加恩給還原職。"烏梁海爲哈薩克部人巴圖克巴圖爾所掠,賽因諾顏部公額爾克沙喇獲被掠者,詰之,告以烏梁海遊牧遠,以故被掠,且哈薩克汗阿布賚遣使至,欲擒獻巴圖克巴圖爾。諭曰:"額爾克沙喇久駐哈薩克界,可撤兵還,即以朕旨宣諭曰:'劫掠烏梁海,係巴圖克巴圖爾一人所爲,與其部長無涉,使彼知之。'"尋車布登札布偕車木楚克札布擒獲巴圖克巴圖爾,札薩克圖汗子公品級齊旺巴勒齋扈駕木蘭行圍,賜孔雀翎。郡王巴勒達爾及子齊旺巴勒齋,賽因諾顏部貝子品級齊旺多爾濟,車臣汗部二等台吉袞布札布,扈駕木蘭行圍,命巴勒達爾射,賜三眼孔雀翎及黄馬褂,齊旺多爾濟雙眼孔雀翎,賜齊旺巴勒齋、袞布札布孔雀翎。袞布札布,格埒克巴木丕勒長子。命賽因諾顏親王副將軍車布登札布圖形紫光閣,御制贊曰:"拍馬彎弓,無敵所向。不曾讀書,如古名將。

和落霍斯,少勝衆彼。超勇親王,額駙之子。"是年,賽因諾顏部公三都克車木伯勒以病罷,子車登札布襲。土謝圖汗部札薩克固山貝子根札布多爾濟卒,詔其子車布登多爾濟襲固山貝子,弟格齋多爾濟襲札薩克,別授公品級。賽因諾顏部札薩克多羅貝勒納克札勒齊素嚨卒,第三子齊默特多爾濟襲。

二十六年三月,賽因諾顏親王奏,喀爾喀汛舊設阿爾台,今準夷回部底定,向時戍區,俱成內地,請展札哈沁、烏梁海、喀爾喀等汛,資耕牧業。詔會勘。尋奏奈曼明安至廋濟、察罕布爾噶蘇所設汛,宜展至烏嚕木齊。烏梁海內大臣察達克等,勘巴顏珠爾克至烏拉克沁伯勒齊爾,及烏嚕木齊可設汛十五,俱相隔百里為率。軍機大臣遵旨議,奈曼明安舊汛,應遠徙,但千里長途,喀爾喀難遥制,應將附近烏嚕木齊之烏爾圖布拉克、賽塔喇、納里特、濟木薩四汛,令索倫綠旗兵駐防。其蘇伯昂阿至烏拉克沁伯勒齊爾十一汛,令成衮札布督理,從之。土謝圖汗部副將軍郡王桑齋多爾濟妄奏定邊左副將軍親王成衮札布選兵弗公,訓飭之。尋奉命赴恰克圖購馬,時車臣汗部一等台吉貢楚克札布,督牧軍駝。尋命赴恰克圖,助桑齋多爾濟購馬事。有劫賊羅卜藏錫喇布者,冒章嘉呼圖克圖名,沿邊肆擾,車臣汗嘛呢巴達喇擒送京師,賚幣。車臣汗部貝勒丹津由烏里雅蘇台解馬赴巴里坤。札薩克圖汗部公品級多岳特解軍需赴伊犂,濟貝子額爾克沙喇軍。以葉爾羌之捷,賜札薩克圖汗部凱宴。鎮國公朗衮札布留駐軍營,頒賜銀幣。賽因諾顏公額爾克沙喇解伊犂牲畜,道斃議價,詔免其半。以賽因諾顏副將軍郡王車布登札布剿嗎哈沁色布騰逸走,追不力,訓飭之。會俄羅斯獻色布騰,仍賚之幣。命同部郡王車木楚克札布子貢楚克札布扈駕木蘭行圍,賜孔雀翎。十二月,授車布登札布副盟長。

二十七年,札薩克圖汗部札薩克一等台吉諾爾布解軍駝赴伊犂。賽因諾顏部親王品級車布登札布奉使西藏。同部輔國公多爾濟自遊牧復赴伊犂軍營,道卒,子沙克都爾札布襲。賜土謝圖汗部郡王齊巴克雅喇木丕勒次子齊巴克多爾濟公品級。土謝圖汗部札薩克輔國公蒙固以病罷，子索諾木辰伯勒襲，同部札薩克一等台吉齊巴克札布亦以病罷，子額琳沁多爾濟襲。尋扈駕木蘭行圍，賜孔雀翎。時賽因諾顏部貝勒齊默特多爾濟亦在行圍。諭曰："齊默特多爾濟之始祖袞布，本喀爾喀舊札薩克，首先來歸，封郡王爵，嗣降襲貝勒，已歷四世，著加恩令其世襲罔替。"

二十八年，札薩克圖汗子齊旺巴勒齋署盟長。土謝圖汗部公車登三丕勒赴恰克圖駐防。札薩克圖汗部鎮國公朗袞札布以展汛界，偕烏梁海內大臣察達克，由巴顏珠爾克至烏拉克沁伯勒齊爾及烏嚕木齊路，定十五汛，俱相隔百里爲率。詔如議。尋與土謝圖汗部輔國公車布登多爾濟，同部公三達克多爾濟長子車稜多爾濟扈駕木蘭行圍，賜黃馬褂，命乾清門行走。車布登多爾濟等，賜孔雀翎。賽因諾顏部親王成袞札布來朝，以督理烏梁海與哈薩克互市，協夷情，諭獎之。先是，賽因諾顏部貝勒佛保陷賊，其兄沙克都爾札布代襲貝子，至是沙克都爾札布卒，其子敦多布多爾濟與佛保入覲。詔敦多布多爾濟襲貝子，而封佛保爲輔國公，命乾清門行走。是年，札薩克圖汗部札薩克一等台吉根敦卒，子車都布多爾濟襲。尋命防護杜爾伯特遊牧。

二十九年四月，賽因諾顏親王成袞札布奏烏里雅蘇台舊城圮，應增修，報可。詔授札薩克圖汗部郡王品級貝勒車都布盟長，賜同部署盟長齊旺巴勒齋黃馬褂。七月，以成袞札布鞫索倫逃兵未疏奏，訓飭之。土謝圖汗部札薩克達瑪琳札布扈駕木蘭行圍，賜孔雀翎。十一月，成袞札布復奏烏里雅蘇台土浮，難興版築，舊城在齊格爾蘇特、烏里雅蘇台二河間，應照舊造木城，增高丈六尺，厚一丈，周圍共五百丈，內外排木柵，中實土，東西南各置門，北迎河，掘溝引水環之，即以溝土築城，報聞。是年，土謝圖汗部札薩克輔國公三達克多爾濟卒，長子車稜多爾濟襲。賽因諾顏部札薩克輔國公車登札布卒，詔其父三都克車木伯勒仍復原職。

三十年，車臣汗瑪呢巴達喇來朝，命御前行走。命札薩克圖汗部副將軍郡王巴勒達爾御前行走，賜同部郡王車都布黃馬褂。授土謝圖汗車登多爾濟所部副將軍，同部郡王齊巴克雅喇木丕勒盟長，兼所部副將軍。土謝圖汗郡王桑齋多爾濟議私與俄羅斯互市罪。詔削爵。尋命復封多羅郡王。土謝圖汗部公車布登多爾濟轄烏里雅蘇台軍營學舍。車臣汗部貝勒達克丹多爾濟扈駕木蘭行圍，賜雙眼孔雀翎。是年，土謝圖汗部輔國公齊旺多爾濟卒，仍令其父車布登襲。札薩克圖汗部一等台吉噶爾丹達爾札卒，子拉克沁噶喇襲。詔授札薩克，給印，編佐領一，隸喀爾喀札薩克圖汗部，以札克畢賴色欽畢都哩雅諾爾盟長轄之。

三十一年，命土謝圖汗車登多爾濟乾清門行走，賜三眼孔雀翎及黃馬褂。土謝圖汗部札薩克一等台吉車布登以私易所解達哩剛愛馬，爲同部親王桑齋多爾濟所劾，詔削職，其子不得襲，以弟車登襲。札薩克圖汗部公品級喇布坦以老罷，子鎮國公朗袞札布卒，孫索諾木多爾濟襲公品級札薩克一等台吉，尋襲鎮國公。同部鎮國公旺舒克以病罷，子拉旺多爾濟降襲輔國公。札薩克圖汗部札薩克諾爾布送馬四千赴烏嚕木齊。賽因諾顏部親王成袞札布長子貝子品級額爾克沙喇卒，成袞札布以額爾克沙喇子阿穆爾拜、車布木達什幼，其弟伊什札木楚諳旗務，奏請襲爵，并遣入覲，許之，詔停襲貝子品級，以伊什札木楚襲輔國公，阿穆爾拜、車布木達什各授一等台吉。二十二年，成袞札布奏同部輔國公達什督驛稱職。諭獎之，賜孔雀翎。至是復以哈什圖五站雪盛損畜，達什酌撥各遊牧餘馬，供使無悮。詔晉封達什鎮國公。是年，賽因諾顏親王成袞札布，奏所部來歸初，親王善巴爲同族長，又世掌丹津喇嘛所遺印，請視三汗例，以善巴曾孫親王諾爾布札布襲賽因諾顏號，詔允其請，追襲其祖圖蒙肯所遺賽因諾顏號，賜之印，俾與土謝圖汗、車臣汗、札薩克圖汗均世襲罔替。尋授所部副將軍。

三十二年，賜札薩克圖汗兼多羅郡王巴勒達爾杏黃轡，命其子齊旺巴勒齋乾清門行走。賜土謝圖汗部札薩克一等台吉袞楚克車璘黃馬褂。賽因諾顏部輔國公伊什札木楚扈駕木蘭行圍,賜黃馬褂,命乾清門行走。是年,車臣汗嘛呢巴達喇卒,弟車布登札布襲汗來朝,命乾清門行走。車臣汗部鎮國公格埒克巴木丕勒長子二等台吉袞布札布擒逃賊圖什爾格,賚幣。土謝圖汗部貝子達什丕勒奉命赴瀚海,督牧軍駝。

三十三年,授車臣汗車布登札布盟長。札薩克圖汗署盟長齊旺巴勒齋,轄烏里雅蘇台軍營學舍。賽因諾顏部親王車布登札布入覲,賜第京師。

三十四年,賽因諾顏部公品級三等台吉噶瓦卒,理藩院議停襲,詔仍以其子桑濟襲。命土謝圖汗車登多爾濟御前行走,賜紫轡。土謝圖汗部公品級齊巴克多爾濟扈駕木蘭行圍,賜孔雀翎,授札薩克圖汗部盟長郡王車都布所部副將軍。賜車臣汗車布登札布三眼孔雀翎及黃馬褂。土謝圖汗部郡王丹忠多爾濟扈駕木蘭行圍,賜三眼孔雀翎。是年,土謝圖汗部札薩克輔國公車布登卒,孫齊素嚨多爾濟降襲札薩克一等台吉。札薩克圖汗巴勒達爾卒,子公品級齊旺巴勒齊襲,兼多羅郡王,尋授盟長。同部札薩克一等台吉達爾巴圖亦以病罷,子達什琳沁襲。賽因諾顏部札薩克輔國公三都克車木伯勒卒,孫噶爾瑪襲。噶爾瑪,車登札布子。同部札薩克鎮國公貢格敦丹卒,子當蘇嚨襲。

三十六年,授賽因諾顏郡王車布登札布定邊左副將軍,尋授盟長。同部郡王車木楚克札布所部副將軍。車臣汗部札薩克輔國公格埒克巴木丕勒卒,子袞布札布襲。札薩克圖汗部公瑪哈巴拉扈駕木蘭行圍,賜孔雀翎。賽因諾顏部親王成袞札布卒,賜銀千兩治喪。子七,長額爾克沙喇,封貝子品級輔國公,次伊什札木楚,襲輔國公,次敏珠爾多爾濟,封公品級,次占楚布多爾濟,封世子,次納瑪愷多爾濟,授一等台吉,次德埒克多爾濟,封輔國公,次拉旺多爾濟,尚固倫和靜公主,授固倫額駙,賜雙眼孔雀翎,尋封世子,命御前行走。

至是襲札薩克和碩親王。仍命輔國公伊什札木楚克代掌札薩克。同部輔國公佛保卒,子三丕勒敦多克襲。

三十七年,賜土謝圖汗車登多爾濟金黃轡。郡王丹忠多爾濟卒,無嗣,弟齊巴克札布襲。公車登三丕勒長子拉素嚨多爾濟扈駕木蘭行圍,賜孔雀翎。命賽因諾顏部郡王車木楚克札布長子貢楚克札布乾清門行走。

三十八年,賽因諾顏副將軍車布登札布以牟利,為同部貝子品級齊旺多爾濟所訐,詔罷左副將軍職。先是,齊旺多爾濟凌其兄親王諾爾布札布,為車布登札布所斥,故深憾之。

三十九年,土謝圖汗部貝子車布登多爾濟卒,子遂篤布多爾濟襲。賜土謝圖汗部公車㮶多爾濟黃馬褂。同部札薩克敦多布多爾濟扈駕木蘭行圍,賜孔雀翎。賽因諾顏部親王額駙拉旺多爾濟偕大學士舒赫德剿山東逆賊王倫。賽因諾顏親王品級車布登札布年七十,賜無量壽佛及珊瑚、朝珠、四團龍服。

四十年,命車臣汗車布登札布御前行走。賜札薩克圖汗齊旺巴勒齋三眼孔雀翎。

四十一年,土謝圖汗部郡王齊巴克札布、札薩克齊素嚨多爾濟扈駕木蘭行(圖)〔圍〕,賜齊巴克札布三眼孔雀翎,齊素嚨多爾濟孔雀翎。

四十二年,授土謝圖汗車登多爾濟盟長;郡王桑齋多爾濟所部副將軍,子永丹多爾濟初授一等台吉,教養內廷,至是命乾清門行走,賜孔雀翎。是年,土謝圖汗部札薩克和碩親王齊巴克雅喇木丕勒卒,子齊巴克多爾濟襲。札薩克輔國公車登三丕勒卒,子拉素嚨多爾濟襲。

四十三年,授土謝圖汗部親王齊巴克多爾濟所部副將軍,賜三眼孔雀翎、黃馬褂。札薩克多羅郡王桑齋多爾濟卒,子永丹多爾濟襲,命御前行走,賜三眼孔雀翎。是年,扈駕木蘭行圍,賜黃馬褂。尋尚郡君,授多羅額駙。輔國公拉素嚨多爾濟督理烏里雅蘇台軍營學舍。賜札薩克圖汗齊旺巴勒齋子貝喇特納公品級。是年，賽因諾顏部札薩克多羅郡王車木楚克札布卒，子貢楚克札布襲。

四十四年，授土謝圖汗部郡王齊巴克札布副盟長，兼署所部副將軍，同部貝子遜篤布多爾濟命乾清門行走，尋偕賽因諾顏部郡王貢楚克札布扈駕木蘭行圍，賜貢楚克札布三眼孔雀翎及黃馬褂。遜篤布多爾濟雙眼孔雀翎，尋授副盟長及參贊。是年，札薩克圖汗部札薩克一等台吉達什朋素克卒，子袞布札布襲，扈駕木蘭行圍，賜孔雀翎。授賽因諾顏親王品級車布登札布議政大臣。上追念其擊賊和落霍斯功，命繪戰圖賜之。

四十五年，土謝圖汗部札薩克輔國公索諾木辰伯勒卒，子巴克巴札布襲。車臣汗部多羅貝勒丹津卒，長子車稜多爾濟襲，同部札薩克固山貝子達爾濟雅卒，子索諾木旺札勒多爾濟襲。賽因諾顏郡王車布登札布以擅請展牧界削親王品級。賽因諾顏部札薩克輔國公達什卒，子喇嘛札布襲。

四十六年，詔喀爾喀世爵視內札薩克四十九旗例，理藩院遵旨議，首以土謝圖汗請。諭曰："土謝圖汗車登多爾濟之始祖察琿多爾濟來歸時，仍留汗號，嗣是子孫承襲，將及百年，著加恩世襲罔替，諸王公並同此例。"諭土謝圖汗部郡王齊巴克札布曰："齊巴克札布之始祖固嚕什喜，當噶爾丹作亂時，首先來歸，聖祖仁皇帝念其爲喀爾喀舊札薩克，優封郡王，伊子孫承襲，今已四世，著加恩令其世襲罔替。"諭貝子遜篤布多爾濟曰："貝子遜篤布多爾濟之先，原係王爵，因額璘沁多爾濟身獲重罪，削爵停襲。朕念伊祖父舊勳，不忍令其遽盡，是以特令降襲貝子，著加恩世襲罔替。"諭和碩親王齊巴克多爾濟曰："齊巴克多爾濟之祖父，宣力戎行，屢著勞績，由札薩克台吉洊封和碩親王，著加恩令其世襲罔替。"理藩院議拉素嚨多爾濟、車稜多爾濟所襲輔國公，係恩封，出缺時，請降襲。諭曰："拉素嚨多爾濟之曾祖車稜巴勒，蒙聖祖仁皇帝格外鴻恩，特封公爵，承襲有年。朕于車稜巴勒子巴木丕勒多爾濟出缺時，不忍削去，是以仍令其子車布登三丕勒及孫拉素嚨多爾濟相繼承襲，今若照議降襲，朕心殊爲不忍，著加恩世襲罔替。"諭車稜多爾濟曰："輔國公車稜多爾濟之父三達多爾濟，朕因其爲親王丹津多爾濟子，封授公爵，復因效力軍營，送馬無悮，晉貝子品級。車稜多爾濟襲爵時，已削去貝子品級，今若復令降襲，朕心殊爲不忍，即云世襲罔替，於例不符，此亦惟視車稜多爾濟效力如何，若于烏里雅蘇台值班等事，奮勉出力，毫無貽悮，仍許承襲公爵，俟出缺時，奏聞請旨。"諭札薩克輔國公巴克巴札布曰："巴克巴札布所襲輔國公，係其祖旺布效力軍營，晉封之爵，著加恩令其世襲罔替。"理藩院議三都布多爾濟所襲公品級，例弗應世襲，俟出缺時請旨，詔如議。諭車臣汗曰："車臣汗車布登札布之曾祖烏默客來歸時，仍留汗號，子孫至今承襲，將及百年，著加恩世襲罔替。"理藩院議車稜多爾濟所襲貝勒，係恩封，出缺後請降襲。諭曰："車稜多爾濟所襲貝勒，雖與初封及有功襲封者不同，但此原係朕施恩封授伊父丹津之爵，丹津又係車臣汗垂札布弟，原任郡王貢格三丕勒之子，是以出缺後，仍著車稜多爾濟承襲，今若照議降襲，朕心殊爲不忍，著加恩世襲罔替。"諭索諾木旺札勒多爾濟曰："索諾木旺札勒多爾濟之始祖布達札布，原封貝子，洊封貝勒，出缺時降襲公爵，嗣因達爾濟雅效力軍營，勞績懋著，復授貝子，且令其子索諾木旺札勒多爾濟承襲，著加恩世襲罔替。"諭袞布札布曰："袞布札布之父格埒克巴木丕勒，原襲輔國公，以軍務獲罪削爵，嗣因赴伊犁奮勉效力，復予原職，經朕特降旨，晉封鎮國公，出缺時，既經照例減等承襲，著即將札薩克輔國公爵，恩予世襲罔替。"諭貢素嚨札布、旺沁札布曰："旺沁札布之閒散鎮國公與貢素嚨札布之札薩克台吉，原係其祖阿南達所封貝子，遞行改授之爵，著加恩予世襲罔替。"諭貢楚克多爾濟曰："貢楚克多爾濟所襲公爵，原係其祖車稜旺布抒誠效力所封，朕體世宗憲皇帝推恩之意，不忍削除，故令兩代承襲，著恩予世襲罔替。"諭札薩克圖汗齊旺巴勒齋曰："札薩克圖汗號，因策旺札布獲罪削爵，伊族弟格埒克延丕勒承襲，至齊旺巴勒齋已襲三世，其郡王爵,又係齊旺巴勒齋始祖朋素克喇布坦來歸時所封,俱著恩予世襲罔替。"理藩院議多岳特所封公品級,例弗予襲。諭曰:"三等台吉多岳特原襲伊父格色克輔國公爵,因獲罪後在軍營效力,又招降烏梁海,朕復施恩賜公品級,雖于例不應承襲,但削除朕復不忍,俟出缺時,詳察有無功過,另降諭旨。"諭:"車都布所襲貝勒,原因博貝軍營效力,由輔國公晉封之爵,著加恩世襲罔替,其郡王品級,係因車都布之父旺布多爾濟效力所加,出缺時,朕不忍即行削除,是以仍令承襲,但即令世襲罔替,于例又不可行。著暫令承襲如故,俟出缺時再行請旨。"諭瑪哈巴拉所襲鎮國公,係其祖諾爾布班第獲罪降襲之爵,拉旺多爾濟所襲輔國公,係由初封貝子降等承襲,拉沁蘇嚨所襲札薩克輔國公爵,係其祖索諾木伊斯札布效力軍營所封,巴圖濟爾噶勒所襲札薩克輔國公,係因其父齊巴克札布軍營效力被傷陣殁所封,索諾木多爾濟所襲札薩克鎮國公爵,係其祖父效力軍營所封,均著加恩予世襲罔替。諭賽因諾顏親王曰:"諾爾布札布所襲親王,係其曾祖善巴來歸後,從征噶爾丹有功,由郡王晉封之爵,賽因諾顏又係伊部舊號,著加恩予世襲罔替。"諭車登札布曰:"車登札布父親王諾爾札布未襲親王時,曾賜公品級,因追剿包沁有功特封貝子,朕念此爵係伊本身效力所得,是以于伊既襲親王之後,仍令車登札布襲鎮國公,著加恩世襲罔替。"先是,親王德沁札布獻馬助軍,諭議敘。尋議親王爵無可加,應于伊子內選一人,賞公品級。德沁札布因以其第三子三丕勒多爾濟請,許之。至是,理藩院議三丕勒多爾濟所授公品級,例弗應世襲,俟出缺時請旨,詔如議。諭伊什札木楚曰:"伊什札木楚所襲輔國公,係伊兄額爾克沙喇效力軍營所封之爵,著加恩令其世襲罔替,出缺後,仍以額爾克沙喇子,請旨承襲。"諭三丕勒敦多克所襲公爵,係因伊父佛保陷賊復歸加恩所封,著令其世襲罔替。諭車布登札布曰:"車布登札布敦歷戎行,戰功懋著,由台吉洊封郡王兼授札薩克,著加恩予世襲罔替。"諭貢楚克札布曰:"貢楚克札布始祖托多額爾德尼原封公爵,嗣因貢楚克札布父車木楚克札布敭歷戎行，勳猷卓著，由鎮國公洊封郡王，著加恩令其世襲罔替。"諭德木楚克札布之父羅卜藏車璘死于王事，德木楚克札布又接續臺站有功，施恩由貝子晉襲貝勒，著加恩令其世襲罔替。先是，大軍剿達瓦齊，羅卜藏車璘協理烏蘭烏蘇驛務，會阿逆叛，逆黨阿巴噶斯、哈巴等乘間劫驛，羅卜藏車璘拒之，戰死，詔由貝子原爵晉封貝勒，令其子德木楚克札布襲。諭噶爾瑪所襲輔國公，係伊始祖阿玉什在軍營效力晉封之爵，貢楚克所襲輔國公，係伊祖諾爾布在軍營奮勉效力，由札薩克台吉晉封之爵，喇嘛札布所襲輔國公，係因伊祖齊旺在軍營奮勉效力，封鎮國公減等承襲之爵，均著加恩令其世襲罔替。諭當蘇嚨曰："當蘇嚨始祖阿哩雅，初封札薩克台吉，嗣因其子格木丕勒效力軍營，懋著勞績，晉封鎮國公，至當蘇嚨又襲二世，著加恩令其世襲罔替。"諭沙克都爾札布曰："沙克都爾札布之父多爾濟效力軍營，始終奮勉，又因前往軍營中途病卒，朕心深爲憫惻，是以令沙克都爾札布仍襲公爵，著加恩令其世襲罔替。"理藩院議桑濟所襲公品級，例弗應世襲，請出缺後停襲，詔如議。

四十七年，諭賽因諾顏部公品級三等台吉桑濟曰："前議于桑濟出缺後，請旨停襲，朕因其照例辦理，業已允行，但念桑濟之父噶瓦于青袞咱卜作亂時，不肯隨衆株守，能自備馬，接遞驛務，且于經過官員，供給牲畜，伊不過一協理台吉，誠心奮勉若此，故特賜公品級。噶瓦卒後，朕追念前功，仍爵其子，若終歸削除，朕心殊爲不忍，著恩予世襲罔替。"賽因諾顏部札薩克多羅郡王車布登札布卒，子三丕勒多爾濟襲，命御前行走。

四十八年，以土謝圖汗車登多爾濟、車臣汗車布登札布私用烏拉票罪，詔黜御前行走。尋議削爵，上弗忍，諭減等再議。因議留汗爵，永停給俸，削盟長，奪三眼翎及黃馬褂。詔削盟長，罰俸五年，勿奪翎褂。尋因未來謝恩，諭并奪之。授土謝圖汗部貝子遜篤布盟長，以同部親王齊巴克多爾濟庸愞無能，命解副將軍。任授同部額駙永丹多爾濟所部副將軍，輔國公車布登多爾濟所部副將軍參贊。

札薩克圖汗部公品級三等台吉多岳特卒，詔其子幹珠爾札布襲。尋諭曰："幹珠爾札布之祖格色克，係舊札薩克圖汗沙喇之子，聖祖仁皇帝格外加恩，封輔國公。格色克卒，朕命多岳特襲，嗣因自蹈愆尤，旋知悔懼，復賜公品級，今伊已卒，若即將公品級削除，只令幹珠爾札布承襲原有三等台吉，朕實不忍，是以加恩仍令襲公品級，俟出缺時奏聞請旨。"

四十九年五月，土謝圖汗車登多爾濟、車臣汗車布登多爾濟迎覲避暑山莊，復並賜孔雀翎。尋命乾清門行走，賜黃馬褂。

皇朝藩部要略卷之九

前史官壽陽　祁韻士　纂
寶山　毛嶽生　編次
江陰　宋景昌　校寫
平定　張　穆　覆審

厄魯特要略一

厄魯特舊分四部，曰和碩特，姓博爾濟吉特，爲元太祖弟哈布圖哈薩爾裔，曰準噶爾，曰杜爾伯特，姓綽囉斯，爲元臣孛罕裔，曰土爾扈特，爲元臣翁罕裔，姓不著。哈布圖哈薩爾七世孫，曰阿克薩噶勒泰，有子二，長曰阿嚕克特穆爾，爲今内札薩克科爾沁等八旗祖，詳見内札薩克，次曰烏嚕克特穆爾，即和碩特祖也。孛罕六世孫曰額森，有子二，長博羅納哈勒，爲杜爾伯特祖，次額斯墨特達爾漢諾顔，爲準噶爾祖。部自爲長，號四衛拉特。初皆聚牧天山之北，阿爾台山之南，後和碩特汗圖魯拜琥襲據青海，而土爾扈特長和鄂爾勒克，又以與準噶爾巴圖爾琿台吉交惡，徙牧俄羅斯額濟勒河，於是聚牧阿爾台者，惟準噶爾及杜爾伯特兩部。其和碩特、土爾扈特之支庶未徙者，亦閒附牧焉。圖魯拜琥號顧實汗，哈布圖哈薩爾之十九世孫也，其祖博貝密爾咱，始稱衛拉特汗，其父哈尼諾顔洪果爾繼之，有子六，長哈納克土謝圖，次拜巴噶斯，次昆都倫烏巴什，次即顧實汗，又次爲色稜哈坦巴圖爾及布雅鄂特歡。顧實汗兄弟，惟昆都倫烏巴什、布雅鄂特歡留舊牧，拜巴噶斯襲據西套，餘皆隨顧實汗徙青海。和鄂爾勒克者，翁罕九世孫也，其祖曰貝果鄂爾勒克，有子四，長珠勒札幹鄂爾勒克，即和鄂爾勒克父，次衛衮察布察齊，次保蘭阿噶勒琥，次莽海。土爾扈特族和鄂爾勒克既徙牧俄羅斯，而保蘭阿噶勒琥與弟莽海及叔父翁貴，又俱隨顧實汗徙青海，惟衛衮察布察齊留舊牧。是時和碩特顧實汗最強,爲四衛拉特之首。我太宗文皇帝崇德二年,顧實汗遣使通貢,閱歲乃至,是爲厄魯特通貢我朝之始。

七年,顧實汗偕達賴喇嘛、班禪喇嘛及唐古特汗藏巴等奉表貢,昆都倫烏巴什亦遣使從達賴喇嘛貢駝馬,顧實汗尋擊殺藏巴汗而據其地,使其子駐之。詳見西藏要略。

八年,遣使存問達賴喇嘛。敕顧實汗曰:"有敗道違法而行者,聞爾已懲治之。自古帝王致治,法教未嘗斷絕,今遣使敦禮高賢,爾其知之,并賜爾甲冑。"使未至,顧實汗表請發幣使延達賴喇嘛,允之。顧實汗弟色稜哈坦巴圖爾來朝,貢駝馬雕翎元狐等物並蒙獎賫。

順治二年,顧實汗及達賴巴圖爾貢馬至,奏聞,天使召聖僧,臣等自當遵奉,達賴巴圖爾者,顧實汗第六子也,名多爾濟,時佐理藏事。

三年,以厄魯特台吉等入甘肅境要糧賞,詔所司議剿撫。會顧實汗奉表貢,賜甲冑弓矢,俾轄諸厄魯特。嗣是間歲輒遣使至。和碩特族,曰都爾格齊諾顏,曰色稜哈坦巴圖爾,曰鄂齊爾汗,曰鄂齊爾圖汗,曰阿巴賴諾顏,曰達賴烏巴什諾顏,曰伊拉古克三班第達呼圖克圖,曰額爾德尼琿台吉,曰阿哩禄克三陀音,曰噶爾第巴台吉,曰瑪賴台吉,曰諾木齊台吉,曰綽克圖台吉;土爾扈特族,曰羅卜藏諾顏,曰楚琥爾岱青,曰博第蘇克;準噶爾族,曰巴圖爾琿台吉,曰墨爾根岱青,曰杜喇勒和碩齊,曰楚琥爾烏巴什,曰羅卜藏呼圖克圖,並附名以達。都爾格齊諾顏者,顧實汗兄昆都倫烏巴什號也。鄂齊爾汗者,名達延,顧實汗長子,時理西藏務。鄂齊爾圖者,號車臣汗,與阿巴賴諾顏並拜巴噶斯子。達賴烏巴什者,名巴顏阿布該阿玉什,顧實汗第四子也,拜巴噶斯初育以爲子,後雖自生子二,而達賴烏巴什仍與鄂齊爾圖兄弟同居西套。伊拉古克三班第達呼圖克圖者,鄂齊爾圖第三子也,以其爲僧故貴之。凡呼圖克圖皆僧號也。額爾德尼琿台吉者，名特爾袞，與阿里禄克三陀音、瑪賴台吉並色稜哈坦巴圖爾子。噶爾第巴者，鄂齊爾圖次子也。羅卜藏諾顏者，和鄂爾勒克子。博第蘇克者，莽海孫也。巴圖爾琿台吉者，名和多和沁，字罕十四世孫，恃强侮諸衛拉特，即與土爾扈特長和鄂爾勒克交惡者。墨爾根岱青、楚琥爾烏巴什皆其弟，羅卜藏呼圖克圖則楚琥爾烏巴什子也。其和碩特之諾木齊綽克圖，土爾扈特之楚琥爾岱青，準噶爾之杜喇勒和碩齊，則未詳所出。

四年，鄂齊爾圖遣使貢駝馬，越一年，阿巴噶繼至。

五年，甘肅巡撫王世功奏，青海蒙古駐西寧，需索供應，請定貢使入關額，餘駐關外給口糧，許之。

六年，青海鄂木布、瑚魯木什以河西白帽回族米喇印、丁國棟等謀助逆，大軍討之，復招降西寧城。詔賜鄂木布土謝圖巴圖爾岱青號，瑚嚕木什巴圖爾額爾德尼岱青號。鄂木布卒，墨爾根台吉嗣，詔襲土謝岱青號，其巴圖爾號弗之給也。

七年，鄂齊爾圖汗使至，以喀爾喀煽蘇尼特部長騰機思叛，奏稱力能鋤逆，當相機爲之，否亦必修貢如初，不敢稍萌異志。諭絶喀喀，勿私通好。自是額爾德尼、噶爾第巴、伊拉古克三班第達呼圖克圖及所部台吉宰桑等，朝貢至者相接。

八年，昆都倫烏巴什貢所産馬及黑狐皮。

九年，顧實汗導達賴喇嘛入覲。先奉表聞，并貢駝馬方物。昆都倫烏巴什亦貢駝馬，嗣數遣使至。

十年，詔封圖魯拜琥遵文行義敏慧顧實汗，賜金册印。

十二年，土爾扈特部長書庫爾岱青遣使錫喇布鄂木布奉表貢。書庫爾岱青者，和鄂爾勒克子也。和鄂爾勒克有子六，長書庫爾岱青，次伊勒登諾顏，次羅卜藏諾顏，餘並無嗣，不著。色稜哈坦巴圖爾遣子呵哩禄克三陀音貢駝馬。

十三年，色稜哈坦巴圖爾子瑪賴遣使入貢，伊勒登諾顏遣使錫喇尼和碩齊繼至。青海和碩特袞布遊牧嘉峪關外，鄰哈密及準噶爾,諸回使往來必經之。是年,葉爾羌回長遣使克拜挈衆三百人貢抵肅州,袞布以葉爾羌嘗奪其屬,將襲之,甘肅巡撫周文煜徙貢使至甘州,袞布挈千餘騎分道入,聞官軍嚴備,遁歸,卒不敢爲邊患。袞布,察罕丹津從叔父,其父達蘭泰,顧實汗第三子也。是年,顧實汗卒。上念其忠勤修貢,遣官致祭,會青海屬復爲邊患。諭顧實汗子車臣岱青及達賴巴圖爾等曰:"分疆別界向有定例,邇來爾等率番衆掠内地,抗官兵,守臣奏報二十餘次,屢諭不悛。今特遣官赴甘肅、西寧等處勘狀,或爾等親至,或遣宰桑來質,誣妄之罪,各有攸歸。番衆等舊納貢蒙古者,聽爾轄,倘係前明所屬,應仍歸中國。至漢人蒙古定界與市易隘口,務宜詳加察核,分定耕牧,毋得越境妄行。"車臣岱青者,名鄂木布,顧實汗次子也。

十四年,青海多爾濟表謝賜其父顧實汗賻祭恩,并奏稱西寧東向不設驛,貢使往來道艱,乞設驛西寧東,不許。土爾扈特羅卜藏諾顏及子多爾濟,遣使沙克錫布特、達爾漢烏巴什、阿巴賴等,貢駝馬二百餘,復攜馬千,乞市歸化城,許之。杜爾伯特台吉陀音,遣使霍什哈等,自鄂齊爾圖所,以貢馬至。陀音者,孛罕十二世孫也,其父曰達賴泰什,有子七,次子垂因,及垂因子阿勒達爾泰什,世爲杜爾伯特部長,陀音其第三子也,第四子曰鄂木布岱青和碩齊。

十五年,復諭車臣岱青曰:"前因爾等頻犯内地,遣官往勘,據奏爾等入邊向屬番取貢,輒肆攘奪,咎自難解,朕悉宥爾前愆,但中外本無異視,疆圉自有大防,爾等向屬番取貢,酌定人數,路由正口,遣頭目稟告守臣,方準入邊。至市易定所,應從西寧鎮海堡、川北洪水等口出入,毋得任意取道,如或不悛,國憲具在,朕不爾貸也。"是年,杜爾伯特鄂木布岱青和碩齊子伊斯札布,復遣使額爾克貢馬。

十七年,瑪賴偕弟茂濟喇克來朝。

康熙四年,甘肅提督張勇奏,蒙古番衆游牧莊浪諸境,情形叵測,請增甘肅、西寧駐防兵。先是,青海蒙古戀西喇塔拉水草肥饒,乞駐牧,張勇以其地爲甘肅要隘,不容逼處,往責之,謝罪去,因設永固營,聯築八塞,至是蒙古等復相繼徙近邊,上以其漸不可啓,詔如勇請。

五年,勇復奏青海雖通西藏,不過荒徼絕塞,朝廷曲示招徠,準開市易,自應鈐束部落,各安邊境。乃邐來蜂屯祁連山,縱牧內地大草灘,曾遣諭徙,復抗據定羌廟,官軍敗之,猶不悛,聲言糾衆分入河州、臨洮、鞏昌、西寧、涼州諸地,請設兵備道。詔嚴防禦,仍善撫以柔其心。勇等乃自扁都口西水關至嘉峪關,固築邊墻,以資守禦。

六年,川陝總督盧崇峻奏,青海諸頭目,偵於八月將入寇,因赴莊浪所備之,遣總兵孫思克屯南山隘,相形勢固守。達賴喇嘛尋檄厄魯特諸台吉,毋擾內地,駐收黃城兒大草灘蒙古悉徙去,并獻駝馬牛羊謝罪,遂撤駐防兵。青海色稜哈坦巴圖爾少子伊思丹津爲諸昆弟所迫,孑身來歸,詔封多羅貝勒,尚縣主,授多羅額駙,賜田產僕屬,隸內蒙古正白旗,後以罪削爵,降三等公。

十三年,以吳三桂叛,遣使往諭達賴喇嘛,道西寧,墨爾根台吉將尼之,爲我使所叱,懼謝罪。嗣聞三桂扇王輔臣叛,梗秦蜀,以所部兵屯大草灘外,令軍書得達內地。有準噶爾台吉罕都及拜達者,既降尋叛,攜賊千餘,掠番民,由大草灘毀邊垣遁,墨爾根台吉聞之,挈其衆,以大草灘饒水草來徙牧,爲守汛者所禦,復乞屯牧黃草灘,上不允,遣尚書科爾廓代往定界,尋引去。王輔臣之叛,青海蒙古乘隙犯河西,永固營副將陳達禦之,陣歿。孫思克屯涼州,宣示朝廷恩威,各引罪出塞。會達賴喇嘛使至,命傳諭達賴巴圖爾等戢部衆,勿爲邊患。是歲,杜爾伯特台吉額勒敦噶木布,從鄂齊爾圖使入貢,自稱阿勒達爾泰什族。初,準噶爾巴圖爾琿台吉卒,子僧格嗣,其異母兄車臣及卓特巴巴圖爾與爭屬產,遂殺僧格。有噶爾丹者,僧格同母弟也,居唐古特,習沙門法,達賴喇嘛遣歸轄厄魯特衆,因執車臣戕之,卓特巴巴圖爾與弟卓哩克圖和碩齊奔青海,噶爾丹遂爲所部長。

十六年,準噶爾台吉噶爾丹以兵襲西套,戕鄂齊爾圖,破其部。

鄂齊爾圖妻曰多爾濟喇布坦,與喀爾喀墨爾根汗額列克妻,皆土爾扈特汗阿玉奇女兄也。額列克孫察琿多爾濟,號土謝圖汗,偵噶爾丹侵鄂齊爾圖,兵援之,不及,多爾濟喇布坦奔土爾扈特。阿玉奇者,書庫爾岱青孫也。先是,書庫爾岱青,以巴圖爾琿台吉女爲子朋楚克婦,生阿玉奇,育巴圖爾琿台吉所,和鄂爾勒克徙牧,不復攜。時土爾扈特與準噶爾隙,然未絶,後書庫爾岱青赴唐古特還,假道準噶爾,索阿玉奇以歸。書庫爾岱青卒,朋楚克嗣,朋楚克卒,阿玉奇嗣,世爲土爾扈特長,阿玉奇始自稱汗。噶爾丹爲阿玉奇舅氏,始娶鄂齊爾圖孫女阿努爲妻,既而惡鄂齊爾圖,遂襲殺之,遣使獻俘。諭曰:"鄂齊爾圖汗與噶爾丹,向俱納貢,今噶爾丹侵殺鄂齊爾圖,獻所獲弓矢等物,朕不忍納,其卻之。"初,顧實汗卒,鄂齊爾圖嗣爲衛拉特首,噶爾丹既戕鄂齊爾圖,自稱博碩克圖汗,因脅諸衛拉特奉其令。諭給諸貢使符驗,不從,詭稱杜爾伯特及和碩特、土爾扈特,雖隸準噶爾,以牧地遠不及給云。逆藩吳三桂爲大軍所迫,謀結青海爲援,遣賊黨饋多爾濟金幣,靖逆將軍張勇諜得狀,奏松潘、茂州道通西寧,近吳逆乘間掠茶馬利,詔張勇屯甘州防禦。多爾濟卒不助吳逆,西套厄魯特既潰,或奔依達賴喇嘛,或被噶爾丹掠去。和囉理者,達賴烏巴什子也,號巴圖爾額爾克濟農,率族屬避居大草灘,廬幙萬餘,守汛者遣之去,仍逐水草徙,戀處邊外。青海和碩特諸台吉亦懼噶爾丹暴掠,並挈廬幙,避居大草灘,撫遠大將軍圖海飭歸故巢。

十七年,西套諸台吉偵噶爾丹將侵青海,遣使告和碩特台吉達賴巴圖爾等爲防禦計。上聞之,諭靖逆將軍張勇曰:"噶爾丹侵青海,如遠從達布素圖瀚海往,則聽之。若欲經大草灘,則令堅立信約,勿擾内地。"尋噶爾丹以從者異志,且距青海遠,行十一日撤兵歸,遺書張勇,詭稱其祖多克辛諾顔偕顧實汗取青海,和碩特族獨據之,欲往索,以將軍所轄地,故不果,既而懼和碩特諸台吉襲己,密遣使議昏,以女布木妻博碩克圖濟農子根特爾。張勇諜得狀,奏噶爾丹仇青海蒙古，假議昏名，恐復往侵，甘肅當往來衝，請增兵防，報可。博碩克圖濟農者，顧實汗第五子伊勒都齊子也。和囉理遣使至靖逆將軍所，稱避亂赴青海，以邊外道遠乏水草，請由內地行，張勇遵旨諭由水泉過邊。和囉理戀牧大草灘，草盡北徙，不果赴青海，偵噶爾丹屯布隆吉爾，慮襲己，由雙井避入內地。甘肅提督孫思克請率兵防禦，時張勇屯甘州，諭令親涖驅遣。和囉理謝去，徙牧額濟內河界，遣宰桑博克等奉表至孫思克營服罪。有楚琥爾烏巴什者，噶爾丹叔父也，子五，長巴哈班第，次阿南達，次羅卜藏呼圖克圖，次犖章，次羅卜藏額璘沁。噶爾丹以私憾襲殺巴哈班第，執楚琥爾烏巴什及羅卜藏額璘沁等，禁之。巴哈班第子罕都爲和囉理甥，時年十有三，其屬額爾德尼和碩齊攜之逃，以兵四百掠烏喇特戶畜，竄就和囉理，居額濟內河。青海墨爾根台吉聞之，遣使詰歸所掠，而和囉理弟土謝圖羅卜藏等，亦掠寧夏及茂明安、鄂爾多斯諸部，和囉理不知也。喀爾喀台吉畢瑪里吉哩諦偵以告，詞及和囉理及青海台吉茂濟喇克等。是年，噶爾丹弟溫春台吉，附噶爾丹表入貢。

十八年，遣使赴和囉理所，詰責掠烏喇特諸部罪。且諭達賴巴圖爾等曰："爾墨爾根台吉，將被盜劫掠人察獲解送，朕甚嘉之。夫勸善懲惡者，國之法也。邇聞厄魯特衆侵擾額濟內河，爾達賴巴圖爾及墨爾根台吉，其照汝國律治罪。"使至，稱和囉理、茂濟喇克皆無掠烏喇特事，額爾德尼和碩齊爲準噶爾屬，已徙牧去，察歸所掠之未售者十八人，和囉理復獻馬百餘，爲弟請罪。諭曰："和囉理既未行劫，可弗罪。"詔檄噶爾丹收捕額爾德尼和碩齊治罪，并收和囉理歸牧，或非所屬當以告。

十九年，遣官駐松潘，偵厄魯特邊情。詔檄多爾濟知之，勿疑懼。噶爾丹尋與喀爾喀搆兵，遣使乞援，青海多爾濟遵達賴喇嘛諭，不之許。

二十年，和囉理遣使入貢，詔納之。

二十一年，和囉理以前年缺貢補解馬至，其母格楚爾哈屯，弟土謝圖羅卜藏、博第等各遣使至,奏荷帡幪,居邊境,屬眾妄行盜竊,深知悔罪,又遊牧邇寧夏,乞赴市。理藩院仍追議前罪。諭曰:"和囉理等以敗竄來至邊境,所部罔知法紀,迫於饑困,盜竊牲畜等物。今既陳其苦情,諄諄奏請,著寬免前罪,嗣後鈐束屬眾,勿得妄行滋事。其寧夏地,向無厄魯特、喀爾喀市易例,所請不允。"溫春台吉復遣使至,尋卒,子丹濟拉依噶爾丹。

二十二年,噶爾丹奏和囉理等,往歸達賴喇嘛,已遣使召之,請以丑年四月為限,是年蓋歲癸亥也。和囉理徙牧河岸,逼鄂爾多斯,貝勒松喇布以聞,諭退歸。

二十三年,罕都偕額爾德尼和碩齊遣使貢,請宥掠烏喇特罪,而和囉理戚屬嘗掠茂明安諸部牧產,前以服罪故宥之,至是諭曰:"和囉理既免罪,額爾德尼和碩齊著一體赦宥,所貢准上納。"先是,鄂齊爾圖孫羅卜藏袞布阿喇布坦避噶爾丹,走唐古特,以達賴喇嘛表請賜居龍頭山,轄西套遺眾,命兵部督捕理事官拉都琥往勘,奏言龍頭山蒙古謂之阿拉克鄂拉,乃甘州城北東大山,山脈緜延邊境,山口即邊關,建夏口城,距洀川堡五里,山盡為寧遠堡,距龍頭山里許,有昌寧湖界之。內地兵民耕牧久,似不宜令新附蒙古居,上可其奏。羅卜藏袞布阿喇布坦,尋徙牧布隆吉爾,土謝圖汗察琿多爾濟以女妻之,事聞。諭廷臣曰:"前鄂齊爾圖汗為噶爾丹所戕,其孫羅卜藏袞布阿喇布坦往求達賴喇嘛,指授所居之地,達賴喇嘛令駐牧阿拉克鄂拉,因以為請。鄂齊爾圖從子和囉理,前沿邊駐牧,曾檄噶爾丹收取之。今羅卜藏袞布阿喇布坦與喀爾喀互相犄角,噶爾丹欲以兵向和囉理等,則恐喀爾喀躡之,欲以兵向喀爾喀則恐和囉理等襲之,此必非噶爾丹所能收取矣。"丹濟拉偕弟達爾札札木揚附噶爾丹表入貢。噶爾丹性殘虐,諸台吉、宰桑,惟善丹濟拉與阿喇布坦、丹津鄂木布、格類固英、信丹濟拉尤篤,有事必與謀。

二十四年,和囉理請賜敕印,以鈐部眾,廷臣以遊牧未定,議不允。諭曰:"和囉理等以避亂故,離其舊牧,來至邊境,劫掠茂明安、烏喇特諸部。本宜即行殄滅,朕俯念鄂齊爾圖汗世奉職貢,恪恭奔走,兼之彼亦迫于饑困,是以宥其罪戾。又羅卜藏袞布阿拉喇布坦,係鄂齊爾圖汗孫,爲和囉理從子,應令聚合一處,其遣官往諭朕旨,度可居地,歸併安置,封授名號,給賜金印璽書,以示朕興滅繼絶至意。"理藩院尚書阿喇尼遵旨往諭。和囉理奏,皇上令臣等聚牧乃殊恩,達賴喇嘛亦謂羅卜藏袞布阿喇布坦,居布隆吉爾,地隘草惡,不若與臣同處,臣等欲環居阿拉克山陰,遏寇盗,靖邊疆,令部衆從此地而北,當喀爾喀台吉畢瑪里吉哩諦牧地,由噶爾拜瀚海、額濟内河、姑喇奈河、雅布賴山、巴顔努魯、喀爾占布爾特、洪果爾鄂隆以内,東倚喀爾喀丹津喇嘛牧,西極高河居之。奏至,遣使諭達賴喇嘛曰:"噶爾丹滅鄂齊爾圖汗時,和囉理及羅卜藏袞布阿喇布坦等紛紜離散,來至邊境,又以生計窘迫,妄行劫掠,朕宥其罪,不即發兵剿滅,和囉理等亦戴朕恩,屢請敕印,依朕爲命,朕前諭噶爾丹收取,彼約以丑年四月爲期,今逾期已數月矣,伊等骨肉分離,散處失所,朕心殊爲惻然,鄂齊爾圖汗于爾喇嘛爲護法久矣,何忍漠視其子孫宗族至於窮困,今朕欲將伊等歸併安置,爾喇嘛其遣使與朕使偕往定議。"冬,和囉理率屬七百餘來朝,詔以二百人入關,餘留歸化城,給羊及宣府貯米贍之。是年,定四衛拉特貢使例,噶爾丹使入關額二百人,餘屯張家口及歸化城。其綽囉斯自貢之。噶爾瑪岱青和碩齊、杜爾伯特台吉阿勒達爾泰什及和碩特、土爾扈特長如之。噶爾瑪岱青和碩齊者,善爾根岱青子也,名丹津,於噶爾丹爲從兄弟。青海巴圖爾額爾德尼岱青瑚魯木什來朝,會上大閱於王家嶺,奏請扈駕往觀,允之。歸牧,諜噶爾丹侵喀爾喀,以所部兵屯邊,謀助大軍討逆,噶爾丹敗遁,乃率兵還。

二十五年春正月,和囉理至京,賞宴,視大台吉例,以御服貂裘賜之。諭曰:"爾祖顧實汗于太祖文皇帝時,偕達賴喇嘛輸誠通款,爾叔父鄂齊爾圖當世祖章皇帝時,每年遣使請安,所貢土産白鷹,朕猶及見之。夫貢物何足珍賞,特鑒其誠敬耳。爾厄魯特内亂,噶爾丹攻滅鄂齊爾圖汗,遣使獻俘,朕念鄂齊爾圖汗前此勉修誠悃,倐爾敗亡,不勝軫恤,何忍受之,因諭卻所獻。頃爾爲噶爾丹擊敗,奔至邊境,劫掠沿邊居民牧產,朕何難遣兵剿除,明正爾罪,念爾昔時頗竭誠悃,復引罪自首,以迫于饑困,屬衆妄行等情陳奏,朕即宥爾罪。今若徙爾于邊境內外,不拘安置何地,爾焉敢不凜遵,特念爾祖顧實汗,爾叔父鄂齊爾圖汗素致恭謹,故俾爾絕者復繼,散者復聚,欲使鄂齊爾圖汗孫羅卜藏袞布阿喇布坦與爾聚處,尚其共相輯睦,善自安業。爾等聚處與否,在朕本無損益,惟是朕爲天下主,凡在函蓋,咸欲使之共樂昇平。朕茲諭旨,自爾身及爾子孫,當世世念之勿替。"尋遣歸,賜牧阿拉善地。會達賴喇嘛遣使至,命拉都琥往會勘。諭曰:"爾等召集和囉理、羅卜藏袞布阿喇布坦等,相視可以遊牧地,指給定所,其額爾德尼和碩齊等,如欲與同牧,亦許之,前和囉理已自誓不復令屬衆爲非,其羅卜藏袞布阿喇布坦亦須嚴禁所屬,和睦安居,爾等可與和囉理等,定沿邊爲盜作亂之罪,朕所以不憚諄切訓諭者,亦以其先世恭順有年,不欲令子孫失所也。倘伊等復流亡他徙,殊負朕歸併眷恤之意矣。"拉都琥偕達賴喇嘛使,約和囉理等至東大山北,語之曰:"爾所請噶爾拜瀚海地,聽爾遊牧外,自寧夏所屬玉泉營西,羅薩克喇山嘴後至賀蘭山陰一帶,布爾哈蘇台口,又自寧夏所屬倭波嶺塞口北,努渾努魯山後,甘州所屬鎮番塞口北,沿陶蘭泰薩喇椿濟、雷琿希理等地,西向至額濟內河,俱以距邊六十里爲界,畫地識之。"定議蒙古殺邊民論死,盜牲畜奪食物者鞭之,私入邊遊牧者,台吉、宰桑各罰牲畜有差,所屬犯科一次,罰濟農牲畜以五九。時罕都及額爾德尼和碩齊請與和囉理同牧,羅卜藏袞布阿喇布坦偵其女兄阿努攜兵千赴藏,道嘉峪關外,懼襲己,備之,以故未即徙,拉都琥奏至。詔以所定地域及罰例,檄甘肅守臣知之。蓋自是和囉理屬,始定牧阿拉善。

二十七年,噶爾丹侵喀爾喀,和囉理欲往援察琿多爾濟,乞師于朝。時諭噶爾丹罷兵使已就道,詔不允和囉理請。而羅卜藏袞布阿喇布坦自率兵援喀爾喀，遇我使于道，宣諭之，亦撤歸布隆吉爾。先是，噶爾丹牧，東鄰喀爾喀，久涎富庶，謀往掠，又怨喀爾喀土謝圖汗察琿多爾濟嘗助鄂齊爾圖，且以女妻鄂齊爾圖孫羅卜藏袞布阿喇布坦，欲攻之。會察琿多爾濟匿札薩克圖汗成袞逃衆，與成袞構釁，成袞卒，子沙喇嗣，釁如故，達賴喇嘛遣使噶爾旦西勒圖，召察琿多爾濟與沙喇盟于庫倫伯勒齊爾，察琿多爾濟弟哲卜尊丹巴呼圖克圖與噶爾旦西勒圖抗禮。噶爾丹因以責哲卜尊丹巴呼圖克圖不敬達賴喇嘛爲名，誘沙喇往會于固爾班赫格爾，察琿多爾濟邀殺沙喇，又追殺噶爾丹之弟多爾濟札卜，進屯喀喇額爾奇克、察罕額爾奇克地，與噶爾丹相拒，噶爾丹乃引兵三萬由杭愛山入掠，察琿多爾濟禦之于特穆爾，不克，走翁吉。噶爾丹偵哲卜尊丹巴呼圖克圖居額爾德尼昭，遣其弟罕都阿拉布坦往攻，而自領兵東趨克魯倫河，略車臣汗牧，尋還掠圖拉。察琿多爾濟悉衆由尼列圖至鄂爾會諾爾鏖戰三日，衆潰，喀爾喀全部皆潰竄，先後款關內附。噶爾丹上書訴其棄好興兵，妄殺無辜，請勿納。上復遣使諭噶爾丹，將行，命之曰："噶爾丹若問和囉理事，爾等宜述丑年之約，并言達賴喇嘛向雖遣使定議，令和囉理與羅卜藏袞布阿喇布坦歸併安置，迄今尚未同居，和囉理雖駐牧邊地，亦未編設旗隊。前喀爾喀與厄魯特交惡，和囉理曾請兵討爾，朕仍諭遣之曰：'朕欲使爾等安處遊牧而已，豈肯給爾兵耶？'其以是告之，令罷兵。"使如旨諭之，噶爾丹不從。詔土默特都統阿喇約偕副都統阿迪等，選兵偵禦噶爾丹。

二十八年，羅卜藏袞布阿喇布坦卒，賜賻祭。初，鄂齊爾圖子三，長額爾德尼，子噶爾亶多爾濟，次噶爾第巴，子即羅卜藏袞布阿喇布坦，次伊拉古克三班第達呼圖克圖。羅卜藏袞布阿喇布坦無嗣，其妻及宰桑等請召噶爾亶多爾濟轄部衆，允之。時噶爾亶多爾濟遊牧準噶爾界。諭曰："羅卜藏袞布阿喇布坦率衆內附，所遺部衆，恐致流亡，噶爾亶多爾濟尚幼，召之恐未即至，著和囉理前往布隆吉爾，暫爲約束人民，俟噶爾亶多爾濟至，仍歸本地，務期共相扶掖,勿侵據所部衆。"噶爾亶多爾濟以所部饑告,不即徙,詔授諾顔號,遣侍讀學士達琥恤所部貧民。其母珠木蘇尋攜噶爾亶多爾濟至,詔轄羅卜藏袞布阿喇布坦衆,附阿拉善牧。有拜達者,罕都屬也,偕額爾德尼和碩齊誘其主棄和囉理,私以厄魯特兵千,掠邊番,守汛者責之,爲所戕,且抗官軍。甘肅提督孫恩克以兵屯邊將剿之,罕都懼,乃降。詔宥其罪,仍駐牧阿拉善。其叔父羅卜藏額琳沁,尋自準噶爾至,奏爲噶爾丹所禁十餘年,以準噶爾與喀爾喀戰,乘間脱走,挈孥屬千人至,乞與兄子罕都同居,允之。有羅卜藏者,輝特族,姓伊克明安。初爲準噶爾台吉,避噶爾丹虐,從噶爾亶多爾濟内附,詔附阿拉善牧。

二十九年,噶爾丹復由烏達罕嶺侵喀爾喀,罕都、阿喇布坦自茂岱喀喇色古爾山陰,以兵會,罕都、阿喇布坦皆都爾格齊諾顔丹津孫也,與噶爾丹聚牧阿爾台之科布多,仍各領部衆。父曰都噶爾,故阿拉布坦以所部台吉多同名,從其祖父稱,別之曰丹津阿喇布坦,又名都噶爾阿喇布坦。六月,我尚書阿喇尼等,與噶爾丹戰于烏爾會,失利。七月,噶爾丹深入烏珠穆沁地。命裕親王福全爲撫遠大將軍,皇子允禔副之,出古北口;恭親王常寧爲安北大將軍,簡親王雅布、信郡王鄂札副之,出喜峰口。尋停止恭親王兵,命帥師往會裕親王軍,又命康親王傑書率兵駐歸化城,上親巡兵至博洛河屯回鑾。濟隆呼圖克圖、噶爾丹各使人至我參贊大臣索額圖營,請以土謝圖汗、哲卜尊丹巴畀噶爾丹,我參贊大臣叱之。濟隆呼圖克圖者,達賴喇嘛所遣諭準噶爾罷兵使也,不能諭止,反導之入邊,又爲之擇戰日,故噶爾丹益猖獗。時噶爾丹屯烏蘭布通,距京師七百里,倚險結營,祭旗誦經。裕親王等于八月朔,列兵徐進,自未時交戰至掌燈時,大敗之,斬殺甚多,以昏夜地險收兵。次日,伊拉古克三呼圖克圖自噶爾丹所來,復請以土謝圖汗、哲卜尊丹巴畀之。越兩日,濟隆又率弟子七十餘人,來營講解。伊拉古克三呼圖克圖者,上前所遣往諭噶爾丹罷兵使也。尋噶爾丹自西拉穆楞河,夜遁剛阿淖爾。我軍欲追，而馬力已疲，乃使人偕濟隆呼圖克圖往諭，設誓定好。噶爾丹使持書至，告曰："噶爾丹博碩克圖汗跪于威靈佛前，誓曰：'若違此書，惟佛鑒之。'"其書云："今倘蒙皇上惠好，自此不敢犯喀爾喀。"裕親王等入奏，廷議以噶爾丹乃極狡詐之人，屢遣使以立誓爲辭，今又劫略克什克騰之三佐領矣，宜命噶爾丹堅誓而釋之。裕親王等尋奏言，我使伊拉古克三齎噶爾丹奏章還，其詞曰："伏蒙鑒照下情，普使安全，正在歡忭，謹上書爲永遠不絕之書。"又使人云："噶爾丹頂佛像設誓曰：'聖上即佛天，乞宥我罪，凡有諭旨，謹遵行。'今往界上駐札候旨。"尋又據濟隆持噶爾丹誓書來，且述噶爾丹之言曰："我蒙王及皇太子見憐，我正歡忭。"云云。廷議以噶爾丹不敢抗拒天威，設誓請罪，應准所誓，令出邊候旨。十月，噶爾丹遁出汛界，具疏謝罪。詔撤回裕親王兵及防守遵化州綠營兵。十一月，達賴喇嘛率唐古特、青海台吉及噶爾丹請上尊號，詔不允。初，僧格之死，有子三，長曰策妄阿喇布坦，次曰索諾木阿喇布坦，次曰丹津鄂木布，及噶爾丹爲厄魯特長，不善撫之，反虐殺索諾木阿喇布坦，且奪策妄阿喇布坦議聘之妻阿海。阿海者，阿努女弟也，策妄阿喇布坦由是怨噶爾丹，與僧格舊臣七人率部衆遠徙額琳哈畢爾噶，又徙博囉搭拉。至是偵噶爾丹侵喀爾喀，潛兵至科布多，掠噶爾丹妻阿努及牲畜去。是年，上遣使赴策妄阿喇布坦所，歸經嘉峪關，爲青海台吉阿奇羅卜藏所掠。甘肅提督孫思克誘執其宰桑，懼反我使，遣兵擊之，斬馘四百餘，獲駝馬牛羊千計。阿奇羅卜藏遁，思克檄青海台吉等歸所掠。薩楚墨爾根台吉遣宰桑詰阿奇羅卜藏罪，察獲畜械盡以獻，復代謝罪，上以薩楚墨爾根台吉等恭順，詔宥之。

　　三十年正月，上以噶爾丹雖認罪立誓，上書請降，而人極狡詐，宜發兵豫備。授都統瓦岱定北將軍往張家口，都統郎談安北將軍往大同。聞噶爾丹劫略墨爾根濟農、巴圖爾額爾克濟農向青海而去，命陝西西安將軍總督等率兵于寧夏備之。二月，策妄阿喇布坦遣使奏與噶爾丹交惡始末，厚賜遣之，賜噶爾丹敕曰："喀爾喀逃來人言,汝厄魯特牲畜已盡,無以爲食,人被疾疫,死亡相繼,其移近邊汛,當加恩厚賜,如決計入降,益從優撫養。"四月,上親巡邊外蒙古,編立喀爾喀七旗,與四十九旗等。先是,噶爾丹侵喀爾喀,逼阿拉善境,諭和囉理内徙,會其部衆掠喀爾喀丹津額爾德尼牧畜,有拒者輒格殺之,事聞。上以和囉理仍留阿拉善,牧將不靖,詔徙歸化城,將置諸察哈爾。復諭寧夏兵防護之。將軍尼雅漢等,聞命旬餘始赴。和囉理以駐牧阿拉善久,不願内徙,聞大軍將至,懼討,率衆竄,詭稱駐西喇布里圖待命。尼雅漢遣諭曰:"大兵來,非討汝,以徙汝歸化城,虞中道爲喀爾喀擾故耳,汝若此,豈不悖哉。"和囉理不從,與噶爾亶多爾濟、羅卜藏額琳沁、罕都等分道竄。尼雅漢追至庫克布里圖,不及,以所部牧畜歸,招降噶爾亶多爾濟屬納木喀班爾等五十餘户,和囉理女弟之夫克奇及從者二十一人,以聞。詔安置歸化城,以所得牧畜給丹津額爾德尼。復諭曰:"朕思黃河冰凍時,恐和囉理等以流兵掠我西界喀爾喀,其令鄂爾多斯、烏喇特、喀爾喀各整兵備之。"時和囉理弟博第,遊牧中衛邊外,距阿拉善三百餘里,聞其兄叛遁,欲往會,偵副將陳祚昌等屯昌寧湖,遣子索諾木至軍,詭稱假道詣南山,否則請牧馬昌寧湖,祚昌知爲緩軍計,令挈屬至歸化城,不從,擊之,斬五百餘級,博第僅以身免,走伊巴賴,遇和囉理屬台吉齊奇克,假糧馬竄額濟内河。和囉理尋悔罪,挈屬二千餘,棲牧額濟内河之明安雅瑪圖。上聞之,諭曰:"前和囉理來歸,朕給地安置,不思圖報,反劫内附喀爾喀,因令徙居察哈爾,復違命遠竄。朕以向加養育,並無執殺之意,彼欲遊牧何地,惟其所擇,但不得擾害邊塞耳。"孫思克奏噶爾丹巢距邊近,策妄阿喇布坦雖與交惡,恐復合侵青海,道必經嘉峪關外,肅州密邇青海,請設兵三千爲備,報可。

三十一年,將軍瑪拉遣侍衛阿南達往招和囉理,和囉理乞降,且請遣子來朝。諭曰:"和囉理雖悔罪,或因時序不宜,馬匹羸瘠,不得已乞降,遣子往返之際,馬匹休息,又復爲逋逃計,其共商徙入内地策。"瑪拉奏和囉理感仁恩不忍悖棄,前遣使陳情,以道阻未達,故招檄甫至,不自疑,臣親率和囉理及色目五十餘人至寧夏,其屬衆餒甚,請賜給糗糧,令鄂爾多斯蒙古送至歸化城。詔允之,諭入覲。和囉理偕次子玉楚木馳至,泣服罪,仍賜牧阿拉善。羅卜藏額琳沁、罕都、齊奇克等,從和囉理降。尋復叛走,提督孫思克以兵追至庫勒圖,斬四十餘級,齊奇克就擒,詔宥死,附和囉理牧。羅卜藏額琳沁、罕都逸,遇自青海來歸之喀爾喀台吉阿海岱青班第,掠其貲,復竄哈密。策妄阿喇布坦使既歸,上遣員外郎馬迪齋敕諭絕噶爾丹,道哈密,羅卜藏額琳沁、罕都等,偕噶爾丹屬圖克齊霍什哈、哈爾海達顏額爾克以兵劫之,由大草灘毀邊垣遁,爲青海台吉額爾德尼納木札勒所擊,走死。以和囉理降,詔撤鄂爾多斯諸部備兵。唐古特第巴僞爲達賴喇嘛奏,請以和囉理徙牧青海,敕責之。

三十二年,昭武將軍郎坦,奏青海諸台吉私與噶爾丹通問,請屯兵哈密,絕往來踪。上以自烏蘭布通之捷,邊警稍熄,且青海諸台吉素恭順,詔寢議。噶爾丹尋屯牧巴顏烏蘭,逼内汛。詔西寧設戍兵。唐古特部第巴陰比噶爾丹,復詭爲達賴喇嘛奏,稱青海諸台吉無異志,請撤戍。諭曰:"此爲征剿噶爾丹計,非防青海諸台吉也。"會議剿噶爾丹,詔檄青海衆勿驚懼。先是,喀爾喀爲噶爾丹所敗,有阿海岱青班第者,奔青海依多爾濟,久之只身歸,戚屬百餘仍留青海,薩楚墨爾根台吉育之。至是遣官往取,悉遵諭送歸。

三十三年,和囉理上書自理,稱:"前鄂齊爾圖汗歲奉職貢,噶爾丹兵起,臣不獲已,挈衆内徙,自賜牧阿拉善後所部富安。臣前入覲,蒙恩以鄂齊爾圖汗進貢往來諸密旨,遣官傳諭,至今銘心不忘。後使臣徙内地,臣畏大兵威,且屬衆已潰,故未即至。然臣雖奔迸,不敢負聖恩,留處邊外,望綸音如重生。臣以族屬困餒,不獲内徙,請賜牧舊地,蒙恩允許。又察令臣戚屬完聚,願集遊牧之衆,捐軀效力,向以無知失信,每念及輒懊欲死,乞賜鑒恤。"上慰諭之。和囉理弟博第率屬百餘降,乞仍與兄同牧，許之。命和囉理輯所屬潰散者。未幾，齊奇克復叛遁，和囉理遣所部莽柰霍什哈等，以兵追諸耨爾格山，諭之降，不從，擊斬之。杜爾伯特台吉巴拜來歸，巴拜者，陀音子也，附牧噶爾丹，戚屬多爲所取，畏不敢爭，嗣從噶爾丹侵喀爾喀，至烏蘭布通，欲棄之降，爲伊拉古克三呼圖克圖所陰阻，至是偕從子齊克宗至。上以其習邊外，不便駐內地，詔隸喀喇沁牧。

皇朝藩部要略卷之十

前史官壽陽　祁韻士　纂
寶山　　　毛嶽生　編次
江陰　　　宋景昌　校寫
平定　　　張　穆　覆審

厄魯特要略二

三十四年二月，噶爾丹遣使入貢，疏言使臣馬迪被害，不獲詳知，難于覆奏，所云約地會盟之事，俟後奏聞，請將喀爾喀七旗發回故土，哲卜尊丹巴及土謝圖汗二人，亦仍照前奏。上賜敕切責之，且云：「嗣後若仍怙非不悛，蔑視前諭，永勿上疏、遣使貿易。」七月，噶爾丹復遣使上疏，奏如前，敕責之。

三十五年三月丙辰，上親征噶爾丹，六軍啟行。先是，噶爾丹自烏蘭布通敗遁後，仍侵掠喀爾喀，潛入巴顏烏蘭地。上密諭科爾沁土謝圖親王沙津遣人誘之，噶爾丹果沿克魯倫河而下，掠喀爾喀納木札爾陀音，遂踞巴顏烏蘭。因命安北將軍伯費揚古爲撫遠大將軍，從歸化城進發，揚威將軍舒恕、安西將軍傅霽、振武將軍孫思克等，由鎭彝取昆都倫一路，俱於二月二十日前後起程。此皆西路。上自統中路大兵出獨石口。將軍薩布素統盛京、寧古塔、黑龍江、科爾沁兵，沿克魯倫河進。此東路。命安郡王瑪爾琿統土默特兵，防歸化城。夏四月，上駐蹕什巴爾台，遣諭噶爾丹曰：「汝當親至與朕定議，否則以阿喇布坦等爲使。」時噶爾丹屯兵克嚕倫之克勒和碩，聞駕至，懼，夜遣人赴巴顏烏蘭，召阿喇布坦與謀。五月丙辰朔，上駐蹕拖陵布喇克，遣使以兵二百偕所獲厄魯特四人，齎敕書賜物諭降，至克嚕倫河，丹濟拉率千餘騎突至，欲奪前鋒馬，我使叱曰：「爾等何得無禮，上率師親至矣。西路大將軍費揚古亦自鄂爾坤、圖拉且來。」丹濟拉駭失聲,馳語噶爾丹、阿喇布坦亦曰:"天朝兵威,誰不之知,是不可與戰。"噶爾丹益懼。壬戌,上躬率兵前行,諸軍以次進發,抵克嚕倫河,噶爾丹盡棄廬帳器械竄。甲子,上親率前鋒兵窮追,噶爾丹倉皇遁走。丁卯,命領侍衛內大臣馬思哈爲平北大將軍,率師追剿。上班師駐蹕克勒和碩。噶爾丹竄至特勒爾濟口,費揚古自西路迎擊,及之於昭莫多,噶爾丹率賊萬計逆戰,自未至酉,大敗之,殺噶爾丹妻阿努及賊渠甚衆,噶爾丹引數騎逃去。癸酉,捷音至行在。六月癸巳,上還宮。明日,行慶賀禮。丹濟拉、阿喇布坦、丹津鄂木布等與噶爾丹相失,阿喇布坦集殘衆赴博囉河,偵噶爾丹匿塔密爾之台庫勒,間道往會。尋丹津鄂木布等,與噶爾丹爭牧有隙,棄之。丹濟拉獨從噶爾丹至庫掄伯勒濟爾,復以兵千五百掠瀚海遊牧之喀爾喀。有津巴者,丹濟拉屬,爲喀爾喀阿爾薩蘭衛宰桑擒獻,上命遣歸,招噶爾丹降,至阿濟爾布納,遇丹濟拉語之,且曰:"上遣兵分備邊汛矣。"丹濟拉遁,詭遣察哈岱乞降,聞我儲糧翁吉,謀往奪。會副都統祖良璧撤兵歸,行未數里,丹濟拉伺前軍過,驟劫輜重。祖良璧自後馳至,前軍旋擊,敗走。先是,丹濟拉以奪糧爲非計,從者曰:"與其餒而死,不如盜而生。"丹濟拉强應之,約曰:"勿殺人,但掠食耳。"至是爲護糧軍所敗,失乘騎,丹濟拉撫膺嘆曰:"欲向清水求魚,水已濁,魚終不可得,奈何?"遂率衆竄就噶爾丹。噶爾丹懊語曰:"我恃汝爲命,汝今若此,將何以存,不得已,將往哈密,以馬易粟而食。"既而偵我軍設哨嘉峪關外,弗敢往,走格格特、哈朗古特、薩克薩特、呼里克、伯格爾察罕額爾克等處。丹濟拉說噶爾丹,遣格類固英來乞降。時準噶爾諸台吉皆叛棄噶爾丹,惟丹濟拉尚從之。丹津鄂木布之棄噶爾丹也,約阿喇布坦偕行,阿喇布坦亦棄噶爾丹去,由吉齊根特轉徙札布堪之濟思布隆、珠爾庫珠等處,與噶爾丹相避行,噶爾丹復自伯格爾察罕額爾克遣宰桑車凌布木召之,阿喇布坦不往,徙牧布顏圖果爾。初,其屬有內附者,曰羅卜藏班珠爾,請往說阿喇布坦降,允之。復以阿喇布坦妻曰札爾,爲喀爾喀右翼札薩克圖汗成衮女，喀爾喀親王策旺札布、郡王衮布、固嚕什喜皆其姻戚，詔遣屬往招之降。時阿喇布坦及丹津鄂木布謀就策妄阿喇布坦，以前憾不果往。敕曰："朕統大軍敗噶爾丹兵，丹巴哈什哈、沙克珠木等接踵歸誠，俱已授爵秩，給衣食。今朕復親統六師調各路兵協剿，噶爾丹倘不來降，必窮之於其所往。爾阿喇布坦及丹津鄂木布前雖附噶爾丹，然非倡亂之人，今來降者，皆云爾等與噶爾丹分析各居，朕嘉爾猶知天道，能自振拔，憫爾牲畜被俘，衣食已絕，特遣使往諭。其札薩克圖汗之子策旺札布先經離散，朕已收歸，封親王爵，覓伊妻母，令與完聚，頻加撫恤，頃又擇地賜牧，使安生業，爾其知之。敕至，爾即率衆來歸，前附噶爾丹罪，朕不之究，必待爾以富貴顯榮。爾之部衆，亦令妻孥完聚，各得生業。爾若尚有疑懼，前策妄阿喇布坦使至時，請朕弗討爾罪，令往與會。朕以策妄阿喇布坦使至時，請朕弗討爾罪，令往與會。朕以策妄阿喇布坦遣使納貢，敬慎有加，深加憐惜，爾若往附策妄阿喇布坦，朕不究詰，倘不擇斯二者，徼倖于額克阿喇勒、洪郭爾、齊斯希等峻險之處，棲身苟免，朕必往討，爾其早作良圖。"上不忍盡剿厄魯特衆，既遣使往招阿喇布坦及丹津鄂木布，復以丹濟拉獨爲噶爾丹所信，賜噶爾丹敕，以丹濟拉名次之，再使諭降。至是復遣格類固英從我使往。敕曰："爾噶爾丹及丹濟拉如果引罪來降，朕無異視，務令得所，爾屬人等亦得各安生業，朕斷不念舊惡，試自計之，有能收養爾等之人否？今已無所歸矣。其速率屬來降，若仍誤聽匪言，後悔難追，毋疑勿懼。"博碩克圖濟農初以噶爾丹女布木爲子根特爾婦，屢使通問，及大軍征噶爾丹時，獲其通噶爾丹使羅壘額木齊及善巴于軍，詔羈羅壘額木齊于宏仁寺，以善巴從我使，齎敕諭博碩克圖濟農及薩楚墨爾根台吉曰："爾青海厄魯特尊崇達賴喇嘛法教，敬事本朝，聘問貢獻，恭順有年，朕亦頻加恩賚，乃噶爾丹違達賴喇嘛法教，不遵朕旨，朕統軍至圖拉，剿而滅之，博碩克圖濟農等遣往噶爾丹使，爲朕所擒，俱言達賴喇嘛脫輻已久，第巴匿之，且噶爾丹詭言青海諸台吉謀與彼同犯中國。今噶爾丹亡命西走,青海諸台吉如欲仍前修睦,其各防邊界,遇噶爾丹即行擒解,若知而故縱,此後永讐絶之。"我使至察罕托羅海宣諭敕旨。善巴陵堪布遂召青海諸台吉集盟壇,言噶爾丹殺鄂齊爾圖汗,我等與讐,但素奉達賴喇嘛言,應遣議。時達賴喇嘛示寂久,唐古特達賴汗尋約和碩特八台吉遣使慶捷。善巴陵堪布葢唐古特達賴喇嘛遣理青海蒙古務者。達賴汗即鄂齊爾圖汗子,世長唐古特,鄂齊爾圖汗弟滚察琿無嗣外,餘八人皆居青海,故其裔稱和碩特八台吉。噶爾丹既敗竄,副都統阿南達奉命設哨,以和囉理屬分屯額布格特、阿木格特、昆都倫額濟内及布隆吉爾之博羅椿濟、敖齊、喀喇莽柰諸地。和囉理復督兵千餘,赴阿爾台之土魯圖防緝。時噶爾亶多爾濟竄徙嘉峪關外,有哨卒拜格者,其屬也,阿南達召至,遣歸説噶爾亶多爾濟曰:"上待汝恩甚厚,將撫育之,顧叛逃可乎,和囉理棄牧時,汝不能戢屬,故從往。上灼知汝情,念汝祖鄂齊爾圖汗,將玉成汝,汝其思之。"噶爾亶多爾濟還報曰:"上念臣祖臣兄,今臣與和囉理接壤居,臣懵無知,從和囉理叛遁,今悔罪欲死。臣幼,臣母一婦人未能達,乞以情代奏。"阿南達欲堅其内附志,遣歸,約如期會肅州。諭設哨援哈密,復檄哈密伯克額貝都拉曰:"噶爾丹至汝地,汝即召噶爾亶多爾濟往援,勿復疑。"噶爾亶多爾濟旋遣宰桑阿約等,齎降表至肅州,會上視師寧夏,阿南達馳疏至,詔優恤所部衆。唐古特部第巴比噶爾丹,煽青海薩楚墨爾根台吉,以兵萬餘屯雜谷、桑湯、對河諸番地,爲觀望計,諜噶爾丹敗遁,乃歸。土爾扈特汗阿玉奇之女爲策妄阿喇布坦妻,其第三子散札布率屬從往,阿玉奇聞噶爾丹敗走,遣宰桑多爾濟札布以所部兵千,防諸阿爾台之土魯圖。策妄阿喇布坦復遣散札布攜兵二萬往會,第巴陰阻之,遂還。杜爾伯特台吉綽克圖避噶爾丹亂,奔依青海袞布。邊吏往詰以情告,詔弗究。阿南達擒青海之使自噶爾丹所歸者于素爾河,曰阿勒達爾宰桑,以聞。青海墨爾根台吉卒,子納木札勒,自號額爾德尼,奏請襲祖父號并求黃草灘地。諭曰:"納木札勒著仍以土謝圖岱青號賜之,至黃草灘既定爲內地,所請不允。"

三十六年春,遣官招降青海,納木札勒從其叔祖達什巴圖爾入覲,賜宴保和殿,召升陛飲,以御用冠服及銀幣賜之。我使至噶爾丹所,復宣諭使降,丹濟拉私告格類固英曰:"我說噶爾丹降,不從,反疑我,爾復說之,降則我爲使往。"格類固英知噶爾丹無降志,從我使歸,丹濟拉密陳欲降狀。尋以責噶爾丹僕反顔,徙牧齊察蘭什爾哈戈壁等處相避行。噶爾丹復自薩克薩特呼里克,竄哈薩克圖哈喇阿濟爾罕,數召丹濟拉不往。上聞之,詔察哈岱招降丹濟拉,敕曰:"朕爲天下元后,善善惡惡,乃至理也。前遣格類固英等,賜敕內開載爾名,復使格類固英傳諭爾降,今格類固英等至,爾之辭意,皆已備陳,爾能致噶爾丹降,必當封爾爲多羅貝勒,畀以殊榮。如不能致,爾但束身來歸,亦不失爾富貴。況爾屬人乞降者,朕皆宥罪,顯榮優養,爾應悉聞,往咎概不介意。爾曾密奏,若宥臣罪,臣即歸誠,故特專賜爾敕,盡宥爾罪,朕爲大君,豈改成命。"會噶爾丹召丹濟拉,以私恩不忍絕,復往會于阿察阿木塔台。策旺札布屬奉敕至阿喇布坦所授之,阿喇布坦及其妻願遵旨內徙,以噶爾丹介居,請徙近策妄阿喇布坦牧。時丹津鄂木布居吹河,阿喇布坦遣告之,各使齎奏至,然不即降,復敕其使諭之。會噶爾丹自哈薩克圖哈喇阿濟爾罕,遣使土克齊色稜達什召阿喇布坦,不赴,且奪召者騎,自布顔圖果爾徙阿爾台之喀喇伊齊思、呼里木圖等處。噶爾丹欲踰阿爾台,至額克阿喇勒捕魚食,慮阿喇布坦襲之,不果。丹津鄂木布尋奔附策妄阿喇布坦所,阿喇布坦仍分牧遊行。哈密俘噶爾丹子色布騰巴爾珠爾及其屬以獻,噶爾亶多爾濟詣阿南達告曰:"噶爾丹不共戴天讐也,願效力從戎答殊恩,且復私讐,待軍事蕆乃入覲。"阿南達以聞,允之。噶爾丹遣使說噶爾亶多爾濟曰:"爾姊阿努存日,言必以我女鍾濟海妻爾,今阿努歿,爾娶我女與否,其自爲計。"策妄阿喇布坦貽之書曰:"我等向爲姻戚,噶爾丹行不義,致棄前好,今遣使招爾,特爲詒爾計,爾勿妄從。"未幾,唐古特部第巴煽青海諸台吉,盟于察罕托羅海,繕軍械,助噶爾丹,檄噶爾亶多爾濟以兵往,辭不赴,遣使俄濟,通問策妄阿喇布坦,自攜兵百,會阿南達于布隆吉爾。上以青海未附故,復遣羅壘額木齊、阿勒達爾宰桑等,從我使往招博碩克圖濟農及諸台吉來歸,會河州副將李鳳翔遣使博碩克圖濟農所,以其私謂之曰:"爾爲噶爾丹姻,盍説之降。"羅壘額木齊等歸牧,博碩克圖濟農喜謂其子根特爾曰:"我使被擒,謂戮之矣,不意蒙恩釋歸,真仁聖主也。使者言誠是。"乃遣阿勒達爾宰桑等至將軍孫思克所,稱願往説噶爾丹降,思克馳奏,諭曰:"此雖博碩克圖濟農欲圖報效,但噶爾丹降與不降,豈係此遣使往説爲也?況朕已發大兵,分路進剿,博碩克圖濟農使者,著遣歸。"博碩克圖濟農者,顧實汗第五子伊勒都齊子也。青海袞布遣宰桑禡木特至。先是,遣使諭策妄阿喇布坦絕噶爾丹,道經嘉峪關外,袞布助糧糗駝馬,且爲導,令得達。至是奏遊牧邊外久,不敢萌異志,數年來青海諸台吉私盟皆未敢與,請賜内附。時額駙阿喇布坦、都統都思噶爾、巴林台吉德木楚克、西寧喇嘛商南多爾濟等,遵旨招降青海,復以哈密達爾漢伯克額貝都拉内附,詔敕青海厄魯特勿擾哈密境,行有期,詔攜袞布使往,復賜諭獎之。袞布者,顧實汗第三子達蘭泰子也。時多爾濟前卒,策旺喇布坦代已久。和碩特八台吉集盟壇,我使諭之曰:"達賴岱青當以身入朝,否則遣子弟代。"蓋以多爾濟子故重之。策旺喇布坦尋入覲,優賚遣歸。阿喇布坦等至察罕托羅海,察罕諾捫汗迎告曰:"皇上令青海衆得享安樂,永受恩澤,何幸如之。"遣禡木特馳語袞布,會袞布以建達賴喇嘛塔故,遣長子額爾德尼額爾克托克托鼐赴察罕托羅海,中道聞達賴汗子拉藏將以兵襲己,懼歸。袞布復遣次子朋素克往,拉藏讓之曰:"爾父私遣使内附,非欲貳青海乎,將興兵與爾父搆難。"朋素克馳歸語,故袞布備兵待,復遣禡木特迎告我使曰:"若不先臨我地,諸台吉疑自息。"阿喇布坦等恐諸台吉不利之,從禡木特言。拉藏尋遣語袞布曰:"爾獨希寵天朝,非所宜,我將偕青海諸台吉内附。"因撤兵。時顧實汗子惟達什巴圖爾存,阿喇布坦等宣諭之,達什巴圖爾議遣博碩克圖濟農及額爾德尼台吉代入覲。額爾德尼者,名納木札勒,墨爾根台吉子也。阿喇布坦等語曰:"皇上駕臨寧夏,爾當率衆往朝,毋自悮。"達什巴圖爾偕察罕諾捫汗、善巴陵堪布及唐古特達賴汗子拉藏等,檄諸台吉,議約四月啓行,達爾寺垂藏呼圖克圖,溫都遜寺達賴綽爾濟喇嘛,及囊素通事等咸請從,私向使者問獅象狀,相謂曰:"我等往朝,殆必以所未見聞物相示。"三月,上由歸化城視師寧夏。閏三月,阿喇布坦等自青海歸,議台吉至若露處未協朝典,應令秋後入覲京師,詔如議。命都思噶爾、商南多爾濟留駐鎮海堡俟之。扈蹕諸臣,奏青海厄魯特與準噶爾同部,聞噶爾丹敗竄,咸驚懼,皇上定策,安集所部,身至如歸,誠非常舉,請行慶賀禮。諭曰:"青海職貢有年,來朝亦常事耳,可勿賀。"諸臣固請,因奉表賀曰:"青海向雖修貢,未隸臣屬,今諸部歸誠,噶爾丹益無竄路,皇上安内攘外之心,自此允愜矣。"十三日,噶爾丹至阿察阿穆塔台,飲藥自盡。丹濟拉以噶爾丹骸及女鍾濟海至巴雅思都爾,遣齊奇宰桑詣大將軍伯費揚古告降。以前不速降故,懼討,復馳竄布隆吉爾爲待命計。偵副都統阿南達設備,奔巴里坤,懲甚,集從者議所向,咸稱留處便。先是,噶爾丹兄子策妄阿喇布坦,與噶爾丹修怨,徙博囉塔拉,達爾札、札木揚等皆從之。丹濟拉以附噶爾丹故,與策妄阿喇布坦交惡。至是,謂從者曰:"爾等徒自謀耳,若策妄阿喇布坦知而阻我,則難爲計矣。"因遊行博克達、額琳哈畢爾噶境,至濟木薩遇策妄阿喇布坦之郭蠻喇嘛,將以兵拒,紿之曰:"噶爾丹已殁,吾欲往投策妄阿喇布坦,其遣爾屬偕我使往。"郭蠻喇嘛撤兵,丹濟拉遣從者土克齊哈什哈偕郭蠻喇嘛使達爾漢宰桑,往告策妄阿喇布坦,而自偕郭蠻喇嘛駐待德伯色克。上以丹濟拉既乞降,復竄徙,詔策妄阿喇布坦擒獻,策妄阿喇布坦憾丹濟拉,且慮討不聽命罪,遣族台吉大策凌敦多卜等兵擊之,齊奇爾宰桑既乞降,費揚古遣入覲。復令準噶爾降人丹巴哈什哈往諭丹濟拉曰:"爾來歸甚善,所需糧騎若何,當遣往,何不輕身先至,令屬衆自後徐行。"丹巴哈什哈至巴雅思都爾,則丹濟拉竄已久,察哈岱、齊奇爾宰桑後先抵軍,費揚古令齋前敕往諭,不之遇,復給糧騎遣往,令必與丹濟拉相見始歸。抵郭蠻喇嘛所,授之敕,丹濟拉乃決志降,挈裝就道。大策凌敦多卜以兵至,掠噶爾丹骸及鍾濟海去,丹濟拉馳赴哈密,子多爾濟色布騰爲大策凌敦多卜兵所掩,與相失,越九日乃至。達爾漢伯克額貝都拉迎諸境,遣子郭帕伯克護至內汛。時上駐蹕可汗特穆爾嶺,遣官往迎,丹濟拉至,召入行幄,屏左右,垂詢移時始命出,詔以丹濟拉爲內大臣,多爾濟色布騰爲一等侍衞,其從衆置張家口外,視可用者給軍糧。丹濟拉出語人曰:"我乃叛逆罪人,窮始來歸,皇上略不致疑,屏侍臣,召入見,且蒙恩授顯爵,聖主至勇至仁如此,令我誠心感戴,永不敢異志矣。"杜爾伯特部台吉車稜來歸。車稜者,阿勒達爾泰什孫也。父烏爾袞從噶爾丹侵喀爾喀,烏蘭布通之役爲大軍所敗,攜屬三百餘,竄圖拉河境,上聞之,諭遣護軍統領瑪喇曰:"爾等馳赴圖拉,遣人問故,伊等或欲內附,懼爲喀爾喀阻,或力不能至而在彼,可收之至,如欲往阿爾台則聽之,既不內附,又不前往,則當相機行事。"瑪喇至,偵不獲蹤,噶爾丹再侵喀阿喀,烏爾袞復從至,和托輝特台吉根敦陣斬之。車稜從噶爾丹竄牧巴顏烏蘭,根敦以告,詔使諭車稜降,不至,噶爾丹尋敗遁,車稜將乞降,我師不知而擊之,乃逸,其屬綽克圖巴圖爾宰桑等,率衆百餘內附。時巴拜屬從至,詔置張家口外,巴拜遣宰桑博克請賜所屬,遣官察給之。巴拜尋來朝,請效力禁廷。諭曰:"爾先衆來降,朕自有加恩之處,其仍率所屬駐喀喇沁牧。"車稜敗,知噶爾丹不足恃,又羨巴拜內附蒙恩,遣使奏:"杜爾伯特部,自始通中國,至阿勒達爾泰什,往來朝請,已五世,前蒙恩遣巴札爾傳諭臣屬功格額爾克,令臣歸誠,許恩待,臣遵旨降,反爲將軍所擊,臣懼復逃,乞賜恩綸。"諭曰:"車稜來歸時,我綠旗蒙古兵,不知而擊之,今復遣使奏請,理藩院其檄令速降,朕將優恤之。"會遣使招噶爾丹,詔以其使從,至則車稜他徙,其使齎檄往諭,車稜遣功格額爾克奉表降,自詣大將軍費揚古所,告曰:"烏蘭布通戰後,臣父烏爾衰降志誠,不獲達,臣前爲大軍擊,心甚懼,率殘卒十餘,奔達瑪爾,遇噶爾丹偕赴薩克薩特呼哩克,未浹旬,棄走額克阿喇勒,臣知噶爾丹罪與之比徒就死,聞上撫厄魯特降人咸得所,集臣屬二百五十餘戶內徙,道踰汗阿林、翁吉,閱四月始至,乞以此情代奏。"費揚古馳疏聞,留其孥屬于張家口外,遣車稜覘行營,詔授散秩大臣,巴拜如之。阿喇布坦遣使奏請入貢。諭曰:"朕前聞爾與噶爾丹異處,遣使諭爾來降,或往依策妄阿喇布坦,聽爾自爲計,但不得據險竄伏,兩無所歸,爾遣使諾顏格隆藏布、額爾克鄂木布、阿旺達什等,奏稱噶爾丹若至近地,必擒執之,以歸聖主。朕又令爾使齎敕往諭,雖不能擒殺噶爾丹,但束身來歸,亦必富貴優養,毋疑毋阻,今爾稱蒙諭來降,即欲親往入奏,偕策妄阿喇布坦同牧,因臣妻疾甚,是以不果往,不論所居何地,自當請安進貢,以此觀之,爾無乞降誠意,尚爲首鼠兩端耳。目今情事,爾所灼知,丹濟拉、車稜等來降,朕悉加寵眷,策妄阿喇布坦擒伊拉古克三呼圖克圖授朕,使令治罪,爾欲他往,勿復望加爾厚恩顯榮事。今憐爾無歸,迫于生計,欲使得所,爾其熟籌之,毋貽悔。"阿喇布坦復不即降,竄齊爾納木。初,策妄阿喇布坦既掠科布多,罕都陰語阿喇布坦曰:"我等當入告天朝,及達賴喇嘛,令噶爾丹與策妄阿喇布坦息爭,否則善自爲計,分處可也。"阿喇布坦以其謀告噶爾丹,罕都懼,奔策妄阿喇布坦所,罕都兄達都琥子達爾札從之,策妄阿喇布坦奪其屬,禁罕都及達爾札,噶爾丹滅,始釋之。罕都攜戶百餘,乘間脫,將爲內附計,至齊爾納木,懼爲阿喇布坦留,棄其屬,挈孥,大雪中間道赴巴里坤,三子皆走死,僅以妻女及從者七人行,哈密郭帕伯克擒詰得狀,遣使導至。四月,諭留糧騎及羊九千餘于達希圖海,俟青海衆至給之。噶爾宣多爾濟設哨布隆吉爾,爲其屬阿勒達爾、霍什哈、恭格等所煽叛,至西欣驛,劫駝馬,奉母珠木蘇由喀喇烏蘇遁,阿南達遣兵四百追之,不及,招降其屬茂海、烏訥恩巴圖爾、阿喇木札木巴、阿喇木班及輝特台吉羅卜藏等,遣歸阿拉善。羅卜藏後徙牧喀爾喀,即附札薩克圖汗部之厄魯特札薩克也。和囉理遣達爾漢噶布楚、車臣宰桑等，赴青海收諸戚屬，抵鎮海堡，私向我守臣乞糧騎，不之給，訴所屬乏牲畜，恐困斃不獲至遊牧，詔給如所請。是年，和囉理以所部數叛，請視四十九旗例，編佐領，廷臣議徙烏喇特界。諭曰："若將和囉理移牧近地，則沿邊別部蒙古甚多，豈可盡徙，且治蒙古貴得其道，不係地之遠近，著停徙，仍遊牧阿拉善地。"詔封和囉理爲多羅貝勒，給札薩克印，轄其眾。復以噶爾亶多爾濟竄赴準噶爾，敕策妄阿喇布坦曰："噶爾亶多爾濟率屬來降，安置耕種。今忽留其屬人，棄禾私遁，其中必有不得已之情，務即察明具奏。朕于噶爾亶多爾濟略無責備之意，且降旨收集其遣眾，倘往汝地，汝可善爲撫恤，如欲內徙，即行遣歸。"時噶爾亶多爾濟陽附策妄阿喇布坦，陰貳之，策妄阿喇布坦將侵哈薩克，噶爾亶多爾濟詭以兵從，中道遁庫車，爲回眾所殺。母珠木蘇攜屬九百餘奔青海，青海諸台吉以獻。詔安置什巴爾台，隸察哈爾。鄂齊爾圖裔自此絕。土爾扈特汗阿玉奇屬諾顏和碩齊、色布騰蒙克等，從策妄阿喇布坦使入貢慶捷，優賚遣歸。十一月，達什巴圖爾偕諸台吉入覲。諭曰："朕非威攝爾等前來，不過欲令天下生靈各得其所，朕何物不備，朕之尊不在爾等來否，所望爾等各遂安全，副朕好生至意耳。"詔所從諸宰桑咸列坐豫燕。以御用冠服朝珠，賜達什巴圖爾及袞布子朋素克。賞諸台吉鞍馬銀幣有差，復傳諭曰："爾等自祖父來，歲修職貢，故特優錫，以寵爾歸。"十二月，上大閱玉泉山，達什巴圖爾等扈駕豫觀，戰慄失色，奏天朝兵威若此，何敵不克。博碩克圖濟農以疾不至。是年土謝圖汗察琿多爾濟來朝，以土爾扈特台吉恭格、鄂欽車布登、三都布等爲祖母弟阿玉奇汗族屬，代請入貢，報可。尋賜牧圖拉河東喀里雅爾山界，其地居額爾德尼昭東北。

三十七年正月，詔封達什巴圖爾爲和碩親王，諸台吉朋素克、達賴汗弟。納木札勒即額爾德尼台吉。爲多羅貝勒，額璘沁達什、納木札勒弟。朋素克袞布子。爲固山貝子，根特爾博碩克圖濟農子。爲輔國公。是役也，袞布以建達賴喇嘛塔，博碩克圖濟農哈坦巴圖爾以疾，色布騰札勒、敦多卜達什、索諾木達什、羅卜藏達爾札幼,且避痘,並不獲入覲。羅卜藏達爾札母阿勒達爾表陳其情,上憫之,詔特封輔國公。先是,噶爾丹詭與青海姻,實謀往侵,懼大軍討,乃寢。第巴以策妄阿喇布坦不附噶爾丹陰間之,僞爲達賴喇嘛疏,奏策妄阿喇布坦將侵青海及唐古特,上斥其妄,會噶爾丹使至,諭曰:"青海諸台吉奉貢久,倘若屬犯青海,朕必往討之。"至是噶爾丹就滅,策妄阿喇布坦憾達什巴圖爾等内附,詭請大軍征青海,討前助噶爾丹罪。諭曰:"青海諸台吉聞朕出師寧夏,遠徙遊牧,嗣噶爾丹平定,親來稱慶,伊等並無過端,豈肯遽爲加兵,朕統馭天下,惟願宇内群生,咸獲安堵,豈有使爾等構釁之理。"二月,上幸五臺山,詔達什巴圖爾等從。將旋蹕,召覲行幄,温諭遣歸,給駝馬。詔以巴拜、車稜屬隸察哈爾正白旗,編佐領二。車稜屬六品官班丹畢哩克及壯丁百餘,以功格額爾克爲驍騎校領之。巴拜屬五品官戴和碩齊、納木喀琳沁、額爾德尼達木巴,六品官達爾札巴圖蒙克、色稜、泰墨爾根、伊什德克及壯丁百餘,以達木巴領之。後巴拜卒,無嗣。車稜卒,子策旺達爾濟嗣。詔丹濟拉隸察哈爾正黃旗,曰三品官楚魯克,曰六品官都喇圖什賁、唐古特及壯丁百有十,僕役四十,皆丹濟拉屬之來歸者也,以多爾濟色布騰爲佐領領之。罕都自哈密入覲。諭曰:"爾來歸情殊可憫,所挈屬衆雖少,以爾父嘗納貢,著授台吉職。"先是,阿喇布坦屬降者,詔安置察哈爾牧,曰四品官噶羅卜藏,曰二等侍衛瑪穆,曰三等侍衛達克巴藏布及壯丁百七十餘,設佐領一,隸鑲黃旗,以噶羅卜藏領之。至是詔罕都與同牧。尋授三品散秩大臣,子二,長索諾木,如罕都職,次阿喇布珠爾授三等侍衛。唐古特部第巴疏請免解根特爾妻布木,理藩院議噶爾丹罪甚重,其女斷不可留青海,若博碩克圖濟農攜至或可賜生全,今反令第巴代請,仍當檄取,上從之。博碩克圖濟農尋卒,子察漢丹津嗣,奏:"噶爾丹女爲臣弟根特爾妻,第巴疏請免解,未蒙允許,但聖主優眷顧實汗子姓,乞以噶爾丹女仍給臣弟令完聚。"上鑒其情,諭免解,未幾,根特爾卒。

三十八年,阿玉奇復遣使額里格克遜等奉表至,歸經準噶爾爲所戕。初,策妄阿喇布坦徙博囉塔拉,乞婚阿玉奇,阿玉奇以女妻之,其第三子散札布率屬戶萬五千餘從往,自噶爾丹既滅,策妄阿喇布坦謀并諸衛拉特族,留散札布不遣,阿玉奇索其子,乃逐散札布歸額濟勒,仍留從戶不之給,分隸準噶爾鄂拓克,阿玉奇固索不獲,因搆難。

三十九年,哈密札薩克額貝都拉所部,偵哈薩克、布魯特,讐策妄阿喇布坦,將興兵爭喀什噶爾以告,詔不時偵奏。而策妄阿喇布坦憾哈密擒獻噶爾丹子故,掠其屬之赴市吐魯番者,詔責策妄阿喇布坦罪。準噶爾怨哈密益甚,策妄阿喇布坦聲言兵擊第巴,遣使赴青海,陰覘強弱,詔廷臣留意漢趙充國所議五事爲防禦計。

四十年,察汗丹津來朝,詔封多羅貝勒。

四十一年,阿喇布坦來歸。先是,丹津鄂木布既奔依策妄阿喇布坦,尋爲所禁,阿喇布坦懼不赴,策妄阿喇布坦掠其牧,乃徙額訥倫果爾,集諸宰桑言曰:"我今決內面矣。"遣使訥顏格隆藏布齎奏至乞降,詔允之。阿喇布坦挈屬內徙,策妄阿喇布坦遣族台吉大策凌敦多卜、羅卜藏琳沁等,以兵二千追之,阿喇布坦列兵禦,其宰桑洪科爾額爾奇木子車克,擊斬羅卜藏琳沁及兵四百餘,會我使往迎,大策凌敦多卜等遁。阿喇布坦率戶七百餘屯茂岱察罕廋爾,遣洪科爾額爾奇木馳奏,賜御用冠服。未幾,入覲京師,召見保和殿。諭曰:"厄魯特歸降我朝,未有率人如爾之衆者,爾既傾心來歸,甚屬可嘉。朕所用避風石數珠,最利風疾,以賜爾。"阿喇布坦奏:"臣產絕域無知,昔犯天朝,每思及,心膽俱裂。"諭曰:"爾厄魯特爲人多疑,朕親率師至克魯倫,遣使諭噶爾丹來降,彼不之從,故至交戰失利,其時若即歸款,朕亦即已。前厄魯特來降者,朕皆授大臣職,爾等尚不之信,今已優養數年,各安生全,雖未從征立功,扈從巡哨,亦嘗盡力。今觀爾體貌健壯,他日得力可知,念爾遠涉勞乏,且善自調攝,暇日可更與爾語也。"詔封多羅郡王,賜貂裘鞍馬銀幣,其從者諾顏格隆藏布、洪科爾額爾奇木皆賜達爾漢號。尋諭遊牧推河,阿喇布坦將行,奏:"臣為策妄阿喇布坦所掠,無衣食,窮困已極,蒙賜糧畜,得更生,今來入覲,又蒙恩給食乘傳,遣侍衛挈駝馬迎臣,甫至,輒賜宴,復賞御用珍服及未經見物。天高地厚之恩,此生誠不能報,但期臣身及臣子孫,世世捐軀效力而已,至臣屬眾,志尚未寧,俟數年後再請給賜官職,編設旗隊。"允之。青海貝勒納木札勒復以牧地乏水草,且多疾,請徙牧大草灘。諭曰:"雖四十九旗蒙古,未有令遊牧內地者,所請仍不允。"

四十二年,詔授厄魯特多羅郡王阿喇布坦札薩克職。尋卒,子二,長車稜旺布,次色布騰旺布。車稜旺布尚郡主,授多羅額駙,至是襲郡王爵。先是,達瑪璘妻布尼塔爾從兄額璘沁哈什哈至,乞降,詔優養之,子茂海及車稜從阿喇布坦來歸。詔封茂海為輔國公。達瑪璘,阿喇布坦弟也。十二月,上幸西安。青海親王達什巴圖爾等來朝,詔封和碩特台吉策旺喇布坦為多羅郡王,準噶爾台吉色布騰札勒為多羅貝勒。策旺喇布坦者,達賴巴圖子,薩楚墨爾根台吉弟也,時為右翼長。色布騰札勒者,卓巴巴圖爾子也。達什巴圖爾等扈駕閱駐防兵,奏:"禁卒精練,天下無敵,外省軍容復如是,億萬年可永享昇平。"賜宴遣歸。

四十三年,上以青海袞布先諸台吉內附,詔封多羅貝勒,封土爾扈特降人阿喇布珠爾為固山貝子,賜牧色爾騰。初,阿喇布珠爾父納札爾瑪穆特,從其汗阿玉奇遊牧額濟勒河,地逼俄羅斯及準噶爾,阿喇布珠爾嘗假道準噶爾赴唐古特謁達賴喇嘛,已爾阿玉奇與策妄阿喇布坦修怨,阿喇布珠爾自唐古特還,以準噶爾道梗,留嘉峪關外,遣使至京師請內屬,上憫其窮無所歸,故有是命,使轄其眾。和囉理第三子阿寶尚郡主,授和碩額駙,賜第京師,命御前行走。

四十四年,先是青海內附,瑚嚕木什前卒,子哈坦巴圖爾以疾,不獲與諸台吉入覲,至是卒,以遺疏授親王達什巴圖爾,稱子達什敦多布幼,乞賜恤。蓋和碩特八台吉以內附功,授王貝勒貝子公等爵有差,惟瑚嚕木什及桑噶爾札裔未賜爵,達什巴圖爾以聞,且獻哈坦巴圖爾疏,詔封達什敦多布及桑噶爾札孫敦多布達什爲輔國公。是年,貝勒袞布卒,子額爾德尼額爾克托克托鼐襲郡王。策旺喇布坦卒,子額爾克巴爾珠爾襲,封丹濟拉爲札薩克輔國公。

四十五年,郡王額爾克巴爾珠爾爲諸昆弟所迫,自戕死,子朋素克旺札勒降襲貝勒。諭丹濟拉赴牧推河,偕郡王車稜旺布偵防準噶爾,丹濟拉自是不復隸察哈爾旗。

四十八年,阿拉善札薩克貝勒和囉理卒,子阿寶襲,遣歸遊牧。

五十年,詔封青海台吉噶爾丹達什、索諾木達什、車稜爲輔國公。索諾木達什者,達賴汗弟;車稜者,索諾木達什弟墨爾根諾顏子;噶爾丹達什者,索諾木達什兄多爾濟孫也,皆鄂齊爾圖裔,鄂齊爾圖爲顧實汗長嗣,世領青海左翼及唐古特衆,故其子姓并賜爵。拉察布者,墨爾根諾顏子也,亦于是年封輔國公。貝勒納木札勒卒,子羅卜藏察罕襲。輔國公羅卜藏達爾札來朝,詔晉封固山貝子,尋授盟長。

五十一年,土爾扈特汗阿玉奇使薩木坦等假道俄羅斯,達京師,表貢方物,上嘉其誠,且欲悉所部疆域,遣侍讀圖麗琛等齎敕往。是年夏啓行,秋達俄羅斯境,俄羅斯故導我使紆道行。

五十二年,遣使齎敕往諭阿玉奇,令迎阿喇布珠爾歸。使至,阿玉奇及納札爾瑪穆特,以阿喇布珠爾幸爲天朝臣僕,且俄羅斯假道不易,請勿遣歸。是年,青海輔國公索諾木達什卒,子諾爾布朋素克襲。

五十三年,圖麗琛等始至薩喇托付,葢土爾扈特與俄羅斯界也,所部使遠道迎,將抵瑪努托海,阿玉奇復遣台吉宰桑等導至拂廬,我使授敕宣諭訖,語之曰:"阿喇布珠爾已賜爵優養,欲遣歸爾牧,以策妄阿喇布坦惡爾,恐戕之,而詭以哈薩克、哈喇哈爾榜爲辭也,爾若欲令阿喇布珠爾歸,當自俄羅斯來迎。"阿玉奇曰:"我雖外夷,然冠服與中國同,俄羅斯乃嗜欲不通,言語不同之區也,若以往來數故,不假我道則我無由入中國矣。阿喇布珠爾幸荷厚恩，與歸土爾扈特等復何疑慮。"鄂齊爾圖妻聞我使至，泣告所部未破時，嘗往來納貢狀。阿玉奇妻達爾瑪巴拉，子沙克都爾札布及阿喇布珠爾父納札瑪穆特等，各贈馬及方物。我使以入境無私交辭，阿玉奇待之有隆禮，留旬餘，筵宴不絕，復附表奏謝。

　　五十四年春，圖麗琛等復命，退而著《異域錄》，述其道里山川，民風物產，以及應對禮儀。所歷俄羅斯境，曰楚庫柏興，曰烏的柏興，曰柏海爾瑚，曰尼爾庫城，曰昂噶拉河，曰伊聶謝柏興，曰麻科斯科，曰揭的河，曰那里本柏興，曰蘇爾呼忒柏興，曰薩瑪爾斯科，曰狄木演斯科，曰托波爾，曰雅班沁，曰費耶爾和土爾斯科城，曰費耶爾和土爾斯科佛落克嶺，曰索里喀穆斯科，曰改果多羅，曰墨林諾付，曰喀山，曰西穆必爾斯科，曰薩拉托付，曰嗒喇斯科，曰托穆斯科，曰伊里木城，皆其聚落也。其地爲自古輿記所不載，亦自古使節所未經，如《史記》述匈奴北海，頗作疑詞，故儒者類言無北海，今據圖（理）〔麗〕琛所記，知伊聶謝柏興，距北海大洋一月程。又《唐書》稱薛延陀夜不甚暗，猶可博奕，僅得之于傳聞。圖（理）〔麗〕琛以五月至其地，知夏至前後確有是事。準噶爾策妄阿喇布坦自噶爾丹滅後，極恭順，至是漸驕橫。四月，以兵二千掠哈密，甘肅提督師懿德橄總兵路振聲往救，且入奏。詔西安將軍席柱及提督師懿德帶兵星速救應，吏部尚書富寧安前往與將軍公同商酌而行。祁里德授爲散秩大臣，前赴推河。詔右衛將軍宗室費揚古率右衛察哈爾、歸化城、黑龍江、索倫、達呼爾、喀喇沁、鄂爾多斯兵，赴推河駐札。阿拉善貝勒阿寶率所部兵五百參贊軍務。青海左翼設兵備，阿喇布珠爾備兵聽調。準噶爾尋敗遁，議撤噶斯駐防兵，以青海貝勒達顏所屬台吉等遊牧柴達木，通噶斯之察罕齊老圖，遣侍衛等駐其地，偵準噶爾蹤。遣使由喀爾喀、哈密兩路齎敕往諭策妄阿喇布坦，詔阿寶仍以參贊偕其兄子鎮國公羅卜藏達爾濟往會西安將軍席柱等，駐巴里坤，襲擊準噶爾于伊勒布爾和碩、阿克塔斯、烏嚕木齊諸地，皆克捷。

七月，議費揚古在察罕托輝、札布堪河、特斯河一帶屯田，富寧安在西吉木、布隆吉爾等處屯田。九月，諭富寧安回肅州料理軍需錢糧。初，達賴汗子拉藏偕青海諸台吉定議內附，尋襲唐古特汗，以第巴私立僞達賴喇嘛襲殺之，而立博克達之伊西札穆蘇爲達賴喇嘛瑚畢勒罕。青海貝勒察罕丹津等訐其僞，奏裏塘之羅卜藏噶勒藏嘉穆錯爲眞達賴喇嘛瑚畢勒罕。詔內閣學士拉都琥往驗，尋遣侍衛阿齊圖召青海兩翼，議徙裏塘達賴喇嘛瑚畢勒罕以弭爭端。貝勒色布騰札勒、阿喇布坦鄂木布、朋素克旺札勒、台吉達顏、索爾札等，僉請徙，察罕丹津不從，將偕達什巴圖爾子羅卜藏丹津盟，率兵攻異己者。阿齊圖疏至，王大臣等奏察罕丹津若先攻諸部，色布騰札勒等來奔應置邊內，察罕丹津牧距松潘僅四五日程，請備兵待。詔西寧、四川、松潘諸路，設兵備之。有曼濟者，從準噶爾攻哈密被擒，訴土爾扈特屬留處準噶爾爲宰桑等虐，思附天朝，或歸故土，但不獲問。上憫之，諭策妄阿喇布坦遣歸土爾扈特牧，不從。詔招降杜爾伯特台吉丹津于阿爾台。丹津者，鄂木布岱青和碩齊孫也，與散秩大臣車稜爲從昆弟，遊牧阿爾台，戶千餘。和托輝特台吉博貝請赴阿爾台招丹津降，抗，即以兵取之。諭車稜遣使齎書從，比至，丹津徙策妄阿喇布坦牧。

五十五年三月，詔青海貝勒朋素克旺札勒、台吉達顏，各選兵百屯噶斯路，防準噶爾賊。土爾扈特阿喇布珠爾奏請從軍效力，詔率兵五百駐噶斯。察罕丹津畏罪，徙裏塘達賴喇嘛瑚畢勒罕至西寧宗喀巴寺。阿齊圖奏請集諸台吉定盟，以羅卜藏丹津、察罕丹津、達顏等領右翼，額爾德尼額爾克托克托鼐、阿喇布坦鄂木布等領左翼，令永睦，允之。會準噶爾由沙拉襲青海，掠台吉羅卜藏丹濟卜等牧畜，復謀盜噶斯口官軍駝馬。諭曰："準噶爾偵噶斯口兵勢稍弱，潛來侵擾青海，不可不嚴備之，著西安兵會青海左翼，四川督標兵會青海右翼，協力防禦。"閏三月，以議遷達賴喇嘛瑚畢勒罕事定，詔青海貝勒額爾德尼額爾克托克托鼐等分領青海左翼，台吉達顏等分領青海右翼。先是，親王達什巴圖爾爲和碩特長，以私憾誣訐達顔罪，詔禁京師，以其叔父策旺喇布坦代轄所屬。尋策旺喇布坦來朝，乞宥達顔罪，攜歸青海，允之。有番族曰瞻對，在鴉籠江西境，其祖爲喇瑪什喇札木禪，明成化中入貢，給之印，再傳至多爾濟布木，子二，長革松撒，次按撒，不相能，革松撒子琳沁布及孫側泠旺布，屯牧瞻對。按撒攜子側泠札布徙奔霍爾，附青海，說其右翼長多爾濟以兵侵瞻對，掠屬番二千餘户，側泠旺布女弟之夫曰喇瑪布，屯牧喇衮，與定謀内附，納其土及民數，瞻對屬番三千户，喇衮屬番千户，且獻明所給印。會策旺喇布坦遣宰桑札爾瑚齊等取霍爾賦，使以私至打箭鑪，詭稱多爾濟及子薩楚墨爾根，孫達顔相繼征瞻對賦，瞻對久爲青海屬，請勿納。我守汛臣遺書詰之，策旺喇布坦稱宰桑辭誣，且謝罪。詔授側泠旺布及喇瑪布官，爲内屬，即隸泰寧協阜和營之瞻對、喇衮二安撫司也。策旺喇布坦卒，妻額琳沁旺布謀奪霍爾諸地，達顔以策旺喇布坦恤育恩，弗爭也。側泠札布忌側泠旺布等内附，攘附牧地，遣官往勘，知霍爾爲達顔屬，飭額琳沁旺布給之，復諭達顔遣使霍爾，察歸所攘瞻對地，以宰桑等監之，令番族勿滋擾，達顔奉命惟謹。十一月，諭明年暫停進兵。十二月，達顔來朝。諭曰："達顔爲達賴巴圖爾孫，且素樸誠，感戴朕恩，實心效力，辦理青海事務，始終毫無舛誤，朕甚嘉之，著封多羅貝勒。"青海準噶爾台吉阿喇布坦來朝，詔授公品級一等台吉。阿喇布坦，卓哩克圖和碩齊孫也。初，和碩特與準噶爾族世婚，察罕丹津弟根特爾既以噶爾丹女布木爲妻，阿喇布坦爲噶爾丹從子，察罕丹津復以女妻之。噶爾丹既平，準噶爾族不附逆者，詔仍遊牧青海，聽和碩特族與姻好如故，然皆未編設旗隊。至是賜阿喇布坦札薩克職，轄其屬，給銀幣，如公例。是年，輔國公拉察布晉封固山貝子。

五十六年正月，達顔奏請增設噶斯兵防準噶爾，上韙其言，以西安兵二千，西寧兵一千，益之。二月，扈蹕幸畿甸，優賚遣歸。三月，命富寧安爲靖逆將軍，由巴爾庫爾即巴里坤一路，公傅爾丹爲振武將军,祁里德协理将军,由阿尔台一路袭击准噶尔。遣使赴青海测分野。未几,靖逆将军富宁安谍策妄阿喇布坦遣兵赴唐古特,驰疏闻。初,拉藏汗有子三,长噶尔丹丹忠,次索尔札,次色布腾。策妄阿喇布坦侦拉藏汗嗜酒无谋,以女博托洛克为噶尔丹丹忠妇,诱之来娶,留不遣。西域谓善巫蛊者曰鲊答,噶尔丹丹忠习其术,策妄阿喇布坦诱缚之,夹两釜间烙死,遣兵六千袭藏,诡称送噶尔丹丹忠及博托洛克归。上以里塘达赖喇嘛瑚毕勒罕事初定,拉藏汗或阴导准噶尔侵青海,诏理藩院尚书赫寿谕拉藏汗勿得与察罕丹津、罗卜藏丹津等搆兵,复谕遣侍卫色楞等赴青海曰:"准噶尔若侵拉藏汗,尔即与青海台吉等定议协剿,务令绝无猜忌,不至滋变,方善。或拉藏汗导准噶尔侵青海,尔即谕察罕丹津等曰:'策妄阿拉布坦屡抗大军,今拉藏汗与同谋,是显为雠敌也。圣主始终仁爱,保护顾实汗子孙,尔等正当奋志报效而行。'"六月,富宁安等由巴尔库尔进发。七月,散秩大臣阿喇纳至乌兰乌苏,拿获策妄阿喇布坦哨兵二人。富宁安自乌鲁木齐回兵,向毕留阁遇厄鲁特三百馀人,整兵迎剿,贼败奔深山,我辉特台吉札木毕阵亡。又至乌鲁木齐,拿获回子,探问准噶尔消息,前进至通俄巴锡,拿获回子男妇一百六十九名,并驼马牛羊等物,将各处田禾,俱行践踏,回巴尔库尔。傅尔丹派兵至博罗布尔哈苏,追斩厄鲁特五人,擒四人。又遣人分路寻掠,并无贼踪,亦回兵阿尔台。十月,命侍郎梁世勳、海寿督理巴尔库尔屯田。命副都统法喇往四川会同年羹尧料理军需。察罕丹津等以准噶尔侵拉藏汗告,谕内大臣策旺诺尔布、西安将军额伦特、侍卫阿齐图等分屯青海要地。议政王大臣等并请檄松潘、西宁兵备边,诏遣侍卫拉什偕察罕丹津定议。

五十七年,拉藏汗乞援疏至。先是,准噶尔策凌敦多卜率众由特几斯踰净科尔庭山,拉藏汗不之备,贼至达木始觉,偕子索尔札拒,不敌,奔守布达拉,遣使赍疏乞援。贼诱开布达拉门,入戕拉藏汗,拘色布腾及宰桑等,索尔札率兵三十馀溃走为所擒,其妻间道来奔,皆五十六年事。至是疏始至。詔色楞等會青海王察罕丹津議進兵，察罕丹津奏大兵將赴藏，準噶爾必不敢潛至青海，請仍撤松潘等處兵入口，牧馬休卒，上韙其言。尋知拉藏汗被準噶爾戕，復遣侍衛札卜密諭察罕丹津，諜誘準噶爾兵至青海擊之，準噶爾懼不至，時準噶爾賊五百謀侵察木多，察罕丹津詭遣宰桑迎赴裏塘，都統法喇疑與賊應，劾其罪。詔傳諭察罕丹津所遣宰桑，俟準噶爾賊至，偕駐防裏塘兵禦之。六月，總督額倫特統兵自穆魯烏蘇起程，至圖爾哈爾渡河，至七叉河，聞侍衛色楞自拜圖前往，因七叉河至拜圖無路可通，自七叉河向庫庫塞一路進兵。七月，額倫特自門贊西里克起程，至齊諾郭勒，連敗賊兵，追擊十餘里，訊獲賊，稱賊首札布齊、杜喀爾二人帥兵四千，由喀喇烏蘇河西小路而來，額倫特即移咨公策旺諾爾布接應，遂渡喀喇烏蘇，前往狼臘嶺。侍衛色楞亦統兵至喀喇烏蘇，連擊敗厄魯特賊人，奪其三處山梁，追殺二十里，殺二百餘人。九月，額倫特、色楞與賊兵遇，相持月餘，額倫特没于陣。命皇十四子固山貝子允禵為撫遠大將軍。十二月，撫遠大將軍帥大兵進剿策妄阿喇布坦起程。察罕丹津尋來朝。諭曰："人心疑懼之際，爾能委身效順，甚屬可嘉，著晉封多羅郡王。"歸牧，請從大軍赴藏，詔撫遠大將軍固山貝子允禵善視之，且以兵護其牧。貝勒達顏卒，上悼唁之，子旺舒克喇布坦襲。

五十八年四月，議今年暫停進兵，撫遠大將軍兵暫在西寧駐札，從允禵請也。先是，哈密伯克額貝都拉獻西吉木、達里圖、西喇郭勒地，詔設赤金、靖逆二衛及柳溝所，聽兵民耕牧。尋以其地錯青海左翼牧，遣官偕貝子阿喇布坦、台吉阿爾薩蘭等勘定界，阿喇布坦等曰："青海衆荷厚恩，何惜隙地，可耕者聽給軍民，留我等牧地足矣。"因集所屬宰桑等畫地標識，議勿私越。時撫遠大將軍允禵統兵駐西寧，請自索諾木至柴達木路設站五，站置青海兵十，別令左右翼兵各三百，屯近軍地，防準噶爾賊，從之。六月，都統法喇遵旨令副將岳鍾祺率綠旗兵赴裏塘，擒其酋七人斬之，隨宣諭安撫。又進取巴塘，法喇移兵駐札，巴塘尋就撫。八月，議茂岱察罕廈爾與鄂齊圖果爾二處各築一城，將充發者暫住耕種，俟一年後派兵駐防，從振武將軍傅爾丹請也。允禵復遵旨，集兩翼王公台吉，以上意宣諭曰："唐古特部達賴喇嘛班禪喇嘛法教，原係爾祖顧實汗所設，今準噶爾戕拉藏汗，離散番眾，爾等前稱裏塘羅卜藏噶勒藏嘉穆錯為真達賴喇嘛胡畢勒罕，願置禪榻，廣施法教，今唐古特民人及阿木島喇嘛如爾言，皇上為安藏計，遣大兵送往唐古特，爾等宜率所屬兵，或萬或五六千從往，其定議具奏。"兩翼王台吉等僉稱願聽命。

五十九年正月，授都統宗室延信為平逆將軍。和碩額駙阿寶自巴里坤赴青海參贊其軍。二月，授護軍統領噶爾弼為定西將軍，率兵進藏。調都統法喇於打箭鑪駐防。三月，富寧安言："今歲大兵進藏，其阿爾泰、巴爾庫爾兩路亦約會前進，襲擊準噶爾邊境，使賊人擾亂，臣請率兵三千，從烏魯木齊往，分兵四千，由吐魯番往。"尋議吐魯番一路兵，令散秩大臣阿喇納統領。征西將軍祁里德言："阿爾泰兵，臣請領七千人，從布婁爾前進。將軍傅爾丹領八千人，從布喇罕前進，襲擊準噶爾邊境。"從之。七月，富寧安選輕騎至烏蘭烏蘇之源及托和穆圖，遣侍衛哲爾德等赴阿克塔斯，擒一賊，餘眾逃散。侍衛克什圖、阿玉錫等赴伊勒布爾和碩，奪馬百餘，獲杜爾伯特台吉垂木拍爾。杜爾伯特台吉丹津之徙牧準噶爾也，時策妄阿喇布坦假兵力據四衛拉特，令諸台吉環牧烏魯木齊、額爾齊斯為負嵎計。垂木拍爾者，丹津族台吉也，率屬駐烏魯木齊，設哨伊勒布爾和碩、阿克塔斯路。至是為我軍所擒，烏魯木齊眾聞之咸竄。阿喇納進兵齊克塔木，擊破賊營，悉降其眾，進至皮禪城，諭降其回子三百餘人。至吐魯番，其頭目阿克蘇爾坦及總管沙克札拍爾等率眾迎降，乃凱旋。富寧安至烏魯木齊，並無賊蹤，與阿喇納會于烏爾烏蘇，合兵凱旋。九月，抵巴爾庫爾。祁里德自鑑額爾河前進，擊敗厄魯特宰桑色布騰，色布騰率二千餘人降，獲牲畜無算。傅爾丹至格爾額格，厄魯特人委棄帳房逃散，追及之，殺二百餘人，擒宰桑貝坤等百餘人，降三百餘人。又督兵踐踏烏蘭呼濟爾耕種,焚所積糧草而還。八月,噶爾弼自拉里前進,分兵三隊進取西藏,傳集大小第巴頭目,並各喇嘛廟宣示拯救至意。隨將達賴喇嘛倉庫封鎖,其堪布等將各廟準噶爾喇嘛百餘人擒獻,斬爲首喇嘛五人,餘監禁。平逆將軍延信擊敗策凌敦多卜之衆于札卜克河,奪其馬匹器械,又敗賊二千餘人于齊諾郭勒,又敗賊于綽瑪喇。九月,自達木起程,送新封達賴喇嘛進藏,青海王公台吉皆從。捷聞,詔留兵二千屯青海偵禦。富寧安請乘勝來年大舉進剿,許之。是年,封博碩克圖濟農孫阿喇布坦札木素爲輔國公。

六十年三月,大將軍允禵言,據三路將軍報稱,各路馬駝糧餉俱甚充足,器械俱已齊備,官兵各思奮力,值策妄阿喇布坦人心惶惑之時,可以直擣巢穴,掃蕩無遺。尋會議,阿喇納、提督路振聲由烏蘭烏蘇進取吐魯番,富寧安之兵調往烏蘭烏蘇駐札,傅爾丹、祁里德各于本處豫備,再派祁里德所屬兵二千,前往收取策妄阿喇布坦及烏梁海逃衆,俟策妄阿喇布坦內變起釁,得有確信,三路將軍即引大兵前進,擣其巢穴。從之。五月,命大將軍允禵赴甘州駐札,諭今年大兵暫停進剿,從允禵密奏也。九月,策妄阿喇布坦遣人犯吐魯番城,阿喇納使侍衛克什圖等敗之,擒殺遣人犯吐魯番城,阿喇納使侍衛克什圖等敗之,擒殺百餘人,追捕數十里,獲軍械馬匹甚多。富寧安言:"臣前因阿喇納今冬進兵襲擊,故請移駐伊勒布爾和碩爲之聲援,今賊人已敗遁,必恐懼防備,不宜襲擊,阿喇納應停止進兵,臣仍統兵駐巴爾庫爾。"從之。十月,召允禵、祁里德、富寧安來京,指示明歲大舉進剿方略。祁里德言,烏蘭固木地煖土肥,請來年多行耕種,可望大收。從之。詔阿寶統兵五百駐藏地,參贊署理定西將軍公策旺諾爾布軍。

皇朝藩部要略卷之十一

前史官壽陽　祁韻士　纂
寶山　毛嶽生　編次
江陰　宋景昌　校寫
平定　張　穆　覆審

厄魯特要略三

六十一年，詔以書諭策妄阿喇布坦，命哲卜尊丹巴呼圖克圖簡喇嘛齎往，其向伊犁進兵之事暫停。四月，命撫遠大將軍允禵復往軍前。詔青海撤噶斯駐防軍，仍備兵遊牧。從阿喇納言，命富寧安統大兵移駐烏魯木齊。十一月，世宗憲皇帝命大將軍允禵馳驛來京，輔國公延信馳赴甘州管理大將軍印務。貝勒旺舒克喇布坦卒，無嗣，朋素克旺札勒于達顏爲從子，謀奪其屬。遣侍郎常壽勘狀。達顏弟噶爾丹岱青諾爾布口吃，達什車凌其子也，年十有四，達顏妻玉木楚木察罕達喇請以達什車凌襲旺舒克喇布坦爵。允之，降襲固山貝子，詔善視達顏妻。復諭朋素克旺札勒勿得私擾其屬。是年，貝子羅卜藏達爾札卒，子濟克濟札布降襲輔國公。

雍正元年，諭曰："自西陲用兵，青海王以下，台吉以上，各著勞績。皇考曾降旨，俟凱旋日計功。今青海王台吉等，歷年效績，應各酌加封賞，其率兵進藏及駐防噶斯、柴達木等眾，應令各處將軍分別加賞，敘功。"郡王察罕丹津晉封和碩親王，貝勒額爾德尼額爾克托克托鼐晉封多羅郡王，貝子額璘沁達什、拉察布晉多羅貝勒，輔國公敦多布達什、噶爾丹達什皆晉鎮國公，諸台吉進爵有差。獨台吉車凌敦多布因母楚克納賚納木札勒以所屬唐古特兵萬，請從大軍入藏，且助獻糧餼，封多羅貝勒，蓋異數也。命察罕丹津轄其從子丹衷屬眾。丹衷者，根特爾子也，初授輔國公，以大軍自青海討準噶爾，遣所部助獻糧餼，復以兵從至藏，晉封固山貝子。尋卒，無嗣，詔追封郡王，遺奏獻部衆及牧地，上不忍納。諭曰："丹衷實心效力，身故絕嗣，朕富有天下，四海爲家，豈有利其所屬之理，著四川提督岳鍾琪，遣員會同札薩克等，察明户口數目，歸察罕丹津轄，務使各得其所，勿稍擾累，至丹衷屬宰桑等，素著勤勞，亦著分別加賞。"詔封厄魯特色布騰旺布多羅貝勒，晉封輔國公茂海固山貝子。先是，議由裹塘遷達賴喇嘛赴藏，羅卜藏丹津違命且扇察罕丹津謀興兵襲諸台吉，察罕丹津有惑志，尋悔罪。詔察罕丹津及羅卜藏丹津領青海右翼，察罕丹津牧河東，近松潘，羅卜藏丹津牧河西，近布隆吉爾地，以河爲界。七月，年羹堯請于布隆吉爾建城駐兵，從之。八月，總理王大臣等遵旨議討羅卜藏丹津。初，羅卜藏丹津襲其父達什巴圖爾親王爵，從大軍入藏歸，覬爲唐古特長，陰約策妄阿喇布坦援己，復誘青海台吉等盟察罕托羅海，令如所部故號，不得復稱王貝勒貝子公等爵，而自號達賴琿台吉以統之。貝勒朋素克旺札勒、輔國公濟克濟札布懼不敵，爲所脅，令掠鄰牧及内地邊。貝勒羅卜藏察罕、車凌、敦多布、拉察布、土爾扈特台吉諾顔格隆、諾爾布等，並附逆。察罕丹津不之附，將搆難，會羅卜藏丹津強授準噶爾部貝勒色布騰札勒兵，令掠西寧，色布騰札勒不從，亦遣使告。詔西寧、松潘兵馳往援。有拉察布者，察罕丹津兄墨爾根諾顔子也，附羅卜藏丹津，以兵掠察罕丹津牧，察罕丹津攜孥及屬百餘，奔至河州老鴉關外。總理青海事務侍郎常壽置之河州邊内，羅卜藏丹津復以兵掠河州界，因徙孥蘭州。察罕丹津屬額爾克札爾瑚齊、阿勒達爾和碩齊、拉木布等，以户千餘，丹衷、宰桑噶隆、色布騰達什等，以户七百餘，相繼來歸。羅卜藏丹津又以兵四千，掠郡王額爾德尼額爾克托克托鼐牧，額爾德尼額爾克托克托鼐拒之，不敵，攜妻間道至甘州乞援。子阿喇布濟、索諾木達什等，集衆拒賊，鏖戰七日，賊始退，率兵五百及戚屬千餘來歸。署撫遠大將軍貝子延信，置之蘇油口内。鎮國公噶爾丹達什攜屬台吉阿旺達什巴等，避至甘州境，並於蘇油口内安插。

準噶爾族貝勒色布騰札勒避亂内徙,輔國公車稜弟班珠爾從至,延信並置之西川口外。準噶爾札薩克公品級台吉阿喇布坦者,察罕丹津女夫也,與察罕丹津相失,尋偕察罕丹津宰桑巴圖等攜户千四百餘來歸。延信以額爾德尼額爾克托克托鼐等不附逆狀,馳疏聞。諭曰:"青海台吉皆顧實汗嫡孫,自我朝太宗文皇帝時,顧實汗與達賴喇嘛恭順效力,迄今百年,蒙皇考施以恩寵,加封名號,普加庇護,後經策妄阿喇布坦敗壞黄教,圍困西藏,殺害拉藏,且復謀侵爾等,於是我皇考遣發大兵,偕爾等送達賴喇嘛至藏,振興黄教。今羅卜藏丹津無故稱兵,以王等不入伊黨自相侵害,朕仰體皇考眷念顧實汗子孫之意,其罪未明,尚不忍即加征討,已遣侍郎常壽往問羅卜藏丹津所行情事,若能知罪悔過,朕定其是否和解爾衆,仍令爾兄弟照舊安居,如果羅卜藏丹津不遵朕旨侵犯邊塞,豈可不遣兵征剿。今王屬衆人等,盡被劫掠,窮困來至甘州,朕聞之不勝惻然,特遣郎中通智分給廩餼牲畜,令從豐厚,王等在彼安居,不須憂慮,朕斷不使爾等有拮据也。"時上以和碩特族自相殘,不忍遽加兵,詔常壽傳諭羅卜藏丹津罷兵,不從則懲治之。羅卜藏丹津詭言,親王察罕丹津、郡王額爾德尼額爾克托克托鼐謀據唐古特,諸台吉不服,將興兵與決勝負。蓋以察罕丹津、額爾德尼額爾克托克托鼐首不附己,欲誣以罪,因脅諸台吉奉己,如鄂齊爾汗駐唐古特以遥制青海也。上惡其狡不可諭,決計討之,敕川陝總督年羹堯曰:"羅卜藏丹津自其祖顧實汗敬謹恭順,達什巴圖爾慕化來歸,晉封親王,復令其子羅卜藏丹津襲封,自宜仰體寵眷,敬奉法紀,乃妄逞强梁,骨肉相仇,欺凌親王察罕丹津、郡王額爾德尼額爾克托克托鼐等,恣行倡亂,朕甫聞其事,遣使往諭,令伊講和修睦,式好无尤,乃肆意稱兵,侵襲察罕丹津、額爾德尼額爾克托克托鼐,以致投入内境,是其孤負朕恩,悖逆天常,擾害生靈,誅戮不可稍緩。朕欲大張天威,特命爾爲撫遠大將軍,統領大兵,往聲羅卜藏丹津罪,如敢抗拒,即行剿滅,其黨有懼羅卜藏丹津勢,暫爲脅從者,果悔罪來歸,即行寬宥,有能擒斬羅卜藏丹津者，分別具奏，有情急來歸者，加意撫卹，其不抗拒者，毋加殺戮。"羅卜藏丹津詭罷兵，誘常壽至察罕托羅海留之，遣叛黨分掠西寧諸路，扇賊番等爲應。副將軍阿喇納自吐魯番馳赴噶斯，斷由穆魯烏蘇往藏路，副將王嵩、參將孫繼宗等，擊賊黨于布隆吉爾及鎮海堡、申中堡、北川新城等處，四川提督岳鍾琪以雜谷土司等兵，剿歸德堡、上寺東策卜、下寺東策卜及南川口外郭密諸番，復檄前鋒統領蘇丹等協剿，所至告捷。羅卜藏丹津懼，送常壽歸，請罪。諭年羹堯曰："伊乃深負國恩，與大軍對敵之叛賊，國法斷不可宥。不得因伊曾封王爵，稍存疑慮。其與羅卜藏丹津同謀之王貝勒貝子公等，既經背叛，即宜削爵，伊等或來歸順，或被擒獲，不必更論封爵，但視行事輕重，可寬宥者從寬，應治罪者治罪。"羅卜藏丹津以索諾木達什鄰牧，誘擒之，尋脫歸。諭曰："索諾木達什竭誠報國，盡忠效力。今聞脫身來歸，良慰朕懷，特沛殊恩，著封固山貝子，給上等產業。"索諾木達什，鎮國公敦多卜達什弟也。

　　二年春正月，詔土默特右翼都統根敦率滿洲兵二千赴巴里坤，防禦青海叛賊，尋分兵千，駐吐魯番境。詔以岳鍾琪爲奮威將軍參贊軍務。大軍至，貝勒色布騰札勒首率户口二千餘迎降。署撫遠大將軍延信置之西川口外，諸附逆者並懼，叛黨吹喇克諾木齊、札什敦多布等遁噶斯。朋素克旺札勒偕達什車稜擒吹喇克諾木齊之宰桑都喇勒及札什敦多布母乞降。岳鍾琪令追剿吹喇克諾木齊，果擒至。羅卜藏察罕率屬台吉袞布色布騰、納罕伊什等降，其母復攜諸台吉妻請内徙，車凌敦多布女兄亦奔赴之，詔置西寧口外。楚克賚納木札勒尋攜車凌敦多布及屬户千餘請降，詔置伊克烏蘭和碩，並給茶麥諸物養之。拉察布懼誅，奔巴爾喀木，子察罕喇布坦、旺舒克喇布坦迎降，招其父拉察布至，獻駝馬千餘，詔削貝勒爵，降鎮國公。諾顏格隆、諾爾布并台吉根敦等皆乞降，且請從剿賊自贖。岳鍾琪奉命進剿，偵從賊之巴爾珠爾阿喇布坦自烏蘭博爾克遁，尾擊之，至伊克喀爾吉，擒其黨阿喇布坦鄂木布。遣西寧總兵黃喜林，由西爾哈羅色赴柴達木,斷噶斯路。偵羅卜藏丹津走烏蘭穆和爾。鍾琪復分兵馳擊,擒其母阿爾泰,俘户畜無算。羅卜藏丹津及其黨分道竄,侍衛達鼐等擒丹津琿台吉于華海子,阿布濟車臣台吉于布哈色布蘇,吹喇克諾木齊、札什敦多卜等于烏蘭克。羅卜藏丹津走準噶爾,逆黨悉檻送京師,詔行獻俘禮。尋逆黨吹喇克諾木齊、阿喇布坦鄂木布、藏巴札木、巴爾珠爾阿喇布坦、札什敦多布、格勒克、阿喇布坦巴蘇泰及察罕丹津從子塔爾寺喇嘛堪布諾捫汗等,悉伏誅。準噶爾族貝勒色布騰札勒,以導從逆之貝勒羅卜藏察罕、輔國公車稜、台吉諾爾布等悔罪內附功,晉封多羅郡王。貝子達什車稜之父台吉噶爾丹岱青諾爾布,以不從逆,且以兵擊賊黨功,封固山貝子世襲罔替。青海世爵自此始。其從逆之貝勒羅卜藏察罕、額璘沁達什、輔國公濟克濟札布皆削爵,貝勒車稜敦多布降爲貝子,貝勒拉察布降爲鎮國公。噶爾丹岱青諾爾布尋卒,其妻請以達什車稜兼襲之。理藩院議蒙古無襲兩世爵例。諭曰:"噶爾丹岱青諾爾布於青海羅卜藏丹津事,著有勞績,因議功封爲貝子。今既病殁,伊兄弟兩家,止有貝子達什車凌一人,著從優加恩,并兩貝子爵爲貝勒,仍世襲罔替。"旋授札薩克。有中甸者,隸雲南麗江府,羅卜藏丹津給僞劄,令附己,大軍至,率户三千餘請降。洮岷界外諸番,舊爲青海屬,悉就撫,其不順者剿誅之。阿岡、多卜藏瑪嘉、鐵布、納珠公寺、朝天堂、桌子山、碁子山、先密寺、興馬寺、阿落、西脱巴、上篤爾素華藏、上札爾的諸番衆,以次底定,青海患始靖。御製平定青海文,立石太學。文曰:"我國家受天眷命,撫臨八極,日月所照,罔不臣順,遐邇又安,兆人蒙福。乃有羅卜藏丹津者,其先世顧實汗,自國初稽首歸命,當時使臣建議,畀以駐牧之地,其居雜番羌,密邇甘涼。我皇考聖祖仁皇帝,睿德深遠,每廑于懷,既親御六師,平定朔漠,威靈所加,青海部落達什巴圖爾等震讋承命,聖祖仁皇帝因沛殊恩,封爲親王,兄弟八人,咸錫爵禄,羈縻包容,示以寬大。而狼心梟性,不可以德義化,三十年來包藏異志。朕紹登寶位,優之錫賚,榮其封號,尚冀革心,輯寧部衆。而羅卜藏丹津昏謬狂悖，同黨吹喇克諾木齊、阿喇布坦鄂木布、藏巴札木等，實爲元惡，謂國家方宏浩蕩之恩，不設嚴密之備，誕敢首造逆謀，迫脅番羌，侵犯邊城。反狀彰露，用不可釋于天誅。遂命川陝總督太保公年羹堯爲撫遠大將軍，聲罪致討，以雍正元年十月，師始出塞，自冬涉春，屢破其衆，凡同叛之部落，戈鋋所指，應時摧敗，招降數十萬衆。又降其貝勒貝子公台吉等二十餘人。朕猶憫其愚蠢，若悔禍思愆，束手來歸，尚可全宥，而怙惡不悛，負險抗違，乃決勦滅之計。以方略密付大將軍年羹堯，調度軍謀，簡稽將士，用四川提督岳鍾琪爲奮威將軍，於仲春初旬，禡牙徂征，分途深入，擣其窟穴，電掃風馳，搜剔巖阻，賊徒蒼皇糜潰，窮蹙失據，羅卜藏丹津之母及謀逆渠魁，悉就俘執，擒獲賊衆累萬，牲畜軍械不可勝計。賊首逃遁，我師逾險窮追，獲其輜重人口殆盡。羅卜藏丹津孑身易服，竄匿荒山，殘喘待斃。自二月八日至二十有二日，僅旬有五日，軍士無久役之勞，內地無轉輸之費，克奏膚功，永清西徼，三月之朔，奏凱旋旅，鐃歌喧轟，士衆欣喜。四月十有二日，以倡逆之吹喇克諾木齊等三人獻俘廟社。受俘之日，臣民稱慶。伏念聖祖仁皇帝威靈震于遐方，福慶流于奕葉，用克張皇六師，殄滅狂賊，行間將士亦由感激湛恩厚澤，爲朕踊躍用命。斯役也，芟夷兇悖，綏靖番羌，俾烽燧永息，中外人民胥享安阜，實成先志，以懋有丕績，廷臣上言，稽古典禮。出征而受成于學，所以定兵謀也。獻馘而釋奠於學，所以告凱捷也。宜刊諸珉石，揭于太學，用昭示于無極，遂爲之銘曰：'天有雷霆，聖作弧矢。輔仁而行，威遠寧邇。維此青海，衆類實繁。錫之茅土，列在藩垣。被我寵光，位崇祿富。負其阻遐，禍心潛構。恭惟聖祖，慮遠智周。眷念荒服，撫綏懷柔。朔野既清，四陲攸震。爵號洊加，示之恩信。如此兇狡，造謀逆天。鼓動昏憨，寇侵于邊。惟彼有罪，自干天罰。桓桓虎貔，用張九伐。王師即路，冬雪初零。日耀組練，雷響鼙鉦。蠢茲不順，敢逆戎旅。奮張螳臂，以當齊斧。止如山岳，疾如雨風。我戰則克，賊壘其空。彼昏終迷，曾不悔戾。

當蔑而滅，斯焉決計。厲兵簡將，往擣其巢。踰歷嶔嶇，坦若坰郊。賊棄其家，我縶而獲。牛馬谷量，器仗山積。蹇兔失窟，何所逋逃。枯魚游釜，假息煎熬。師以順動，神明所福。旬日凱歸，不疾而速。殪彼逆謀，懸首藁街。獻俘成禮，金鼓調諧。西域所瞻，此惟雄特。天討既申，群酋賜息。囊戈偃革，告成辟雍。聲教遐暨，萬國來同。惟我聖祖，親平大漠。巍功煥文，邁桓軼酌。流光悠久，視此銘辭。繼志述事，念茲在茲。'"王大臣等遵旨，議善後事宜，奏青海王台吉等應論功罪，定賞罰。遊牧地令各分界，如內札薩克例，百戶置佐領一，不及百戶者爲半佐領，以札薩克領之，設協理台吉及協領、副協領、參領各一，每參領設佐領驍騎校各一。歲會盟，令奏選盟長，勿私推。貢期自明年始，分三班九年一周，自備駝馬，由邊入京，市易以四仲月，集西寧、四川邊外納喇薩喇地，官兵督視，有擅入邊牆者治罪。又羅卜藏丹津之吹宰桑，及察罕丹津從子丹衷之宰桑色布騰達什等，率衆降，請各授千百戶等官。又喀爾喀居青海者，勿復隸和碩特旗，令別設札薩克。土爾扈特及準噶爾輝特如之。至西番部衆，凡陝西所屬甘州、涼州、莊浪、西寧、河州，四川所屬松潘、打箭鑪、裏塘、巴塘，雲南所屬中甸等處，或爲喇嘛耕地，或納租青海，但知有蒙古，不知有廳衛營伍諸官。今番衆悉歸化，應擇給土司千百戶巡檢等職，令附近道廳及衛所轄。又青海及巴爾喀木、藏、衛舊稱唐古特四大部，顧實汗侵據之，以青海地廣可牧畜，巴爾喀木糧富，令子孫遊牧青海，而巴爾喀木納其賦。藏、衛二地舊給達賴喇嘛、班禪喇嘛，今以青海叛，取其地，應令四川、雲南諸官管理。又達賴喇嘛遣人赴打箭鑪，駝裝經察木多、乍雅、裏塘、巴塘向喇嘛等索銀有差，名曰鞍租。至打箭鑪納稅，請飭達賴喇嘛勿收鞍租，打箭鑪免取稅，歲給達賴喇嘛茶五千觔，班禪喇嘛半之。又西寧各寺喇嘛多者數千，少者五六百，易藏奸，前羅卜藏丹津叛，喇嘛率番衆抗大兵，請于塔爾寺喇嘛選老成者三百給印照，嗣後歲察二次，廟捨不得過二百，喇嘛多者三百，少者十餘。番民糧賦，令地方官管理，度各寺歲用給之。又陝西邊外河州、西寧、蘭州、中衛、寧夏、榆林、莊浪、甘州等處，水草豐美，林麓茂密，蒙古諸部戀牧大草灘及昌寧湖，請于西寧北川邊外上下白塔等處，自巴爾托海至扁都口築城堡，令蒙古等勿妄據。又肅州西洮賚河、常瑪爾、鄂敦塔拉等處，應募民墾膏腴地，庶漸致富饒。至寧夏險要無過阿拉善，顧實汗裔舊遊牧山後，今或徙至山前，請令阿拉善札薩克郡王額駙阿寶，飭所屬歸阿拉善後，其山前營盤水、長流水等處，悉爲內地。又甘州西寧界，各設營汛，令蒙古等不敢覬覦。又巴爾喀木等部衆，自羅隆崇東、察木多、乍雅外諸番目悉給印照，視內地土司例。又青海屬左格諸番，請徙內地。阿巴土司頭目墨丹住等從剿有功，請給安撫司銜，不隸青海轄。又西寧邊內可耕地，請發直隸、山西、山東、河南、陝西五省遣犯能種地者，官給牛具籽種，三年後起科如例。又甘州諸黃番，應招撫爲青海藩籬。青海諸部令各守牧地，不得強據，妄掠商賈。察罕諾捫汗喇嘛廟毋得私聚議事。遣官齎敕往，不論秩崇卑，王公以下跪迎，有背貳者必懲。上從之。先是，議撤駐藏兵，阿拉善札薩克阿寶自藏歸，會羅卜藏丹津叛，詔諸路蒙古兵，聽年羹堯檄調。羹堯忌阿寶功，復以身爲大將軍，蔑視之，奏阿寶所率兵不堪用，且身有疾，應遣歸遊牧。未幾，阿寶來朝，上憫其勞，慰諭之，詔封多羅郡王，賜銀萬兩。至是以青海既定，詔飭青海衆歸牧山後。阿寶奏：「臣祖顧實汗歸誠內附，百年於兹，受天朝恩甚厚。前青海昆弟，阻兵構亂，上干天討，臣當束身受誅，重荷恩宥，令安遊牧，感激莫報。乞賜青海曠地，令臣鈐轄諸部，不復萌異志。」

三年，詔以青海貝子丹忠所遺博羅充克克牧地，給阿拉善郡王阿寶居之，並鈐青海族屬，諭撫遠大將軍年羹堯遣員齎餉助徙牧。博羅充克克者，即《漢書·地理志》所稱潢水也。青海和碩特鄂齊爾汗裔鎭國公噶爾丹達什、輔國公諾爾布朋素克車稜，車臣岱青裔貝勒降台吉羅卜藏察罕、輔國公降台吉濟克濟札布、台吉達瑪璘色布騰<small>額璘沁達什子</small>、阿喇布坦，達蘭泰裔郡王額爾德尼額爾克托克托鼐，達賴烏巴什裔台吉札布,伊勒都齊裔親王察罕丹津、鎮國公拉察布、輔國公阿喇布坦札木素,達賴巴圖爾裔貝勒達什車稜、朋素克旺札勒、台吉伊什多勒札布,瑚嚕木什裔貝子車稜敦多布、台吉色布騰博碩克圖,桑噶爾札裔索諾木達什,色稜哈坦巴圖爾裔台吉哈爾噶斯,準噶爾族郡王色布騰札勒,土爾扈特族保蘭阿噶勒琥裔台吉索諾木喇布坦多爾濟,莽海裔台吉諾爾布,額濟內裔台吉丹衷、察罕喇布坦,輝特族台吉貢格及察罕諾門汗並授札薩克。其和碩特族哈納克土謝圖裔台吉車稜納木札勒授公中札薩克,準噶爾族原授札薩克公品級一等台吉阿拉布坦,晉封輔國公,各歸舊牧。鑄總理青海蒙古番子事務關防,遣大臣齋鎮其地,轄所部札薩克。以年羹堯不善撫其眾,飭責之曰:"朕聞郡王額爾德尼額爾克托克托鼐部眾,窮困流離,資生窘乏,親王察罕丹津所屬,雖稍能存活,亦屬貧窮。爾身為撫遠大將軍,理應酌量事勢緩急,人口多寡,盡心籌畫辦理。乃僅發銀萬兩為賑濟用。眾札薩克遭叛賊掠奪,部眾窮窘流離,投命來歸,全賴安置得所,俾其衣食有資,咸登樂利,此諸部落人眾流離失所,豈萬金所能給耶。"岳鍾琪復奏:"青海親王察罕丹津、鎮國公拉察布等遊牧河東,地近河州、松潘各路,前議市納喇薩喇,地狹,恐不給蒙古需,請改市河州及松潘。河州定于土門關附近雙城堡,松潘定于黃勝關之西河口,二地並有城屋,水草美,互市可久。又郡王額爾德尼額爾克托克托鼐、色布騰札勒等,遊牧河西,地近西寧,請改市西寧口外丹噶爾寺。至蒙古歲資牲畜,請每年六月後,聽不時貿易,庶蒙古商眾咸獲利益。"允之。察罕丹津等徙牧定,遂請入覲,詔各給整裝銀千兩、八百兩、六百兩有差。宥拉察布罪,授札薩克,仍領遊牧眾。九月,靖邊將軍富寧安奏,策妄阿喇布坦遣使入朝,甚屬恭順,巴爾庫爾等處兵丁應行撤回。從之。王大臣議青海之準噶爾、輝特、土爾扈特,請勿令隸和碩特旗,諭允。又詔以青海和碩特哈爾噶斯為札薩克一等台吉。蓋和碩特族之遊牧青海者,自顧實汗裔十九札薩克外,別設札薩克二,一為顧實汗兄哈納克土謝圖裔,以車凌納木札爾領之,一爲顧實汗弟色稜哈坦巴圖爾裔,以哈爾噶斯領之。

四年春,察罕丹津等將歸,以行期聞,召見圓明園,溫諭之,復賜銀千兩,賚諸札薩克有差。理藩院奏遊牧推河諸厄魯特,請各設旗分佐領。會準噶爾台吉噶爾丹策凌乞和,詔遣散秩大臣伯四格等往勘阿爾台界,即赴推河議編厄魯特旗隊。尋奏以車稜旺布及色布騰旺布、茂海轄所屬定四佐領,詔各給札薩克印。厄魯特凡六旗,曰札薩克多羅郡王車稜旺布,曰札薩克多羅貝勒色布騰旺布,並阿喇布坦子。曰札薩克固山貝子茂海,阿喇布坦弟達瑪璘子。別有準噶爾札薩克一,曰固山貝子多爾濟色布騰,丹濟拉子。阿拉善札薩克一,曰貝勒阿保,即郡王阿寶。輝特札薩克一,曰輔國公巴濟,羅卜藏子。以車稜旺布領之,授盟長。復諭理藩院曰:"厄魯特諸台吉歸順,聖祖仁皇帝特恩加授官職,雖無世襲之旨,但伊等各有效力之處,悉著降一等承襲。如承襲之人,或能守分盡職,仍將品級賞給,其以此諭厄魯特知之。"有烏梁海者,錯處唐努山及克木克木齊克,近阿爾台汛,上以舊爲喀爾喀及準噶爾屬,詔車稜旺布及喀爾喀貝勒博貝分轄之,徵其賦。策妄阿喇布坦請賜歸準噶爾,上不允。詔前鋒統領定壽等屯特斯,防獲烏梁海。復諭車稜旺布等往諭德意,頒賚茶布。冬,準噶爾台吉策妄阿喇布坦死,子噶爾丹策凌立。是年,青海和碩特貝勒朋素克旺札勒晉封郡王。

六年,敕準噶爾台吉噶爾丹策凌曰:"羅卜藏丹津無故弄兵,殘虐骨肉,朕遣大臣,諭令息兵,乃敢悖恩負德,侵犯內境,被我守邊輕兵擊敗遠竄。爾父策妄阿喇布坦應即擒獲,乃反隱爲匿留,是何意耶。羅卜藏丹津乃不忠不孝之人,爾父年高歷練,尚能將伊酌處,可以生之,亦可以制之,必不爲所愚弄。是以不曾勒令擒獻,今爾年與彼相等,羅卜藏丹津志氣乖戾,不顧恩義,斷不守分安居,甘處爾下,爾務將羅卜藏丹津送至。朕念達什巴圖爾前績,仍施恩豢養,斷不將伊誅戮,爾其只將朕命。"青海台吉羅卜藏察罕來朝,上以其悔罪,且奮勉稱職,詔晉封輔國公。是年,厄魯特札薩克多羅郡王車稜旺布卒，弟貝勒色布騰旺布襲，以貝勒爵乏嗣者，詔幷兩札薩克爲一，復授厄魯特盟長。

七年，上以準噶爾匿青海叛賊羅卜藏丹津，將不靖，必擾青海及唐古特，因決策遣討。三月，命領侍衛內大臣三等公傅爾丹爲靖邊大將軍，北路出師；三等公岳鍾琪爲寧遠大將軍，西路出師。六月，上御太和殿，命大學士捧敕印授大將軍傅爾丹出征，官吏行禮畢，上率大將軍等詣堂子行禮，吹鳴螺于兵部，大纛前行，禮畢，遂御長安門外黃幄，大將軍等佩弓矢跪辭，以次行跪抱禮，上親視大將軍等上馬啓行。王大臣等議，噶斯爲準噶爾通青海及唐古特要隘，請選青海札薩克兵千五百，分屯噶斯及柴達木、得卜特爾、察罕烏蘇諸路。允之。會噶爾丹策凌遣使告將獻羅卜藏丹津，聞大軍就道，懼仍攜歸。時遣諭土爾扈特將討準噶爾使，甫就道，噶爾丹策凌使至，詔大軍暫緩進兵。復諭土爾扈特知之。土爾扈特貝子阿喇布珠爾子丹忠，初襲爵來朝，詔晉封多羅貝勒。阿拉善郡王阿寶以博羅充克克牧地隘，擅請徙烏蘭穆倫及額濟內河界，議罪削郡王爵。尋命復之，仍歸阿拉善牧，不復居青海。

八年，靖邊大將軍傅爾丹屯科布多，將擊準噶爾，或告曰："噶爾丹策凌以兵萬授和碩特台吉羅卜藏車凌，遣禦哈薩克，設汛阿里瑪圖沙拉伯勒境，羅卜藏車凌棄之，率戶三千餘，由噶斯走青海，將內附。噶爾丹策凌遣宰桑烏喇特巴哈曼集等追之爲所敗，復遣喀喇沁宰桑都噶爾往襲不之及。"傅爾丹以聞，詔副都統達鼐偵防噶斯路，俟羅卜藏車凌降，遣入覲，以兵監從衆，置內汛，勿墮詭降計。久之，羅卜藏車凌不至。羅卜藏車凌者，昆都倫烏巴什第三子多爾濟之曾孫也，其祖曰阿海。初，噶爾丹亂定，青海和碩特咸內附，策妄阿喇布坦逼和碩特之留舊牧者與同處，表請青海復舊業，如噶爾丹時，將陰謀爲己屬，上燭其奸，諭責之，令遣和碩特歸舊牧，勿私據，不從。尋以女妻羅卜藏車稜，故昆都倫烏巴什及顧雅鄂特歡裔尚爲準噶爾屬。詔阿寶率所部兵，會西路大軍于巴里坤。諭噶爾丹策凌速獻羅卜藏丹津當宥罪。詔以内札薩克赴調噶斯兵千，聽阿寶轄，力能剿準噶爾即率往，否則入邊，偕綠旗兵防内汛，既而其子二等台吉袞布以所部兵五百，赴巴里坤防準噶爾。會寧遠大將軍岳鍾琪入覲。噶爾丹策凌令其宰桑禡木特，以兵二萬至科舍圖汛，偵不備，謀掠駝馬，總兵樊廷等以兵二千奪擊之，轉戰七晝夜。阿寶子袞布偕鄂爾多斯台吉定咱喇什，率兵往援，禡木特敗歸。禡木特號庫克辛，初爲準噶爾之札哈沁宰桑。札哈沁，譯言汛卒也，以宰桑領之。禡木特守阿爾台汛，遊牧布拉罕察罕托輝，其東爲喀爾喀，有烏梁海界之，其西爲準噶爾，有包沁及噶勒雜特、塔本集賽界之。烏梁海凡數種，業打牲，分隸喀爾喀及準噶爾。包沁爲回族，準噶爾呼磽曰包，以回人司磽故名之。噶勒雜特、塔本集賽皆準噶爾鄂拓克也。命北路副將軍查納弼馳赴西軍。又調滿洲、蒙古兵萬有一千赴瀚海，以衛内蒙古遊牧。準噶爾賊敗遁。阿寶乃自軍所歸阿拉善牧。上以袞布能黽勉效力，諭獎之。

九年四月，傅爾丹進城科布多。六月，噶爾丹策凌遣大小策(零)〔凌〕敦多卜，以兵三萬犯北路。大策(零)〔凌〕敦多卜以勇聞，小策(零)〔凌〕敦多卜善謀。先遣諜佯爲我獲，詭言厄魯特大隊未至，其前隊千餘，駝馬二萬，在博克托嶺，距我軍三日程，傅爾丹信之，遣兵四千往襲，賊以少兵牲畜誘我，而伏兵二萬谷中，乘高衝突圍我軍於和通泊，傅爾丹以兵六千往援，賊已潰我參贊之師，直犯大營，索倫、蒙古兵先潰，惟滿兵四千衛輜重，且戰且退，渡哈爾哈納河，副將軍巴賽、查納弼戰死。七月朔，得還科布多者二千人。岳鍾琪聞北路被圍，乃使紀成斌進攻烏魯木齊以分賊勢，賊已委城先徙無所得。詔降傅爾丹爲振武將軍，以順承郡王錫保代之，斬先遁之參贊陳泰。移科布多營於察罕廋爾。又以馬爾賽爲撫遠大將軍，屯歸化城。先是，遣二等侍衛殷札納傳諭青海左右翼札薩克，選兵萬，屯青海適中地護牧，官兵皆賞裝，復命所部採買牲畜勿滋擾。至是青海土爾扈特札薩克台吉諾爾布，及和碩特札薩克公拉察布，以防準賊設汛騰格里，乘間叛，率佐領里塔爾等盜掠汛馬，奔徙袞額爾吉庫克烏蘇，貝勒達什車稜亦爲所煽，將由索羅木河竄，察罕丹津聞變，收拉察布牧衆，遣屬台吉等捕之。額爾德尼額爾克托克托鼐遣子阿喇布濟，偕輝特台吉貢格，並以兵協擊，諾爾布弟色特爾布木不從其兄徙牧，且以兵剿拉察布於索羅木河，詔獎其不從逆，賜銀八百兩，授札薩克一等台吉。朋素克旺札勒以兵追達什車凌歸，檻獻。達什車凌奏臣幼且多疾，有墨爾根阿里克鄂木布者，臣屬也，附諾爾布叛，掠臺馬，臣從母徙牧圖古里克避之，告臣從兄朋素克旺札勒擒墨爾根等歸，乞宥臣無知罪。諭曰："達什車凌年幼，以聽信讒言畏罪遷移，並非有意逃遁，且值朋素克旺札勒往追，即迎前陳訴。又將伊屬衆私掠汛馬者，擒獻贖罪，著從寬免黜多羅貝勒爵，或以察罕丹津偕拉察布徙牧告。"上知其內附誠，不之疑。諭曰："拉察布雖係察罕丹津兄子，朕知其素不相睦，察罕丹津效力有年，今已老病，仍奮志報效，甚屬可嘉，著賜幣二十，銀千兩，令酌給所部，效力人衆。"詔青海衆札薩克曰："朕因準噶爾賊乘西路軍不備盜駝馬，因念青海各札薩克人衆，恐招逆賊侵害，諭令派兵防護。其採買馬羊者，原欲使伊等所有牧畜，得變價值，可獲利益，並非需此區區助也。朕曾諭殷札納一切派兵採買，聽蒙古便，不可絲毫勉強，并慮王台吉等科派所屬，諭嚴行禁約，豈肯令遣往人逼迫蒙古從事乎。今拉察布等無故他徙，或殷札納不能宣揚朕諭，使衆心共曉，而採買馬羊又不聽從其便，以致拉察布等心懷疑畏，暫避差徭，特頒旨諭拉察布等令其速歸本處，準噶爾賊或由喀喇沙爾前赴噶斯，潛行騷擾，或增人衆窺伺青海，所部蒙古兵丁尚未齊集，器械亦未周備，難望捍禦賊鋒，亦令官兵善爲保護。"時阿喇布濟偕貢格馳兵往擊諾爾布、里塔爾自喀喇郭勒，追至蒙固爾托羅海獲之。諾爾布詭稱青海諸台吉謀逆且誣訐阿喇布濟陰約以青海軍援己。諭曰："青海各台吉世受國恩，斷無背逆之事，親王察罕丹津聞拉察布叛，即遣兵追捕，郡王朋素克旺札勒聞達什車凌叛，即率兵攜歸。額爾德尼額爾克托克托鼐父子，效力行間,阿喇布濟現偕貢格追擒諾爾布,果有異志,寧肯如此奮勉效力耶。"尋諾爾布等械至,廷臣鞫上其罪,稱諾爾布爲土爾扈特族微台吉,妄行叛逆,里塔爾身爲佐領,附逆背亂,皆應斬,諾爾布叛時,妻孥皆在遊牧,請免奴給色特爾布木轄。上從其議。復命諸札薩克集兵七千備準賊,軍械及馬不給,上憫之,諭廷臣曰:"朕所以聚此兵者,特爲保全伊等家口及遊牧計,非爲征伐調遣用也。今聞其生計情形,朕心深爲惻然,俟從容料理,必有加恩之處,所聚兵七千,著選派三千,照前所降恩旨,官員賞給本年俸銀,兵丁賞銀五兩,至戍卒駐防日久,資斧維艱,著給茶幣等項及每月所食青稞。遣歸兵四千名,官員等著給三月俸銀,兵丁等著賞銀三兩,令各回遊牧。準噶爾賊或潛擾青海,朕意欲將伊等豫行從容遷徙,令賊由遠路來一無所得,不待戰而力盡,我官兵與賊交戰時,青海三千兵但遣襲賊後,量力驅賊馬匹,所得即賞之,仍計馬匹多寡,加恩議敘。"復諭青海札薩克等曰:"爾等係顧實汗子孫,自爾祖宗以來,依附內地邊疆,恪順供職,聖祖仁皇帝視爾等如子孫,撫育六十餘年,寵遇優渥,且念爾等尊崇黃教,是以于達賴喇嘛、班禪喇嘛等,備極恩眷。前羅卜藏丹津聽信流言,敢行背叛,我朝發兵征剿,逃竄準噶爾,困苦恥辱,無不聞之。今爾等若至彼處,路途遙遠,馬畜困斃,彼豈能爲爾置立產業,分給遊牧地,各令率屬保聚乎?況準噶爾終歲爭戰,凡用兵必置爾等于前,虐使任意,豈若各守祖父基業,永享太平之爲得乎?爾等若不熟計利害,聽伊誑誘之詞,依附賊人,妄思蠢動,將來興師問罪必先及之。"以擒諾爾布功,封貢格爲輔國公。以阿喇布濟有擒剿功,晉授一等台吉。未幾,額爾德尼額爾克托克托鼐奏年邁,乞以子代從戎,上憫其情,諭曰:"額爾德尼額爾克托克托鼐效力有年,著將伊子內可襲王爵者指出一人,朕加特恩,封爲長子。"額爾德尼額爾克托克托鼐以索諾木丹津名奏,詔如所請。復諭曰:"朕令額爾德尼額爾克托克托鼐於諸子中選擇可襲王爵者,奏請授爲長子,額爾德尼額爾克托克托鼐以索諾木丹津名入奏,想伊意必以阿喇布濟效力軍前,將來自能受朕恩也,著將阿喇布濟晉封輔國公。"諭內附諸番衆曰:"爾等沿邊番衆及青海蒙古,同受國家撫綏之恩,并無岐視。今準噶爾賊窺伺邊境,或將來侵擾青海,而蒙古之遊牧黃河以內者,畏避賊鋒,投奔近邊,爾番族須留心照視,勿因向有嫌怨,乘其危急加以戕害,或蒙古恃衆劫掠,爾等用力抵禦,不可退縮,俟事定後,朕自論其曲直,分別賞罰。番族、蒙古皆朕赤子,果能遵朕諭旨,彼此相安,同受朝廷恩澤,方爲無窮之福。"九月,準噶爾大策凌敦多卜謀略喀爾喀,聞順承郡王駐察罕廋爾,科布多復有振武將軍傅爾丹軍,不敢進,遣將取道阿爾台以東,以賊衆六千,分掠克嚕倫及鄂爾海、喀喇烏蘇,留餘衆於蘇克阿勒達呼爲之援。我副將軍喀爾喀親王丹津多爾濟、郡王額駙策凌等迎擊之,至鄂登楚勒,遣六百騎宵入賊營挑戰,誘其來追,而伏兵擊之,大破其衆,斬其驍將喀喇巴圖爾。大策凌敦多卜遁走,尋逾阿濟嶺至伯格爾察罕額爾克,布僞書,誘輝特札薩克輔國公巴濟,及駐牧推河之厄魯特輔國公茂海、台吉車稜等往會。達什達爾札、濟克濟札布及協理台吉朋素克岱青等皆從叛,復導賊掠喀爾喀牧。巴濟弟噶爾丹達爾札幼,巴濟攜赴準噶爾,其族屬未附逆者,偕喀爾喀公通謨克等,徙訥穆勒圖、喀喇博羅等處。靖邊大將軍傅爾丹以所部徙牧告,諭總督查郎阿察置之。有墨爾根綽爾濟者,土爾扈特貝子丹忠屬也,亦叛附準噶爾。丹忠懼,乞內徙,查郎阿令遊牧阿拉克山、阿勒坦、特卜什等處。準噶爾敗遁,丹忠徙牧額濟内河。初,丹濟拉來歸,爲大策凌敦多卜所掠,攜衆至,僅百餘,賜牧推河,給來歸厄魯特衆。至是大策凌敦多卜遣使攜書,誘其子多爾濟色布騰往附,諜者獲之以獻。諭廷臣曰:"此準噶爾反間計也。多爾濟色布騰受朕恩甚深,伊亦感激效力,豈肯墮其術中,但伊遊牧人等原非伊之舊屬,與伊不睦,若仍在喀爾喀地遊牧,難以居住,爾等其以準噶爾書,示多爾濟色布騰觀之。令伊父子向內徙牧,朕自加恩給與產業。"時多爾濟色布騰諜準噶爾兵襲推河,謀內徙,有台吉索諾木吹濟者,誘其屬户四十餘叛赴準噶爾,多爾濟色布騰至順承王錫保軍,訴稱屬衆難信,請徙歸化城,錫保以聞。詔遊牧西喇穆棱。未幾,以疾請徙牧巴林及科爾沁界。諭曰:"爾屬衆俱係厄魯特,若與内札薩克等遊牧錯處,將來彼此不睦,別生事端,亦未可定,已經定居之處,不可頻頻移徙,屬衆亦甚勞苦,人之壽算俱有定數,豈可因自疑故,即欲徙牧乎。爾聆此諭旨省悟之後,亦應自笑其愚也。"拉察布之叛也,攜子察罕喇布坦由索羅木河遁,察罕喇布坦諫,不從,副都統達鼐率兵偕青海諸台吉追之,察罕喇布坦迎降,達鼐復進擊拉察布,拉察布乃悔罪,自索羅木河歸青海牧。諭曰:"拉察布子察罕喇布坦能知其父之非,不得已而從之,情甚可憫,朕尚欲令察罕喇布坦襲其父拉察布公爵。"達鼐等遵旨議,拉察布舊封貝勒,以羅卜藏丹津叛,不從青海衆赴西寧,獨奔徙巴爾喀木,降公爵。今復無故遁,應論罪如律。但情因畏懼,且追兵至輒降,請令圈禁西寧,以其子察罕喇布坦轄屬衆。諭曰:"拉察布係察罕丹津兄子,著將拉察布寬免,交察罕丹津嚴行管轄,拉察布子察罕喇布坦著授札薩克一等台吉。"復諭青海札薩克等曰:"青海王台吉等,久荷隆恩,册封位號,褒寵顯榮,迄今歷有年所,至于編設旗分,以便稽察賞賫,惟恐札薩克等,恃强凌弱,互啓爭端。譬厄魯特内,有得秦者,有鄂拓克者,有札薩克勒者,有得木齊者,皆爲易于管轄人衆而已。爾有饑饉,朕必加之周給,隨獵行兵,朕必加之賞賫,從無征輸爾蒙古者,朝廷恩典,至優極渥,若以封號旗分爲賤,亦可奏明酌改。且爾阿巴賴諾顔裔現在準噶爾所,果爲帥領乎,抑爲屬下乎,準噶爾係成吉(斯)〔思〕汗臣僕,爾等俱係成吉(斯)〔思〕汗弟哈布圖哈薩爾子孫,若以博爾濟吉特氏之先論之,準噶爾乃爾屬隸,奈何甘心自屈,爾等當知準賊詭計,勸諭屬人,分別利害,亦令如喀爾喀奮勇立功,豈可甘自懦怯。朕因準噶爾反間,諄諄降旨,爾等如能遵行,則可保室家遊牧矣。"土爾扈特台吉多爾濟遣使阿爾巴圖、沙喇布丹津等至,奏請往謁達賴喇嘛。時唐古特阿爾布巴等亂初定,達賴喇嘛徙噶達,詔守汛者勿遣赴唐古特,以其使至噶達,優給糧糗,比歸,頒賜茶幣等物。多爾濟者,納札爾瑪穆特長子也。詔封阿寶子袞布輔國公,撤巴里坤兵歸牧。岳鍾琪奏留屯,允之。諭曰:"袞布率所部兵效力行間,勤勞懋著,從前已加恩賞,著仍增給銀兩,并諭其父阿寶知之。"

十年,甘肅巡撫許容疏言:"鎮夷口內紅布潮地,巴濟屬列幪居,稱避準噶爾將內徙。巴濟(己)〔已〕叛歸準噶爾,所部雖稱避賊,豈可令居內地,督臣查郎阿以巴濟屬佐領翁鄂柴等,徙綽碻哈魯鼐,給糧茶,將偕喀爾喀公通謨克等徙牧阿拉善後,臣思寧夏地衍,僅隔一阿拉善,別無險要,鎮番孤懸塞外,恐厄魯特逼處,人心難測,請飭令密防,未奉旨內徙者,毋縱入汛。"詔檄查郎阿等酌徙巴濟屬未附逆者,屯汛嚴轄。六月,準噶爾小策凌敦多卜復糾衆三萬,由奇蘭至額爾德尼畢喇色欽,我將軍塔爾岱及喀爾喀親王額駙策凌,禦之于木博圖山,未至。八月,賊潛襲額駙策凌牧于塔密爾河,盡掠子女牲畜,額駙反斾馳救,并急報順承親王請師夾攻。額駙率蒙古兵二萬,夜半繞間道出山背,黎明自天而下,賊倉皇潰遁,追擊于克爾森齊老,賊大敗,而西路援師不至,賊且戰且卻,轉戰十餘次,追至鄂爾坤河之額爾德尼昭,我兵乘暮薄險蹴之,呼聲震大漠,賊三萬,斬馘萬餘,我兵僅傷十餘,以無兵夾攻故。小策凌敦多卜乘夜遁推河,盡棄輜重牲畜,塞滿山谷,以阻我師。時將軍馬爾賽駐拜達里克城,額駙急檄馬爾賽邀其歸路,副將軍達爾濟整兵待發,馬爾賽不許,副都統傅鼐跪求亦不應,將士登城望見敵騎過者皆燒荒以絶追兵,無復行列。翼日,參贊胡琳等自開城追之,擊斬千計,而賊酋已從前隊過,事聞,詔斬馬爾賽及附和阻撓之都統李杖以狥。初,小策凌敦多卜以兵三萬至阿爾台,巴濟及達什達爾札、朋素克岱青、茂海、車稜等從,且稱喀爾喀兵弱將導準噶爾越察罕廈爾,掠諸札薩克遊牧,誘厄魯特盟長色布騰旺布屬從叛,復助掠諸部牧畜,我軍偵以聞。諭曰:"巴濟等有負國恩,罪當誅戮,伊等不以降賊爲耻,反代爲賊謀,喀爾喀聞之,自必痛心切齒,奮勇爭先矣。"喀爾喀親王額駙策凌等果大敗準噶爾賊於克爾森齊老及額爾德尼昭,巴濟遁歸,偕茂海、車稜等,各以其族遊牧特穆爾圖諾爾,為準噶爾屬。尋色布騰旺布奏稱:"臣父阿喇布坦歸誠後,世受國恩,頃準噶爾賊至,方欲偕茂海、車稜議徙內地,不意二人率臣屬管旗章京班第、佐領索騰等五百餘眾,叛就噶爾丹策凌。臣義不肯貳,謹率宰桑等及兵百人待命。"諭曰:"色布騰旺布素為朕所嘉與,今感戴朕恩,竭力保護所屬遊牧人等,不致妄動,具奏請旨可嘉可憫,著理藩院遣人照視,酌量嚴密之處,速行徙牧。"及是,色布騰旺布又奏:"臣有宰桑十四,屬戶四百二十,以避痘不敢至內地,若不徙又鄰準噶爾界,乞施恩令徙喀爾喀河附近地。"允之。復諭曰:"宰桑等不隨逆賊,誠心歸附其主,甚屬可嘉。色布騰旺布感念朕恩,不為準噶爾賊所誘,有逃竄者復能竭力追剿,著加恩賞色布騰旺布銀千兩,宰桑等銀各百兩,屬戶每戶銀十兩。"晉封袞布固山貝子,命御前行走,賜三眼孔雀翎。諭青海札薩克等曰:"喀爾喀奮勇剿賊,爾等何獨不能,各宜鼓舞振興,踴躍效命。賊眾侵擾青海,止有噶斯一路,爾等須防守隘口,倘準噶爾前來,務期協力追殺,悉行剿除。"初,岳鍾琪之在西路也,力請城木壘,屯兵二萬,截賊來路,與巴爾庫爾大營犄角。會賊兵六千,自烏魯木齊入掠哈密,岳鍾琪遣總兵曹勷等距之于二堡。又檄將軍石雲倬等以萬人赴烏克克嶺,邀其歸路,遇賊遷延不擊,縱其遠遁。岳鍾琪劾奏治罪,大學士鄂爾泰并劾鍾琪坐失機會,且奏報互異,詔降三等侯,召還京,以查郎阿代之。命大學士鄂爾泰督巡陝甘,經畧軍務,以張廣泗護寧遠大將軍。廣泗奏言:"準夷專恃騎,我兵制敵,必步騎兼用,而岳鍾琪主用車,非溝塹沙磧所宜,且木壘界兩山中,形如釜底,牧廠運道,所在受敵,請移于西南之闊舍圖嶺。"旋復奏移回巴爾庫爾。于是岳鍾琪奪職拘兵部。

十一年正月,命鄂爾泰經畧北路軍務。七月,命定邊大將軍平郡王福彭統大軍駐烏里雅蘇台,額駙親王策凌佩定邊左副將軍印進屯科布多。

十二年二月,以烏里雅蘇台距科布多遠,諭進剿機宜,悉聽策凌總理。五月,諭今年停止進兵,遣使前往宣示利害,賊衆知懼求和,即行定議完結,彼若游移推諉,則整備大兵,明年進剿。召北路副將軍策凌、西路大將軍查郎阿來京議軍務。七月,命額駙策凌、查郎阿回軍營,令撤科布多軍駐察罕廋爾。八月,遣侍郎傅鼐額外内閣學士阿克敦、副都統羅密前往準噶爾,諭降噶爾丹策凌。九月,西路副將軍張廣泗遣將敗賊于鄂龍大阪,斬四百餘級,獲三十六人,餘賊遠遁。

十三年三月,噶爾丹策凌遣使乞和,表稱阿爾台舊係厄魯特牧,杭愛舊係喀爾喀牧,請由哲爾格西喇呼魯蘇至巴里坤畫界分守。詔額駙策凌議之。策凌言:"往者喀爾喀遊牧尚未至哲爾格西喇呼魯蘇,應如所請。但喀爾喀汛原設阿爾台迤東科布多、額貝和碩、和通額博、布顔圖、托爾和烏蘭等處,並在哲爾格西喇呼魯蘇界外,應設汛如故。至準噶爾遊牧,應以額爾齊斯及阿爾台爲界。策妄阿喇布坦存日,遊牧和博克薩里、察罕呼濟爾以西,數年來漸越額爾齊斯,賊性狡,請令毋越阿爾台,爲永禦計。"上韙其議,諭噶爾丹策凌曰:"夫阿爾台之屬厄魯特,乃噶爾丹從前之事,爾準噶爾並未越此遊牧,乃謂爲厄魯特牧地可乎,且喀爾喀尚不令近阿爾台,原欲兩界稍遠,免啓爭論,而可令爾居之乎,爾父在時,曾請將阿爾台山梁外哈道里、哈達青吉勒、布勒青吉勒三處,不必置爲閒地,朕未允行。今特欲安逸衆生,將此三處屬爾,只自克木齊克、汗騰格里、上阿爾台山梁,由索勒畢嶺下哈布塔克拜達克之中,過烏蘭烏蘇、羅卜諾爾,直抵噶斯口爲界,并自呼遜托輝至喀喇巴爾楚克,悉作閒地,爾其遵諭行。"六月,準噶爾使臣垂納木喀等,齎諭旨出西路闊舍圖卡倫而去。是年,詔撤青海駐防大兵,所部仍選兵二千,屯阿木特爾伊克、柴達木等汛,以台吉達瑪璘、色布騰色特爾布木領之。札薩克和碩親王察罕丹津卒,子敦多布旺札勒先卒,察罕丹津嗣絕,詔以拉察布子旺舒克襲,阿拉善貝子袞布,始率所部兵歸牧。

皇朝藩部要略卷之十二

前史官壽陽　祁韻士　纂
寶山　　　毛嶽生　編次
江陰　　　宋景昌　校寫
平定　　　張　穆　覆審

厄魯特要略四

皇上乾隆元年，撤兩路大軍還，北路於烏里雅蘇台及鄂爾坤，西路於巴里坤及哈密，各留兵戍守。

二年四月，噶爾丹策凌貽超勇親王策凌書，欲仍遊牧阿爾台，稱策凌爲車臣汗，策凌獻其書。詔以己意答之。策凌答書曰："阿爾台乃天定邊界，爾父琿台吉時，阿爾台迆西原無厄魯遊牧，自滅噶爾丹以來，我等建城駐其地，衆所其知，其不令爾遊牧者，原欲以此爲閒地，兩不相及，以息爭端耳。今台吉云難以讓給，試思阿爾台果係誰地，誰能讓給，爾誠遵旨定議，我必不爲禍始，亦不復向科布多居住。又謂我等置哨逼阿爾台，宜向內撤。夫哨兵乃聖祖仁皇帝時所設，至今並未外移，即議定地界，豈能不設，爾台吉其息思之。"十一月，準噶爾使至，召策凌馳來京主其議。

三年二月，以準噶爾未遵旨指明地界，飭使還。十二月，噶爾丹策凌遣使哈柳奉表至，請循布延圖河，南以博爾濟、昂吉勒圖、烏克克嶺、噶克察等處，北以遜多爾庫奎、多爾多輝庫奎，至哈爾奇喇博木、喀喇巴爾楚克等處爲界。厄魯特邊人仍在阿魯台山後遊牧，并乞令托爾和、布延圖哨兵向內移。詔弗允。是年，上以喀爾喀族聚青海不忍令析處，詔簡台吉領之，以達什敦多布任公中札薩克一等台吉。

四年二月，哈柳還。十月，復至，請如原議，毋踰阿爾台。蓋自與準噶爾議界，至是議始定。阿拉善多羅貝勒阿寶卒，次子羅卜藏多爾濟襲。

五年，土爾扈特部多羅貝勒丹忠卒，子羅卜藏達爾札襲，以幼遣理藩院官代理牧務。

十年，噶爾丹策凌死，次子策妄多爾濟納木札勒嗣。

十一年，辦理青海事務副都統象佛保，遵旨宣諭諸札薩克歲防汛，議以郡王額爾德呢額爾克托克托鼐之長子索諾木丹津，及札薩克台吉袞布喇布坦、色特爾布木、多爾濟色布騰、薩拉等防得卜特爾汛；以郡王袞楚克達什、車稜喇布坦、貝子丹巴、輔國公納木札勒、車凌、札薩克台吉達瑪璘色布騰等，防伊克柴達木汛。十人爲五班，三年一察軍械。額爾德尼額爾克托克托鼐奏，請以所屬十佐領給索諾木丹津十之六，給車稜多爾濟十之四，以索諾木達什隸索諾木丹津，以多爾濟隸車稜多爾濟，別設一札薩克。允之。詔授車稜多爾濟爲札薩克一等台吉，多爾濟以輔國公隸之。未幾，多爾濟卒，子納罕札木素降授一等台吉，輔國公爵停襲。準噶爾台吉策妄多爾濟納木札勒遣宰桑禡木特奏，請赴藏煎茶。

十二年，以準噶爾使赴藏煎茶，道噶斯，復議自伊克柴達木、得卜特爾外，設汛哈濟爾察罕烏蘇。

十三年，厄魯特札薩克多羅額駙色布騰旺布卒，色布騰旺布前以無嗣，育從子朋素克爲子，至是襲爵，詔降襲固山貝子。朋素克祖曰罕都，即阿喇布坦兄，父曰索諾木。

十五年，青海部札薩克輔國公納木札勒車凌，自青海赴唐古特，次喀喇烏蘇，聞珠爾默特納木札勒叛，馳至布達拉城，護視達賴喇嘛。尋大軍定唐古特亂，諭嘉之，晉封固山貝子。阿拉善札薩克郡王羅卜藏多爾濟尚郡主，授多羅額駙。

十七年，撤還土爾扈特代理官。

十八年，詔授土爾扈特羅卜藏達爾札札薩克領其眾。未幾，以羅卜藏達爾札不更事，仍遣官代理。冬，杜爾伯特部台吉三車稜來歸。

三車稜者,曰車凌,曰車凌烏巴什,皆鄂木布岱青和碩齊裔,曰車凌蒙克,爲達賴泰什弟保伊勒登裔,統稱杜爾伯特台吉,巴約特其屬部也。杜爾伯特以車凌爲長,車凌烏巴什次之,巴約特以車凌蒙克爲長,聚牧額爾齊斯。達瓦齊亂起,因謀內附。達瓦齊係出準噶爾巴圖爾琿台吉,有布木者,號額爾德尼台吉,子策凌敦多卜,以族台吉同名,別稱大策凌敦多卜,子五,長納木札爾達什,次多爾濟丹巴,次巴哩,次達什車凌,次班珠爾。達瓦齊即納木札爾達什子。康熙初,布木嘗附噶爾丹表貢駝馬,布木死,大策凌敦多卜父子助策妄阿喇布坦父子屢擾鄰牧,及策妄多爾濟納木札勒嗣,童昏無行,不聽其姊鄂蘭巴雅爾之言,反謂其欲效俄羅斯自立爲扣肯汗而拘繫之。鄂蘭巴雅爾之夫薩奇伯勒克,因助其庶兄喇嘛達爾札攻而弑之,喇嘛達爾札遂篡汗位,小策零敦多卜之子達什達瓦,與輝特台吉阿睦爾撒納,和碩特台吉班珠爾,謀立噶爾丹策凌幼子策旺達什爲汗,喇嘛達爾札覺之,遂殺策旺達什及達什達瓦。時達瓦齊遊牧額密爾,領準噶爾二十一昂吉之一。阿睦爾撒納等告以禍將相及,遂走和通呼爾哈,將攜衆五千來降,定邊左副將軍喀爾喀親王成衮札布以聞。諭曰:"達瓦齊乃大策凌敦多卜孫,前與準噶爾定界時,未嘗與約不受降,且自噶爾丹亂後,收養準噶爾人甚衆,若達瓦齊至而不納,是絕其歸路矣。達瓦齊果力窮來歸,可量給糧騎,馳送京師。"既而達瓦齊走哈薩克,喇嘛達爾札索之遂竄歸,與阿睦爾撒納謀弑喇嘛達爾札襲其位。小策凌敦多卜孫訥默庫濟爾噶爾與構兵,各令杜爾伯特族助,車凌等欲拒之,不敵,欲事之莫知所從。集族言曰:"依準噶爾非計也,不如歸天朝爲永聚計。"有喀爾喀卒額璘沁達什者,爲準噶爾所掠,聞其謀,脫歸以告。詔定邊左副將軍喀爾喀親王成衮札布,俟車凌等至,察其誠可納之。既而三車凌棄額爾齊斯牧,率部衆來歸。車凌從者三千百七十餘户,口以萬計。車凌烏巴什從者千二百餘户。車凌蒙克從者七百餘户。車凌蒙克於諸台吉行獨尊,且兼領巴約特務,以故從車凌蒙克至者,凡七百餘户,戚屬僅百有四,餘皆巴約特屬隸之者。由準噶爾東烏蘭嶺烏英齊而行,越旬有九日至博東齊,遣使巴顏克什克、都圖爾噶等馳赴巴顏珠爾克,以降故告,而留其衆於額克阿喇勒以待。成袞札布遣守汛者視,慮其詐,檄喀爾喀兵備之,以聞。諭曰:"車凌等降非叵測也。達瓦齊與訥默庫濟爾噶爾構兵,車凌等助之,勝負難豫定,幸而從者勝,卒爲人役,不若歸降之爲得計也。既遣使以情告,若仍令處汛外,恐追兵至或有失,可即徙入内汛,暫給牧畜,徐議安置事宜。先以車凌、車凌烏巴什及從至者,酌遣數人,令其瞻仰朕躬,朕自優加恩賚。"侍郎玉保往諭,並頒賜御用冠服,甫就道,上念所部習邊外,以未出痘者爲生身,若即令至内地,雖傷一僕從不忍,詔俟明歲受朝塞外,勿遽來京師,負矜恤意。而三車凌懼準噶爾兵襲,請急徙入汛,且獻馬爲贄,成袞札布納之,令暫駐烏里雅蘇台。達瓦齊遣宰桑禡木特以兵襲,不及乃逸。玉保至,三車凌忭迎十里外,宣諭之。跪奏:"噶爾丹策凌時思内附,以衆志未變,且法嚴,故不獲間。今避亂來歸,思覲天顏,蒙恩軫念避痘,令緩入覲期,先請以宰桑等朝京師。"車凌使曰和通巴顏克什克,車凌烏巴什使曰哈錫哈,車凌蒙克使曰巴圖。

十九年正月,三車凌使至,詔與朝正諸藩臣宴。上以所部間道至,駝馬疲甚,且乏畜産,不忍遽遠徙,詔視推河、札克拜達里克、庫爾奇勒可耕地置之,穀種取諸歸化城。復賜車凌、車凌烏巴什羊各五千,車凌蒙克羊三千贍之。尋定牧札克拜達里克。車凌烏巴什屬巴啓、齊倫等叛,逸喀爾喀,又盜車凌屬伊爾都齊馬,索不給,且射殺之。詔喀爾喀札薩克以鄂爾坤防秋兵百視牧。復檄諸札薩克隣汛者弋叛賊務獲,後巴啓等就擒治罪。有色布騰者,從三車凌來,善約衆,三車凌以告我視牧大臣。詔色布騰參贊軍務,選所部兵二百,偕内大臣薩拉爾議招烏梁海及札哈沁。復以所部患痘,諭色布騰馳赴張家口外,命大學士博恒迎勞之,詔封多羅貝勒,歸牧,協理所部盟長務。三車凌之來,達瓦齊遣禡木特追之,由博爾濟河入喀爾喀汛,復逸出。上以守汛如門戶,何得任準噶爾出入,諭責駐防烏里雅蘇台副都統達青阿罪。至是達青阿奏,誘擒禡木特及從者三十五人。諭曰:"禡木特倘召之不至,或至而心懷不服,則擒之可,今遣使往輒至,不明懲其罪,反誘擒,不可。"詔宥罪遣歸,給冠服,禡木特械至鄂倫瑚都克汛,侍郎玉保宣諭釋之,謝罪歸。夏四月,諭曰:"內札薩克及喀爾喀咸設正副盟長董理牧務,今新降台吉車凌等,攜至戶口悉編旗分佐領,其設正副盟長,如內札薩克及喀爾喀例。"賜賽因濟雅哈圖名。五月,駕幸熱河,駐蹕避暑山莊。三車凌率諸台吉至,賜宴萬樹園,觀火戲。諭曰:"杜爾伯特台吉車凌等皆準噶爾渠酋,向慕仁化,率萬餘眾,傾心來歸,宜敷渥澤,錫予封爵,以示懷柔至意,其各鈐所屬,令安分謀業,勿負朕恩。"時所部設札薩克十有三,自三車凌外,曰色布騰,曰蒙克特穆爾,曰根敦,曰班珠爾,曰剛,曰巴圖蒙克,曰瑪什巴圖,曰達什敦多克,曰恭錫喇,曰巴爾,封親王郡王貝勒貝子公一等台吉有差。諸札薩克既歸牧,詔車凌選所部兵五百赴薩拉爾軍,剿烏梁海。車凌蒙克子巴朗久蓄叛志,至是乘間挈眾逃。車凌蒙克子四,長齊默克早死,次巴朗,次巴雅勒當,次博斯和勒。巴朗從父內附,中道謀竄歸準噶爾,以告巴雅勒當,及宰桑濟爾哈朗、達瓦達爾札、納木凱贊卜、尼瑪齊厓等,未敢發。車凌蒙克入覲,將以子巴朗及巴雅勒當行,巴朗詭稱疾不之從,巴雅勒當復固辭,弗許,攜就道。巴朗煽齊默克子巴布勒及屬眾二百餘遁,族台吉蒙克特穆爾從之。蒙克特穆爾兄弟三,蒙克特穆爾為長,次額布根,次齊巴克額布根。從三車凌入覲,蒙克特穆爾留視牧。上以蒙克特穆爾為其昆弟長,詔封札薩克固山貝子,額布根將歸牧。蒙克特穆爾從巴朗叛遁,詔撤額布根還,勿赴牧,以車根代轄其眾,蓋防為竄黨所煽也。額布根聞蒙克特穆爾叛,自慚忿,請從大軍征達瓦齊,且擒叛黨以贖,乞車根代入告,上獎其知大義,授札薩克一等台吉。有翁郭爾者,蒙克特穆爾屬也,聞其主有叛志,力沮之,蒙克特穆爾刃傷之,脅偕行,卒不從,里創往追竄黨,縛密什爾以歸,授三等侍衛職。詔將軍策楞及色布騰等緝巴朗及蒙克特穆爾,務獲,其從逃眾悉宥。

車凌蒙克歸牧，巴朗遣從者伯克增起誘巴雅勒當往會，遇汛兵，就擒，訊其狀。詔誅伯克增起，嚴防間諜及遊牧衆竄。巴朗偕蒙克特穆爾由北路間道行，經烏克嶺、哈布塔克、拜達克、奇蘭、阿拉克台、布哈和洛諸境，聞追軍至，輒逸，遂竄匿準噶爾界，其從逃之沙拜塔爾、納瑪琳、曼集、巴顏恩克等後先脱歸。詔宥罪，給車凌蒙克轄之。秋七月，將軍策楞請徙三車凌牧於歸化城青山東。時議備兵征達瓦齊。諭曰：“巴朗等甫叛竄，若徙之，將滋新降疑懼，且非辦理準噶爾本意，其令安處舊牧，勿他徙。”達瓦齊遣使奉表，詔逐歸。阿睦爾撒納本和碩特拉藏汗長子，噶爾丹丹忠之次子，噶爾丹丹忠之死，阿睦爾撒納方孕未產，其母博托洛克改適輝特台吉偉徵和碩齊而後生，故冒稱輝特族。初與達瓦齊竄哈薩克，未幾潛歸舊牧，襲殺其異母兄輝特台吉沙克都爾而據其衆。尋殺喇嘛達爾札而立達瓦齊，頗爲達瓦齊所信任。其後達什達瓦之姪納默庫濟爾噶爾，欲與達瓦齊分領準噶爾衆，阿睦爾撒納以計誘殺之，恃功益驕橫，達瓦齊察阿睦爾撒納異志，兵擊之，阿睦爾撒納蹙，乃爲内面計。至是偕和碩特台吉班珠爾等間道來降。上以達瓦齊虐苦所部，降者至，輒告準噶爾如水火狀，衛拉特諸台吉挈數萬衆屯内汛，急於安撫，將俟伊犂定，議設四衛拉特如舊。諭曰：“準噶爾本元之臣僕，竄處西北，恃其荒遠，憑陵番部，我皇祖聖祖仁皇帝，三次親征，肅清沙漠，皇考世宗憲皇帝時，策妄阿喇布坦父子濟惡，仍肆跳梁，是以命將出師，聲罪征討。朕嗣統，當皇考降旨撤兵之後，而噶爾丹策凌遵守定界，遣使請安，求通貿易，朕特加恩俯允，以示懷柔。迨噶爾丹策凌物故，其子策妄多爾濟納木札勒，爲孽兄喇嘛達爾札所殺，而喇嘛達爾札復爲達瓦齊所弑，在喇嘛達爾札雖承緒不正，尚屬噶爾丹策凌之子，至達瓦齊則篡竊亂臣耳。乃今年夏間，遣使來京，仍請赴藏熬茶，靦然以噶爾丹策凌自處。試思堂堂大清，中外一統，而夷部亂臣，妄思視同與國，此其逆天悖理爲何如耶！上年杜爾伯特台吉車凌等率衆來降，今秋輝特台吉阿睦爾撒納等又舉部内附，斯均窮蹙來歸之人。朕爲天下共主,兼覆並載,既無拒而不納之理,而喀爾喀內地,俾此輩數萬衆,仰食聚處,將來滋生蕃庶,亦豈久安善策。朕於達瓦齊初無興師問罪之意,而事會所至,揆之理勢,實有不得不從長經理者,特將此番用兵始末,宣示中外知之。"杜爾伯特部諸台吉咸從大軍征達瓦齊,或隸薩拉爾隊,稱西路哨探軍,或隸阿睦爾撒納隊,稱北路哨探軍。三車凌之至也,告族台吉訥默庫留準噶爾户千餘,剛多爾濟、額爾德尼、巴圖博羅特如之,將乘間內徙,至是果偕輝特台吉阿睦爾撒納、和碩特台吉班珠爾至,詔賜牲畜置塔楚,鄰三車凌牧。冬十月,駕由盛京旋蹕避暑山莊,詔色布騰偕新降台吉訥默庫、阿睦爾撒納等入覲,賜宴錫之爵。杜爾伯特部曰訥默庫封郡王,曰剛多爾濟,曰巴圖博羅特封貝勒,曰布圖克森,曰額爾德尼,曰羅壘永端封貝子,曰布顏特古斯,曰蒙克博羅特封輔國公,曰烏巴什,曰伯勒克封一等台吉,凡設札薩克十,編旗分佐領,如三車凌例,分左右翼,設正副盟長各一。輝特部曰阿睦爾撒納封親王,和碩特部曰班珠爾封郡王,曰納噶察封輔國公。班珠爾即阿睦爾撒納同母兄。納噶察者,噶爾丹丹忠弟索爾札之子也。索爾札爲準噶爾所掠,禁齎恨死,納噶察與班珠爾聚處,至是避達瓦齊來降。瑪木特之歸也,以厄魯特及烏梁海兵八千爲達瓦齊掠阿睦爾撒納衆,阿睦爾撒納既內附,請從大軍擊札哈沁索所略,上以烏梁海及札哈沁近內汛,詔內大臣薩拉爾逐瑪木特等阿爾台外,會雪盛不可行,而瑪木特感不殺恩,且念達瓦齊不足事,陰有歸志。有準噶爾宰桑號通瑪木特者,遊牧諾海克卜特爾近索勒畢嶺,爲布拉罕察罕托輝下游,瑪木特赴其牧,將掠通瑪木特,爲請降計。通瑪木特覺誘執之,薩拉爾諜得狀,由烏蘭山陰以兵驟至,通瑪木特就擒,索得瑪木特,責負恩罪。瑪木特以情告,請徙牧內屬,遣札哈沁得木齊等招所部六百餘户降,薩拉爾檻瑪木特至軍,詔釋之,入覲京師,上鑒其誠,授內大臣職,賜冠服。大軍擊札哈沁,準噶爾克爾努特台吉阿卜達什率衆降,詔授札薩克一等台吉,附阿睦爾撒納牧。

二十年，詔禡木特與朝正會宴，以通禡木特卒，諭禡木特善視其戚屬。烏梁海降臣察達克招服包沁，察獲杜爾伯特屬以獻，詔給所部。二月，命班第爲定北將軍出北路，阿睦爾撒納副之，科爾沁親王色布騰巴爾珠爾、郡王成衮札布、內大臣禡木特參贊軍務。永常爲定西將軍出西路，薩拉爾副之，郡王班珠爾、貝勒札拉豐阿、內大臣鄂容安參贊軍務。兩副將軍各領前鋒三千先進，將軍、參贊繼之。北路出烏里雅蘇台，西路出巴里坤，各攜兩月糧，期會於博羅塔拉河。諭曰：「達瓦齊雖有罪，究屬一部台吉，倘伊屬人見事勢窮蹙，將伊擒獻，毋加戕害，候朕諭旨遵行。」禡木特密奏曰：「阿睦爾撒納豺狼也，雖降，不可命往，往必爲殃。」上以不逆詐諭之。阿睦爾撒納亦告我參贊大臣固倫額駙色布騰巴爾珠爾曰：「禡木特非傾心降者，不可信。今哨探兵以札哈沁從恐漏師，不如令在後隊。」色布騰巴爾珠爾以聞。諭曰：「禡木特老成習事，故令前往，若停其行，是滋疑也。阿睦爾撒納以禡木特掠其屬與之隙，故不願偕行，朕用人期益事，豈以他人言爲從違乎。」詔定北將軍班第飭勿相忌，班第請徙札哈沁衆於札布堪、庫克嶺諸地，防乘間竄。詔置之齋拉罕，勿內徙滋疑。授禡木特總管，以厄魯特喀喇巴圖爾阿玉錫爲翼領。包沁宰桑阿克珠勒尋率衆降，察獲禡木特族屬，詔給之。初，準噶爾定札哈沁、包沁納賦例，比年獻脯，間年供牲瞻喇嘛，遇軍則令助，詔如舊例。免今歲賦獻，授阿克珠勒爲包沁總管，以禡木特兼領之。三車凌既入覲歸，詔選兵二千以車凌領其一，隸北路。車凌蒙克、色布騰從之。以車凌烏巴什領其一，隸西路，各授參贊大臣。訥默庫等繼至，請從軍，詔隸西路。以車凌烏巴什、訥默庫皆幼不更事，詔調車凌蒙克赴西路軍，從車凌烏巴什、訥默庫等行，而是時阿睦爾撒納爲北路副將軍，訥默庫，其妻弟也，固請隸北路軍。允之。以故偕三車凌至者，隸西路副將軍薩拉爾隊。偕訥默庫至者，隸北路副將軍阿睦爾撒納隊。賜車凌整裝銀二千，車凌烏巴什、訥默庫各減十之二，給從軍者羊及餱糧有差。并賞車凌烏巴什三眼孔雀翎，諭常服之。賚阿卜達什白金五百爲裝資，從大軍，次察罕呼濟爾，阿卜達什以兵三百馳赴額密爾，爲哨探前隊。有察衮德濟特者，伊克明安族也，率屬降。詔以阿卜達什等轄其屬。諭西路副將軍薩拉爾曰："巴朗負恩叛逃，即窮蹙乞降，非投誠可比，或聞其父車凌蒙克進兵西路，潛由北路奔走額琳哈畢爾噶迎降，乞宥，爾聞之，即遣兵往擒巴朗，令車凌蒙克自不得以招撫爲辭。"詔車凌及車凌蒙克遣宰桑以善耕卒百，赴額爾齊斯。蓋杜爾伯特衆兼耕牧業，視喀爾喀專以牧爲産者異，將遣綠旗及喀爾喀兵屯耕額爾齊斯，以所部識水泉道，且善耕，命簡卒往導，俟大功成，遣牧衆歸額爾齊斯。先是，和碩特輔國公納噶察願返青海，諭俟達瓦齊亂定歸青海，與留準噶爾唯所便，納噶察抵牧，易辭告班珠爾，稱奉詔令和碩特族歸青海。至是將以兵從征，諭班第詰其情，納噶察復易辭，稱奉詔令由巴里坤徙牧，班第責不符旨，納噶察慚謝。上以其譎而喜事，詔班第密察之。復諭曰："納噶察徙牧青海志果誠，情尚可憫，俟事定後具奏請旨，非必不可行事也。"薩拉爾道遇達瓦齊使入貢請罪，叱之曰："我奉天子命往討達瓦齊，他非所知。"羈達瓦齊使，以表達京師，軍行抵察罕烏蘇遣侍衛塔齊圖等齎檄往招達瓦齊，達瓦齊竄赴格登。大軍抵伊犁，羅卜藏丹津就擒。諭曰："羅卜藏丹津負恩背叛，逃往準噶爾偷生三十餘載，今兩路大軍至，伊無路奔竄，仍就擒獲，實足以彰國憲而快人心。"羅卜藏丹津俘至，告祭太廟社稷，行獻俘禮，上御午門樓受之。以世宗憲皇帝有羅卜藏丹津至仍宥罪之旨，詔免死，子巴朗及察罕額布根授藍翎侍衛，餘戚屬處伊犁者，詔勿內徙。詔賜車凌、阿睦爾撒納雙親王俸，車凌蒙克晉封多羅郡王，車凌烏巴什晉封和碩親王，封禓木特三等公爵，賜信勇號，賞雙眼孔雀翎、四團龍服，命常服之，並增護衛員。達瓦齊不即降，由格登率千餘騎竄踰庫魯克嶺，諸軍分道躡，皆以馬疲返。車凌烏巴什偕輔國公瑪什巴圖率輕騎八百尾之。定北將軍班第令車凌蒙克督所部兵，駐防伊犁，令色布騰轄烏魯木齊至博（羅）〔囉〕塔拉郵務。北路軍奏以訥默庫參贊列名。詔西路軍奏，亦並列三車凌及色布騰名次參贊大臣鄂容安後。蒙克特穆爾之叛,與巴朗分道竄,聞追軍至輒逸。有哈薩克錫喇及都噶爾者,皆噶勒雜特宰桑也,巴朗與蒙克特穆爾以窮無所歸,往依都噶爾。未幾,哈薩克錫喇自噶勒雜特走額琳哈畢爾噶乞降西路軍。巴朗、蒙克特穆爾遊行塔本集賽,副都統達什敦多布馳緝之。巴朗棄孥遁,蒙克特穆爾族台吉巴顏恩克始從叛,尋與之失,脫歸,不知蒙克特穆爾蹤,以從都噶爾赴額琳哈畢爾噶告,詔西路軍偵擒之。會北路軍次塔本集賽牧,都噶爾乞降,以蒙克特穆爾獻,訊罪,詭稱巴朗逼逃,行次奇蘭輒悔罪,謀擒巴朗,以告札哈沁宰桑禡木特不之助,故中止,乞宥罪免死。不旬日,額伯津宰桑等檻巴朗至北路軍。諭車凌蒙克曰:"爾父子前來歸誠,冀受朕恩,甫入覲,爾子巴朗乘間遁,不獨負朕恩,且悖爾志,情罪甚重,國法難貸,念爾誠心感戴,效力從軍,爾孫巴布勒或爲巴朗所逼,或與巴朗同謀,皆可置之不問,以加恩爾故特宥之。俟至烏里雅蘇台,仍遣赴爾遊牧,爾其知之。"巴朗及蒙克特穆爾尋械至,上告祭太廟社稷,御午門樓行受俘禮,誅之。大軍駐伊犁,準噶爾台吉噶爾藏多爾濟及輝特台吉達瑪璘並乞降。達瑪璘者,杜爾伯特親王車凌女夫也。時厄魯特巴濟及茂海車稜等皆前死,巴濟弟噶爾丹達爾札偕達什達爾札、濟克濟札布及茂海車稜子迎降。諭曰:"叛賊子弟,理應治罪,但伊等父兄俱已死亡,姑從寬免,伊等由喀爾喀叛逃,今應仍令遊牧喀爾喀所,但所屬戶口甚多,著於伊等台吉內,令大者準攜三十戶,次二十,次十戶,餘俟事竣酌量安置。"諸台吉仍導令入覲。又有伊克明安台吉巴桑獻籍三百餘戶降,班第以聞,詔賜冠服珮飾。有善披嶺集賽之得木齊蘇克都爾格齊霍什哈,及古里特鄂拓克之得木齊和通喀喇博羅莽齇,伊什克特咱瑪博勒等,告舊爲和碩特台吉羅卜藏車凌屬,獻籍六百戶。羅卜藏車凌子曰諾爾布敦多克遊牧額琳哈畢爾噶,遣長子鄂齊爾馳降。定北將軍班第遣招其族台吉三濟特聞之,獻籍三百戶。初,都爾格齊諾顏有子曰丹津琿台吉,于康熙時曾遣使入貢。其子曰阿喇布坦,有子二,長噶勒丹敦多布,生沙克都爾曼濟,次敦多布車凌,生明噶特,達瓦齊善沙克都爾曼濟,倚任之。小策凌敦多卜孫訥默庫濟爾噶爾與達瓦齊構兵,沙克都爾曼濟擊之,殱其孥,達瓦齊既寠格登,沙克都爾曼濟乃詣大軍降,郡王班珠爾私奪諾爾布敦多克、沙克都爾曼濟諸台吉屬產,班第禁之,乃稍戢。大軍踰伊犁追達瓦齊,遣視其營,負格登崖臨淖。薩拉爾等議曰:"大軍經萬餘里未嘗血刃遺鏃,今達瓦齊懼誅,爲負嵎計,撻伐之,將玉石俱焚,毋乃非聖天子殱絶域意,不如誘擒之善。"以喀喇巴圖魯阿玉什、巴圖濟爾、噶勒察哈什三人領健卒二十二人,宵策馬入達瓦齊營,招降台吉宰桑等四十九人及厄魯特兵五千餘。達瓦齊逸,參贊大臣達爾黨阿等躡擊之,收達瓦齊叔父班珠爾及從者六千餘。達瓦齊踰庫魯克嶺竄,班第遣使分道索。烏什阿奇木伯克霍集斯偵達瓦齊赴喀什噶爾,伏兵林間,遣弟攜酒及馬紿迎之,達瓦齊至,伏驟起,達瓦齊及子羅卜札、宰桑愛爾齊、丹津、達爾巴盍烏巴什、敦多克、摩羅木、色克色德色、吹索諾木、額木齊圖巴等七十餘人悉就縛。霍集斯馳告班第,遣兵五百迎諸穆素爾,械赴京師,準噶爾平。是役也,上獨申睿斷於天時人事,智深勇決,洞悉機先,師行萬里,兵不血刃,大功迅奏,廟算無遺,詳具《欽定平定準噶爾方略》中。阿穆爾撒納之乞進兵也,本欲假手大兵滅準噶爾,以己爲琿台吉,總轄四衛拉特。上以内附衛拉特諸台吉錯處内牧,非得地衆建之不可,俟準噶爾定,將復設四衛拉特,以車凌爲杜爾伯特汗,班珠爾爲和碩特汗,阿睦爾撒納爲輝特汗,其綽囉斯汗則俟噶爾丹策凌子姓來降者授之。阿睦爾撒納赴軍時,與諸台吉備聞命,而志未饜,及平達瓦齊,乃自眤于額駙科爾沁親王色布騰巴爾珠爾,使與將軍班第爲難,而以己情托其歸奏。時班第、鄂容安留伊犁籌善後,阿睦爾撒納輒隱以總汗自處,擅調兵,擅誅殺,不服賜服,不用副將軍印,自用琿台吉菊形篆印。其移檄哈薩克也,言自統蒙古、漢兵屯伊犁,諱言奉天子命。又使其黨賂伊犁喇嘛等曰:"若阿睦爾撒納統準噶爾,必善育爾等。"又與和碩特輔國公納噶察及新降諸宰桑阿巴噶斯、納蘇圖烏克等密語竟夜。將軍、參贊先後密以聞。先是，上令阿睦爾撒納九月至熱河，行飲至禮，同四部台吉受封，而阿睦爾撒納前與額駙約期七月下旬俟命，額駙歸不敢奏，而入覲期迫，班第促之行，以喀爾喀親王額璘沁多爾濟監之就道，詭遣納噶察歸告班第曰："阿巴噶斯偕伊犁喇嘛等言，若不令阿睦爾撒納統準噶爾衆，寧剖腹死。"班第斥之。阿睦爾撒納知計不得遂。八月十九日行至烏隆古河，距其牧札布堪河近，乃詭言暫歸治裝，以副將軍印交額璘沁多爾濟使先行，有降夷首其謀，額璘沁多爾濟不之信，竟縱之去，遂由額爾齊斯河間道北逸，遣使迎其孥於札布堪河。時上已密諭烏里雅蘇台軍營擒其孥，并其同母兄班珠爾收之，越半日而賊使至，得不遣。賊四出煽亂，伊犁諸喇嘛、宰桑劫掠軍台，蜂起應之。時大兵已撤，伊犁僅駐兵五百，班第、鄂容安被圍，徇節焉。西路將軍永常自木壘退屯巴里坤，并移軍糧于哈密。北路聲援斷，賊勢益盛。初，伊犁定，班第以車凌、車凌烏巴什、訥默庫及新降之綽羅斯台吉噶爾藏多爾濟、和碩特台吉沙克都爾曼濟、輝特台吉巴雅爾等，列入覲初班，三濟特、鄂齊爾次之。駕幸木蘭，車凌等至，召覲行幄，慰諭之。旋蹕避暑山莊，御淡泊敬誠殿，受朝，詔以車凌爲杜爾伯特汗，賜特古斯庫魯克達賴號，噶爾藏多濟爲綽囉斯汗，以沙克都爾爲和碩特汗，以巴雅爾爲輝特汗。諭曰："準噶爾互相殘殺，群遭塗炭，不獲安生，朕統一寰區，不忍坐視，特發兩路大兵進討，諸台吉宰桑等畏威懷德，悉屬來歸，從軍自效，今已平定伊犁，擒獲達瓦齊，是用廣沛仁恩，酬庸效績。準噶爾舊有四衛拉特汗，今即仍其部落，樹之君長，其董率所屬，務勤養教，受朕無疆之福。"封伊克明安台吉巴桑輔國公，賚白金千五百兩。賚阿卜達什白金五百，詔歸塔密爾牧。諭茂海子齊默特多爾濟挈戚屬，附厄魯特郡王朋素克牧，餘仍留伊犁。授和碩特三等台吉特默齊札薩克一等台吉，賚白金十，賜孔雀翎。時班珠爾以附阿睦爾撒納叛論罪。諭曰："班珠爾同族台吉特默齊及敦多克達什、唐拉札卜等，俱不必辦理，仍令照舊居住遊牧。"和碩特三濟特、鄂齊爾繼至，詔授三濟特札薩克一等台吉，鄂齊爾閒散一等台吉，遣歸牧。初，阿睦爾撒納逆形已著，上欲乘其未發誅之，密敕班第圖之，會阿睦爾撒納已就道，且有哈薩克貢使隨行，班第恐哈薩克驚疑，遂不敢發。至是，上乃以先後敕除阿逆密旨，及班第等狐疑章奏，宣示中外。黜額駙親王爵，赴軍效力。賜額琳沁多爾濟自盡。逮永常治罪，以策楞代之，玉保、富德、達爾黨阿為參贊，兩路遄進討賊。色布騰請率兵往剿阿睦爾撒納，上以甫從軍還，不欲數勞之，慰諭歸牧。未幾，以色布騰與阿睦爾撒納夙怨，且悉厄魯特情，詔赴烏里雅蘇台偕駐防大臣等籌軍務，仍授參贊大臣，以所部兵從，悉給俸餉口糧。色布騰聞命即馳就道。諭曰："色布騰自歸誠以來，奮勉效力，征準噶爾頗著勤勞，且聞朕旨，即以兵馳赴烏里雅蘇台軍急公任事，誠可嘉予，著賞郡王品級，若能更立殊勳，朕當加以重賞。今由西路進兵，擒厄魯特叛賊，北路尚無所事，惟新收汗哈屯烏梁海及續降輝特眾，應加防範，著色布騰留心體察，既抵軍營，妻孥悉令從往，所有陳奏軍務，著列名於喀爾喀親王成袞札布、桑齊多爾濟之次，都統雅爾哈善之前。"色布騰尋以疾道卒。賜賻祭，子巴桑襲。定西將軍策楞將以大兵剿阿逆，詔沙克都爾曼濟往會，甫就道，諜者以阿逆據伊犁告，諭遣親信宰桑馳諭所部備兵，勿為鼓煽，而以身從大軍擊賊。班珠爾械至，禁獄所。請遣三濟特、鄂齊爾書，令和碩特眾分剿阿逆。三濟特既得書，言諾爾布敦多克、沙克都爾曼濟皆隣牧，且族台吉瑪尼巴圖、巴蘇泰、瑪賚烏巴什、弩庫特圖魯孟克、阿穆爾弩斯海、薩望等，皆無異志，當以書遺之。鄂齊爾亦稱願歸告父共剿逆。我副將軍薩拉爾集伊犁宰桑等定議，約諾爾布敦多克及沙克都爾曼濟子圖捫，以兵至博囉塔拉、布爾哈蘇台、闥勒奇嶺剿阿逆，諾爾布敦多克、圖捫各遣使至巴里坤，諾爾布敦多克表曰："臣父羅卜藏車凌，前噶爾丹策凌時謀內附，不獲間，大軍征達瓦齊，臣族班珠爾，倚阿睦爾撒納奪臣屬，臣願奮志剿賊。"上嘉其誠，詔封公爵，以班珠爾所奪給之。十月，俘達瓦齊至，告祭太廟社稷,行獻俘禮,上御午門樓受之。詔宥罪,賜冠服白金。時阿睦爾撒納已叛,綽囉斯降,台吉噶爾藏多爾濟封綽囉斯汗,遵旨赴定西將軍策楞營。達瓦齊奏:"臣俘囚,蒙聖主不加誅而賜厚恩,捐糜頂踵,不足爲報。阿睦爾撒納臣夙讐也,背恩叛竄,恨不奮擒。杜爾伯特台吉伯什阿噶什、庫本諾音台吉諾爾布等,臣知不與賊黨,請遺書令協力剿擒,庶彰國法,以快人心。"諭曰:"前因準噶爾夷部數年以來,篡奪頻仍,所屬諸部率衆內嚮,接踵而至,朕爲天下共主,既不忍拒而不納,將爲之經理遊牧,即因其地處之,爲長久計,而兩朝未竟之緒,亦乘此事機,一勞永逸,此用兵之本意也。至達瓦齊之立爲台吉,不過外夷自相篡竊,原可不必聲罪致討,從前所降諭旨甚明,但以達瓦齊進貢請安,尚居然以噶爾丹策凌自處,是以降敕切責,旋復遣使叩關,情詞恭順,則大軍已入其境未得至京,將軍等取其書奏之,及王師進取伊犂,伊畏避逃竄,亦屬恒情,是達瓦齊原無獲罪天朝,其殘酷暴虐,亦皆出阿睦爾撒納之口,迨俘獲來京視之,則一庸愨可憫之人耳。且言久思歸順,特以阿睦爾撒納領兵前行,實不便於其軍前納款,此其肝膈本懷,非由飾說。古者異國降王,或優以封爵,示無外也,達瓦齊著加恩封爲親王,賜第京師,奉朝請。朕撫馭萬國,一秉大公,仁育義正,惟聽人之自取,可將此宣示達瓦齊,并曉諭中外知之。"復諭曰:"朕已將達瓦齊,宥罪施恩,封爲親王,帶領伊子居住京師,伊舊日屬人著查出四五十戶,令來京役使。并著策楞曉諭噶爾藏多爾濟等及準噶爾人衆'從前進兵擒剿達瓦齊,止因阿睦爾撒納愬其暴戾無狀,凌虐準夷,朕軫念群生,拯救水火,是以聲罪致討。今拏解來京,乃一庸愚無用之人。即伊種種虐行,其初亦皆係阿睦爾撒納從中相助,非伊一人之罪。且達瓦齊原係綽囉斯台吉,朕憐憫其愚,修藩京邸,斷不令至遊牧,見在達瓦齊感戴朕恩,思圖報效,繕寫書信寄伊親信之杜爾伯特台吉伯什阿噶什、庫本諾音台吉諾爾布等,令其協擒阿逆,以彰國法,具見誠悃,著策楞即行轉交,仍將伊等接到達瓦齊書言語情形,速行奏聞。'"後伯什阿噶什、諾爾布皆降。噶爾藏多爾濟叛，從子札納噶爾布戕之，復爲扈魯瑪台吉達瓦所殺。十二月，車凌等以乏牧産，請徙額克阿喇勒。諭曰："前議平定伊犂後，遣歸舊牧額爾齊斯，若額克阿喇勒距額爾齊斯。較札克拜達里克路更邇，且附近内汛，調所部兵亦易，俟擒獲阿逆後，仍當遣歸舊牧。所部生計既艱，其給籽種六百石，務令及時耕種，毋誤農期。至從軍所給駝馬，自應交納，但念往返道遠，牲畜不無疲瘠，可姑緩期二載。"訥黙庫之將從征達瓦齊也，請徙牧拜達里克北札布堪河源，博囉喀卜齊爾至鄂爾海喀喇烏蘇界。允之，諭努力成功，勿念遊牧衆。至是，以車凌等將徙牧，詔往會，而訥黙庫隱有叛志，謀竄就阿睦爾撒納，剛多爾濟、巴圖博羅特、布顔特古斯等阻之，不聽，從衆乘間劫驛騎，戕守汛弁兵，奪運糧商民駝物及貲。

皇朝藩部要略卷之十三

前史官壽陽　祁韻士　纂
寶山　毛嶽生　編次
江陰　宋景昌　校寫
平定　張　穆　覆審

厄魯特要略五

二十一年正月，大兵長驅至特克勒河，探知阿逆僅距一日程，將急追之。忽有報台吉諾爾布已擒阿逆來獻者，玉保遂駐軍待之。先以紅旗報捷於策楞，策楞亦即轉遞至京，而賊已遁入哈薩克。二月，兵到伊犁，將軍、參贊互相咨託，言馬力竭，頓兵不進。大軍之自伊犁旋也，杜爾伯特設正副盟長各三，從車凌至者，分左右翼，曰車凌、曰車凌烏巴什爲盟長，曰色布騰、曰車凌蒙克副之，從訥默庫至者，別自爲部，以訥默庫爲盟長，剛多爾濟副之。至是，訥默庫叛。諭曰："訥默庫盟長員缺，剛多爾濟自授副盟長以來，鈐束所衆，尚爲寧謐，著即授爲盟長。"復諭曰："剛多爾濟等屬妄行劫掠，應交部議札薩克罪，但念伊等新降，未諳內地禁例，姑從寬免。"阿逆之將叛也，詭稱葉爾羌、喀什噶爾諸回衆將襲伊犁，請勿遣剛多爾濟歸，令護視特穆爾圖諾爾降衆，蓋欲陰扇之爲(已)〔己〕助也。班第察其奸，不之從，遣剛多爾濟歸。其屬有鄂勒錐者，偕訥默庫、諾斯海自哈薩克使還，道遇阿逆強令從行，阿逆叛，以鄂勒錐等非其黨，麾從者擊之，鄂勒錐偕諾斯海奮搏逾時乃脫，遇遊騎載賊裝至，迎擊之，事聞。詔優賚之。伯什阿噶什者，杜爾伯特台吉伊斯札布之曾孫也，祖札勒，父車凌多爾濟，兄曰布達札卜，曰達瓦克什克，弟曰達瓦齊特，曰格咱巴克，聚牧伊犁河西沙拉伯勒境，鄰哈薩克牧。達瓦齊虐其衆，伯什阿噶什將棄之，懼襲而寢。大軍抵伊犁，班第遣使招之，因獻籍三千餘户降,將遣從車凌等入覲,告哈薩克數掠所部,請歸視,比抵牧,偵哈薩克集兵,遣告,且請大軍援。諭嘉其恭順。會阿逆黨擾伊犁,詔遣和碩特輔國公納噶察齋敕(徃)〔往〕諭曰:"準噶爾内亂頻仍,各部人衆咸失生業,朕爲統一天下之君,懷保群生,無分中外,特發大軍往定伊犁,方欲施恩立制,永安反側,乃逆賊潛懷叛志,妄思并吞諸部,肆其荼虐,罪狀已著,畏誅潛遁,朕已命將窮追,務期弋獲。逆賊一日不獲,諸部一日不安,爾台吉輸誠歸命,果能仰體朕旨,去逆效順,或以兵協剿阿逆,或俟至爾牧擒獻之,朕必大沛殊恩,爾其奮勉自效。"達瓦齊復奏伯什阿噶什及庫本諾音台吉諾爾布,必無異志,命遣之書,未達,而伯什阿噶什已徙牧。訥默庫將叛竄,剛多爾濟尾之。尋駐防烏里雅蘇台辦事大臣阿蘭泰偕車凌、車凌烏巴什等以兵擒訥默庫及其孥,械至,論如律,籍其屬,分給車凌、車凌烏巴什。詔不附逆諸札薩克,各安遊牧,勿疑懼。先是,札哈沁公禡木特奉詔偕班第議準噶爾善後事,班第以禡木特總管札哈沁、包沁牧,請仍置阿爾台,增喀爾喀藩籬。允之。尋撤大軍還。札哈沁兵三百遣歸牧,禡木特以疾留伊犁,阿逆叛將脱歸,乏兵衛,爲逆黨哈丹等所遮,脅之降,不從,擒赴阿睦爾撒納所,阿睦爾撒納慰之曰:"準噶爾與天朝疆域殊,爾欲内向何也?不如歸我,當善視爾。"禡木特唾而言曰:"天下豈有無君之國哉!達瓦齊篡而虐,聖天子討其罪,噶爾丹策凌嗣已絕,我不内歸,將焉往。且天朝已擒我,不即誅,復釋還,此所謂生死而肉骨也,何忽背之,爾先我往,聖天子待爾厚,爾乃謀逆,今既擒我,我何懼,死則死耳,大軍至,將磔汝,犬猶不食汝肉。"阿睦爾撒納慙,縊殺之。至是,策楞諜得狀以告,御制詩憫之,褒爲烈士,且有"千載流聲芳"之句。諭曰:"禡木特年就邁,效力行間,甚爲奮勉,今逆賊戕之,深可憫惻,其孫札木禪,著令仍襲三等信勇公爵。"三月以阿睦爾撒納煽烏梁海,梗哈薩克道,詔札木禪從哈達哈剿烏梁海叛賊。和碩特台吉諾爾布敦多克來歸,薩拉爾等既定謀,阿逆偵知之,先備諾爾布敦多克以兵擊諸伊犁之諾爾斯哈濟拜牲,不勝,偕薩拉爾間道行,由珠勒都斯至巴里坤,時沙克都爾曼濟抵策楞軍,詔令遺書其子圖抑以兵護牧,書未達,明噶特附阿逆叛,脅所部衆,圖抑不之從,挈戚屬抵珠勒都斯請內徙。上憫之,詔封多羅貝勒,賜銀千兩,賞雙眼孔雀翎。諭由額琳哈畢爾噶往會沙克都爾曼濟,有圖什墨勒厄爾錐音者,從大軍剿阿逆,中道強取諾爾布敦多克屬,詔責之,察所取以歸。阿逆爲大軍所敗,竄赴伯什阿噶什牧,詔參贊大臣侍郎玉保等傳諭擒獻,或故縱以兵剿之。伯什阿噶什養子博東齊,尋偕宰桑諾斯海挈衆至,以哈薩克侵牧告,宰桑賽音伯勒克、得木齊恩克、濟爾哈爾等踵至,告哈薩克道掠,間走乃免。詔博東齊以兵迎其父,暫置從衆於額爾齊斯,諾斯海護視之。賽音伯勒克或從博東齊往,或留牧額爾齊斯,惟其便,博東齊將行,伯什阿噶什攜戶八百餘抵額爾齊斯,請內附,烏巴什其族台吉也,從至。詔封伯什阿噶什爲札薩克和碩親王,烏巴什爲札薩克固山貝子。諭曰:"爾誠心感戴,率衆投誠,前大軍抵伊犂,即諭將軍大臣,甫欲加恩封賞,旋遇阿逆背叛,未獲舉行,爾爲哈薩克所掠,輾轉遷徙,始克內附,爾衆甫至,不必簡兵往從大軍,亦無須徙內地,即游牧額爾齊斯河,爾族台吉車凌等將歸舊牧,爾等聚族而處,實爲允協,不必遠離故土,徒勞往返也。"命甫下,伯什阿噶什等攜衆抵哈達青吉勒,詔暫留,俟明歲歸額爾齊斯牧。初,土爾扈特族巴圖爾烏巴什爲噶爾丹策凌壻,初附牧伊犂境,大軍至,乃乞降,會阿逆事起,詭言以兵赴博(羅)〔囉〕塔拉,助大軍剿逆不果往,至是偵阿逆爲大軍所迫,覬據伊犂,轄四衛拉特,聞我師有備,竄察罕烏蘇、博羅布爾噶蘇、阿勒坦特卜什、勒卜什、沙爾海諸境,諜追兵至輒逸,仍乘間遊騎,掠巴爾達穆特、塔木集賽諸鄂拓克。五月,禠策凌、玉保職,以達爾黨阿、哈達哈代之,兼命兆惠自巴里坤往援。七月,車凌、車凌烏巴什、剛多爾濟等以徙牧額爾齊斯,請定入覲年班。上嘉其誠悃,詔自來年始定三班,前給從軍駝馬,姑緩期納,示恤。車凌從衆乘徙牧,有劫驛騎者,參贊大臣舒赫德巡軍汛,至努克木倫聞之,往詰罪,車凌察劫者以獻，請論罪。諭嘉其恭順，賜珮飾獎之。既而汗哈屯、烏梁海衆附和托輝特逆賊青袞咱卜叛，詔車凌率兵從剿。和碩特台吉諾爾布敦多克及子鄂齊爾相繼卒，詔以鄂齊爾弟博爾和津襲公爵。諭曰："諾爾布敦多克舊牧與哈薩克接壤，恐或掠之，若欲徙歸額琳哈畢爾噶惟其便。"沙克都爾曼濟攜子圖捫及博爾和津等，由珠勒都斯至巴里坤乞屯牧近地，副都統雅爾哈善以聞。諭曰："沙克都爾曼濟以舊牧乏生計，跋涉遠至，殊堪憫惻，準噶爾頻年不靖，諸部生計維艱，然使台吉等各收其屬，安處遊牧，以耕畜爲業，善自謀生，不數年間，可復舊業。今沙克都爾曼濟等雖暫處巴里坤，究非故土，難以久處。又喀爾喀附近之和碩特、杜爾伯特、輝特等，俱將遣歸舊牧，且諭令各安生業，嚴戢盜賊，沙克都爾曼濟等自宜仍歸舊牧，但甫從遠道至，遽令之歸不免困頓，可令暫處巴里坤附近地，賞給糧米如戶口數。"復遣使諭沙克都爾曼濟及綽囉斯汗噶爾藏多爾濟、輝特汗巴雅爾曰："爾等自入覲歸牧後，遵朕諭旨，約束所屬，守分安居，已逾一載，甚勞遠念。今特遣官存問，并令齎賜食物珮飾，以示優眷。逆賊阿睦爾撒納現竄匿哈薩克苟延殘喘，朕遣官兵征剿經年，時屆寒冬，暫令撤還，第逆賊狡詐百出，倘遣人赴爾等遊牧，詭計煽惑爾等即行擒獻，至沙克都爾曼濟奏請遊牧巴里坤附近地，已諭酌賜口糧，俟明春復賞給籽種，耕耨廋集額卜齊布拉克地，秋收後遣歸舊牧，爾等其善自謀生，永享昇平之福。"七月，諭曰："輝特、杜爾伯特人等，朕降旨令歸舊牧，札哈沁亦應一體辦理。但札木禪現赴軍所，著暫停徙，俟大兵凱旋時，哈達哈傳諭札木禪，令率屬徙歸舊牧，安居樂業，以副朕軫恤意。"九月，伯什阿噶什來朝，弟達瓦濟特及兄子丹巴都噶爾、布魯特扣肯以視牧故，各遣宰桑代至，賜宴，賚馬七百、牛百五十、羊三千，詔編旗分佐領，如三車凌及剛多爾濟等來歸例，別爲一盟，以伯什阿噶什爲盟長，烏巴什副之，丹巴都噶爾授協理台吉。伯什阿噶什甫歸牧，其妻卒，遣侍衛佛保往醊，伯什阿噶什尋卒，無子。詔副都統唐喀祿賻祭，宣諭以丹巴都噶爾爲札薩克固山貝子，以達瓦濟特爲札薩克公,轄伯什阿噶什衆,聽歸車凌牧,或内徙。而丹巴都噶爾與佐領色布騰互攘畜產,佛保將至牧,駝馬爲所掠,詔撤恩命還。復諭烏巴什勿驚懼,俟事定歸車凌牧。後烏巴什卒,停襲。沙克都爾曼濟獻所部盜馬者。請論罪。諭曰:"厄魯特劫奪成風,不可不嚴加懲創,爾等擒獲竊賊,解送内地,甚屬恭順,嗣後可自治之。"復以博爾和津幼,不更事,諭沙克都爾曼濟留心護視,并令其族摩羅及宰桑新登等暫理牧務。而諸衛拉特復不靖。初,西路將軍達爾黨阿追阿逆于哈薩克境,與阿逆相隔一谷,僅二三里,賊倉卒不及駝載,詭稱爲哈薩克使,告曰:"即欲擒獻,因其汗未至,乞暫緩師。"達爾黨阿信之,阿逆遂遁去,檄索往還,頓兵數月無要領,而北路將軍哈達哈遇哈薩克兵于巴顏山,不迎擊,聽其自去。諸從征新降台吉、宰桑有輕我心,又適遇喀爾喀郡王青袞咱卜之叛,自十六驛至二十九驛軍台皆撤,於是輝特汗巴雅爾詭稱沙克都爾曼濟掠所部牧,將以兵襲巴里坤,先叛。綽羅斯汗噶爾藏多爾濟之從子,台吉札納噶爾布及噶勒雜特宰桑哈薩克錫喇次之,噶爾藏多爾濟與布魯古特台吉呢瑪次之,都統和起被誘殲焉。阿逆聞之,亦自哈薩克歸,會諸賊於博(羅)〔囉〕塔拉河,欲自立爲汗。策凌、玉保時已逮問,亦被害於途。定邊右副將軍兆惠以兵千五百駐防伊犂,聞變,自濟爾哈朗河轉戰而南。自十一月起行,戰于鄂壘札拉圖,戰于庫圖齊,戰于達勒齊,前後殺賊數千。阿拉善二等台吉達瓦車稜從大軍剿厄魯特窟黨,遇伏於博囉齊,奮擊之,陣歿。詔議卹,入祠昭忠祠。先是,阿寶屬達瑪琳從靖邊大將軍傅爾丹擊準噶爾於和通呼爾哈諾爾,爲所掠,至是攜孥及屬布庫勒等四十户,詣都統雅爾哈善軍,請歸阿拉善舊牧。詔如所請,從衆仍置伊犂。

二十二年正月,兆惠軍至烏魯木齊,賊兵四合,我兵無不一當百。二十二日,至特訥格,軍士饑寒,不復能戰,乃結營自固,會侍衛圖倫楚奉詔率巴里坤兵二千間道往迎,圍乃解。兆惠得新兵復往剿巴雅爾部落,始回巴里坤。三月,命定邊左副將軍成衮札布爲定邊將軍,偕參贊大臣舒赫德由珠勒都斯進;右副將軍兆惠爲伊犂將軍,偕參贊大臣富德由額琳哈畢爾噶進。成衮札布軍過克勒特、烏魯特、沙拉斯、瑪琥斯諸鄂拓克,皆撫降其衆,而未取其駞馬,既過皆叛去,乃旋師殲除之。兆惠軍行至庫隴癸,地近伊犂,叛黨昂克圖塔爾巴等據險抗拒,適大軍前行,後隊將士僅八十餘人,乘曉霧與鏖戰,并於奪險攻賊時,遣侍衛札延保收其牧群,賊不能脱,四宰桑殲其二,餘衆悉被斬獲,所向克捷。適阿睦爾撒納竊哈薩克馬竄歸伊犂,揚言哈薩克助己,聚衆爭長,突遇大兵至,脱身遁。時噶爾藏多爾濟已爲其從子札納噶爾布所殺,扈魯瑪台吉達瓦又殺札納噶爾布,獻其首於軍門。侍衛海蘭察追射巴雅爾獲之。時和碩特汗沙克都爾曼濟心懷兩端,遣諜赴巴里坤偵大軍狀,子圖捫死不以告,參贊大臣雅爾哈善召之,稱病不至,疑果叛,宵抵其營,殲之,斬衆四千餘,叛黨悉伏法,唯阿逆未獲。先是阿拉善札薩克羅卜藏多爾濟以兵千赴北路,從成衮札布剿和托輝特逆賊,兵甫備,北路軍蔵功。詔仍選兵五百赴西路,羅卜藏多爾濟聞命,自游牧備駝馬餱糧,馳抵巴里坤軍。至是偵阿逆由博羅塔拉走阿卜克特,偕副都統愛隆阿等,分道馳擊,抵塔爾巴噶台,諜輝特逆賊巴雅爾據嶺險捕之,賊遁,尾六日,次愛登蘇,哈薩克兵二百餘遮道,羅卜藏多爾濟等僅數騎,鏖擊之,哈薩克兵懼,乞降,巴雅爾尋就擒。詔晉封多羅郡王,授參贊大臣。六月,富德等窮追阿逆至左哈薩克。時哈薩克汗阿布賫已與阿逆積釁,且懼招大兵,遣使入貢,誓擒阿逆以獻,適阿逆率二十人往投,阿布賫先使人收其馬,阿逆驚,攜八人徒步夜走俄羅斯界,移檄索之。是冬,報阿逆患痘死,移尸近邊,命喀爾喀親王侍郎三泰等馳驗以聞。於是成衮札布仍以定邊左副將軍歸鎮烏里雅蘇台,兆惠、富德留伊犂度冬。是年,車凌以哈薩克不擒獻阿逆,諸厄魯特叛擾邊,請由額爾齊斯徙牧烏蘭固木避之。時喀爾喀貝子車布登札布遵旨遣兵捕掠佛保賊,收伯什阿噶什屬户,給喀爾喀將遣博東齊歸車凌牧,族台吉布圖庫、班珠爾、布林等挈屬至,稱與車凌等析處久,請異牧,允之。布圖庫等抵汛,聞佛保自哈達青吉勒歸,和碩特台吉桑濟復掠諸道,遣從卒馳馬迎。上聞之,諭曰:"車凌等自歸誠以來,感激朕恩,約束屬衆,甚爲靜謐,邇因叛賊紛起,亟請内徙遊牧,其歸附之心益堅,可允所請,并給穀種,令爲謀生資。博東齊雖與杜爾伯特同族,若往歸之,反仰賴車凌等養贍,著遣往烏里雅蘇台,交車布登札布,酌徙呼倫貝爾通肯、呼裕爾等處。"布圖庫、班珠爾等接迎侍衛佛保,俟至烏里雅蘇台軍所各給幣賞之。詔車凌烏巴什或從車凌往,或遊牧科布多,惟其便。博東齊及布圖庫等遂並置呼倫貝爾。布圖庫、班珠爾以内附誠,各授二等台吉。而貝勒巴圖博羅特、輔國公舍稜不從車凌等徙牧,叛應阿睦爾撒納,副都統瑚爾起以兵擒諸輝巴朗山,妻孥悉論誅。噶勒雜特宰桑哈薩克錫喇附阿逆叛,大軍將由西路進剿。詔副都統唐喀禄宣諭車凌曰:"哈薩克錫喇等或勢窮力蹙,逃赴哈薩克境,爾等其簡兵防守遊牧,并堵禦通哈薩克隘口,遇賊竄即擒獻,此特爲保護所部遊牧計,非令其出兵協剿也。"會哈薩克錫喇遣得木齊巴圖濟爾噶爾來誘叛,車凌械赴科布多軍,而自攜其衆徙牧和通呼爾哈諾爾,唐喀禄適至,車凌既奉命遣卒七十護唐喀禄往諭諸部,道遇車凌烏巴什徙就車凌。唐喀禄語曰:"厄魯特哈薩克錫喇叛擾額爾齊斯,我將赴西路軍協剿。"車凌烏巴什遣護衛巴顔及卒三十從之,且稱額爾齊斯及烏隆古地值盛夏,多蚊蛇,道不可行,額琳哈畢爾噶、哈布塔克拜達克皆以察罕郭勒爲要汛。請往禦賊於其地。唐喀禄悉疏以聞。上嘉其誠順,且明大義,並賜幣及珮飾。遊牧俄羅斯額濟勒河之土爾扈特使吹札布等自唐古特還。先是,其汗敦囉布喇什欲謁達賴喇嘛,使吹札布假道俄羅斯三年乃至,于二十一年入覲,賜宴萬樹園,遣官護往唐古特,至是還。旨詢所部牧域及棄準噶爾附俄羅斯故,使者言:"聞土爾扈特部舊偕四衛拉特聚伊犂,迄策妄阿喇布坦時,阿玉奇與交惡,挈族由哈薩克取明噶特衆,屯牧額濟勒河,倚騰吉思巨澤,所居地曰瑪努巴海,北界俄羅斯,南界哈薩克,東界哈喇哈爾榜,西界圖里雅斯科,以鄰牧互市皮馬。

俄羅斯嘗與雪西洋及西費雅斯科戰，土爾扈特以兵助之，厥後稍就弱，俄羅斯因謂爲其屬，然附之，非降之也，非大皇帝有命，安肯自爲人臣僕？"時哈薩克汗阿布賚內附，子登努勒蘇爾統鄰牧土爾扈特，吹札布聞其表使將至，言曰："哈薩克爲天朝臣僕，若諭令由所部納貢，無紆道慮，幸甚。"因述所居疆域繪獻，詔遣歸。頒賜敦囉布喇什幣物，而是時族台吉巴圖爾烏巴什及舍稜等，以附牧準噶爾，乘阿逆叛擾伊犁境，巴圖爾烏巴什爲大軍所逼，走死，舍稜詭乞降，竄俄羅斯。尋歸土爾扈特牧。先是，杜爾伯特及烏梁海未內屬，錯牧額爾齊斯後，杜爾伯特諸台吉遊牧札克拜達里克，初徙牧額克阿喇勒，再徙額爾齊斯，烏梁海就撫，以烏蘭固木地給之，車凌等復請由額爾齊斯往徙，遣都統納穆札爾往勘杜爾伯特及烏梁海牧界，車凌復請以烏蘭固木爲屯耕地，而遊牧于科布多額克阿喇勒，允之。詔嚴禁所屬勿攘竊，尋以錯牧不便，定烏蘭固木爲杜爾伯特牧，別以科布多爲烏梁海牧。車凌諜明噶特、烏梁海衆叛竄哈喇哈爾榜，復遣兵剿。詔酌賞從軍弁兵，免追從征達瓦齊所給駝馬。有察袞者，其壻也，附阿逆叛，聞追軍至，竄和落霍斯河，爲達什所擒獻，論誅，宥其妻，給車凌。準噶爾竄黨有額爾克勝者，準噶爾二十四鄂拓克之一也，既降，尋叛，謀竄俄羅斯，有不從者二人，中道脱歸，至車凌所以告，車凌以其一械送科布多軍，以一給輝特札薩克袞布爲導，令率兵六十往剿，袞布馳踰阿爾台，遇賊於杭愛海圖，擒斬其男，俘妻女歸，無脱者，獎賜茶幣。杜爾伯特貝子羅壘永端、布圖克森相繼卒，皆無嗣，詔以其屬給剛多爾濟及貝子額爾德尼轄之。以和碩特公巴勒濟同牧之輝特台吉車卜登多爾濟等叛誅，詔巴勒濟族徙牧察哈爾。於是輔國公色布騰、札薩克台吉特默齊從往，皆唐古特達賴汗裔也。輝特族叛，輔國公巴桑及同牧之台吉阿卜達什、克什克特等不從，攜馬至科布多汛以情告。上以其非輝特族，且無叛迹，命署定邊右副將軍車布登札布徙黑龍江，以管旗章京端多卜護之，往給糗傳，克什克特未就道，疾卒。巴桑及阿卜達什屬凡五十三人，將軍綽爾多議置之呼倫貝爾。

二十三年春，命兆惠等率兵四千，兆惠由博羅布爾、富德由賽里木分兩翼圍剿，約相會於伊犁。是時厄魯特衆往往流爲瑪哈沁，出没無常，故分隊剿之。杜爾伯特札薩克特古斯庫魯克達賴汗車凌卒，上以車凌識時慕義，率屬歸誠，始終效力，鈐牧靜謐，軫悼，賜賻祭，子索羅木袞布襲，授盟長。詔勤習牧務。六月，索羅木袞布以疾故，請往禮哲卜尊丹巴呼圖克圖，詔聽之。九月，諭曰："盟長分理全部，所係甚要。聞索羅木袞布襲封後時有疾，今已授巴桑爲副盟長。巴桑亦係少年，恐不更事，親王車凌烏巴什、貝子瑪什巴圖等誼關同族，自應視如一體，務宜悉心協助，如意辦理，不可稍存彼我之見。"初，土爾扈特族皆遊牧額濟勒河，與準噶爾絶。其族舍稜者，衛袞察布察齊六世孫也，與巴圖爾烏巴什爲從父兄弟，獨率其戚屬附牧伊犁境，爲準噶爾屬台吉達瓦齊就擒，舍稜不即降，阿睦爾撒納叛，我師分道馳剿，舍稜復乘間竄，阿睦爾撒納走死，其從逆之綽和爾、烏喇特、昂吉岱等附巴圖爾烏什，竄伏沙拉伯勒，敦多克、布庫察罕等復附舍稜，匿庫烏蘇喀喇塔拉境。至是詔定邊將軍成袞札布、右副將軍兆惠等馳剿。巴圖爾烏巴什竄哈薩克，病痘死，舍稜竄博囉（搭）〔塔〕拉，道遇哈薩克遊騎與交兵，聞大軍逼，馳走道圖托羅海，將爲奔俄羅斯計，先使往，哈薩克要而殺之。舍稜復間道赴阿固爾阿爾海，副都統唐喀禄偕厄魯特散秩大臣和碩齊以兵尾之，抵布古什河源，有巴爾呼卒都圖者，射舍稜從弟勞章札布，仆擒之，舍稜詭服罪，請釋其弟乃降。唐喀禄曰："是不可信，將以兵擒舍稜。"和碩齊曰："擒之無益，不若招使降。"釋勞章札布歸，越日，舍稜遣三宰桑至軍約往受降，唐喀禄愈疑之，和碩齊曰："彼畏我軍威，故不敢至。"盍往涖盟，强唐喀禄行，策馬渡河，邇舍稜營，令從者皆下馬，解櫜鞬，舍稜遣使以酒至，和碩齊飲之，急起入舍稜營，唐喀禄立而待，逾時和碩齊不返，舍稜遣賊衆二千詭攜駝馬迎我軍，甫次河岸，輒旋擊，營中賊悉起，唐喀禄死之，和碩齊易服入賊隊，後就擒論罪誅。

舍稜馳踰喀喇瑪嶺,遣使俄羅斯爲所禁,間道赴土爾扈特,俄羅斯羈諸森博羅特圖喇,詔遣兵擊之,未至。俄羅斯徙入其境,巴圖爾烏巴什子沙喇扣肯亦從往焉。初,我使與俄羅斯定議,不納逋逃人,至是諭理藩院檄俄羅斯,以舍稜獻。舍稜懼,由俄羅斯歸土爾扈特牧。是年,阿拉善札薩克郡王羅卜藏多爾濟從定邊右副將軍車布登札布,剿叛賊哈薩克錫喇及布庫察罕等,抵和落霍斯,賊據岡拒,聚擊之,獲布庫察罕黨阿都齊,進兵哈魯勒托羅海,偵布庫察罕由庫克烏蘇走哈薩克,將往索,定邊將軍兆惠檄以兵屯阿勒坦額黙勒,剿喀喇沁宰桑等於庫隴癸嶺,恩克圖就擒,哈薩克尋以布庫察罕獻。命羅卜藏多爾濟歸牧暫休,固請留軍,已病足,上憫之,慰令歸牧,賞三眼孔雀翎。烏梁海種人明噶特叛,定邊左副將軍成袞札布檄杜爾伯特札薩克輔國公巴圖蒙克追剿之。明噶特舊爲厄魯特屬,以大軍定伊犁乞降,詔置之黑龍江之呼倫貝爾,既而由納林喀喇泥叛遁,巴圖蒙克追之,遇諸烏蘭固木河,環以兵不即降,中夜圍稍懈,賊乘間逸,成袞札布劾之。上以杜爾伯特部新附,且聞檄即以兵往,詔免飭責,仍量加賞賫。大軍剿瑪哈沁,偵沙拉斯、瑪呼斯賊,竄呼爾塔克、羅卜諾爾,以地近噶斯通青海,詔副都統濟福赴西寧宣諭所部,集兵千爲備,復遣識噶斯道者偵賊蹤,既而所部兵集札噶蘇台,詔歸牧聽調,勿遽就道,濟福遵旨諭之,請遣近牧者歸,仍量留遠道兵屯烏圖,備不虞。上鑒其誠,詔酌賞遣歸兵,久之,噶斯無賊蹤,乃撤烏圖兵還。

二十四年大軍剿逆回布拉呢敦、霍集占,阿拉善郡王羅卜藏多爾濟獻羊五千助軍,詔給值,賜幣及珮飾,大軍旋,遵旨攜所部弁兵與飲至宴,詔圖形紫光閣。御製贊曰:"渭陽所出,札薩穎材。命帥本部,宣力龍堆。及愛隆阿,單騎見虜。降哈薩克,厥功甚鉅。"陝甘總督楊應琚奏青海得卜特爾、伊克柴達木等處,設汛屯兵,爲防準噶爾計,今準噶爾及回部悉底定,請撤青海駐汛兵。從之。初,阿拉善輔國公袞楚克率兵百從剿庫車逆回,圍其郛,敗賊援兵,霍集占尋攜賊五千餘來援,麾擊之,賊黨逃走,追至鄂根河、蘇巴什山,陣斬三百餘級。諭嘉之,賜雙眼孔雀翎。庫車城下復從大軍降,阿克蘇及烏什衆進抵葉爾羌,分領右翼隊,擊賊喀喇烏蘇。是年春,還阿克蘇。詔晉封鎮國公。夏復進兵喀什噶爾,霍集占遁巴達克山,大軍分道進剿,以袞楚克駐防喀什喀爾、巴達克山,函霍集占首至,乃遣歸。烏梁海以科布多產貂不給捕,請徙就阿爾台陽額爾齊斯。上諭車凌烏巴什等曰:"額爾齊斯爲爾舊牧,今爾移處烏蘭固木,烏梁海察達克請遊牧額爾齊斯地,向曾降旨,爾等若願歸舊牧,聽爾便。今哈薩克已全部内附,伊犁厄魯特賊衆復殲無孑遺,若爾果願歸舊牧,可即徙往額爾齊斯,所遺烏蘭固木自可給烏梁海處之,但哈薩克新附,非爾等久爲内屬者比,務宜嚴飭所屬,安靜無事,若爾部衆既遵鈐束,而哈薩克反來肆擾,可即擒誅之。爾等或安土重遷,則額爾齊斯地與其爲哈薩克、俄羅斯所竊據,不若令烏梁海往徙之也。"車凌烏巴什等奏:"察達克所請地係烏梁海舊牧,距臣等牧遠,且烏蘭固木地饒水草,臣等遊牧久,請勿徙,以額爾齊斯地給烏梁海。"詔如所請。十月,以大軍定回部蔵功,諭車凌烏巴什等知之。十二月,哈薩克襲烏梁海,杜爾伯特以兵三百餘擊走,得旨獎賚。居京師之厄魯特親王多羅額駙達瓦齊卒。諭曰:"厄魯特親王達瓦齊曾爲準噶爾台吉,被獲獻俘,朕念伊係外藩,宥罪錫爵。伊自受恩以來隨侍禁近,一意抒忱奮勉,且爲人尚屬樸誠。今聞溘逝,深爲軫惻,著給治喪銀千兩,伊子羅卜札仍准其襲封郡王。"理藩院奏土爾扈特公羅卜藏達爾札漸習牧務,屬衆咸守法,請撤還代理官。允之。

二十五年,詔定杜爾伯特管旗章京策塔爾罪,遣戍福建、廣東。先是,索羅木袞布少而懦,其哈屯布尼達喇,喀爾喀女也,鈐所部衆嚴,策塔爾忌之,計蔑歸喀爾喀,副管旗章京巴顔克什克訴之成袞札布所,遣員往訊,僉直哈屯。成袞札布將重議策塔爾,嫌庇族女,疏請罷策塔爾職,別以和通代之,偕巴顔克什克助汗、哈屯理牧務。諭曰:"爲人臣僕而威脅其汗,且謀逐哈屯,不法已極,宜重罪之,或以新附尚未悉禮法,姑從寬免,然亦不可仍留舊地,致起釁端,其詳勘欺主滋事，不受哈屯約因計陷之者，解送京師。"成衮札布遵旨，察獲策塔爾黨十四人械至，詔於福建、廣東安置，牧產給索羅木衮布，勿歸公。既而布尼達喇請以巴顏克什克代管旗章京職。諭曰："策塔爾以巴顏克什克控訴，因而獲罪，若令代之，則無知者妄生希幸，反以互訐爲能，且管旗章京既有和通理之，巴顏克什克令其協助足矣。"副都統伊柱視伊犁屯田至海努克，獲虎鈕銅章一，文曰"管轄厄魯特後旗札薩克印"，驛封至，葢雍正四年頒給茂海物也。茂海叛，挈往準噶爾獻噶爾丹策凌，至是得之，詔貯内廷。四月，杜爾伯特部温圖呼爾者，貧不給，聞其弟居察哈爾牧，告諸札薩克往就之。諭曰："杜爾伯特自歸誠以來，編設旗分佐領，原欲伊等各安生業，若不善恤之，漸至析處，殊爲可憫，其各加意撫綏，令守分謀生，弗至流離失所，副朕恫瘝一體之懷。"七月，或告車凌烏巴什將叛，欲陰陷之，成衮札布以聞，上鑒其誣，詔勿問。尋入覲，扈蹕行圍，奏所部蒙恩安置，牧產漸饒，嗣請自備駝馬。上嘉其誠悃，不忍驟勞之，詔仍官給駝馬。

二十六年，理藩院議厄魯特公禡木特歸誠後，札哈沁屬相繼内附，置佐領九，得二千餘口，雖補授總管，未給印，請以總管札哈沁一旗印給札木禪轄其衆，詔允之。杜爾伯特貝勒巴桑從喀爾喀郡王車木楚克札布等剿瑪哈沁宰桑色布騰，偵走俄羅斯，以兵屯鏗格爾圖喇遣使索，俄羅斯擒色布騰及逆黨百餘以獻。賜巴桑幣，徧賞從兵。是年，厄魯特貝子朋素克、貝子貢楚克拜自推河徙牧鄂爾坤之烏蘭烏蘇，隸喀爾喀賽音諾顔部，以齊齊爾里克盟長轄之。先是，貢楚克拜父三都布與朋素克自西喇穆稜徙牧喀爾喀河，又徙推河，至是始定。

二十七年，青海諸札薩克請給羅卜藏丹津舊牧地。詔楊應琚往勘，奏："洮賫河等處係西寧、肅州鎮標馬廠及番族牧地，不便撥給。西喇郭勒及西爾噶拉金東西五百餘里，南北三十餘里，地曠，且距札薩克等遊牧近，請給之。其西爾噶拉金，踰河即産礦山場，久封禁，請飭札薩克等就近守視。"詔以西喇郭勒給之,西爾噶拉金河東聽駐牧,河西鉛礦,勿得越界私採。詔杜爾伯特部左右翼各設副將軍一,右翼用正黃旗纛,左翼用正白旗纛,以敕印軍符給之。所部旗十有六,爵如之。授車凌烏巴什右翼副將軍,命御前行走,賜岱青卓里克圖號。授巴桑左翼副將軍。厄魯特多羅郡王羅卜札尚郡君,授固山額駙。

二十八年,烏梁海叛賊庫克辛走俄羅斯,道掠哈薩克馬,車凌烏巴什率兵緝之,偵匿和羅圖郭爾,馳往擊,賊潰竄,尾至林際獲之,斬庫克辛及從黨五十八人,俘其孥及戶七十餘歸。詔賜幣并酌賞弁兵。有台吉巴朗者,其甥也,幼被哈薩克掠,至是脫歸伊犁,請隸車凌烏巴什。詔給之。

三十年,詔晉封阿拉善額駙羅卜藏多爾濟和碩親王,賞元狐裘及黃轡。厄魯特一等台吉噶爾丹達爾札卒,子拉克沁噶喇襲。詔授札薩克,給印,編佐領一,隸喀爾喀札薩克圖汗部,以札克畢賴色欽畢都哩雅諾爾盟長轄之。

皇朝藩部要略卷之十四

前史官壽陽　祁韻士　纂
寶山　毛嶽生　編次
江陰　宋景昌　校寫
平定　張　穆　覆審

厄魯特要略六

三十六年，土爾扈特汗渥巴錫挈全部歸順，舍稜從之，抵伊犁。渥巴錫者，敦囉布喇什子也。先是，有輝特者最微，初隸杜爾伯特，後土爾扈特徙俄羅斯境，與準噶爾絶，準噶爾別以輝特爲四衛拉特之一。大軍定準噶爾，四衛拉特自杜爾伯特外，悉以叛就滅，土爾扈特道遠，雖修貢未內屬，上不欲勤遠略，索舍稜不獲，仍聽之。至是，汗渥巴錫及其台吉策伯克多爾濟並舍稜等，率其部衆三萬餘戶來歸，先期遣使至伊犁，具書通款，自言爲阿玉奇汗正系，向居俄羅斯地，久願爲大皇帝臣僕，而無機可乘，乃於去冬謀棄舊遊牧，挈屬內附，因自彼逸出，行程萬千有餘里，閱半年餘始抵卡倫，乞准令入覲，以伸積誠。尋渥巴錫等先後至伊犁，將軍伊勒圖等察其詞意懇切，郵函以聞。上即命參贊大臣舒赫德馳往涖其事，因代伊勒圖爲將軍駐伊犁，安輯新附之衆，給以餼贍，授之牧地，其汗及台吉、宰桑至者，將錫宴賚封爵秩，其部衆則量地分編以居。先是，內大臣安泰偵知土爾扈特內附問，即遣額駙色布騰巴爾珠爾往迎之，上即諭其偕渥巴錫等至避暑山莊朝謁。蓋土爾扈特自入俄羅斯，遠阻聲教，越今幾六七十年，自底定準噶爾以來，築城安屯，如中國郡縣。土爾扈特復來歸隸藩屬，於是四衛拉特之衆盡撫有之。御製詩紀其盛，詩曰："土爾扈特部，昔汗阿玉奇。今來渥巴錫，明背俄羅斯。向化非招致，頒恩應博施。舍稜逃復返，彼亦合無辭。衛拉特相忌，攜孥往海濱。終焉懷故土,遂爾棄殊倫。弗受將爲盜,俾安皆我民。從今蒙古類,無一不王臣。"駕幸木蘭,次伊縣峪,渥巴錫率所部至。其部頭目曰默們圖,曰額默根烏巴什,曰拜濟瑚,曰伯爾哈什哈,曰策伯克多爾濟,曰阿克薩哈勒,曰巴木巴爾,曰奇布騰,曰沙喇扣肯。和碩特部人曰恭格,曰雅蘭丕勒,曰諾海,曰巴雅爾拉瑚,未詳自何時徙俄羅斯境,並從渥巴錫來歸。廷臣議舍稜負罪竄,不可信,且當追論前罪,不宜與諸台吉同納其降。上以舍稜既棄俄羅斯而至,必不敢爲難,若拒之將窮無所歸,且新降諸台吉或滋疑懼,俟來朝執而罪之,非所以示信遠人。詔宥舍稜罪,與渥巴錫等同入覲行幄。上親以蒙古語垂詢渥巴錫,俾伸悃狀,賜章服,詔仍稱汗,泣其衆,賜號卓里克圖,授札薩克,賜章服,易所被繒闕。舍稜至,稽首請罪,上宥之。伊綿峪,舊名布祐圖昂阿,前以受綽羅斯台吉噶爾藏多爾濟等降,詔賜此名,取會歸義也。已而哈薩克、布魯特使皆迎謁其地。至是復受渥巴錫等朝,御製詩紀之,有"類已全歸衆蒙古,峪征嘉兆信伊綿"之句。旋蹕避暑山莊,賜宴萬樹園及溥仁寺,命設鐙宴觀火戲,優賚白金文綺諸品器有差。諭曰:"土爾扈特台吉等以俄羅斯風氣迥殊,且奔走疆場,不遑休息,因慕我國家尊崇黃教,及撫御降番仁化,誠心歸順,跋涉遠道,甚屬可嘉,自當錫予封爵,以示渥澤。"詔分新舊二部,各設札薩克,曰烏訥恩蘇珠克圖舊土爾扈特部,以渥巴錫領之,稱汗如故,諸台吉授親王郡王貝勒貝子公一等台吉有差;曰青色特啓勒圖新土爾扈特部,以舍稜領之,封郡王別授貝子一。復命工圖其形,藏武成殿。巴木巴爾者,即雍正九年入藏台吉多爾濟之孫也,從渥巴錫來歸,抵伊犁,病,長子車凌德勒克亦病,次子達木拜札爾桑入覲,奏:"臣父巴木巴爾語臣,臣曾祖多爾濟入貢赴藏歸牧,誦天朝恩,示頒賜物,臣曾祖稽首,更謂臣祖羅卜藏曰:'我等遠夷,蒙恩若此,盍内附?'因挈屬行,次策木河,哈薩克兵驟至,懼不敢進,仍歸額濟勒河。今蒙如天之福,臣等得爲僕屬,恨不令臣曾祖多爾濟、臣祖羅卜藏見之,臣父、臣兄又以疾不獲就道,故先遣臣至。"

上嘉其誠,詔封巴木巴爾多羅郡王,賜號畢錫哷勒圖,授札薩克,子車凌德勒克及達木拜札爾桑各授一等台吉。明年,巴木巴爾病瘉,入覲,賚章服銀幣有加,并圖其形藏之。和碩特部人並授貝勒貝子台吉諸爵號,惟不封親王,賜盟名巴圖色特啓勒圖。時山莊布達拉廟落成,上以土爾扈特部素崇黄教,詔渥巴錫等往瞻禮與法會,御製《土爾扈特全部歸順記》曰:"始逆命而終徠服,謂之歸降,弗加征而自臣屬,謂之歸順。若今之土爾扈特攜全部,舍異域,投誠嚮化,跋涉萬里而來,是歸順非歸降也。西域既定,興屯種於伊犁,薄賦稅於回部,若哈薩克,若布魯特,俾爲外圍而羈縻之,若安集延,若巴達克山,益稱遠徼而棄置之。知足不辱,知止不殆,朕意亦如是而已矣,豈其盡天所覆,至於海隅,必欲悉主悉臣,爲我僕屬哉。而兹土爾扈特之歸順,則實天與人歸,有不期然而然者,故不可以不記。土爾扈特者,準噶爾四衛拉特之一,其詳已見於《準噶爾全部紀略》之文。溯厥始率亦荒略弗可考,後因其汗阿玉奇與策妄阿勒布坦不睦,竄歸俄羅斯,俄羅斯居之額濟勒之地。康熙年間,我皇祖聖祖仁皇帝嘗欲悉其領要,令侍讀圖麗琛等假道俄羅斯以往,而俄羅斯故爲紆繞其程,凡行三年又數月始反命。今之汗渥巴錫者,即阿玉奇之曾孫也,以俄羅斯徵調師旅不息,近且征其子入質,而俄羅斯又屬別教,非黄教,故與合族台吉密謀,挈全部投中國興黄教之地,以息肩焉。自去歲十一月啓行,由額濟勒歷哈薩克,繞巴勒喀什諾爾戈壁,於今歲六月杪,始至伊犁之沙拉伯勒界,凡八月,歷萬有餘里。先是,朕聞有土爾扈特來歸之信,慮伊犁將軍伊勒圖一人不能經理得宜,時舒赫德以參贊居烏什辦回部事,因命就近前往,而畏事者,乃以新來中有舍稜其人,曾以計誘害我副都統唐喀祿,因以竄投俄羅斯者,恐其有詭計,議論沸起。古云受降如受敵,朕亦不能不爲之少惑,而略爲備焉。然熟計舍稜一人,豈能聳動渥巴錫等全部,且俄羅斯亦大國也,彼既背棄而來,又擾我大國邊界,進退無據,彼將焉往?是則歸順之事十之九,詭計之伏什之一耳。既而果然,而舒赫德至伊犁，一切安汛設偵籌儲密備之事，無不悉妥，故新投之人，一至如歸。且掄其應入覲者，由驛而來，朕即命隨圍觀獵，且於山莊燕賚，如杜爾伯特車稜等之例焉。夫此山莊，乃我皇祖所建，以柔遠人之地，而宴賚車凌等之後，遂平定西域，兹不數年間，又於無意中不因招致，而有土爾扈特歸順之事，自斯凡屬蒙古之族，無不爲我大清國之臣，神御咫尺，有不以操先券，閱後成愜志而愉快者乎。予小子所以仰荅祖恩，益凜天寵，惴惴焉，孜孜焉。惟恐意或滿而力或弛，念兹在兹，遑敢自詡爲誠所感，與德所致哉。或又以爲不宜受俄羅斯叛臣，虞起邊釁。葢舍稜即我之叛臣歸俄羅斯者，何嘗不一再索取，而俄羅斯迄未與我也。今既來歸，即以此語折俄羅斯，彼亦將無辭以對。且數萬乏食之人，既至近界，驅之使去，彼不劫掠畜牧，將何以生。雖有堅壁清野之説，不知伊犁甫築新城，而諸色人皆賴耕牧爲活，是壁亦不易堅，而野亦不可清也。夫明知人以嚮化而來，而我以畏事而止，且反致寇，甚無謂也。其衆涉遠歷久，力甚疲矣，視其之死而惜費弗救，仁人君子所不忍爲，況體天御世之大君乎。發帑出畜，力爲優恤，則已命司事之臣，兹不贅記。記事之緣起如右。"舊傳土爾扈特部，自阿玉奇汗始徙牧俄羅斯，雖所部使亦以是爲辭，至是渥巴錫等來朝，上詢所部顛末，奏阿玉奇曾祖曰和鄂爾勒克，與巴圖爾琿台吉修怨，徙牧俄羅斯之額濟勒河，迄阿玉奇已越四傳，上以傳聞異辭，御製《土爾扈特部紀略》，記其始祖所自出，並證前之失精核而未實者。尋遣渥巴錫等歸伊犁。御製《優恤土爾扈特部衆記》曰："歸降歸順之不同既明，則歸順歸降之甲乙可定。葢戰而勝人，不如不戰而勝人之爲盡美也；降而來歸，不如順而來歸之爲盡善也。然則歸順者，較歸降者之宜優恤，不亦宜乎。土爾扈特歸順源委，已見前記。兹記所以優恤之者，方其渡額濟勒而來歸也，户凡三萬三千有奇，口十六萬九千有奇，其至伊犁者，僅以半計。夫以遠人嚮化，攜孥挈屬而來，其意甚誠，而其貼危求息，狀亦甚憊，既撫而納之，苟弗爲之贍其生，猶弗納也，贍之而弗爲之計長久，猶弗贍也。

故自聞其來,及其始至,以迄於今,惟此七萬餘衆,凍餒尪瘠之形,時懸於目而惻於心,凡宵旰所究圖,郵函所諮訪,無暇無輟,乃得悉其大要。於是爲之口給以食,人授之衣,分地安居,使就水穀而資耕牧,則以屬之伊犁將軍舒赫德。出我牧群之孳息,驅往供饋,則以屬之張家口都統常靑。發帑運茶市羊及裘,則以屬之陝甘總督吳達善。而嘉峪關外,董視經理,則以屬之西安巡撫文綬。維時諸臣以次馳牘入告,於伊犁塔爾巴哈台之察哈爾、厄魯特,凡市得馬牛羊九萬五千五百,其自達哩剛愛、商都達布遜牧群運往者,又十有四萬,而哈密、闢展所市之三萬不與焉。撥官茶二萬餘封,出屯庾米麥四萬一千餘石,而初至伊犁賑贍之茶米不與焉。甘肅邊內外暨回部諸城,購羊裘五萬一千餘襲,布六萬一千餘疋,棉五萬九千餘斤,氈蘆四百餘具,而給庫貯之氈棉衣什布幅不與焉。計費儲用帑銀二十萬兩,而賞貸路貲及宴次賚予不與焉。其台吉渥巴錫等之入覲者,乘傳給餼而來,至則錫封爵,備恩禮,其往也復慮其身之生,不宜内地氣候,則命由邊外各臺,歷巴里坤以行,而迎及送並遣大臣侍衛等護視之,用以柔懷遠人,俾毋致失所,或有以爲優恤太甚者,蓋意出於鄙吝,未習聞國家成憲,毋惑乎其見之隘也。昔我皇祖聖祖仁皇帝時,喀爾喀土謝圖汗等爲厄魯特所殘破,率全部十萬衆來歸,皇祖矜其窮阨,命尚書阿喇尼等往撫之,發歸化城、張家、獨石口倉儲以賑其乏,且足其食。又敕內大臣費揚古、明珠等,齎白金茶布以給其用,採買生畜以資其生,遂皆安居得所,循法度,樂休養,迄今八十餘年,畜牧日以蕃,生殖日以盛,樂樂利利,殷阜十倍於初。其汗王台吉等,世延爵祿,恪守藩衛,一如內札薩克之效臣僕長子孫,莫不感戴聖祖德澤及人之深,得以長享昇平之福也。惟朕體皇祖之心爲心,法皇祖之事爲事,惟茲土爾扈特之來,其窮阨殆無異,曩時之喀爾喀,故所以爲之籌畫無弗詳,賙惠無少靳,優而恤之,且計長久,庸詎知謀之勞而費之鉅乎?冀茲土爾扈特之衆,亦能如喀爾喀之安居循法,勤畜牧,務生殖,勿替厥志,則其世延爵祿,長享生平之福,又何以異於今之喀爾喀哉。用是臚舉大凡,勒石熱河及伊犁,俾土爾扈特汗全部衆,咸識朕意,且以詔自今以往我諸臣之董其事者。"先是,杜爾伯特台吉車凌烏巴什遊牧克爾齊斯,與舍稜識,比歸來,授札薩克親王爵,至是以年班入覲,扈蹕行圍,舍稜見之,握手懽語移時,誓世爲天朝臣僕。

三十七年,賜諸札薩克牧地:貝勒默們圖賜牧晶河,以伊犁將軍兼轄之。汗渥巴錫、貝子恭坦、輔國公拜濟瑚、台吉伯爾哈什哈,賜牧齊爾;親王策伯克多爾濟、台吉奇哩布、阿克薩哈勒,賜牧和博克薩哩,以塔爾巴哈台大臣轄之。郡王巴木巴爾、貝子奇布騰,賜牧濟爾哈朗,以庫爾喀喇烏蘇大臣轄之。皆爲舊土爾扈特。郡王舍稜、貝子沙喇扣肯,賜牧布勒罕河,以喀喇沙爾大臣轄之,爲新土爾扈特。舊土爾扈特皆和鄂爾勒克裔,新土爾扈特皆衞袞察布察齊裔也,統聽伊犁將軍節制。和碩特貝勒恭格、貝子布顏楚克、台吉諾海、巴雅爾拉瑚等,並賜牧珠勒都斯,亦以喀喇沙爾大臣轄之。恭格、諾海、巴雅爾拉瑚皆都爾格諾顏第三子多爾濟之裔。布顏楚克者,雅蘭丕勒子也,爲都爾格齊諾顏第四子額爾克岱青鄂克綽特布之裔。巴木巴爾將歸牧,復請遣喇嘛沙喇布等赴唐古特,禮達賴喇嘛。允之。

三十八年,阿拉善親王羅卜藏多爾濟獻野羸,新土爾扈特副盟長沙喇扣肯獻白鷹,上並製詩紀之。

三十九年,三等侍衞阿思哈護視土爾扈特遊牧,受代還,攜渥巴錫所貢匙叉、匕首以獻。先是,渥巴錫獻七寶刀及金錯刀,稱其曾祖阿玉奇自洪豁爾得之。洪豁爾界鄰俄羅斯,在哈薩克西北,自昔未通中國,故不隸職方,產精鐵及良馬。阿玉奇遊牧額齊勒河,嘗往來洪豁爾,因得其刀以爲佩,令子孫世守。渥巴錫以獻,且告世爲天朝臣僕,繼自今無甲兵患也。及阿思哈還,復函匙叉及匕首各一,乞阿思哈齎貢。上嘉其誠,後先所獻物,各製詩紀之。是年,渥巴錫卒。諭曰:"渥巴錫自歸誠以來,感激朕恩,諸事俱極恭順,辦理遊牧事宜頗爲盡心。邇聞患病,朕意不過偶疾,可冀速痊。今遽溘逝,深爲軫恤,所有渥巴錫汗爵號,著令其長子策琳納木札勒承襲。"

四十年,土爾扈特親王策伯克多爾濟以年班入覲。先是,策伯克多爾濟獻金削刀,及色爾克斯產馬。色爾克斯者,洪豁爾屬部也。詔育上駟院,駕幸木蘭行圍,御之,果良驥。賜名曰寶吉騮,列御廐八駿之一。至是復獻其祖阿玉奇所服剛甲,蓋世守物也,上嘉其誠,後先所獻物,各製詩紀之。定默們圖,晶河牧,爲舊土爾扈特部西路。車凌德克勒,濟爾哈朗牧,爲舊土爾扈特部東路。以策伯克多爾濟,和博克薩哩牧,爲舊土爾扈特北路。策琳納木札勒,齊爾牧,爲舊土爾扈特南路。各授盟長,賜札薩克及盟長印。車凌德勒克,巴木巴爾子,策凌納木札勒,渥巴錫子也。和碩特貝勒恭格亦授盟長,轄所部衆,賜札薩克及盟長印。沙喇扣肯來朝,扈蹕木蘭行圍,次額爾袞溝,蒙古謂寬爲額爾袞,其地平敞故名,每歲蒙古札薩克等扈駕至此,輒進宴,陳詐馬、什榜諸戲。時大軍剿促浸逆番,克賊巢勒烏圍,捷奏至,沙喇扣肯等將進宴,集和門外,舞蹈稱慶,詔以額爾袞巴雅爾溝名其地,蒙古謂喜爲巴雅爾,誌慶也。

四十一年,朝正,杜爾伯特王車凌烏巴什先因避痘,歸誠二十餘載,不敢至內地,至是已出痘,入覲京師。賜宴紫光閣,命進酒御前。上元夕,詔觀燈火,御製詩紀之,有"厄魯近多出痘者,也教元夕賞皇州"之句。

四十四年,舊土爾扈特東路盟長車凌德勒克,聞班禪額爾德尼將以祝釐入覲,奏請詣京師瞻禮。允之。

四十六年,諭曰:"阿喇布坦以來降功封郡王爵,其子車稜旺布、色布騰旺布相繼承襲,後因色布騰旺布無嗣,以其養子朋素克降襲札薩克固山貝子,復因朋素克不稱札薩克職,以固山貝子原品休致,令伊長子納木札勒承襲其札薩克固山貝子爵,著加恩令世襲罔替。"詔阿拉善親王羅卜藏多爾濟督兵五百,赴蘭州,隨大軍剿薩拉爾逆回於華林寺。冬,哈薩克牧雪盛,馬群逸入土爾扈特境者二百餘,布延圖親王奇哩布屬人獲之，匿不報。哈薩克居伊犂北境，先是，以所部地寒，乞冬時牧馬，南近伊犂，詔允之，而令司事者徵牧馬百取一。至是，奇哩布察所屬獲馬狀，治匿者罪，遣使告守汛侍衛以逸馬歸哈薩克，斃者償之。駐塔爾巴哈台大臣惠齡疏聞。諭嘉其守法奉公，賜幣獎之。

四十七年，諭曰："車凌烏巴什初封郡王，繼而平定伊犂，晉封札薩克和碩親王，自歸誠以來，鈐束所屬，恪慎供職，且在御前行走有年，著加恩令札薩克和碩親王爵，世襲罔替。"

四十八年，理藩院議居京師之厄魯特貝子富爾納，俟出缺時降等襲爵。諭曰："富爾納之祖達瓦齊，原係準噶爾大台吉，平定準噶爾時，將伊擒獲，朕特加恩，封爲親王。迨伊身故，其長子羅卜札降等承襲郡王，乃并不安分守法，以故議罪革職。達瓦齊次子富塔喜降等承襲貝勒，又復懶惰猥鄙，續行革職，以羅卜札子富爾納降等承襲貝子，出缺後自應依議降等，但念達瓦齊乃承襲準噶爾大台吉之人，若令由貝子遞降世爵，朕心寔爲不忍，著加恩將富爾納現襲貝子爵，俾予世襲罔替。"尋詔諸部札薩克，咸世襲罔替。

四十九年，授阿拉善親王旺沁班巴爾寧夏副都統，抵任，聞石峰堡底店逆回驟起，選駐防滿兵及阿拉善兵，馳赴大軍剿賊。諭嘉之，叙績，詔自擇其弟以名聞，旺沁班巴爾遣弟瑪哈巴拉及雲丹策登入覲，詔授瑪哈巴拉公品級一等台吉。旺沁班巴爾，羅卜藏多爾濟長子也。初尚郡君，授固山額駙，郡君卒，復尚縣主，授多羅額駙。四十四年，授公品級一等台吉，命御前行走，賞雙眼孔雀翎、黃馬褂。四十八年，襲爵。有內地奸民劉通等集衆千餘，赴瑚圖斯拉私開金礦，且略土爾扈特郡王舍稜屬額爾齊斯、雅拉拜等，給駝馬爲助，烏魯木齊都統海祿聞之，以兵往，檄所部助弋，奸民就擒。上以瑚圖斯拉逼舍稜牧，詔永遠封禁。

皇朝藩部要略卷之十五

前史官壽陽　祁韻士　纂
寶山　毛嶽生　編次
江陰　宋景昌　校寫
平定　張　穆　覆審

回部要略一

回部不詳其世系，大部二，曰哈密回部，曰吐魯番回部。二部錯居西域，以天方爲祖國，或城郭處，或逐水草徙，稱花門種，相傳祖瑪哈麻教，以事天爲本，重殺，不食犬、豕肉，嘗以白布蒙頭，故稱纏頭回，又稱曰白帽回，回人自呼白帽曰達斯塔爾，別有紅帽回、輝和爾、哈拉回諸族，然以纏頭回爲著。

順治三年，吐魯番蘇勒檀阿布勒阿哈默特阿濟汗，遣都督瑪薩朗、琥伯峰等奉表貢。詔京師會同館及蘭州予市，以官役監，勿市熟鐵與軍器，違者罪。諭曰："吐魯番，乃元成吉思汗次子察哈岱受封之地，前明立國，隔絕二百八十餘載。今得幸而復合，豈非天乎。爾等誠能恪修貢職，時來朝賀，大貢小貢，悉如舊例，則恩自有加，豈有忽忘之理，爾國所受有明敕印，可遣使送來，以便裁酌授爾封爵。"蘇勒檀者，猶蒙古稱汗，明成化時酋號如之。

四年，甘肅巡撫張尚奏："哈密衛輝和爾都督，及齊勒蒙古衛都督永柱等，明末入貢，值寇掠敕印，羈肅州，今赴臣所乞糧，願效忠天朝。"詔納之。

六年，河西逆回丁國棟等煽哈密及吐魯番部，掠內地民，僞立哈密巴拜汗子土倫泰爲王，據肅州叛，集纏頭回、紅帽回、輝和爾、哈拉回、漢回等數千，分置都督。大軍討之，抵肅州擊斬哈密頭目塔什蘭、吐魯番頭目哈什克伽，及纏頭漢回四百餘級。以雲梯夜薄城，奪門入，斬土倫泰及纏頭漢回二千餘，賊壘垣拒，墮之，擒丁國棟，斬哈密僞都督和卓哈資、纏頭回僞都督琥伯峯、哈拉回僞都督茂什爾瑪密、輝和爾僞都督瑞瑚哩、僞左都督帖密卜喇、紅帽回僞右都督恩克默特等，遂閉嘉峪關，絕使貢。

八年，回目克拜至嘉峪關，稱哈密使請通貢，甘肅提督張勇責盡歸内地乃可。

十年，吐魯番使穆蘇喇瑪察帕克等叩關請貢，表署蘇魯番内附，復脅徙伊犂。大軍定準噶爾，額色尹等乞降，霍集占其族也，復脅自伊犂歸葉爾羌，額色尹不從，避徙布魯特、安集延諸部，弟帕爾薩及兄子禡木特、圖爾都從之。霍集占與布魯特仇，以兵索之，不得，及聞大軍抵葉爾羌，額色尹偕圖爾都及布魯特之呼什齊鄂拓克長納喇巴圖，以兵攻喀什噶爾，襲英吉沙爾諸邑，布占泰徵兵至阿特巴什，其長明伊勒哈以兵寡辭，布占泰歸，諜布拉呢敦，將自喀什噶爾援葉爾羌，聞布魯特兵襲其邑，疑與大軍應，懼不敢逼，喀喇烏蘇圍，則未知爲布魯特何鄂拓克也。至是，禡木特謁兆惠軍，告以故伊思瑪業勒，居阿克蘇，次伊卜喇伊木，居和闐，前葉爾羌汗，遣其弟自吐魯番請貢，故表稱吐魯番汗名。今以葉爾羌汗爲昆弟長，故表稱葉爾羌汗名，察歸内地民百五十，爲準噶爾巴圖爾琿台吉所掠，存者僅十五人，謹以獻。小國不諳大體，歸易表，逾期乃獲至，請即納貢。上嘉其誠，詔納之。時青海台吉袞布憾葉爾羌嘗奪其屬，將以兵襲貢使，偵甘肅巡撫周文煜徙貢使入甘州，且嚴備，乃遁。

十三年，貢使至京，初議遣十人入覲，請益乃定額三十人，從者三百留肅州，請給糧賞。川陜總督金礦奏：「前明羈縻外番，多陋習，吐魯番貪無厭，入貢輒攜四五百人，詭稱質孥，不以歸，牟利内地，潛通哈密，以故甘肅五郡回衆日多，致滋前變。今雖悔罪通貢，然初至輒多攜男婦，喋索糧物，若仍聽留内地，久將滋患。」上可其奏，賜諸回貢使宴賞額，獨峰駝四，給緞絹各十二，西馬一，給緞絹各二，蒙古馬三百二十四，給緞絹如馬數，璞玉千斤，給絹二百，餘物各給緞絹有差。貢使分五等，一等給緞絹各五，襲衣一，餘以次減。尋遣歸，仍賜敕曰："爾諸番早識時數，貢賦惟謹。今又遣使入貢，誠篤之意，實可嘉悅。念爾國遠隔山河，跋涉不易，宜酬賞賚，用勸忠誠，今遣歸來使，特賜爾緞三百三十八疋，絹七百二十疋，以昭寵錫之意。自此以後，著五年一次進貢，貢使入關，不得過百人，不許攜帶婦女，進京人數，止許三十人，餘留住甘肅，俟來京進貢人歸一齊出關，不得久留內地，所帶貨物，許在京會同館照例互市，毋得沿途藉端遷延滋擾，其進貢馬匹，止大馬四匹，蒙古馬十五匹，此外不許多貢，用昭朕優恤遠人之意。"

康熙十二年，吐魯番使烏魯和卓等至，貢西馬四，蒙古馬十五，璞玉千斤，表稱禡木特賽伊特汗，署一千八十三年，奏："臣國向以方物入貢，聞天朝統一寰區，私冀恩寵過故明，貢物視舊增，蒙諭貢期馬額，臣國亂不獲如期，嗣仍前例，或別定額惟命。"諭吐魯番道遠貢艱，嗣令自璞馬外，餘物免進。

十八年，張勇諜噶爾丹襲哈密以聞，詔設備邊汛，噶爾丹懼不至。時噶爾丹牧阿爾台，兄僧格子策妄阿喇布坦牧博囉塔拉，哈密居其間，畏準噶爾威，強事之，吐魯番亦服屬於策妄阿喇布坦。

二十年，吐魯番使伊思喇木和卓等，貢璞馬如前額，表署阿布勒穆咱帕爾蘇勒檀瑪哈瑪特額敏巴圖爾哈什汗，奏天朝居極東，吐魯番居極西，道遠請賜恤。詔免貢馬。

二十五年，復遣使烏魯和卓至，表稱："臣成吉思汗裔，承蘇賚滿汗業，謹守疆界，向風殊切。今特遣獻方物，向入貢頭目所攜僕從多留駐甘肅，後漸析寓西寧，請遣歸，便臣使往來。"詔察吐魯番屬，無居西寧者，遣使歸，諭所部知之。

三十二年，遣理藩院員外郎馬迪至博（羅）〔囉〕塔拉，頒賚策妄阿喇布坦，道哈密，有厄魯特叛賊罕都、羅卜藏額琳沁者，自準噶爾來降，尋叛竄，偕噶爾丹屬人以兵五百戕馬迪，掠駝馬遁，哈密達爾漢伯克額貝都拉聞之，給迪從者糧騎，護歸嘉峪關。上以罪在噶爾丹，詔弗問哈密。尋以哈密鄰塞境，賊乘虛警或不及備，詔昭武將軍郎坦屯甘肅，會軍所擒纏頭回卒，以噶爾丹徙科布多，三遣使乞糧哈密告，郎坦請剿噶爾丹及哈密，遣護軍統領蘇丹等往議。尋奏，郎坦議大軍屯甘肅，噶爾丹必不敢越哈密，若聽耕牧久，將爲邊患，應於年內運糧至嘉峪關，來春設站固壘，酌留兵哈密，以大軍進科布多，倘噶爾丹由科布多遁，大軍歸哈密，取禾平城，絕準噶爾所恃產。蘇丹等議噶爾丹無定牧，大軍趨科布多，或不相値，哈密隸噶爾丹久，遽剿之，非所以體好生之仁，請釋回卒歸，給糧騎，檄所部知朝廷德意。詔如蘇丹等議。

三十四年，大軍議征噶爾丹。先是，噶爾丹强，脅吐魯番爲己屬，策妄阿喇布坦與搆怨，攜父僧格舊臣七人走吐魯番，尋徙和博克薩哩，吐魯番爲策妄阿喇布坦屬。至是，刑部尚書圖納請檄吐魯番，令知罪只及噶爾丹，勿驚懼。詔允之。

三十五年，噶爾丹爲大軍敗遁，集所屬，私議取糧哈密，副都統阿南達設哨布隆吉爾、巴里坤、塔勒納沁、都爾博勒津諸路，値哈密達爾漢伯克額貝都拉使奉降表至嘉峪關，遣告所部曰："噶爾丹若竄爾境，其擒獻，否則以告，倘私給噶爾丹糧騎，或助之他適，爾降表不足信矣。"噶爾丹以虐哈密故，懼襲己，且聞大軍嚴備，不果赴。葉爾羌汗阿卜都賽伊特自軍所降，告葉爾羌有兵二萬，吐魯番有兵五千，請攜孥赴吐魯番，宣佈聖德，偕策妄阿喇布坦擒獻噶爾丹。上憫其情，遣歸。額貝都拉遣納林伯克貢駝馬，表曰："臣白帽族，奉貢日久，天使至臣所，噶爾丹以兵戕害，臣不能護脱，恐不睦臣者謂臣與逆謀。上即天也，違天者必受殃。厄魯特數徙牧，或肆掠已即竄。臣城郭居，焉敢爲逆？"大軍既敗噶爾丹。諭哈密勿藪逆。額貝都拉遣使納林伯克奏，偵噶爾丹至當擒獻。上嘉其恭順，賜章服貂冠金帶。而是時噶爾丹遣圖克齊霍什哈、達什哩、鄂靡克圖霍什哈等貸糧哈密，復齎書通問桑克拉什呼圖克圖、曼殊呼圖克圖、和碩齊台吉博貝等乞援，族台吉袞占妻諾觀達拉遣達爾漢宰桑挈屬從噶爾丹，復令其乳母子丹津札卜、俄羅岱、達爾札及子色布騰巴爾珠爾乳母之父暉特和碩齊，從色布騰巴爾珠爾獵巴里坤，額貝都拉遣長子郭帕伯克，以兵三百擒之。

三十六年，額貝都拉遣次子白奇伯克械獻噶爾丹屬，表曰："臣擒噶爾丹子及其屬，厄魯特必深讐臣，哈密危懼。"詔賜額貝都拉及郭帕伯克章服銀幣，白奇伯克如之，從者給白金文綺有差。詔厄魯特部諸台吉弗擾哈密，時副都統阿南達設哨嘉峪關外，額貝都拉告曰："哈密地小而貧，厄魯特竄至者衆，力不能俘，馬復多瘠，請驅令出境。"阿南達曰："爾當體聖天子好生之仁，善養之，需軍事蕆，待詔以行。"時策妄阿喇布坦數遣使哈密，索噶爾丹子，檄以所收厄魯特衆歸吐魯番，且詰哈密内附故。額貝都拉語曰："我誠附天朝，非迫而然也。"策妄阿喇布坦拘其使，額貝都拉亟遣告曰："策妄阿喇布坦將復索取厄魯特，不給，將興戎。"詔已賜檄，勿懼，索者至，勿擅給。未幾，噶爾丹自殺，其族子丹濟拉攜噶爾丹骸走哈密，掠畜遁濟木薩，額貝都拉以告。遣使往招之。丹濟拉畏策妄阿喇布坦，馳奔哈密，額貝都拉迎入城，給糧騎，遣郭帕伯克護至。既表請頒敕印，賜旗纛令吐魯番、葉爾羌聞而知榮，矢世保疆圉以報，且以哈密民酌置肅州，為朝覲往來便，貢使至肅州，令得乘驛入都。上嘉其忠誠，詔以額貝都拉為一等札薩克，仍達爾漢號，賜敕印及銀幣，并給紅纛，子郭帕伯克為二等伯克，協理旗務，率所部百人屯肅州，貢使乘驛額十五人，白奇伯克如郭帕伯克職。

三十七年，遣官赴哈密，編旗隊，設管旗章京、參領、佐領驍騎校各員，肅州別設佐領一，復以哈密市甘肅便，詔勿禁。

三十九年，哈密偵哈薩克，布魯特讐策妄阿喇布坦，將興兵爭喀什噶爾，以告，詔不時偵奏。尋策妄阿喇布坦憾哈密擒獻噶爾丹子，故掠其屬赴市吐魯番者。詔責策妄阿拉布坦罪，準噶爾怨哈密益甚。

五十四年，策妄阿喇布坦遣兵二千襲哈密城，掠城北寨五，我駐防兵二百,率回卒奮擊,斬九十級,擒三人,賊退屯城南,聞肅州援兵至,乃遁。頒賜銀萬五千,及粟米牛羊贍其衆。有佐領色拍爾者,以準噶爾俘獻,告秋將復來襲,獎賜章服銀幣。諭曰:"哈密編設佐領,無異内地,安可置之不問,其議大軍進剿事宜,西安將軍席柱奏,吐魯番鄰哈密,且準噶爾要隘,當先取之,沿途設站運米,屯兵巴里坤、布隆吉爾,俟馬壯,由哈密北大山後烏蘭烏蘇進闢展,取吐魯番,傳檄哈薩克、布魯特諸部,協剿策妄阿喇布坦。"命大軍屯巴里坤防禦,俟明年進剿吐魯番。詔運糧貯哈密,以肅州佐領爲導,額敏復墾塔勒納沁田,歲輸青稞助軍。額敏,郭帕伯克長子,襲札薩克一等達爾漢。

五十五年,議暫停進兵,富寧安奏哈密屬之布魯爾、圖古哩克接壤地,并巴里坤、都爾博勒津、哈拉烏蘇及西吉木、達里圖、布隆吉爾附近之上浦、下浦等處,皆可耕地,請募兵興屯。上可其奏。散秩大臣祁里德奏俟來年由巴里坤剿吐魯番,乘勢取珠勒都斯地。諭軍所大臣定議。

五十六年,靖逆將軍富寧安請遣巴里坤兵,分擊烏魯木齊及吐魯番。諭曰:"大兵前進,攻取吐魯番地,招撫之,即與哈密相類,既入國家版圖,自不得不善爲保護,若襲擊兵勢稍弱,準噶爾擁衆援吐魯番,或吐魯番有變志,彼時不能守視,必將得而復失,著軍前大臣詳加籌議。"富寧安尋奏大兵抵吐魯番,視易攻易守乃取之,否則襲擊而還。諭嚴設備。富寧安以兵抵烏魯木齊,擒賽因塔喇諸邑回人百餘,振旅而還。

五十八年,富寧安奏,巴里坤至哈密站舊各置馬,準噶爾使及降人至,並乘巴里坤站馬至哈密,又自哈密札薩克所撥馬送布隆吉爾,今歸附者衆,馬不能給,請於巴里坤站增馬五十,哈密站增馬八十。從之。

五十九年,散秩大臣阿喇納以兵赴闢展,魯克沁、吐魯番諸城,檄諭曰:"大兵征準噶爾,非仇爾也,若不速決計,將破爾城,悔無及矣。"回衆乃乞降,納畜械各五百餘,撫其衆,以總管沙克札拍爾、頭目阿克蘇勒坦等歸,別有吐魯番頭目,曰阿濟斯和卓者,不即降,走準噶爾。策妄阿喇布坦授之兵,脅吐魯番數千戶,徙喀喇沙爾,中脱歸者千餘戶,聚魯克沁城,推托克托瑪木特爲總管,還拒準噶爾兵。魯克沁者,吐魯番大阿琿額敏和卓族居處也。大軍旋,準噶爾脅徙喀喇沙爾,固拒之,與托克托瑪木特遣使告内附,數乞援軍。

六十年,議政大臣等請令富寧安統大軍屯烏蘭烏蘇,別選兵取吐魯番,得地即以兵守。會吐魯番回人阿喇布坦等抵富寧安軍,訴回衆不堪準噶爾虐,約内附,且獻所獲準噶爾甲,請大軍赴援。諭曰:"策妄阿喇布坦既不能徙回人赴喀喇沙爾,又不能護衛準噶爾,足見萬不能敵我軍,此機斷不可失。今收復吐魯番,若不守視,恐自準噶爾來歸者,回人妄行殺掠,此路必致阻隔,著富寧安簡兵一千,赴吐魯番收納降回,留兵駐視。回人等歸降於我,與準噶爾世成仇敵,即係我民。巴里坤距吐魯番止六百里,如策妄阿喇布坦率衆侵擾,我師往援,爲途不遠,富寧安豫飭回人於我師尚未抵境時,若有準噶爾使及逃人至,萬物隱匿侵犯,即行解送。"時準噶爾博斯和勒、額穆齊宰桑以兵襲吐魯番,托克托瑪木特等告急,撫遠大將軍允禵偕富寧安等議,大軍進剿,準噶爾必竄,留兵少無濟,多則糧運艱,不留兵,魯克沁回衆數萬,必乞内徙,不收撫,師旋後,恐厄魯特乘之,收撫恐無以資口食,徙屯哈密,地狹不足給,徙布隆吉爾、達里圖、沙磧難行,且喀喇沙爾諸城,邇吐魯番,大軍至相繼降,必請留兵駐護,以故不即進。上申命之,乃遣阿喇納以兵二千,馳援吐魯番,副都統莊圖、穆克登各督兵二千繼之,別以兵八千屯鄂隆吉、科舍圖、色畢特、伊勒布爾和碩路爲應。阿喇納抵吐魯番,遇準噶爾賊二千餘,迎擊之。賊棄騎走,俘斬百餘。詔興屯吐魯番,遣哈密回民助役。

六十一年,廷臣議遣巴里坤兵五千,赴土魯番築城墾地,輓糧守汛,防禦準噶爾賊。

雍正二年,吐魯番納屯糧五千餘石,嗣歲報獲數以贏計。

三年，撤大兵還。諭曰："策妄阿喇布坦乞和，請給吐魯番地，朕因諭將從前內附諸酋長徙入內地，據將軍穆克登奏，吐魯番回眾共萬餘，若但徙首領數人，不遷所屬，生計必致艱窘，且伊所屬回人，願內徙者甚眾，朕思瓜州、河州地甚寬廣，亦必用人耕種，若有願移往者，可即給一二年養贍，令其耕種，羅卜諾爾回人，亦照吐魯番例。有願移者從所部酋長至，不願者仍留本處。"大軍之屯吐魯番也，羅卜諾爾頭目固爾班等至，請以喀喇和卓、喀喇庫勒邑千餘從內附，羅卜諾爾，鄰吐魯番為巨澤，葉爾羌、喀什噶爾諸境水六十餘匯之，回眾習水居，稱不便徙內地。詔聽之。闢展、魯克沁、吐魯番諸城回眾，願徙者六百五十餘戶，頭目托克托瑪木特率至。詔給駝馬廬幀，其留處魯克沁者尚萬數，以額敏和卓轄之。

四年，安置回眾肅州、金塔寺、威魯堡諸地，以托克托瑪木特為總管。王大臣等議駐防哈密兵止五百，準噶爾賊或乘間盜駝馬，請撥安西鎮標兵五百往，仍留嘉峪關至哈密軍站備不虞。詔如議。理藩院奏哈密來朝，廩給限四旬，參佐領等給緞布有差。

五年，諭哈密札薩克額敏曰："額敏自軍興以來，輸忱效力，率所部人等屯耕助餉，甚屬可嘉，著晉封鎮國公。"

六年，托克托瑪木特與闢展頭目伊特勒和卓，以違言故搆斃，川陝總督岳鍾琪遣諭曰："爾等久為準噶爾虐，蒙恩內徙，今因私忿輒爭，若仍聚處，恐相激生變，必視內地律治罪，爾等走留惟便。"回眾謝罪，固請留。諭嗣勿妄滋釁，違者論死。

七年，額敏來朝，晉封固山貝子，優賚遣歸。寧遠大將軍岳鍾琪統大軍復屯巴里坤，議墾哈密及塔喇納沁地。

八年，岳鍾琪私遣使赴吐魯番載軍糧，破譖入覲，準噶爾襲汛盜駝馬，總兵樊廷等馳擊之，敗遁。哈密新墾地，獲青稞六千四百石，嗣歲給穀種五百石，秋納糧五千石，每石給銀一兩。岳鍾琪奏額敏勤屯田務。獎賜銀幣。

九年，岳鍾琪諜哈密屬漏師準噶爾，且導掠巴里坤駝馬，以告。

諭曰："哈密雖不可信，然亦當諒其苦情，久遭準噶爾凌虐，恨之入骨，畏之如虎，或偶通信於賊，不過爲將來自全計，我軍固不可不加意隄防，然亦不可使有疑懼心，大軍力能庇護哈密，哈密自不爲賊所用矣。"護理寧遠大將軍紀成斌，偵準噶爾侵吐魯番，遣兵赴援。諭責之曰："紀成斌聞賊侵吐魯番，遣樊廷等統兵四千往援，實爲錯繆，從前採買吐魯番糧石，本應給與運價，令其自送軍營，計不出此，遣官兵發駝馬遠行運送，致啓賊心。去冬逆夷猖獗後，猶不將運糧弁兵撤回，此則疏忽之甚者也。惟是朕以怙冒萬方爲心，若坐視吐魯番被寇侵掠，而不爲之籌畫保護，朕心實所不忍。前曾降旨，吐魯番衆若畏懼準噶爾，即移向近地居住，是以托克托瑪木特帶領之人，移駐近邊者，皆享安寧之福，可再行曉諭回人等，倘自量力不能敵，不妨仍爲移避之計。朕當從厚賞給行資，使之得所，若此番曉諭後，伊等仍復觀望不至，則賊人再來侵掠時，聽伊等自爲計，我軍不復往護之矣。"命甫下，樊廷兵抵吐魯番，準噶爾遁，師還。準噶爾復來襲吐魯番，乞援師，不復遣。諭曰："準噶爾賊侵吐魯番，徒欲疲勞我士馬，故爲此出沒詭計，朕閱紀成斌奏，即嚴戒申飭，賊人未見我師，果潛遁無蹤矣。賊之狡獪如此，是以諭令吐魯番人衆，商酌遷徙暫避之計，蓋欲善爲保全，以俟大軍凱旋，共享昇平福也。今準噶爾復侵吐魯番，大營未曾發兵前往，朕思賊人若仍以千餘衆侵掠吐魯番，彼地城垣兵力，自足捍禦，倘賊復傾衆至，吐魯番力不能支，朕心有所不忍，況伊等前次感恩望濟之言，甚爲懇切，朕又有令其遷移暫避之旨，料賊人必知之，倘乘其遷移之際，而侵害劫掠，吐魯番人因遵旨而受累，尤朕心所惻然者也。著岳鍾琪酌視應否往援，變通辦理，不必固執前說。至賊衆去後，吐魯番回有情願遷移者，又如何沿途防護，不受賊人劫奪侵掠，著岳鍾琪悉心經理。"會肅州威魯堡回民告饑。諭曰："前因準噶爾肆虐，吐魯番回民畏其侵掠，有願移居內地者，諭令地方有司善爲安置撫綏，使之寬裕，從容得所。項聞在肅州居住回民等，田瘠水少，收成歉薄，所有牲畜亦不敷用，生計未免艱難。著署陝甘總督查郎阿酌定加恩撫恤事宜,即以諭吐魯番移駐内地回民知之。"岳鍾琪尋奏偵準噶爾圍魯克沁,請率兵三千馳進,賊遁,即駐吐魯番。諭曰:"朕恐準噶爾賊以大力侵吐魯番,伊等不能抵敵,爲其所困,已降旨令岳鍾琪酌量發兵應援,若果確有所見,即應遣兵速往吐魯番,乃阿穆爾護、喀喇沙爾兩路關鍵,既駐我軍,將來築城烏魯木齊時,呼吸相應,賊人不敢襲我軍後,況我軍正欲進攻準噶爾賊,若賊果以大衆犯吐魯番,我軍不勞遠行,可以殄滅亦爲善策,爾其悉心籌議。"鍾琪奏遣總兵張元佐率兵三千赴吐魯番,別以兵六千屯塔呼及洮賚隘,準噶爾賊圍魯克沁,額敏和卓閉城伺間擊賊,退而至者三,皆創之,越四旬餘不下,復以木梯三百攻喀喇和卓,回衆拒斬五百餘級,賊聞大軍將至,棄甲械竄。上以準噶爾數擾吐魯番雖失利,將復增衆至,我軍往援不值,誤自取糧吐魯番始,致進退兩失,飭責岳鍾琪罪。準噶爾尋侵吐魯番,副將王廷瑞等擊斬二百餘,賊遁。諭曰:"此次幸獲小勝,不足爲喜,朕爲吐魯番憂之。賊人屢被吐魯番敗創,懷恨益深,必復以大衆報復,可速傳諭吐魯番衆,嗣後賊人來犯,但當堅守城池,不可迎戰。若魯克沁一城可容回民人衆,則令防守官兵堅守一城。如一城不能容往多人,可別住相近之喀喇和卓等處,將馬匹牧畜收歸城中,豫貯芻薪,以備應用。賊衆若分兵來圍,彼此固守,堅壁清野,俾賊無所施其伎倆且有大軍襲其後,奪取馬匹,坐致疲斃,自必遠遁,然亦不可追逐。賊衆長於技射,吐魯番回民十不及一,若固守城垣,以拒敵,賊人亦不及回民十之一,用我之長,乘彼之短,此萬全無弊道也。凡事當持重慎靜爲之,但能保護吐魯番城衆,其功勝殺賊多矣。"

十年,噶爾丹策凌遣將色布騰、車凌納木札勒等,由烏克克嶺西喇呼魯蘇分兵襲哈密及塔勒納沁,札薩克額敏簡健卒,設伏城外禦之,馳岳鍾琪軍乞援。鍾琪檄總兵曹勷趣暉魯圖、達巴罕二堡,復慮賊由庫垓圖、圖爾庫勒竄北山,檄副將軍石雲倬設伏巴罕恩度爾,署鎮海將軍卓鼐設伏察罕春集,副將軍常賚赴烏克克嶺截賊竄路。曹勸軍抵二堡,遇賊五千餘,奮擊之。賊由烏克克嶺越塔呼納呼遁,諭曰:"哈密被賊侵擾,回民并力抵禦,甚屬可嘉。聞其城外牧放牲畜,一時不及收回者,被賊盜去。雖據報賊遁後,仍將牲牧奪回,但恐遺失倒斃者已多,朕心深爲軫念。其遺失牲牧之頭目回民等,著賞銀萬兩,守城禦賊者,著賞銀五千兩,按名分給,其擒獲賊人者,優加賞賫,務令均沾恩澤。"噶爾丹策凌遣宰桑額爾克得松犯喀喇和卓,參將劉炎等鏖擊之,賊敗走。護理寧遠大將軍印務張廣泗奏吐魯番孤懸一隅,舊設駐防兵八千,自運糧兵五百外,分屯各邑,而勒木津、塞木津、漢暾三邑逼賊營,請撤兵歸魯克沁、喀喇和卓、闢展、英格四邑,并令喀喇和卓諸邑回衆,聚魯克沁,絶賊窺伺志。從之。時北路軍大敗準噶爾於額爾德尼昭,賊創甚,不敢復襲西路。諭曰:"賊人於北路大創後,力量衰弱,不能復侵擾吐魯番。回民乘此遷移,似屬應行。朕思回民誠心内向,屢挫賊鋒,甚屬可嘉。而冬月寒令之時,倉皇竄徙,又甚可憫,除在途加意防護外,伊等至日,務須安置妥協,重加賞賫,出其望外,使老幼男婦,咸慶得所,不可爲愛惜錢糧起見,致負遠人内附之心也。"尋吐魯番頭目額敏和卓率回衆就道,上聞之諭曰:"吐魯番遠在邊境外,距巴里坤軍營尚有七八百里,易爲賊所窺伺,我師難以庇護。朕以仁愛爲心,是以聽其自便,不强令歸順我朝。致賊人侵擾,乃前歲岳鍾琪並未奏聞,直以己意遣官領帶駝隻,又前往採買米石,致啓賊人侵擾,額敏和卓與回衆等,誠心歸順我朝,奮拒賊兵,上年賊衆三次圍攻,回衆與官兵并力抵禦,不但全城無恙,且出不意,乘間擊刺,屢挫賊鋒,忠勇之氣,甚屬可嘉,然賊夷狡獪無常,時以侵擾吐魯番爲疲敝我師計,是以議徙爾等近邊,以避賊人侵害。朕念爾等内徙之時,賊人或於中途窺伺,又恐男婦老幼行役寒苦,屢降諭旨,俟至日善爲安置,務令人人得所。數月以來,朕無時不以爾等安土重遷,縈繫於心也。今聞陸續啓行,群情踴躍,朕心甚爲欣慰。因思年來爾等屢遇强寇,未遭戕害,嗣此安居樂土,世受我朝恩庇,此皆爾等忠誠感格上天,寵錫福佑之明徵也。著授額敏和卓爲札薩克輔國公，其餘有應加恩賞授官職。俟大將軍查奏到日，再降諭旨。"已而吐魯番回衆屯塔勒納沁，張廣泗以内徙回衆屯留塔勒納沁地，奏請就地安置。諭曰："塔勒納沁無屋居，回民何以棲身？朕念哈密地煖，城外五堡等處，爲哈密回民舊住地。若將吐魯番回民暫行安置過冬，令哈密札薩克轉飭本地回民就近照視，似爲有益。哈密回民果能使之得所，朕必將札薩克及回民等優加重賞。"查郎阿奏請安置肅州王子莊。諭曰："回民輸（城）〔誠〕向化，自應選給水土饒衍，氣候和煦之地，俾得安業樂居。肅州王子莊，水泉甚少，亦不敷耕種。朕思瓜州地土肥饒，水泉滋潤，氣候亦和，與吐魯番回民原駐地風景相似，且現在開墾地，甚爲寬闊，庶足資回民耕牧。由塔勒納沁遷至瓜州，地不甚遠，可免跋涉勞。著署陝甘總督劉於義將吐魯番回衆安置瓜州。其築堡建屋，給賜口糧牛具穀種各事宜。著查郎阿自軍營遣武職大員先赴瓜州，會同悉心妥辦，并遣官護視回衆。"

十一年，查郎阿奏吐魯番自塔勒納沁徙瓜州，凡八千一十三口。詔廩給如初至額，勿議減，額敏和卓視内地官祿支秔米。尋定所部頭目功次，一等給正千户，二等給副千户，三等正百户，四等副百户，各頒號紙置瓜州。

十二年，哈密部獻可耕地之錯軍營屯田者。上以哈密皆國土，且爲纏頭回族世耕地，不忍别置民人，而其地錯官田，不便聽民兵互耕。詔别給地畝、銀兩及牛具穀種償之。

十三年，撤大軍還，王大臣等議設駐防哈密及巴里坤兵各二千。查郎阿奏哈密、巴里坤路隔南山大坂，兩地各留兵二千，聲息難驟通，請簡兵三千，屯哈密西三堡，沙棗泉、東北塔勒納沁，并有城堡各屯兵千。又哈密地熱不便牧馬，請令每年耕種後酌遣哈密兵千，沙棗泉、塔勒納沁兵各五百，放牧昭莫多、呼濟爾古、沙山子、鹿心山等處，設汛烏爾圖哈達、伊克恩都爾、鄂什希地方牧廠，俟秋撤還。又哈密南山大坂爲北路屏藩，應分兵二百屯盤道，設汛鹿心山、松樹塘、烏蘭特爾木斯、畢柳大坂等處。烏克克嶺爲三堡、沙棗泉要隘，應分兵二百屯烏克克嶺上堡，設汛索大堡、白楊溝、羊堡、錫喇諾爾等處，塔勒納沁河源爲塔勒納沁小口，應分兵二百屯河源小堡，設汛莫艾舒、魯遜大坂等處。別簡兵五千屯齊勒、靖逆、柳溝、布隆吉爾、橋灣五處，設汛馬蓮井子東、星星峽西，互爲守望。從之。

乾隆元年，額敏奏興師來哈密歲納屯糧，計二萬七千五百石，已支用萬八千餘石。今巴里坤軍撤，請屯耕如故。詔賜幣，來年免納糧，給種地回民銀萬兩。

二年，定吐魯番來朝廩給限四旬，札薩克視喀爾喀輔國公，正千戶視佐領，副千戶而下視驍騎校。

六年，大學士查郎阿奏哈密駐防兵請屯嗒勒納沁、賽巴什、達哩雅、三堡各三百，哈密城千二百。詔允。

七年，署川陝總督馬蘭泰奏塔勒納沁非衝地，三堡爲哈密要隘，通準噶爾，居五堡中，請撤塔勒納沁兵三百歸三堡。從之。

十一年，安西提督李繩武奏哈密三堡西南錫喇諾爾通魯克沁及闢展路，舊設汛，以乏水草，議撤準噶爾或潛越其地，請仍設汛兵守望。又巴達什地爲哈密札薩克牧廠，西北二十餘里，爲畢柳大坂，路通喀喇沙爾，請設汛，令烏拉台、巴達什聲息相通。詔廷議，奏錫喇諾爾汛設官兵二，回兵三，畢柳大坂汛設官兵三，回兵二。從之。哈密札薩克玉素卜請供官馬芻茭，簡卒助守，允之。玉素卜，額敏長子，襲札薩克鎮國公。

十三年，諭曰："肅州金塔寺安置吐魯番回衆，人有不服水土，至生計艱窘者百餘戶，經大臣等議奏，請徙哈密，令種地居。此項回衆向被準噶爾淩虐，願徙入內地，迄今二十餘年，因水土異宜，積畜者少，窘迫者多，若將伊等徙於他處，究恐生計有損。哈密、吐魯番雖部落多殊，其教則一，性情相宜，且哈密貝子玉素卜自伊曾祖額貝都勒達爾漢伯克以來，數世受國恩澤，竭力報效，奮勉急公，教養所屬之人，亦宜妥協，現在哈密地方，尚有可耕餘地，著將安置金塔寺回衆,交貝子玉素卜併入伊所屬旗分佐領,加意撫恤,令新舊回衆和睦如一,給地耕種,俾久不致失所,即以諭札薩克貝子玉素卜知之。"

十七年,授額敏和卓長子素賫璊三等伯克。

十八年,諭曰:"哈密所屬賽巴達什哩雅等處屯田,前給回人耕種,所交穀石,以四分交官,六分給與回人。今聞伊等生計稍艱,著加恩將每年所穫穀石,全行賞給,不必交官。"

十九年,遣官赴瓜州編旗隊,置管旗章京、副管旗章京、參領、佐領、驍騎校各員,如哈密例。

二十年,大軍征準噶爾,瓜州回兵三百并哈密所部兵從抵伊犁。達瓦齊由格登窳踰庫魯克嶺,定北將軍班第遣分道索,檄烏什回人霍集斯設哨諸嶺隘。霍集斯偵達瓦齊將赴喀什喀爾,伏兵烏什城外待,遣弟攜酒及馬紿迎,屬人薩里衷甲從,俟達瓦齊至,趨控馬,達瓦齊將引弓射,薩里以刀斷其弦,達瓦齊子羅卜札自後馳至,刀擊薩里膊者三,薩里傷,固控之,伏發,達瓦齊及子并從者七十餘悉就擒,馳遣使告,以兵二百監之行,遇大軍往取者於穆素爾嶺,以獻,霍集斯將自伊犁入覲。其兄阿卜都伯克告葉爾羌、喀什噶爾將偕包沁希卜察克衆,襲庫車、阿克蘇、賽里木、多倫諸回城,請遣舊和卓子歸。舊和卓子曰阿哈瑪特,爲派罕帕爾裔,世居葉爾羌、喀什噶爾轄回族,準噶爾誘執之,禁諸阿巴噶斯,齎恨死,子二,長布拉呢敦,次霍集占,仍羈阿巴噶斯,大軍至乃釋之。將軍班第遵旨遣霍集斯,偕布拉泥敦歸撫葉爾羌諸城,而霍集斯私謁副將軍阿睦爾撒納,請俟葉爾羌、喀什噶爾就撫,以己爲回部長,班第密疏劾之。諭曰:"此但因阿睦爾撒納爲將軍,且恐其總統準部耳,勿過慮。"尋阿睦爾撒納叛,詔遣額敏和卓赴阿克蘇,宣諭協擒,曰:"額敏和卓帶領回兵直抵伊犁,甚屬奮勉,今復派伊所屬兵丁前赴阿克蘇城,著加恩封鎮國公,所部民優給裝資。"已而諜阿睦爾撒納竄博囉塔拉,詔停赴阿克蘇。又遣和碩特輔國公納噶察等,齎敕宣諭霍集斯及阿卜都伯克等曰:"爾原係吐魯番舊屬,今年春大軍平定伊犁,達瓦齊逃往爾遊牧,爾能擒獲及其眷屬解赴軍前,將軍大臣等奏報,朕已加恩賞賚。又定於明年入覲,再沛殊恩。今逆賊阿睦爾撒納妄思并吞諸部,畏罪潛逃,朕已命將窮追,爾雖不必派兵協剿,但須豫飭遊牧,伺察防守,若阿睦爾撒納逃竄至爾遊牧時,擒獲解送,朕必重加爵賞。"霍集斯父阿濟斯和卓爲吐魯番頭目,準噶爾脅徙喀喇沙爾,復自喀喇沙爾徙烏什,因名烏什曰圖爾璊,與吐魯番音近,其屬邑多以吐魯番邑名之。阿濟斯和卓死,葬阿克蘇,霍集斯嗣居烏什,號圖爾璊阿奇木伯克。兄阿卜都伯克,弟阿卜都里木,居阿克蘇。至是,霍集斯佐大軍平定準噶爾,和什克、鄂對、色提卜阿勒氏、噶岱默特等皆迎降。和什克,和闐人,初爲喀什噶爾阿奇木伯克,隸準噶爾,大軍既定準噶爾,遣布拉呢敦自伊犁歸,和什克偕諸伯克不納,聞我軍至,乃迎入。鄂對世居庫車,準噶爾脅徙伊犁,居河北固勒札。色提卜阿勒氏,烏什人,舊爲拜城伯克,準噶爾脅徙伊犁。噶岱默特,烏什人,初爲拜城阿奇木伯克,並隸屬準噶爾,聞達瓦齊擒,皆來歸。初,軍興時,軍機大臣奏吐魯番舊係内地,俟準噶爾定,察獲頭目安置之,併遣瓜州札薩克歸,報可。定邊右副將軍薩拉爾奏,遣瓜州札薩克佐領愛特瑪特齋檄招吐魯番,有伯克莽噶里克者,遣使納户籍四百餘,頒賜貂冠朝珠。莽噶里克率回兵百五十,將赴薩拉爾軍,道遇布爾古特賊掠駝馬,不達而返,復偕弟阿里呢咱爾集兵七千餘就道,迎定西將軍永常軍降,納户籍千餘,永常遣莽噶里克歸牧,阿里尼咱爾赴薩拉爾軍。莽噶里克,祖瑪爾占楚克,父圖默爾庫濟,世居吐魯番爲總管,莽噶里克嗣稱達爾漢伯克。有綽羅斯台吉噶爾藏多爾濟、輝特台吉巴雅爾者,準噶爾屬,遊牧額琳哈畢爾噶,鄰吐魯番,聞大軍至,請降。巴雅爾以乏畜產告,永常遣赴吐魯番耕牧,檄莽噶里克給穀種,大軍尋抵伊犁。定北將軍班第奏,吐魯番舊頭目莽蘇爾,爲元太祖裔,居喀喇沙爾,應遣歸吐魯番轄舊屬,至瓜州回衆,請遣官護歸魯克沁。軍機大臣奏額敏和卓徙歸,邇吐魯番頭目牧,恐不相安,俟勘界定乃議徙。達瓦齊既就擒,撤瓜州兵歸。尋阿睦爾撒納叛擾伊犁,莽蘇爾不獲歸吐魯番,偕弟哈什木走葉爾羌,後大軍定逆回霍集占亂,乃獲之以歸,詔授一等台吉,隸蒙古正白旗。

二十一年,布拉呢敦弟霍集占自伊犁集兵敗阿睦爾撒納,詔納噶察勿赴阿克蘇。布拉尼敦、霍集占尋據葉爾羌、喀什噶爾叛,自稱大小和卓。諭哈密部曰:"哈密生齒日繁,準噶爾全部底定,哈密屬邑德都摩垓、圖古哩克地,不必復設汛哨,其仍給回民爲世業。"薩科爾自伊犁歸吐魯番,莽噶里克迎告曰:"噶爾藏多爾濟等盟,俟擒阿睦爾撒納,將以子諾爾布琳沁轄四衛拉特,抗天朝師。"薩拉爾以聞。詔勿遽聽回人言,滋疑慮。尋陝甘總督黄廷桂獻額敏和卓繪吐魯番圖,奏吐魯番不復有蒙古裔,瓜州回民願歸故土,請視舊納準噶爾賦爲貢額。詔俟厄魯特靖乃徙,復諭曰:"伊等進方物,若原係噶爾丹策凌之人,今伊犁既定,自應充作貢賦,如係噶爾藏多爾濟及巴雅爾等所屬,此番遷回故土,應仍歸伊等管轄,方爲允協。"已而阿睦爾撒納竄哈薩克。詔徙瓜州回衆歸魯克沁。莽噶里克請偕弟額什里木、子呢雅斯入覲。詔留視牧,以子弟一人代。莽噶里克遣子白和卓至,且請視額敏和卓例,編置旗隊。允之,授公爵。軍機大臣議奏吐魯番東界,自闢展至喀喇和卓,令額敏和卓轄,西界自伊拉里克至阿斯塔克,令莽噶里克轄。又額敏和卓請給麥種千石,俟來歲倍納租,自第三年始每年納四千石,莽噶里克如之,應各酌賞示勵。又額敏和卓請設汛札里布拉克、塔呼、納呼齊克、塔木、闢展五邑,每汛兵五馬十,請莽噶里克并設汛伊拉里克諸邑。從之。未幾,噶爾藏多爾濟以巴雅爾叛告,寧夏將軍和起攜索倫兵百往勦,檄額敏和卓、莽噶里克兵集闢展,而噶勒雜特宰桑哈薩克錫喇、布魯古特台吉呢瑪,陰應巴雅爾,詭以兵千五百會,和起望兵至,疑之,遣莽噶里克往偵,莽噶里克紿曰:"我兵也。"逾時呢瑪等操戈前,莽噶里克自後譟,和起偕從兵百死之。將擒額敏和卓,莽噶里克謂厄魯特衆曰:"此回人也。"乃釋歸魯克沁,莽噶里克旋召之,不赴,遣告變。諭曰:"額敏和卓係輸誠最久之人,感激厚恩,遣人報信,朕甚嘉予。伊身在賊中,實深軫念。現在甫從瓜州遷至彼處，諸務未經整理，豈有擒賊之力，如能誘擒莽噶里克固屬甚善，俟奏凱後，其地交伊管轄。倘力有不能，惟將駐劄地方，嚴加防範，靜俟內地大兵前往，即可勘定。"額敏和卓尋遣子素賚瑀至哈密，稱固禦賊乞大軍援，哈密札薩克貝子玉素卜以聞。諭曰："額敏和卓拒賊固守，甚可嘉予，著加恩封授貝子，其子素賚瑀，著賞給公品級，以示獎勵。安西提督傅魁著選兵五百，帶同素賚瑀，馳赴額敏和卓遊牧應援，倘兵力不足，即著額敏和卓帶領屬人，同傅魁回至哈密，俟大兵到彼，再行辦理。"會白和卓入覲，旋抵哈密，玉素卜偕副將祖雲龍議擒之。達書額敏和卓，令決剿賊計，獎賜幣。復詔簡所部兵三百援吐魯番。諜者尋以噶爾藏多爾濟及從子札納噶爾布叛附呢瑪，召莽噶里克，莽噶里克不從，且遣兵助額敏和卓告，諭駐防巴里坤辦事大臣雅爾哈善曰："此不過伊子白和卓未歸，謬爲恭順之狀，未可輕信，已令傅魁領兵會同額敏和卓密商辦理，仍著傳諭傅魁，俟見莽噶里克時，即諭知伊子現在肅州，并未加罪，伊或親赴肅州，即行解京，候朕辦理。"

二十二年春，諭曰："前降旨令傅魁領兵擒拏莽噶里克後，留兵駐吐魯番，俟大兵至進剿厄魯特逆賊。今思莽噶里克就擒之後，其地即給額敏和卓管轄，留兵在彼，守俟大兵，尚須時日，額敏和卓轉不無供應兵丁之費，非所以示體恤，著駐劄巴里坤辦事大臣雅爾哈善等，飭知額敏和卓，如辦理莽噶里克事竣，會同伊所屬回人，力足以擒剿巴雅爾，即令其同傅魁領兵辦理，否則即將內地兵全行撤回，不必在彼駐劄。倘額敏和卓懇請留兵一二百名，以爲聲援，亦從其便。"傅魁兵次鹽池，莽噶里克攜厄魯特俘一、馘十二，迎告曰："厄魯特虐我甚，我子入覲，不即歸，以故擒獻厄魯特賊，且將迎我子。"傅魁欲張討賊功，遂不執獻，磔莽噶里克及從者十九人，詭稱道遇莽噶里克，擊斬三十三級。上以賊迎赴我軍，且從者寡，不俘獻，反聚殲之，必詐，詔械傅魁至，廷訊，悉欺罔狀，予辟，宥白和卓罪，自吐魯番取其妻默里克，及弟托克托納咱爾等至，隸蒙古正白旗。後白和卓任三等侍衛、鑲黃旗蒙古副都統。莽噶里克既死,額敏和卓自魯克沁馳赴吐魯番,擒斬其從逆宰桑十餘人,詔徙居吐魯番,兼轄莽噶里克屬五百餘,請遣子素賫瑸入覲,謝賜爵恩。詔馳驛至。會逆回霍集占詭使入覲,額敏和卓遵旨將遣屬赴葉爾羌,書示莽噶里克獲罪誅,吐魯番歸己轄故,令霍集占悔罪內附,以噶爾藏多爾濟等不果往,大軍剿之,敗遁,其屬回沙呼里、唐噶塔爾等攜户百餘走魯克沁。詔隸吐魯番札薩克。諭曰:"伊等久爲噶爾藏多爾濟屬,倘有潛通噶爾藏多爾濟之事,乘間逃葉爾羌、喀什噶爾等處,俱未可定,著額敏和卓加意防範,如尚屬安靜,即令其種地謀生,形迹稍有可疑,即奏聞,請旨辦理。"有沙拉斯、瑪呼斯者,準噶爾二十四鄂拓克之二也,居喀喇沙爾之海杜河西,以庫爾勒伯克托克托鄰牧掠之。托克托挈弟阿卜都賚、子色提克,由羅卜諾爾走吐魯番,請內附,授散秩大臣,秩二品,其屬瑪木特托爾岱,尋攜庫爾勒衆百餘至。詔隸吐魯番,有潛遁者誅之。秋,以逆回霍集占、布拉呢敦叛據葉爾羌、喀什噶爾,議遣大兵討之。諭額敏和卓曰:"布拉呢敦、霍集占二賊,前被準噶爾囚繫,朕特加恩,俾仍領舊部,乃負恩黨逆,戕害我副都統阿敏道,其罪必不可逭。然皆二賊狡謀,其脅從回衆,尚屬可宥,爾受朕厚恩,且係回部族望,爲衆所信,若能設計誘擒,或使回衆離心,執獻二賊,更可不勞師旅,爾即酌量辦理。若必需用兵若干,應於何時進剿,爾即據所見密奏。"額敏和卓密疏賊情形至,諭嘉之,授領隊大臣。時喀喇沙爾之沙拉斯、瑪呼斯等賊,以徙牧叛遁,額敏和卓遵諭遣諜喀喇沙爾,復以俟諜至遣兵恐不及期,自率兵赴托克遜以待,獎協機宜賜幣。復諭曰:"明歲辦理葉爾羌、喀什噶爾時,雖有將軍大臣,而回部情形,爾所熟悉,將命爾參贊軍務,在前隊行走,爾其益體朕恩,實心奮勉,以奏膚功,永膺懋賞。"額敏和卓偵喀喇沙爾無賊蹤,遣諜呼嚕木什和羅,復自請從户部侍郎阿里衮軍剿賊。詔賜貝勒品級,廩給視參贊大臣。額敏和卓從阿里衮,由阿思罕布拉克和什特勒克路,擒瑪哈沁二百餘於塔木順和爾納木噶,復馳赴呼嚕木什和羅，將抵肯色嶺，諜賊誘戕我都統滿福，遁哈喇和落，尾擊之，賊絕嶺道走庫車，阿里袞屯庫爾勒，額敏和卓屯哈喇和落，遣使檄索之，不達。

　　二十三年春，玉素卜請以所部兵從大軍效力，詔授領隊大臣。諭曰："玉素卜係回部望族，今聞辦理葉爾羌、喀什噶爾等回部，情願率兵效力，深可嘉獎。著照所請，同雅爾哈善、額敏和卓前往，所有應得分例照蒙古貝子例給賞，回兵照綠旗兵丁例給賞，果能奮勉剿賊，朕將格外施恩。"會靖逆將軍雅爾哈善奏，俟取庫車、烏什、阿克蘇等城，以從軍之庫車伯克鄂對等駐其地。諭曰："回人性情雖不同厄魯特，而近年與厄魯特雜處，不免漸染習氣，未可深信。取庫車等城後，伯克鄂對等亦不當專令看守，其聽玉素卜節制，授額敏和卓參贊大臣，從雅爾哈善剿賊。"詔雅爾哈善偵霍集斯，若仍居圖爾璊，傳示之曰："爾等從前將達瓦齊擒獻，係有功之人，皇上即施恩賞賚，尚欲陸續加恩，因辦理厄魯特等無暇，今厄魯特俱已平定，領兵前來專爲問兩和卓罪，與爾等無涉，爾等惟誠心效順，自必永承恩澤。"額敏和卓將進兵庫車，偵沙拉斯等賊由庫車遁葉爾羌，復自哈喇和落旋兵呼爾塔克路，剿瑪哈沁，馬疲乃返。申令歸吐魯番，偕雅爾哈善定議，視貝勒秩，設長史、護衛、司議等員。復諭雅爾哈善，資額敏和卓謀，勿岐視，且令酌以回兵從，如數減綠旗兵額，易給糧騎。額敏和卓偵霍集斯仍舊居烏什，告雅爾哈善曰："霍集斯勢埒兩和卓，若遣使往間，或成功速。"雅爾哈善以聞，不署額敏和卓名。諭曰："招撫伯克霍集斯等，頗合機宜。但額敏和卓既爲參贊大臣，即應列名同奏，勿存分別見。"又諭以大軍抵烏什，霍集斯自必歸誠。夏四月，授額敏和卓多羅貝勒，仍兼參贊大臣。諭曰："進取回部，自可立奏膚功，但擒獲逆酋後，仍令選本處伯克，令其辦事，伊等俱係新附，恐一時難知賢否。且伊犂駐兵屯田，關係甚重，亦宜豫爲籌畫，從前伊犂田畝，皆回人耕種，今俟回城平定，即將回人酌量遷移，與綠營兵錯處。額敏和卓係回部望族，應同將軍、大臣等管束屯田兵丁，俟耕作嫺習,主客相安,再回吐魯番,方爲有益。至一切進剿機宜,額敏和卓頗屬實心效力,嗣後益加奮勉,策勛懋賞,朕將疊沛殊恩。"五月,大軍分道進剿,有嗎哈沁自庫爾勒路掠解軍鉛藥,上以庫爾勒距吐魯番近,詔素賚瑪攜兵駐清臺路。額敏和卓以回兵從雅爾哈善抵庫車城,戶部侍郎阿里袞剿沙拉斯、瑪呼斯賊,兵亦抵羅卜諾爾。羅卜諾爾舊有戶二千餘,內附後不即徙,準噶爾虐其眾,因奔徙阿克蘇、多倫諸城,存者六百餘。聞大軍擒達瓦齊,遣使貢鶴,抵吐魯番,值莽噶里克叛,不達。至是,伯克哈什哈、呢雅斯呼里等,獻戶籍請降,阿里袞慰令暫隸吐魯番轄。雅爾哈善兵驟進,賊自堞施礮,額敏和卓傷右顴退,誓曰:"我受聖恩厚,必舍身力戰。"奏至,頒賜御用珮飾、銀千兩。諭曰:"朕因額敏和卓老成諳練,故命其參贊軍務,並非欲伊身在行間,親當矢石也。今聞奮勇得傷,深爲軫念。嗣後惟盡心協力,相機辦理,不可冒險攻戰,致有疏虞。"復飭責雅爾哈善曰:"豈有同爲大臣,而聽其舍身攻戰,不行勸阻之理。"尋額敏和卓顴痊,射諭降書入庫車城,賊不應,逆黨阿卜都克勒木自阿克蘇來援,額敏和卓、玉素卜等敗之,獎賜御用珮飾,霍集占親攜兵五千餘援庫車,復大敗之,獲其纛二,額敏和卓識爲霍集占纛也。沙雅爾舊回城伯克瑪哈默第,遣子阿三和卓乞降,告霍集占已入庫車而遁,額敏和卓以雅爾哈善不設備故錄狀聞。先是,議以額敏和卓從定邊將軍兆惠赴沙拉伯勒,剿厄魯特逸賊,次及逆回。諭曰:"額敏和卓熟悉回部情形,人亦果毅,兆惠務宜優待,以收其益。"尋議分道進兵,額敏和卓奏:"自沙拉伯克取道巴達勒達喀什噶爾,取道穆素爾嶺達阿克蘇,然皆險徑,別有間道。臣遣使赴兆惠軍爲導。"詔兆惠俟剿厄魯特靖,移師赴回部,或不及,可詢額敏和卓,審屯要隘,防霍集占等竄。至是,飭責雅爾哈善縱賊罪,以兆惠代將其軍。復諭曰:"額敏和卓係回人,雖與雅爾哈善不同,亦不得謂無過,念其素能出力,姑從寬貸,用觀後效,即在兆惠隊內行走。"庫車伯克鄂對初從雅爾哈善軍,授散秩大臣,賜孔雀翎。時逆黨阿卜都克勒木爲庫車阿奇木伯克,鄂對戚屬殲焉,大軍抵庫車,鄂對以世居悉形勝,告副都統順德訥兵屯城外林中,賊至不敢爭,閉城旬餘。鄂對告雅爾哈善曰:"庫車城甚固,請設雲梯,絕水道困之,且必將有援至。城東南達庫爾勒、喀喇沙爾路,可無虞;北達賽哩木,有沙達朗、鄂斯克伯什二隘,遣健卒塞以石,賊必不能越;西達沙雅爾有鄂根河,水盛可乘舟至;東由雅哈托和鼐、托木羅克達賽哩木諸城,請兵備焉。"雅爾哈善遣防各隘,阿卜都克勒木弟阿卜都哈里克挈賊二千餘,襲托木羅克路,擊敗之。諭曰:"鄂對熟悉要隘,豫籌防範,現在有攻克回城,可即授爲伯克,復以霍集占攜賊五千餘,自鄂根河抵庫車,爲我軍所敗,詔賜鄂對及子鄂斯璊銀幣。時霍集占已入庫車,我軍不知,翼日,賊啓門出抗,鄂對請以兵屯鄂根河,遏賊竄路,雅爾哈善不從,霍集占逸,乃克庫車,鄂對以子鄂斯璊偕伊勒噶爾伯克等理庫車務,領沙雅爾,而自率兵赴阿克蘇。兆惠代雅爾哈善,察鄂對可任事,疏請授阿克蘇阿奇木伯克,以舊伯克頗拉特巴巴克等佐之。秋,軍校瑚圖禮俘賊黨阿里至,上詢悉雅爾哈善不善用群策狀,旨慰額敏和卓,賜三眼孔雀翎。賽哩木、沙雅爾回人乞降,玉素卜撫其眾,攜徙軍營近地,願留者以戶籍獻。八月,克庫車,雅爾哈善令玉素卜駐其地,進兵阿克蘇,阿克蘇亦降,兆惠檄玉素卜駐阿克蘇,遂進烏什,招霍集斯降,復檄玉素卜駐烏什。冬,以察哈爾總管敏珠爾代素賷璊歸,復諭辦理屯田侍郎永貴,酌給所部牧畜,俾得盡力耕作。大軍抵葉爾羌,逆賊抗於喀喇烏蘇,額敏和卓等固拒之,所屬護衛錫丕呢雅斯等並奮擊被傷。時駐烏什兵僅二百五十餘,玉素卜檄阿克蘇兵五百赴烏什防變,復謀徵布魯特兵,攻喀什噶爾,分葉爾羌賊勢,聞烏魯特、特穆爾居烏什,爲布魯特屬。詔給糧馬茶幣,令侍衛布占泰攜往,烏魯特等欣躍就道。諭曰:"玉素卜辦理軍營,駐守烏什,俱能悉心奮勉,甚屬可嘉,著加恩賜給貝勒品級。"復以輸馳馬助阿克蘇援喀喇烏蘇兵,詔如值給,并賜額敏和卓郡王品級、紅寶石頂、四團龍服,錫丕呢雅斯等並賜翎頂。兆惠之進兵葉爾羌也,遣鄂對偕侍衛噶布舒、齊凌札卜等赴和闐六城,抵額里齊,伯克等以城獻。哈喇哈什、玉隴哈什、塔克、齊爾拉、克雅爾諸城聞之,相繼降。鄂對令諸伯克使奉書赴葉爾羌軍,而自以書達阿克蘇,其妻居阿克蘇城,輸布及裘,助駐防兵,詔授鄂對內大臣。而賊衆抗大軍於喀喇烏蘇,和闐軍書再不達,鄂對將往援,偵賊襲和闐,遣使馳告阿克蘇參贊大臣舒赫德集諸路兵,分援喀喇烏蘇、和闐,鄂對妻以馬百助軍,鄂對復以和闐集兵千,備羊及糗爲禦賊計。諭曰:"鄂對自隨軍以來,諸事奮勉,此次尤徵誠悃,著加恩賞給公品級。"既而賊黨阿卜都克勒木等,往來額里齊、哈喇哈什間,鄂對檄伯克等固拒,書六城伯克名及户畜數達阿克蘇,援兵至,遣赴諸城,賊復布僞檄脅衆,鄂對再遣使告阿克蘇,以兵寡,遣卒二百往援,鄂對妻偕伯克等令屬五十人齎糧從鄂對,檄諸城曰:"大兵將至,可固待。"時參贊大臣舒赫德自阿克蘇以兵赴援喀喇烏蘇,道遇降者托克托默特,詰爲霍集斯弟阿卜都里木屬,告霍集占乞和軍門,額敏和卓偕兆惠議斥小醜安敢以和爲辭。上聞而嘉之,詔賜御用珮飾,蓋至是凡三錫矣。先是,布拉呢敦自伊犁歸,善霍集斯及阿卜都伯克,倚任之。霍集占萌逆謀,懼霍集斯族强或圖己,析其昆弟子姓居各城,以霍集斯爲和闐伯克,其長子漢咱帕爾爲烏什伯克,以阿卜都伯克爲葉爾羌伯克,其子阿布薩塔爾爲阿克蘇伯克,行兵則攜以從,霍集斯畏威强附之。及大軍圍庫車,霍集占往援,入其城,令霍集斯駐阿克蘇以待,已復由庫車走阿克蘇,將徙衆赴烏什,阿克蘇閉城不納,乃令霍集斯及阿布薩塔爾,脅城外數百户走烏什,霍集斯陰約烏什諸頭目,延霍集占入飲而縛之,霍集占疑詐,霍集斯請自召烏什衆徙喀什噶爾,甫入城,以兵拒,霍集占懼,逃,大軍克庫車。兆惠代雅爾哈善爲將軍,進抵阿克蘇,偵霍集斯及子漠咱帕爾居烏什,馳檄召降,軍繼進,抵哲爾格哲克,霍集斯遣次子呼岱巴爾氏獻降書。翼日,軍抵烏什,霍集斯迎謁,納户籍五千,口二萬餘,兆惠慰諭之。詰進兵道,霍集斯曰:"烏什赴喀什噶爾徑險,且霍集占必由葉爾羌遁往溫都斯坦、喀喇土伯特、巴達克山諸部，即竄喀什噶爾，而布魯特、安集延與之仇，必不敢經其地，大軍往取葉爾羌，擒之易。"兆惠因偕諸將定議赴葉爾羌，霍集斯請從軍，以子漠咱帕爾入覲，遣從弟額敏都霍什提卜齋檄赴葉爾羌，招降其兄阿卜都伯克。詔封公品級，賜雙眼孔雀翎、紅寶石頂、裘服、珮飾。諭曰："霍集斯有擒獻達瓦齊之功，今又歸誠畫策，深爲嘉悦，若能擒獲霍集占，必晉加爵賞，至從賊人内，有霍集斯之兄姪，此時若自拔來歸，應加恩賞，即後時降附，亦爲寬貸。"而霍集占以霍集斯内附，禁阿卜都伯克父子及其戚族，揚稱霍集斯雖降已被戮。上聞之，諭曰："霍集占以伯克霍集斯被殺飾詞惑衆，自應明白曉示，或令回衆目覩，至霍集占將阿卜都伯克等拘禁，可見霍集斯從前降附之心甚誠，著兆惠傳旨撫慰，仍加恩賞緞六端，軍營一切事宜，向伊商辦，以收其用。"大軍抵葉爾羌，霍集斯告曰："賊建臺各城隅，望我軍至，輒施礟，邇臺及城，皆坎地設伏，當謹備之。"以故我攻城兵無少損，霍集斯復屬從卒擊賊。諭曰："霍集斯甫經歸順，即率屬奮勉，殊可嘉尚，著加恩封固山貝子品級。"復以其族阿里木摩羅和卓等擊賊被傷，獎賜翎頂。既而逆賊抗大軍於喀喇烏蘇，霍集斯等固拒之，賊不敢逼我壘。詔晉封固山貝子，加貝勒品級，賜四團龍服。有薩拉阿琿者，居葉爾羌，其弟穆遜阿琿居烏什，霍集占遣賊黨阿卜都克勒木由阿克蘇達穆遜阿琿，爲我軍擒，呼岱巴爾氏禁穆遜阿琿戚屬，告烏什衆勿驚懼。諭曰："呼岱巴爾氏之父霍集斯，效力軍營，伊復通曉事體，深用嘉悦，著加恩授爲内大臣，賞戴孔雀翎。"會漠咱帕爾至京，召覲於乾清宫，賜公品級，賚冠服。

皇朝藩部要略卷之十六

前史官壽陽　祁韻士　纂
寶山　　　　毛嶽生　編次
江陰　　　　宋景昌　校寫
平定　　　　張　穆　覆審

回部要略二

二十四年春,詔漠咱帕爾豫朝正宴,賜觀上元鐙,賚漠咱帕爾及從至伯克等銀幣有差,遣歸烏什。復以霍集斯妻偕子呼岱巴爾氏輸馬四十助援喀喇烏蘇軍,諭嘉之。護衛錫丕呢雅斯等傷痊,固請從勦,詔賞給銀幣。素賚瑪偕弟協理伯克茂薩獻馬百助軍,上念所部甫徙,牲畜或不給,詔歸之,仍傳旨獎急公。阿克蘇援兵至,喀喇烏蘇圍解,額敏和卓等還阿克蘇。有賚資者,偵瑪哈沁越阿克蘇遁,偕索倫卒擒之,詔給俘額敏和卓。霍集斯請赴烏什集馬,詔酌賚。初,和什克避霍集占走布魯特,依阿特巴什鄂拓克長明伊勒哈,至是,布占泰復赴布魯特徵兵,和什克乃偕明伊勒哈謁兆惠軍請降,兆惠詰進兵道,和什克曰:"霍集占昆弟善霍罕額爾德尼伯克,大軍迫,將竄往喀什噶爾西岐道三,請先據之。"兆惠因檄霍罕勿助逆。時定邊右副將軍富德屯和闐,兆惠議分道進兵,一由阿克蘇攻喀什噶爾,一由和闐攻葉爾羌,和什克復繪圖告曰:"喀什噶爾西由鄂坡勒達霍罕敏珠爾嶺,由玉斯圖阿喇圖什達安集延、額德格納諸部,請示檄防賊竄。"兆惠悉如言。夏,進兵喀什噶爾,以和克什及色提卜阿勒氏爲導,兆惠遵旨詢霍集斯由烏什進兵喀什噶爾道,告曰:"烏什距喀什噶爾近,然道多石,且乏水泉,不若由阿克蘇。"時賊圍和闐城急,副都統巴圖濟爾噶勒及富德後先以兵援,霍集斯自烏什馳會之,和闐圍解。上以霍集斯舊轄其地,詔授總管和闐六城阿奇木伯克。富德復遵旨詢由和闐進兵葉爾羌道，霍集斯告曰："伊里齊達呼爾璊取水艱甚，丕雅勒瑪至固璊雖有水草，而塞爾勒克、楚魯克通阿里克諸站，多沙磧，馬行易疲，且距溫都斯坦道遠，賊乘間竄，不及禦，請由丕雅勒瑪迤南行，水草足，且便休息。"富德議如言。霍集斯請遣和闐六城伯克赴喀什噶爾，招降布拉呢敦，懼事不效，或累已，富德以聞。諭曰："霍集斯感激朕恩，招降以離賊黨，深可嘉悅，著加恩賞給緞匹，至伊輸誠效策，果如所算，自必加恩，萬一布拉呢敦執迷不悟，於霍集斯何與。"時額敏都、霍什提卜等，私以霍集斯招降阿卜都伯克故告霍集占，霍集占戕阿卜都伯克、阿卜都里木等，且知大軍將至，偕布拉呢敦棄城竄。霍集斯從富德軍，由葉爾羌尾擊之，敗諸阿爾楚爾，賊遁伊西洱庫爾，官軍分隊擊，霍集斯偕阿克蘇伯克鄂對等執纛呼曰："降者生。"其屬阿里木立纛前，中賊銃死，霍集斯呼愈壯，回衆聞聲趨至，乞降者萬餘，霍集占等以兵阻之不得，遁巴達克山。諭曰："伯克霍集斯之兄弟諸子多爲霍集占戕害，深可憫惻，伊此次亦屬奮勉，著加恩晉封多羅貝勒，賜恤阿里木及從霍集斯兵弁銀幣。"有葉爾羌回人額色尹者，號額爾克和卓，其始祖曰派罕帕爾，世爲回部長，居葉爾羌領其族，族統稱和卓，猶蒙古族統稱台吉也。策妄阿拉布坦侵葉爾羌，掠其族置吐魯番，尋以吐魯番內附，復脅徙伊犁，大軍定準噶爾，額色尹等乞降，霍集占其族也，復脅自伊犁歸葉爾羌，額色尹不從，避徙布魯特、安集延諸部，弟帕爾薩及兄子禡木特、圖爾都從之。霍集占與布魯特仇，以兵索之，不得，及聞大軍抵葉爾羌，額色尹偕圖爾都及布魯特之呼什齊鄂拓克長納喇巴圖，以兵攻喀什噶爾，襲英吉沙爾諸邑，布占泰徵兵至阿特巴什，其長明伊勒哈以兵寡辭，布占泰歸，諜布拉呢敦將自喀什噶爾援葉爾羌，聞布魯特兵襲其邑，疑與大軍應，懼不敢逼喀喇烏蘇圍，則未知爲布魯特何鄂拓克也。至是，禡木特謁兆惠軍告以故，且稱額色尹集兵納喇巴圖，待我軍檄，兆惠傳旨獎給幣。額色尹尋以兵至，道遇賊百餘擊之，獲纛一，獻軍門。兆惠慰諭之，遣副都統巴圖濟爾噶勒等，以兵九百援和闐,鄂對啓額里齊城,迎赴哈喇哈什,擊賊於博羅齊敗之,諸城傳檄定,遣其妻兄阿璊伯克馳告阿克蘇,會富德至,鄂對遣從子阿卜都爾璊攜六城伯克遠迎。捷聞,嘉鄂對固守和闐功,封輔國公,遣歸阿克蘇,授阿卜都爾璊三等侍衛。時議兆惠、富德軍分道進。諭曰:"鄂對效力軍前已將二載,自當稍爲休息。聞伊行裝爲賊所掠,甚可軫念,著賞銀二百兩,在阿克蘇辦事。"命下,兆惠奏鄂對固請從軍,詔倍發裝資。賊竄,鄂對抵喀什噶爾,會富德軍擊之,敗諸阿爾楚爾,賊遁巴達克山,富德遣鄂對攜降衆歸喀什噶爾。諭嘉其奮勇,晉封固山貝子。額敏和卓以喀什噶爾麥方熟,遣子協理台吉茂薩先馳入城,收糧濟軍食,詔賞茂薩公品級。大軍至,兆惠以茂薩理阿奇木伯克務,遣額敏和卓赴葉爾羌撫其衆。諭曰:"葉爾羌、喀什噶爾二城,乃回人根本,補授阿奇木伯克,甚爲緊要,朕意欲以額敏和卓管葉爾羌,以玉素卜管喀什噶爾,有此等舊人在彼,始堪倚任,俟大功告成後辦理。"霍集占既竄,有布魯特兵攻喀什噶爾之布喇村,額色尹亟遣屬從侍衛成果檄止之,曰:"葉爾羌、喀什噶爾已定,若復進兵是抗大軍也。"布魯特兵乃還。兆惠遣額色尹等入覲,上以其爲派罕帕爾裔,詔封額色尹輔國公,圖爾都、瑪木特札薩克一等台吉,額色尹奏幸爲天朝臣僕,安置惟命。詔留京師,并傳諭兆惠將伊等家口送京與聚處。時巴達克山伯克素勒坦沙,不即以布拉呢敦等獻,其鄰部山東曰博羅爾,山北曰斡罕,霍集斯遣使招降兩部,并告素勒坦沙曰:"若不獻逆,當移軍討之。"冬十月,巴達克山函獻霍集占首。諭曰:"霍集斯自進兵以來,竭盡所知,諸務奮勉,協同將軍、大臣等克蕆大事,甚屬可嘉,自當錫予優渥,著加恩給郡王品級。"又諭曰:"玉素卜雖未與將軍、大臣等同在軍壘,但駐劄烏什辦理諸事,亦極奮勉,著加恩賞給郡王品級。"尋詔入覲,伯克等四十四人,以玉素卜偕貝勒霍集斯領之。復諭曰:"額敏和卓、玉素卜俱著勞績,此時若同來,則回部經理乏人,額敏和卓著加恩晉封郡王,駐葉爾羌辦事。"十二月,復諭曰:"現在大功告成,自應令額敏和卓還家,但葉爾羌等城俱屬新附,必得熟悉回部老成歷練之人駐劄辦理,額敏和卓以舊人效力軍營,頗著勞績,深悉機宜,是以暫令留駐。但伊數年來已久離家室,若仍令其只身居外,朕心深爲軫念,可傳諭量攜家口,暫行駐劄,俟諸事就緒,即可復回。"議撤哈密駐防兵二千,以靖逆衛兵二百、瓜州兵三百,移置哈密,黃墩營兵二百,移置塔勒納沁,隸哈密副將轄,將徙多倫回衆於喀喇沙爾。素賫瑪赴布古爾、庫爾勒,度引水溉田,分地定居諸務,獎賜銀幣。

二十五年,先是,軍所疏劾霍集斯議烏什賦,請如舊例征十一,別無他貢額,憾阿克蘇伯克鄂對議事輒不協,善阿什默特乞司和闐六城伯克務,葉爾羌諸城頭目私饋受不辭,知吐魯番札薩克額敏和卓封郡王爵,故以伯克稱之。諭兆惠、富德等曰:"霍集斯或不過恃功率意,即暫示包容,如情形叵測,亦不得姑息從事。"霍集斯自巴達克山還,請從凱師入朝,約兆惠等待阿克蘇赴烏什佽裝,如期會,以第三子托克托索丕從,舒赫德等遵旨將霍集斯拏赴京。諭曰:"前霍集斯,葉爾羌被圍時殊爲勞苦,往巴達克山亦頗效力,但仍令其居於舊地,究屬未便,俟伊到京時,再酌量從優安置,伊子漠咱帕爾啟程,亦不必照厄魯特宰桑之例,仍與前次入京一體辦理。舒赫德等當善爲慰遣。至伊等起程後,所查霍集斯家口,不妨明白曉示,以霍集斯蒙恩旨留京,來取家屬團聚,務宜供給饒裕,加意照看。蓋伊非獲罪之人籍沒家產者可比,所有蓄積,俱一同辦送,仍約束兵丁回人,毋許妄行偸竊,其田園房屋,亦應變價給賞,以資生計。"至是,復以烏什伯克阿琿等訐霍集斯父子虐部衆,請以薩里代。諭曰:"烏什回人等訐告霍集斯父子虐部衆,經辦事大臣等具奏,朕以霍集斯抒誠效力,所有過失,皆從前陋習,若遽行治罪,心有不忍,但仍令其管轄所屬,則上下猜忌,不能相安無事。即如準噶爾人等,亦因聚斂成仇,上既凌暴,下亦憤恨,互相侵噬,以底滅亡,可爲明鑒。因欲將霍集斯父子優其廩祿,安置京師。而各城頭目,亦自知所懲創,悛改舊習,恐愚頑無識之徒,因此遂長刁風,摭拾已往之事,公行訐告,或伊什幹等圖得阿奇木之缺,或所屬人等妄生事端,挾制總管,大干法紀,嗣後有似此者,非但不行辦理,仍究明情節,重治其罪,斷不寬宥。爾等如此,惟其上下相安,勤於生業,勉爲良善,永享昇平。"又諭薩里曰:"薩里果行走奮勉,應再行酌量加恩,若即授爲阿奇木,則奸險之徒,群以陷人奪缺爲得計矣。"玉素卜、霍集斯、鄂對等至京,召謁於正大光明殿,賚章服,飲至豐澤園,賜銀幣,以烏什爲回部要地,詔玉素卜弟阿卜都拉任烏什阿奇木伯克,從霍集斯入覲之伯克等將歸,詔宣示烏什訐霍集斯狀,霍集斯奏烏什怨臣甚,臣蒙恩釋罪,請留居京師,慰允之。諭曰:"霍集斯懇請留京,意殊誠切,著照所請,厚爲資給,安置京師。但見其先世墳墓,遠隔故鄉,著加恩將伊幼子托克托索丕遣回阿克蘇,以供祭掃。其烏什所有田產,即行變價,在阿克蘇置業,賞給托克托索丕承管。著舒赫德等遵照辦理,仍傳諭該處回眾,俾咸知朕恩。"和什克亦疏列和闐、哈喇哈什、葉爾羌、沙古則里諸邑屬產,詔易值留和闐,瞻其戚屬,詔諸有勞績者,並圖形紫光閣,御製贊辭。《額敏和卓圖》曰:"吐魯番族,早年歸正,命贊軍務,以識回性,知無不言,言無不宜,其心匪石,不可轉移。"《霍集斯圖》曰:"奉元帥檄,擒達瓦齊,後稍觀望,旋迎我師,同大軍進,被圍黑水,回部望族,居之京邸。"《鄂對圖》曰:"平伊犁時,歸順勤王,回部傑出,其心允良,往諭和闐,被圍三月,共噶布舒,全守卓越。"時阿克蘇伊什幹伯克頗拉特,覬阿奇木伯克,慫回眾薦己,訐鄂對,舒赫德斥之,疏聞。諭曰:"回人猜忌擠排,乃其舊習,自當嚴爲杜絕。鄂對果不勝任,亦不當因頗拉特之言,遽行斥革,且鄂對即因此獲咎,而頗拉特藉端聳眾,希圖代任之罪,亦應察究,斷無墮其譎計,竟授爲阿奇木之理。"復以阿克蘇訐鄂對,若歸令仍舊職將不安,詔調葉爾羌阿奇木伯克輔國公和什克、額色尹,一等台吉瑪木特、圖爾都、哈什木,二等台吉阿伯都爾璊,三等台吉帕爾薩等,先後入覲。哈什木者,本元太祖裔,元太祖定西北諸部,遣王駙馬等分領之,次子察哈岱居伊犁,兼轄吐魯番回眾,十傳後,遂棄蒙古俗,習回教,徙居吐魯番，不復有伊犂地。康熙末，討準噶爾，哈什木兄莽蘇爾迎獻駞馬，策妄阿喇布坦惡而禁諸哈喇沙爾，定北將軍班第定準噶爾，莽蘇爾乞降，議遣轄吐魯番舊屬，會阿睦爾撒納叛，道梗不得達。至是，定諸回城，乃獲莽蘇爾及哈什木，上以其爲元太祖裔，並授一等台吉，與和什克等並留京師，統隸蒙古正白旗，視應得俸銀給禄米資贍。鄂對抵葉爾羌，伊什幹伯克阿卜都喇伊木等復訐鄂對嗜飲，且躁妄不稱職狀，首列阿琿名。詔曉示各城回人，諸事嗣聽阿奇木伯克理，阿琿勿妄豫辦事。都統新柱疏鄂對及阿卜都喇伊木有隙，恐誤公。諭曰："回人性多疑懼，若爲之隱覆，恐伊等更覺不安。朕意竟將伊等傳集衆前，分別是非，加以訓飭，庶鄂對不致猜疑，阿卜都喇伊木亦不妄行防備，悔悟之後，和衷共事，自無掣肘之虞。"後阿卜都喇伊木以不獲阿奇木伯克，私與霍罕額爾德尼伯克謀逆，事覺論誅。霍集斯疏列和闐戶産及吐魯番舊屬，詔給托克托索丕。會漠咱帕爾行至沙泉子疾，詔醫視，俟痊復乃就道。復命霍集斯寄之書，令善自攝，疾痊偕呼岱巴爾氏至，詔與其父聚處。額敏都霍什提卜亦逮至，上以霍集斯戚族故，詔免死，給廣東、福建駐防兵。夏四月，吏部侍郎副都統海明遵旨赴葉爾羌辦事。諭曰："海明係內地大臣，奏事列名，應在額敏和卓前，但不可以名居前列，即輕視額敏和卓。額敏和卓老成諳練，辦理一切事宜，當與和衷商酌。"時議設伊犂阿奇木伯克轄屯田回民，詔以茂薩任之。鄂斯璊議偕沙雅爾、賽哩木、拜城諸伯克備糧四萬餘，運赴伊犂，助回民屯務，詔獎賚之。旋遣兵往護，道由阿克蘇，達海弩克、薩里，輸馬三十匹，助理臺務，詔如例給值，復優賚之，俟有伊什幹伯克等缺補授。會喀什噶爾商伯克邁喇木、派蘇巴特伯克呢雅斯等叛，掠庫勒塔里木諸汛，色提卜阿勒氏自英吉沙爾聞之，以伯什克勒木、派蘇巴特爲賊巢，偕提督楊寧往剿，擒斬賊黨，茂薩亦從參贊大臣阿里袞剿賊，派蘇巴特由薩林都遁和羅木魯克，尾之，賊方炊，以兵掩擒。詔封茂薩輔國公，授色提卜阿勒氏散秩大臣。諭曰："色提卜阿勒氏前隨兆惠進兵，甚屬勤慎，此次著有勞績，著加恩授散秩大臣。"尋賜二品頂帶。時英吉沙爾阿奇木伯克索勒屯和卓入覲，以色提卜阿勒氏代喀什噶爾辦事大臣海明，復遣理派蘇巴特巴特阿奇伯克務，以其弟阿克伯克代理英吉沙爾。有阿卜都喇伊木者，霍集占逆屬也，初爲喀什噶爾阿奇木伯克，聞大軍至，請降，詔宥其從逆罪，授葉爾羌伊什罕伯克，至是，偕噶岱默特等入覲。旋逆賊僞檄達葉爾羌約爲應，阿卜都喇伊木懼，首之，噶岱默特語參贊大臣舒赫德曰："阿卜都喇伊木等聞賊倡亂，不無疑懼，請防之。"舒赫德以聞，時叛賊呢雅斯等就擒，阿卜都喇伊木族無附逆。諭曰："噶岱默特心有所疑，即行稟告，具見悃誠，但阿卜都喇伊木等係初次入覲轉回之人，且邁喇木等黨與内並無伊子弟名目，若以曾經霍集占委用，遂懼其反覆，則恐於伊等不無屈抑，而回衆更生疑懼，著舒赫德密諭噶岱默特，以天朝法度，惟顯犯罪惡，始行懲治，從不無故猜疑，致有屈抑，但爾誠意可嘉，恩旨深爲獎許，并明白曉示阿卜都喇伊木云，爾等係入覲之人，不但未知賊匪倡亂之事，即子弟等亦全無附和者，皇上已洞鑒情形，與爾等無涉。嗣後惟當矢心報效，以其永承恩澤，曉示後仍令照舊辦事。"秋，霍集斯偕輔國公和什克躋木蘭行圍，蒙古札薩克等進宴，陳詐馬、什榜、教駣諸戲。詔霍集斯列觀，旋躋避暑山莊，命觀鐙火，與燕萬樹園。冬，葉爾羌伯克鄂對、喀什噶爾伯克噶岱默特、和闐伯克阿什默特等，訐額敏和卓從通事等虐回衆，參贊大臣舒赫德察其誣，飭責之，鄂對等謝罪奏至。諭曰："回人積習相沿，彼此猜嫌讒毁，惟在駐剳大臣持平守正，嚴加約束。著舒赫德曉示葉爾羌、喀什噶爾回衆云，大皇帝用人，不過因材器使，即如茂薩，先因喀什噶爾需員辦事，故加委任，今伊犂駐兵屯田，又將伊補授阿奇木，並非常在喀什噶爾，爾等何得造言誣謗，至通事等皆哈密、吐魯番之人，若盡行裁革，轉致無所見聞，且此番訐告呈詞，實屬奸狡之徒所搆，嗣後通事等若敢苛累回人，亦即從重辦理，以示懲創。"葉爾羌諸城伯克以年班至。駕幸瀛臺，跽列西華門外，凡三十三人，薩里居班首，上慰問之，賜尚方食，召覲於重華宫,賜茶果。翼日,御西廠幄次,燕朝正外藩蒙古回部王公伯克等,霍集斯等並豫。是歲,吐魯番副管旗章京呼岱巴爾氏、參領瑪哲克勒木、佐領瑪木特克勒木、護衛阿瑞密喇木、驍騎校蘇爾等,以剿邁喇木、呢雅斯功,並得優賚,回情暢洽。

二十六年春二月,遣薩里等歸牧。陝甘總督楊應琚奏,肅州威魯堡安置吐魯番回民計二百五十戶,墾地五千三百六十餘畝,戶口日增,地畝有限,請遣千戶珈如拉等歸吐魯番,詔廷議。尋奏肅州回民較初附增額,吐魯番已成樂土,且多可耕地,應視瓜州回民例,悉遣歸,但千戶珈如拉祖托克托瑪木特與額敏和卓俱避準夷來歸,應酌給附闢展、吐魯番可耕地,俟秋收後徙往,并以千戶珈如拉、百戶伊明和卓爲正副伯克,令闢展大臣徵賦。從之。三月,諭曰:"從前辦理回人莽噶里克後,因伊屬人無所統束,暫令安置吐魯番,交額敏和卓管理。今大功告成,回部皆朕臣僕,自應各統其屬,不相兼并。朕意將此項回人內,擇其賢能者,授爲伯克等職,仍安置舊處,查明舊日賦役,照例供辦。又阿里袞前因追賊至羅卜諾爾,所收回人亦照此例辦理。"議於塔勒納沁居屯田兵,興版築,玉素卜請助役,不受工值,獎賜幣及珮飾。復諭優給口糧示恤。秋七月,舒赫德奏,附闢展之連木齊木有地六千畝,闢展、英格二邑有地千餘畝,請令千戶珈如拉徙舊居魯克沁衆,赴連木齊木,百戶伊明和卓徙舊居闢展、英格衆歸故地,按戶給田,以珈如拉、伊明和卓授五品伯克,別設六品副伯克二分轄。色提卜阿勒氏抵阿克蘇,助赴伊犂屯田回民畜物,獎賚之。海明復疏色提卜阿勒氏議本年雨澤應時收穫豐裕,但回人不知樽節,請令歲納穀五百石,貯倉備賑,俟積五千石停收。從之。九月,舒赫德奏,羅卜諾爾部二,一爲喀喇庫勒,一爲喀喇和卓。喀喇庫勒置伯克一,約束難周,請增一員協理。喀喇和卓凡五邑,各置伯克一,不相屬。請令二員總管,二員協理,別設小伯克一,居吐魯番理賦役,屬戶百八十三,每年納哈什翎百枝,海倫九張。詔廷議。尋奏羅卜諾爾前以軍務未竣,暫隸額敏和卓,今回部蕩平,自應一體辦理，請定總管伯克秩五品，協理伯克及理賦役伯克秩六品，五品缺出，由闢展大臣奏請，六品缺出，即行補授具奏，納賦如前額。冬十月，諭曰："前因額敏和卓、玉素卜皆回部舊人，若令伊等更替駐劄辦事，於新疆有益。去年玉素卜來京，曾諭令在哈密休息年餘，今額敏和卓當還吐魯番休息，以玉素卜往代，玉素卜著即整裝，候此次入覲回人等至哈密時，即同護送之乾清門侍衛等帶領前往。著授參贊大臣，應得公項，照例支給，以伊子伊勒巴喇伊木看守遊牧，著加恩賞戴孔雀翎。"舒赫德奏，吐魯番莽噶里克屬及額琳哈畢爾噶之沙呼里、烏默特等屬，舊隸額穆和卓轄，給官穀，被吐魯番役，今僉稱安置久，不願徙，請以莽噶里克屬戶五百餘，設總管四品伯克一，協理五品伯克二，分理六品伯克五，沙呼里等屬戶七十四，請即以沙呼里爲總管五品伯克，烏默特爲協理六品伯克，統隸闢展大臣轄。詔額敏和卓歸吐魯番，俟年班伯克入覲偕至。喀什噶爾辦事左都御史永貴疏，鄂羅木咱卜善理所部。諭曰："額敏和卓數年辦事軍前，伊長子素賚璊，次子茂薩俱承辦公事，吐魯番等處事務係伊第三子鄂羅木咱卜管理，著加恩賞戴二品頂帶、孔雀翎，以示鼓勵。"是年，以葉爾羌諸城回情妥靖，獎諭曰："前因回人舊習，凡伯克等多朘削所屬，是以賞給各城阿奇木伯克等錢帛地畝及供役之人，俾得奉公自愛。近聞葉爾羌伯克鄂對、喀什噶爾伯克噶岱默特等，頗知自愛，無苛擾回人之事，深屬可嘉，念伊等歸誠日久，著於官給六百騰格外再加二百，以示鼓勵。此次係出自特恩，不可視以爲例。"

二十七年，闢展辦事郎中德爾格奏，闢展屯田兵裁二百四十，所遺地畝，舊以吐魯番額敏和卓屬六十戶居闢展，九十三戶居連木齊木、威魯堡，珈如拉屬六十戶居連木齊木，二十七戶居格英，每戶給田五十，請令額敏和卓屬歸闢展，珈如拉屬歸連木齊木，以便約束。仍有餘田三千畝，分給莽噶里克、沙呼里回人墾耕，至裁汰兵丁所餘牲畜農具，請量給威魯堡回人，令納糧抵。詔悉如議，吐魯番免納糧，以喀喇和卓、托克遜屯田給回民爲世業。葉爾羌辦事都統新柱偕額敏和卓奏，葉爾羌、和闐積穀多，請令以其二折交騰格，採買牲畜，以其八折交紬布，運伊犁市哈薩克馬。諭曰："折交錢布所及者廣，最宜留心查辦，即如鄂對、阿什默二人，鄂對尚可信，無取巧之事，然亦因額敏和卓在彼，有所顧忌耳。今以玉素卜往代，雖同屬舊時臣僕，而資望少減，恐鄂對不無玩忽，額敏和卓於鄂對宜從容開導云，爾當勿改初心。我暫歸一二年，再來駐劄，仍可相見如故。庶伊知所謹凛將來與玉素卜交代時，亦宜告知，俾得留心辦理，凡遇回部伯克等，俱當詳悉訊誠，務期正己率屬，以挽頹風。"尋議遣使巴達克山。詔額敏和卓暫留葉爾羌。先是，巴達克山伯克素勒坦沙，戮布拉呢敦，不謹視戶，爲其屬摩羅巴喇特等所盜瘞派蘇巴特，復竊育其孥，我使索不獲。至是，尚書都統新柱及額敏和卓偵知之，會素勒坦沙以兵襲博羅爾，奪齊特喇爾地，遣弟沙卜多卜噶達爾據之，博羅爾長沙瑚沙默特以告，額敏和卓遣薩里奉檄以往，示順逆義，且責歸所掠。新柱奏："巴達克山若違辭，臣請率兵往討，留額敏和卓辦事。"諭曰："巴達克山如斥責不從，自當進剿，但新柱向未歷練戎行，額敏和卓頗悉回部情事，自當同往。"薩里行旬有九日，抵巴達克山，示之檄。素勒坦沙獻盜尸者摩羅巴喇特，薩里攜赴派蘇巴特，掘得逆尸，復索其孥。素勒坦沙獻布拉呢敦妻三，曰珠賫哈，曰巴特瑪，曰額爾克揚；子三，曰和卓阿新瑪，曰阿卜都哈里克，曰和卓巴哈敦。覆書額敏和卓，尊稱之曰父，詭言齊特喇爾爲己舊邑，不即歸。復遣薩里往責之，乃服，以齊特喇爾給博羅爾，撤其弟歸。上念薩里奉使勞，賜三等輕車都尉，復詔給幣，俟阿奇木缺出，輒列名聞。會阿克蘇伊什幹伯克頗拉特以罪褫職，詔薩里代。以額敏和卓辦理協宜，優賫之。永貴等疏蠲回人賦役，不列額敏和卓及玉素卜名，詔訓責之。授索賫瑪一等台吉。噶岱默特倡議偕諸伯克輸穀千石，貯城邑贍貧戶，復助材建兵屋三百楹，有詔獎賫。追論攻喀什噶爾功，晉封圖爾都爲輔國公。色提卜阿勒氏以世居烏什，遣屬視祖父塋，請給烏什入官田產，以阿克蘇私業償。諭曰："色提卜阿勒氏前在軍營，頗屬奮勉,已加恩授爲散秩大臣。阿奇木伯克奉職亦屬盡心,今以先壟之故,請派數戶遣往守視,自宜允行,所有給予田產,著加恩賞賜,不必由阿克蘇抵交。"

二十八年春,永貴、新柱疏調補諸城伯克,不列額敏和卓等名。諭曰:"前次或爲所辦係加恩回衆之事,伊等不欲市德署名,至補授伯克,自應同伊等商辦,復有何嫌疑不行開列,額敏和卓等俱久隸臣僕,用至參贊大臣,伊等如意欲辭避,亦宜曉示,令其勿存形跡。"時副都統額爾景額代新柱抵葉爾羌,上慮不更事,詔額敏和卓仍留處三月。永貴疏言:"噶岱默特告回部田畝,資溝渠利。喀爾喀河,曰赫色勒河,出喀什噶爾西喀卜喀山,溉東南托果斯遷、賽爾璊、喀什噶爾、哈喇克爾、多羅特巴克、阿爾巴特、派蘇巴特諸邑,過巴爾楚克,匯羅卜諾爾。曰托庸河,出喀什噶爾西北托庸山,溉東南玉斯圖阿喇圖什、阿爾琥、呼爾罕、阿斯圖阿喇圖什、伯什克哷木諸邑,與赫色勒河合流。曰圖巴里克河,出喀什喀爾西南吉斯嶺,及西界烏帕勒山,上流向東,溉汗阿里克、塔斯琿、赫色勒布伊諸邑,下流向東北與赫色勒河合流。曰庫森塔斯琿河,出喀什噶爾西南英吉沙爾城西羌琿山,溉東北英吉沙爾諸邑,散流入沙磧。惟赫色勒布伊、塔斯琿、汗阿里克三邑分引圖巴里克河,水不給用。臣偕噶岱默特往視,自赫色勒河東南浚渠四十餘里,引水入赫色勒布伊。又視托庸河水湍急,田畝被衝刷,議建石土提壩,并鑿山石,以弱水勢。"報聞。冬,玉素卜赴葉爾羌代額敏和卓還,額敏和卓以巴達克山事留葉爾羌。詔玉素卜暫理阿克蘇務,至是事竣,還。諭曰:"阿克蘇阿奇木伯克散秩大臣色提卜阿勒氏前隨兆惠出兵,曾經奮勇效力,著加恩賞給公品級,以示酬庸之典。"

二十九年,色提卜阿勒氏來朝,封輔國公,賜貂裘。先是,布魯特額德格訥鄂拓克長阿濟拜,以霍罕額爾德尼伯克掠其邑,憾之,聞霍集斯雅特之丕色勒伯克與搆難,潛兵襲之。霍罕使至葉爾羌,掠布魯特樵者十人,告梗道,噶岱默特察辭誣,詰之,會丕色勒伯克與額爾德尼伯克釋怨，阿濟拜懼，請檄霍罕勿侵己，永貴與噶岱默特責以厥罪均，令各安處。未幾，額爾德尼伯克以布魯特薩婁鄂拓，克長沙巴圖掠市馬告，噶岱默特索所掠歸霍罕，霍罕復侵額德格訥，奪鄂斯邑，永貴責霍罕罪，霍罕詭稱鄂斯爲己舊屬，不即歸額德格訥。時阿卜都喇伊木爲喀什噶爾伊什幹伯克，以不獲爲阿奇木懷逆志，數通霍罕，永貴等不之察，遣侍衞托穆齊圖偕阿卜都喇伊木赴霍罕，責不聽命，將以軍討，阿卜都喇伊木遣屬摩羅郭帕和卓哈勒默特，告額爾德尼伯克曰："回部和卓皆就誅，惟爾存。今使來索地，不以兵從，爾勿懼而迎之，且喀什噶爾兵寡，爾潛至，我將爲應。"額爾德尼伯克懼市己，以丕色勒伯克搆難謝之。托穆齊圖抵霍罕，額爾德尼伯克不之迎，示順逆義，乃謝罪。以鄂斯邑歸阿濟拜，托穆齊圖歸，不以不迎故告。及是噶岱默特屬噶帕爾赴市霍罕，偵得情，告噶岱默特，首之，辦事大臣納世通疏聞。詔磔誅其孥，及赴霍罕使悉緣坐，以噶岱默特發逆謀，獎賜幣。素勒坦沙聞額敏和卓歸，遣使和濟克蘭齎書至，稱葉爾羌大臣等前聽沙瑚沙默特偏辭，齊特喇爾邑請仍察歸。額爾景額疏聞。敕責素勒坦沙曰："爾詭辭具奏，豈以葉爾羌大臣新經更替謂可欺飾耶？前駐大臣吐魯番郡王額敏和卓，日後仍來更替，爾斯時又將何以爲辭，爾從前稱額敏和卓爲父，乃伊回遊牧，即詆其偏聽人言，亦太反覆矣，爾其循理守分，勿萌僥幸無厭之心，始可永承恩澤。"詔錄額爾景額疏、素勒坦沙書寄示額敏和卓，令以己意達之。素勒坦沙尋遣鄂斯敏伯克至，奏嗣鈐部衆，不敢稍存異志，復覆書額敏和卓，諉罪和濟克蘭妄造語言，已經懲罰。詔錄示額敏和卓。額敏和卓尋入覲，命乾清門行走，每晝接輒詢諸回部情形。素賫瑞率子莫弩啓雅爾護屯田回民赴伊犁。

三十年春，烏什回賫哈木圖拉等糾衆叛。有額敏者，薩里弟也，居烏什城，賊脅赴霍罕，强應命，宿畢德爾山，伺偕行者寢，走阿克蘇告變。阿克蘇辦事都統卞塔海馳兵剿，薩里助馬百，復倡議偕伯克阿卜都噶頗爾等助牛二百運糧濟軍。詔獎額敏不附逆。復諭曰：

"薩里等急公效力,協助牲隻,甚屬可嘉,自當示以獎勸,所助牛馬,俱著賞給價值,仍將朕加恩獎賞之意,傳諭伊等知之。"副都統素誠,阿奇木伯克阿卜都喇遣呢斯雅走阿克蘇告變,尋素誠憂懼自殺。詔伊犁將軍明瑞往剿。會額敏自烏什脫出,告阿卜都拉遣屯田兵赴伊犁,不給糧畜,且科瘠羊四百,徵回人銀,被賊擒禁,復納女賚哈木圖拉爲免死計。阿克蘇辦事副都統卞塔海以聞。諭曰:"阿卜都拉被回人拘禁,朕尚以阿卜都拉係玉素卜之弟,必不肯屈節。今觀伊平日縱容所屬,侵蝕回人銀兩,又納女於賚哈木圖拉,希圖臨難苟免,此與叛逆何異,豈可以其玉素卜之弟,遂從寬貸,著明瑞至烏什日,務將此等情節查訊明確,若果所傳不妄,非獨逆回等當族誅示懲,即阿卜都拉亦宜明正典刑。"玉素卜奏:"臣弟阿卜都拉擾回債事,由臣失訓之罪。"諭曰:"阿卜都拉以阿奇木伯克縱所屬滋擾激變,罪由自取,與玉素卜無涉,著加恩勉其議處。"時遣額敏和卓歸部,已就道,聞烏什變,即奏請馳剿。諭曰:"明瑞兵若尚須協助,額敏和卓即暫駐烏什軍前,喀什噶爾與霍罕額爾德尼部落相近,亦關緊要,烏什事竣,仍任參贊大臣,駐劄喀什噶爾辦事。"賊黨巴布敦等乞援霍罕,抵布魯特,揚稱諸城悉附逆,聳辦事諸城。噶岱默特自喀什噶爾遣屬愛特伊默特赴布魯特,額德格訥、薩爾巴噶什諸鄂拓克,告自烏什外他城皆安堵,薩爾巴噶什長車里克齊遣弟海蘭達爾赴軍,噶岱默特索逆使,車里克齊擒巴布敦以獻。詔霍集斯列其戚族居烏什者以聞,錄示明瑞,俟克烏什察霍集斯族被脅者,勿孥戮。復以烏什之叛由伯克阿卜都拉虐衆故,諭曰:"阿卜都拉所屬人等,任意擾害回人,素誠全未查辦。額敏和卓與玉素卜久隸臣僕,自不致縱容所屬,擾害回人,然所屬愚人,不知事體輕重,希圖小利,倚勢橫行,著傳諭駐劄大臣等,烏什既有此等情事,可爲警戒,將來必須留心體察,約束下人斷不可失於防範,以致自貽伊戚。"有庫爾勒哈資伯克鄂瑞者,以阿奇木伯克色提克責其違役故憾之,飲其兄噶雜訥齊伯克和碩爾及族子弟等言曰:"我將殺阿奇木,往取烏什。"和碩爾叱之,率子三人急起走，或以告色提克曰："阿璊、和碩爾叛矣。"時喀喇沙爾辦事副都統明普率兵赴烏什，色提克檄之歸，告庫爾勒將不靖。詔額敏和卓便道察順逆狀，復諭明普聽其議，勿執己見。額敏和卓抵庫爾勒，訊得鄂璊情，以和碩爾不附逆，將疏請免死。明普執不可，議誅鄂璊族。疏至，詔如所請，和碩爾等免坐，責明普謬戾。詔色提卜阿勒氏歸理軍務，抵烏什，明瑞督兵適至，遣歸阿克蘇，以糧糗及火藥、鉛丸解軍。庫車阿奇木伯克鄂斯璊聞烏什變，恐衆生心，悉收軍械，馳兵協剿。大軍圍烏什諸路，分隊擊賊，薩里遣屬呼特呼默特入其城，招脅從者，賊不應，鏖擊之，奪瑚什塔克峰險，尋克烏什城。詔叙噶岱默特、薩里績。初，賚哈木圖拉取納阿卜都拉女，將納之，逆妻有怨言，乃止，因戕阿卜都拉，復禁其女及子。烏什既定，明瑞訊得其情，詔釋阿卜都拉孥歸哈密。詔叙烏什勞，額敏和卓并其子素賚璊、茂薩及鄂斯璊等並優賚之。明瑞懲烏什亂故，奏葉爾羌、喀什噶爾、阿克蘇諸伯克等，皆不協物議，惟鄂對材可用，請以阿克蘇伯克色提卜阿勒氏調和闐，喀什噶爾伯克噶岱默特調阿克蘇，鄂對令仍任葉爾羌事。諭曰："伯克等皆歸順舊人，且遇有事務，頗能出力報效，此次若盡行移調，則回人布魯特等不知情事妄起猜疑，謂國家乘新取烏什之威，將伊等移調，若謂伊等貪圖小利，亦回人常事，安能保其必無，惟在大臣等正己率屬，賞罰嚴明，地方自必安靜，毋庸更調紛紜，轉滋惶惑，即如所奏，亦未有確實款蹟，不過得之物議，又安可盡信乎。"

三十一年，玉素卜遵旨自葉爾羌歸，奏哈密生齒日繁，請遣戶五百屯田伊犁，以次子伊薩克護往。允之。伊薩克自伊犁歸，詔授二等台吉。玉素卜尋攜長子伊勒巴喇伊木入覲，中道皆疾卒，以伊薩克襲。額敏和卓子伊斯堪達爾赴伊犁協理屯田務。詔授鄂囉卜咱卜一等台吉，任伊犁三品阿奇木伯克。築烏什新城，徙駐阿克蘇兵，色提卜阿勒氏視役。

三十二年，額敏和卓自喀什噶爾還，入覲，命御前行走。

三十三年，庫車阿奇木伯克鄂斯璊來朝，命乾清門行走。烏什新城工竣。上嘉色提卜阿勒氏勤事，賜雙眼孔雀翎。

三十四年，授乾清門行走鄂斯璊二等台吉。

三十五年，烏什輔國公色提卜阿勒氏來朝，命乾清門行走。

三十六年，哈密札薩克多羅貝勒伊薩克、吐魯番札薩克郡王額敏和卓第六子丕爾敦入覲，詔賜伊薩克三眼孔雀翎、黃馬褂，授丕爾敦二等台吉、孔雀翎，均命在乾清門行走。

三十八年，詔授哈密貝勒伊薩克領隊大臣，赴伊犁，轄屯田回民。敘伊犁屯田功，授伊斯堪達爾五品秩，賞孔雀翎。

四十年，諭曰：「貝勒品級鄂對、公品級噶岱默特均於未得回部以前歸誠伊犁，且在軍營著有勞績，自與恩封者不同，均令世襲罔替。」授烏什輔國公色提卜阿勒氏喀什噶爾阿奇木伯克。詔烏什公品級噶岱默特世襲罔替，尋卒，子阿卜都喇璊襲。烏什三等輕車都尉薩里卒，子海色木襲。

四十一年，諭領隊大臣伊薩克歸哈密。吐魯番五品秩伊斯堪達爾入覲，命乾清門行走。烏什公品級阿卜都喇璊卒，子邁瑪第敏襲。

四十二年，吐魯番札薩克多羅郡王額敏和卓卒，有子七，長子素賚璊襲。

四十三年，葉爾羌辦事侍郎高樸以葉爾羌阿奇木伯克鄂對卒，請令其子鄂斯璊繼。上不允，詔以色提卜阿勒氏為葉爾羌阿奇木伯克，以鄂斯璊為喀什噶爾阿奇木伯克。色提卜阿勒氏抵葉爾羌，察知高樸盜採官玉出售，並聽鄂對及伊什幹伯克阿布都舒庫爾等慫恿附和狀，首之。喀什噶爾辦事大臣永貴疏聞。詔抵罪，諭曰：「今年三月鄂對病故，高樸即奏請以鄂對之子鄂斯璊接辦該處阿奇木伯克事。朕以為若如此父子相繼辦事，竟似伊家世職，久之與唐時藩鎮何異，因將色提卜阿勒氏調至該處，以鄂斯璊赴喀什噶爾，意在回部伯克杜漸防漸。若照高樸之奏，鄂斯璊知其父與高樸相好，有礙顏面，且年輕不更事，必順從高樸所為，扶同徇隱，不能如色提卜阿勒氐之和盤托出矣。"又諭曰："鄂對前以軍營效力,加恩賞給貝勒品級,授爲葉爾羌阿奇木伯克,自當感激朕恩,實心報效,即令高樸意欲騷擾回民,盜買玉石,伊當勸止,或如色提卜阿勒氏首告,始爲報朕恩施,乃竟誘高樸給予黃金五十兩,并玉石二千餘斤,令在內地販買,則伊從前早有騷擾回民,盜取玉石情事,若不嚴加懲創,朕如何尚用伯克耶。倘伊尚在,即當正法,今雖病故,自應削去貝勒品級,以示懲儆。伊子鄂斯瑅現在襲爵,著傳旨即行削去,但鄂斯瑅并非隨同伊父居住,此等情事與伊無涉,著加恩授爲散秩大臣,仍留喀什噶爾阿奇木伯克之任,既已革去貝勒,自不便令帶雙眼孔雀翎,著賞給一眼孔雀翎。"以色提卜阿勒氏能據實控告,晉封貝子品級,其長子邁默特阿卜都拉特授二等台吉,賜孔雀翎,並停密爾岱山採玉,交色提卜阿勒氏管理,以絕滋擾。授烏什公品級邁瑪第敏拜城伊什幹伯克。

四十四年,以吐魯番札薩克多羅郡王素賚瑅虐所部衆,且私宮其屬,論罪,削郡王爵,詔赴京授一等侍衛。詔伊斯堪達爾襲札薩克多羅郡王爵。

四十五年,素賚瑅卒,詔歸葬吐魯番。哈密郡王品級札薩克多羅貝勒伊薩克卒,子額爾德錫爾襲。

四十八年,詔哈密、吐魯番、烏什回,並世襲罔替。理藩院議邁瑪第敏祖噶岱默特、海色木父薩里以軍功獲世職,請予世襲罔替。詔如議。

四十九年,先是巴達克山獻布拉呢敦逆子,有薩木薩克者,幼,竄安集延,上憫其無子,詔免捕誅。比長,窮不得食,陰遣人至喀什噶爾匄財物,布魯特散秩大臣阿其睦弟額爾穆等私與通,鄂斯瑅聞之,至是首諸喀什噶爾辦事大臣保成,阿其睦懼其弟獲重罪,誣阿斯瑅與同謀。詔械額穆爾等至京,訊得實。諭曰："阿奇木伯克鄂斯瑅感激朕恩,於薩木薩克與回衆潛通音信之事毫無隱諱,一經得信,即報知保成,隨同實心查辦,始終奮勉,甚屬可嘉,著加恩晉封固山貝子,以示獎勵。"

五十二年冬,庫車阿奇木伯克鄂斯璊來朝。

五十三年正月,阿奇木伯克鄂斯璊卒於京邸。諭曰:"阿奇木伯克貝子鄂斯璊歷年輸誠宣力,感戴朕恩,實心盡職,正資依任。今來京入覲,遽爾寢疾,朕遣御前侍衛帶領太醫院官往視,醫治不瘥,忽聞溘逝,深爲憫惻。著遣御前侍衛豐紳濟倫往奠,仍賞銀五百兩,令辦喪事。"復諭曰:"鄂斯璊所遺散秩大臣爵,即施恩令伊子邁哈默特鄂三承襲,但鄂斯璊效力年久,所有固山貝子爵,亦施恩令伊子邁哈默特鄂三承襲,以示朕撫恤回僕之意。"授伊斯堪達爾喀什噶爾三品阿奇木伯克,諭曰:"吐魯番郡王伊斯堪達爾前入覲時,朕觀其材具尚堪造就。今散秩大臣鄂斯璊病故,所遺喀什噶爾三品阿奇木伯克之缺,即著伊斯堪達爾補授,前往喀什噶爾隨同明亮、伯興辦理事務。伊斯堪達爾之兄色普拉、弟丕爾敦等俱現在吐魯番,著色普拉辦理遊牧事務,吐魯番大臣當善爲照料,伊斯堪達爾著賞銀一百兩,以爲遷徙家口之需,即於吐魯番官銀內撥給。伊斯堪達爾雖係郡王,且在乾清門行走,但初赴喀什噶爾阿奇木伯克任,明亮、伯興諸事務須指示,令照鄂斯璊任內事宜辦理。"詔哈密、吐魯番世襲封爵不必降等,諭曰:"哈密、吐魯番二部,皆國家世僕,其餘各城回人,雖經朕平定新疆時歸降,但效力幾三十年,奮勉急公,是以分別施恩,賞給王貝勒貝子公台吉等封爵。乾隆四十八年該院照例查明伊等封爵,或定世襲罔替,或定爲出缺後降等承襲,雖係照例辦理,但伊等來歸年久,共感朕恩,各勤職業,即如哈密郡王品級貝勒額爾德錫爾之始祖額貝都拉,歸誠以來,已歷數世。額爾德錫爾之祖玉素卜,在軍營勤勞懋著。貝子鄂斯璊之父鄂對,在軍營奮勉,封授貝勒品級,因罪削爵後,鄂斯璊仍諸事抒誠效力,復封貝子。色提卜阿勒氏先在軍營奮勉,又在阿奇木伯克任內數年,留心辦事。公伊巴喇伊木,一等台吉鄂囉木咱卜,二等台吉巴巴、阿布勒、丕爾敦,三等台吉阿卜都呢咱爾、帕爾薩伊等封爵,或因軍前效力封授,或因伊祖父功績賞給，若照院議，於出缺後降等承襲，日久遞降，殊非朕久遠撫恤回衆之至意。今施恩將議定降等承襲之額爾德錫爾、色提卜阿勒氏、鄂斯璊、伊巴喇伊木、鄂囉木咱卜、巴巴、阿布勒、丕爾敦、阿卜都呢咱爾、帕爾薩等十人，現襲之王貝子公台吉等封爵出缺時，不必降等承襲，俱著世襲罔替，以示朕優恤回僕之至意。併交該院行文各回城大臣，將朕此旨通行曉諭回衆人等，交相欣慶。"十二月，調伊斯堪達爾葉爾羌阿奇木伯克。烏什貝子品級輔國公色提卜阿勒氏卒。諭曰："色提卜阿勒氏實心效力，辦理一切，感激朕恩，宣力有年。昨據塔奇奏伊患病，朕即賜藥，以冀速痊。茲聞溘逝，深爲憫惻。著加恩賞銀五百兩治喪，所遺貝子品級公爵，即令伊長子邁默特阿卜都拉承襲。"

皇朝藩部要略卷之十七

前史官壽陽　祁韻士　纂
寶山　毛嶽生　編次
江陰　宋景昌　校寫
平定　張　穆　覆審

西藏部要略一

　　西藏即唐古特，別稱土伯特。凡四部，曰衛，曰藏，曰喀木，曰阿里，轄城六十餘。衛在四川打箭鑪西北，諺稱前藏，其首城曰拉薩。藏在衛西南，諺稱後藏，其首城曰日喀紫。喀木在衛東南，其首城曰巴塘。阿里居藏極西，有城曰達克喇，距岡底斯山三百餘里。西南徼地漸高，至岡底斯山而極。其西北有僧格、喀木布諸山，亙阿里北二千餘里，入喀齊部境；東北有諾木汗、烏巴什諸山，環衛地，達西寧，凡六千餘里；西南有們那克尼爾諸山，亙阿里南二千餘里，入額訥特珂克境，額訥特珂克，即古天竺國也；東南有達木楚克、喀木布諸山，亙藏衛、達喀木，凡七千餘里。《禹貢》曰："導黑水至于三危。"衛、藏、喀木統爲三危，喀拉烏蘇經其地入海，蒙古謂黑曰喀拉，謂水曰烏蘇。在唐、宋爲吐番，元、明即烏斯藏地。俗喜浮屠法，設紅、黃二教，以冠別，尤重黃教，達賴喇嘛、班禪喇嘛掌之。代理藏務者曰噶卜倫，次曰代奔，次曰西爾奔，次曰尚卓特巴，分理兵刑財賦。其治民者曰宗奔，戶五出兵一，賦納達賴喇嘛，市打箭鑪地，貢道由西寧入。達賴喇嘛、班禪喇嘛使稱堪布，噶卜倫使稱囊素，喀拉烏蘇設堪布喇嘛一，穆嚕烏蘇設蒙古宰桑一，司郵務。唐古特西南布魯克、巴拉達克、巴勒布諸國，道遠不自至，因達賴喇嘛納貢。達賴喇嘛居拉薩，曰布達拉。布達拉與普陀音近。普陀山有三，一在浙江定海縣，一在額訥特珂克之南海，一在唐古特，即達賴喇嘛居，別有伊克昭、巴罕昭。相傳布達拉爲吐蕃贊普建牙所,伊克昭爲唐文成公主建,巴罕昭爲吐番妻他國女建,今猶存唐長慶中與吐番定盟碑,及文成公主所事佛像。班禪喇嘛居日喀紫,曰札什倫布。唐古特謂如來相曰昭,大曰伊克,小曰巴罕,福壽曰札什,須彌曰倫布,以示慶也。達賴喇嘛、班禪喇嘛,明宗喀巴二大弟子,宗喀巴興黃教,弟子數千人,達賴喇嘛位居首,其名曰羅倫嘉穆錯,說者謂羅倫嘉穆錯而前,行教額訥特珂克、巴勒布、唐古特諸境,凡五十一世,率荒邈難稽。自羅倫嘉穆錯而後,世以化身掌黃教。一世曰根敦珠巴,二世曰根敦嘉穆錯,始立第巴代理所部事,三世曰索諾木嘉穆錯,即明時所稱活佛鎖南堅錯也。明懲唐吐番亂,思制御之。永樂中,封番僧爲大寶法王、大乘法王、大慈法王、闡教王、顯教王、化教王、贊善王、護教王凡八王,並給敕印。成化中,大寶法王來朝,遣內監以鹵簿送之,不達而返。索諾木嘉穆錯時,諸番僧莫不俯首稱弟子。四世曰雲丹嘉穆錯,五世曰阿旺羅卜藏嘉穆錯,即所稱第五輩達賴喇嘛也。喀爾喀及厄魯特部長敬禮之。有藏巴者,爲唐古特汗,居日喀紫,第巴奉達賴喇嘛居拉薩,不相能。

本朝崇德二年,喀爾喀三汗奏請發幣使,延達賴喇嘛。

四年,厄魯特使繼至,因賜書達賴喇嘛。

五年,遣使往達賴喇嘛所,以喀爾喀有違言,不果。

七年,達賴喇嘛、班禪喇嘛偕藏巴及厄魯特顧實汗圖魯拜琥,遣使貢方物達盛京,表稱曼珠師利大皇帝,義取文殊佛號,且切音與滿洲近也,今歲獻丹書克如之。使至,賜宴,命諸王貝勒宴如次,留八閱月。

八年,遣使存問達賴喇嘛,稱金剛大士,復賜書班禪喇嘛,給銀幣器物有差。會第巴乞兵厄魯特,稱藏巴虐部衆,蔑釋教,顧實汗自青海擊之。事聞,賜敕顧實汗,復諭藏巴曰:"爾稱佛國護法,遣使上書,邇聞爲厄魯特所敗,特賜函緘,嗣當修好勿絕。"藏巴尋爲顧實汗所戕。初,藏、衛及青海、巴爾喀木皆隸唐古特,顧實汗襲青海據之,令巴爾喀木納賦,復侵藏、衛,陽崇釋教,陰自強,給地達賴喇嘛、班禪喇嘛,遣長子達延轄其衆,號鄂齊爾汗,第六子多爾濟佐之,號達賴巴圖爾台吉。

順治三年,達賴喇嘛、顧實汗各遣使貢金佛念珠,賫甲冑弓矢皮幣。

四年,達賴喇嘛、班禪喇嘛表頌功德,獻方物。

五年,烏斯藏闡化王遣僧索諾穆拉什來貢,賜妙聖慧智灌頂國師號,遣使召達賴喇嘛。

六年,達賴喇嘛奏,明年歲在寅,俟辰年入覲。

九年,壬辰正月,達賴喇嘛以行期聞,鄂齊爾汗使從,遣官迎,詔定正副貢使賞例。十二月,達賴喇嘛入覲,獻方物,賜宴南苑,詔建黃寺居之。是年,明烏斯藏暨長河西魚通、寧遠、董卜韓胡諸指揮宣慰司,獻敕印,請內附。

十年正月,賜宴達賴喇嘛于太和殿,賫金幣鞍馬。二月,詔和碩親王碩塞率八旗兵,送達賴喇嘛至岱汗。四月,遣官齎金册印,封達賴喇嘛爲西天大善自在佛領天下釋教普通鄂齊賴達喇達賴喇嘛。

十三年,闡化王遣僧嘉穆錯、諾爾布等貢方物。先是,索諾穆拉什至,詔闡化王納明所給敕印,比年凡四遣使,至是獻舊玉印一及敕書,稱闡化王舊爲土伯特國主,藏巴襲之,顧實汗戕藏巴,以闡化王歸,達賴喇嘛轉給第巴,第巴因有闡化王敕印,詭遣邊內安鼎人,稱闡化王貢使,詔改授闡化王敕印,復賜書達賴喇嘛,詰第巴罪。

十七年,達賴喇嘛、班禪喇嘛、鄂齊爾汗表貢方物,遣官存問,賫雕鞍玉壺等物。

十八年,達賴喇嘛請市茶北勝州,允之。

康熙九年,鄂齊爾汗卒,賜賻祭,子朋素克嗣,號達賴汗。

十四年,達賴喇嘛遣使代逆藩吳三桂乞降。敕曰:"吳三桂初叛時,朕遣使往諭喇嘛,大兵分路進剿,若吳三桂竄赴唐古特,當即擒獻,喇嘛奏稱吳三桂曾取延打木、結達木二城,乃三噶爾瑪地,今既發兵攻取，防守沿邊，若欲徵兵深入，惟候詔旨，達賴巴圖台吉已自唐古特遣赴青海，令其有事相援，無事則鈐束部衆，朕思喇嘛崇尚信義，必如所奏而行，因以青海蒙古進兵故，傳諭滇蜀二省，達賴巴圖台吉辭松潘路險，未即赴，喇嘛又奏稱蒙古兵雖強，得城池，恐貪據，且西南地熱，風土不宜，若吳三桂勢窮悔罪，乞免死允降，吳三桂背恩謀逆，罪不容誅，朕豈容伊爲裂土罷兵請。又靖逆將軍張勇等奏稱青海蒙古入邊侵擾，蓋以叛鎮王輔臣昌亂寧羌故也，今西陲已晏然無事，喇嘛宜恪守前言，令達賴巴圖爾台吉等統轄部衆，毋得滋事擾民。"

二十二年，達賴喇嘛示寂，第巴匿不奏，嗣是殘喀爾喀及噶爾丹就滅，皆第巴爲之。噶爾丹幼，棄家依達賴喇嘛，後歸準噶爾，詭言達賴喇嘛授己博碩克圖汗號，以所居阿爾台鄰喀爾喀牧，謀侵之。未幾，喀爾喀右翼札薩克圖汗成衮，與左翼土謝圖汗察琿多爾濟構釁，達賴喇嘛遣札爾布奈定盟，察琿多爾濟不從，成衮子沙喇愬于朝，敕達賴喇嘛擇使善輯喀爾喀。達賴喇嘛奏唐古特以噶爾旦西勒圖爲尊，遣之往，蒙古謂喇嘛坐牀者爲西勒圖，蓋喇嘛大弟子也，而喀爾喀哲卜尊丹巴呼圖克圖亦奉詔赴盟壇與議，哲卜尊丹巴呼圖克圖者，土謝圖汗弟也，偕噶爾旦西勒圖集喀爾喀兩翼汗濟農諾顏台吉，宣諭定盟，噶爾丹偵哲卜尊丹巴呼圖克圖與噶爾旦西勒圖並坐，詰責之，因構兵，土謝圖汗不敵，偕哲卜尊丹巴呼圖克圖挈部內附。上以喀爾喀、厄魯特奉達賴喇嘛教，申命遣使罷兵。第巴煽噶爾丹侵喀爾喀，索哲卜尊丹巴呼圖克圖。

二十九年，噶爾丹詭爲達賴喇嘛表，偕唐古特、厄魯特汗台吉請上尊號。諭曰："朕聞喀爾喀部兄弟不睦，遣使達賴喇嘛諭令兩翼歸好，達賴喇嘛遣噶爾旦西勒圖往，不能仰體朕心及達賴喇嘛意，雖已和喀爾喀，而喀爾喀與厄魯特相仇之故，實從此起，後聞交惡興戎，即遣使達賴喇嘛所，達賴喇嘛遣齊緝克塔賴堪布等往，卒不能諭止之，聽其縱戰，喀爾喀爲所敗，朕復遣使達賴喇嘛所，諭令定盟息兵，達賴喇嘛遣濟隆呼圖克圖，朕遣伊拉古克三呼圖克圖往說之，詎意伊等不行諭止，反令闌入邊汛。朕出兵問罪，伊等立視其戰，我軍不得已而擊之，致厄魯特敗遁。朕與達賴喇嘛期于撫育衆生，而使臣故違意旨，至于如此，如能令厄魯特與喀爾喀修好，朕尚欲加達賴喇嘛嘉號，此皆任事行人，不能仰副朕心及達賴喇嘛意，至喀爾喀殘破，厄魯特喪敗，朕心實爲隱痛，復何尊號之可受乎？其以是諭達賴喇嘛及諸汗台吉等，來使貢物著并發還。"

三十年，以收撫喀爾喀全部，諭達賴喇嘛知之。

三十二年，達賴喇嘛使至。有巴圖爾額爾克濟農和囉理者，青海和碩特族也，遊牧西套，避噶爾丹侵來歸，賜居阿拉善，尋叛，復悔罪至。策妄阿喇布坦爲噶爾丹從子，修怨噶爾丹，第巴忌之，奏："和囉理安置青海，保無盜賊虞。厄魯特衆半附策妄阿喇布坦，若生亂端，何以禦之？唐古特舊市打箭鑪請勿禁，聽内地民與蒙古互市。"敕曰："和囉理以困窮來歸，朕優恤之，使居阿拉善，乃忘朕豢養恩，妄生猜疑，奔竄他所，今窮而復歸，朕復宥罪安置，并無欲得其利，欲用其力之心也。今爾欲和囉理遊牧青海，何不即遣人遷往，爾又言策妄阿喇布坦恐生亂端，目前并无妄爲之事，苟有此等事端，其時自當從公裁度。爾又奏打箭鑪交市之事，殆欲屯戍意也。爾與朕一道同風，歷年已久，如爾設立駐防，朕必量增戍卒。況我内地兵丁，約束甚嚴，未嘗私出邊境，爾但嚴禁屬衆，戍兵之設，可無用也。"達賴喇嘛尋奏年邁，事皆決第巴，請給之爵。詔封第巴爲土伯特國王，以達賴喇嘛辭異前奏，遣使往察，不得狀。

三十四年，諭召班禪喇嘛來朝，第巴與噶爾丹陰阻之。

三十五年，班禪喇嘛使至，稱避痘，達賴汗奏貽書勸赴召，不之從，會上親征噶爾丹，俘降衆，得第巴奸狀，諭達賴喇嘛、班禪喇嘛知之。復敕獎達賴汗曰："爾自顧實汗以來，與本朝和協同心，專尚宗喀巴道，至汗身益誠信不渝，頃噶爾丹陽護宗喀巴法，陰爲悖逆邪行，朕親統大兵剿滅之，第巴乃達賴喇嘛下司事之人，反不尊達賴喇嘛教,惟爾汗敬待朕使,豫以噶爾丹事奏聞,朕知爾不忘舊好,甚堅且專,凡悖壞教法,煽誘噶爾丹者,爾汗殆知之,特遣使往以示襃善貶惡之意。"敕責第巴曰:"爾陽奉宗喀巴教,陰與噶爾丹比,以久故之達賴喇嘛,詐爲尚存,遣濟隆呼圖克圖至噶爾丹所,烏蘭布通之役,爲擇戰日,朕遣人往召班禪喇嘛,爾又謂噶爾丹將要殺之,不遣行。青海博碩克圖濟農與噶爾丹結姻,又不舉發,爾果能改過,仍思遵宗喀巴道,奏明達賴喇嘛已故始末,尊奉班禪喇嘛使赴朕召,執獻濟隆呼圖克圖及博碩克圖濟農子所娶噶爾丹女,朕仍待汝以尊崇禮,不然朕必問爾欺達賴喇嘛助噶爾丹罪,爾向對朕使言,四厄魯特爲爾護法主,爾其召四厄魯特助汝,朕將觀何如也。"

　　三十六年,第巴疏詭稱達賴喇嘛存,令其使尼麻唐呼圖克圖密奏達賴喇嘛示寂,恐唐古特生變,故隱期,今第六世靜體已十五年,乞念唐古特衆勿遽宣。遣理藩院主事保住等齎敕諭曰:"朕數年來,久知達賴喇嘛已故,今爾輸誠密奏,朕不欲摘發隱私,傾人家國。嗣當益加恭順,勿違朕旨。"保住等行,我使自策妄阿喇布坦所歸,言西北諸厄魯特知達賴喇嘛示寂久,第巴阻策妄阿喇布坦兵令勿剿噶爾丹,復煽青海諸台吉私盟。詔保住等往視新達賴喇嘛,嚴詰第巴罪。第巴奏:"策妄阿喇布坦自撤兵,非臣阻,青海諸台吉懼噶爾丹侵,備兵盟,第六世達賴喇嘛尚坐禪,濟隆呼圖克圖請勿壞身命,班禪喇嘛將赴召,噶爾丹女乞仍給博碩克圖濟農子。"賜敕詰責。濟隆呼圖克圖尋械至,禁之。班禪喇嘛奏學淺不敢赴召,博碩克圖濟農子察罕丹津奏請免獻噶爾丹女,乃允之。是年,達賴汗遣使慶征噶爾丹捷,子拉藏以建達賴喇嘛塔故,赴青海,聞上招撫使至,偕諸台吉内附。達賴汗卒,拉藏嗣,第巴惡之。初,第巴與策妄阿喇布坦讐,噶爾丹既滅,第巴、策妄阿喇布坦畏天朝威,各卑詞乞命,然皆貌恭順,懷不靖志,策妄阿喇布坦詭遣使赴青海,聲言兵擊第巴,奏第巴壞宗門教,禁班禪喇嘛,僞立達賴喇嘛名羅卜藏琳沁策旺嘉穆錯者,惑諸蒙古,恐將滋變。上燭其奸,諭廷臣曰:"策妄阿喇布坦由博囉塔拉至土伯特，必經喀拉烏蘇等處，路徑險惡，斷不能往，若悉衆大舉，則附近哈薩克、布魯特諸部相仇殺，無留護妻孥者，若兵單力弱，斷難成事，惟有奮激而行，妻孥與俱，幸濟則已，否則有歸附土伯特之謀耳。其意特張虛聲，欲觀青海動靜，未必果欲爭戰也。"策妄阿喇布坦果寢兵。第巴計毒拉藏不死，以兵逐之，拉藏因集唐古特衆，執殺第巴。奏至，敕封輔教恭順汗，諭獻第巴所立達賴喇嘛。使至，策妄阿喇布坦遣人往迎，拉藏不予，復不以獻。諭曰："達賴喇嘛存日，六十年來，塞外不生一事，及身故後，第巴誘噶爾丹妄行不靖，朕觀奏詞，非復昔日語氣，遣使細訪，乃盡得欺詐狀。蒙古素崇佛教，有達賴喇嘛名皆皈嚮之，倘爲策妄阿喇布坦所迎歸，則西藏、蒙古皆向策妄阿喇布坦矣。拉藏今雖不從朕命，後必執之來獻。"

四十六年，拉藏汗獻第巴所立達賴喇嘛羅卜藏琳沁策旺嘉穆錯，道死，復立博克達之阿旺伊什嘉穆錯爲達賴喇嘛。初，唐古特人索諾木達爾札，其妻曰羅卜藏吹木索。有子二，長羅卜藏噶勒藏嘉穆錯，次恭格丹津羅卜藏噶勒藏嘉穆錯，幼慧甚，唐古特衆及青海諸台吉敬事之。拉藏汗既立博克達之阿旺伊什嘉穆錯爲達賴喇嘛，聞其名，忌之，將以兵戕，索諾木達爾札襁負走乃免。青海諸台吉以不辨真偽爭，詔遣官往視，拉藏汗奏以班禪喇嘛言置禪榻，王大臣等議拉藏汗與青海諸台吉隙，請遣官理藏務，詔侍郎赫壽往。

四十九年，班禪喇嘛、拉藏汗奏阿旺伊什嘉穆錯，諳經典，青海諸台吉信之，請給冊印，詔封第六世達賴喇嘛，撤赫壽歸。青海諸台吉訐拉藏汗辭誣，以裹塘之羅卜藏噶勒藏嘉穆錯爲真達賴喇嘛瑚畢勒罕，詔詢班禪喇嘛，如拉藏汗言，青海諸台吉復固爭，上以不輯之將構難，遣官檄集盟壇，示班禪喇嘛印文，諭徙羅卜藏噶勒藏嘉穆錯置內地，以索諾木達爾札護居西寧宗喀巴寺。青海貝勒察罕丹津、台吉羅卜藏丹津等稱避痘，不宜遠行，初議送紅山寺，繼請送西寧宗喀巴寺，卒不遣，且以兵脅異己者，詔大軍備之，乃懼，送羅卜藏噶勒藏嘉穆錯至宗喀巴寺。

五十六年,偵準噶爾潛兵赴藏,詔赫壽遺書拉藏汗曰:"將軍富寧安等擒準噶爾哨卒,言拉藏汗子娶策妄阿喇布坦女已三年,且生子。策妄阿喇布坦遣其將策凌敦多卜及托卜齊、都噶爾三都克等,率兵往阿里克,或策妄阿喇布坦兵至,俱未可定。爾既受我主封,食我主禄,而侵我邊部,我川兵三萬餘,豈有聽爾臨諾穆汗、烏巴什、穆嚕烏蘇境,侵青海之理乎？彼時助察罕丹津等與爾戰,悔無及矣。"蓋拉藏汗自仇殺第巴後,使貢不絶,策妄阿喇布坦忌之,語哲卜尊丹巴呼圖克圖使,拉藏汗嗜酒無謀,詭議姻,拉藏汗子三,長噶爾丹丹忠,次索爾札,次色布騰。策妄阿喇布坦以女博托洛克爲噶爾丹丹忠婦,來娶,留不遣,上聞之,諭歸拉藏汗子,不從。西域謂善巫蠱者曰鮇苔,噶爾丹丹忠習其術,策妄阿喇布坦誘縛之,夾兩釜間烙死,遣兵六千襲藏,詭稱噶爾丹丹忠及博托洛克歸,拉藏汗前以爭達賴喇嘛,與青海諸台吉違言,事甫定,準噶爾兵赴藏,上疑之,或拉藏汗煽策妄阿喇布坦搆兵也。青海尋以準噶爾侵拉藏汗告,詔荆州、太原駐防兵,赴成都、西安,以署西安將軍額倫特屯西寧,都統和禮屯雲南,護軍統領溫布屯打箭鑪,侍衛色楞宣諭青海諸台吉備兵。時策凌敦多卜率準噶爾衆由特幾斯踰凈科爾庭山,拉藏汗不之備,賊至達木始覺,偕子索爾札拒,不敵,奔守布達拉,遣使齎疏乞援。賊誘噶卜倫沙克都爾札卜,唐古特台吉納木札勒等,開布達拉門入,戕拉藏汗,拘色布騰及宰桑等,禁阿旺伊什嘉穆錯于札克布里廟。索爾札率兵三千餘潰走,爲所擒,其妻間道來奔,詔安置博囉充克克優養之。

　　五十七年,拉藏汗疏始至,詔額倫特、色楞往援,失利,從兵或爲準噶爾所掠,策凌敦多卜復誘裏塘營官喇嘛等赴藏。裏塘外曰布巴塘,而察木多、而乍雅、而巴爾喀木皆距近。

　　五十八年,都統法喇奉詔屯打箭鑪,奏裏塘至唐古特咸敬瑚畢勒罕,請移打箭鑪兵屯裏塘,相機剿準噶爾,復令索諾木達爾札諭營官喇嘛等,使知駐兵裏塘,乃聖主保護瑚畢勒罕鄉衆至意,裏塘外諸境可傳檄定,詔可,乃進屯裏塘。第巴色布騰阿住、達瓦喇木札木巴等抗不就撫,誅之。傳檄巴塘、察木多、乍雅,各籍其土及民數復詔自打箭鑪進屯巴塘。策凌敦多卜懼,送所掠兵自巴爾喀木歸,言唐古特時有瘴,準噶爾難久處,羅卜藏噶勒藏嘉穆錯,唐古特衆僉稱爲真達賴喇嘛,若置禪榻善甚,命撫遠大將軍固山貝子允禵宣諭青海台吉等,從大將軍入藏,羅卜藏噶勒藏嘉穆錯奏隨地可置禪榻,興大兵恐擾衆,王大臣等以藏地遠且險不決進兵議。

五十九年,諭曰:"策凌敦多卜聞我師至,自必望風遠遁。俟定立法教後,或暫留兵守視,或久鎮其地,唐古特衆皆知我兵,準噶爾至,以逸待勞,何難剿滅。西寧至四川、雲南境外,土番錯處,西藏皆土番族,若策凌敦多卜侵據藏地,唐古特衆即爲準噶爾兵,邊疆土番,復安能保全耶?喀爾喀及青海俱服朕風化,準噶爾乃侵據藏地,青海台吉理應棄命亡身,乃口稱維持黃教,乏實心效力人,朕思策凌敦多卜兵遠道衝雪,尚能至藏,我兵獨不能赴乎?此時若不安藏,賊益無所忌憚,安藏大兵決宜前進。"詔封羅卜藏噶勒藏嘉穆錯爲宏法覺衆第六世達賴喇嘛,賜金冊印。以護軍統領噶爾弼爲定西將軍,都統延信爲平逆將軍,率青海及內札薩克、喀爾喀、阿拉善兵護達賴喇嘛行,噶爾弼自拉里進,擊準噶爾宰桑春丕勒於章來爾戎,抵墨朱工喀,第巴達克咱、喇嘛鍾科爾等迎降,集皮船渡。宣諭大小第巴及各寺喇嘛,封達賴喇嘛倉庫,斷賊糧道,唐古特人康濟鼐集唐古特兵,偵賊走多特,追擊之,斬獲甚衆,誅所置喇嘛總管等。延信自青海進,敗準噶爾于卜克河、齊諾郭勒、綽瑪喇賊由克底雅遁,軍抵藏,出阿旺伊什嘉穆錯於禁所,廢之。蓋自第五世達賴喇嘛示寂後幾四十年,第六世達賴喇嘛始定。先是,準噶爾賊未至藏,遣理藩院主事勝住、喇嘛楚爾沁藏布、喇木占巴等往圖地域,至是大兵入,諸番內附,上以山川名漢番異稱,命大學士九卿等詳考西南徼外輿地。

六十年,叙唐古特迎降功,封第巴康濟鼐阿爾布隆固山貝子,隆布鼐輔國公,理前藏務,頗羅鼐札薩克一等台吉,理後藏務,各授噶卜倫。御製《平定西藏碑》，建伊克昭。文曰："昔者太宗文皇帝崇德七年，班禪額爾德尼、達賴喇嘛、顧實汗謂東土有聖人出，特遣使自人跡不至之區，經仇敵之國，閱數年始達盛京，至今八十載，同行善事，俱爲施主，頗極安寧。後達賴喇嘛之殁，第巴隱匿不奏者十有六年，任意妄行，拉藏滅之，復興其法，因而允從拉藏、青海群衆公同之請，中間策妄阿喇布坦妄生事端，動準噶爾之衆，肆行奸詐，滅壞達賴喇嘛并廢第五輩達賴喇嘛之塔，辱蔑班禪，毀壞寺廟，殺戮喇嘛，名爲興法，而實滅之，且欲竊據土伯特國。朕以其所爲非法，爰命皇子允禵爲大將軍，又遣朕子孫等調發滿洲、蒙古、綠旗兵各數萬，歷烟瘴之地，士馬安然而至，賊衆三次乘夜盜營，我兵奮力擊殺，賊皆喪膽遠遁，一矢不發，平定西藏，振興法教。賜今瑚畢勒罕冊印，封爲第六輩達賴喇嘛，安置禪榻，撫綏土伯特僧俗人衆，各復生業。于是文武臣工咸謂王師西討，歷瘴癘險遠之區，曾未半載，輒建殊勳，實從古所未有，而諸蒙古部落及土伯特酋長亦合詞奏曰：'皇帝勇略神武，超越往代，天兵所臨，邪魔掃蕩，復興蒙古向所尊奉法教，喀木、藏、衛等部人衆，咸得拔離湯火，樂土安居，如此盛德大業，非臣下頌揚所能宣馨，請賜御製碑文，鐫勒昭地，以垂永久。'朕何功焉，而群衆勤請不已，爰紀斯文，立石西藏，俾中外知達賴喇嘛等三朝恭順之誠，諸部落累世崇奉法教之意。朕之此舉，所以除逆撫順，綏衆興教云爾。"

雍正元年，詔給第六世達賴喇嘛冊印，文視第五世達賴喇嘛，別賜敕司噶卜倫務。

二年，大軍討青海叛賊羅卜藏丹津，誅助逆喇嘛等。諭曰："喇嘛助羅卜藏丹津爲逆，糾數千餘衆，以致追剿覆滅，玷辱法教甚矣。前準噶爾據唐古特，戮僧徒，毀寺廟，大軍往討之，恢復昭地，法教振興，如此隆恩，不知感激，反助悖逆，尚可謂遵奉法教者乎？其以此諭喇嘛等知之。"

三年，撤大軍還，以康濟鼐總藏務，阿爾布巴副之。王大臣等奏阿里形勝地，康濟鼐既駐藏，請令擇代理阿里務者。康濟鼐遵旨議以其兄喀錫鼐色布登喇什爲阿里總管，撫遠大將軍年羹堯請令康濟鼐專居藏地，上察阿爾布巴等與康濟鼐異志。諭曰："若令康濟鼐孤身在藏，阿爾布巴等不之服。康濟鼐雖欲效忠，勢必不能，仍令兩處往來行走，兼理藏及阿里務爲善。"先是，達賴喇嘛赴藏，索諾木達爾札偕行，既娶隆布鼐女二，隆布鼐恃達賴喇嘛姻，忌康濟鼐，諸噶卜倫由是不相能。川陝總督岳鍾琪奏，打箭鑪外裏塘、巴塘、乍雅、察木多、中甸請隸內地，給頭目等土司職。察木多外魯隆宗、雜哇、坐爾剛、桑噶、吹宗衮卓諸部，距打箭鑪遠，內地遙制不便，請隸唐古特，以噶卜倫康濟鼐、阿爾布巴理之。遣副都統鄂齊往諭達賴喇嘛。

　　四年，鄂齊奏達賴喇嘛幼，康濟鼐恃績蔑視諸噶卜倫，阿爾布巴、隆布鼐等陰險，黨札爾鼐附之，恐構達賴喇嘛與康濟鼐不睦，請罷隆布鼐、札爾鼐，翦阿爾布巴翼。諭達賴喇嘛偕康濟鼐、阿爾布巴和衷。有衮都阿喇木巴者，羅卜藏吹木索弟也，善翼視達賴喇嘛，賜達爾漢號。復詔設駐藏大臣，以副都統瑪拉、內閣學士僧格往。

　　五年，瑪拉等至藏，阿爾布巴、隆布鼐、札爾鼐陰以兵戕康濟鼐叛，遣賊黨侵阿里，喀錫鼐色布登喇什以義不反兵，驟擊之，戰歿，其長子噶錫巴納木札勒色布騰從台吉頗羅鼐集後藏兵拒，賊卻走，將往擊之，馳奏乞援。詔左都御史查郎阿率兵萬五千餘赴藏。亂作，瑪拉等以諸顏和碩齊轄喀拉烏蘇兵，護唐古特衆，奏請賜爵，詔授札薩克一等台吉。

　　六年，頗羅鼐諜大軍將至，集後藏及阿里兵九千，自潘玉口馳赴前藏，聞瑪拉等駐拉薩，護達賴喇嘛遣兵助，召諸寺喇嘛，擒阿爾布巴、隆布鼐、札爾鼐等，送瑪拉所。查郎阿至，誅阿爾布巴等及其孥，請留兵二千駐藏，徙達賴喇嘛居裏塘。允之。以札薩克貝子頗羅鼐領後藏務，轄阿里、岡底斯境，諭給銀三萬賞從兵，頗羅鼐請以車稜旺札勒協理藏務，詔授札薩克一等台吉兼噶卜倫。查郎阿將撤大軍還，奏舊設噶卜倫理前藏務，今藏地初定，頗羅鼐爲衆服，請令兼領前藏。從之，諭曰："前用兵西藏時，頗羅鼐甚爲效力，其後噶卜倫等嫉妬爭權，阿爾布巴、隆布鼐等潛結匪類，公然肆惡，擅殺朝廷敕封貝子總理事務之康濟鼐，并欲害及頗羅鼐。頗羅鼐奏聞逆黨罪狀，朕遣大軍領兵前往，察詢情由，分別治罪。頗羅鼐聞大軍將至，率衆奮勇前馳，直抵藏地。阿爾布巴等力屈勢窮，被各寺喇嘛擒獻。大臣至彼盡得悖逆妄亂之情，已將阿爾布巴及叛逆等盡行殲誅，自此黃教可興，番衆可輯。頗羅鼐深知大義，討逆鋤奸，俾無幸受害者，得雪沈寃，背惡肆行者早正刑辟，甚屬可嘉，著封爲固山貝子，以獎義勇，以昭國憲。"上憫康濟鼐無嗣，詔追授其兄喀錫鼐色布登喇什爲一等台吉，長子噶巴納木札色布騰襲爵，賞孔雀翎。詔徙達賴喇嘛居裏塘，索諾木達爾札代達賴喇嘛來朝，奉表貢物，賜珊瑚頂、雙眼孔雀翎。復諭曰："索諾木達爾札訓示達賴喇嘛學習經典，保護多方，西藏諸務，毫不干豫，甚屬可嘉，著封爲輔國公。"邱鍾琪奏移化林兵五百往護，復以兵四百屯噶達西吹音堡，及鴉籠江上中下三渡，尋徙泰寧。四川總督黃廷桂奏泰寧距打箭鑪道險，舊屯兵五百不給防禦，請增兵如數，令與西藏、裏塘、巴塘互犄角。從之。大軍之討阿爾布巴，噶爾丹策凌使至，奏請赴藏煎茶。上不允。

七年，達賴喇嘛至裏塘，建噶達寺居之。將遣兵討準噶爾，諭曰："策妄阿喇布坦假黃教爲名，潛兵入藏，無故殺拉藏汗，遣使往討，復敢阻兵抗命，其後策妄阿喇布坦身故，子噶爾丹策凌遣使至，奏稱欲使衆生樂業，黃教振興，噶爾丹策凌不過一微末台吉，此豈伊應出語耶？且西藏阿爾布巴、隆布鼐、札爾鼐等，濟惡同謀，皆以準噶爾鄰伊地，青海叛賊羅卜藏丹津係伊等姻戚，彼此相依，窘迫時必往投之。頗羅鼐勇往直前，截賊去路，阿爾布巴等未得前進，輒被擒。準噶爾若仍留遊牧，將來青海及西藏地必受其害，此朕所熟思而審處者也。"

八年，僧格偕頗羅鼐以兵千五百屯騰格里諾爾。以頗羅鼐子珠爾默特策布登統阿里諸路兵，防準噶爾賊，保唐古特，詔授札薩克一等台吉。

九年，一等台吉噶錫巴納木札勒色布騰表謝恩，獻方物。諭曰："前以喀錫鼐色布登喇什陣亡阿里，經頗羅鼐奏請特贈一等台吉，其子噶錫巴納木札勒色布騰襲之。邇聞爲國效力，辦理事務亦善，且爲康濟鼐兄子，康濟鼐宣力有年，抒誠報效，始終不懈，并無子嗣，著將噶錫巴納木札勒色布騰格外施恩，封授輔國公，世襲罔替。"尋授噶卜倫。布魯克巴部諾顏琳臣齊壘喇布濟、喇嘛札爾、西里布魯克顧濟、噶碧棟嚕布等納貢。諭曰："朕爲天下主，一視同仁，無分中外。乃者附近帕爾城之布魯克巴人等，起釁構兵，互相讐殺，朕聞之甚不忍。頗羅鼐仰體朕意，與班禪喇嘛遣使往諭朝廷恩德，布魯克巴人等感悟息爭，敬順無違，且請施恩訓誨，朕甚嘉悅，嗣此恪守疆界，共相和睦，永遵釋教，祇奉恩綸，朕自益加優眷。"復以頗羅鼐招撫功，詔晉封多羅貝勒，總理衛、藏噶卜倫務。諭嘉札薩克一等台吉珠爾默特策布登奮勇效力，晉封輔國公，賜敕印。班禪喇嘛尋偕頗羅鼐助駐藏軍糧，瑪拉郤之，復固請，詔給如值，以軍餉足，不煩獻助宣諭。先是，準噶爾掠索爾札、色布騰禁之，哲卜尊丹巴呼圖克圖説策妄阿喇布坦獻謝罪，不從，子噶爾丹策凌嗣給索爾札戶十，詭稱將遣歸唐古特，頗羅鼐聞之以告。諭曰："準噶爾戕拉藏汗，掠其子索爾札等歸，今稱遣還西藏，不可不嚴爲防備。前策妄阿喇布坦遣策凌敦多卜襲西藏時，詭稱噶爾丹忠偕其女歸，乘拉藏汗不備，襲唐古特地，今遣歸索爾札之言，正噶爾丹策凌奸計，若唐古特少爲玩忽，即蹈前策凌敦多卜故轍矣。準噶爾既殺拉藏汗，豈肯令其子索爾札歸藏襲爵？唐古特現有訓練蒙古兵，爾其與駐藏大臣等定議，設汛阿里、哲斯肯、圖魯克勒底雅等處協力防禦，準噶爾若以兵隨索爾札至，可即迎擊之。索爾札父兄被人殺害，焉有不忿恨之理。若果思報仇，感戴朕恩，率屬來歸，爾等自可悉心安頓。至若立汗之事，當令達賴喇嘛、班禪喇嘛奏聞于朕，方可建之，豈可令噶爾丹策凌任意妄行。"久之，索爾札不至，後大軍定準噶爾，色布騰及索爾札子納噶察始來歸，附牧察哈爾旗。

十年，拉達克汗德忠納木札勒奏臣理國事，尊釋教，偵準噶爾情，輒以告，乞賜恩綸。敕曰："爾父尼瑪納木札勒偕貝子康濟鼐同心報效，前已大沛恩膏，今爾亦效爾父與貝勒頗羅鼐一體效力，甚屬勤勞，嗣當益加黽勉，以紹前徽。"僧格奏巴勒布部雅木布、車稜、庫庫木三汗慕聖德，遣貢請覲。上憫其道遠，敕曰："爾汗慕朕仁化，萬里輸誠，朕甚嘉悅，納所進方物，第念道路遙遠往返維艱，爾使即由西藏遣歸，爾汗但與貝勒頗羅鼐協力和衷，維持黃教，以副朕普育群生至意。"

十一年，諭曰："西藏駐劄弁兵，本爲保護唐古特衆，防範準噶爾設。比來賊衆敗竄，不能復涉藏地，頗羅鼐抒誠效力，唐古特兵皆訓練壯勇，目今藏地無事，兵丁多集，米穀錢糧雖給自內地，唐古特不無解送勞，著量留守藏兵五百，餘盡撤還。前令達賴喇嘛移駐泰寧，因唐古特有阿爾布巴等事，恐準噶爾乘間來犯，其從至弟子，久違鄉土，各懷歸志，班禪喇嘛現復年邁有疾，著仍遷達賴喇嘛歸藏。"

十三年，輔國公索諾木達爾札從達賴喇嘛歸藏。

皇朝藩部要略卷之十八

前史官壽陽　祁韻士　纂
寶山　毛嶽生　編次
江陰　宋景昌　校寫
平定　張　穆　覆審

西藏部要略二

乾隆元年，布魯克巴部諾顏琳臣齊壘喇布濟等，奉表貢。札薩克一等台吉諾顏和碩齊卒。駐藏副都統瑪拉等奏偕頗羅鼐議代領喀拉烏蘇兵者，頗羅鼐子珠爾默特納木札勒歲領塔木、騰格里諾爾兵，防汛塔木，距喀拉烏蘇邇，可令兼轄，諾顏和碩齊所遺札薩克一等台吉，其弟車臣哈什哈現理古木布木務，請令襲爵。允之。

三年，拉達克汗遣獻方物，各賜敕獎。

四年，駐藏副都統杭奕祿奏："巴勒布三汗邇搆兵，臣遣頗羅鼐諭輯之，咸聽命，獻所部民數。"詔優賚。復以頗羅鼐績，晉封多羅郡王。噶爾丹策凌請赴藏煎茶。諭曰："朕爲天下大君，不阻奉教之人。爾準噶爾前曾潛往藏地，擾害土伯特衆，今若徑赴彼地，土伯特或懷憤滋事，爾果誠心布施，朕當遣兵護往。"既而準噶爾煎茶使道棟科爾，以爭市值，不果往。詔責違信罪，噶爾丹策凌遣謝，固申前請，允之。是年，輔國公一等台吉噶巴納木札勒色布騰卒，弟班第達襲。

五年，札薩克一等台吉車臣哈什哈卒，弟齊旺多爾濟襲。

八年，準噶爾煎茶使至藏，謂頗羅鼐曰："聞拉達克言土伯特黃教盛，今信然。噶勒招穆倫河濱舊設溫都遜喇嘛禪榻，噶爾丹策凌乞代葺，準噶爾乏諳經典喇嘛，乞給我攜歸，聞唐古特不善騎，且乏軍械，今觀之武備稍勝。"頗羅鼐語之曰："大皇帝闡黃教，輯衆生，以故土伯特富庶甚，爾等至藏煎茶，賞馬駞路費令極裕，此皆恭順天朝所致，土伯特以準噶爾襲，始嚴武備，我蒙恩統藏務，簡兵繕械，有侵圉者足禦之矣。所請修廟延僧事，非奉旨安敢擅行。"準噶爾使唯而退，諭獎頗羅鼐應使得體，賚幣。噶爾丹策凌忌之，訐頗羅鼐不善理煎茶務。諭曰："頗羅鼐奏準噶爾衆，有侵害土伯特仇，喇嘛等不願前往，故不之給。爾奏頗羅鼐念拉藏汗仇，辦給爾使諸物，俱未協。朕爲大君，不分内外，頗羅鼐與爾等皆僻處遠地，彼此互有違言，朕豈肯偏聽爾，遽罪頗羅鼐乎？"復詔駐藏副都統傅清等偕頗羅鼐議防準噶爾。珠爾默特策布登以兵五千駐防阿里克。

九年，準噶爾使自藏歸。珠爾默特策布登、班第達、齊旺多爾濟以協頗羅鼐理準噶爾煎茶務，並賜幣獎，珠爾默特策布登會病足，自阿里歸藏。是年，輔國公索諾木達爾札卒。諭曰："索諾木爾札係達賴喇嘛父，皇考加恩達賴喇嘛，特予封爵，伊亦深感皇考恩，行走謹慎，歷十有餘年，著加恩令伊子恭格丹津仍襲輔國公爵，以示優眷。"

十年，詔駐藏大臣三年一代。札薩克一等台吉齊旺多爾濟卒，駐藏副都統傅清等奏，頗羅鼐請以諾顔和碩齊子旺對襲。諭曰："伊係舉家受恩之人，令其辦理諸務，自爲有益，諾顔和碩齊受國厚恩，授爲札薩克一等台吉，伊弟相繼承襲，亦各奮勉效力。今齊旺多爾濟病故，著照所請，以其兄諾顔和碩齊子旺對承襲札薩克一等台吉。"

十一年，諭頗羅鼐曰："爾素效忠誠，勤勞懋著，自朕御極以來，悉心靖共，凡事竭力奮勉，辦理妥協，甚屬可嘉。著加恩于爾子内封一長子，日後承襲王爵，總理藏務，所係甚要，其善擇才堪嗣爾，悦服衆心，禆益公務者以聞。"頗羅鼐子二，長珠爾默特策布登，次珠爾默特納木札勒。珠爾默特策布登病足以長子讓弟，珠爾默特納木札勒詭讓兄，頗羅鼐愛少子，請以珠爾默特納木札勒爲長子，允之。上嘉珠爾默特策布登之讓，諭曰："珠爾默特策布登雖有疾，前曾出兵效力，著加恩封鎮國公。"頗羅鼐善服衆，爲諸噶卜倫所敬事，有綏奔喇嘛札克巴達顔者，書其名瘞詛之，事覺，頗羅鼐欲弭變，輕議綏奔喇嘛札克巴達顏罪。上嘉之,諭鎮壓左道不足患,其偕達賴喇嘛協輯唐古特眾。

十二年,珠爾默特策布登疾痊,駐藏副都統傅清等請遣屯阿里克汛,允之。準噶爾使再入藏煎茶,駐藏副都統傅清等遣車稜旺札勒以喀拉烏蘇兵三百監之。遣旺對領兵設汛阿哈雅克阿里克路,班第達協頗羅鼐總理諸務。頗羅鼐卒。遣官賻祭,以珠爾默特納木札勒襲郡王爵,兼理衛、藏噶卜倫務。諭傅清曰:"珠爾默特納木札勒不更事,或未服唐古特眾,且頗羅鼐以暴疾亡,珠爾默特納木札勒或以綏奔喇嘛札克巴達顏故,與達賴喇嘛搆隙,不肖眾起而間之,不無滋事虞,爾其留意體察,導珠爾默特納木札勒任用舊人,復以協理藏務,當如頗羅鼐存日。宣諭眾噶卜倫知之。"會準噶爾台吉策妄多爾濟納木札勒復遣使赴藏煎茶,入寺,詭避痘,以已卒守門,不令官兵從。上以準噶爾狡甚,飭嚴防,雖歸巢勿稍忽。珠爾默納木札勒奏藏地謐無事,請撤官兵歸。上念頗羅鼐有安藏功,且蒙恩厚,珠爾默特納木札勒必無異志,不從撤兵請,適滋疑,不如示之信,詔可。諭達賴喇嘛,嗣勿令準噶爾入藏,雖固請弗允。珠爾默特納木札勒詭稱準噶爾眾襲唐古特,至碩翁圖庫爾,遣兵備喀拉烏蘇,徙達木番眾,不數旬,揚言準噶爾至阿哈雅克,自率兵往備。駐藏提督索拜遣旺對赴喀拉烏蘇備之,比至無蹤,上聞之,詔撤喀拉烏蘇兵及達木番歸牧,勿惑眾。

十三年,準噶爾使自藏歸,諸噶卜倫並賜幣獎,詔授班第達兄噶錫巴納木札勒色布騰子巴桑車凌為一等台吉。諭曰:"昆弟子姓,世受國恩,嗣益勉無怠。"初,郡王頗羅鼐以女妻班第達,頗羅鼐卒,班第達察珠爾默特納木札勒有逆志,不之附,珠爾默特納木札勒惡之,奪其孥。

十四年,駐藏副都統紀山劾珠爾默特納木札勒妄戾,請檄珠爾默特策布登至協理藏務。上不允,諭紀山善導之,勿露防範迹。已而珠爾默特納木札勒以珠爾默特策布登發阿里兵將擾藏告,蓋計陷之也。敕諭珠爾默特策布登："爾父子昆弟受朕恩深重，爾所素知，爾今無故發兵，是既負朕恩，又玷辱爾父矣，爾於兄弟之間，素敦和好，爾父爵尚讓爾弟襲，今乃轉欲搆兵取罪，果爾兄弟不睦，宜親身至藏，以實情告辦事大臣及達賴喇嘛，俟奏至，朕議爾兄弟事務，令永遠和睦。如爾有欲奏言，亦即具奏，朕自有措處也。"復諭傅清曰："珠爾默特納木札勒年幼躁急，性好滋事，若果無他故，其兄欲進兵至藏，是特兄弟間互相侵犯耳。若其兄並無此事，而伊造言誣搆，則宜相機辦理。"

十五年，珠爾默特納木札勒以兵戕其兄珠爾默特策布登于阿里，詭以兄暴疾聞，請收葬，幷育兄子，上允之。時珠爾默特策布登子朋素克旺布及珠爾默特旺札勒皆居後藏，珠爾默特納木札勒以兵往戕朋素克旺布，陽稱逃亡，珠爾默特旺札勒奔札什倫布，依班禪額爾德尼爲喇嘛，乃免。駐藏都統傅清、左都御史拉布敦以珠爾默特納木札勒攜兵離藏告。蓋是時珠爾默特納木札勒忌其兄珠爾默特策布登襲殺之，私攜礮至後藏，誣籍噶卜倫輔國公班第達及第巴布隆贊等。旋達木，距前藏三百餘里，擁衆二千餘不歸。奏至，上不忍即誅之，諭曰："此或珠爾默特納木札勒以部衆不皆順，擁兵自護，且或因弟兄啓釁，懼朕問罪，妄意離巢穴可苟免，此時惟應靜以鎮之。待其自起自止，在我原無治罪之心，則彼亦不生猜疑之念也。"嗣傅清等密疏叛狀。詔俟副都統班第自青海赴藏討罪。復諭四川總督策楞、提督岳鍾琪等馳兵往會。而是時賊猖盛梗驛道，軍書不達者旬日，傅清偕拉布敦計，不急誅，賊必據唐古特爲變，召珠爾默特納木札勒至，待諸樓，甫登，起責其罪曰："爾違天子命，且忘爾父，無君無父，罪不可赦。"傅清趨前扼其臂，拉布敦拔佩刀剌之，諭脅從罔治。有羅卜藏札什者，趨下呼賊千餘突至，聚圍樓，集藳焚，達賴喇嘛遣番僧往護，不得入，傅清、拉布敦死之。先是，傅清等將除珠爾默特納木札勒，密與班第達謀，羅卜藏札什乘亂攦帑二萬餘挺走。班第達復奔告達賴喇嘛集兵捕逆，翼日擒禁之，遣番衆屯要汛，諭勿傷漢民，抗官軍。達賴喇嘛善之，奏令班第達暫理藏務。時四川總督策楞等赴藏定亂。諭曰："班第達不能救護駐藏大臣，念其勢孤力弱，尚屬無過，然亦無功可錄，但不附逆黨，猶知尊向天朝，著以輔國公爵，管理噶卜倫務，應俟徐加恩賜。"策楞既就道，又諭曰："此措置唐古特一大機會也，若經理得宜，自可永遠寧謐，否則久復別生事端。珠爾默特納木札勒敢懷逆志，萌于地廣兵強，事權專一。嗣此唐古特應多立頭目，以分其勢，爾等其詳議善後事宜，爲一勞永逸計。"策楞等至藏，磔珠爾默特納木札勒子達爾札策楞及羅卜藏札什，奏傅清、拉布敦誅逆被害狀。上召諭廷臣曰："從前頗羅鼐實心恭順，料理藏中事務，一切安帖。皇考世宗憲皇帝，屢次加恩，由台吉封爲貝勒，伊感激我朝厚恩，彌益悃誠。朕即位以後，封爲郡王。後因頗羅鼐年力就衰，朕詢伊二子之中，孰堪爲嗣。伊奏稱長子軟弱，又已出家，二子珠爾默特納木札勒人尚強幹，能勝彈壓，因令其承襲。迨伊奏事一二次以後，朕于其辭意之間，即知其非伊父居心可比，日後必生事端，諭駐藏大臣留心體察。傅清前經駐藏，爲伊所信服，遂令前往，且慮其勢孤，益以拉布敦協同駐藏。乃珠爾默特納木札勒心益狡悖，將長兄珠爾默特策布登圖害，又與達賴喇嘛素有仇釁，既戕其兄，遂欲計害藏中不順伊之班第達等，其勢將延及達賴喇嘛，獨居其地，雄長一方。近遂將塘汛文書，禁絕不通，悖逆情形，漸益昭著。傅清、拉布敦稔知其奸，疏請便宜從事，以絕後患。於今年十月初八日奏到，朕以僅二大臣孤懸絕域，未可輕舉，批令候班第更換拉布敦到藏日，會同達賴喇嘛及藏中大噶卜倫等明正其罪，以申國法。乃傅清等未及接到諭旨，即于十月十三日傳珠爾默特納木札勒到通司岡加以誅戮。而傅清、拉布敦旋爲伊屬羅卜藏札什所害。總督策楞奏到，朕深爲憫惻，不覺涕零。因思傅清、拉布敦若靜候諭旨遵行，或不至是。但珠爾默特納木札勒反形已露，倘不先加誅戮，傅清等亦必遭其荼毒。則傅清、拉布登之先幾籌畫，殲厥渠魁，實屬可嘉，非如霍光之誘至樓蘭而斬之也。夫臨陣捐軀，雖奮不顾身，然尚迫以势所不得不然。如傅清、拉布敦揆几审势，决计定谋，其心较苦，而其功为尤大。以如此实心为国之大臣，不保其令终，安能不倍加轸悼耶！傅清、拉布敦著加恩追赠为一等伯，入祀贤良、昭忠祠，春秋致祭。傅清并入伊家祠从祀，伊等子孙给与一等子爵，世袭罔替，以示朕褒忠录庸之至意。并将伊二人为国捐躯之大节，明白宣示，使天下共知其不得已之苦心。否则好事喜功者，借此二人为口实，而事外之无知人，又议其擅开边衅，而仍邀国家如此厚恩者，朕岂肯令其是非倒置若此哉。"

十六年，方乱时，有清特古斯者，屯兵阿里助珠尔默特纳木札勒为逆，班第达诛之，遣台吉集都鼐理阿里务，给卓理克力号，事闻。谕策楞等曰："班第达擅给台吉号，俨以藏王自居，今令管理噶卜伦务，复命多立数人，班第达或大失所望，虽未必显有抗违，但其心稍恐不足，务须明切导之，以珠尔默特纳木札勒恃有王爵，拥势太重，酿成嫌隙，今多立噶卜伦正可保全终始，令彼涣然疑释，庶可永宁。"策楞抵藏，奏达赖喇嘛以镇阿里要地必重名号，故权给之，班第达恭顺可信，臣遵旨宣谕，感且泣，矢竭诚报效。策楞等以珠尔默特纳木札勒通准噶尔逆书闻。谕曰："前驻藏都统傅清、左都御史拉布敦，因珠尔默特纳木札勒逆谋显著，先事剪除，奋不顾身，忠诚卓越，俱已加恩赠卹，入祀贤良、昭忠二祠，傅清并入伊家祠从祀，不知者或訾二人冒险邀功，且议朕为酬庸过厚也。今据策楞、班第等奏，珠尔默特纳木札勒自立名号，潜遣其心腹，通款准噶尔，称策妄多尔济纳木札勒为汗，且求其发兵至拉达克地方以为声援，幸值准夷内溃，遣使人回藏被获，得其逆书，并馈敌诸物，是其阴蓄异志，勾结准夷，罪不容诛，设非二臣协力同心，决计先发，则其遗害藏地，将不可言，是二臣之心甚苦，而其有功于国家甚大，应特建双忠祠，合祀二人，春秋致祭，丕昭劝忠之典。"复御制《双忠诗》纪之，有"双忠伟烈传斯篇，他年以待信史编"之句。是年，策楞等议设驻藏兵五百，防汛兵千，自咱拉山至拉卜赛郡木，自阿哈雅至硕翁图库尔，各设汛哨，以達木番歸駐藏大臣轄，視內地例，置佐領、驍騎校各職，每年一察視。設噶卜倫四，以輔國公班第達、札薩克台吉車稜旺札勒、色玉特色布騰、喇嘛尼瑪嘉穆錯任之，別設代奔五、第巴三、堪布一，分理藏務，隸駐藏大臣及達賴喇嘛轄。唐古特正副二使，均歸達賴喇嘛，四噶卜倫附以達，勿私遣。允之。勑四噶卜倫曰："西藏廣興黃教，爲清淨善地，達賴喇嘛掌管西方釋教，廣演經法，從前供養喇嘛一切事務，原設噶卜倫四人，至珠爾默特納木札勒諸事擅專，不與諸噶卜倫商議，負恩任性，潛懷異圖，因此駐藏大臣將伊正法，噶卜倫事務不可一人專辦，特令策楞等簡選賢能，仍照舊例，分設噶卜倫四員，公同辦事，爾等當感戴朕恩，尊敬達賴喇嘛，和衷協力，黽勉供職，勿存私意，致生猜疑，勿分彼此，互相瞻顧，遇有重務，稟知達賴喇嘛與駐藏大臣等，遵奉指示而行，爾等其感恩宣力，副朕興黃教安群生至意。"準噶爾台吉喇嘛達爾札尋請赴藏煎茶，延唐古特喇嘛，上不允，喇嘛達爾札復因拉達克汗致書唐古特，達賴喇嘛責勿擅請。

十七年，珠爾默特納木札勒既誅，上念珠爾默特策布登功，不忍絕其爵，詔珠爾默特旺札勒襲輔國公。喇嘛達爾札遣申前請，上仍不允，詔議防藏地。班第等奏："準噶爾通藏隘，有阿里、那克桑、騰格里諾爾、阿塔雅克四路。那克桑路稍近，已設汛。拉達克距阿里近，雖與準噶爾互市，必不令兵入境。葉爾羌亦可通阿里，中有大山隔之，且阿里距藏兩月餘，聞賊至易備。惟騰格里諾爾、阿哈雅克路較闊，亦俱嚴設汛。唐古特有馬兵萬餘，步兵萬五千。若準噶爾自騰格里諾爾、阿哈雅克至，則令車稜旺札勒以蒙古、唐古特兵禦之，徵袞布達克布等番兵援。由阿里、那克桑至，則令色玉特色布騰以近牧兵禦之，檄阿里兵援。班第達及尼瑪嘉穆錯留藏，護送達賴喇嘛至班禪喇嘛駐札什倫布，距前藏七百餘里，值用兵，令移居前藏。若準噶爾傾衆至，則移達賴喇嘛、班禪喇嘛至泰寧，以駐藏官軍及唐古特兵屯要汛，待大兵援。"允之。準噶爾使久不至，諭達賴喇嘛嚴備，復定議西自阿里，東至喀拉烏蘇，增雜拉沙木等十三汛。

二十年，大軍討準噶爾，擒台吉達瓦齊，諭唐古特部知之。達賴喇嘛獻銅佛三，慶捷，詔納。會阿睦爾撒納叛擾伊犂，詔唐古特復設汛。

二十二年，第七世達賴喇嘛示寂。

二十三年，阿睦爾撒納走死，逆回布拉呢敦、霍集占等復叛據葉爾羌、喀什噶爾，詔勿撤唐古特汛。

二十四年，拉達克汗諜定邊將軍兆惠取烏什、阿克蘇等城，將抵葉爾羌，奏請助剿回逆。諭曰："邇遠處邊地，感戴恩澤，朕鑒爾忱，深爲慰悦，大軍進剿回逆，凡所克城，俱設兵駐防。今布拉呢敦、霍集占力窮勢蹙，必將棄巢遠遁，朕不以出兵擒剿事責爾，倘逆回竄入爾境，爾當擒獻藏所，朕必優加恩賚，若不遵奉諭旨，異日朕必知之，非爾益也。"是年，大軍定葉爾羌、喀什噶爾，霍集占等竄巴達克山，詔拉達汗勿復遣偵，巴達克山尋函獻霍集占首，詔撤唐古特汛，西陲蓋自此永定。

二十八年，授輔國公恭格丹津爲噶卜倫。札薩克一等台吉車稜旺札勒卒，孫索諾木旺札勒襲。

二十九年，欽定《西域同文志》。御製《烏斯藏即衛藏説》曰："藏地處蜀與滇之徼，曰藏云者，非華言，實番言也。番又或謂之唐古特，今班禪額爾德尼所居，實稱藏，達賴喇嘛所居，實稱衛。元明時有烏斯藏、朵甘衛指揮諸司之名，或以爲異於衛、藏，而不知實同也。蓋嘗以唐古特文字詳覆互證，乃知烏斯藏即衛、藏，其音其義，無不一以貫之也，且以音言，斯蓋薩之餘音，滿字爲薩音，半字爲斯音，唐古特收音之斯字，即與國書伊字收音通，則烏斯之切爲衛，如烏伊之切爲衛也，亦猶阿伊之爲愛，噶伊之爲該，喀伊之爲開也，國書斯字、伊字，雖各爲收音，然唐古特收音字，無伊字，而有斯字，由烏斯推之而愛亦阿斯，該亦噶斯，開亦喀斯，何不通之有。若夫衛、藏之爲義，則衛蓋彼言中也，非華言置衛之謂也。以烏合斯爲衛音，而中義藏，則切匣阿爲藏音，而其義則淨之謂也，唐古特老若幼無不知之，今以不識唐古特文字之人，而與一二譯出華言中辨其是非，豈非嚼蠟哉。或又曰衛既以中爲義，則今之所謂前藏之説何居？曰此更非唐古特之本有，而興於今之華言也。然以今日疆域言之，自打箭鑪取道，由東南迤及西南，先經喀木，次衛，次藏，是全藏形勢，固宜前喀木而後藏，而衛適其中處之地。喀木之木爲半字音，應從喀字，而其義則邊界之謂也。今稱前後藏者，則因二地有達賴喇嘛、班禪額爾德尼居之，而達賴喇嘛位居長，遂並以藏屬之，更易中爲前，而今自京都目之，且統以爲西藏云耳。然則烏斯藏之即爲衛、藏，不愈信哉。夫藏之内屬，肇自元代，音譯展轉，沿薩爲斯，原無岐舛，惟文士墨守蠹簡，既不克兼諳西竺之書，而彼中服習梵文者，又豈能筆授心通，取腹地史乘傳譌，一一悉爲釐訂，毋惑乎考文之難也。予因輯《同文志》，類次西藏所隸爲係三合切音者，特揭是説，以發其凡。"

三十六年，詔建布達拉於避暑山莊左，肖衛式。初，厄魯特崇黄教，噶爾丹策凌建都綱于伊犂河濱，北曰固爾札，南曰海弩克，設西勒圖四，集喇嘛千餘，以塔本集賽輪值贍之。蒙古謂五爲塔本，謂輪值爲集賽，每歲首及盛夏，台吉宰桑等以瞻禮至。後固爾札爲阿睦爾撒納所毁，大軍定準噶爾亂，詔如固爾札式，建安遠寺于避暑山莊北隅，以準噶爾台吉達什達瓦屬來歸者居其側，青海厄魯特及喀爾喀、杜爾伯特諸台吉，值班秋覲，輒命瞻禮。至是，布達拉落成，土爾扈特汗渥巴錫、和碩特台吉恭格等挈數萬衆來歸，詔瞻禮之。蓋以綏靖荒服，非惟闡揚黃教爲也。

三十八年，授札薩克一等台吉索諾木旺札勒爲噶卜倫。噶木倫輔國公恭格丹津卒，子札什納木札勒襲。索諾木旺札勒由穆嚕烏蘇助金次所需物，賜幣獎。

四十二年，札薩克輔國公珠爾默特旺札勒卒，子諾爾布朋素克襲。

四十四年，班禪喇嘛奏請入覲祝釐。詔建札什倫布于布達拉左，肖藏式。

四十五年五月，駕南巡旋，班禪喇嘛使伊什巴爾珠布等迎覲于趙北口，命觀龍舟水嬉。六月，幸承德府，駐蹕避暑山莊。班禪喇嘛使穆占巴等齎輜重至，詔居札什倫布旁舍。時盛暑，仍服氈毳，詔賜紗葛，并給銀及藥物。七月，班禪喇嘛至，舊例以達賴喇嘛、班禪喇嘛有高行，諭旨至，始下牀，入觀，惟令跽，不拜，至是班禪喇嘛固請拜。上嘉其誠敬，聽之，賜宴萬樹園，詔瞻禮布達拉。八月，行萬壽慶典，班禪喇嘛稽首頌無疆。九月，班禪喇嘛扈蹕旋，賜宴南苑，以香山昭廟藏工，詔慶贊之。班禪喇嘛自崇德時通貢，至是凡三世，初封曰羅卜藏吹吉嘉穆錯，次曰羅卜藏伊什，皆勅賜班禪額爾德尼號，次曰羅卜藏巴爾丹伊什，如之，是役也，以不召至，跋涉三萬餘里，入覲。蒙古內札薩克四十九旗，及喀爾喀、厄魯特諸部汗三公台吉聞之，莫不歡忭舞蹈，執役觀慶典。十一月，班禪喇嘛示寂，勅於所居建清淨化城。

四十六年，送舍利歸藏，復遣官齎金冊印，封羅卜藏丹巴旺舒克札木巴勒嘉穆錯爲達賴喇嘛，時其父第巴阿木布木前卒。諭曰："第六世喇嘛羅卜藏噶勒藏嘉穆錯之父索諾木達爾札曾封輔國公，今新達賴喇嘛已賜冊命，其父已故，未及授封，其兄索諾木達什爲哲卜尊丹巴呼圖克圖父，著授輔國公爵，如索諾木達爾札例。"索諾木達什尋卒，詔以哲卜尊丹巴呼圖克圖弟喇布丹納木札勒襲。

四十八年，理藩院議奏索諾木達什以達賴喇嘛故，封輔國公爵，子喇布丹納木札勒繼襲，嗣若仍予世襲，則與來歸有功之蒙古王公等無別，請俟喇布丹納木札勒出缺後停襲，嗣有似此者，皆令承襲一次，詔如議。詔札薩克輔國公諾爾布朋素克、札薩克一等台吉索諾木旺札勒、札薩克一等台吉索諾木喇什咸世襲罔替。理藩院議俟輔國公札什納木札勒出缺後停襲。諭曰："索諾木達賴爾札以生達賴喇嘛故封輔國公爵，伊子孫承襲二次，今達賴喇嘛示寂，若其父所遺世爵竟爾裁汰，朕心實爲不忍，如仍世襲公爵，于例又屬難行，朕念達賴喇嘛俟札什納木札勒出缺後，著加恩賞給一等台吉，世襲罔替，并著爲例,永遠遵行。"

四十九年,遣官齎玉册印,賜達賴喇嘛,復敕封班禪喇嘛之瑚畢勒罕,爲班禪額爾德尼,以幼未賜名。

五十三年,巴勒布賊侵西藏界,侍郎巴忠奉命赴藏查辦,奏索諾木旺札勒素向巴勒布商賈勒索狀。諭曰:"索諾木旺札勒平素既向巴勒布商賈勒索,巴勒布賊入侵藏之事,即係伊激成。伊身若在,心當從重治罪,今伊業已病故,雖不加深究,但不當仍令其子承襲札薩克台吉,索諾木旺札勒之札薩克一等台吉著停其承襲,以示懲儆。"

謹案：先大夫《自訂年譜》云："乾隆四十七年充國史館纂修官。先是，奉旨創立《蒙古王公表傳》，武進管先生幹貞纂傳數篇，奉差離館。時無錫相國嵇文恭公爲總裁，知余諳習清文，派令接纂是書。余既任事，通核立傳體例，計內札薩克凡四十九旗，外札薩克若喀爾喀土謝圖汗、車臣汗、札薩克圖汗、賽因諾顏，若青海，若阿拉善，若土爾扈特，多至二百餘旗，以至西藏及回部，均應立總傳、分傳，羌無故實，文獻奚徵，雖有鈔送旗冊，雜亂糾紛，即人名亦難卒讀，無可作據，乃悉發大庫所貯清字紅本，督閱搜查，凡有關於外藩事蹟者，概爲檢出，以次覆閱詳校，擇其緊要節目，隨閱隨譯，薈萃存作底冊，以備取材。每於灰塵塵積中忽有所得，如獲異聞，積累既久，端緒可尋。於是各按部落，條分縷析，人立一傳，必以見諸《實錄》紅本者爲準；又以西北一帶山川疆域，必先明其地界方向，恭閱《皇輿全圖》，譯出山水地名，以爲提綱。其王公等源流支派，則核以理藩院所存世譜，訂正勿訛，如是者八年而書始成。時與余同修此書者，惟檢討郭可之在逵一人耳。"云云。先大夫既成表傳一百十二卷，進呈御覽，爲今著錄四庫之《欽定外藩蒙古回部王公表傳》。底冊數十帙，未經更事釐訂，藏之家篋五十餘年，幸無失墜。逮寯藻奉命視學江蘇駐節江陰。武進李申耆前輩見而好之，因屬寶山毛生甫先生爲參考編輯，江陰宋勉之補表，成書二十二卷，題曰：《藩部要略》，從《西陲要略》例也。又越七年，平定張石州復爲校補譌脱，乃墨諸版。石州又以先大夫之剙爲各傳也，先辨其地界方向，譯出山水地名，以爲提綱，而是編疆域未具，讀者眩之，爰以《會典》《一統志》爲本，旁采各書，別纂爲《蒙古遊牧記》若干卷，它日卒業，將附梓以行。

道光二十五年歲次乙巳五月，男寯藻謹記。

山西文華·著述編

《山西文華》編纂委員會 編

祁韻士集

第二冊

劉長海 ◎ 整理

山西出版傳媒集團
三晉出版社

己庚編序

滇司之繁以漕漕為
國家廩祿之需歲輓數千百艘轉運北上厥費不貲計
自運丁裝兑以至沿途盤撥抵通交倉支放俸餉既竣
米每石費至十三四金視民間糶糴之值不啻數倍過
之然卒不敢有議停運者則以
京師為四方會歸之區兵民商賈羣萃而居胥賴是米
流通以裕食用
聖天子固不惜數百萬帑金為萬世計久遠耳然而漕
為叢獘之藪久則其獘滋多己未庚申之歲值清釐漕

筠淥山房

那繹堂先生奏議初編序

國家氣運所鍾賢哲繼起八旗世家鉅族以勳業顯者指不勝屈就近時而論若吾師 阿文成公一門為最盛 文成公為 勤公冢子而今 宮保制府那公則又 文成公之第三孫也初由翰林編修受

高宗純皇帝特達之知不五年擢任內閣學士入直

南書房洊遷吏戶工三部侍郎兼充軍機大臣嘉慶四年

上親政擢任工部尚書仍兼軍機大臣時川陝教匪未平五月

命以欽差大臣至陝視師尋受軍營參贊大臣督兵剿捕明年

稿本《袖爽軒文稿》書影

平舒山莊六景詩序

景天然者也。世人乃限之以數，郡率十邑，率八幾，若不可增減。果爾，是村塢間詠景之作，至六而極矣。余家平舒山莊居壽陽右臂，宅高而勢坦，泉潔而土肥，四望雲山清流環繞，每當花晨月夕，雨霽風和，便覺魚鳥親人，會心不遠。夫足跡不出里開所見所聞，不過數十里之間，豈若遊歷名山大川，徧覽形勝，足以開拓心胸，舒吐奇氣，然而興會偶觸，欣於所遇，一邱一壑，妙景天然，流覽吟嘯，不能自已。亦村塢之勝槩也。比者今自江左返棹，重訪舊山，登眺之餘賦詩，寄意羣季踵而和之，斐然有作，彙為一冊，以誌雅

壽陽祁氏家刻本《平舒山莊六景詩》書影

萬里行程記 附

鶴臯年譜

余族祁氏為晉著姓其占籍於壽陽也自始祖河東公始十五傳至余世居平舒村余初名庶翹應試改名韻士字譜庭一字鶴臯以所居山房額別號筠淥村東北四十里有方山往時愛其風景嘗有卜築山中之志願宦學無成忽忽六十餘年茲老矣獲賦遂初而買山無資竟成畫餅悵對山靈得毋騰譏因復改號訪山以誌夙約暇日偶計生平家居之日不過十載追維往事一一在心既為按年編述出處之概重復省覽不勝日月逾邁之感矣嘉慶癸酉八月自題

乾隆十六年辛未一歲

八月十四日酉時生於鳳臺縣署時先君子官鳳臺訓導年四十九母賈太恭人四十一兄贊亭諱樹楷十九歲兄福亭諱醇士十四歲兄貫

皇朝藩部世系表

皇朝藩部世系表卷之一

前史官壽陽　祁韻士　纂
江陰　　宋景昌　增輯
大興　　徐　松　重訂
平定　　張　穆　覆校

內蒙古表

科爾沁部：天命九年來歸，旗六、爵十七。

職號爵名：奧巴，科爾沁土謝圖汗。今襲札薩克和碩土謝圖親王。

世系：元太祖弟哈布圖哈薩爾傳十三世曰圖美尼雅哈齊，十四世曰奎蒙克塔斯哈喇，十五世曰博第達喇，十六世曰齊齊克，十七世曰翁果岱。奧巴，翁果岱長子。

初封（初封兄弟附）：天命十一年封。天聰六年卒。

子：巴達禮，天聰七年，授濟農，襲土謝圖號。崇德元年，封今爵。詔世襲罔替。康熙十年卒。

孫：巴雅斯呼朗，康熙十一年襲。尋卒。

沙津，巴達禮次子。康熙二十七年襲。四十一年以罪削。

曾孫：阿喇善，康熙十三年襲。二十七年，以惰職削。四十一年仍襲。五十年卒。

玄孫：**鄂勒齋圖**，康熙五十一年襲。五十九年卒。

六世：**阿喇布坦**，康熙五十九年襲。乾隆二十四年卒。

七世：**垂札布**，乾隆二十四年襲。三十二年卒。

八世：**納旺**，乾隆三十二年襲。尋卒。

喇什納木札勒，垂札布次子。乾隆三十三年襲。四十七年卒。

九世：**諾爾布璘沁**，乾隆四十七年襲。

職號爵名：**沙津**，閒散多羅貝勒。

世系：和碩土謝圖親王巴達禮次子。

初封：康熙四十年，以軍功封。詔世襲罔替。後襲札薩克和碩土謝圖親王，見前表。

子：**阿必達**，康熙三十三年襲。六十一年卒。

孫：**多爾濟**，雍正元年襲。乾隆十一年卒。

曾孫：**特古斯額爾克圖**，乾隆十一年襲。二十四年卒。

玄孫：**古穆札布**，乾隆二十四年襲。

職號爵名：**滿珠習禮**，札薩克和碩達爾漢巴圖魯親王。

世系：土謝圖汗奧巴從子。追封福親王莽古斯之孫忠親王宰桑之子。其曾祖曰納穆賽，爲齊齊克弟。

初封：崇德元年，封札薩克多羅巴圖魯郡王。詔世襲罔替。順治九年，賜達爾漢號。十六年，晉和碩達爾漢巴圖魯親王。康熙四年卒。

子：**和塔**，康熙四年襲，惟停襲巴圖魯號。八年卒。

孫：**班第**，康熙十年襲。四十九年卒。

曾孫：**羅卜藏袞布**，康熙四十九年襲。乾隆十七年卒。

玄孫：**色布騰巴勒珠爾**，羅卜藏袞布三子。乾隆十七年襲。二十年，從征準噶爾有功，賜雙俸，尋以罪削。後復封和碩親王，別有表。

色旺諾爾布，羅卜藏袞布次子。乾隆二十年襲。三十八年卒。

六世:**旺札勒多爾濟**,乾隆三十九年襲。

職號爵名:**烏克善**,閒散和碩卓哩克圖親王。
世系:達爾漢親王滿珠習禮兄。
初封:崇德元年封。詔世襲罔替。康熙四年卒。
子:**畢勒塔噶爾**,烏克善第三子。康熙五年襲。六年卒。
都勒巴,烏克善第六子。康熙二十一年襲。二十七年卒。
孫:**鄂齊爾**,康熙七年襲。二十一年以罪削。
巴特瑪,康熙二十七年襲。雍正三年卒。
曾孫:**阿勒坦格呼勒**,雍正三年襲。乾隆元年卒。
玄孫:**札木巴勒札木素**,乾隆二年襲。二十六年卒。
六世:**恭格喇布坦**,乾隆二十六年襲。六十年卒。子拉旺襲。

職號爵名:**色布騰巴勒珠爾**,閒散和碩親王。今襲公品級。
世系:札薩克和碩達爾漢親王羅卜藏袞布第三子。
初封:乾隆八年,封輔國公。十七年,襲其父爵。後以罪削,見前表。二十一年,復賜公品級。二十三年,封親王。三十七年復削。四十年,以從征金川功,詔復其爵。尋卒。
子:**鄂勒哲特穆爾額爾克巴拜**,乾隆四十年,降襲多羅郡王。四十九年,詔世襲罔替。五十六年八月,以罪削。九月,賜公銜。五十八年卒。
孫:**鄂勒哲圖**,鄂勒哲特穆爾額爾克巴拜嗣子。乾隆五十九年襲。

職號爵名:**奇塔特**,閒散多羅郡王。
世系:達爾漢親王滿珠習禮從子。
初封:順治六年封。詔世襲罔替。十年卒。
子:**額爾德尼**,順治十年襲。康熙十四年卒。

孫:**畢里克圖**,康熙十五年襲。四十九年卒。

曾孫:**諾抴額爾赫圖**,康熙四十九年襲。乾隆八年卒。

玄孫:**阿旺藏布**,乾隆八年襲。二十四年卒。

六世:**喇什噶勒當**,阿旺藏布第四子。乾隆二十四年襲。

職號爵名:**綽爾濟**,閒散多羅貝勒。

世系:達爾漢親王滿珠習禮從子。

初封:順治九年,封鎮國公。十八年,晉今爵。詔世襲罔替。康熙七年卒。

子:**鄂齊爾**,康熙九年襲。二十年卒。

孫:**巴克什固爾**,康熙二十一年襲。五十九年卒。

曾孫:**阿喇布坦**,康熙五十九年襲。雍正十三年卒。

玄孫:**薩木丕勒札木素**,阿喇布坦第四子。雍正十三年襲。乾隆二十二年卒。

六世:**三音察袞**,薩木丕勒札木素嗣子。乾隆二十二年襲。

職號爵名:**喇什**,閒散固山貝子。

世系:貝勒綽爾濟孫。

初封:雍正二年,封輔國公。四年,晉固山貝子。乾隆十五年卒。

子:**達爾瑪達都**,初封鎮國公,賜貝子品級。乾隆十五年襲。十八年卒。

孫:**班珠爾**,乾隆十八年襲。四十九年,詔世襲鎮國公罔替。五十一年卒。

曾孫:**錫第**,初授二等台吉。乾隆五十一年,仍襲貝子。

職號爵名:**烏爾呼瑪勒**,閒散固山貝子,今襲輔國公。

世系:達爾漢親王滿珠習禮孫。

初封:雍正二年,封輔國公。七年,晉貝子。十年卒。

子:**瑪哈瑪育爾**,雍正十年,降襲今爵。乾隆三十五年卒。
孫:**錫達什哩**,乾隆三十五年襲。四十九年,詔世襲罔替。

職號爵名:**圖訥赫**,閒散輔國公。
世系:卓哩克圖親王烏克善次子。
初封:順治十八年封。詔世襲罔替。康熙二十七年卒。
子:**布尼**,圖訥赫次子。康熙二十七年襲。六十一年卒。
孫:**薩瑪第**,康熙六十一年襲。雍正六年卒。
曾孫:**喇什色旺**,雍正六年襲。乾隆三十年卒。
玄孫:**色當噶瑪勒**,乾隆三十年襲。

職號爵名:**噶爾弼**,閒散輔國公。
世系:卓哩克圖親王烏克善孫。
初封:雍正二年封。乾隆三年卒。
子:**察罕達喇**,乾隆三年襲。七年卒。
孫:**諾觀達喇**,乾隆七年襲。

職號爵名:**哈達**,閒散輔國公。
世系:貝子喇什第三子。
初封:乾隆十五年封。

職號爵名:**布達齊**,札薩克多羅札薩克圖郡王。
世系:土謝圖汗奧巴弟。
初封:天命十一年,賜札薩克圖杜稜號。崇德元年,封今爵。詔世襲罔替。順治元年卒。
子:**拜斯噶勒**,順治二年襲。十四年卒。
孫:**鄂齊爾**,順治十四年襲。康熙五十七年卒。
曾孫:**薩祐拉克**,鄂齊爾第六子。康熙五十七年襲。雍正九年卒。

玄孫：**沙津德勒格爾**，雍正九年襲。乾隆十四年卒。

六世：**納旺色布騰**，乾隆十四年襲。四十九年卒。

七世：**喇什端羅布**，乾隆四十九年襲。

職號爵名：**洪果爾**，札薩克多羅冰圖郡王。

世系：達爾漢親王滿珠習禮從祖。其父曰納穆賽，爲滿珠習禮曾祖。

初封：崇德元年封。詔世襲罔替。六年卒。

子：**額森**，順治三年襲。康熙四年卒。

孫：**額濟音**，康熙五年襲。三十五年卒。

曾孫：**達達布**，康熙三十五年襲。四十六年卒。

玄孫：**宜什班第**，康熙四十六年襲。乾隆十二年卒。

六世：**喇特納札木素**，乾隆十二年襲。四十一年卒。

七世：**桑對札布**，乾隆四十一年襲。四十七年卒。

八世：**羅卜藏占散**，乾隆四十七年襲。

職號爵名：**棟果爾**，多羅貝勒，今襲札薩克多羅郡王。

世系：冰圖郡王洪果爾從子。其父曰明安，爲洪果爾兄。

初封：崇德元年，封鎮國公。八年卒。順治五年追封。

子：**彰吉倫**，順治五年，襲多羅貝勒。七年，晉今爵。詔世襲罔替。康熙三年卒。

孫：**布達禮**，康熙三年襲。二十三年卒。

曾孫：**札噶爾**，康熙二十三年襲。二十四年卒。

玄孫：**岱布**，康熙二十四年襲。四十九年卒。

六世：**阿喇布坦**，康熙四十九年襲。五十五年卒。

羅卜藏喇什，岱布次子。康熙五十五年襲。乾隆三年卒。

七世：**齊默特多爾濟**，羅卜藏喇什長子。乾隆三年襲。四十七年卒。

　　巴勒珠爾,羅卜藏喇什次子。乾隆四十七年襲。四十八年卒。

　　八世:**索特納木多布齋**,乾隆四十八年襲。

職號爵名:**色布騰多爾濟**,閒散固山貝子。今襲輔國公。
世系:郡王阿喇布坦長子。
初封:乾隆三年封。八年卒。
子:**索諾木色稜**,乾隆八年,降襲鎮國公。三十六年卒。
孫:**納遜巴圖**,乾隆三十六年,降襲今爵。

職號爵名:**喇嘛什希**,札薩克鎮國公。
世系:土謝圖汗奧巴從弟。其父曰圖美,祖曰哲格爾德,曾祖曰諾捫達喇,爲博第達喇弟。
初封:崇德元年封。詔世襲罔替。順治四年卒。
子:**色稜**,順治五年襲。十八年卒。
孫:**都什轄爾**,順治十八年襲。康熙三十六年卒。
曾孫:**圖弩瑪勒**,康熙三十六年襲。雍正三年卒。
玄孫:**喇嘛札布**,雍正三年襲。乾隆十九年卒。
六世:**布延德勒格爾**,喇嘛札布第三子。乾隆十九年襲。二十年,以罪削。
七世:**敏珠爾多爾濟**,布延德勒格爾從子。乾隆二十年襲。三十三年卒。
八世:**薩木丕勒札木素**,乾隆三十三年襲。

札賚特部:天命九年來歸,旗一、爵如之。
職號爵名:**蒙袞**,札賚特固山貝子。今襲札薩克多羅貝勒。
世系:元太祖弟哈布圖哈薩爾之裔,與科爾沁同祖。其父曰阿敏,爲博第達喇子。

初封：天命九年，賜達爾漢和碩齊號。崇德八年卒。順治五年，追封。詔世襲罔替。

子：色稜，札薩克固山貝子。順治五年，襲領札薩克。康熙三年卒。

孫：畢哩克，康熙三年襲。十六年卒。

曾孫：納遜，康熙十七年襲。四十二年卒。

玄孫：特古斯，札薩克多羅貝勒。康熙四十二年，襲固山貝子。雍正十年，晉今爵。乾隆五年卒。

六世：烏察喇勒圖，乾隆五年襲。二十一年卒。

七世：羅卜藏錫喇布，乾隆二十一年襲。三十八年卒。

八世：阿穆祜朗，乾隆三十八年襲。四十九年，詔世襲罔替。五十一年卒。

九世：瑪什巴圖，乾隆五十一年襲。

杜爾伯特部：天命九年來歸，旗一、爵如之。

職號爵名：色稜，杜爾伯特札薩克固山貝子。

世系：元太祖弟哈布圖哈薩爾之裔，與札賚特同祖。其父曰阿都齊，祖曰愛納噶，為阿敏兄。

初封：崇德元年，封輔國公。順治五年，晉今爵。詔世襲罔替。康熙八年卒。

子：諾爾布，康熙九年襲。十年卒。

曾孫：沙津，諾爾布從孫。康熙十年襲。五十八年卒。

玄孫：巴圖，康熙五十八年襲。雍正七年卒。

六世：班珠爾，雍正七年襲。乾隆四年卒。

丹珠爾，巴圖次子。乾隆九年襲。十九年卒。

羅布彰，納木札勒多爾濟叔父。乾隆二十四年襲。三十年卒。

博第，羅布彰弟。乾隆三十年襲。五十五年卒。

七世：色布騰棟囉布，班珠爾長子。乾隆四年襲。八年卒。

納木札勒多爾濟,丹珠爾嗣子。乾隆十九年襲。二十四年卒。

八世:**賽音畢里克**,博第長子。乾隆五十五年襲。五十七年卒。

九世:**喇特納巴拉**,乾隆五十七年襲。

郭爾羅斯部:天命九年來歸,旗二、爵三。

職號爵名:**布木巴**,郭爾羅斯札薩克鎮國公。

世系:元太祖弟哈布圖哈薩爾之裔,與札賚特同祖。其父曰莽果,祖曰烏巴什,爲愛納噶兄。

初封:順治五年封。詔世襲罔替。十一年卒。

子:**札爾布**,順治十一年襲。康熙四年卒。

孫:**安達什哩**,康熙四年襲。四十一年卒。

曾孫:**巴圖**,康熙四十二年襲。乾隆五年卒。

玄孫:**多爾濟**,乾隆五年襲。二十年卒。

六世:**索諾木札木素**,乾隆二十年襲。二十四年卒。

七世:**錫喇博第**,乾隆二十四年襲。四十二年卒。

八世:**固嚕札布**,乾隆四十二年襲。

職號爵名:**畢里袞鄂齊爾**,札薩克一等台吉。

世系:鎮國公佈木巴從孫。

初封:康熙三十五年,授一等台吉。四十七年,授札薩克。五十三年卒。

子:**察袞**,畢里袞鄂齊爾次子。康熙五十三年襲。乾隆十一年,以病罷。

孫:**都噶爾札布**,察袞第四子。乾隆十一年襲。十九年,以溺職削。

阿喇布坦,都噶爾札布從弟。乾隆二十年襲。六十年卒。

曾孫:**恭格喇布坦**,輔國公固穆雲孫。乾隆六十年襲。

職號爵名:**固穆**,札薩克輔國公。今襲閒散輔國公。

世系:札薩克台吉畢里袞鄂齊爾從祖。

初封:崇德元年封。詔世襲罔替。順治五年卒。

桑噶爾齋,固穆弟。順治五年襲。七年卒。

子:**昂哈**,順治七年襲。康熙十八年卒。

孫:**莽塞**,康熙十八年襲。二十六年,以罪削札薩克,留今爵。五十八年卒。

曾孫:**諾爾布**,康熙五十八年襲。雍正五年卒。

玄孫:**策旺札布**,雍正五年襲。十年卒。

六世:**額勒登額**,雍正十年襲。乾隆二十二年卒。

七世:**恭格喇布坦**,乾隆二十二年襲。六十年,兼襲札薩克一等台吉。

以上哲里木盟。

喀喇沁部:天聰二年來歸,旗二、爵六。

職號爵名:**固嚕思奇布**,喀喇沁札薩克多羅杜稜貝勒。今襲親王品級多羅杜稜郡王。

世系:元臣濟拉瑪傳七世曰和通,八世曰格呀博囉特,九世曰格呀勒泰宰桑,十世曰恩克,恩克之曾孫曰蘇布地,爲固嚕思奇布父。

初封:初爲喀喇沁塔布囊。天聰九年,授札薩克。崇德元年,封固山貝子,賜多羅杜稜號。順治七年,晉貝勒。詔世襲罔替。十五年卒。

子:**圖巴色稜**,順治十五年襲。康熙三年卒。

班達爾沙,固嚕思奇布第三子。康熙三年襲。七年,晉今爵。十年卒。

札什,固嚕思奇布次子。康熙十一年襲。四十三年卒。

孫:**噶勒臧**,札什次子。康熙四十三年襲。五十年,以罪削。

色稜,札什第三子。康熙五十年襲。五十六年卒。

曾孫：**伊達木札布**，色稜次子。康熙五十六年襲。乾隆四年卒。

玄孫：**喇特納錫第**，乾隆四年襲。四十八年，賜親王品級。五十二年卒。

六世：**端珠布色布騰**，乾隆五十二年，襲郡王，尋卒。子滿珠巴咱爾襲。

職號爵名：**敏珠爾喇布坦**，閒散固山貝子。今襲輔國公。

世系：原襲杜稜郡王噶勒臧次子。

初封：乾隆八年，封輔國公。二十四年，晉固山貝子。二十五年卒。

子：**丹津達爾札**，乾隆二十五年，降襲鎮國公。五十八年卒。

孫：**永庫爾忠**，乾隆五十八年，降襲今爵。

職號爵名：**羅卜藏車布登**，閒散輔國公。

世系：杜稜郡王色稜長子。

初封：雍正九年封。乾隆九年卒。

子：**阿喇布坦**，乾隆九年襲。二十年卒。

孫：**拉札布**，乾隆二十年襲。四十九年，詔世襲罔替。

職號爵名：**色稜**，札薩克鎮國公。今襲固山貝子。

世系：杜稜貝勒固嚕思奇布族祖。其父曰圖琳固英，圖琳固英之祖曰圖嚕巴圖爾，爲格呼勒泰宰桑弟。

初封：初爲喀喇沁塔布囊。天聰九年，授札薩克。順治五年，封鎮國公。詔世襲罔替。十四年卒。

子：**奇塔特**，順治十四年襲。康熙五年卒。

孫：**烏特巴拉**，康熙六年襲。三十年卒。

善巴喇什，奇塔特次子。康熙三十年襲。五十五年，晉固山貝子。五十六年卒。

曾孫:**僧袞札布**,善巴喇什次子。康熙五十六年,襲札薩克固山貝子。雍正九年,晉多羅貝勒。乾隆七年卒。

玄孫:**瑚圖靈阿**,乾隆七年,襲固山貝子。十四年,以曠職降鎮國公。二十年,詔復貝子。四十四年卒。

札拉豐阿,僧袞札布次子。乾隆七年,封輔國公。十四年晉固山貝子。二十年,晉多羅郡王。二十一年,以罪削。是年,復由公品級封貝子,尋降輔國公。二十四年,復封貝子。四十四年,晉多羅貝勒。四十五年,兼襲札薩克鎮國公。四十八年,晉多羅郡王。尋卒。

六世:**濟克濟特札布**,乾隆四十四年,襲札薩克鎮國公。四十五年,以罪削。

丹巴多爾濟,乾隆四十八年,襲札薩克固山貝子。五十六年,以罪革。尋賜公銜。

職號爵名:**格哷勒**,札薩克一等塔布囊。今襲輔國公。

世系:杜稜貝勒固嚕思奇布從孫。其父曰茂秀,祖曰額璘臣,曾祖曰萬丹偉徵,為蘇布地弟。

初封:初襲其父茂秀一等塔布囊。康熙四十四年,授札薩克。五十八年卒。

子:**喀寧阿**,格哷勒從子。康熙五十九年襲。乾隆五年卒。

孫:**齊齊克**,乾隆五年襲。十九年,賜公品級。三十九年卒。

曾孫:**瑪哈巴拉**,乾隆四十年襲。四十九年,詔世襲罔替。五十三年,封輔國公。

職號爵名:**丹巴**,閒散輔國公。

世系:札薩克塔布囊格哷勒從叔父。

初封:雍正九年,從征準噶爾,力戰卒。追封。詔世襲罔替。

子:**丹津**,雍正十年襲。乾隆十八年卒。

孫:**托克托瑚**,乾隆十八年襲。二十二年卒。

温都爾瑚,丹津第三子。乾隆二十二年襲。

土默特部:天聰三年來歸,旗二、爵三。

職號爵名:**善巴**,土默特札薩剋達爾漢鎮國公。今襲多羅貝勒。

世系:元臣濟拉瑪之裔,與喀喇沁同祖。其父曰諾穆圖偉徵,祖曰莽古岱,爲恩克弟。

初封:初爲土默特塔布囊。天聰九年,授札薩克。崇德元年,封達爾漢鎮國公。詔世襲罔替。順治十四年卒。

子:**卓哩克圖**,順治十四年襲。康熙元年,晉多羅達爾漢貝勒。十三年卒。

孫:**兆圖**,康熙十三年襲。十四年卒。

曾孫:**額爾德木圖**,康熙十四年襲。四十二年卒。

玄孫:**瑪尼**,康熙四十二年襲。五十二年卒。

六世:**阿喇布坦**,康熙五十二年襲。乾隆四年卒。

八世:**索諾木巴勒珠爾**,阿喇布坦孫。乾隆五年襲。

職號爵名:**巴勒布冰圖**,閒散喀爾喀多羅貝勒。

世系:元太祖裔。

初封:初爲喀爾喀台吉。康熙元年來歸,附土默特。四年封。七年卒。

子:**索諾木**,巴勒布冰圖次子。康熙七年襲。三十一年,以病罷。

孫:**羅卜藏丹巴**,索諾木第三子。康熙三十一年襲。六十一年卒。

曾孫:**班第璘沁**,羅卜藏丹巴第三子。康熙六十一年襲。乾隆二十二年卒。

玄孫:**衮布多爾濟**,班第璘沁次子。乾隆二十二年襲。

職號爵名:**固穆**,札薩克固山貝子。

世系：元太祖傳十六世曰阿爾坦，十七世曰僧格，十八世曰噶爾圖，十九世曰鄂木布楚琥爾，爲固穆父。

初封：順治五年，封札薩克鎮國公。康熙二年晉封。詔世襲罔替。

子：袞濟斯札布，固穆第四子。康熙十三年襲。三十一年，以罪削。

拉斯札布，固穆第三子。康熙三十一年襲。三十七年卒。

孫：班第，康熙三十七年襲。四十八年卒。

曾孫：哈穆噶巴雅斯呼朗圖，康熙四十九年襲。乾隆三十六年卒。

玄孫：垂札布，乾隆三十六年襲。三十九年卒。

朋素克嶙親，哈穆噶巴雅斯呼朗圖第七子。乾隆五十七襲。

六世：色布騰棟囉布，垂札布次子。乾隆三十九年襲。五十年卒。

色布騰喇什，垂札布第三子。五十年襲。五十七年，以罪削。子朋素克襲。

以上卓索圖盟。

敖漢部：天聰元年來歸，旗一、爵五。

職號爵名：班第，敖漢札薩克多羅郡王。

世系：元太祖傳十五世曰達延車臣汗，十六世曰圖嚕博羅特，十七世曰納密克，十八世曰貝瑪土謝圖，十九世曰岱青杜楞，二十世曰塞臣卓哩克圖，爲班第父。

初封：崇德元年封。詔世襲罔替。順治四年卒。

子：墨爾根巴圖魯溫布，順治四年襲。康熙十年卒。

孫：札木素，康熙十一年襲。四十七年卒。

曾孫：垂木丕勒，康熙四十七年襲。乾隆十五年卒。

玄孫：垂濟喇什，乾隆十五年襲。三十三年卒。

六世:**巴特瑪喇什**,乾隆三十三年襲。三十八年卒。
七世:**巴勒丹**,乾隆三十八年襲。四十七年卒。
八世:**德觀**,乾隆四十八年襲。

職號爵名:**索諾木杜稜**,閒散多羅郡王。
世系:郡王班第伯父。
初封:順治五年追封。詔世襲罔替。
子:**瑪濟克**,順治五年襲。康熙五年,以罪削。
布達,索諾木杜稜次子。康熙五年襲。十三年卒。
孫:**薩木丕勒**,康熙十三年襲。二十八年卒。
曾孫:**阿敏達賚**,康熙二十八年襲。二十九年卒。
額色蒙克,薩木丕勒次子。康熙二十九年襲。三十年卒。
達什達爾札,薩木丕勒第三子。康熙三十年襲。四十三年卒。
瓦勒達,達什達爾札從弟。康熙四十三年襲。四十四年卒。
鄂勒齋圖,瓦勒達從弟。康熙四十四年襲。乾隆十三年卒。
玄孫:**喇什喇布坦**,乾隆十三年襲。四十四年卒。
六世:**齊默特嚕瓦**,乾隆四十四年襲。

職號爵名:**羅卜藏**,閒散多羅貝勒。今襲固山貝子。
世系:郡王墨爾根巴圖魯溫布孫。
初封:雍正七年,封輔國公。十年,晉固山貝子。乾隆八年,晉多羅貝勒。十七年卒。
子:**垂濟札勒**,乾隆十八年,降襲今爵。四十六年卒。
孫:**德威多爾濟**,乾隆四十七年襲。四十九年,詔世襲罔替。

職號爵名:**桑濟札勒**,閒散固山貝子。今襲公品級。
世系:貝勒羅卜藏第三子。
初封:乾隆十八年,封輔國公。四十八年晉封。五十九年卒。

子:**濟克濟札布**,乾隆五十九年,降襲公品級。

職號爵名:**羅卜藏錫喇布**,閒散固山貝子。今襲鎮國公。
世系:郡王鄂勒齋圖第三子。
初封:初授二等台吉。乾隆十九年,賜公品級。二十四年,封輔國公。三十三年,晉鎮國公。四十年,晉固山貝子。四十六年卒。
子:**納木札勒多爾濟**,乾隆四十六年,降襲今爵。

奈曼部:天聰元年來歸,旗一、爵如之。
職號爵名:**袞楚克**,奈曼札薩克多羅達爾漢郡王。
世系:元太祖裔,與敖漢同祖。其父曰額森偉徵諾顏,爲岱青杜楞弟。
初封:崇德元年封。詔世襲罔替。順治十年卒。
子:**阿罕**,袞楚克次子。順治十年襲。十六年,以罪削。
札木三,袞楚克第三子。順治十七年襲。康熙十四年,以叛削。
孫:**鄂齊爾**,袞楚克孫,初授一等台吉。康熙十四年襲。二十六年卒。
曾孫:**班第**,鄂齊爾第六子。康熙二十七年襲。四十六年卒。
玄孫:**吹忠**,康熙四十六年襲。五十九年,以罪削。
阿咱拉,班第第三子。康熙五十九年襲。乾隆二十二年卒。
六世:**拉旺喇布坦**,乾隆二十二年襲。四十九年,詔世襲罔替。

巴林部:天聰二年來歸,旗二、爵四。
職號爵名:**色布騰**,巴林札薩克多羅郡王。今襲親王品級。
世系:元太祖傳十五世曰達延車臣汗,十六世曰阿爾楚博羅特,十七世曰和爾朔齊哈薩爾,十八世曰蘇巴海,十九世曰巴噶爾圖爾,二十世曰色特爾,爲色布騰父。
初封:順治五年,封札薩克輔國公。七年,晉多羅郡王。詔世襲罔替。康熙六年卒。

子:**鄂齊爾**,色布騰次子。康熙七年襲。二十二年卒。

孫:**納木達克**,康熙二十三年襲。四十二年卒。

烏爾袞,鄂齊爾次子。康熙四十三年襲。六十年卒。

桑哩達,鄂齊爾第三子。初授二等台吉。雍正三年,以軍功封輔國公。八年襲。乾隆十三年卒。

曾孫:**璘布**,康熙六十一年襲。雍正八年,以罪削。

璘沁,乾隆八年,封輔國公。十三年襲。十九年,賜親王品級。二十一年卒。

玄孫:**巴圖**,璘沁次子。乾隆二十一年襲。四十八年,賜親王品級。

職號爵名:**德勒克**,閒散固山貝子。今襲輔國公。

世系:郡王璘沁長子。

初封:乾隆二十一年,封輔國公。四十八年晉封。五十九年卒。

子:**賽尚阿**,德勒克嗣子。乾隆五十九年,襲今爵。

職號爵名:**滿珠習禮**,札薩克固山貝子。

世系:郡王色布騰從弟。其父曰和托果爾昂哈,爲色特爾兄。

初封:順治五年封。詔世襲罔替。康熙十一年卒。

子:**烏爾占**,康熙十二年襲。四十五年卒。

孫:**鄂齊爾桑**,康熙四十五年襲。五十八年卒。

曾孫:**巴特瑪**,康熙五十八年襲。乾隆三年卒。

玄孫:**諾捫額爾赫圖**,乾隆三年襲。八年卒。

達色,巴特瑪次子。乾隆八年襲。十二年卒。

六世:**薩木丕勒多爾濟**,乾隆十二年襲。五十三年卒,子帕拉木襲。

職號爵名：**色稜**，閒散固山貝子。

世系：貝子滿珠習禮從弟。

初封：順治五年追封。詔世襲罔替。

子：**温春**，順治五年襲。康熙二十七年卒。

孫：**額爾德尼**，康熙二十八年襲。五十年卒。

曾孫：**札什納木塔勒**，康熙五十年襲。乾隆十二年卒。

玄孫：**策令敦多克**，乾隆十二年襲。十七年卒。

六世：**多爾濟喇布坦**，乾隆十七年襲。

札嚕特部：天聰二年來歸，旗二、爵四。

職號爵名：**内齊**，札嚕特多羅貝勒。後授札薩克。

世系：元太祖裔，與巴林同祖。其父曰忠圖，祖曰巴顏達爾伊勒登，曾祖曰烏巴什，爲蘇巴海兄。

初封：順治五年，追封多羅貝勒。詔世襲罔替。

子：**尚嘉布**，順治五年，襲多羅貝勒，領札薩克。十年卒。

孫：**奇塔特**，順治十年襲。十三年卒。

曾孫：**札木布**，順治十三年襲。康熙二十九年卒。

玄孫：**畢嚕瓦**，康熙二十九年襲。雍正十二年卒。

六世：**索諾木**，雍正十二年襲。乾隆二十五年卒。

七世：**錫勒塔喇**，索諾木第七子。乾隆二十五年襲。四十三年卒。

八世：**袞布札布**，乾隆四十三年襲。四十八年卒。

九世：**德沁**，乾隆四十八年襲。

職號爵名：**色本**，多羅達爾漢貝勒。後授札薩克。

世系：貝勒内齊從叔父。其父曰都喇勒諾顏，爲巴顏達爾伊勒登弟。

初封：順治五年追封。詔世襲罔替。

子:**桑噶爾**,色本次子。順治五年,襲多羅達爾漢貝勒,領札薩克。康熙五年卒。

孫:**班達哩**,康熙五年襲。二十七年卒。

曾孫:**畢里克圖**,康熙二十七年襲。四十四年卒。

玄孫:**諾捫拉拜**,畢里克圖第三子。康熙四十四年襲。四十七年卒。

六世:**阿第沙**,康熙四十七年襲。乾隆二十九年,以罪削。

七世:**固嚕札布**,阿第沙次子。乾隆二十九年襲。三十五年卒。

八世:**袞楚克札布**,固嚕札布次子。乾隆三十五年襲。三十九年卒。

九世:**噶勒桑**,乾隆三十九年襲。

職號爵名:**瑪尼**,閒散鎮國公。

世系:貝勒色本弟。

初封:順治五年追封。詔世襲罔替。

子:**茂奇塔特**,順治五年襲。康熙三十一年卒。

孫:**巴圖**,茂奇塔特次子。康熙三十一年襲。四十七年卒。

曾孫:**素哩**,康熙四十七年襲。雍正三年卒。

玄孫:**察罕齡華**,雍正三年襲。乾隆二十三年卒。

六世:**納遜額爾克圖**,乾隆二十三年襲。三十七年卒。

七世:**色稜札布**,乾隆三十七年襲。五十九年卒。

塔爾清,色稜札布從弟。乾隆五十九年襲。

職號爵名:**朋素克**,閒散輔國公。今襲公品級一等台吉。

初封:初授一等台吉。乾隆四十八年封。五十三年卒。

子:**恩克多爾濟**,乾隆五十三年,襲公品級一等台吉。

阿魯科爾沁部:天聰四年來歸,旗一、爵如之。

職號爵名:**穆彰**,阿魯科爾沁札薩克多羅貝勒。

世系:元太祖弟哈布圖哈薩爾之裔。其父曰達賚,祖曰昆都倫岱青,曾祖曰巴袞諾顏,爲奎蒙克塔斯哈喇弟。

初封:順治元年,封札薩克固山貝子。四年卒。五年追封。詔世襲罔替。

子:**珠勒札幹**,順治五年襲。八年,晉多羅郡王。康熙十七年卒。

孫:**色稜**,康熙十七年,襲多羅郡王。二十七年,以耽酒削。

楚依,珠勒札干第三子。康熙二十七年襲。三十年,晉多羅郡王。四十三年卒。

曾孫:**旺札勒**,色稜次子。康熙四十八年,仍襲貝勒。雍正五年卒。

穆寧,康熙四十三年,仍襲貝勒。四十六年卒。

玄孫:**達克丹**,雍正五年襲。乾隆五十一年卒。

六世:**阿爾達什第**,乾隆五十一年襲。

翁牛特部:天聰六年來歸,旗二、爵四。

職號爵名:**遜杜稜**,翁牛特札薩克多羅杜稜郡王。

世系:元太祖弟諤楚因之裔曰蒙克察罕諾顏,其子曰巴延岱洪果爾諾顏,其曾孫曰圖蘭,爲遜杜稜父。

初封:初爲阿魯部濟農。崇德元年封。詔世襲罔替。順治二年卒。

孫:**博多和**,遜杜稜孫。順治二年襲。十七年卒。

曾孫:**畢哩袞達賚**,順治十八年襲。康熙三十一年卒。

鄂齊爾,博多和次子。初封輔國公,晉固山貝子,見貝子表。雍正五年襲。十一年卒。

玄孫:**蒼津**,畢哩袞達賚次子。康熙三十二年襲。雍正五年,以罪削。

羅卜藏,鄂齊爾次子。初襲固山貝子,晉多羅貝勒,見貝子表。

雍正十一年襲。乾隆二年卒。

　六世：**齊旺**，乾隆三年襲。尋卒。

　七世：**布達札布**，乾隆三年襲。四十二年卒。

　八世：**旺舒克**，乾隆四十二年襲。六十年，因病罷。

　九世：**包多爾濟**，乾隆六十年襲。

職號爵名：**鄂齊爾**，閒散固山貝子。

世系：札薩克多羅杜稜郡王博多和次子。

初封：康熙六十一年，封輔國公。尋晉固山貝子。後襲札薩克郡王，見郡王表。

　子：**羅卜藏**，雍正五年襲。十年，晉多羅貝勒。後襲札薩克郡王，見郡王表。

　額爾德尼，鄂齊爾長子。雍正十一年襲。尋卒。

　孫：**巴勒丹**，雍正十一年襲。乾隆三十七年卒。

　曾孫：**圖捫巴顏**，乾隆三十七年襲。

職號爵名：**噶爾瑪**，附牧喀喇齊哩克。閒散鎮國公。

世系：郡王遜杜稜從子。其父曰努綏，努綏之曾祖曰巴泰車臣諾顏，爲巴延岱洪果爾諾顏弟。

初封：初爲喀喇齊哩克台吉。崇德八年封。詔世襲罔替。順治五年卒。

　子：**察罕泰**，順治五年襲。十六年卒。

　孫：**奇塔特**，順治十六年襲。康熙四十一年卒。

　曾孫：**齊旺多爾濟**，康熙四十一年襲。四十五年卒。

　玄孫：**索諾木**，康熙四十五年襲。乾隆六年卒。

　六世：**恭格喇布坦**，索諾木次子。乾隆六年襲。四十六年卒。

　七世：**達瓦什哩**，恭格喇布坦第四子。乾隆四十六年襲。

職號爵名:**棟岱青**,札薩克多羅達爾漢岱青。今襲達爾漢岱青貝勒。

世系:郡王遜杜稜叔父。

初封:崇德元年,授札薩克,賜多羅達爾漢岱青號。詔世襲罔替。順治五年卒。

子:**肯特爾**,順治五年襲。十一年卒。

素塞,棟岱青次子。順治十一年襲。尋封固山貝子。十八年,晉多羅貝勒,仍達爾漢岱青號。康熙二十二年卒。

孫:**額璘臣**,康熙二十二年襲。二十六年卒。

曾孫:**額勒德布鄂齊爾**,康熙二十六年襲。雍正八年,以病罷。

玄孫:**朋素克**,雍正八年襲。乾隆三十一年卒。

六世:**諾爾布札木素**,乾隆三十一年襲。四十六年卒。

七世:**濟克濟札布**,乾隆四十六年襲。

克什克騰部:天聰八年來歸,旗一、爵如之。

職號爵名:**索諾木**,克什克騰札薩克一等台吉。

世系:元太祖裔,達延車臣汗少子曰鄂齊爾博羅特,為索諾木高祖。

初封:順治九年授。詔世襲罔替。十三年卒。

子:**瑪納瑚**,順治十三年襲。康熙十年卒。

孫:**阿玉什**,康熙十年襲。三十四年卒。

曾孫:**齊巴克札布**,康熙三十四年襲。乾隆三十六年,以罪削。

玄孫:**囊濟特札布**,乾隆三十六年襲。四十六年卒。

六世:**根敦達爾札**,乾隆四十六年襲。五十七年,以罪削。

喀爾喀左翼部:康熙三年來歸,旗一、爵如之。

職號爵名:**袞布伊勒登**,喀爾喀左翼札薩克多羅貝勒。

世系:元太祖裔,外喀爾喀札薩克圖汗部,碩壘烏巴什琿台吉之子。

初封：康熙三年封。詔世襲罔替。二十一年卒。

子：**羅卜藏**，康熙二十一年襲。四十六年卒。

孫：**準對**，康熙四十六年襲。五十八年卒。

曾孫：**噶勒桑**，康熙五十八年襲。乾隆二十四年卒。

玄孫：**阿裕爾**，噶勒桑第三子。乾隆二十四年襲。

以上昭烏達盟。

烏珠穆沁部：崇德二年來歸，旗二、爵四。

職號爵名：**多爾濟**，烏珠穆沁札薩克和碩車臣親王。

世系：元太祖傳十五世曰達延車臣汗，十六世曰圖嚕博羅特，十七世曰博第阿喇克，十八世曰翁袞都喇爾，爲多爾濟父。

初封：崇德六年封。詔世襲罔替。順治三年卒。

孫：**察罕巴拜**，多爾濟孫。順治三年襲。十四年卒。

曾孫：**素達尼**，察罕巴拜次子。順治十五年襲。康熙二十九年卒。

玄孫：**色登敦多布**，康熙三十年襲。雍正十一年卒。

六世：**阿喇布坦納木札勒**，雍正十二年襲。乾隆十三年，以病罷。

七世：**朋素克喇布坦**，乾隆十三年襲。四十四年卒。

八世：**瑪哈素哈**，乾隆四十四年襲。五十五年卒。

九世：**巴勒珠爾喇布齋**，乾隆五十五年襲。

職號爵名：**塔旺札木素**，閒散鎮國公。

世系：車臣親王素達尼次子。

初封。雍正元年，以軍功追封。

子：**朋素克喇布坦**，雍正二年襲。乾隆十七年卒。

曾孫：**喇什丕勒**，朋素克喇布坦孫。乾隆十七年襲。四十九年，詔世襲罔替。

職號爵名：**德勒克旺舒克**，閒散輔國公。

世系：車臣親王素達尼，第三子。

初封：乾隆三年，以軍功封。二十一年卒。

子：**敦多布色稜**，乾隆二十一年襲。三十八年，以病罷。

孫：**瑪哈布爾尼雅**，乾隆三十八年襲。四十九年，詔世襲罔替。

職號爵名：**色稜**，札薩克多羅額爾德尼貝勒。

世系：車臣親王多爾濟從子。其父曰綽克圖，爲多爾濟兄。

初封：順治三年封。詔世襲罔替。康熙十年卒。

孫：**茂里海**，色稜孫。康熙十年襲。二十年卒。

曾孫：**鄂齊爾圖**，康熙二十年襲。二十七年卒。

博木布，茂里海次子。康熙二十七年襲。六十年卒。

玄孫：**車布登**，康熙六十年襲。乾隆十八年卒。

六世：**達什袞布**，乾隆十八年襲。五十年卒。

浩齊特部：崇德二年來歸，旗二、爵如之。

職號爵名：**博羅特**，浩齊特札薩克多羅額爾德尼郡王。

世系：元太祖裔，與烏珠穆沁同祖。其父曰奇塔特昆杜稜額爾德尼車臣楚琥爾，祖曰德格類，德格類之祖曰庫登汗，爲翁袞都喇爾兄。

初封：順治三年，封札薩克多羅額爾德尼貝勒。七年，晉郡王。詔世襲罔替。十一年卒。

子：**阿賴充**，順治十一年襲。康熙二十五年卒。

孫：**達爾瑪吉哩第**，康熙二十五年襲。四十九年卒。

曾孫：**阿夏尼斯達**，康熙四十九年襲。雍正九年卒。

玄孫：**車凌喇布坦**，雍正九年襲。乾隆二年卒。

六世：**車布登巴勒珠爾**，車凌喇布坦次子。乾隆二年襲。三十一年，以病罷。

七世:**齊蘇嚨多爾濟**,乾隆三十一年襲。五十六年卒。

八世:**端多布多爾濟**,乾隆五十六年襲。

職號爵名:**噶爾瑪色旺**,札薩克多羅郡王。
世系:額爾德尼郡王博羅特從弟。其父曰奇塔特札幹杜稜土謝圖,爲德格類長子。
初封:順治十年封。詔世襲罔替。康熙三年卒。
子:**阿喇布坦**,康熙三年襲。十一年卒。
孫:**車布登**,康熙十一年襲。二十六年卒。
曾孫:**巴札爾**,康熙二十六年襲。二十九年卒。
雅木丕勒,車布登次子。康熙三十年襲。雍正十年卒。
玄孫:**巴特瑪車凌**,雍正十年襲。乾隆三年卒。
丹津,巴特瑪車凌從弟。乾隆三年襲。二十一年卒。
六世:**達什喇布坦**,丹津次子。乾隆二十一年襲。四十二年卒。
七世:**敏珠爾多爾濟**,乾隆四十二年襲。

蘇尼特部:崇德四年來歸,旗二、爵四。
職號爵名:**騰機思**,蘇尼特札薩克多羅郡王。
世系:元太祖裔,與浩齊特同祖。其父曰塔爾巴海達爾漢和碩齊,祖曰布爾海楚琥爾,曾祖曰庫克齊圖墨爾根台吉,爲庫登汗弟。
初封:崇德六年,封札薩克多羅墨爾根郡王。詔世襲罔替。順治三年,以叛削。五年,乞降,歸,病歿。詔仍世襲郡王爵。
騰機特,騰機思弟。順治五年襲。康熙二年卒。
子:**薩穆札**,騰機思第四子。初封多羅貝勒,見貝勒表。康熙三年襲。三十七年卒。
孫:**垂濟恭蘇嚨**,薩穆札第五子。康熙三十七年襲。雍正九年卒。
曾孫:**旺辰**,垂濟恭蘇嚨第三子。雍正十年襲。乾隆二十八年卒。

玄孫:**車凌袞布**,乾隆二十八年襲。三十二年卒。

額呼克津,阿爾達什第叔父。乾隆四十七年襲。五十年卒。

六世:**阿爾達什第**,乾隆三十二年襲。四十六年卒。

巴勒珠爾雅喇木丕勒,額呼克津次子。乾隆五十年襲。

職號爵名:**薩穆札**,閒散多羅貝勒。

世系:郡王騰機思第四子。

初封:順治六年封。詔世襲罔替。後襲札薩克郡王,見郡王表。

博木布,札薩克郡王騰機特長子。康熙三年襲,三十九年卒。

子:**素岱**,康熙三十九年襲。四十六年卒。

曾孫:**西哩**,素岱孫。康熙四十六年襲。乾隆六年卒。

玄孫:**齊旺多爾濟**,乾隆六年襲。九年卒。

六世:**甘珠爾**,乾隆九年襲。三十三年卒。

七世:**恭桑札勒**,乾隆三十三年襲。

職號爵名:**素塞**,札薩克多羅杜稜郡王。

世系:郡王騰機特族兄。其父曰綽爾袞,祖曰布延琿台吉,爲布爾海楚琥爾兄。

初封:崇德七年封。詔世襲罔替。順治三年卒。

子:**沙希岱**,素塞次子。順治四年襲。康熙九年卒。

孫:**恭格**,康熙九年襲。十二年卒。

阿玉什,沙希岱次子。康熙十四年襲。三十二年卒。

曾孫:**勞彰**,康熙十二年襲。十四年卒。

達爾札布,康熙三十二年襲。雍正七年卒。

玄孫:**旺青齊蘇嚨**,雍正七年襲。乾隆六年卒。

車凌多爾濟,達爾札布第三子。乾隆十六年襲。三十四年,以罪削。

六世:**丹津車凌**,乾隆六年襲。九年卒。

朗衮車凌,旺青齊蘇隴次子。乾隆九年襲。十六年卒。

車凌衮布,乾隆三十四年襲。

職號爵名:**噶爾瑪**,閒散多羅貝勒。今襲輔國公。

世系:杜稜郡王素塞長子。

初封:順治六年,以不附騰機思叛,詔封多羅貝勒。康熙二年卒。

子:**丹津**,康熙二年襲。十一年卒。

孫:**沙哩**,康熙十一年襲。四十三年卒。

曾孫:**阿弼達**,康熙四十三年,降襲輔國公。四十八年卒。

玄孫:**洛壘**,康熙四十八年,襲輔國公。乾隆三十年卒。

六世:**札什喇布坦**,乾隆三十年襲。四十年,以病罷。

七世:**羅卜藏車凌**,札什喇布坦次子。乾隆四十年襲。四十九年,詔世襲罔替。五十三年卒。

八世:**額璘臣**,乾隆五十三年襲。

阿巴噶部:崇德四年來歸,旗二、爵四。

職號爵名:**多爾濟**,阿巴噶札薩克多羅卓哩克圖郡王。

世系:元太祖弟布格博勒格圖,號額齊格諾顏,傳十七世曰巴雅斯瑚布爾古特,十八世曰塔爾尼庫同,十九世曰揚古岱卓哩克圖,爲多爾濟父。

初封:崇德六年封。詔世襲罔替。順治二年卒。

子:**塞爾珍**,順治二年襲。康熙八年卒。

孫:**德木伯勒**,康熙八年襲。十六年卒。

曾孫:**楚英**,康熙十七年襲。三十年卒。

弼英,德木伯勒次子。康熙三十九年襲。五十四年卒。

玄孫:**色稜**,康熙三十年襲。三十四年卒。

達瑪璘札布,楚英次子。康熙三十四年襲。三十九年,以不稱職削。

札木巴勒札布,弼英第三子。康熙五十四年襲。乾隆十六年卒。

六世:**車凌旺布**,札木巴勒札布次子。乾隆十六年襲。四十一年卒。

七世:**喇特納什第**,乾隆四十一年襲。五十三年,以罪革。五十四年,以其弟巴勒丹色稜爲札薩克一等台吉。

職號爵名:**都思噶爾**,札薩克多羅郡王。

世系:卓哩克圖郡王多爾濟從孫。其父曰布達什哩,祖曰額爾德尼圖捫,曾祖曰素僧克偉徵,爲揚古岱卓哩克圖兄。

初封:順治八年封。詔世襲罔替。十年卒。

子:**沙克沙僧格**,順治十一年襲。康熙二十四年卒。

孫:**烏爾彰噶喇布**,康熙二十六年襲。五十三年卒。

曾孫:**巴特瑪袞楚克**,康熙五十三年襲。六十一年卒。

玄孫:**索諾木喇布坦**,雍正元年襲。乾隆二十年,賜親王品級。三十年卒。

六世:**鼐布坦常忠**,乾隆三十一年襲。四十八年卒。

七世:**袞布札布**,乾隆四十九年襲。五十三年卒。

八世:**嘛尼巴達拉**,乾隆五十三年襲。

職號爵名:**多爾濟**,閒散固山達爾漢貝子。

世系:郡王都思噶爾叔父,號達爾漢諾顔。

初封:順治三年封。詔世襲罔替。十一年卒。

子:**綽博和**,順治十一年襲。康熙十五年卒。

孫:**車凌棟囉布**,康熙十五年襲。雍正四年卒。

玄孫:**齊旺**,車凌棟囉布孫。雍正五年襲。乾隆二十一年卒。

七世:**朋素克**,齊旺孫。乾隆二十一年襲。六十年卒。

八世:**巴雅爾錫第**,乾隆六十年襲。

職號爵名:**德木楚克**,閒散固山達爾漢貝子。今襲輔國達爾漢公。

世系:郡王沙克沙僧格次子。

初封:康熙五十四年,封輔國公,賜達爾漢號。六十一年,晉鎮國公。雍正二年,晉固山貝子,仍兼達爾漢號。三年卒。

子:**鄂勒齋圖**,德木楚克次子。雍正四年,降襲輔國達爾漢公。乾隆十五年卒。

孫:**旺沁札布**,乾隆十六年襲。三十二年卒。

曾孫:**齊巴克札布**,旺沁札布次子。乾隆三十二年襲。四十九年,詔世襲罔替。五十二年卒。

玄孫:**拉旺多爾濟**,齊巴克札布長子,乾隆五十二年襲。

阿巴哈納爾部:康熙四年來歸,旗二、爵如之。

職號爵名:**色凌墨爾根**,阿巴哈納爾札薩克多羅貝勒。

世系:元太祖弟布格博勒格圖之裔,與阿巴噶同祖。其父曰多爾濟伊勒登,其曾祖曰諾密特默克圖,為塔爾尼庫同弟。

初封:康熙六年封。詔世襲罔替。十九年卒。

子:**納木喀爾**,康熙十九年襲。二十三年卒。

孫:**布昭**,納木喀爾次子。康熙二十四年襲。四十八年卒。

曾孫:**齊當旺舒克**,康熙四十八年襲。四十九年卒。

玄孫:**索諾木喇布坦**,康熙四十九年襲。五十九年卒。

納木札,索諾木喇布坦從弟。康熙五十九年襲。雍正十三年卒。

六世:**達什敏珠爾**,雍正十三年襲。乾隆三十五年卒。

七世:**車登札布**,乾隆三十五年襲。四十四年卒。

八世:**瑪哈巴拉**,乾隆四十四年襲。

職號爵名:**棟伊思喇布**,札薩克固山貝子。

世系:貝勒色凌墨爾根弟。

初封：康熙四年封。詔世襲罔替。二十年卒。

子：袞楚克札布，康熙二十一年襲。二十四年卒。

孫：額璘臣達什，康熙二十四年襲。五十五年卒。

曾孫：班珠爾，康熙五十六年襲。乾隆十九年，賜貝勒品級。二十九年卒。

玄孫：達克丹朋素克，班珠爾第三子。乾隆二十九年襲。五十七年卒。

六世：袞布旺札勒，乾隆五十七年襲。

以上錫林郭勒盟。

四子部落：天聰四年來歸，旗一、爵如之。

職號爵名：**鄂木布**，四子部落札薩克多羅達爾漢卓哩克圖郡王。

世系：元太祖弟哈布圖哈薩爾之裔，與阿嚕科爾沁同祖。其父曰諾延泰，爲達賚弟。

初封：崇德元年，授札薩克，賜達爾漢卓哩克圖號。順治六年，封多羅郡王。詔世襲罔替。十年卒。

子：**巴拜**，順治十年襲。康熙二年卒。

孫：**沙克都爾**，康熙三年襲。十六年卒。

曾孫：**達木巴琫素**，康熙十七年襲。三十一年卒。

玄孫：**三濟札布**，康熙三十一年襲。四十九年卒。

六世：**阿喇布坦多爾濟**，康熙四十九年襲。乾隆三十六年，以病罷。

七世：**車凌旺札勒**，乾隆三十六年襲。是年卒。

喇什雅木丕勒，阿喇布坦多爾濟第三子。乾隆三十六年襲。四十九年卒。

八世：**朋楚克桑魯布**，喇什雅木丕勒次子。乾隆四十九年襲。

茂明安部：天聰七年來歸，旗一、爵二。

職號爵名:**僧格**,茂明安札薩克一等台吉。

世系:元太祖弟哈布圖哈薩爾傳十三世曰鄂爾圖鼐布延圖,十四世曰錫喇奇塔特,十五世曰多爾濟,十六世曰車根,爲僧格父。

初封:康熙三年授。十一年卒。

子:**諾爾布**,康熙十一年襲。雍正元年卒。

孫:**齊旺錫喇布**,諾爾布第三子。雍正元年襲。乾隆十二年,以罪削。

曾孫:**根敦札木素**,乾隆十二年襲。二十七年卒。

玄孫:**薩木坦札木素**,乾隆二十七年襲。四十九年,詔世襲罔替。

職號爵名:**固穆巴圖爾**,閒散多羅貝勒。

世系:札薩克台吉僧格叔父。

初封:順治五年,封輔國公。七年,晉多羅貝勒。詔世襲罔替。康熙三年卒。

子:**圖巴**,固穆巴圖爾第三子。康熙三年襲。三十二年卒。

孫:**班第**,圖巴第三子。康熙三十二年襲。五十六年卒。

曾孫:**羅卜藏錫喇布**,班第次子。康熙五十六年襲。乾隆八年卒。

玄孫:**裕木充**,乾隆八年襲。三十九年卒。

六世:**衮楚克札布**,乾隆三十九年襲。四十五年卒。

七世:**珠克都爾札布**,乾隆四十五年襲。四十九年卒。

丹丕勒,衮楚克札布次子。乾隆四十九年襲。

烏喇特部:天聰七年來歸,旗三、爵如之。

職號爵名:**圖巴**,烏喇特札薩克鎮國公。

世系:元太祖弟哈布圖哈薩爾之裔,與科爾沁同祖。其父曰哈尼泰冰圖台吉,祖曰巴爾賽,曾祖曰布爾海,爲奎蒙克塔斯哈喇弟。

初封:順治五年封。詔世襲罔替。十三年卒。

子:**海色**,順治十三年襲。康熙八年卒。
孫:**察木察**,康熙八年襲。二十五年卒。
曾孫:**都稜**,康熙二十五年襲。五十二年卒。
玄孫:**諾爾布璘沁**,康熙五十二年襲。五十六年卒。
錫喇布,都稜次子。康熙五十六年襲。乾隆七年卒。
六世:**索諾木札木三**,乾隆七年襲。二十年卒。
七世:**索諾木喇布坦**,乾隆二十年襲。四十年卒。
八世:**車布登囉布**,乾隆四十年襲。

職號爵名:**諤班**,札薩克鎮國公。
世系:鎮國公圖巴從子。其父曰鄂木布,其曾祖曰賴噶,爲巴爾賽兄。
初封:順治五年封。詔世襲罔替。十五年卒。
子:**博勒都呼**,順治十五年襲。十八年卒。
博勒圖,諤班次子。順治十八年襲。康熙七年卒。
阿玉什,諤班第四子。康熙七年襲。十一年卒。
孫:**諾枏**,康熙十一年襲。二十二年卒。
曾孫:**達爾瑪第**,康熙二十三年襲。二十八年卒。
玄孫:**達爾瑪什哩**,康熙二十八年襲。雍正三年,以罪削。
六世:**達爾瑪吉哩第**,雍正三年襲。乾隆十六年卒。
七世:**達爾瑪哩第**,乾隆十六年襲。二十九年卒。
濟克默特多爾濟,達爾瑪吉哩第次子。乾隆四十四年襲。五十六年卒。
巴圖鄂齊爾,濟克默特多爾濟弟。乾隆五十六年襲。
八世:**噶勒桑車凌**,乾隆二十九年襲。四十四年卒。
噶勒桑羅壘,達爾瑪哩第次子。乾隆四十四年襲。尋卒。

職號爵名:**巴克巴海**,札薩克輔國公。

世系：鎮國公圖巴從孫。其父曰色稜，曾祖曰哈尼斯青台吉，爲哈尼泰冰圖台吉兄。

初封：順治五年封。詔世襲罔替。尋卒。

楚充客，巴克巴海弟。順治五年襲。康熙二十二年卒。

子：**達爾瑪**，康熙二十三年襲。二十五年卒。

孫：**鄂勒班**，康熙二十五年襲。四十二年卒。

曾孫：**垂札木素**，康熙四十三年襲。雍正十一年，以罪削。

阿穆爾齡貴，鄂勒班第三子。雍正十一年襲。乾隆十一年卒。

玄孫：**恭格喇布坦**，阿穆爾齡貴次子。乾隆十一年襲。五十三年卒。

六世：**多爾濟帕拉穆**，乾隆五十三年襲。

喀爾喀右翼部：順治十年來歸，旗一、爵四。

職號爵名：**本塔爾**，喀爾喀右翼札薩克和碩達爾漢親王。今襲多羅達爾漢貝勒。

世系：元太祖裔，外喀爾喀土謝圖汗部阿布和之孫。其父曰喇瑚里，爲昂噶海弟。

初封：順治十年封。詔世襲罔替。康熙八年卒。

子：**訥內**，本塔爾第四子。康熙九年襲。四十六年卒。

孫：**詹達固密**，訥內第八子。康熙四十七年，降襲札薩克多羅達爾漢貝勒。雍正六年卒。

曾孫：**拉旺多爾濟**，雍正七年襲。乾隆四十六年卒。

玄孫：**車布登納木札勒**，乾隆四十六年襲。

職號爵名：**袞布**，閒散多羅卓哩克圖郡王。今襲固山卓哩克圖貝子。

世系：達爾漢親王本塔爾從子。

初封：順治十年封。十八年卒。

子:**達爾札**,順治十八年襲。康熙二十一年卒。

孫:**固嚕什希**,康熙二十二年襲。四十三年卒。

曾孫:**巴特瑪旺札勒**,康熙四十三年,降襲固山卓哩克圖貝子。乾隆二十一年卒。

玄孫:**車木伯勒**,巴特瑪旺札勒次子。乾隆二十一年襲。四十五年卒。

六世:**車登多爾濟**,乾隆四十五年襲。四十九年,詔世襲罔替。

東岳特,車登多爾濟弟。乾隆五十一年襲。六十年卒。子吉禮克喇錫襲。

職號爵名:**本巴什希**,閒散固山貝子。

世系:達爾漢親王本塔爾弟。

初封:順治十年封。詔世襲罔替。康熙十四年卒。

子:**巴特瑪**,本巴什希次子。康熙十五年襲。二十五年卒。

孫:**進穆巴**,康熙二十六年襲。五十三年卒。

班第達,巴特瑪次子。雍正七年襲。十三年卒。

曾孫:**達濟**,康熙五十四年襲。雍正六年卒。

阿喇布坦,雍正十三年襲。乾隆二十五年卒。

玄孫:**巴爾準多爾濟**,乾隆二十六年襲。

職號爵名:**薩瑪第**,閒散鎮國公。

世系:達爾漢親王本塔爾第五子。

初封:康熙十四年,以軍功封。詔世襲罔替。二十五年卒。

子:**袞布阿喇布坦**,康熙二十六年襲。四十四年卒。

孫:**索諾木班珠爾**,康熙四十四年襲。雍正九年卒。

曾孫:**恭格阿喇布坦**,雍正九年襲。乾隆三十八年卒。

玄孫:**袞楚克棟囉布**,乾隆三十八年襲。三十九年卒。

六世:**丹津多爾濟**,乾隆四十年襲。

以上烏蘭察布盟。

鄂爾多斯部：天聰九年來歸，旗七、爵八。

職號爵名：**額璘臣**，鄂爾多斯札薩克多羅郡王。

世系：元太祖傳十五世曰達延車臣汗，十六世曰巴爾蘇博羅特，十七世曰袞弼哩克圖墨爾根，十八世曰諾顏達喇，十九世曰布延巴圖爾琿台吉，二十世曰博碩克圖，爲額璘臣父。

初封：順治六年封。詔世襲罔替。十三年卒。

子：**巴圖**，額璘臣從子。順治十三年襲。十四年，以罪削。

固嚕，巴圖兄。順治十四年襲。康熙十八年，晉和碩親王。三十一年卒。

孫：**棟囉布**，固嚕次子。康熙三十一年襲。五十七年卒。

曾孫：**薩克巴**，康熙五十七年襲。五十九年卒。

喇什班珠爾，棟囉布第四子。康熙五十九年襲。雍正六年卒。

玄孫：**札木揚**，雍正六年襲。十一年，以赴調兵不堪用降貝勒。乾隆元年，詔復郡王。二十三年卒。

六世：**車凌多爾濟**，乾隆二十三年襲。四十五年卒。

七世：**達爾瑪咱第**，乾隆四十六年襲。五十年卒。

什當巴拜，車凌多爾濟次子。乾隆五十一年襲。

職號爵名：**色布騰諾爾布**，閒散輔國公。

世系：郡王喇什班珠爾長子。

初封：雍正六年封。乾隆二十二年卒。

子：**札木巴勒多爾濟**，乾隆二十二年襲。二十七年卒。

孫：**薩木丕勒**，乾隆二十七年襲。二十九年卒。

丹津多爾濟，札木巴勒多爾濟次子。乾隆二十九年襲。

職號爵名：**善丹**，札薩克多羅貝勒。

世系：郡王額璘臣族子。其父曰塔爾丹，塔爾丹之曾祖曰巴雅斯呼朗諾顏，爲諾顏達喇弟。

初封：順治七年封。詔世襲罔替。康熙二年卒。

子：**索諾木**，康熙二年襲。十六年，晉多羅郡王。二十一年卒。

孫：**松喇布**，康熙二十一年襲。三十七年，晉多羅郡王。四十八年卒。

曾孫：**幹珠爾**，康熙四十八年襲。五十七年卒。

玄孫：**諾依囉布札木素**，康熙五十七年襲。乾隆十二年卒。

六世：**棟囉布札木素**，乾隆十二年襲。三十一年，賜郡王品級。三十八年卒。

七世：**棟囉布色稜**，乾隆三十八年襲。

職號爵名：**小札木素**，札薩克鎮國公。今襲固山貝子。

世系：郡王額璘臣族子。其父曰阿津泰，阿津泰之曾祖曰偉達爾瑪諾顏，爲巴雅斯呼朗諾顏弟。

初封：順治六年封。詔世襲罔替。康熙九年卒。

子：**索諾木**，康熙九年襲。十一年卒。

孫：**都稜**，康熙十一年襲。三十七年，晉固山貝子。四十六年卒。

曾孫：**色稜喇什**，康熙四十六年襲貝子。五十一年卒。

倫布，都稜次子。康熙五十一年襲。五十六年卒。

色稜納木札勒，都稜第三子。康熙五十六年襲。尋卒。

玄孫：**齊旺班珠爾**，康熙五十六年襲。雍正十一年，以赴調兵不堪用降輔國公。尋詔復貝子。乾隆十九年，晉多羅貝勒。三十七年卒。

七世：**喇什達爾濟**，齊旺班珠爾孫。乾隆三十七年，襲貝子。四十九年，詔世襲罔替。

職號爵名：**沙克札**，札薩克固山貝子。

世系：郡王額璘臣族弟。其父曰薩濟，爲偉達爾瑪諾顏孫。

初封：順治七年封。詔世襲罔替。十四年卒。

子：**固嚕斯希布**，順治十四年襲。康熙十九年，晉多羅貝勒。四十三年卒。

孫：**喇什札木素**，固嚕斯希布第五子。康熙四十三年，襲貝子。五十一年卒。

曾孫：**納木札勒色稜**，康熙五十二年襲。乾隆二十六年卒。

玄孫：**拉旺巴勒丹色稜**，納木札勒色稜次子。乾隆二十六年襲。三十年卒。

丹巴達爾濟，拉旺巴勒丹色稜弟。乾隆三十年襲。五十四年卒。

六世：**永嚨多爾濟**，乾隆五十四年襲。

職號爵名：**額琳沁**，札薩克固山貝子。

世系：郡王額璘臣族子。其父曰布達岱，布達岱之曾祖曰諾捫塔喇尼華台吉，爲偉達爾諾顏弟。

初封：順治六年封。詔世襲罔替。十八年卒。

子：**達爾札**，額琳沁從子。順治十八年襲。康熙十六年，晉多羅貝勒。三十三年卒。

孫；**旺舒克**，康熙三十三年，襲貝勒。三十七年卒。

達什喇布坦，達爾札第三子。康熙三十七年，襲貝勒。雍正十一年，以赴調兵不堪用降貝子。十二年卒。

曾孫：**喇什色稜**，雍正十二年，襲貝子。乾隆三十八年卒。

玄孫：**沙克都爾札布**，乾隆三十八年襲。四十三年卒。

六世：**布延泰**，乾隆四十三年襲。

職號爵名：**色稜**，札薩克固山貝子。

世系：郡王額璘臣族子。其父曰固嚕，固嚕之曾祖曰巴雅喇偉徵諾顏，爲諾捫塔喇尼華台吉弟。

初封：順治六年封。詔世襲罔替。康熙十五年卒。

子：袞布喇什，康熙十六年襲。十九年，晉多羅貝勒。二十三年卒。

孫：根都什轄布，康熙二十四年，仍襲貝子。四十八年卒。

曾孫：羅卜藏，康熙四十八年襲。雍正十一年，以赴調兵不堪用降輔國公。尋詔復貝子。乾隆五年卒。

玄孫：納木札勒多爾濟，乾隆五年襲。四十二年卒。

六世：色旺喇什，納木札勒多爾濟次子。乾隆四十二年襲。

職號爵名：定咱喇什，札薩克一等台吉。

世系：郡王額璘臣族曾孫。其父曰桑忠多爾濟，祖曰索諾木多爾濟，曾祖曰烏巴什，烏巴什之曾祖曰玻揚呼哩都噶爾岱青，爲巴雅喇偉徵諾顏兄。

初封：雍正九年，授一等台吉。乾隆元年，授札薩克。九年卒。

子：袞布喇什，乾隆九年襲。二十七年卒。

孫：旺札勒車布登多爾濟，乾隆二十七年襲。四十九年，詔世襲罔替。

以上伊克昭盟。

皇朝藩部世系表卷之二

前史官壽陽 祁韻士 纂
江陰 宋景昌 增輯
大興 徐松 重訂
平定 張穆 覆校

外喀爾喀表

喀爾喀土謝圖汗部:康熙二十七年來歸,旗二十、爵二十一。

職號爵名:**察琿多爾濟**,土謝圖汗。

世系:元太祖裔,喀爾喀格呼森札札賚爾琿台吉之五世孫,繼其父袞布稱汗,號土謝圖,其祖曰額列克,號墨爾根汗,其曾祖曰阿巴岱,始以汗稱,其高祖曰諾諾和,爲格呼森札札賚爾琿台吉第三子。

始封(兄弟附):康熙三十年,詔留土謝圖汗號。三十八年卒。

子:**多爾濟額爾德尼阿海**,察琿多爾濟次子。康熙四十一年襲。五十年卒。

孫:**敦多布多爾濟**,察琿多爾濟孫,初襲其父郡王噶勒丹多爾濟爵。康熙三十九年,晉和碩親王,襲土謝圖汗,後以溺職降襲原爵。見郡王表。

旺札勒多爾濟,康熙五十年襲。雍正十年卒。

曾孫:**敦丹多爾濟**,旺札勒多爾濟次子。雍正十年襲。乾隆八年卒。

敦多布多爾濟,旺札勒多爾濟第四子。乾隆九年襲。十年卒。

延丕勒多爾濟,旺札勒多爾濟長子。乾隆十一年襲。二十三年卒。

玄孫:**車登多爾濟**,敦丹多爾濟次子。乾隆二十四年襲。四十六年,詔世襲罔替。五十八年,以罪削。五十九年,仍襲。

六世：**敏珠爾多爾濟**，乾隆五十八年襲。五十九年卒。

職號爵名：**固嚕什喜**，札薩克多羅郡王。
世系：土謝圖汗察琿多爾濟族弟。其父曰索諾木，爲所部八札薩克之一，祖曰昂噶海，曾祖曰阿布和，爲諾諾和次子。
始封：康熙三十年封。四十四年卒。
子：**多爾濟阿喇布坦**，康熙四十四年襲。雍正六年，以病罷。
孫：**敏珠爾多爾濟**，雍正六年襲。乾隆五年卒。
曾孫：**車凌拜都布**，乾隆五年襲。二十年，擊伊犁叛賊，死之。
玄孫：**丹忠多爾濟**，乾隆二十年襲。三十七年卒。
齊巴克札布，車凌拜都布次子。乾隆三十七年襲。四十六年，詔世襲罔替。四十七年卒。
六世：**多爾濟札布**，乾隆四十七年襲。

職號爵名：**噶勒丹多爾濟**，札薩克多羅郡王。今襲固山貝子。
世系：土謝圖汗察琿多爾濟長子。
始封：康熙三十年封。三十一年卒。
子：**敦多布多爾濟**，康熙三十一年襲。三十九年，晉和碩親王，襲土謝圖汗，見汗表。四十一年，降襲原爵。雍正元年，復封親王。乾隆八年卒。
孫：**額璘沁多爾濟**，敦多布多爾濟次子。乾隆八年襲親王。二十年，以罪誅，削爵。
根札布多爾濟，敦多布多爾濟長子。乾隆二十二年，降襲貝子。二十五年卒。
格齋多爾濟，敦多布多爾濟第三子。乾隆二十五年，襲札薩克，賜公品級。三十六年，以病罷。
曾孫：**車布登多爾濟**，根札布多爾濟次子。乾隆二十五年，襲貝子。三十六年，襲札薩克。三十九年卒。

玄孫:**逊都布多爾濟**,乾隆三十九年,襲札薩克固山貝子。四十六年,詔世襲罔替。

職號爵名:**車木楚克納木札勒**,札薩克多羅貝勒。今襲和碩親王。

世系:土謝圖汗察琿多爾濟從子。其父曰德濟布,祖曰多爾濟,爲額列克子。

始封:康熙三十年,授札薩克一等台吉。三十五年,封輔國公。雍正元年,特晉多羅貝勒。十年卒。乾隆三年,追封多羅郡王。

子:**成袞札布**,雍正十年,襲貝勒。乾隆三年,晉襲郡王。十一年卒。

孫:**齊巴克雅喇木丕勒**,乾隆十二年,襲郡王。二十一年,晉和碩親王。四十二年卒。

曾孫:**齊巴克多爾濟**,齊巴克雅喇木丕勒次子。乾隆四十二年,襲札薩克和碩親王。四十六年,詔世襲罔替。

職號爵名:**三濟札布**,閒散公品級一等台吉。

世系:親王齊巴克雅喇木丕勒長子。

始封:初授一等台吉。乾隆二十二年卒,追封公品級。

子:**三都布多爾濟**,乾隆二十二年襲。

職號爵名:**西第什哩**,札薩克多羅貝勒。今襲多羅郡王。

世系:土謝圖汗察琿多爾濟弟。

始封:康熙三十年封。四十五年卒。

子:**丹津多爾濟**,西第什哩次子。康熙四十五年襲。雍正元年,封多羅郡王。八年,晉和碩親王。十一年,以罪降郡王。乾隆元年,復封親王。三年卒。

曾孫:**桑齋多爾濟**,丹津多爾濟孫。乾隆三年,襲郡王。二十年,晉親王。三十年,以罪削。尋詔復郡王。四十三年卒。

玄孫:**雲丹多爾濟**,乾隆四十四年,襲札薩克多羅郡王。四十六年,詔世襲罔替。

職號爵名:**錫布推哈坦巴圖爾**,札薩克固山貝子。今襲札薩克一等台吉。

世襲:土謝圖汗察琿多爾濟從弟。其父曰穆車,祖曰錫布固泰,爲阿巴岱長子。

始封:康熙三十年,封札薩克輔國公。三十八年,晉固山貝子。四十三年卒。

子:**車布登**,錫布推哈坦巴圖爾次子。康熙四十五年,襲札薩克鎮國公。雍正元年,晉多羅貝勒。十年,晉郡王。十一年,以罪降貝勒。乾隆十九年,降貝子。二十年,詔復貝勒。二十一年,以附叛賊青袞咱卜罪,削。二十三年,賜公品級。三十年,仍襲其子札薩克輔國公爵。三十五年卒。

孫:**齊旺多爾濟**,乾隆二十一年,襲札薩克輔國公。三十年卒。

曾孫:**齊蘇嚨多爾濟**,車布登孫。乾隆三十五年,降襲札薩克一等台吉。十六年,詔世襲罔替。

職號爵名:**車凌巴勒**,札薩克輔國公。

世系:土謝圖汗察琿多爾濟第四子。

始封:康熙五十年封。雍正六年卒。

子:**巴木丕勒多爾濟**,雍正七年襲。乾隆十二年卒。

孫:**車登三丕勒**,巴木丕勒多爾濟次子。乾隆十三年襲。四十一年卒。

曾孫:**拉素嚨多爾濟**,乾隆四十二年襲。四十六年,詔世襲罔替。

職號爵名:**巴海**,札薩克輔國公。

世系:貝子錫布推哈坦巴圖爾長子。

始封:雍正九年,授札薩克一等台吉。十年,封輔國公。乾隆八年卒。

子:**貢楚克札布**,乾隆八年襲。二十八年卒。

孫:**貢楚克達什**,乾隆二十八年襲。四十六年,詔世襲罔替。四十九年卒。

巴勒達爾札布,貢楚克達什弟。乾隆四十九年襲。

職號爵名:**三達克多爾濟**,札薩克輔國公。今襲公品級一等台吉。

世系:親王丹津多爾濟第三子。

始封:乾隆十八年,封輔國公。二十年,賜貝子品級。二十三年,授札薩克。二十九年卒。

子:**車凌多爾濟**,乾隆二十九年襲。五十三年卒。

孫:**薩蘭多爾濟**,乾隆五十三年,襲公品級札薩克一等台吉。

職號爵名:**禮塔爾**,札薩克一等台吉。今襲鎮國公。

世系:土謝圖汗察琿多爾濟族子。其父曰敖巴,祖曰色爾濟,曾祖曰喇瑚里,爲阿布和子。

始封:康熙三十二年,授札薩克一等台吉。尋卒。

子:**旺舒克**,康熙三十二年襲。雍正六年,以病罷。

孫:**達什丕勒**,旺舒克次子。雍正六年襲。乾隆十年,封輔國公。二十一年,晉固山貝子,賜貝勒品級,尋晉郡王品級。四十二年卒。

曾孫:**德沁喇木丕勒**,達什丕勒第四子。乾隆四十三年,襲札薩克固山貝子。四十六年,詔世襲罔替。五十七年,以罪降鎮國公。尋卒。

玄孫:**索諾木旺楚克**,乾隆五十八年,襲鎮國公。

職號爵名:**巴朗**,札薩克一等台吉。今襲輔國公。

世系:土謝圖汗察琿多爾濟從弟。其父曰喇嘛塔爾,爲額列克子。

始封:康熙三十年,授札薩克一等台吉。三十一年卒。

子:**旺布**,康熙三十二年襲。乾隆三年,封輔國公。七年卒。

孫:**蒙固**,乾隆七年,襲輔國公。二十七年,以病罷。

曾孫:**索諾木辰伯勒**,乾隆二十七年襲。四十五年卒。

玄孫:**巴克巴札布**,索諾木辰伯勒次子。乾隆四十五年襲。四十六年,詔世襲罔替。五十一年卒。

六世:**齊巴克札布**,乾隆五十一年襲。

職號爵名:**班珠爾多爾濟**,札薩克一等台吉。今襲輔國公。

世系:土謝圖汗察琿多爾濟孫。其父曰班第達額爾德尼納木札勒。

始封:康熙三十年,授札薩克一等台吉。乾隆元年卒。

子:**琳丕勒多爾濟**,乾隆元年襲。二十年,晉輔國公。二十三年卒。

孫:**車布登多爾濟**,乾隆二十三年,襲札薩克輔國公。四十六年,詔世襲罔替。五十九年卒。

曾孫:**那木濟爾多爾濟**,乾隆五十九年襲。

職號爵名:**辰丕勒多爾濟**,札薩克一等台吉。今襲輔國公。

世系:貝勒西第什哩長子。

始封:康熙五十五年授。雍正六年,以老罷。

孫:**喇木丕勒多爾濟**,辰丕勒多爾濟孫。雍正六年襲。乾隆二年,以病罷。

三都布多爾濟,喇木丕勒多爾濟弟。乾隆二年襲。二十四年,封輔國公。四十五年卒。

曾孫:**車登多爾濟**,乾隆四十五年,襲札薩克輔國公。四十六年,詔世襲罔替。五十二年卒。

玄孫:**索諾木札布**,乾隆五十三年襲。

職號爵名:**車凌**,札薩克一等台吉。

世系:郡王固嚕什喜從弟。其父曰巴特瑪什,爲昂噶海長子。

始封:康熙三十年授。三十六年卒。

子:**鄂巴**,康熙三十六年襲。五十二年卒。

孫:**卓特巴**,康熙五十二年襲。雍正七年,以老罷。

曾孫:**喇布坦**,雍正七年襲。尋卒。

旺布多爾濟,卓特巴次子。雍正八年襲。乾隆二十三年,以病罷。

玄孫:**敦多布多爾濟**,乾隆二十三年襲。四十六年,詔世襲罔替。四十七年卒。

六世:**邁達哩札布**,乾隆四十七年襲。

職號爵名:**車璘札布**,札薩克一等台吉。

世系:貝子錫布推哈坦巴圖爾從子。其父曰達什,祖曰鄂爾果岱諾木齊,爲錫布固泰子。

始封:康熙三十三年授。五十七年卒。

子:**齊巴克札布**,康熙五十七年襲。乾隆二十七年,以病罷。

孫:**額璘沁多爾濟**,乾隆二十七年襲。四十六年,詔世襲罔替。五十八年卒。

曾孫:**齊旺多爾濟**,乾隆五十九年襲。

職號爵名:**青多爾濟**,札薩克一等台吉。

世系:貝子錫布推哈坦巴圖爾弟。

始封:康熙三十五年襲。三十九年卒。

子:**恭格**,康熙三十九年襲。雍正四年,以病罷。
孫:**旺札勒**,雍正四年襲。乾隆十五年卒。
曾孫:**固嚕札布**,乾隆十五年襲。四十一年,以病罷。
玄孫:**齊巴克札布**,乾隆四十一年襲。四十六年,詔世襲罔替。

職號爵名:**開木楚克**,札薩克一等台吉。
世系:郡王固嚕什喜從弟。其父曰阿爾占,爲索諾木弟。
始封:康熙三十六年授。四十三年卒。
子:**納木札勒**,康熙四十三年襲。五十四年卒。
孫:**車凌旺舒克**,康熙五十四年襲。乾隆二十一年卒。
曾孫:**達瑪琳札布**,乾隆二十一年襲。三十六年卒。
玄孫:**烏爾津札布**,乾隆三十六年襲。四十六年,詔世襲罔替。

職號爵名:**成衮札布**,札薩克一等台吉。
世系:郡王固嚕什喜次子。
始封:康熙五十八年授。雍正十年,以不稱職削。
子:**車布登**,雍正十年襲。乾隆三十一年,以罪削。
車登,成衮札布次子。乾隆三十一年襲。三十五年卒。
孫:**貢楚克**,車登次子。乾隆三十五年襲。四十六年,詔世襲罔替。

職號爵名:**朋素克喇布坦**,札薩克一等台吉。
世系:追封郡王車木楚克納木札勒弟。
始封:雍正八年授。乾隆十一年卒。
子:**喇木丕勒多爾濟**,乾隆十二年襲。十六年卒。
孫:**衮楚克車凌**,喇木丕勒多爾濟次子。乾隆十七年襲。四十六年,詔世襲罔替。四十八年卒。
曾孫:**達瑪第札布**,乾隆四十八年襲。五十年卒。

玄孫:**固嚕札布**,乾隆五十年襲。

職號爵名:**遜篤布**,札薩克一等台吉。
世系:郡王固嚕什喜從子。其父曰達什,爲固嚕什喜弟。
始封:雍正十年授。乾隆二十一年,賜公品級。二十二年,以罪削。
子:**三篤克多爾濟**,乾隆二十三年襲。四十六年,詔世襲罔替。五十四年,以病罷。
孫:**阿札拉**,乾隆五十四年襲。

喀爾喀車臣汗部:康熙二十七年來歸,旗二十三、爵二十六。
職號爵名:**烏默克**,車臣汗。
世系:元太祖裔,喀爾喀格哼森札札賚爾琿台吉之七世孫,繼其父伊勒登阿喇布坦稱汗,號車臣。其祖曰諾爾布,曾祖曰巴布,高祖曰碩壘,碩壘之父曰謨羅貝瑪,謨羅貝瑪之父曰阿敏都喇勒,爲格哼森札札賚爾琿台吉第五子。
始封:康熙三十年,詔留車臣汗號。四十八年卒。
垂札布,烏默客從弟,初襲其父郡王朋素克爵,見郡王表。雍正十一年襲。十三年卒。
子:**袞臣**,康熙四十八年襲。雍正六年卒。
孫:**車布登班珠爾**,雍正六年襲。十一年,以溺職削。
達瑪琳,袞臣次子。雍正十三年襲。乾隆十六年卒。
曾孫:**嘛呢巴達喇**,乾隆十六年襲。三十二年卒。
車布登札布,達瑪琳次子。乾隆三十二年襲。四十六年,詔世襲罔替。五十三年卒。
玄孫:**齊旺多爾濟**,乾隆五十三年襲。

職號爵名:**三濟札布**,輔國公。

世系：車臣汗烏默客弟。

始封：康熙五十六年封。雍正七年卒。

子：**密瓦札布**，雍正八年襲。乾隆十一年卒。

孫：**格呼克**，乾隆十一年襲。四十三年卒。

曾孫：**車登札布**，乾隆四十三年襲。四十六年，詔世襲罔替。

職號爵名：**納木札勒**，札薩克多羅郡王。今襲和碩親王。

世系：車臣汗烏默客叔父。

始封：康熙三十年封。六十年卒。

子：**達瑪璘多爾濟**，康熙六十年襲。雍正十年，以罪削。

多爾濟札勒，納木札勒次子。雍正十年襲。乾隆五年卒。

孫：**巴雅爾什第**，乾隆五年襲。二十年，晉和碩親王。四十六年卒。

曾孫：**貢楚克札布**，乾隆四十六年，襲札薩克和碩親王，詔世襲罔替。五十五年卒。

玄孫：**達爾瑪錫里**，乾隆五十五年襲。

職號爵名：**朋素克**，札薩克多羅郡王。

世系：車臣汗烏默客叔父。

始封：康熙三十年，封札薩克固山貝子。三十五年，特晉多羅郡王。雍正五年，以老罷。

子：**垂札布**，雍正五年襲。後襲車臣汗，見汗表。

孫：**德木楚克**，雍正十三年襲。乾隆四十五年卒。

曾孫：**齊旺多爾濟**，乾隆四十五襲。四十六年，詔世襲罔替。尋卒。

玄孫：**桑齋多爾濟**，乾隆四十六年襲。

職號爵名：**貢格三丕勒**，閒散多羅郡王。今襲多羅貝勒。

世系：郡王朋素克次子。

始封：雍正十一年，以其兄垂札布襲車臣汗，代爲札薩克多羅郡王。十三年，垂札布子德木楚克襲父原爵，詔貢格三丕勒仍爲多羅郡王，不兼札薩克。乾隆九年卒。

子：**丹津**，乾隆九年，降襲多羅貝勒。四十五年卒。

孫：**車凌多爾濟**，乾隆四十五年襲。四十六年，詔世襲罔替。

職號爵名：**車布登**，札薩克多羅貝勒。

世系：車臣汗烏默克三從叔父，其父曰丹巴，祖曰巴特瑪什，爲碩壘子。

始封：康熙三十年封。三十三年卒。

子：**旺札勒**，康熙三十三年襲。雍正元年，晉多羅郡王。八年，以罪削。九年，復封貝勒。乾隆十四年卒。

孫：**旺沁札布**，乾隆十四年襲。二十年，擊伊犂叛賊死之。

曾孫：**達克丹多爾濟**，乾隆二十一年襲。四十六年，詔世襲罔替。

職號爵名：**布達札布**，札薩克多羅貝勒。今襲固山貝子。

世系：車臣汗烏默克從曾祖。

始封：康熙三十年，封札薩克固山貝子。五十年，晉多羅貝勒。五十一年卒。

子：**雲敦琳沁**，康熙五十二年，降襲札薩克輔國公。五十五年卒。

孫：**巴蘇**，康熙五十七年，襲輔國公。乾隆十五年卒。

曾孫：**達爾濟雅**，乾隆十五年，襲輔國公。二十年，晉固山貝子。四十五年卒。

玄孫：**索諾木旺札勒多爾濟**，乾隆四十五年，襲札薩克固山貝子。四十六年，詔世襲罔替。

職號爵名：**達哩**，札薩克固山貝子。

世系：車臣汗烏默客族祖。其父曰嘛察哩，爲碩壘長子。
始封：康熙三十年封。尋以老罷。三十七年卒。
子：**阿海成伯勒**，康熙三十一年襲。四十年卒。
喇布坦，達哩第三子。康熙四十年襲。雍正十年卒。
孫：**旺札勒**，雍正十年襲。乾隆二十七年卒。
曾孫：**伊達木札布**，旺札勒次子。乾隆二十七年襲。四十六年，詔世襲罔替。四十九年卒。
玄孫：**貢楚克札布**，乾隆四十九年襲。

職號爵名：**車布登**，札薩克固山貝子。今襲輔國公。
世系：車臣汗烏默客從曾祖。
始封：康熙三十年封。三十四年卒。
子：**阿勒達爾**，康熙三十五年襲。四十一年卒。
孫：**車凌布木**，康熙四十二年，降襲札薩克鎮國公。五十三年卒。
曾孫：**格埒克巴木丕勒**，康熙五十三年，降襲札薩克輔國公。乾隆二十年，以罪削。二十一年，詔復其爵。二十五年，晉鎮國公。三十六年卒。
玄孫：**袞布札布**，乾隆三十六年，降襲札薩克輔國公。四十六年，詔世襲罔替。

職號爵名：**阿南達**，札薩克固山貝子。今襲札薩克一等台吉。
世系：車臣汗烏默客從曾祖。
始封：康熙三十年封。三十五年卒。
子：**丹津**，阿南達第三子。康熙三十六年，襲固山貝子，不兼札薩克。四十四年卒。
齊巴勒阿喇布坦，阿南達第四子。康熙四十四年，降襲鎮國公。尋授札薩克。四十五年卒。
孫：**延楚布多爾濟**，康熙四十五年，襲札薩克鎮國公。雍正二年,晉固山貝子。乾隆二十二年,以溺職削。

曾孫:**旺沁札布**,乾隆二十二年,襲札薩克固山貝子。二十五年,以溺職降封鎮國公,別有表。

貢素嚨札布,延楚布多爾濟次子。乾隆二十五年,降襲札薩克一等台吉。四十六年,詔世襲罔替。五十二年,以病罷。

玄孫:**車登多爾濟**,乾隆五十二年襲。

職號爵名:**旺沁札布**,閒散鎮國公。
世系:札薩克鎮國公延楚布多爾濟長子。
始封:乾隆二十五年,由札薩克固山貝子降封。四十六年,詔世襲罔替。四十八年卒。

子:**垂濟札布**,乾隆四十八年襲。

職號爵名:**車布登**,札薩克鎮國公。
世系:車臣汗烏默客族叔父。其父曰噶爾瑪,祖曰本巴,爲碩壘第四子。
始封:康熙三十四年封。五十二年卒。

子:**圖巴**,康熙五十二年襲。雍正十一年卒。

孫:**札木禪**,雍正十一年襲。乾隆三十二年卒。

曾孫:**雲丹**,乾隆三十二年襲。四十六年,詔世襲罔替。五十一年卒。

玄孫:**達什格埒克**,雲丹次子。乾隆五十一年襲。

職號爵名:**車凌旺布**,札薩克輔國公。
世系:貝勒車布登從子。其父曰齊旺,爲車布登弟。
始封:康熙五十年,授一等台吉。五十一年,授札薩克。雍正二年封。乾隆七年,以老罷。

子:**格埒克**,乾隆七年襲。二十二年,以病罷。

孫:**貢楚克多爾濟**,乾隆二十二年襲。四十六年,詔世襲罔替。五十九年卒。

曾孫:**齊旺多爾濟**,乾隆五十九年襲。

玄孫:**彭楚克多爾濟**,乾隆六十年襲。

職號爵名:**車凌達什**,札薩克輔國公。今襲札薩克一等台吉。

世系:車臣汗烏默客族祖。其父曰綽斯喜布,爲碩壘子。

始封:康熙三十年,授札薩克一等台吉。三十五年,封輔國公。四十二年卒。

子:**根敦**,康熙四十二年襲。雍正九年卒。

孫:**三丕勒**,根敦次子。雍正九年襲。乾隆九年卒。

曾孫:**成衮**,乾隆九年襲。二十一年,以罪削。二十四年卒。

玄孫:**德木楚克**,乾隆二十四年,降襲札薩克一等台吉。四十六年,詔世襲罔替。

職號爵名:**車凌多岳特**,札薩克輔國公。今襲札薩克一等台吉。

世系:貝子阿勒達爾孫。其父曰敦多布。貝子阿勒達爾者,車臣汗烏默客從曾祖也。

始封:乾隆十九年,授一等台吉。二十年封。四十三年卒。

子:**車登札布**,乾隆四十三年,降襲札薩克一等台吉。四十四年卒。

孫:**齊巴克札布**,乾隆四十四年襲。四十六年,詔世襲罔替。

職號爵名:**多爾濟達什**,札薩克一等台吉。今襲公品級。

世系:輔國公車凌達什弟。

始封:康熙五十年襲。雍正三年卒。

子:**成衮札布**,雍正三年襲。乾隆二十一年,賜公品級。三十六年卒。

孫:雲敦齊旺,乾隆三十六年,襲公品級札薩克一等台吉。三十九年卒。

曾孫:貢桑班巴爾,乾隆三十九年襲。四十六年,詔世襲罔替。

職號爵名:固嚕札布,札薩克一等台吉。
世系:輔國公車凌達什從子。其父曰丹津,爲綽斯喜布長子。
始封:康熙三十年授。尋卒。
子:齊旺班珠爾,康熙三十一年襲。雍正十三年,以病罷。
孫:格埒克,雍正十三年襲。乾隆八年,以罪削。
曾孫:索諾木敦多布,乾隆八年襲。四十六年,詔世襲罔替。五十六年卒。
玄孫:巴延巴達爾瑚,乾隆五十六年襲。

職號爵名:色稜達什,札薩克一等台吉。
世系:車臣汗烏默客族叔父。其父曰諾捫宰桑琿台吉,祖曰拉布哩,爲碩壘第三子。
始封:康熙三十年授。四十一年卒。
子:固嚕札布,康熙四十一年襲。乾隆二年卒。
孫:貢楚克札布,乾隆二年襲。四十六年,詔世襲罔替。是年卒。
曾孫:瑪哈巴達,乾隆四十六年襲。五十七年卒。
玄孫:札木薩朗札布,乾隆五十七年襲。

職號爵名:貢楚克,札薩克一等台吉。
世系:貝子阿南達長子。
始封:康熙三十六年授。四十二年卒。
子:布尼,康熙四十二年襲。四十九年卒。
達瑪璘札布,貢楚克次子。康熙四十九年襲。雍正十一年,以酗酒削。

孫:**旺舒剋達爾札**,雍正十一年襲。乾隆十三年卒。

曾孫:**貢楚克札布**,乾隆十三年襲。四十六年,詔世襲罔替。

職號爵名:**韜賚**,札薩克一等台吉。

世系:車臣汗烏默客從叔父。其父曰穆章,為巴布長子。

始封:康熙三十四年授。六十年卒。

子:**車登敦多布**,康熙六十年襲。乾隆二十九年卒。

孫:**根敦札布**,乾隆二十九年襲。四十六年,詔世襲罔替。五十年卒。

曾孫:**車凌多爾濟**,乾隆五十年襲。五十七年卒。

玄孫:**袞布札布**,乾隆五十七年襲。

職號爵名:**羅卜藏**,札薩克一等台吉。

世系:車臣汗烏默客從叔父。其父曰布達,為巴布次子。

始封:康熙三十六年授。五十四年卒。

子:**沙克都爾札布**,康熙五十四年襲。雍正八年,以曠削職。乾隆元年,仍襲。七年卒。

孫:**格木丕勒**,雍正八年襲。乾隆元年卒。

曾孫:**納旺伊什**,乾隆七年襲。二十一年,以罪削。二十五年,詔復其爵。四十六年,詔世襲罔替。五十七年卒。

玄孫:**貢素隆札布**,乾隆五十八年襲。五十九年卒。

六世:**車木布爾札布**,乾隆五十九年襲。

職號爵名:(乖)〔垂〕**木札素**,札薩克一等台吉。

世系:車臣汗烏默客叔父。

始封:康熙四十年授。雍正五年,以老罷。

子:**齊旺多爾濟**,雍正五年襲。十一年,以溺職削。

旺札勒,貢楚克次子,康熙四十九年襲,雍正十一年以酗酒削。

孫:**噶爾瑪**,雍正十一年襲,乾隆十三年卒。

曾孫:**索諾木**,乾隆十三年襲。四十六年,詔世襲罔替。

職號爵名:**額爾德尼**,札薩克一等台吉。

世系:車臣汗烏默客叔父。

始封:康熙三十五年,授一等台吉。四十五年,授札薩克。雍正五年,以老罷。

子:**旺布**,雍正五年襲。十年,以罪削。

齊旺,額爾德尼次子。雍正十一年襲。乾隆二十五年,以老罷。

孫:**車登旺札勒**,乾隆二十五年襲。三十七年卒。

曾孫:**札木巴勒多爾濟**,乾隆三十七年襲。四十六年,詔世襲罔替。

職號爵名:**根敦**,札薩克一等台吉。

世系:車臣汗烏默客叔父。

始封:康熙四十年授。雍正五年,以老罷。

子:**博洛爾**,根敦第三子。雍正五年襲。乾隆十五年卒。

孫:**鞥克**,乾隆十五年襲。四十四年卒。

僧格喇布坦,博洛爾次子。乾隆四十四年襲。四十六年,詔世襲罔替。五十四年卒。

曾孫:**朗裒札布**,乾隆五十四年襲。

職號爵名:**吹音珠爾**,札薩克一等台吉。

世系:車臣汗烏默客族叔父。其父曰色稜達什,祖曰察布哩,為碩壘第二子。

始封:康熙五十二年授。五十三年卒。

子:**塔旺**,吹音珠爾次子。康熙五十三年襲。雍正十三年,以罪削。

孫:**齊瑚拉**,塔旺從子。雍正十三年襲。乾隆七年卒。

曾孫:**桑齋璘沁**,乾隆七年襲。二十一年,以罪削。二十五年,詔復其爵。三十四年卒。

玄孫:**楚克蘇木札布**,乾隆三十五年襲。四十六年,詔世襲罔替。

職號爵名:**旺札勒札布**,札薩克一等台吉。

世系:貝子達哩孫,其父曰車稜。

始封:雍正十三年,授一等台吉。乾隆十四年,授札薩克。二十五年卒。

子:**班珠爾**,乾隆二十五年襲。四十二年卒。

孫:**車凌達什**,乾隆四十二年襲。四十六年,詔世襲罔替。五十二年卒。

曾孫:**車凌納木札勒**,乾隆五十二年襲。

喀爾喀札薩克圖汗部:康熙二十七年來歸,旗十九、爵二十二。附原爵一,又附厄魯特一。

職號爵名:**策旺札布**,原封札薩克圖汗和碩親王。

世系:元太祖裔,喀爾喀格埒森札札賚爾琿台吉之七世孫,繼其曾祖素巴第稱汗,號札薩克圖。其父曰成衮,祖曰諾爾布,其曾祖素巴第之父曰賚瑚爾汗,祖曰巴顏達喇,曾祖曰阿什海達爾漢琿台吉,爲格埒森札札賚爾琿台吉長子。

始封:康熙三十年,封札薩克和碩親王。四十二年,詔襲札薩克圖汗號。雍正十年,以罪削,詔其族弟郡王格埒克延丕勒襲汗號,別有表。

職號爵名:**朋素克喇布坦**,札薩克多羅郡王。今襲札薩克圖汗兼多羅郡王。

世系:喀爾喀格垺森札札賫爾琿台吉之六世孫。其父曰薩瑪第,祖曰濟農陀音,曾祖曰崆奎,崆奎之父曰土伯特哈坦巴圖爾,祖曰諾顏泰哈坦巴圖爾,爲格垺森札札賫爾琿台吉長子。

始封:康熙三十年封。五十一年卒。

子:**格垺克延丕勒**,康熙五十一年,襲札薩克多羅郡王。雍正十年,襲札薩克圖汗,仍兼郡王爵。乾隆六年卒。

孫:**巴勒達爾**,乾隆六年,襲札薩克多羅郡王。七年,襲札薩克圖汗。三十五年卒。

曾孫:**齊旺巴勒齋**,乾隆三十五年兼襲。四十六年,詔世襲罔替。五十六年,以病罷。

玄孫:**布尼拉忒納**,乾隆五十六年兼襲。

職號爵名:**格色克**,閒散輔國公。今襲公品級三等台吉。

世系:原封札薩克圖汗第旺札布從子。

始封:康熙三十年封。乾隆十七年卒。

子:**多岳特**,乾隆十七年襲。二十年,以罪削。二十二年,授三等台吉,賜公品級。四十八年卒。

孫:**幹珠爾札布**,乾隆四十八年襲。

職號爵名:**根敦**,札薩克多羅貝勒。今襲郡王品級。

世系:札薩克圖汗格勒克延丕勒族祖。其父曰杭圖岱,祖曰碩壘烏巴什,曾祖曰圖搿達拉岱青,爲巴顏達喇弟。

始封:康熙三十三年封。三十六年卒。

子:**松津僧格**,康熙三十六年,降襲札薩克輔國公。四十三年卒。

博貝,根敦嗣子。康熙四十三年,降襲札薩克一等台吉。四十四年,晉輔國公。五十九年,特封多羅貝勒。雍正八年卒。

孫:**班第**,雍正八年,襲貝勒。乾隆二年卒。

旺布多爾濟,博貝次子。札薩克輔國公額琳沁之子,初襲父爵。

乾隆二十一年，襲札薩克多羅貝勒。二十二年，賜郡王品級。尋卒。

曾孫：**青衮咱卜**，乾隆二年襲。二十一年，以叛誅。

車都布，乾隆二十二年襲。四十六年，詔世襲罔替。五十年卒。

玄孫：**成敦札布**，乾隆五十年襲。

職號爵名：**卓特巴**，札薩克多羅貝勒。今襲鎮國公。

世系：札薩克圖汗格垺克延丕勒族祖。其父曰烏巴岱，爲素巴第弟。

始封：康熙三十年封。三十一年卒。

子：**薩穆多爾濟**，康熙三十一年襲。三十五年卒。

孫：**諾爾布班第**，康熙三十五年襲。雍正十二年卒。

玄孫：**旺札勒**，諾爾布班第孫。雍正十二年，降襲鎮國公。乾隆十七年卒。

六世：**瑪哈巴拉**，乾隆十七年襲。四十六年，詔世襲罔替。

職號爵名：**博貝**，一作包貝。札薩克固山貝子。今襲輔國公。

世系：札薩克圖汗格垺克延丕勒從叔父。其父曰巴喇斯騰額哩陀音，祖曰策哩斯奇布賽因阿海，爲崆奎子。

始封：康熙三十年封。四十二年卒。

子：**烏巴什**，康熙四十二年，降襲鎮國公。雍正二年，以罪削。

旺舒克，博貝次子。雍正二年，襲鎮國公。乾隆三十一年，以病罷。

孫：**拉旺多爾濟**，乾隆三十一年，降襲札薩克輔國公。四十六年，詔世襲罔替。四十九年，以病罷。

曾孫：**達布拉車琳**，乾隆四十九年襲。

職號爵名：**索諾木伊斯札布**，札薩克輔國公。

世系：札薩克郡王朋素克喇布坦從弟。其父曰多爾濟，祖曰策璘楚琥爾,爲崆奎長子。

始封:康熙三十年,授札薩克一等台吉。三十六年,封輔國公。五十六年卒。

子:噶勒桑色旺,康熙五十七年襲。乾隆二年卒。

孫:旌準多爾濟,乾隆二年襲。二十三年卒。

曾孫:拉沁蘇嚨,乾隆二十三年襲。四十六年,詔世襲罔替。

職號爵名:袞占,札薩克輔國公。

世系:札薩克郡王朋素克喇布坦從叔父。其父曰車稜袞布,祖曰賽因巴特瑪,爲崆奎弟。

始封:康熙三十年,授札薩克一等台吉。五十年,封輔國公。五十二年卒。

子:敏珠爾,袞占次子。康熙五十二年襲。乾隆五年卒。

孫:策嚕布,乾隆五年襲。九年卒。

多岳特多爾濟,敏珠爾第三子。乾隆九年襲。二十一年卒。

敏丕木多爾濟,敏珠爾第四子。乾隆二十一年襲。四十六年,詔世襲罔替。是年卒。

曾孫:齊旺達什,乾隆四十六年襲。

職號爵名:通謨克,札薩克輔國公。

世系:札薩克圖汗格埒克勒延丕勒族叔父。其父曰墨德卓哩克圖,祖曰本塔爾岱青巴圖爾,曾祖曰唐古特墨爾根岱青,高祖曰青達瑪尼默濟克,高祖之父曰鄂特歡諾顏,爲格埒森札札賚爾琿台吉第七子。

始封:康熙五十三年,授札薩克一等台吉。雍正二年,封輔國公。乾隆四年卒。

子:旺沁札布,乾隆四年襲。四十六年,詔世襲罔替。五十年卒。

孫:格哩克,旺沁札布次子。乾隆五十年襲。

職號爵名:**徹垺克**,閒散輔國公。

世系:輔國公通謨克叔父。

始封:初授一等台吉。雍正十年,以從征準噶爾陣歿,追封輔國公。詔世襲罔替。

子:**彌什克**,雍正十年襲。乾隆二十九年卒。

孫:**貢楚克札布**,乾隆二十九年襲。四十年卒。

曾孫:**索諾木車璘**,乾隆四十年襲。四十六年,詔世襲罔替。

職號爵名:**沙克札**,札薩克輔國公。

世系:貝勒博貝弟。

始封:雍正二年封。乾隆二年,以病罷。

子:**多爾濟車登**,乾隆二年襲。二十九年卒。

孫:**車都布多爾濟**,乾隆二十九年襲。四十六年,詔世襲罔替。

職號爵名:**齊巴克札布**,輔國公,後授札薩克。

世系:貝勒博貝從孫。其父曰烏巴錫,祖曰羅卜藏達什,為博貝弟。

始封:初授二等台吉。乾隆二十一年,以從剿烏梁海賊陣歿,追封輔國公。詔入祀昭忠祠。

子:**巴圖濟爾噶勒**,乾隆二十二年,襲輔國公,授札薩克。四十六年,詔世襲罔替。

職號爵名:**喇布坦**,公品級札薩克一等台吉。今襲鎮國公。

世系:貝勒卓特巴次子。

始封:雍正六年,授札薩克一等台吉。十年,以罪削。十三年,詔復其爵。乾隆二十一年,賜公品級。三十一年,以老罷。

孫:**索諾木多爾濟**,喇布坦孫。乾隆三十一年,襲公品級札薩克一等台吉。其父朗袞札布以軍功別封鎮國公,是年卒。詔索諾木多爾濟晉襲之。四十六年,詔世襲罔替。

職號爵名:**額爾德尼袞布**,札薩克一等台吉。
世系:貝勒卓特巴從子。其父曰諾木齊,為卓特巴弟。
始封:康熙三十年授。三十八年卒。
子:**垂札布**,康熙三十八年襲。雍正三年卒。
孫:**丹津**,雍正三年襲。八年卒。
曾孫:**格埒克**,丹津次子。雍正八年襲。十年,以罪削。
羅卜藏喇布坦,丹津長子。雍正十二年襲。乾隆二十二年,以病罷。
玄孫:**莽蘇爾**,乾隆二十二年襲。四十六年,詔世襲罔替。五十四年卒。
六世:**吹木丕勒**,乾隆五十四年襲。

職號爵名:**烏爾占**,札薩克一等台吉。
世系:札薩克圖汗格埒克延丕勒從祖。其父曰察罕斯奇布,為崆奎子。
始封:康熙三十年授。雍正五年,以病罷。
子:**彌育特多爾濟**,雍正五年襲。乾隆十三年卒。
孫:**根敦車琳**,乾隆十三年襲。三十五年卒。
曾孫:**烏巴什**,乾隆三十五年襲。四十六年,詔世襲罔替。五十一年卒。
玄孫:**吹忠達什**,乾隆五十一年襲。五十九年卒。
六世:**蒙袞札布**,乾隆五十九年襲。

職號爵名:**袞布札布**,閒散輔國公。
世系:札薩克台吉烏爾占從弟。
始封:雍正二年封。尋卒。

子：**沙克都爾札布**，雍正二年襲。八年卒。

巴勒桑，袞布札布次子。雍正八年襲。乾隆三十六年卒。

孫：**錫喇布多爾濟**，乾隆三十六年襲。四十二年卒。

曾孫：**納木札勒多爾濟**，錫喇布多爾濟次子。乾隆四十二年襲。四十六年，詔世襲罔替。

職號爵名：**哈瑪爾岱青**，札薩克一等台吉。

世系：札薩克郡王朋素克喇布坦從弟。其父曰博托果，祖曰固嚕諾木齊，爲崆奎子。

始封：康熙三十六年授。五十三年卒。

子：**鄂木布濟**，康熙五十三年襲。乾隆十五年，以病罷。

孫：**達爾巴圖**，乾隆十五年襲。三十五年，以病罷。

曾孫：**達什琳沁**，乾隆三十五年襲。四十六年，詔世襲罔替。

職號爵名：**納瑪璘藏布**，札薩克一等台吉。

世系：貝勒博貝從子。其父曰鄂爾齊圖哈坦巴圖爾，祖曰額璘沁，曾祖曰俄木布額爾德尼，爲杭圖岱兄。

袞布車凌，納瑪璘藏布叔父。雍正二年襲。十年，爲準噶爾賊所戕。

拉哩，袞布車凌兄。雍正十年襲。乾隆二年卒。

始封：康熙四十八年授。五十七年卒。

札木揚，納瑪璘藏布弟。康熙五十七年襲。雍正二年卒。

班第，乾隆二年襲。二十一年卒。

子：**三都布多爾濟**，乾隆二十一年襲。四十六年，詔世襲罔替。六十年卒。

孫：**齊素嚨多爾濟**，乾隆六十年襲。

職號爵名：**伊達木札布**，札薩克一等台吉。

世系：輔國公袞占長子。

始封：雍正四年授。乾隆七年卒。

子：根敦，伊達木札布第三子。乾隆七年襲。二十八年卒。

孫：車都布多爾濟，乾隆二十八年襲。三十八年卒。

曾孫：巴圖爾，車都布多爾濟次子。乾隆三十八年襲。四十六年，詔世襲罔替。

職號爵名：達什朋素克，札薩克一等台吉。

世系：貝勒博貝從子。其父曰圖巴，爲博貝弟。

始封：乾隆二十二年襲。二十三年，以罪削札薩克。尋詔復之。四十四年卒。

子：袞布札布，乾隆四十四年襲。四十六年，詔世襲罔替。

職號爵名：普爾普車凌，札薩克一等台吉。

世系：輔國公通謨克從子。其祖曰巴克蘇木，爲墨德卓哩克圖弟。

始封：乾隆二十年，自準噶爾來歸，授。二十四年卒。

子：沙克都爾札布，普爾普車凌嗣子。乾隆二十四年襲。二十九年卒。

尼木布多爾濟，亦普爾普車凌嗣子。乾隆二十九年襲。四十六年，詔世襲罔替。四十九年，因罪革。

孫：尼瑪，尼木布多爾濟從子。乾隆五十九年襲。

職號爵名：諾爾布，札薩克一等台吉。

世系：札薩克圖汗格埒克延丕勒族弟。其父曰納木札勒多爾濟，祖曰肅哩，曾祖曰色稜阿海，高祖曰丹巴，高祖之父曰鍾圖岱，祖曰德勒登昆都倫，爲格埒森札札賚爾琿台吉第四子。

始封：初授二等台吉，隸其叔父貝勒策登札布旗。乾隆二十一年,策登札布以附叛賊青衮咱卜罪誅。詔授諾爾布札薩克一等台吉領其衆。三十二年卒。

子:**敦多布多爾濟**,乾隆三十二年襲。四十六年,詔世襲罔替。

職號爵名:噶勒丹達爾札,厄魯特一等台吉。後授札薩克。

世系:輝特人,其父羅卜藏,自準噶爾來歸,封輔國公,兄巴濟嗣,復叛歸準噶爾。

始封:乾隆二十年,自準噶爾來降,授。三十年卒。

子:**拉克沁噶喇**,乾隆三十年,襲一等台吉,授札薩克。詔隸喀爾喀札薩克圖汗部。四十六年卒。

孫:**薩木丕勒諾爾布**,乾隆四十六年襲,是年詔世襲罔替。

喀爾喀賽因諾顏部:康熙二十七年來歸,旗二十四、爵三十三。

職號爵名:**善巴**,札薩克和碩親王。今兼襲賽因諾顏號。

世系:元太祖裔,喀爾喀格埒森札札賚爾琿台吉之五世孫。其父曰塔斯希布,祖曰丹津喇嘛,曾祖曰圖蒙肯,高祖曰諾諾和,爲格埒森札札賚爾琿台吉第三子。

始封:康熙三十年,封札薩克多羅郡王。三十五年,晉和碩親王。四十六年卒。

子:**達什敦多布**,康熙四十六年襲。雍正四年,以老罷。

孫:**喇嘛札布**,雍正四年襲。九年,以罪削。

德沁札布,達什敦多布次子。雍正十一年襲。乾隆二十七年卒。

曾孫:**諾爾布札布**,初由公品級封固山貝子,別有表。乾隆二十七年襲。三十一年,詔襲其六世祖圖蒙肯賽因諾顏號。四十六年,詔世襲罔替。五十一年,以病罷。

玄孫:**車登札布**,初襲鎮國公,別有表。乾隆五十一年襲。五十七年卒。

六世:**額琳沁多爾濟**,乾隆五十八年襲。

職號爵名:**諾爾布札布**,閒散固山貝子。今襲鎮國公。

始封:乾隆十七年,賜公品級。二十年,封固山貝子,後襲札薩克和碩親王兼賽因諾顏號,見親王表。

子:**車登札布**,乾隆二十七年,襲鎮國公。四十六年,詔世襲罔替。五十一年,襲札薩克和碩親王兼賽因諾顏號,見親王表。

職號爵名:**三丕勒多爾濟**,閒散公品級三等台吉。
世系:親王德沁札布第三子。
始封:初授三等台吉。乾隆二十二年,賜公品級。四十九年卒。
子:**達瑪璘**,乾隆五十年襲。五十七年卒。
敏珠爾,達瑪璘弟。乾隆五十七年襲。

職號爵名:**策凌**,札薩克和碩親王。
世系:親王善巴再從弟。其父曰納木札勒,祖曰丹津,爲圖蒙肯第八子。
始封:康熙三十一年,授三等輕車都尉。四十五年,賜貝子品級。六十年,授札薩克。雍正元年,特封多羅郡王。九年,晉和碩親王,授喀爾喀大札薩克。十年,賜超勇號。乾隆十五年,薨,諡襄,配享太廟,入祀賢良祠。
子:**成衮札布**,乾隆元年,封固山貝子。四年,封世子。十五年襲。三十六年卒。
孫:**拉旺多爾濟**,成衮札布第七子。乾隆二十九年,封世子。三十六年襲。四十六年,詔世襲罔替。

職號爵名:**恭格喇布坦**,閒散多羅貝勒。今襲固山貝子。
世系:超勇襄親王策凌弟。
始封:雍正元年封。尋卒。
子:**佛保**,恭格喇布坦第四子。雍正元年,降襲固山貝子。十年,陷準噶爾,後自伊犁歸,別封輔國公,見輔國公表。

沙克都爾札布,恭格喇布坦長子。雍正十年,襲固山貝子。乾隆二十年,晉多羅貝勒。二十七年卒。

孫:敦多布多爾濟,沙克都爾札布次子。乾隆二十七年,降襲固山貝子。四十六年,詔世襲罔替。

職號爵名:額爾克沙喇,閒散輔國公。
世系:親王成袞札布長子。
始封:乾隆二十二年封。二十三年,賜貝子品級。三十一年卒,貝子品級停襲。

伊什札木楚,額爾克沙喇弟。乾隆三十一年襲。四十六年,詔世襲罔替。五十五年卒。

孫:達什多爾濟,伊什札木楚姪孫。乾隆五十七年襲。

職號爵名:佛保,閒散輔國公。
始封:初襲其父貝勒恭格喇布坦爵,見貝勒表。乾隆二十二年,自伊犁歸,賜公品級。二十八年封。三十六年卒。

子:三丕勒敦多克,乾隆三十六年襲。四十六年,詔世襲罔替。

職號爵名:額璘沁多爾濟,閒散公品級一等台吉。
世系:超勇襄親王策凌第五子。
始封:初授一等台吉。乾隆二十一年卒,追封公品級。

子:納遜多爾濟,乾隆二十一年襲。

職號爵名:車布登札布,札薩克多羅郡王。
世系:超勇襄親王策凌次子。
始封:雍正十年,封輔國公。乾隆十六年,授札薩克。十九年,賜貝子品級。二十年,封多羅貝勒。二十二年,晉郡王。二十三年,詔繼其父超勇號，賜親王品級。四十五年，以冒請展界削親王品級。四十六年，詔世襲罔替。四十七年卒。

子：三丕勒多爾濟，乾隆四十七年襲。

職號爵名：衮布，札薩克多羅郡王。今襲多羅貝勒。
世系：親王善巴叔祖，爲圖蒙肯第十三子。
始封：康熙三十年封。四十七年卒。
子：額璘沁，康熙四十七年，降襲札薩克多羅貝勒。四十九年，晉郡王。尋卒。
孫：吹札木三，康熙五十年，仍襲貝勒。雍正元年卒。
曾孫：納木札勒齊素嚨，雍正二年襲。乾隆二十五年卒。
玄孫：齊墨特多爾濟，納木札勒齊素嚨第三子。乾隆二十五年襲。四十六年，詔世襲罔替。五十五年卒。
六世：德埒克朋楚克，乾隆五十五年襲。

職號爵名：托多額爾德尼，札薩克鎮國公。今襲多羅郡王。
世系：親王善巴再從弟。其父曰索諾木和碩齊，祖曰卓特巴，爲圖蒙肯長子。
始封：康熙三十年封。三十一年卒。
烏巴達，托多額爾德尼兄。康熙三十二年襲。四十九年卒。
子：巴穆，康熙五十年襲。五十一年卒。
策旺諾爾布，托多額爾德尼嗣子。康熙五十一年襲。雍正二年，晉固山貝子。十年，以老罷。
孫：車木楚克札布，雍正十年，仍襲鎮國公。乾隆三年，晉貝子。十九年，賜貝勒品級。二十一年，封貝勒，尋晉郡王。四十三年卒。
曾孫：貢楚克札布，乾隆四十四年，襲札薩克多羅郡王。四十六年，詔世襲罔替。五十三年，以病罷。
德木楚克札布，貢楚克札布弟。乾隆五十三年襲。

職號爵名:**素泰伊勒登**,札薩克鎮國公。今襲多羅貝勒。

世系:親王善巴族弟。其祖曰噶爾瑪,曾祖曰巴賽,爲諾諾和第五子。

始封:康熙三十年封。四十二年卒。

子:**洪果爾**,康熙四十二年,降襲札薩克一等台吉。四十五年卒。

孫:**阿努哩**,康熙四十五年,襲札薩克一等台吉。五十年,封輔國公。雍正九年,晉固山貝子。乾隆二年卒。

曾孫:**多爾濟旺楚克**,乾隆二年,襲貝子。十五年卒。

玄孫:**羅卜藏車磷**,乾隆十五年,襲貝子。二十年,擊伊犁叛賊,死之。詔晉貝勒。

六世:**德木楚克札布**,乾隆二十一年襲。四十六年,詔世襲罔替。五十五年卒。

職號爵名:**旺舒克**,札薩克輔國公。

世系:親王善巴從子。其父曰德克德赫,祖曰色爾濟穆,爲塔斯希布弟。

始封:康熙三十一年封。雍正元年卒。

子:**札木禪**,雍正元年襲。乾隆十年卒。

孫:**巴圖蒙克**,乾隆十年襲。二十年卒。

曾孫:**丹巴旌準**,乾隆二十一年襲。四十六年,詔世襲罔替。五十五年卒。

玄孫:**羅卜藏多爾濟**,乾隆五十五年襲。

職號爵名:**阿玉什**,札薩克輔國公。

世系:親王善巴從叔父。其父曰濟雅克,爲圖蒙肯第五子。

始封:康熙三十年,授札薩克一等台吉。三十五年封。三十九年卒。

孫:**旺札勒**,阿玉什孫。康熙三十九年襲。乾隆十二年卒。

曾孫:**三都克車木伯勒**,乾隆十二年襲。二十五年,以病罷。二十九年仍襲。三十五年卒。

玄孫:**車登札布**,乾隆二十五年襲。二十九年卒。

六世:**噶爾瑪**,乾隆三十五年襲。四十六年,詔世襲罔替。

職號爵名:**車凌達什**,札薩克輔國公。

世系:親王善巴次子。

始封:康熙四十六年,授札薩克一等台吉。尋封。雍正二年卒。

子:**敦多布額璘沁**,雍正二年襲。八年卒。

貢格,車凌達什次子。乾隆八年襲。十四年卒。

三都克札布,車凌達什第三子。乾隆十四年,降襲札薩克一等台吉。二十四年,仍襲原爵。二十六年卒。

孫:**色訥依**,雍正八年襲。乾隆八年卒。

敏珠爾多爾濟,乾隆二十六年襲。四十三年,以病罷。

曾孫:**車登札布**,乾隆四十三年襲。四十六年,詔世襲罔替。五十年卒。

玄孫:**德哩克多爾濟**,乾隆五十年襲。

職號爵名:**諾爾布札布**,札薩克輔國公。

世系:鎮國公巴穆長子。巴穆之父曰烏巴達爾,鎮國公托多額爾德尼兄。

始封:康熙五十一年,授札薩克一等台吉。乾隆元年封。五年卒。

子:**達木布多爾濟**,乾隆五年襲。九年卒。

孫:**貢楚克**,乾隆九年襲。四十六年,詔世襲罔替。五十一年卒。

曾孫:**索諾木巴勒珠爾多爾濟**,乾隆五十一年襲。

職號爵名:**齊旺多爾濟**,札薩克一等台吉。今襲公品級。

世系:親王德沁札布次子。

始封:初授一等台吉。乾隆十九年,賜公品級。二十二年,晉貝子品級。二十四年,授札薩克。三十八年,以罪削。

子:**三都布多爾濟**,乾隆三十八年,襲公品級札薩克一等台吉。五十二年卒。

孫:**旺沁札布**,乾隆五十三年襲。

職號爵名:**阿哩雅**,札薩克一等台吉。今襲鎮國公。

世系:親王善巴族子。其父曰布尼,祖曰齊巴克塔爾,曾祖曰錫納喇克沙特,為圖蒙肯第十子。

始封:康熙三十一年授。五十四年卒。

子:**格木丕勒**,康熙五十四年襲。雍正十年,封輔國公。乾隆二年,晉鎮國公。十四年卒。

孫:**貢格敦丹**,乾隆十四年襲。三十五年卒。

曾孫:**當蘇嚨**,乾隆三十五年襲。四十六年,詔世襲罔替。四十七年卒。

玄孫:**齊旺達什**,乾隆四十七年襲。

職號爵名:**多爾濟**,閒散輔國公。

世系:鎮國公貢格敦丹同族。

始封:乾隆二十一年封。二十七年卒。

子:**沙克都爾札布**,乾隆二十七年襲。四十六年,詔世襲罔替。

職號爵名:**圖巴**,札薩克一等台吉。今襲輔國公。

世系:鎮國公托多額爾德尼從子。其父曰本塔爾,祖曰齊滿,為索諾木和碩齊兄。

始封:康熙三十年授。三十六年卒。

子:**實第**,康熙三十六年襲。五十八年卒。

孫:**齊旺**,康熙五十八年襲。雍正十年,封輔國公。乾隆二十二年,以病罷。

曾孫:**達什**,乾隆二十二年,襲輔國公。三十一年,晉鎮國公。四十五年卒。

玄孫:**喇嘛札布**,乾隆四十五年,襲札薩克輔國公。四十六年,世襲罔替。

職號爵名:**丹津額爾德尼**,札薩克一等台吉。

世系:親王善巴再從弟。其父曰弼齊噶岱,祖曰畢瑪里吉哩諦,爲圖蒙肯第九子。

始封:康熙三十年授。三十一年卒。

子:**錫喇札布**,康熙五十一年襲。雍正六年卒。

孫:**滿珠習禮**,雍正六年襲。九年卒。

曾孫:**吹木丕勒**,雍正九年襲。乾隆二十年卒。

玄孫:**敦多布納木札勒**,乾隆二十年襲。三十年卒。

多爾濟齊巴克,吹木丕勒次子。乾隆三十年襲。四十年卒。

六世:**索諾木袞布**,乾隆四十年襲。四十六年,詔世襲罔替。五十三年卒。

職號爵名:**薩木濟特**,札薩克一等台吉。

世系:札薩克台吉阿哩雅叔祖。

始封:康熙三十一年襲。五十一年卒。

子:**根敦**,康熙五十一年襲。雍正十二年,以病罷。

孫:**布達札布**,雍正十三年襲。乾隆十七年卒。

曾孫:**車登札布**,乾隆十七年襲。四十六年,詔世襲罔替。四十七年,以病罷。

玄孫:**多爾濟札布**,乾隆四十七年襲。

職號爵名:**伊達木**,札薩克一等台吉。

世系:親王善巴再從弟。其父曰琿台吉札木延,祖曰察斯喜布,爲圖蒙肯第七子。

始封:康熙三十五年授。四十八年卒。

子:**達爾濟雅**,康熙四十八年襲。雍正六年卒。

孫:**齊旺札布**,雍正六年襲。十二年卒。

曾孫:**額璘沁**,雍正十二年襲。乾隆二十九年卒。

玄孫:**巴勒桑敏珠爾**,乾隆二十九年襲。四十六年,詔世襲罔替。五十七年卒。

六世:**巴札爾**,乾隆五十九年襲。

職號爵名:**袞布車凌**,閒散輔國公。

世系:札薩克台吉伊達木從子。

始封:乾隆元年封。九年卒。

子:**丹忠**,乾隆九年襲。二十年卒。

孫:**達什朋楚克**,乾隆二十年襲。四十六年,詔世襲罔替。

職號爵名:**納木札勒**,札薩克一等台吉。

世系:札薩克台吉伊達木從弟。其父曰圖巴,爲琿台吉札木延弟。

始封:康熙三十五年授。五十五年卒。

子:**巴朗**,康熙五十五年襲。乾隆十三年,以病罷。

孫:**阿喇布坦**,乾隆十三年襲。二十四年卒。

曾孫:**敦多布**,乾隆二十四年襲。三十一年,以病罷。

玄孫:**旺濟勒三丕勒**,乾隆三十一年襲。四十六年,詔世襲罔替。

職號爵名:**沙嚕伊勒都齊**,札薩克一等台吉。

世系:親王善巴再從弟。其父曰都噶爾,祖曰桑噶爾札,爲圖蒙肯第十一子。

　　始封:康熙三十五年授。雍正二年,以病罷。
　　子:**延達博第**,雍正二年襲。乾隆二年卒。
　　孫:**羅卜藏敦多布**,乾隆二年襲。三十二年,以廢疾罷。
　　曾孫:**袞布多爾濟**,乾隆三十二年襲。四十六年,詔世襲罔替。

　　職號爵名:**素達尼**,札薩克一等台吉。
　　世系:親王善巴從弟。其父曰羅卜藏,爲塔斯希布弟。
　　始封:康熙三十六年授。三十九年卒。
　　子:**薩喇旺札勒**,康熙三十九年襲。雍正元年卒。
　　孫:**車布登**,雍正元年襲。十一年,以罪削。
　　曾孫:**賫充札布**,雍正十一年襲。乾隆二十四年卒。
　　納旺車凌,車布登次子。乾隆二十四年襲。四十六年,詔世襲罔替。四十九年,以病罷。
　　玄孫:**貢格拉什**,納旺車凌第四子。乾隆四十九年襲。

　　職號爵名:**噶瓦**,閒散公品級三等台吉。
　　世系:札薩克台吉賫充札布同族。
　　始封:初授三等台吉。乾隆二十一年,賜公品級。三十四年卒。
　　子:**桑濟**,乾隆三十四年襲。四十六年,詔世襲罔替。

　　職號爵名:**濟納彌達**,札薩克一等台吉。
　　世系:親王善巴再從弟。其父曰車登,祖曰扣肯,爲圖蒙肯第十二子。
　　始封:康熙四十八年襲。雍正二年卒。
　　子:**特克什**,雍正二年襲。乾隆十五年卒。
　　孫:**烏巴什**,乾隆十五年襲。四十六年,詔世襲罔替。五十三年卒。

曾孫:**布達齊素嚨**,乾隆五十四年襲。

職號爵名:**多爾濟**,札薩克一等台吉。
世系:親王善巴從弟。其父曰瑪哈達瓦,爲塔斯希布弟。
始封:康熙五十一年授。雍正三年,以病罷。
車璘巴勒,多爾濟次子。乾隆十八年襲。二十五年卒。
子:**呢瑪**,雍正三年襲。十年卒。
成衮札布,乾隆二十五年襲。四十六年,詔世襲罔替。五十年卒。
孫:**阿保**,雍正十年襲。乾隆十八年卒。
德木楚克,乾隆五十年襲。

職號爵名:**額墨根**,札薩克一等台吉。
世系:郡王衮布曾孫。其父曰喇布坦,祖曰都噶爾札布。
始封:乾隆三年,授一等台吉。四年,授札薩克。二十二年卒。
子:**達什**,乾隆二十二年襲。二十三年,賜公品級。二十五年卒。
孫:**班第**,乾隆二十五年襲。四十六年,詔世襲罔替。五十五年卒。
曾孫:**達瑪璘**,乾隆五十五年襲。

職號爵名:**阿喇布坦**,厄魯特札薩克多羅郡王。今襲固山貝子。
世系:準噶爾台吉額斯墨特達爾漢諾顏之九世孫。
始封:康熙四十一年來降封。四十二年卒。
子:**車凌旺布**,康熙四十二年襲。雍正六年卒。
色布騰旺布,阿喇布坦次子。雍正元年封貝勒,四年授札薩克,七年兼襲。乾隆十三年卒。
孫:**朋素克**,色布騰嗣子。乾隆十三年,降襲貝子。二十六年,詔隸喀爾喀賽因諾顏部。四十三年,以罪削札薩克,留貝子爵。五十六年,仍襲札薩克。

曾孫:**納木札勒**,乾隆四十三年襲。四十六年,詔世襲罔替。五十三年卒。

玄孫:**車凌多爾濟**,乾隆五十三年襲。五十六年卒。

職號爵名:**丹濟拉**,厄魯特札薩克輔國公,今襲固山貝子。

世系:準噶爾台吉額斯墨特達漢諾顏之九世孫。

始封:康熙三十六年,來降,授內大臣。四十四年封。四十七年卒。

子:**多爾濟色布騰**,康熙四十七年襲。雍正元年,襲今爵。八年,晉貝勒。乾隆二年卒。

孫:**三都布**,乾隆三年,襲今爵。二十五年卒。

曾孫:**貢楚克邦**,三都布嗣子。乾隆二十六年襲。詔隸喀爾喀賽因諾顏部。四十六年,詔世襲罔替。

皇朝藩部世系表卷之三

前史官壽陽　祁韻士　纂
江陰　　　宋景昌　增輯
大興　　　徐　松　重訂
平定　　　張　穆　覆校

西套以西各部表

阿拉善厄魯特：康熙二十五年來歸，旗一、爵三。

職號爵名：**和囉理**，札薩克多羅貝勒。今襲和碩親王。

世系：元太祖弟哈布圖哈薩爾七傳曰阿克薩噶勒泰，生二子，長曰阿魯克特穆爾，爲內蒙古科爾沁各旗祖，次曰烏魯克特穆爾。又十傳曰博貝密爾咱，號衛拉特汗，爲和碩特部祖。其子曰哈尼諾顏洪果爾，孫曰圖魯拜琥，居青海，號顧實汗，爲青海和碩特祖。有子曰巴延阿布該阿玉什，即和囉理之父。

始封：康熙三十六年封。四十六年卒。

子：**阿寶**，和囉理第三子。康熙四十八年襲。雍正元年，晉郡王。七年，以罪降貝勒。九年，復郡王。乾隆四年卒。

孫：**羅卜藏多爾濟**，阿寶次子。乾隆四年，襲貝勒。二十二年，晉郡王。三十年，晉今爵。四十七年，詔世襲罔替。四十八年卒。

曾孫：**旺沁班巴爾**，初授公品級一等台吉。乾隆四十八年襲。

職號爵名：**袞布**，閒散固山貝子。今襲鎮國公。

世系：郡王阿寶長子。

始封：雍正九年，封輔國公。十年，晉貝子。乾隆二年卒。

拉爾濟旺舒克，郡王阿寶第三子。乾隆二年襲。六年卒。

索諾木多爾濟，拉爾濟旺舒克再從弟。乾隆六年，降襲今爵。三十年卒。

子:**烏爾圖納遜**,乾隆三十年襲。四十七年,詔世襲罔替。

職號爵名:**玉木楚木**,閒散輔國公。今襲鎮國公。
世系:貝勒和囉理次子。
始封:康熙三十七年封。五十二年卒。
子:**羅卜藏達爾濟**,玉木楚木次子。康熙五十三年襲。尋晉今爵。五十九年卒。
沙畢多爾濟,玉木楚木長子。康熙六十年襲。雍正元年,晉貝子。乾隆二年卒。
袞楚克,沙畢多爾濟從弟。乾隆二年,襲輔國公。二十四年,晉今爵。三十二年卒。
孫:**多爾濟色布騰**,袞楚克次子。乾隆三十二年襲。四十七年,詔世襲罔替。

青海厄魯特部:康熙三十七年來歸,旗二十九、爵三十。
職號爵名:**察罕丹津**,札薩克和碩親王。今襲多羅郡王。
世系:元太祖弟哈布圖哈薩爾裔,青海顧實汗之曾孫。其祖曰伊勒都齊,其父曰博碩克圖濟農。
始封:康熙四十年,封貝勒。五十七年,晉郡王。雍正元年,晉親王。三年,授札薩克。十三年卒。
孫:**旺舒克**,察罕丹津從孫。雍正十三年襲。乾隆十四年卒。
曾孫:**旺丹多爾濟帕拉木**,乾隆十四年襲。三十六年卒。
納罕達爾濟,旺舒克從子,初襲其父台吉旺舒克喇布坦所遺札薩克,見札薩克台吉表。乾隆三十六年,襲今爵。四十七年,詔世襲罔替。

職號爵名:**策旺喇布坦**,多羅郡王,後授札薩克。

世系:親王察罕丹津從叔父。其父曰多爾濟,爲伊勒都齊弟。

始封:康熙四十二年封。四十四年卒。

子:**額爾克巴爾珠爾**,策旺喇布坦次子。康熙四十四年襲。四十五年,自戕死。

孫:**朋素克旺札勒**,康熙四十六年,降襲貝勒。雍正三年,授札薩克。四年,晉郡王。十三年卒。

曾孫:**袞楚克達什**,雍正十三年,襲札薩克多羅郡王。乾隆四十二年,以病罷。

玄孫:**索諾木多爾濟**,袞楚克達什次子。乾隆四十二年襲。四十七年,詔世襲罔替。五十六年,賜親王品級。

職號爵名:**色布騰札勒**,札薩克多羅郡王。今襲多羅貝勒。

世系:準噶爾台吉額斯墨特達爾漢諾顏之九世孫。其父曰卓特巴巴圖爾,祖曰和多和沁。

始封:康熙四十二年,封貝勒。雍正二年,晉郡王。三年,授札薩克。九年卒。

子:**車凌喇布坦**,雍正九年襲。乾隆十三年卒。

車木伯勒,色布騰札勒叔父,班達哩之孫。乾隆三十年,降襲今爵。三十九年卒。

孫:**索諾木多爾濟**,乾隆十三年襲。二十三年卒。

色布騰多爾濟,索諾木多爾濟從弟。乾隆二十二年襲。三十年卒。

垂忠札布,乾隆三十九年襲。四十七年,詔世襲罔替。五十三年卒。

曾孫:**德哩巴勒珠爾**,乾隆五十三年襲。

職號爵名:**袞布**,一名固木布,多羅貝勒。今襲札薩克多羅郡王。

世系:親王察罕丹津從叔父。其父曰達蘭泰,爲伊勒都齊兄。

始封：康熙四十三年封。四十四年卒。

子：**額爾德尼額爾克托克托鼐**，康熙四十四年襲。雍正元年，晉郡王。三年，授札薩克。乾隆十四年卒。

孫：**索諾木丹津**，額爾德尼額爾克托克托鼐第三子。雍正九年，封長子。乾隆十四年，襲今爵。三十六年卒。

玄孫：**袞楚克敦多布納木札勒**，索諾木丹津孫。乾隆三十六年襲。四十年卒。

六世：**剛噶爾**，乾隆四十年襲。四十七年，詔世襲罔替。

職號爵名：**達顏**，多羅貝勒，後授札薩克。

世系：郡王策旺喇布坦從子。其父曰薩楚墨爾根台吉，爲策旺喇布坦兄。

始封：康熙五十五年封。五十七年卒。

子：**旺舒克喇布坦**，康熙五十八年襲。六十一年卒。

達什車凌，達顏從子。康熙六十一年，降襲貝子。雍正二年，晉貝勒。三年，授札薩克，詔世襲罔替。乾隆二十年卒。

孫：**丹巴車凌**，乾隆二十二年襲。三十九年卒。

曾孫：**濟克默特伊什**，乾隆三十九年襲。

職號爵名：**納木札勒**，多羅貝勒。今襲札薩克一等台吉。

世系：親王察罕丹津再從弟。其父曰墨爾根台吉，祖曰鄂木布。

始封：康熙三十七年封。四十九年卒。

子：**羅卜藏察罕**，納木札勒次子。康熙五十年襲。雍正二年，以罪削。三年，授今爵。六年，晉輔國公。乾隆七年卒。

孫：**多爾濟色布騰**，乾隆七年，降襲今爵。二十六年卒。

曾孫：**恭桑車凌**，乾隆二十六年襲。四十七年，詔世襲罔替。五十四年卒。

玄孫：**旺舒克**，恭桑車凌嗣子。乾隆五十四年卒。

职号爵名:**车凌敦多布**,固山贝子,後授札萨克。

世系:亲王察罕丹津三从子。其父曰噶尔车木伯勒,祖曰达尔巴,曾祖曰瑚噜木什。

始封:雍正元年,封贝勒。二年,以罪降贝子。三年卒。

丹巴,车凌敦多布再从叔。其父曰秉图。雍正三年,袭今爵。乾隆十七年卒。

子:**沙克都尔札布**,乾隆十七年袭。四十七年,诏世袭罔替。四十八年卒。

孙:**绰尔济多尔济**,沙克都尔札布次子。乾隆四十八年袭。五十三年,更名车尔登多尔济。

职号爵名:**索诺木达什**,札萨克固山贝子。今袭札萨克一等台吉。

世系:亲王察罕丹津再从弟。其父曰塔萨博罗特,祖曰桑噶尔札。

始封:雍正元年,封贝子。三年,授札萨克。乾隆十四年卒。

子:**噶勒丹旺札勒**,索诺木达什次子。乾隆十四年袭。十五年卒。

莽鼐,索诺木达什第三子。乾隆十五年袭。十八年卒。

孙:**罗卜藏色布腾**,乾隆十八年袭。三十一年,以罪削。五十六年,仍袭札萨克一等台吉,赐贝勒品级,兼袭贝子。

巴勒济特,莽鼐第四子。乾隆三十一年,降袭今爵。四十七年,诏世袭罔替。四十九年卒。

曾孙:**拉札布**,乾隆四十九年袭。五十六年卒。

职号爵名:**罗卜藏色布腾**,闲散固山贝子。

世系:贝子莽鼐长子。

始封:初袭札萨克,见札萨克表。乾隆三十一年,以罪削,改授今爵。四十七年,詔世襲罔替。

職號爵名:**羅卜藏達爾札**,固山貝子。今襲札薩克一等台吉。
世系:貝勒納木札勒從弟。其父曰卓哩克圖岱青,爲墨爾根台吉弟。
始封:康熙五十年封。六十一年卒。
子:**濟克濟札布**,康熙六十一年,降襲輔國公。雍正二年,以罪削。三年,授今爵。乾隆二十年卒。
孫:**車凌多爾濟**,乾隆二十年襲。二十八年卒。
曾孫:**達克巴納木札勒**,乾隆二十九年襲。四十四年卒。
玄孫:**諾爾布璘沁**,乾隆四十四年襲。四十七年,詔世襲罔替。

職號爵名:**噶勒丹達什**,札薩克鎮國公。今襲輔國公。
世系:親王察罕丹津從弟。其父曰垂庫爾,祖曰多爾濟,曾祖曰達延,號鄂齊爾汗,爲顧實汗長子。
始封:康熙五十年,封輔國公。雍正元年,晉鎮國公。三年,授札薩克。乾隆四年卒。
子:**丹津納木札勒**,噶勒丹達什次子。乾隆四年襲。十三年卒。
索諾木巴勒濟,噶勒丹達什第三子。乾隆十三年襲。尋卒。
孫:**索諾木多爾濟**,索諾木巴勒濟從子。乾隆十三年,降襲今爵。四十七年,詔世襲罔替。五十四年卒。
喇特納錫第,索諾木多爾濟弟。乾隆五十四年襲。

職號爵名:**阿喇布坦**,札薩克輔國公。今襲固山貝子。
世系:郡王色布騰札勒再從子。父曰納木奇札木禪,祖曰卓哩克圖和碩齊,爲和多和沁子。
始封:康熙五十五年,封公品級一等台吉,授札薩克。雍正三年,晉輔國公。乾隆四年卒。

子:**納木札勒車凌**,乾隆四年襲。十五年,晉今爵。三十五年卒。
孫:**齊默特丹巴**,乾隆三十五年襲。四十七年,詔世襲罔替。

職號爵名:**索諾木達什**,輔國公,後授札薩克。
世系:鎮國公噶勒丹達什從祖。其父曰達延。
始封:康熙五十年封。五十一年卒。
子:**諾爾布朋素克**,索諾木達什次子。康熙五十二年襲。雍正三年,授札薩克。四年卒。
車稜,達什巴勒珠爾再從叔父。雍正八年襲。乾隆九年卒。
孫:**達什巴勒珠爾**,諾爾布朋素克嗣子。雍正五年襲。七年卒。
達什札布,車凌第三子。乾隆九年襲。三十一年卒。
曾孫:**根敦端多布**,乾隆三十一年襲。四十七年,詔世襲罔替。

職號爵名:**車凌**,札薩克輔國公。
世系:鎮國公噶勒丹達什從叔父。其父曰墨爾根諾顏。
始封:康熙五十年,封輔國公。雍正三年,授札薩克。六年卒。
子:**色布騰達什**,雍正七年襲。乾隆四年卒。
袞楚克札布,車凌次子。乾隆四年襲。十八年卒。
孫:**吹忠札布**,乾隆十八年襲。四十七年,詔世襲罔替。

職號爵名:**貢格**,札薩克輔國公。
世系:台吉納木占之四世孫。其父曰第巴,祖曰卓哩克圖和碩齊。
始封:雍正三年,授札薩克一等台吉。九年,晉今爵。乾隆二十年卒。
子:**納罕塔爾巴**,乾隆二十年襲。三十五年卒。
孫:**旺札勒敦多布**,乾隆三十五年襲。四十七年,詔世襲罔替。是年卒。

曾孫:**達瑪璘**,乾隆四十七年襲。五十六年,賜貝子品級。

職號爵名:**阿喇布坦札木素**,札薩克輔國公。今襲札薩克一等台吉。
世系:親王察罕丹津從子。其父曰岱青巴圖爾,爲博碩克圖濟農長子。
始封:康熙五十九年,封輔國公。雍正三年,授札薩克。乾隆五年卒。
子:**達什納木札勒**,阿喇布坦札木素從子。乾隆五年襲。三十年卒。
孫:**禮塔爾**,達什納木札勒嗣子。乾隆三十年襲。四十年,爲郭羅克番賊所戕。
隆賨,達什納木札勒子。乾隆四十一年,降襲今爵。四十七年,詔世襲罔替。

職號爵名:**達瑪璘色布騰**,札薩克一等台吉。
世系:貝勒納木札勒從子。其父曰額璘沁達什。
始封:雍正三年授。乾隆十四年卒。
博貝,達瑪璘色布騰弟。乾隆十五年襲。二十年卒。
子:**旺札勒**,博貝從子。乾隆二十年襲。三十年卒。
孫:**根敦札布**,乾隆三十年襲。四十七年,詔世襲罔替。五十四年卒。
曾孫:**固木札布**,乾隆五十四年襲。

職號爵名:**阿喇布坦**,札薩克一等台吉。
世系:貝勒納木札勒弟。
始封:雍正三年授。乾隆四年卒。
子:**袞布喇布坦**,乾隆四年襲。四十一年卒。

孫:**班第**,乾隆四十一年襲。四十七年,詔世襲罔替。

職號爵名:**哈爾噶斯**,札薩克一等台吉。
世系:顧實汗弟色稜哈坦巴圖爾之四世孫。其祖曰茂濟喇克,爲色稜哈坦巴圖爾第七子。
始封:雍正三年授。乾隆十九年卒。
子:**恭格車凌**,乾隆十九年襲。三十一年,以罪削。
吹忠札布,哈爾噶斯次子。乾隆三十一年襲。四十七年,詔世襲罔替。五十九年卒。
孫:**楞袞多爾濟**,乾隆五十九年襲。

職號爵名:**札布**,札薩克一等台吉。
世系:親王察罕丹津從叔父,即阿拉善親王和羅理之弟也。
始封:雍正三年授。乾隆三年卒。
子:**達奇**,乾隆三年襲。三十二年卒。
孫:**桑濟達什**,乾隆三十二年襲。四十七年,詔世襲罔替。四十九年卒。
曾孫:**車凌多爾濟**,乾隆四十九年襲。

職號爵名:**察罕喇布坦**,札薩克一等台吉。
世系:親王旺舒克兄。其父曰喇察布,祖曰墨爾根諾顔,爲親王察罕丹津兄。
始封:雍正九年授。乾隆三年卒。
旺舒克喇布坦,察罕喇布坦弟。乾隆四年襲。三十三年卒。
子:**多爾濟色布騰**,乾隆二年襲。四年卒。
納罕達爾濟,乾隆三十三年襲。後襲其從兄旺丹多爾濟帕拉木所遺爵,見親王表。
羅卜藏丹津,旺舒克喇布坦次子。乾隆三十六年襲。四十七年,詔世襲罔替。五十二年,以罪削。

沙喇布提理,羅卜藏丹津第三弟,乾隆五十二年襲。五十六年,捕番賊傷亡。

孫:**袞布多爾濟**,乾隆五十六年襲。

職號爵名:**伊什多勒札布**,札薩克一等台吉。
世系:郡王額爾克巴爾珠爾次子。
始封:雍正三年授。七年卒。
子:**畢齊罕車凌**,雍正七年襲。乾隆三十九年卒。
孫:**巴爾珠爾**,畢齊罕車凌族子。乾隆三十九年襲。四十七年,詔世襲罔替。

職號爵名:**色布騰博碩克圖**,札薩克一等台吉。
世系:貝子丹巴兄。其父曰秉圖。
始封:雍正三年授。乾隆三年卒。
子:**車凌多爾濟**,乾隆三年襲。二十六年卒。
曾孫:**巴勒珠爾**,車凌多爾濟孫。乾隆二十六年襲。四十二年卒。
玄孫:**噶勒丹丹忠**,乾隆四十二年襲。四十七年,詔世襲罔替。

職號爵名:**車凌多爾濟**,札薩克一等台吉。
世系:郡王額爾德尼額爾克托克托鼐第四子。
始封:乾隆十一年授。二十五年卒。
子:**恭格色布騰**,乾隆二十五年襲。四十三年,以罪削。
孫:**沙克都爾**,乾隆四十三年襲。四十七年,詔世襲罔替。

職號爵名:**索諾木喇布坦多爾濟**,札薩克一等台吉。
世系:台吉翁罕之十世孫。其父曰拉瑪達什,祖曰車臣諾顏,曾祖曰保蘭阿噶勒琥,爲貝果鄂爾勒克子。

始封:雍正三年授。七年卒。

曾孫:**棟**,索諾木喇布坦多爾濟族曾孫。其父曰巴坦,祖曰垂多爾濟和碩齊,曾祖曰博第蘇克,爲格爾埒圖子。格爾埒圖者,台吉色特爾布木祖也。雍正七年襲。乾隆五年卒。

玄孫:**薩喇**,乾隆五年襲。三十七年卒。

六世:**達什喇布坦**,乾隆三十七年襲。四十五年卒。

薩木都布札木素,薩喇次子。乾隆四十五年襲。四十七年,詔世襲罔替。

職號爵名:**色特爾布木**,札薩克一等台吉。

世系:札薩克台吉棟從叔。其父曰鄂爾齊,祖曰色稜吉斯札布,曾祖曰格爾埒圖,高祖曰阿畢岱保齊,高祖之父曰莽海,爲貝果鄂爾勒克子。

始封:雍正元年授。乾隆二十一年卒。

子:**烏爾占**,乾隆二十一年襲。四十七年,詔世襲罔替。四十七年卒。

伊達木,烏爾占從弟。乾隆四十九年襲。五十年卒。

貢格,伊達木族弟。乾隆五十年襲。

職號爵名:**達爾札**,札薩克一等台吉。

世系:札薩克台吉索諾木喇布坦多爾濟族弟。其父曰阿勒達爾,祖曰特木納,曾祖曰額濟內,高祖曰翁貴,爲貝果鄂爾勒克子。

始封:雍正九年授。乾隆十九年卒。

子:**色布騰多爾濟**,乾隆十九年襲。三十四年卒。

孫:**袞楚克**,色布騰多爾濟從子。乾隆三十四年襲。四十七年,詔世襲罔替。

職號爵名：**丹忠**，札薩克一等台吉。

世系：札薩克台吉達爾札從子。其父曰拜博，祖曰阿玉什，爲特木納子。

始封：雍正三年授。乾隆十年卒。

子：**納木錫哩策旺**，乾隆十年襲。十四年卒。

都勒瑪札布，納木錫哩策旺族弟。乾隆十四年襲。四十七年，詔世襲罔替。

職號爵名：**車凌納木札勒**，公中札薩克一等台吉。

世系：顧實汗兄，哈納克土謝圖之四世孫。其父曰僧格，祖曰圖瑚爾綽克圖，曾祖曰秉圖達賴烏巴什，爲哈納克土謝圖子。

始封：雍正三年授。十年卒。

巴勒丹，車凌納木札勒從弟。雍正十一年襲。乾隆二十九年卒。

子：**達什車木伯勒**，乾隆二十九年襲。五十六年，賜公品級。

職號爵名：**達什敦多布**，公中札薩克一等台吉。

世系：元太祖弟，喀爾喀格埒森札札賚爾琿台吉之五世孫。其父曰訥克額爾德尼阿海，祖曰多爾濟阿喇布坦伊勒登，曾祖曰青達瑪尼默濟克，高祖曰鄂特歡諾顏，爲格埒森札札賚爾琿台吉第七子。

始封：乾隆三十年授。四十二年卒。

孫：**車德爾**，達什敦多布孫，乾隆四十二年襲。

西藏部：康熙五十九年大軍定藏，以駐藏大臣轄之，不設旗，世爵五，現停襲。

職號爵名：**珠爾默特策布登**，札薩克鎮國公。今襲輔國公。

始封：雍正八年，授札薩克一等台吉。九年，晉輔國公。十一年，晉鎮國公。乾隆十五年，爲其弟珠爾默特納木札勒所戕。

子：**珠爾默特旺札勒**，珠爾默特策布登次子。乾隆十六年，降襲今爵。四十二年卒。

孫:**諾爾布朋素克**,珠爾默特旺札勒嗣子。乾隆四十三年襲。四十八年,詔世襲罔替。五十八年卒。

曾孫:**額琳沁彭楚克**,乾隆五十九年襲。

職號爵名:**索諾木達爾札**,輔國公。今定世襲一等台吉。
始封:雍正七年封。乾隆九年卒。
子:**恭格丹津**,索諾木達爾札次子。乾隆九年襲。二十八年卒。
孫:**札什納木札勒**,乾隆二十八年襲。四十八年,詔出缺後襲台吉,罔替。五十六年卒。

職號爵名:**喀錫鼐色布登喇什**,一等台吉,今襲輔國公。
始封:初授阿里總管。雍正五年,以擊逆賊阿爾布巴等陣歿。六年追授。
子:**噶錫巴納木札勒色布騰**,雍正六年襲。九年,晉今爵,詔世襲罔替。乾隆四年卒。
班第達,喀錫鼐色布登喇什次子。乾隆五年襲。五十四年,以老罷。
孫:**丹津班珠爾**,乾隆五十四年襲。五十七年,以罪削。
曾孫:**敏珠爾索諾木班珠勒**,乾隆五十七年襲。

職號爵名:**車凌旺札勒**,札薩克一等台吉。今停襲。
始封:雍正六年授。乾隆二十八年卒。
孫:**索諾木旺札勒**,車凌旺札勒孫。乾隆二十九年襲。五十三年卒,以罪停襲。

職號爵名:**諾顏和碩齊**,札薩克一等台吉。

始封:雍正六年授。乾隆元年卒。

車臣哈什哈,諾顏和碩齊弟。乾隆元年襲。五年卒。

齊旺多爾濟,車臣哈什哈弟。乾隆五年襲。十年卒。

子:**旺對**,諾顏和碩齊子。乾隆十年襲。三十一年卒。

孫:**索諾木喇什**,乾隆三十一年襲。四十八年,詔世襲罔替。五十七年卒。

杜爾伯特部:乾隆十八年來歸,旗十六,爵如之。

職號爵名:**車凌**,札薩克特古斯庫魯克達賴汗。

世系:元臣孛罕,姓綽囉斯,傳六世曰額森,生子二,其次曰額斯墨特達爾漢諾顏,爲準噶爾部祖;其長曰博羅納哈勒,爲杜爾伯特部祖,即車凌之九世祖也。車凌之父曰固哩達什,祖曰車臣台吉,曾祖曰鄂木布岱青和碩齊,高祖曰達賴泰什,高祖以上無考。

始封:乾隆十九年,封親王。二十年,晉汗爵。二十三年卒。

子:**索諾木袞布**,乾隆二十三年襲。三十四年卒。

孫:**瑪克蘇爾札布**,乾隆三十四年襲。四十七年,詔世襲罔替。

職號爵名:**車凌烏巴什**,札薩克和碩親王。

世系:汗車凌從子。其父曰阿喇布坦,祖曰丹津,曾祖曰察袞,爲車臣台吉兄。

始封:乾隆十九年,封札薩克郡王。二十年,晉親王。四十七年,詔世襲罔替。五十五年卒。

孫:**固魯札布**,車凌烏巴什族姪,貝勒達瓦丕勒子。乾隆五十五年襲。

職號爵名:**車凌蒙克**,札薩克多羅郡王。

世系:汗車凌從叔父。其父曰伯布什,祖曰保伊勒登,爲達賴泰什弟。

始封：乾隆十九年，封札薩克貝勒。二十年，晉郡王。二十二年卒。

子：**巴雅勒當**，車凌蒙克次子。乾隆二十二年襲。二十三年卒。

博斯和勒，車凌蒙克第四子。乾隆二十四年襲。四十六年卒。

孫：**納旺索諾木**，乾隆四十六年襲。四十七年，詔世襲罔替。

職號爵名：**色布騰**，札薩克多羅貝勒。

世系：汗車凌族弟。其父曰琿托和爾車凌，祖曰札勒，曾祖曰巴特瑪多爾濟，高祖曰保伊勒登，爲達賴泰什弟。

始封：乾隆十九年封。二十年，賜郡王品級。尋卒。

子：**巴桑**，乾隆二十一年襲。四十七年，詔世襲罔替。

職號爵名：**剛多爾濟**，札薩克多羅貝勒。

世系：汗車凌從子。其父曰達克巴。爲阿喇布坦弟。

始封：乾隆十九年封。三十二年卒。

子：**達瓦丕勒**，剛多爾濟從子。乾隆三十二年襲。四十七年，詔世襲罔替。五十五年卒。

孫：**齊墨特多爾濟**，達瓦丕勒次子。乾隆五十五年襲。

職號爵名：**瑪什巴圖**，札薩克固山貝子。

世系：汗車凌族弟。其父曰蒙克第，祖曰額璘沁巴圖爾，爲保伊勒登子。

始封：乾隆十九年，封札薩克輔國公。二十年，晉貝子。二十九年卒。

子：**布延濟爾噶勒**，乾隆三十年襲。四十四年卒。

孫：**和托羅**，乾隆四十四年襲。四十六年卒。

曾孫：**諤勒哲布圖庫**，乾隆四十六年襲。四十七年，詔世襲罔替。

職號爵名:**班珠爾**,札薩克固山貝子。

世系:汗車凌族子,貝勒色布騰三從子。其父曰根札布,祖曰達賴,曾祖曰蒙和岱,爲札勒兄。

始封:乾隆十九年封。尋卒。

子:**奇塔**,班珠爾從子。乾隆二十年襲。四十四年卒。

孫:**羅卜藏薩木坦**,乾隆四十四年襲。四十七年,詔世襲罔替。

職號爵名:**根敦**,札薩克固山貝子。今襲鎮國公。

世系:汗車凌族弟,貝子瑪什巴圖從子。其父曰巴圖蒙克,爲瑪什巴圖兄。

始封:乾隆十九年封。三十一年卒。

雙和爾,根敦弟。乾隆三十三年,降襲今爵。四十五年卒。

子:**扣肯**,乾隆三十二年襲。三十三年卒。

諤勒哲鄂羅什瑚,乾隆四十五年襲。四十七年,詔世襲罔替。

職號爵名:**巴圖蒙克**,札薩克輔國公。

世系:汗車凌從叔父,貝子班珠爾叔祖。其父曰蒙和岱。

始封:乾隆十九年封。三十九年卒。

子:**烏呼斯**,巴圖蒙克次子。乾隆四十年襲。四十七年,詔世襲罔替。五十五年卒。

孫:**博呼勒**,乾隆五十六襲。

職號爵名:**剛**,札薩克輔國公。

世系:汗車凌族弟,輔國公巴圖蒙克從子。其父曰烏勒木濟,爲巴圖蒙克弟。

始封:乾隆十九年封。三十年卒。

子:**札納巴克**,乾隆三十年襲。四十七年,詔世襲罔替。五十年卒。

孫:**齊默特巴勒**,乾隆五十年襲。

職號爵名:**達什敦多克**,札薩克一等台吉。
世系:汗車凌族叔父,貝勒色布騰再從叔父。其父曰札布,祖曰鄂爾囉斯,爲巴特瑪多爾濟兄。
始封:乾隆十三年授。二十三年卒。
子:**寶貝**,乾隆二十三年襲。四十七年,詔世襲罔替。

職號爵名:**恭錫喇**,札薩克一等台吉。
世系:汗車凌族弟,台吉達什敦多克從子。其父曰唐古特,爲達什敦多克兄。
始封:乾隆十九年授。二十一年卒。
子:**車登**,乾隆二十一年襲。四十五年卒。
孫:**諤勒哲鄂羅什瑚**,乾隆四十五年襲。四十六年卒。
烏巴什,車登次子。乾隆四十六年襲。四十七年,詔世襲罔替。

職號爵名:**額布根**,札薩克一等台吉。
世系:汗車凌族子,貝子班珠爾從弟。其父曰恩克,爲根札布兄。
始封:乾隆十九年授。二十二年卒。
齊巴克,額布根弟。乾隆二十二年襲。四十七年,詔世襲罔替。

職號爵名:**巴爾**,札薩克一等台吉。
世系:汗車凌族子,貝子根敦從子。其父曰車本,爲根敦弟。
始封:乾隆十九年授。三十三年卒。
子:**布達什哩**,乾隆三十三年襲。四十七年,詔世襲罔替。

職號爵名:**達瑪璘**,札薩克一等台吉。
世系:輝特台吉札巴甘墨爾根之裔。其父曰班珠爾,祖曰色布腾,曾祖曰鄂木布達什,爲札巴甘墨爾根之十世孫。

始封:乾隆二十年授。四十一年卒。

子:**布爾布達爾濟**,達瑪璘從子。乾隆四十一年襲。四十七年,詔世襲罔替。

職號爵名:**羅卜藏**,札薩克一等台吉。

世系:達瑪璘從叔。其父曰卓齊巴,祖曰濟木巴,爲鄂木布達什兄。

始封:乾隆二十年授。二十一年卒。

子:**袞布**,乾隆二十一年襲。四十七年,詔世襲罔替。

土爾扈特部:康熙四十三年來歸之旗一;乾隆三十六年來歸之旗十二,爵如之。

職號爵名:**阿喇布珠爾**,固山貝子。今襲札薩克多羅貝勒。

世系:土爾扈特台吉翁罕之十三世孫。其父曰納札爾瑪穆特,祖曰納木策稜,爲書庫爾岱青第四子。

始封:康熙四十三年封。五十五年卒。

子:**丹忠**,初襲貝子。雍正七年,晉貝勒。乾隆五年卒。

孫:**羅卜藏達爾札**,乾隆五年,襲貝勒。十八年,授札薩克。三十二年卒。

曾孫:**旺札勒車凌**,乾隆三十二年襲。四十八年,詔世襲罔替。

職號爵名:**渥巴錫**,札薩克卓哩克圖汗。

世系:土爾扈特台吉翁罕之十五世孫。初,翁罕六世孫曰瑪哈齊蒙克,有子二,長曰貝果鄂爾勒克,次曰翁貴。貝果鄂爾勒克之子曰珠勒札干鄂爾勒克,孫曰和鄂爾勒克,曾孫曰書庫爾岱青,書庫爾岱青第三子曰朋楚克,其子曰阿玉奇,孫曰沙克都爾札布,曾孫曰敦囉布喇什,爲渥巴錫父。

始封:乾隆三十六年封。三十九年卒。

子:**策璘納木札勒**,乾隆三十九年襲。四十八年,詔世襲罔替。五十七年卒。

孫:**霍紹齊**,乾隆五十七年襲。

職號爵名:**額墨根烏巴什**,札薩克固山巴雅爾圖貝子。

世系:汗渥巴錫從子。其父曰唐阿特,祖曰巴圖,爲敦囉布喇什弟。

始封:乾隆三十六年封。尋卒。

子:**恭格**,乾隆三十七年襲。四十八年,詔世襲罔替。

職號爵名:**拜濟瑚**,札薩克輔國公。

世系:汗渥巴錫從子。其父曰喀木齊克,爲唐阿特弟。

始封:乾隆三十六年封。四十八年,詔世襲罔替。

職號爵名:**伯爾哈什哈**,札薩克一等台吉。

世系:汗渥巴錫從弟。其父曰多爾濟喇什,爲巴圖弟。

始封:乾隆三十六年封。四十七年卒。

子:**納木札勒喇什**,乾隆四十七年襲。四十八年,詔世襲罔替。

職號爵名:**策伯克多爾濟**,札薩克和碩布延圖親王。

世系:汗渥巴錫族子。其父曰噶勒諾爾布,其祖曰敦羅卜旺布,其曾祖曰袞札布,爲沙克都爾札布弟。

始封:乾隆三十六年封。四十三年卒。

奇哩布,策伯克多爾濟弟,初授一等台吉。乾隆四十四年襲。四十八年,詔世襲罔替。四十九年卒。

子:**車凌烏巴什**,乾隆四十九年襲。

職號爵名:**恭格車凌**,公品級札薩克一等台吉。

世系:親王策伯克多爾濟子。

始封:初授公品級一等台吉。乾隆三十年,授札薩克。

職號爵名:**阿克薩哈勒**,札薩克一等台吉。今封輔國公。

世系:親王奇哩布弟。

始封:乾隆三十六年,授一等台吉。四十年,授札薩克。四十八年,詔世襲罔替。五十四年卒。

子:**阿咱拉**,乾隆五十四年襲。五十六年,賜公品級。五十七年,封今爵。

職號爵名:**巴木巴爾**,札薩克多羅畢錫呼勒圖郡王。

世系:汗渥巴錫族弟。其父曰羅卜藏,祖曰烏巴什多爾濟,為額濟納貝子阿喇布珠爾弟。

始封:乾隆三十六年封。三十九年卒。

子:**車凌德勒克**,初授一等台吉。乾隆三十九年襲。四十八年,世襲罔替。五十七年,以病罷。

孫:**巴特瑪烏巴錫**,乾隆五十七年襲。

職號爵名:**奇布騰**,札薩克固山伊特格勒貝子。

世系:郡王巴木巴爾從子。其父曰葉木沁,為巴木巴爾弟。

始封:乾隆三十六年封。四十八年,詔世襲罔替。

職號爵名:**默們圖**,札薩克多羅濟爾哈朗貝勒。

世系:汗渥巴錫族叔父。其父曰敦多克,祖曰巴勒布,曾祖曰噶勒達瑪,高祖曰羅卜藏諾顏,為書庫爾岱青弟。

始封:乾隆三十六年封。四十八年,詔世襲罔替。

職號爵名:**舍稜**,札薩克多羅弼哩克圖郡王。

世系:土爾扈特台吉翁罕之十二世孫。其父曰札噶察,祖曰陀察,曾祖曰丹津陀音,高祖曰札薩克圖,高祖之父曰額濟內泰什,祖曰衛袞察布察齊,爲珠勒察斡鄂爾勒克弟。

始封:乾隆三十六年封。四十八年,詔世襲罔替。五十七年,以病罷。

子:**策伯克札布**,乾隆五十七年襲。

職號爵名:**沙喇扣肯**,札薩克固山烏察喇勒圖貝子。

世系:郡王舍稜從子。其父曰巴圖爾烏巴什,祖曰札曼,爲札噶察弟。

始封:乾隆三十八年封。四十八年,詔世襲罔替。

珠勒都斯和碩特部:乾隆三十六年來歸,旗四、爵如之。

職號爵名:**恭格**,札薩克多羅土謝圖貝勒。

世系:元太祖弟哈布圖哈薩爾之裔,青海顧實汗兄昆都倫烏巴什六世孫。其父曰圖克齊,祖曰楚貴,曾祖曰托羅什瑚,高祖曰多爾濟,爲昆都倫烏巴什第三子。

始封:乾隆三十六年封。三十八年卒。

子:**德勒克烏巴什**,乾隆三十八年襲。四十八年,詔世襲罔替。五十六年卒。

騰特克,德勒克烏巴什從弟。乾隆五十六年襲。

職號爵名:**雅蘭丕勒**,札薩克固山阿穆爾噲貴貝子。

世系:恭格族祖,其父曰三濟拉什,祖曰察罕,曾祖曰額爾克岱青鄂克綽特布,爲昆都倫烏巴什第四子。

始封:乾隆三十六年封。尋請爲喇嘛,允之,授札薩克喇嘛。

子:**布延楚克**,乾隆三十六年襲。四十八年,詔世襲罔替。五十五年卒。

鄂齊爾,布延楚克弟。乾隆五十五年襲。

職號爵名:**諾海**,札薩克一等台吉。
世系:恭格族弟。其父曰恭克班爾珠爾,祖曰端多克,爲楚貴弟。
始封:乾隆三十六年授。四十八年,詔世襲罔替。五十七年卒。
子:**三濟**,乾隆五十七年襲。

職號爵名:**巴雅爾拉瑚**,一等台吉,後授札薩克。
世系:恭格族弟。其父曰色爾博特,祖曰塔爾巴車稜,爲端多克弟。
始封:乾隆三十六年授。尋卒。
子:**齊業齊**,乾隆三十六年,襲台吉。四十年,授札薩克。四十八年,詔世襲罔替。

哈密回部:康熙三十六年來歸,旗一、爵如之。
職號爵名:**額貝都拉**,札薩克一等達爾漢。今襲郡王品級多羅貝勒。
始封:康熙三十六年封。四十八年卒。
子:**郭帕伯克**,康熙四十八年襲。五十年卒。
孫:**額敏**,康熙五十年襲。雍正五年,晉鎮國公。七年,晉貝子。乾隆五年卒。
曾孫:**玉素卜**,乾隆五年,降襲鎮國公。十年,晉貝子。二十三年,賜貝勒品級。二十四年,封貝勒,賜郡王品級。三十一年卒。
玄孫:**伊薩克**,玉素卜次子。乾隆三十一年襲。四十五年卒。
六世:**額爾德錫爾**,乾隆四十五年襲。四十八年,詔世襲罔替。

吐魯番回部:康熙五十九年歸順,旗一、爵三。

職號爵名:**額敏和卓**,札薩克多羅郡王。

始封:雍正十年,封札薩克輔國公。乾隆二十年,晉鎮國公。二十一年,晉貝子。二十二年,賜貝勒品級。二十三年,封貝勒,賜郡王品級。二十四年,封郡王。四十二年卒。

子:**素賚璊**,乾隆二十一年,賜公品級。二十七年,授一等台吉。四十二年襲。四十四年,以罪削郡王,授一等侍衛。四十五年卒。

伊斯堪達爾,額敏和卓第五子。乾隆四十四年襲。四十八年,詔世襲罔替。

職號爵名:**鄂羅木咱卜**,閒散一等台吉。
世系:郡王額敏和卓第三子。
始封:乾隆三十一年授。五十三年,詔世襲罔替。

職號爵名:**丕爾敦**,閒散二等台吉。
世系:郡王額敏和卓第六子。
始封:乾隆三十六年授。五十三年,詔世襲罔替。

皇朝藩部世系表卷之四

前史官壽陽　祁韻士　纂
江陰　　宋景昌　增輯
大興　　徐　松　重訂
平定　　張　穆　覆校

附錄　不列外藩各部表

居京師之厄魯特：爵一，隸内蒙古旗。

職號爵名：**達瓦齊**，和碩親王。今襲固山貝子。

世系：準噶爾台吉額斯墨特達爾漢諾顔之十一世孫。其父曰納木札爾達什，祖曰大策凌敦多卜，曾祖曰布木，爲噶爾丹弟。

始封：初爲準噶爾部長。乾隆二十年，大軍平其部，俘歸，釋之，封親王。二十四年卒。

子：**羅木札**，乾隆二十四年，降襲郡王。三十九年，以罪削。

富春喜，達瓦齊次子。乾隆三十九年，降襲貝勒。四十六年，以罪削。

孫：**富爾納**，乾隆四十六年，降襲貝子。四十八年，詔世襲罔替。

居歸化城之土默特：爵三，隸綏遠城將軍。

職號爵名：**喇嘛札布**，輔國公。

世系：元太祖裔，世居歸化城。

始封：乾隆十一年，封札薩克輔國公。二十五年，以罪削札薩克。三十一年卒。

子：**索納木旺札勒**，喇嘛札布次子。乾隆三十一年襲。四十九年，詔世襲罔替。

職號爵名:**古禄格**,原授左翼都統。今襲三等子兼三等男。

世系;土默特人。

始封:天聰六年,來歸,居歸化城。崇德元年,授左翼都統。順治二年,授三等子,康熙五年卒。

子:**錫喇布**,古禄格第四子。康熙五年襲。九年卒。

阿喇納,古禄格第五子。康熙二十五年襲。三十六年,以罪削。

孫:**古睦德**,康熙九年襲。二十五年,降佐領。三十六年,仍襲。四十三年卒。

曾孫:**丹津**,康熙四十三年,襲都統。五十三年,襲三等子。乾隆二年卒,都統停襲。

玄孫:**札什泰**,丹津嗣子。乾隆二年,襲三等子。二十四年,以前停襲之都統改三等男爵,令其兼襲。三十年卒。

六世:**福保**,札什泰次子。乾隆三十年,襲三等子兼三等男。

職號爵名:**托博克**,原授右翼都統。今襲三等男。

世系:土默特人。

始封:天聰六年,來歸,居歸化城。崇德元年,授參領。三年,授一等輕車都尉。順治四年,授右翼都統。康熙九年卒。

子:**古嚕**,托博克次子。康熙九年襲。二十年卒。

烏巴什,托博克第三子,康熙二十一年襲。三十五年卒。

孫:**拉察布**,康熙二十年襲。二十一年卒。

阿弼達,康熙三十五年襲。三十六年,以罪削。

曾孫:**根敦**,雍正元年,詔仍襲都統。乾隆七年卒。

玄孫:**班達爾什**,乾隆七年襲。十九年卒。都統停襲,改授三等男。

六世:**賽音弼哩克圖**,乾隆二十年,襲三等男。二十六年卒。

賽音岳蘇圖,賽音弼哩克圖從弟。乾隆二十六年襲。

居察哈爾之和碩特:爵三,隸察哈爾旗。

職號爵名:**納噶察**,固山貝子。今襲輔國公。

世系:元太祖弟哈布圖哈薩爾之裔。其父曰索爾札,爲拉藏第二子。拉藏者,青海顧實汗之曾孫也。

始封:初爲和碩特台吉。乾隆十九年歸順,封輔國公。二十一年,晉貝子。尋卒。

達克巴,納噶察弟。乾隆二十一年,降襲輔國公。尋卒。

巴勒濟,達克巴弟。乾隆二十一年襲。四十八年,詔世襲罔替。

職號爵名:**色布騰**,輔國公。

世系:貝子納噶察從父,爲拉藏第三子。

始封:初爲和碩特台吉。乾隆二十年,歸順,封。四十八年,詔世襲罔替。四十九年卒。

子:**達什喇布坦**,乾隆四十九年襲。

職號爵名:**特默齊**,札薩克一等台吉。

世系:貝子納噶察從弟。其父曰貢額爾赫,祖曰旺札爾,爲拉藏弟。

始封:初爲和碩特台吉。乾隆十九年,歸順。二十年授。四十八年,詔世襲罔替。五十七年卒。

子:**達什沙木丕勒**,乾隆五十七年襲。

居黑龍江之厄魯特:爵二,隸黑龍江將軍轄。

職號爵名:**巴桑**,輔國公。

始封:初爲準噶爾台吉。乾隆二十年,歸順,封。二十六年卒。

子:**色稜德濟特**,乾隆二十六年襲。四十八年,詔世襲罔替。五十五年卒。

孫:**呢瑪咱木布**,乾隆五十五年襲。

职号爵名:何卜达什,札萨克一等台吉。
始封:初爲準噶爾台吉。乾隆十九年,歸順,授。二十六年卒。
子:德勒格爾,乾隆二十六年襲。四十八年卒。
孫:鄂齊爾,乾隆四十八年襲。是年,詔世襲罔替。

居科布多之札哈沁:爵一,隸科布多參贊大臣轄。
職號爵名:禡木特,三等信勇公。
始封:初爲準噶爾宰桑。乾隆十九年,大軍獲之,授内大臣。二十年,從征達瓦齊,封三等信勇公。尋爲叛賊阿睦爾撒納所戕。
孫:札木禪,禡木特孫。乾隆二十一年襲。四十年卒。
曾孫:捫圖什,乾隆四十年襲。四十九年卒。
玄孫:托克多巴圖,乾隆四十九年襲。

居京師之回部:爵八,隸内蒙古旗。
職號爵名:霍集斯,郡王品級多羅貝勒。定世襲公爵。
始封:初爲圖爾璊阿奇木伯克。乾隆三十三年,歸順,賜公品級,以軍功晉貝子品級。尋封貝子,賜貝勒品級。二十四年,封貝勒,賜郡王品級。四十六年卒。
子:哈第爾,霍集斯第四子。乾隆四十六年,襲郡王品級多羅貝勒。四十八年,詔出缺後遞降至公爵,世襲罔替。

職號爵名:和什克,輔國公。
始封:初爲喀什喀爾阿奇木伯克。乾隆二十四年,歸順。二十五年封。四十六年卒。
子:伊巴喇伊木,乾隆四十六年襲。四十八年,詔世襲罔替。

職號爵名:額色尹,輔國公。定世襲三等台吉。
世系:葉爾羌回人。

始封:乾隆二十四年,歸順,封。四十八年,詔出缺後遞降至三等台吉,世襲罔替。五十五年卒。

子:**喀沙和卓**,乾隆五十五年襲。

職號爵名:**圖爾都**,輔國公。定世襲三等台吉。
世系:輔國公額色尹子。
始封:乾隆二十四年,歸順,授札薩克一等台吉。二十七年,晉輔國公。四十四年卒。

子:**託克託**,乾隆四十四年襲。四十八年,詔遞降至三等台吉,世襲罔替。

職號爵名:**禡木特**,札薩克一等台吉。定世襲二等台吉。
世系:輔國公額色尹從子。
始封:乾隆二十四年,歸順,授。四十四年卒。

子:**巴巴**,乾隆四十四年,降襲二等台吉。四十八年,詔世襲罔替。

職號爵名:**哈休木**,一等台吉。定世襲二等台吉。
世系:元太祖裔。世居吐魯番。
始封:乾隆二十四年,歸順。二十五年授。三十年卒。

子:**阿布勒**,乾隆三十年,降襲二等台吉。四十八年,詔世襲罔替。

職號爵名:**阿卜都爾璊**,二等台吉。定世襲三等台吉。
世系:葉爾羌回人。
始封:乾隆二十四年,大軍定葉爾羌,獲之以歸。二十五年,授二等台吉。三十七年卒。

子:**阿卜都呢咱爾**,乾隆三十七年,降襲三等台吉。四十八年,詔世襲罔替。

職號爵名:**帕爾薩**,三等台吉。
世系:輔國公額色尹弟。
始封:乾隆二十四年,歸順。二十五年授。五十三年,詔世襲罔替。五十五年卒。
子:**巴巴克和卓**,乾隆五十五年襲。

居新疆之回部:爵四,隸新疆駐劄大臣轄。
職號爵名:**鄂對**,貝勒品級固山貝子。今襲散秩大臣,晉固山貝子。
世系:庫車回人。
始封:乾隆二十年,歸順。二十三年,授散秩大臣,晉內大臣。二十四年,賜公品級,以軍功封貝子,晉貝勒品級。四十三年卒,以罪追削。
子:**鄂斯璊**,乾隆二十四年,授三品。三十四年,授二等台吉。四十三年,襲貝勒品級,尋降散秩大臣。四十八年,詔世襲罔替。四十九年,封貝子。五十三年卒。
孫:**邁哈默特鄂三**,乾隆五十三年,襲散秩大臣,特恩兼襲貝子。

職號爵名:**色提卜阿勒氏**,貝子品級輔國公。
世系:烏什回人。
始封:乾隆二十年,歸順。二十二年,授四品。二十三年,晉三品總管。二十五年,授二品散秩大臣。二十八年,賜公品級。二十九年,封輔國公。四十三年,賜貝子品級。五十三年,詔世襲罔替。尋卒。
子:**邁默特阿卜都拉**,乾隆五十三年襲。

職號爵名:**噶岱默特**,公品級。

世系;烏什回人。

始封:乾隆二十年,歸順。二十三年,授三品。二十四年,賜公品級。四十年卒。

子:**阿卜都喇璊**,乾隆四十年襲。四十一年卒。

孫:**邁瑪第敏**,乾隆四十一年襲。四十八年,詔世襲罔替。

職號爵名:**薩里**,三等輕車都尉。

世系:烏什回人。

始封:乾隆二十三年,歸順。二十四年,授五品。二十七年,授三等輕車都尉。四十年卒。

子:**海色木**,乾隆四十年襲。四十八年,詔世襲罔替。

己庚編

《己庚編》序

　　滇司之繁以漕，漕爲國家廩祿之需，歲輓數千百艘轉運北上，厥費不貲。計自運丁裝兑以至沿途盤撥、抵通交倉、支放俸餉既竣，米每石費至十三四金，視民間糶糴之値，不啻數倍過之，然卒不敢有議停運者，則以京師爲四方會歸之區，兵民商賈群萃而居，胥賴是米流通，以裕食用。聖天子固不惜數百萬帑金，爲萬世計久遠耳。然而漕爲叢弊之藪，久則其弊滋多。己未、庚申之歲，值清釐漕政之時，內外言漕利弊者踵相接。每下議，司農必命余秉筆爲疏草，兹編皆其疏草也。彙之，期便省覽兼紀時事焉。是爲序。

　　嘉慶六年，太歲辛酉春正月，户部福建司郎中坐辦雲南司事，壽陽祁韻士題于後食軒。

己庚編卷上

壽陽祁韻士編

議覆查倉摺

戶部謹奏爲議奏事。嘉慶四年正月二十日，軍機處交出條奏一件，內開京城十一倉收貯漕糧，理宜嚴密看守，向例應派章京披甲人等，輪班上夜，周圍防守。近見各倉堆撥無人值宿，惟有一二衣履不全者在倉門棲止，難保無踰墻偷竊之虞。請飭知各該旗都統，隨時派員嚴查，如有曠班，立即參處等語。

臣等查，定例，看守各倉旗員，每倉二員至六員不等，兵丁自三十九名至七十名不等，倉外巡綽立法本爲周密，但日久不無疏懈。請嗣後各該旗都統遵照定例，核實稽查，毋得仍前疏玩，如有曠誤，即行參辦。又據奏稱，各倉就近處所，俱有設立官房，以備監督住宿。近因官房糟爛，監督等一任倉役招人閒住。請交倉場總督估計工料，動支茶果銀兩修整，令滿漢監督，輪流值宿，以便稽查。如有不到之官員兵丁，即可知會該旗，從嚴究辦等語。臣等查各倉是否均有原設官房，因何損壞未修及如何估計動項修整，令監督值宿之處，應令倉場侍郎逐一查勘情形，妥協辦理。又據奏稱，京、通各倉舊例，每倉派都統一員稽查，於開倉時派章京一員，赴倉門接收門票，核對數目放行。嗣於乾隆五十九年，經戶部定議，將查倉都統裁撤，請嗣後仍照舊例，每倉派副都統一員，核其收放數目等語。臣等查乾隆五十九年戶部奏准，令各旗都統、副都統於放米時，在倉口監放，又令都察院簽派滿、漢科道各一人，（眼）〔跟〕同領米旗員查驗開封，又有查旗御史會同監放。是各倉放米時，業有各旗都統、副都統以及科道各員在彼稽核，耳目不爲不周。通倉放米時，亦派有監放科道並倉場侍郎就近稽查，自無浮出之弊。所有奏請添派查倉都統之處，應毋庸議。其所稱門票一項，臣部則例內並無此項名目，亦毋庸議。理合將臣等議覆緣由恭摺具奏，是否有當，伏乞皇上訓示遵行。謹奏。

夾片。再二十五日，又發下條奏一件，內稱請派科道分查各倉及派都統、副都統委章京領催專收門票之處，與前件條奏大致相同，似可毋庸再議。所有兩次條奏一併繳進，謹附片奏聞。

嘉慶四年正月二十七日奏，本日奉旨：依議。欽此。

議准搭放倉麥摺

户部謹奏爲請旨事。據倉場侍郎傅森等奏稱，查上年豫省額徵并豫東二省改徵漕白麥到通六萬餘石，除内務府等處應用之外，現存麥五萬七千餘石。查麥粒質性較嫩，不耐久貯，若不豫行籌辦，恐一過夏令，不免有發顯折耗之虞，且本年又有豫東二省新麥運通，亦無須舊存之麥接濟。臣等悉心籌議，請將各倉現貯麥石，遵照原議，移咨户部，俟青黃不接之時，視麥價之高低，臨期察看情形，查照原議，酌定辦理。如此則舊存麥石，既不致有折耗之虞，而本年新收之麥，又可陸續貯廠備用，於民食、倉儲均有裨益等因。於嘉慶四年二月十六日奏，本日奉旨：依議。欽此。欽遵，於二月二十五日鈔錄原奏，咨送到部。

臣等伏查，豫東二省改徵麥石，先於乾隆五十二年六月內，經留京王大臣會同臣部并倉場侍郎等籌議，嗣後遇麥價平減，無須出糶，即於俸甲米內以之配抵搭放，并聲明如麥賤於米之年，即應抵作俸米；麥貴於米之年，抵作甲米等因，奏准在案。此項倉存麥石，原爲豫備平糶之用。現據五城月報，糧價皆屬平減，前項麥石無須出糶，但查麥價貴於米價，應請遵照原議，將倉存麥五萬七千餘石，即於八旗甲米內應領粟米項下，自本年三月起至五月止，分作三箇月搭放，俾兵丁普沾實惠，而京城多得此項麥石，市價益可平減，且豫東二省本年又有新麥來通，亦無須舊存之麥接濟，於倉儲、兵民均有裨益。

是否有當，伏乞訓示遵行。謹奏。

嘉慶四年二月三十日奏，本日奉旨：依議。欽此。

議駁挨年放米摺

戶部謹奏爲遵旨議奏事。奏事處鈔出前任倉場侍郎傅森等奏稱，京倉開放八旗甲米，每月輪放三旗，向例於在京之祿米等十一倉，以粳、稉、粟三色米石，按倉口之次序挨年分之，新陳輪流支放。嗣於乾隆五十九年經戶部議奏，改定章程，以後論倉而不論年，必至此一倉年分最陳之米尚未放完，而彼一倉新收之米業經越次開放。行之日久，勢必陳陳相因，久貯米石不免有腐朽之虞，應請嗣後仍遵舊例，挨陳支放等因。嘉慶四年二月三十日奏，本日奉旨：戶部議奏。欽此。欽遵，於三月初一日鈔出到部。

臣等伏查，各倉開放米石，從前原係挨年輪放，緣八旗兵丁每月應領甲米例分粳、稉、粟三色，如遇此一倉僅有粳米，須向彼一倉支領稉、粟，或一色米石不敷，又須另派別倉找補，以致三色之米有分赴數倉支領者，在兵丁既多費運脚，而各倉花戶人等借此需索滋弊。是以乾隆五十九年奏定章程，將每月三旗甲米挨定三倉分往關支，俾一旗之米統在一倉承領，或三色米內間有一色不敷，即行按成抵給，無庸復赴別倉找補，奉旨准行在案，是挨倉輪放三色米石全歸一倉支領，實屬便於兵丁。今該侍郎等仍請挨年輪放，固爲出陳易新起見，但疏通倉米究不若體恤兵丁爲重，況每月挨定之倉，仍係先儘陳米開放，陳米放完，始將新米接放，是於論倉之中仍寓論年之意，各倉又係按月輪放陳米，尚不至於壅積。若如所請，不論倉口專主挨陳之說，各倉貯米新陳不一，勢必紛紛指派，至領米之人無所適從，其不肖倉役人等藉得仍前滋弊，將氣頭廒底及垾積土米任意攙雜，於兵食全無裨益。臣等悉心籌議，應請仍照五十九年章程辦理。至各倉存貯米石，如果於漕米進倉時按倉均勻坐派，必不至於新陳之數多寡懸殊，與其周章於米陳之後，莫若慎重於貯米之初，應請敕下該侍郎，嗣後每年漕糧到通，除派貯西、中二倉及內倉本裕豐、益恩豐等倉外，其餘各色糧米勻貯祿米等十一倉，以備支放。其中廒座雖有較少之倉，盡足以敷存貯。或遇陰雨路濘，遠倉難以轉運，一俟天晴路乾，即令按數運足，無致參差，庶陳米不致過多，而兵丁均沾實惠矣。所有臣等議覆緣由是否有當，伏乞訓示遵行。謹奏。

嘉慶四年三月初九日奏，本日奉旨：依議。欽此。

議覆查倉暨簡票錢摺

户部謹奏爲遵旨議奏事。奏事處鈔出兵科給事中甘立猷奏稱，京通各倉收貯漕糧、支放俸甲米石，向有查倉都統、副都統並查倉御史公同稽察，均係奏請欽派分查，凡倉糧出入均歸察核，倘該監督等徇情濫收，花戶人等盜賣回漕，及米商車戶囤積包攬種種弊端，無難悉行查辦。嗣因將查倉之都統、御史一概裁撤，僅令各科道每月輪流籤掣到倉監放，未放之先，一切收放事宜既不與聞，放竣之後倉儲有無虧短，不必過問，縱有如前等弊，何從稽查發覺，實於倉務無益，應請仍復奏派查倉舊規，以專責成。至簡票制錢，向例每石二十文，已足敷花戶人等飯食之用，俸甲事同一例，何獨於甲米額外加增，若云免致花戶人等藉口需索，恐加給之後亦難保其必無他弊，并請裁減新增票錢，照舊辦理等因。嘉慶四年二月三十日奉旨：户部議奏。欽此。欽遵，於三月初一日鈔出到部。

臣等伏查，稽察京倉之都統、副都統，前於乾隆五十九年經臣部奏明停派，本年正月內軍機處交出條奏，內開仍請添派。經臣等議覆，以京倉放米時有本旗都統監放，並查旗御史各員在彼稽查，耳目不爲不周，無庸另派查倉都統，奏蒙俞允在案。且通倉放米向來亦並無查倉都統，所有該給事中所請欽派都統、副都統查倉之處，應毋庸議。其京、通各倉向設查倉御史，嗣經奏明停止。現據前任倉場侍郎臣傅森議請，仍循舊例，欽派科道十五員分往稽查，按年更換，奏蒙允准亦在案，自應遵照舊例辦理。查臣部內倉，從前亦有查倉御史,應如該給事中所奏,仍照舊例欽派稽查,以昭慎重。各倉既有派出查倉御史專司稽察,所有每月籤掣監放俸甲米石之科道,應請停止。至八旗兵丁赴倉領米,每石向給籤票制錢二十文,爲花戶人等飯食之用。嗣經奏准每石加給八文,以免額外藉口需索,但恐花戶人等惟利是圖,洵如該給事中所奏,加給之後亦難保無他弊,應請仍照舊例自本年四月季甲米爲始,每石以二十文之數墊發,仍於兵丁錢糧內坐扣,其加給錢文,應即停止。所有臣等議覆緣由是否有當,伏乞訓示遵行。謹奏。

嘉慶四年三月初九日奏,本日奉旨:知道了。欽此。

議覆加徵漕費暨收漕各款摺

戶部謹奏爲遵旨議奏事。據兩江總督費淳奏,將江蘇省收漕積弊通盤籌畫,請於糧戶名下原定公費六分之外,加徵銀七分,統給運丁,以資辦公一摺,並另繕清單,分別條款具奏。嘉慶四年三月初十日奉御批:戶部詳議具奏。欽此。欽遵,於本月十一日鈔出到部,臣等謹按該督所奏各款悉心核議,敬呈御覽。

一、旗丁疲乏,請加公費一款。據奏稱,漕船北上浮費日增,原定給丁之行糧、月糧、贈銀、贈米,連加給公費銀三分,尚不敷用,請於糧戶名下每糧一石再加徵銀七分,統給旗丁,共成一錢之數,俾資用費,并請旨飭下倉場侍郎、漕運總督,倘有書役家丁勒索公費以及尖丁包攬、肥橐營私,即行查拏究辦,庶旗丁既加津貼,復省浮費,自不致疲乏誤運等語。查漕運關繫正供,丁力原宜軫恤,惟定例向有行月口糧以資食用,并有贈貼銀米以供雜費,嗣經江蘇巡撫尹繼善議請革除積弊,又於每糧一石加徵銀六分,內以半給州縣辦公,半給旗丁濟運,奏准通行,歷年遵辦在案。今該督復以幫船浮費,又請加徵,并稱過淮盤驗、抵通兌收,均多費用,議於原加六分之外,再徵銀七分,統給旗丁,俾資用度,固屬爲培養丁力起見,但從前因除積弊,始議加徵,乃既已加徵,仍未能盡除積弊,是區區增添公費,非正本清源之道，已可概見。若再輾轉加增，恐陋規未必盡除，而賦額一增，無由再減，名爲恤丁，實則病民，應將所請再於糧户名下每糧一石加徵銀七分之處，毋庸議。至稱糧船北上，各衙門書役家丁勒索幫費，以及各幫尖丁包攬營私種種弊端，請加究辦查。以上諸弊，定例於瓜洲閘口、儀徵江口、淮安盤糧廳及濟寧、臨清、天津、通州各口刊刻木榜，永遠禁止。該管官不時查察，如有干犯，題參究處。立法本屬森嚴，今該督既請申明例禁，應如所奏，請旨飭下倉場侍郎、漕運總督，各將該衙門及坐糧押運等官并地方糧道等衙門查明，果有此種丁役人等及門包公費名目、尖丁串通包攬情事，即行按律究治，毋稍回護。此番申明例禁之後，如仍有前項弊端，經旗丁首告，除從重究辦外，并將隱徇廳弁失察上司，一併分別參處。

一、地方官浮收，請行嚴辦一款。據奏稱，旗丁兑費徵之於民，地方官既無賠累，自應責令秉公徵收，於開倉時遵照部斛，令糧户自攜交納，并責成該管道府巡歷各倉嚴行查禁，如有踢斛淋尖、折銀折扣等弊，或經督撫訪聞，或被糧户首告，官吏一體治罪，徇隱之道府並予題參。各該管上司如有收受陋規發覺，照枉法贓科罪。其地丁銀兩在州縣大堂設櫃徵收，概用足紋上兑，數在一錢以下，准照時價扣錢完納，違者照收漕例官參吏處等語。查定例，州縣收漕驗明米色，隨到隨收，倘有踢斛淋尖，或剗去斛裏，或改換斛面等弊，督撫、糧道嚴參究治。又，州縣收漕或借米色爲詞，或度倉有餘米私收折色，查出嚴參治罪。又，兑漕之時飭令糧道往來查察，以清錮弊各等語，是收漕積弊，例禁綦嚴，防維至密。各督撫果能實力稽查，該州縣敢不奉公守法。又，況旗丁勒索由於州縣浮收，浮收之弊一除，勒索之端自息，何必加徵公費，始免賠累。應請將該督所奏，遵照部斛自攜交收及禁止踢斛淋尖、折扣折銀等弊之處，悉照舊例責令實力奉行，並請如所奏於收漕時責成該管道府巡歷稽查隱徇，並予參處。至於上司所受餽送亦即取自浮收，既已納其陋規，不得不任其婪索，若不嚴加懲創，難期漕務肅清，請如所奏，一經敗露，照枉法律計贓科罪，仍令該督撫隨時嚴密訪查，毋稍徇縱。其地丁銀兩在州縣大堂設櫃徵收，概用足紋上兑，數在一錢以下，照時價扣錢完納，違者照收漕例辦理之處。查例載州縣經徵正雜錢糧，聽納戶自封投櫃。又，錢糧尾欠短封，數在一錢以下者，准以制錢抵納，每銀一釐，納大制錢一文，願完銀者，聽所收錢文，經徵官報明該管道府易銀起解等語，應令該督轉飭遵照定例辦理，如違例徵收，該督撫即行題參。

一、劣紳地棍嚴行究辦一款。據奏，江省開徵之時，每有劣紳地棍挾制官長包攬漁利，或用醜米控交，或以低銀搪塞。官吏畏其滋事，往往反給陋規請，嗣後如有鄉紳舉貢生監包攬漁利情事，分別參革，照棍徒例懲治等語。查定例，有漕州縣將縉紳巨戶應完糧額，於糧册內註明，印官親駐倉廠秉公監兑，並責成該管道府嚴密稽查，倘有縉紳任其子弟家人包攬強交，及官吏浮收折色等弊，從重究辦。道府瞻徇，該督撫一併查參。又，州縣收漕如有私給地方豪棍及上司衙門書役規例，以致額外加收，該督撫嚴參究治各等語。今該督奏稱，江省劣紳地棍每多包攬把持，固由積習相沿，亦由地方官違例浮收，致若輩得以挾制滋事，若果按額徵收，包攬亦無所利，方且不禁自除，應令該督撫等一面嚴查州縣浮收，一面嚴禁紳衿滋事。如有以醜米低銀包攬強交，立即查照定例，嚴辦示儆。其地棍陋規取與均干例禁，亦照定例，分別嚴參究治。

一、天津、濟寧、淮安巡漕御史請行裁撤一款。據奏，各省重運，既有漕運總督專司其事，復有各省督撫、糧道督飭押運，同知、通判沿途催儹，經過地方文武均有考成，復有河道總督董率標員節節督催，原可毋庸再借巡漕之力，況多一官即多一累，於事無益，徒增浮費，請將天津、濟寧、淮安三處巡漕御史一併停止等語。查定制，巡漕御史四員，一駐淮安，一駐濟寧，一駐天津，一駐通州，專司稽查彈壓，遇有官吏需索、旗丁盜賣、運道淺阻等弊，皆聽查參。其督催各有界限，則責成獨專，來往不時巡查，則耳目易徧，是巡漕御史之設，於整頓漕務最為切近。今該督奏請裁汰專任總漕、督撫、糧道等官。

查督撫職守地方，既慮鞭長莫及，總漕則督理全漕，駐淮盤驗，於幫船過竣，方隨尾幫前進，勢難往返巡歷稽查。其督運糧道押運、同知、通判等官，專司催儹本幫船隻，亦難責令剔除弊竇。況國家設官分職，原於互相糾察之中，寓法制相維之意，如果巡漕御史有需索供應等情事，該督撫等不難參奏辦理，何必紛更成例，率請裁除，應將所奏停止巡漕御史之處，毋庸議。

以上四條，臣等公同酌議，是否有當，伏候訓示遵行。謹奏請旨。

嘉慶四年三月二十三日奏，本日奉旨：依議。欽此。

議准頒給內務府鐵斛摺

戶部謹奏爲遵旨查核具奏事。內閣鈔出倉場侍郎達慶等奏請內務府各倉頒給鐵斛一摺，嘉慶四年四月二十二日奉硃批：戶部查核具奏。欽此。欽遵，於本月二十三日到部。

據稱，京、通各倉俱有部頒鐵造祖斛一張，每新造木斛，俱照祖斛較準印烙火記方許量用。至官三倉所用木斛，係未與鐵斛較準，以致交米收米往往彼此爭執。應請敕部查明內務府各倉，如有未經頒給鐵斛者，照京通各倉之例一體頒給，以憑建造木斛較準應用等語。經臣部以內務府各倉有無存貯鐵斛行查去後，今於五月初七日咨覆到部。臣等伏查，京、通各倉例有部頒鐵斛各一張，所用木斛俱與鐵斛較準烙印方准量用，惟內務府官三倉及恩豐倉向來僅用木斛，並無部頒鐵斛。今應據倉場侍郎奏請，一體頒給鐵斛，以憑建造木斛較準應用，所有官三倉、恩豐倉各頒給鐵斛一張，請敕下工部製造頒發。至該倉所用木斛，應令內務府照式自行製造較準應用，如有參差，令交米收米人員眼同校對鐵斛平攛兑收用，以杜爭端而昭慎重。是否有當，伏乞訓示遵行。謹奏。

嘉慶四年五月十二日奏，本日奉旨：依議。欽此。

議駁通州裁倉摺

戶部等部謹奏爲遵旨會議具奏事。本年四月二十七日，奏事處鈔出倉場侍郎達慶等奏請酌裁通州中倉並將裁撤事宜開列條款具奏一摺，奉硃批：戶、工二部會議具奏。欽此。欽遵，到部。

據原奏內稱，通州西、中二倉向來收受漕、白二糧，開放八旗王公、滿漢文武大小各官春秋兩季俸米約計三十八萬餘石，是以兩倉每年收貯新漕必須三十餘萬石。今三四品以下官員俸米改歸京倉關支，通倉每年所放俸米不過八萬餘石。放米不多則貯米有限，兩倉廠座多係空閒無用，既不便照例隨時請修，徒滋糜費，又不便任其破壞、坍塌置之不理，且在倉官吏兵丁半屬閒曠，車戶花甲等人多事簡，所得腳費錢文不足以資養贍，辦公亦形竭蹶，請將西倉留存，中倉裁汰等語。經戶部以現係免漕之年，米石到通較少，廠座自多空閒，惟是嘉慶六年以後，全漕即應到通，每年額運漕糧除開放外，應有積存米石，積至十四五年後，各倉廠座恐有不敷存貯之處，移咨倉場侍郎詳查咨覆，以便核議。去後，茲於五月十七日，據倉場侍郎覆稱，全漕到通每年積存米六十餘萬石，積至嘉慶十四年以後，京倉即可盈滿。至通倉現有廠二百五十座，計可貯米二百餘萬石，從前不過五六年閒即可周轉。今新定章程每年放米有限，必待二十餘年，方能周轉，未免漸歸紅朽，不便多貯。廠座既屬空閒，修理則虛糜帑項，不修則年久傾頹，不得不奏請議裁。今准咨查，相應聲覆，其應否裁撤或作何酌辦之處，統聽核議等語。臣等伏查，通州西、中二倉，建立有年，向來王公文武大小官員俸米俱在通倉支放，所用廠座較多。今三四品以下官員俸米移於京倉支放，通倉放米有限，廠座自多空閒，是以該侍郎等有裁去中倉之請，但事關舊制，未便輕議裁撤。臣等竊以建立倉廠原爲廣儲積貯，必使廠浮於米，米浮於用。近年來我皇上恩施疊沛，普免各省漕糧以及因災緩徵、截留賑濟，不下五百餘萬石，而外省倉穀究未碾動，是以漕糧到京較少。現在嘉慶四年新到漕糧及舊存米石僅敷嘉慶五年支放，各倉廠座皆有空閒，不獨通倉爲然。計自嘉慶六年起，額漕三百八十餘萬石，即應全行到通。每年除去應放俸甲等米三百一十餘萬石外，應有積存米六十餘萬石，積至十年之後，各倉廠座俱可充盈。今若將中倉裁汰，恐致彼時不敷收貯。且查在京各倉，其廠多者不過一百八座，少者僅三十座，通州兩倉即有二百五十座。其所以較京倉廠座獨多者，誠以該倉近在水次，無五閘盤撥之勞，於運貯尤便，偶遇水淺之年，漕糧到通稍遲，或運京之通惠河閒有阻滯，即就近入於通倉收貯，如該侍郎所稱，從前有貯至二百三十餘萬石之時，是其明證。且查通州向有南倉之設，嗣於乾隆十八年裁去，僅留中、西二倉。今若再將中倉議裁，將來設遇水淺漕遲，西倉不敷存貯，勢必於石土兩壩辦理露囤等事反費周章。再查中倉建立多年，規模寬整，無論已成之工未宜輕毀，即毀料變價歸公，已恐不敵原建工價之半，況磚料等物一經拆卸更難適用。今該侍郎以修理恐致糜費爲詞，查大修廠座例在十年以外，臨時自可將工價核實，估計至歲修所需銀兩，每倉只開銷六十餘兩，爲數無多，即廢此一倉，亦省費有限。又查倉中執事人役皆係額設，如該侍郎所開中倉應裁員役內，除監督及看倉旗員外，其兵丁、領催、書吏、攢典、花户、甲鬥人等，向來依倉爲生者幾至二百名之多，內如兵丁一項，係由八旗挑補，其家口全在通州，與駐防無異。今若一旦裁其錢糧，撥回本旗當差，恐守候補缺尚需時日，贍用無資，若先儘此項人坐補，又必侵佔他人之缺，礙難施行。臣等公同商酌，應請將中倉照舊設立，該侍郎所請裁撤之處，應毋庸議，仍令該侍郎照舊歲修，勿致漏壞，并閒廠現存倉板一切點查封固，造冊報部，他年開用不得以散朽爲辭。至原奏單內所列八款，皆係裁倉事宜，倉既不裁，各款亦毋庸議。是否有當，伏候睿鑒訓示施行。再，此摺係户部主稿，合併聲明。謹奏。

嘉慶四年六月初二日奏，本日奉旨：依議。欽此。

議駁裁坐糧廳摺

　　户部謹奏爲遵旨議奏事。本年五月十七日，奏事處鈔出，兩廣總督覺羅吉慶奏請裁撤坐糧廳，改歸通永道兼管，并酌裁經紀車户名數一摺，奉硃批：户部議奏。欽此。欽遵，到部。

　　據原奏內稱，通州漕務設立倉場侍郎二員，坐糧廳二員，又石壩經紀一百家，大通橋車户四十家，無如坐糧廳素有美缺之名。經紀車户人數過多，往往勾結旗丁盜賣好米，攙和沙水，日久必多霉變，加以各衙門層層需索，經紀車户取自旗丁，旗丁必取之糧户，兑費需用浩繁，米色安能乾潔，不免有得受陋規情事。至倉場侍郎衙門較大，需費亦自繁多，不免運費逐漸加添，糧户益增賠累。請將通州石壩經紀裁減五十家，大通橋車户裁減二十家，各止留存一半，足敷起卸轉運之用。其坐糧廳事務，請就近改歸通永道兼管，毋庸另派部員，併請飭知漕運督臣嚴查，各運弁不得任意需索旗丁，旗丁亦不許擾累糧户，違者參革拿究治罪等語。臣部以經紀車户各裁去一半，是否足敷應用，不致誤公，行令倉場侍郎詳查。去後，茲於五月二十八日准倉場侍郎覆稱，石壩軍糧經紀一百名，外河、裏河各設船一百隻，當糧務盛行之時，每日外河起卸，裏河轉運，均以三萬石爲率。每經紀一名，裏外河起運米石均須三百石，以一百家統計，足敷三萬石之數，且該役等，因在外起卸，分頭趕辦，不能兼顧。每人名下各尚有經官另雇代役一名，在裏河押送米石到橋交卸。今若裁去五十家，勢必辦理不及，致使到通漕船擁塞河干停壓待卸，有誤回空。至大通橋車户原設三十二名，並無四十名之例，該役等承辦運貯在京十餘倉米石，每日約須用車四五百輛，各該處分段照料實須多人，即三十二名，尚恐不敷經理，若再裁減，必致誤公，實於糧務大有窒礙。今准咨查，相應將經紀車户斷不可裁實在情形，詳細聲覆等語。臣等伏查，坐糧廳爲八省漕糧總辦之區，舊設滿漢司員永爲定例，所有管理北河催儹重空糧船，督令經紀車户轉運交倉，并在兩壩驗米監收,及通濟庫收支輕齎等項銀兩,挑挖北河淤淺、修築隄岸閘座等事,均係坐糧廳耑管。今據該督奏稱,坐糧廳屬役過多,往往勾結旗丁盜賣好米及需索兑費、得受陋規各情事,請將坐糧廳裁汰,其事務歸併通永道兼管。但查該道有管轄地方之責,若以八省漕糧祇令該道一人兼管,倘糧船到通之時,該道又有地方差委,勢必顧此失彼,貽誤公事。至所稱石壩經紀一百家,大通橋車户四十家,各請裁減一半,以省糜費等語,經臣部將是否可行之處,咨查倉場侍郎,去後。兹據覆稱,定例額設石壩經紀一百名,内外河各設船一百隻,以供起卸轉運之用。大通橋車户額設三十二名,並無四十名之數。該役等每日轉運京倉約用車四五百輛,分段照料,實需多人。目下免漕年分,人數尚恐不敷,若再各裁減一半,必致轉運不及,糧船停壓待卸,有誤回空,實於糧務大有窒礙等語。是該役等額設人數,並無冗冒,自屬實在情形,所有該督奏請裁撤坐糧廳及請減經紀車户之處,均請毋庸置議。是否有當,伏乞訓示遵行。謹奏請旨。

嘉慶四年六月十七日奏,本日奉旨:依議。欽此。

議駁粟米折錢摺

户部謹奏爲遵旨議奏事。嘉慶四年六月二十六日,内閣鈔出浙江道監察御史華連布奏請將八旗甲米内粟米一項折給錢文一摺,奉硃批:户部議奏。欽此。欽遵,到部。

據稱,八旗兵丁所領之米,除養贍家口外,售賣餘米以爲添補衣帽弓箭之用。近因比歲豐登,糧食甚賤,旗人賣米獲價無多,所賴銀價尚貴。今數月以來銀價減落,若不酌爲調劑,恐錢價日漸加昂,於兵丁等生計致多不便。現在各倉粟米一項,久經放竣,俱以粳米抵補,因城市粳米較多,兵丁等售賣不能多獲米價,莫若暫將粟米折給錢文,在兵丁等既省車脚簡兒錢之費,而市中添此一項錢文,錢價藉兹稍減,仍俟漕運粟米到日,照舊開放本色。仰懇敕下部臣,查明近日領米旗分所賣抵粟粳米實價若干,並比較向來回交米石折價交銀之例，酌定價值，妥議具奏等語。臣等伏查，八旗甲米例分稉、稜、粟三色，間有一色不敷，按成抵給，節經辦理在案。今該御史請將抵粟、稉米一項折給錢文，是每萬石之中應折給一千五百石，按照例價核算，每月僅放錢三萬餘串，市中錢價未必能因此驟平，而每月少放米三萬二千餘石，轉恐米價從此漸長。京師爲五方聚集之區，全賴米石流通，方資民食。從前每遇米價昂貴，即須設法平糶，今米價平減，最爲便民，不應以錢價偶貴，輒將米石減少，致民間有食貴之虞，況現在欽奉恩旨，普賞八旗一月兵餉，折給制錢有三十餘萬串之多，是錢價亦可日就平減。該御史所奏八旗甲米內粟米一項折給錢文之處，應毋庸議。是否有當，伏候訓示遵行。謹奏。

嘉慶四年七月初七日奏，本日奉旨：依議。欽此。

奏控爭洲產摺

户部謹奏爲奏聞事。本月初五日，據江西南昌旗丁高表芳赴臣部呈控，該縣生員陶漁等將伊祖遺洲產捏契霸佔，並經地方官屢次斷明，陶漁疊行翻控案久未結等情。

當經臣等弔查部存丁册，並按照原呈逐一研訊，據供，伊祖高伏住所遺契置洲產，坐落槎湖、乾湖等處，向同監生陶浩、民人陶英虞等分管執業，本與陶漁無涉。因係荒洲，並無頃畝段落，每年伊名下完納稅課銀二錢零，有家存串票可憑，未得帶來。自乾隆五十一年陶漁捏造前明崇禎年間僞契，硬行占去收利，每年約吞草價三四十兩零，共計十四年，約六百餘兩。伊等於五十六年及嘉慶元年，疊控總督等衙門，經南昌府縣各官查審九次，斷令高姓與陶浩等照契管業。陶漁不服，隨詳翻控。布政使衙門書吏萬姓是陶漁親戚，稟駁另審，想是勾串賄囑，實無憑據，現在案未得結等語。臣等查，控告田產，全以契紙串票爲憑，該旗丁高表芳所控槎湖、乾湖產業，既係伊祖上契置，完課有年，何以陶漁等輒捏造僞契，憑空霸佔。該洲既係荒地，並無頃畝段落，且係與陶浩等公共之產，陶漁係陶浩一族，是否有分，其契載四至，究係如何分管，均應逐一究訊。今高表芳並未將契串等項帶來呈驗查對，部存丁册內所載高姓田產亦無槎湖、乾湖名目，是此案非將契串追出，傳同兩造質訊，難以明晰。且查前項洲產，疊經地方官斷，令高表芳等執業，因何一任陶漁翻控，久延不結，是否有徇縱情弊。研訊該丁，不能確有所指，但該書吏萬姓如果實係陶漁親戚，其爲勾串延擱情節顯然，自應嚴行究辦。應請旨飭交江西巡撫就近親提人犯，秉公嚴審，速即妥擬具奏，以息爭端，而免拖累。俟命下之日，將原告高表芳由兵部照例解往候質。爲此謹奏請旨。

嘉慶四年八月二十三日奏，本日奉旨：此案著交江西巡撫張誠基秉公審擬具奏，原告高表芳著照例解往候質。欽此。

議駁加徵漕米摺

大學士王等謹奏爲遵旨會議具奏事。內閣鈔出漕運總督蔣兆奎奏旗丁運費不敷，請於州縣浮收漕米內割出一斗，津貼旗丁一摺，嘉慶四年八月十九日奉旨：大學士會該部議奏。欽此。欽遵。

查原奏內稱，向來旗丁於水次兌糧時，需索州縣兌費一二百金，今嚴禁浮收，州縣豈肯復出兌費，旗丁亦索費無詞，自當受兌開行不敢多事。惟是各衙門以及沿途諸陋規雖已禁革，旗丁花費自可節省，而生齒日繁，諸物昂貴，即以過閘而論，每閘費錢四五千文，因水溜需夫較多，比從前用錢已加數倍，所過閘座甚多，在在需費。又，雇覓短縴人夫，從前每里酌給錢一二文，今則五六七文不等。沿途遇淺起剥并人口盤費，所需實多，應得之項委不敷用，現在亟需調劑。有漕州縣無不浮收，而江浙尤甚，每石加至七八斗，旗丁因州縣浮收過多，需索兌費不過貼補費運，並非私入己囊。今若於此七八斗之內割出一斗，津貼旗丁運費，其餘盡行革除，旗丁稍分餘潤，借力辦公，濟運有資，不至竭蹷貽誤。除江浙照辦外，所有辦漕各省俱有浮收，每石均割出津貼米一斗，撥補旗丁，其間情形不同，應聽該省撫臣酌量津貼。如此明定章程，則收漕州縣更可免旗丁索費，影射浮收之弊等語。臣等會議得，各省出運幫船，例有應支行月口糧以資食用，并祗有贈貼銀米以供雜費，歷經遵照辦理，並無貽誤。本年三月兩江總督費淳條奏四款，內有請加徵銀七分，幫貼旗丁一款，經戶部議駁，以恤丁不便病民，奉旨依議在案。今該漕督以旗丁應得之項委不敷用，請於州縣浮收米內割出一斗，津貼濟運。臣等詳查，各省幫船，每船以十丁為率，各按道路遠近支給銀米，除山東、河南二省幫船運通較近，得項較少外，其江浙湖廣等省每船約實得米一百三十石至一百八十石不等，實得銀一百六十兩至三百七十兩不等，運費本有定數。現又欽奉諭旨，嚴禁各衙門以及沿途需索陋規，幫船更無浮費。該漕督乃以旗丁不得向州縣需索兌費為詞，謂州縣皆有浮收，欲為旗丁分潤。查浮收斛面例禁綦嚴，尚恐不免前弊，今若明定章程，准其每石加徵一斗，是使不肖官吏益得有所藉口，影射多徵，且此一斗之糧，既增不可復減，名為津貼，實與加賦無異。臣等公同商酌，該漕督所請每石加徵一斗之處，未便遽行議准。至幫丁殷疲不同，各省情形互異，如果其中實有丁力疲乏，艱於輓運之幫，亦應隨時調劑，應請旨飭令有漕各督撫分別確查，將應如何酌籌津貼，以裕丁力之處，自行妥議，奏明辦理。是否有當，伏候訓示遵行。此摺係戶部主稿，合併聲明。謹奏請旨。

嘉慶四年八月二十八日奏，二十九日內閣鈔出，奉旨：大學士會同戶部議覆蔣兆奎奏請於州縣浮收漕米內割出一斗津貼旗丁一摺。州縣徵收漕米不許顆粒加增，例禁甚明。近因各省多有浮加之弊，節經降旨嚴查整飭，猶恐地方官陽奉陰違。今蔣兆奎以旗丁用度不貲，輒請明立章程，每石加增一斗以資津貼，是使不肖官吏益得有所藉口，且名為加收一斗，其所徵必不止於此數，恐浮收積弊仍不能除，而此新漕一斗之糧著為定額，與加賦何異，其事斷不可行。惟邇年旗丁疲乏，該漕督所奏亦係實在情形，其各幫一切費用，應支口糧、幫貼銀米或有不敷，亦當設法調劑，量為津貼，著有漕各督撫確查妥議，各將如何酌辦情形據實具奏，務令丁力不致拮据，而正供不致加增，方爲妥善。欽此。

奏控給餘租銀兩摺

户部謹奏爲請旨事。嘉慶四年八月二十四日，據江西信豐所旗丁徐才士赴臣部呈請將屯田餘租銀兩賞給該丁濟運一案。臣等隨提至當堂研訊，據稱，竊丁等屯田租銀每石五錢，悉歸官徵解貯道庫，除完糧正則外，餘租銀八千九百七十四兩有奇，内除歲造補修船隻及運費外，每年尚餘存銀一千七百七十餘兩。此項存銀實係丁等額田所有，專資造運之産，未便另資他用，且贛州衛會昌所有額設墾田、撥運等項，俱歸各船自收，每畝納餘租銀三二錢不等，獨信豐所田折徵盡數存公，若遇糧船失風買米賠補，應需費用具結，請領支給。竊風火不虞，事非常有，閒遇支銷，爲數有限，是以空有餘存，丁困莫蘇，丁等曾懇漕憲糧道准其融借，分年扣還，未沐賞給調劑，甚至歲造一船，除應領外，實需墊費七八百金不等。若遇賠造船隻，給領銀止三百兩，墊需一千五六百金，實難設措，兼之輓運長途，用費浩繁，展轉莫支，日見疲憊。迄今存餘四十多年，計銀五萬餘兩，坐積不無過多，虛存借公之名，實切向隅之歎，叩懇俯憐丁困，推廣皇仁，乞將丁所已存現解之餘銀，賞給加增造運等語。臣等查，江西信豐所屯田二百七十餘頃，内有二百一十七頃零，每畝徵租銀五錢，又五十五頃零，每畝徵津貼銀八分，通共徵銀一萬一千三百餘兩，除完納屯糧正耗等銀外，實徵銀八千九百七十餘兩，由官徵解道庫。每年每船給運費銀三百五十兩，每造船一隻，給銀一千兩，補修船隻，給銀三百兩，其存賸銀兩留存道庫，遇有該所糧船失風事故，以備僱募買米修船等公用在案。今據信豐所旗丁徐才士呈稱，丁力疲乏，請以歷年存貯銀五萬餘兩賞給丁等濟運，并聲明贛州衛會昌所俱有衛丁自收之租，惟該所盡數存公等語。查贛州衛墾田、會昌所本户撥運等田租銀，俱係各船自收贍運。信豐所餘租，既係該丁等專資造運之產,何以歷係官爲存貯,且查此項存賸銀兩,據稱向來准其借領,何以復請全行賞給,是否該丁等有心取巧,抑或實係疲乏所致,均未可定,應請旨飭交漕運總督確查該丁等實在情形,將此項存貯銀兩應否准其酌給,以裕丁力之處,據實具奏,候旨遵行。所有具呈之旗丁徐才士應俟命下之日,照例解往,聽候查辦。爲此謹奏請旨。

嘉慶四年九月初十日發報具奏,本月十二到報。奉旨:此案該丁徐才士所呈屯田餘租存貯銀五萬餘兩,請賞給該丁濟運一事,著交漕運總督蔣兆奎會同江西巡撫張誠基,查明此項庫貯餘租銀兩是否尚有別項支用,抑係專備該丁等濟運之需,可否賞給該丁等濟運之處,妥議具奏。欽此。

議覆銅額運務摺

大學士王等謹奏爲遵旨會議具奏事。據雲南布政使陳孝昇奏,請將湯丹等廠酌減銅額,并八運京銅改分六運,及管廠各員按照多獲銅數,分別議敘一摺,嘉慶四年九月十一日奉硃批:大學士會同戶部妥議具奏。欽此。欽遵,到部。臣等謹按款酌議,敬呈御覽。

一、各廠年額銅斤請照現在辦獲數目酌定報銷一款。據稱,湯丹、碌碌、大水溝三廠開採年久,礦少質薄,應請將湯丹廠額辦銅三百一十六萬五千餘斤,酌減八十六萬五千餘斤,以二百三十萬斤爲定額;碌碌廠額辦銅八十二萬三千餘斤,酌減二十萬三千餘斤,以六十二萬斤爲定額;大水溝廠額辦銅五十一萬斤,酌減一十一萬斤,以四十萬斤爲定額。統俟嘉慶四年爲始,按照減定各數飭令經管之東川府如數辦運。至該三廠酌減額銅,查有新開之得寶坪廠,上年奏明額辦銅一百二十萬斤,茲據該廠具報,嘉慶三年分實辦獲銅二百萬九千餘斤,較額辦之數多辦銅八十萬餘斤。通計寧臺、大功、香樹坡、得寶坪、茂麓及各小廠現辦銅斤並湯丹、碌碌、大水溝三廠酌定銅數通盤核算,較每年應運京銅六百二十九萬餘斤及帶解買補銅三十七萬餘斤之數,尚屬有盈無絀等語。查滇省各廠額辦銅斤,向來遇有礦砂衰薄，獲銅短缺，例准題請減額，其獲銅豐旺多於舊額者，亦准據實報增，節年遵照在案。今該藩司以湯丹等三廠礦少質薄，奏請減額，并稱新開之得寶坪廠產銅豐旺，可以多辦銅斤，固為調劑盈縮起見。但查每年該省額運京銅六百二十九萬餘斤，年額攸關，不容稍有短少，湯丹、碌碌、大水溝三處在各銅廠中為最大之廠，向因出銅較旺，是以定額較多，已歷年久。今遽請減去一百一十七萬斤為數，未免過多，恐啓偷漏之弊。即云所減銅數可將得寶坪廠多辦八十萬斤之銅抵補，但較原運之額究屬虧短。且查得寶坪係甫開新廠，若令每年連正額加辦廠銅至二百萬斤，是否出銅可期源源接濟，設有短絀，又將何廠銅斤抵補。得寶坪廠坐落迤西地方，較迤東之湯丹等廠運送瀘州，路途遠近，是否相等，運腳銀兩果否不致多糜，原奏均未籌及。臣等難以懸擬，相應請旨飭交該督撫，將各該廠果否應減應增情形確勘結報，另行核實，奏明辦理，以昭詳慎。

一、每年正加八起京銅，應請仍改六起，俾運員較少，不致有虛員缺一款。據稱，滇省自乾隆四年起，每年辦運正銅四百四十一萬七千八百斤，分為八起。乾隆五年改為四起。乾隆六年因廣西局停鑄，將原用銅一百八十八萬一千九百餘斤，分為正運四起，協運四起，加運四起，一併運京。自乾隆九年起至二十三年止，又改為正運四起，加運兩起。乾隆二十四年復改為正運三起，加運一起。乾隆二十六年定為正運六起，加運兩起，每起派委丞倅州縣各一員承運。惟是運銅委員往返必須三年之久甫能回滇，員缺每多虛懸，辦理亦形竭蹶。查乾隆五十八年以前正運六起，每起運銅七十三萬六千餘斤，連帶解買補銅斤共計運銅七十五萬餘斤，其加運二起，每起運銅九十四萬餘斤，連帶解買補銅斤共計九十六萬餘斤。自乾隆五十九年至今正運六起，每起加運各廠多辦銅二十萬餘斤，共計九十五萬餘斤，與加運銅數約略相同。今各廠多辦銅斤帶解至本年止，祇有未運銅九萬三千餘斤，應於庚申年分起帶解外，應請將正運六起京銅四百四十一萬餘斤分為四起，每起委丞倅州縣一員，各承運銅一百一十萬餘斤。凡支銷水脚、養廉各項銀兩,並照六運原始之數,均勻分給承領。其加運二起,每起應運京銅及帶解買補銅斤,並正運六起帶解買補銅斤,分給加運二起帶解,計每起共應運銅一百一十二萬餘斤,核與正運四起委員應運銅數所增無多,較之黔省每起運鉛一百二三十萬斤之數尚屬減少,滇省即可少派運官二員,於地方公事不無有裨等語。查滇省辦運京銅正加四運分爲八起,今該藩司陳孝昇以委運銅差缺多虛懸,并多辦銅斤將及運竣,請將正運六起減爲四起。查京銅重務,頭緒繁多,屢經酌議,未能允協。自乾隆四年起,每年額辦銅四百四十一萬七千餘斤,原定正運八起,計運官八員,嗣因廣西停鑄,於原額之外加運京銅一百八十八萬一千餘斤,爲數較多,另增四起,合前爲十二起,計運官十二員。至乾隆二十六年經戶部錢法堂奏定,分爲正運六起,運官六員,運銅四百四十餘萬斤,加運二起,運官二員,運銅一百八十餘萬斤,仍與乾隆四年原定章程前後相符,久經遵辦在案。自乾隆五十九年後,各廠有多辦銅斤,飭令正運六起帶解,銅多船衆,運官業已極力照應,時懼疏失。今若因多辦已竣,減去正運二起,合加運爲六起,計每員責令承運京銅一百一十餘萬斤,誠恐致滋偷漏情弊,難期妥善。又所稱較之黔省運鉛每起一百二三十萬之數,尚爲減少。查銅、鉛情形各異,鉛係整塊,每塊五十斤,易於稽查,銅大小零星散碎不等,沿途交替換船過壩必須較兌過秤,倘數目太多,勢必久延時日,有悮限期,非比鉛斤容易經理,該藩司所奏於銅務殊無裨益,不過爲節省運官二員起見。以滇省七十餘廳州縣委,運八員本不爲多,且向來官員不敷委用,例准奏請揀發,亦無員缺多虛之虞,所有奏請每年正加八起京銅,請改六起之處,應毋庸議。

一、各廠較額多辦銅斤議敘之例過優,請酌量變通一款。據稱,從前管廠之員,止按年核計功過,至乾隆四十四年經戶部議准,照鹽課之例以十分核計,按其缺額并多辦分數,分別議處議敘。今查,各廠年辦額銅自數千斤以至數百萬斤不等,多寡懸殊,而一概以十分爲定，在額銅數千斤之小廠，經管廠員祇須多辦銅數千斤，即可援照多辦銅十分以上之例，准加四級，其額銅二三百萬斤之大廠，經管之員必須多辦銅二三十萬斤始足一分之數，照例紀錄一次，未足以昭平允。除各廠短辦銅斤處分仍照舊例查參外，所有額外多辦銅斤議敘之例，應請毋庸核計分數，統以多獲銅數爲定。凡額銅自數千斤至十萬餘斤之各小廠多辦銅五萬斤以上者，准其紀錄二次，十萬斤以上紀錄三次，十五萬斤以上加一級，三十萬斤以上加二級，五十萬斤以上加三級，七十萬斤以上加四級。其額銅自二三十萬至二三百萬斤之各大廠，按照額數辦足，即准紀錄一次。如多辦銅十萬斤以上紀錄二次，二十萬斤以上紀錄三次，三十萬斤以上加一級，四十萬斤以上加二級，五十萬斤以上加三級，六十萬斤以上加四級，該管直隸州及府道總理藩司，亦照多辦數目分別議敘等語。查滇省銅政考成，向止核其一歲，獲銅之多寡，並未稽其每月交銅之盈絀，管廠各員因此虧數漸多，不敷供運，是以乾隆十六年經原任撫臣愛必達並四十三年督臣李侍堯等先後奏請，照鹽課之例，統以十分核計考成。經戶部議令大小各廠俱按出銅確數，劃分十二股，按月計數勒交，如有缺額，令於一兩月內補足，倘於月額之外，多獲銅斤以及缺額不能補交，即於考成案內分別議處議敘，奏准遵行在案。是管廠各員按月核計獲銅確數並在任月日久暫，統以十分計考，畫一辦理，勸懲並用，不使畸重畸輕，立法最爲公允。若如該藩司所請缺額處分，仍照舊按分數計算，而溢額議敘則又按銅數計算辦理，殊屬兩岐。且所稱原額數千斤及十萬餘斤之各小廠，必須多辦銅五萬斤以上，始准紀錄二次，恐小廠人員無所鼓勵，勢必催辦不力，漸致廢弛。其額辦二三十萬斤至二三百萬斤之各大廠，照額辦足即准紀錄一次，甄敘過寬，亦不足以昭平允，況考成止論銅數，並不按月核計分數，仍恐漫無稽查，致有采辦虧短之虞，於銅政有礙。該藩司所奏，按照銅數核計議敘之處，應毋庸議。

　　以上三款，臣等公同籌酌，是否有當，伏候皇上訓示遵行。再，此摺係户部主稿,合併聲明。爲此謹奏請旨。

嘉慶四年十月初二日奏,本日奉旨:依議。欽此。

議駁屯糧改歸巡道督理摺

户部謹奏爲遵旨議奏事。内閣鈔出江西糧道張彤奏江西通省屯糧餘租撥令各巡道就近督理徵收一摺,嘉慶四年九月十四日奉硃批:該部議奏。欽此。欽遵。

據原奏内稱,江西糧道經管屯田餘租,自乾隆初年因屯田散處各州縣,旗丁收租不便,定由州縣徵解糧道轉發各丁濟運,嗣因各州縣徵收屯租年年有欠,歷任前督臣高晉、薩載等奏准酌減餘租,並經漕臣毓奇奏定經徵不力州縣處分,凡此皆爲積欠屯租有誤漕運起見。茲臣莅任江西,查通省屯糧餘租共欠十四萬兩有零,其中九江、贛州各府屬爲最重,每年將各州縣按例開參,惟是處分雖嚴,租欠仍在,徵收倍難。究其由來,糧道每年督運,春出秋歸,在外日多,以致各州縣玩視催徵,日漸累積。臣再四思維,江西經徵屯租之州縣大概屬於饒九、贛南二道分巡者居多,該二道就近督徵,又終年不離本省,實較糧道易於爲力。臣請嗣後將廣饒九南道所轄之州縣經徵屯糧餘租,即收解廣饒九南道衙門,吉南贛寧道所轄之州縣經徵屯糧餘租,即收解吉南贛寧道衙門,每年各道收齊後移交糧道給發濟運。如此各歸各道,隨時催解,呼應較靈,前欠冀可漸清,日後不至復積等語。臣等伏查,江西省各衛屯田六千四百餘頃,額徵餘租銀一十一萬餘兩,自乾隆二年定例官爲徵解,歷係糧道收貯,給丁濟運。嗣經漕臣毓奇奏,各州縣徵解不前,議請即照正項錢糧經徵不力分數之例分別議處,臣部覆准通行在案。今據江西糧道張彤以該省屯糧餘租共有積欠十四萬餘兩,糧道督運,春出秋歸,在外日多,致各州縣玩視催徵,日漸累積,請嗣後將廣饒九南道、吉南贛寧道所轄州縣,令各該巡道就近徵齊,移解糧道等語。查糧道管理通省漕項錢糧是其專責,經徵州縣如有心存膜視,全不出力者,該道理應隨時揭參,即每年督運公出,計其歸署之期正值開徵之際,盡可督飭所屬將前項租銀速爲徵解。若如所請,分歸各道催徵,是由各州縣分解各巡道,復由各巡道轉解糧道,不但多此一番周折,虛糜運費,且此項租銀如果難於徵收,即改歸巡道督催,亦未必能年清年款,仍屬有名無實。該糧道所請改令各巡道催徵餘租之處,臣部未便率行議准。至所稱未完餘租歷年積欠共十四萬餘兩,查嘉慶二年餘租奏銷案內,止有未完銀六萬七千餘兩,所有嘉慶三年、四年餘租,現尚未屆奏銷之期,其未完數目該撫未經册報。臣部無憑查核,應請旨飭交江西巡撫,將節年未完餘租銀兩究係若干,果否,全係實欠在民,現在是否足敷濟運,逐一飭查明確,將實在情形具奏。到日,臣部再行核議。是否有當,伏乞訓示遵行。謹奏請旨。

　　嘉慶四年十月初七日奏,本日奉旨:户部議覆江西糧道張彤奏請將江西通省屯糧餘租撥令各巡道就近徵收一摺。此項餘租向係糧道收貯,爲給丁濟運之用,何以歷年積欠至十四萬餘兩之多,是否實欠在民,抑有官吏侵蝕等事,其民欠究係若干,且上次蠲免江西積欠,通省不過數千,何以屯租積欠遂多至十餘倍,與民田科則有無歧異,其積年疲累難於徵收之故,必須查明實在情形,酌量妥辦。至餘租專爲濟運而設,現當肅清漕弊之時,各該省自不敢得受漕規,復有肆意浮收之事,但旗丁辦運之費,聞不免藉資於州縣,而旗丁於漕運總督及倉場衙門等處,向來俱有使費,自應查明需費若干,通行飭禁。現在總漕及倉場侍郎俱係本年新放之員,該撫無所用其回護,且係朕降旨飭查,並非由該撫劾參,務當逐一查明。除各項陋規外,該旗丁等辦運實需若干,此項餘租是否足敷濟運,應如何調劑,俾收漕無弊,運丁不致拮據,而屯租亦不致拖欠。其屯租改歸巡道徵收一節有無裨益,一併詳細妥議具奏。張彤原摺並著該部咨寄該撫閲看。欽此。

議駁分限買餘抵補摺

　　戶部謹奏爲請旨事。本年九月二十八日，據漕運總督蔣兆奎咨，請將浙江旗丁陳士明等上年失風漕船欠交米石，酌分四限買餘抵補一案，諮報到部。

　　據原咨內稱，溫州後幫旗丁陳士明等十名漕船，於嘉慶三年五月內，在山東濟寧州魯橋汛地方河湖一片之所陡遇龍風沈溺，計共虧折沈溼平米三千六百五十六石一斗三升八合四勺。因抵通之時並無食米可換，將該幫餘米六百五十八石一斗一升照數抵交外，其餘欠交米二千九百九十八石八斗二升八合四勺，咨明下年搭解。奉部覆准，飭行該幫籌備搭解去後。茲據該道詳稱，該丁等上年遭患之後，本年又逢漕糧全減，坐食經年，船需賠修，艣需新置，一切費用較倍往昔，層層苦累，丁力難支，細加察核，委屬實在情形。若令其全數買米帶交，計需銀六千餘兩，必致束手誤公，所關匪細，可否酌分四限，即自本年新運爲始，買餘抵交等語。臣等伏查，各省起運漕糧例，有給丁三升八合，餘米於抵通時，隨正交倉官爲給價收買。漕船遇有失風事故，其沈溼虧折米石，准將三升八合餘米照數抵補，如有不敷，令於下年採買，搭運赴通交納，節年辦理在案。今該丁陳士明等漕船於上年失風之後，本年又遇蠲漕全減，其應行買補搭解之米，共有二千九百餘石。據該漕督咨稱，若責令該丁等於今冬新運內全數採買搭運，丁力實屬難支，聲請分作四年買餘抵補，固爲體恤丁情起見，但查向來買餘抵補俱係現年辦理，並無分限買補之例。臣部未便據咨准行，相應奏明請旨，應否准其分限買餘抵補之處，恭候欽定，俟命下之日，臣部遵奉施行。爲此謹奏。

　　嘉慶四年十月二十二日奏，本日奉旨：向來漕船買餘抵補沈溺米石，並無分限之例。此項應行買補搭解之米，著仍照向例于次年採買，搭運赴通交納。欽此。

議駁兩江加徵銀米摺

戶部謹奏爲遵旨速議具奏事。嘉慶四年十月二十一日，奏事處鈔出兩江總督費淳遵旨覆奏，酌辦津貼旗丁銀米一摺，奉硃批：戶部速議具奏。欽此。欽遵。

查原奏內稱，乾隆四年前任漕運總督托時，因出運幫船所得行月口糧、贈銀贈米尚不敷用，曾題定章程，上江漕米每石徵耗米一斗，下江漕米每石收公費銀六分，以半給丁，爲抵通一切應用，半給州縣，爲修倉、鋪墊、飯食之費。定例以來，迄今又越六十年，生齒日繁，百物昂貴，丁力日漸疲乏，長途費用仍復不敷，自應量爲調劑。臣再四籌酌，應請裁去下江原定每石公費銀六分，改照上江之例每漕米一石亦收耗米一斗，而酌以七升給丁，以三升給州縣。其上江漕米每石除照舊收耗一斗外，請將耗米亦以七升給丁，三升給州縣。又，向例江、安兩省贈銀一項，有贈五贈十之不同，應請將每石贈銀五分者，一律改照蘇、松、常、鎭、太五府州贈十之例，每石贈銀一錢。似此通融辦理，祇就上下兩江互相仿照，於旗丁不致拮据。臣現與漕撫諸臣革除各衙門陋規，旗丁既多節省，又得此分別津貼耗米贈銀，倘敢額外需索，即照枉法贓辦理。若州縣仍有顆粒浮收，亦即照因公科斂律治罪，并將不能稽查揭報之該管道府一併參究，以示懲儆等語。查本年八月內大學士王等，會同臣部議駁漕運總督蔣兆奎奏請於州縣浮收漕米內劃出一斗，津貼旗丁一案。奉旨：令有漕各督撫將疲乏旗丁，應如何酌辦津貼情形，確查妥議，據實具奏等因。欽此。當經臣部通行去後。今據費淳將兩江酌辦情形覆奏前來，據稱下江原定每石公費銀六分，請行裁去，改照上江之例每漕米一石亦收耗米一斗，以七升給丁，三升給州縣，其上江漕米每石照舊收耗米一斗，亦以七升給丁，三升給州縣。又江、安兩省應給贈銀有贈五贈十之不同，請一律改照蘇、松等府屬每石給贈銀一錢，係就上下兩江互相仿照辦理等語。查津貼旗丁一項，向來安徽係徵耗米一斗，其贈銀止係五分,至江蘇係徵公費銀六分,折徵錢四十六文,並不另徵耗米。揆其辦理不同之故,自因安徽賦輕,是以徵收耗米,江蘇賦重,是以酌徵公費,遵循業已有年,兩省情形本不畫一。今該督將津貼銀米一律加增,在上江計須加徵銀二萬六千餘兩,下江雖裁去公費銀九萬餘兩,尚須加徵米十五萬石零。臣等竊以折錢尚有定數,徵銀即可加平,而徵米一斗若以銀折算,較之原定公費銀六分不止加倍,且收米之時,尤防高下其手,是小民未見清漕之益,先受加賦之害。該督春間曾有加增漕費七分之請,經臣部以事類加賦議駁。今改徵耗米一斗,仍係加賦於民,況上江漕務一切章程奉行已久,旗丁並無拮据情形,何以亦議加增贈銀。至一切錢糧爲巡撫專政,該督並未會同上下江巡撫確查熟商。臣部尤難率議,相應請旨,飭令該督會同岳起、荆道乾,將上下兩江確查實在情形,悉心妥商,務期丁民兩便,會議到日,臣部再行核議。現今開徵在即,所有旗丁銀米各項應仍遵照向例辦理,不得任聽地方官率意浮收,致滋弊混。是否有當,伏乞皇上訓示遵行。謹奏請旨。

　　嘉慶四年十月二十五日具奏,本日奉旨:户部議駁兩江總督費淳奏上下江津貼銀米互相仿照辦理一摺,所駁甚是。前據蔣兆奎奏請,於州縣浮收漕米內劃出一斗,津貼旗丁,經大學士會同該部議,以所奏斷不可行。今費淳所奏與蔣兆奎前奏名雖異而實則同,若如所請,是所云不准浮收者仍屬有名無實。據摺內稱,下江酌裁漕費而加徵米十五萬石,上江耗米照舊徵收而加徵贈銀二萬六千餘兩,是非加賦而何。且錢糧爲巡撫專管,該督何以並不會同上下江巡撫公同酌議,僅用單銜具奏,殊屬非是。況本日復據岳起奏到籌議旗丁津貼一摺,摺尾聲明係與該督合詞具奏,而所議與費淳前奏互異,是該督並未與巡撫會商,先後兩岐其說,可見外省督撫會銜具奏之事皆屬具文,何嘗志同道合,以公事爲重。此等陋習不除,難臻治理。除將岳起之摺交部核議外,現在正屆開徵之期,該督撫等當督飭地方官仍遵舊定章程,一面開兌,倘有不肖州縣藉端浮收,即當嚴參究辦。至津貼旗丁之款，應如何籌議之處，統俟荆道乾奏到後，一併交部詳議，再降諭旨。欽此。

議覆車户積欠摺

户部謹奏爲遵旨議奏事。嘉慶四年十月十九日，據倉場侍郎達慶等咨送原奏一件，内開十月十七日奉旨：交户部。欽此。

查原奏内稱，坐糧廳書吏、經紀、舍人與糧船交手，積弊本多。各省糧船抵通，書吏索取幫規日甚一日，舍役人等提幫驗米呈樣多方，經紀車户起糧斛兑勒索刁難，並坐糧廳驗米時，跟班、皂役、轎夫等使費多寡不等，倉場衙門書吏亦有收受幫規等事。更訪得有幫中辦事頭伍名曰尖丁，預行到通，與書吏、經紀賄串説合，或米石虧短臨時買補，或米色霉變混同兑收，皆係從前積弊。又查得倉場衙門書吏除疲乏幫次之外，每幫飯銀自六兩八兩至二十餘兩不等，倉場衙門舍人每名每船亦給錢二十五文，坐糧廳書吏、經紀、舍人更多狡索。積弊應行剔除，本年漕務俱竣，已無確證。臣等除先行出示嚴禁外，俟來歲漕船抵通，隨時查辦。至大通橋車户歷年節欠坐扣較多，兼以輪免漕糧應領脚價减少，辦運竭蹶。查大通橋車户向來排造船隻、修理號房及大通橋挖河，俱係借支庫項，統於車户脚費内扣還。臣等查此三項費用，均係正運條款，似應作正開銷，懇將前三項應扣未完欠項，免其坐扣。嗣後遇有應用，即於通濟庫輕齎項下動支，准其報銷，計每年可免扣銀一千餘兩。至土壩車户排造船隻、修理號房二項，應行坐扣之處，事同一律，亦請照此辦理。再查大通橋車户脚價内定例，於每石扣出四釐作爲辦公之費，各項支用款項繁多，往往浮濫。臣等逐項核算，量加裁减，每年支用不過六千兩上下已足敷用，其餘浮費概行裁减，全漕之年約可得銀四千餘兩，歸入運脚正項等因前來。經臣部將車户等積年欠項、未完銀兩細數，及排造剥船、修理號房、挑挖護城河借支銀兩，在於脚價内扣還各原案行查去後。兹據先後咨覆到部，臣等伏查，倉場衙門及坐糧廳爲八省漕糧總滙之地，其所轄書吏、經紀、舍役人等，藉端需索，弊竇滋多，理應嚴行禁革，以肅漕政而清弊源。現據該侍郎等逐一訪查禁止，應令實力查辦外，至所稱車户等排造剥船、修理號房、挑挖河道所用銀兩，請作正開銷，免其坐扣運費一節。查大通橋車户承運京倉漕糧、土壩車户承運通倉漕糧所設剥船定例，十年排造一次，自康熙六年及三十七年題定通濟庫借給造船價銀，於各役應領脚價内扣還。號房堆貯漕糧，修理向無定期，乾隆三十六年及四十五年奏准隨時借項修理，分年勻扣。其挑挖護城河所用工料，亦於乾隆三年奏准借項興修，分年勻扣。以上三項，均係脚價内應行坐扣之款，章程遵循已久，並無作正開銷之例，自未便驟議更張，致糜帑項。且查土壩車户積欠銀一萬三千九百餘兩，因節年輪免漕糧所領脚價較少，於乾隆六十年及嘉慶三年經倉場侍郎宜興等奏請，緩至辛酉年全漕到通時扣繳，奉旨允准在案。大通橋車户積欠銀一萬四千餘兩，並領存局錢四萬九千五百餘串，經該侍郎達慶等於本年五月内具奏，以現在仍係免漕之年，請緩至全漕到通時扣繳，奉旨允准亦在案。是該車户等應扣借項，均經恩予展限，役力自已較紓，今若再議寬免，官項轉致無著，該侍郎等所請免扣車户舊欠，並應用銀兩作正開銷之處，均毋庸議。再查大通橋車户每年所領脚價内，據該侍郎等聲稱，向來按米一石扣存銀四釐，作爲辦公之費。今逐項核算，每年不過用銀六千兩上下已足敷用，其餘浮費概行裁減，計每年可節省銀四千餘兩，歸入運脚正項，添給車户，實屬有益，應如所奏辦理，並令將各項辦公細數按款造册，送部備查。是否有當，伏乞皇上訓示遵行。謹奏。

嘉慶四年十一月二十日奏，奉旨：依議。欽此。

議覆兩江津貼運丁摺

户部謹奏爲遵旨議奏事。嘉慶四年十月二十五日，奏事處鈔出江蘇巡撫岳起奏籌議旗丁津貼一摺，奉硃批：户部議奏。欽此。又，十一月初二日，軍機處鈔出安徽巡撫荆道乾奏清釐漕務情形一摺，奉硃批：户部查議具奏。欽此。欽遵，到部。

據岳起原奏内稱，漕運幫船應給旗丁口糧銀米，各省多寡不同，江南省例准每船支給行月糧米九十餘石，三修等項銀四百五十餘兩，該船每年約需經費銀五百六十餘兩，該丁應得正項除行月糧米外，核其所需經費原有不敷。又，幫船回次每船例止給三修銀七兩五錢，十年大造給銀二百餘兩，體察情形，實屬不免賠累，自當設法調劑，量爲津貼，不使稍形拮據。查有漕糧加收耗米一項，向爲京、通各倉並沿途折耗之用，定例每正米一石有原備曬颺折耗米四升七合六抄。雍正四年奏准停止曬颺，將原備折耗米四升七合六抄於漕米進倉之時抽驗一二袋，計其折耗，將未驗之米照此計算，下剩之米歸入正項支銷。此項原備曬颺折耗之米並非正項米石，且久經停止曬颺，亦與額外餘米無異，懇將此項米四升七合六抄免其隨正交倉，以爲津貼不敷之資，並請於開兑時先行劃付，聽其自行糶賣，足敷應用等語。又據荆道乾奏稱，有漕州縣賢愚不等，每借幫費爲名任意浮折，旗丁即以州縣之浮折恣意勒索。臣現在實力禁革，倘有不肖州縣故智復萌者立即參處，如狡黠旗丁巧爲刁難，許該州縣據實稟出，以憑法究。惟是旗丁運米抵通三千餘里，一切應用正項所費不貲，安徽省每石給丁耗米五升，比下江之三分公費爲稍優，然始終入不敷出者，因衛官攙越幫務，旗丁所得米内竟有分送衛官之事。又，本省運弁及委員催兑催行，并各衙門書吏暨過淮簽盤、投文投批、開壩營汛以及濟寧、臨清、天津一路各署書役。又，到通後驗米驗單、經紀過斛，節節俱有使費。一船之領項，何堪各衆之分肥。臣先將本省陋規革除，其沿途浮費并提溜打閘、短纖人夫抬價累丁之處，咨會總漕、倉場、山東巡撫、直隸總督逐段嚴查，並責成押運道員、廳員一體稽查外。再查安徽省向例，收漕米一石徵耗米一斗内，以五升給丁爲抵通應用，五升留給州縣爲修倉鋪墊之需，今擬請將耗米一斗内，以七升給丁，三升留於州縣，旗丁每石多得二升，亦有裨益等語。查上下兩江酌議津貼旗丁一案，前據總督費淳奏請，上江加徵贈銀五分，下江加徵耗米一斗。經臣部以不便加賦議駁，奏蒙聖鑒並奉諭旨，將江蘇巡撫岳起續行奏到之摺交臣等核議，并令俟安徽巡撫荆道乾奏到後一併詳議。今荆道乾業已奏到，臣等遵旨悉心籌酌，竊以旗丁等輓運漕糧歷年已久，既有行月口糧，又有贈貼銀米及修艙負重等項，核其經費，本無不足，其所以入不敷出者，實由近年來沿途浮費日增，層層剝削之故。現在欽奉諭旨，叠加飭禁陋規，既予革除，旗丁等諒不至於竭蹶。惟是糧船自南而北經歷長途，一切人工、物價今非昔比，貴賤懸殊，其不免疲乏之處亦屬實在情形，自當量加津貼，以裕丁力。查上江漕米向來每石徵收耗米一斗內，以五升給丁，五升給州縣。今荆道乾請將所給州縣之五升米內，撥出二升增給旗丁，是不過于原徵耗米一斗之中量為裒多益寡，並非加取于民，而旗丁每石多得米二升，每船即可多得米十四五石，有此津貼辦運，自屬從容，應請即如所奏辦理。至下江收漕向來並無應收一斗之耗米，惟按每石徵公費銀六分，折制錢四十六文內，以二十四文給丁，二十二文給州縣，核計旗丁所得錢數，比之上江給米五升者本屬較少，是以每遇兌漕之時，該丁等輒向州縣勒索，其藉口實由于此。今酌議津貼既不便取之于民，該省又無原徵耗米可動。據岳起請將旗丁原備交倉之曬颺米石一項動用給丁，自為丁力拮据起見，但所稱曬颺米四升七合六抄全行劃歸旗丁，未免為數較多，且恐將來漕米進倉遇有抽驗折耗無可抵補，轉多未便。臣等公同酌議，此項米石本係預備曬颺之用，今曬颺久經停止，與額外餘米無異，請仿照上江現議加給之例，即于此項米內撥出二升七合六抄，准其于開兌時劃付旗丁自行糶賣，以資接濟，其所剩二升仍照舊例隨糧交倉。如此辦理，庶下江旗丁每船亦可多得米十五六石，運費得以充裕，而漕米進倉之時倘遇折耗，除核實抵補外，餘米仍可歸入正項，不至有缺乏之虞。至該旗丁等經此次調劑津貼之後，如有仍向州縣多方勒索及不肖州縣藉端浮折等弊，該督撫等立即嚴參究懲，並將糧船過淮抵通陋規及沿途一切浮費盡行革除。如有前弊，許旗丁等首告，按律嚴辦，以期積弊肅清，速漕利運。是否有當，伏乞皇上訓示遵行。謹奏。

嘉慶四年十一月十二日奏，本日奉旨：依議。欽此。

議覆浙江津貼運丁摺

户部謹奏爲遵旨議奏事。嘉慶四年十月二十九日，奏事處鈔出閩浙總督兼署浙江巡撫書麟會同漕運總督蔣兆奎奏請緩扣浙江旗丁積欠銀兩一摺，奉硃批：户部議奏。欽此。又於十一月初十日，奏事處鈔出書麟續奏酌增行月米價及漕費錢文一摺，奉硃批：户部速議具奏。欽此。欽遵，到部。

據原奏内稱，浙省漕白糧船於乾隆二十五年暨四十二年經前任漕撫各臣先後奏准，於糧道庫内提銀十萬兩賞借各丁一分起息，按六箇月計算，每年於額領銀内扣還，迄今四十年，共收過息銀十五萬餘兩。近年以來，生齒日繁，百物昂貴，漕船一切費用無不較前加增，丁力日形疲憊，辦運維艱，現奉聖諭，令有漕各督撫將疲乏旗丁確查妥議，量爲津貼。臣等通盤酌議，無款可籌。惟查各幫所領恩借銀兩内，因嘉慶三年浙省輪免漕糧，通幫減歇，無從扣還，計共積欠本息銀十萬五千六百一十八兩四錢。又，嘉慶三年分各幫借支造船公借銀四萬三千五百六十兩，先經咨部請分六限歸還。又，減船各丁借撥行月食米應還折價銀三萬九千四百四十九兩零，俱應於旗丁應領項下扣還。查二十一幫每年額領錢糧四十萬餘兩，若將積欠各款銀兩全行扣還，則所領僅得其半。本年禁革漕弊，州縣不得顆粒浮收，旗丁無從分潤，扣款既多，得項無幾，當停減困乏之餘實難支拄，請將各幫積欠恩借銀兩停其繳息，同造船公借及借撥行月食米折價等款，共銀十八萬八千六百二十八兩零，統於嘉慶五年冬運爲始，分作十年扣還，俾各丁本年得全支應領之項，以補上年停運之不足，而此後年限既寬，扣項較少，足以濟漕運而紓丁力。又據奏稱，軍丁重運以及回空費用浩繁，即應得之項全行支領，仍屬入不敷出，辦運實爲竭蹷。查軍丁每船例給行月米一百二十六石，有閏之年，每船加給八石，於順治十一年題定支給本色米六十三石，其餘一半米六十三石內，月糧米四十八石，每石折銀一兩，行糧米一十五石，每石折銀一兩二錢。當年米價平減，原敷買食，距今一百餘年，生齒日繁，米價增貴，實屬不敷，自應量予加增。若按照現在時價計算，所增過多，應請仿照金、台米折部定每石一兩六錢之數，畫一加增，以資買食，總共加增需銀四萬五千九兩六錢，並請於向例漕費錢文之外，每米一石，糧戶津貼錢六十文計算，每田一畝，不過出錢六七文，在糧戶所出甚微，在軍丁亦不無小補，合計此二項，每船共可得銀八十餘兩等語。查各省酌議津貼旗丁一案，前據岳起等查明上下兩江情形，奏請加給米石，經臣等分別議覆，奏蒙聖鑒在案。茲據書麟等查明浙江省旗丁情形，先後奏到二摺，一請緩扣各款借欠銀兩，一請酌增行月折色米價及漕費錢文。臣等伏查，幫丁疲乏，固應隨時調劑，而借項扣繳年限及酌增銀錢等款，均須妥爲籌辦。據書麟等所稱造船公借銀兩一款，查係每年春夏之交，由道庫墊放，應於冬運錢糧內即行扣還之項，所有嘉慶三年分該丁等公借銀四萬三千五百六十兩，前經浙江巡撫玉德援照成案咨明臣部，自嘉慶四年冬爲始，分限六年扣還，是此項銀兩扣繳之限已寬，自應按照原限辦理，無庸再予展限。又，所稱借撥行月米價一款，查係嘉慶三年減存米石，應歸州縣變價報撥之項，前據漕運總督梁肯堂查照成案，將此項米石支給各幫咨明臣部，於下年新運錢糧內，按照例價扣繳，共應扣銀三萬九千四百四十九兩零，是前項米石借給幫丁已屬格外體卹，其應繳銀兩自應於嘉慶四年冬全數扣還，未便自明年起緩作十年，致滋懸宕。惟查所稱恩借銀兩一款，自乾隆二十五年暨四十二年先後於道庫內撥銀十萬兩，交押運廳員帶赴北河，借給旗丁爲起剝之需，一分起息，自船抵北河至下次新運，以六箇月計算，於各丁應領銀內將本息一併坐扣，節年辦理在案。今因上年浙省輪免漕糧,有未經坐扣本息銀十萬五千六百一十八兩四錢,請自嘉慶五年冬爲始,分作十年扣還,免其繳息,是該丁等本年冬應領漕截等銀四十一萬餘兩内,較往年可少扣銀十萬兩,而所欠本息銀兩寬至下年起扣,每年僅坐扣一萬餘兩,扣項既少,得項較多,旗丁實屬有益。且查原撥本銀十萬兩,除從前收過息銀十五萬餘兩外,計十年可以全數歸本,官項尚不至於無著。可否即照所請辦理,免其繳息,以紓丁力之處,出自皇上天恩,如蒙俞允,臣部行文該撫遵照,並令將節年扣收本息銀兩各數詳細造册送部查核。至書麟另摺所稱酌增行月米價一款,據稱,請將應給旗丁折色行月糧米均加爲一兩六錢折給。查給丁折色行糧向係一兩二錢,月糧向係一兩,定例遵循已久,未便援照金華、台州折徵兵米價值輒行議增,且每米一石若增四錢六錢之數,共需動用漕項銀四萬五千餘兩,爲數實屬浮多,臣部未便率准。又,所稱酌加漕費錢文一款,據稱,每石令糧户貼給旗丁錢六十文。查向來浙江省完糧各户,每石徵收漕費制錢二十文及三十文不等,今於原徵錢文之外,仍欲加賦於民,與從前費淳、蔣兆奎所奏意見無異,實不可行。惟是該省旗丁,據稱辦運實在竭蹶,前項積欠恩借銀兩雖經議令緩扣,誠恐丁力仍有未紓,自須從長籌畫,酌予津貼之項,以資接濟。現在江蘇省議給旗丁原備交倉曬颺米二升七合六抄,江浙情形相仿,可否請照江蘇之例,准其將原備曬颺米内每石劃付旗丁二升七合六抄,庶丁力更臻寬裕,於漕務實有裨益。是否有當,伏候訓示遵行。爲此謹奏。

嘉慶四年十一月十三日奏,本日奉旨:依議。欽此。

議覆東豫津貼運丁摺

户部謹奏爲遵旨議奏事。前由軍機處鈔出山東巡撫陳大文奏請增給旗丁應領折色米價每石七錢一摺,奉硃批:户部議奏。欽此。今於十一月十四日,又鈔出河南巡撫吳熊光奏請增給旗丁應領折色米價每石六錢一摺,奉硃批:户部議奏。欽此。欽遵,到部。

據陳大文奏稱，東省各幫漕船，每隻例係十丁配運，按船支給行糧米二十四石，月糧米九十六石，共米一百二十石，內除米六十石，按每石八錢折給銀四十八兩，實給本色米六十石。又，每船支潤耗米及食米約計三十石，潤耗銀及津貼席片銀約計三十四五兩，統計一船所支約米九十石，銀八十餘兩。旗丁自修理船隻、雇人開行，至抵壩交卸回空，一切費用浩繁，且人工、物價倍於往昔。向來兌漕州縣每糧一石幫貼旗丁銀四五錢不等，今一切陋規概行革除，該丁領運拮据，有難支之勢。查旗丁應得行月糧米一百二十石，內米六十石，向例按照八錢一石折給銀兩，較之現在時價不敷一倍有餘，可否照乾隆三十七年東省奏定適中米價每石一兩五錢之例，於按石折銀八錢之外，再加給銀七錢計，每船可多得銀四十餘兩作爲津貼，似亦調劑之一法，所加銀兩應於糧道庫漕倉等項內籌撥支給。又據吳熊光奏稱，豫省並無管轄衛所，每年徵收額漕正耗米、麥、豆一十八萬八千八百三十二石零，向係直隸之通州、天津，山東之德左、任城、臨前、臨後、平前、平後，江南之徐前、徐後，共十幫船三百七十五隻領運。九月下旬來次受兌，至次年三月抵通交卸後各回本省，其應支錢糧有在各本省支領者，亦有在豫省支領者，核其出運之船，約計每船應支潤耗盤剝行月糧本折一半，可得銀七十餘兩，米八十石零。又，州縣每糧一石給津貼銀三分五釐，米二升，約計每船又可得銀一十七兩零，米一十石零。在設立之初，一切人工食物均屬平賤，所定銀米原係有盈無絀，迄今百數十年，生齒日繁，各項未免昂貴，以致丁力不無拮据。查有行月糧一項，每船十丁，每丁行糧米二石四斗，月糧米九石六斗，本折各半，其半折米石，每石折銀八錢。近年糧價較昂，實屬不敷，請將此項米折行月糧，每石照依部定豫省粟米中價改折銀一兩四錢，每船可多領銀三十六兩，較之全漕正耗糧數每石不過加銀七分有餘，所有在豫支領各幫，應請在於臨清倉徵收、折色、支賸并節省項下通融支給。至各幫有在各該本省支領折色月糧者，應請仍在本省加增。至搭運密雲、良鄉等處兵米船三十二隻，半折行月米價，似應照此一體增給，以嘉慶五年爲始，各等語。查各省酌議津貼旗丁一案，前據江浙各該撫奏到，經臣等分別議令加給米石，奏蒙聖鑒在案。今山東、河南二省旗丁情形，據該撫陳大文、吳熊光先後具奏，均請將旗丁應領折色行月米價酌量增給，一請增給七錢，一請增給六錢。臣等伏查山東糧船共六百四十六隻，河南糧船共三百七十五隻，每船應支行月米一百二十石，定例半給本色，半給折色，其折色米石均係每石折給八錢，節年遵辦已久，若如該撫等所奏，是於例價八錢之外，幾至增加一倍計，共動用漕項銀四萬餘兩。國家經費有常，未便遽行議增，致與定例不符，該撫等所請增給米價七錢六錢之處，應毋庸議。惟是該二省旗丁據稱實屬拮据，自應量加津貼之項，以紓丁力。查東、豫二省所運米麥豆石，均有旗丁原備交倉曬颺糧米一項，與江蘇等省無異，應請仿照江蘇議加二升七合六抄之例，於此項曬颺米麥豆內一體動用給丁。該二省糧船運通道路較近，與各省過淮之船不同，應請減去一升，劃給一升七合六抄之數，以示區別。再查東、豫二省有撥運直隸密雲、良鄉、固安等處兵米船三十二隻，緣所運兵米並無曬颺之米可動，查有原徵漕耗米一項，每石向徵一斗五升，內祇以二升幫給旗丁食米，應請仿照安徽增給耗米二升之例，於此項米內動用添給各丁。前項兵米船隻係軍丁雇備，并不回空，應於舊給食米外，各增給米一升，無庸概增二升之數，以昭平允而資接濟。如此分別辦理，該二省承運漕糧及兵米船隻，均有增給糧米，既不須另動漕項銀兩，而幫丁亦可漸臻寬裕。是否有當，伏候皇上訓示遵行。謹奏。

嘉慶四年十一月二十三日奏，本日奉旨：依議。欽此。

議駁江西裁減糧船摺

戶部謹奏爲遵旨議奏事。嘉慶四年十一月十四日，內閣鈔出江西巡撫張誠基奏請酌減糧船四十隻一摺，奉硃批：戶部議奏。欽此。

據原奏內稱，江西糧艘十三幫共船六百三十八隻，每船額裝米一千二百六十三石七斗八合九勺,其應領銀兩如贈軍、剝淺、行月、水腳、加增蘆蓆、修艙等項,每船共銀二百三十兩一錢,十年大造每船應給料價銀二百八兩七錢零。又,歲收屯田餘租內有濟運一項,每年每船給銀五十兩至三百五十兩不等,有濟造一項,每造一船給銀三百兩至一千兩不等。今弁丁等懇請減船七八十隻,以裁船額裝之米石撥搭運船,即以裁船應領之銀糧增給運船。據司道等詳稱,恐添米較多,運行不便,酌請減船四十隻,以四十隻所裝之米,添搭通幫五百九十八船,計每船隻多裝米八十四石五斗二升九合,船不覺重。此八十四石有零之內,該丁等已每船多得耗米十九石六斗五升一合七勺,約計合銀三十兩零。又,以四十船應得銀款分給運船,每船又多得銀十五兩三錢九分零。又,餘租內多得濟運一項,又減船無須再造,即將四十船十年大造額銀及餘租內濟造之費,按年攤給出運各船,通計減船四十隻,每運船每年可多得銀五六十兩、七八十兩不等。臣恐每船添米八十餘石,喫水較深,載運費力,且加裝米石有礙旗丁帶貨,當傳旗丁人等親加詢問。據稱,江西船身本較別省稍長,除額裝米石及貨物外,實可加添米二三百石,若僅加米八十餘石,喫水不過一寸餘,提溜打閘無須加添人夫,即偶遇運河水弱之年,不過添雇小剝船一隻,所費有限,且船中向有空艙,與裝貨實無佔礙。臣查,江西糧船六百三十八隻,減船四十隻尚不為多,每船加米八十餘石亦不為重,而運丁所得之費每年約添銀五六十兩、七八十兩不等,自較前略為寬裕,若沿途陋規不除,即多加亦屬無益。現在屢奉聖訓,剔除陋規,各衙門果能實力奉行,旗丁自江淮抵通可無分外使費,所出既少,所加亦不必過多,得有此項裁船銀米,自可從容辦運等語。查各省酌議津貼旗丁一案,所有江、浙及山東、河南各省業經臣等分別核議,加給米石,奏蒙聖鑒在案。今據張誠基將江西旗丁情形查明具奏,請將該省糧船裁減四十隻,以所裝米石派撥通幫搭運,即以裁船應領銀米增給運丁。臣等伏查,各省糧船,惟江西、湖廣船式較大,裝米較多,但湖廣之船裝米無踰一千石,而江西每船裝至一千二百六十餘石,其所以獨多者,緣於乾隆二十四年經總漕楊錫紱奏明,裁減船七十隻,止存船六百三十八隻,是以所裝米數不得不多。現在已屬過重,今若再裁去四十隻,每船又加裝米八十餘石,計共一千三百四十餘石,更覺裝米過多,在經行大江之時,尚可無虞遲滯,一入運河各閘,倘遇水淺之年,勢必加縴起剥,諸費周章。雖據該撫聲稱,詢之運丁,僉以爲加裝無礙,恐該丁等止貪目前多得銀米之利,而不知日後負重難行之害,事關永遠,遵行未便。據旗丁一面之詞,驟議更改,且船隻既經議裁除,原領行月等項銀米撥歸搭運各幫外,其屯田餘租內所給濟造銀兩,即應節省不支,至額給大造銀兩,更不應仍行給予,致滋糜費。今原奏內一概議令攤給,非核實辦公之道,所有該撫奏請裁減船隻之處,臣等未便議准。惟查疲乏旗丁,自應酌予津貼之項,以資調劑,現在浙江等省旗丁均蒙聖恩,將交倉曬飃米內每石劃出二升七合六抄,賞給兌運各幫,以裕丁力。江西省亦有此項米石,事同一例,可否請照江浙之例,將該省原備曬飃米內亦准其劃出二升七合六抄,於交兌時按數撥給旗丁,俾該丁等皆得從容辦運,不至以竭蹶藉口勒索州縣,致滋浮折等弊。是否有當,伏候皇上訓示遵行。謹奏請旨。

嘉慶四年十一月二十九日奏,本日奉旨:依議。欽此。

議覆兩湖津貼運丁摺

户部謹奏爲遵旨議奏事。前由軍機處鈔出湖廣總督倭什布、湖北巡撫高杞奏請每船津貼旗丁米二十四石,每石折價七錢一摺,奉硃批:户部議奏。欽此。今於十一月二十七日,又鈔出護理湖南巡撫、布政使通恩奏請每船酌給銀二十兩,以資濟運一摺,奉硃批:户部議奏。欽此。欽遵,到部。

據倭什布等原奏內稱,湖北六衛所漕船三幫共一百八十隻,每船僉丁三名,例給行月等款銀共三百兩內外,又米二百十石有奇,此時各衙門以及沿途陋規業已禁革,幫船更無浮費,丁力不致過形拮据。惟生齒日繁，諸物昂貴，幫船過閘提溜、遇淺起剥，需費較增，旗丁得項不敷，亦屬實在情形，自應量爲津貼，以資濟運而免疲乏。因思例給行月一款，原應給以米石，因無本色，故每石折銀七錢，今自應亦照米數津貼計每船三丁，月需米二石四斗，出運回空不過十箇月之期，應請津貼米二十四石，均照行月以七錢折算，應給銀一十六兩八錢，每年共加增銀三千二十四兩，以起運嘉慶五年漕糧爲始，在應徵隨漕錢糧餘存銀五千四百餘兩內，按數增給。據通恩原奏內稱，湖南漕船向分三幫，共五衛，計船一百七十八隻，出運之年，每船例給行月、京腳、運費、義幫等銀，并荆、岳二衛各船應得津貼及贈貼二耗米，同四耗米內一五給丁，各銀米合計，荆、岳等衛每船各領銀四百兩零，米一百八十餘石，沔陽衛每船各領銀三百六十餘兩，米一百八十餘石。湖南運道與別省較遠，所得領項亦多從前按船給發，本屬敷用，近來沿途過閘、提溜、起剥，需用剥船夫役，工價較前倍增，自應量爲津貼。查湖南漕糧項下，每年應徵各項銀米俱有應支本款，礙難動用，惟每年額徵南秋二米折價，共解道庫銀七萬九千三百五十餘兩，內除應解藩庫銀五萬四千八百三十餘兩外，存賸銀二萬四千五百二十餘兩，每年造册報部撥用，應請即於此項銀內每船酌給銀二十兩，共支銀三千五百六十兩，即於本年起運漕糧爲始，照數分給，以資濟運各等語。查各省酌議津貼旗丁一案，前據江蘇、安徽、浙江、江西、山東、河南各該撫奏到，經臣等分別核議加給米石，奏蒙聖鑒在案。今湖北、湖南二省旗丁情形，據倭什布等先後查明具奏，請將湖北省每船增給津貼米二十四石，按七錢折價，實給銀一十六兩八錢，湖南省每船實給銀二十兩。臣等伏查，湖北漕船一百八十只，每船例給行月等款銀三百餘兩，米二百一十餘石。湖南漕船一百七十八隻，每船例給行月等款銀三百六十餘兩至四百餘兩不等，米一百八十餘石，因糧船運通道路較遠，所領銀米較多，節年辦運本屬敷用。據該督等聲稱，近年來沿途提溜起剥，一切工價較前倍增，以致丁力拮据，自應量爲津貼，所有湖北每船議給銀十六兩八錢，湖南每船議給銀二十兩，據稱，請於道庫所存漕項及南糧米折銀內動支。查該二省向來徵存漕項錢糧，除每年動用給丁外，所存本屬無多。至南糧米折一項，係兵米項下徵存銀款，每年除動用外，止餘存二萬餘兩，且均係報部撥用之款，今若於此二項銀內撥給各丁，恐所餘更屬無幾，於別項公用反形不足，臣等未便議准。現在江、浙等省旗丁均蒙聖恩，將原備交倉曬颺米內，每石劃出二升七合六抄，分別賞給，以裕丁力。今湖北、湖南二省均有此項米石，應請即照江浙之例，亦於原備曬颺米內，准其每石劃出二升七合六抄，於交兑時，即行按數撥給該丁，以資津貼，庶該二省旗丁長途挽運、食用益得從容，而各省畫一辦理，亦無偏枯之慮。是否有當，伏乞皇上訓示遵行。謹奏。

嘉慶四年十二月初四日奏，本日奉旨：依議。欽此。

議駁借給幫丁銀兩暨輕齎改徵本色米摺

户部謹奏爲遵旨議奏事。嘉慶四年十一月二十七日，内閣鈔出漕運總督蔣兆奎奏，請借給各省幫船銀兩分年扣還，並將輕齎折色改徵本色米石一摺，奉硃批：户部議奏。欽此。欽遵，到部。

據原奏内稱，漕船冬兑冬開，現在漸次兑漕，轉瞬開行，旗丁往年得有兑費，今年辦理清漕，不能向州縣需索，而一切費用入不償出，調劑者尚無定論，然眉之急已不可解，若再不設法補苴，貽誤之患不知所至。臣爲漕運總督，豈敢坐視，再三思維，苦無善策，無可如何，擬每船借給銀一百兩，於各省糧道庫内支領，分作三年，在該丁應領項下扣還歸款。其山東、河南船隻路程較近，每船隻給銀五十兩，已可接濟。至常年出運以及造船等費，領項大不敷用，各丁貧疲大勢相同，若非大爲調劑，遷延觀望，以致幫丁疲不可支，轉覺難於整頓。臣查，有漕各省皆有輕齎一項，解倉場衙門支用，本係應徵之米，每斗折銀五分，名爲輕齎。山東、河南係一六，江蘇、安徽係二六，浙江、江西、兩湖係三六，一二三以斗計，六以升計。今請將一六者、二六者仍徵本色,三六者改徵二六本色,其餘一斗仍徵折色,所徵本色,按照旗丁每船所載米數賞給應給之數。其輕齎銀兩,照各丁支領本色米數,於旗丁應領銀內扣存道庫解通支用。一六者以二升照市價於各丁應領銀兩內扣存道庫,俟輪造之日給發貼造。其餘一斗四升除抵折價外,以之貼運。二六者,以四升照市價於各丁應領銀內扣存道庫,俟輪造之日給發貼造。其餘二斗二升除抵折價外,以之貼運。三六改爲二六者照此。再查,江、安輕齎改徵本色米石較少,蘇、松輕齎改徵本色米石較多,白糧並無輕齎,請通融勻撥漕、白各幫,如此則造運不致拮据,可以一勞永逸。以應交之米仍令交米並非加賦,雖昔折今本似益丁而損民,然軍代民勞,百姓當革除浮收之餘,所省已多出,此區區衆擎易舉,安有不踴躍急公之理。以上所議,本應與各撫臣商確,實以迫不及待,且恐意見不同,徒多往返議論,不揣冒昧直陳等語。查本年八月內,據漕運總督蔣兆奎奏請,於州縣浮收漕米內割出一斗津貼旗丁,經臣等以事類加賦議駁,奏蒙聖鑒並欽奉諭旨,令有漕各督撫將旗丁疲乏情形確查妥議,嗣據各該撫先後查奏,經臣等分別核議,酌量道路遠近,將各省正兌漕糧所備交倉曬颺米石並原徵漕耗米內割給旗丁,以資津貼,節奉恩准通行在案。是各省旗丁已有加給津貼米石,又現當肅清漕弊之時,陋規盡行革除,自可無虞匱乏。今復據蔣兆奎奏,請將江、浙等省漕船每隻借給銀一百兩,山東、河南借給銀五十兩,均於糧道庫內支領,分作三年扣還,並請將輕齎折徵銀兩改徵本色,一併賞給各丁。臣等伏查,調濟漕務,理應通盤籌畫,俾國帑無虧,軍民兩便,方可永遠遵行。我皇上愛育黎元,體恤周至,前於臣等議駁該漕督加徵漕米一斗案內特降諭旨,以加賦斷不可行,並俯念各省旗丁實有疲乏,准將曬颺等米分別賞給旗丁濟運,該丁等諒不至再有竭蹶。該漕督身任總理漕務之責,惟在實力奉行,將一切陋規嚴行裁革,督飭衛弁將運丁應得之項如數給發,勿任稍有侵扣,以紓丁力而清弊源。今仍以旗丁不能向州縣需索幫費爲詞,議將漕項銀兩借給各丁，每船給五十兩、一百兩之多。臣等按照所加銀數通行核算，計共動用漕項銀五十四萬餘兩。國家經費有常，未便一任虛糜，且借給銀兩據稱分作三年扣還，在初借之時，旗丁自屬寬裕，至次年即應將所領行月等銀坐扣三十餘兩，是雖寬裕於一時，不免拮据於異日，殊非切實恤丁之道。至輕齎一項，查係各省糧道解交倉場通濟庫爲轉運漕糧腳價及一切公項之用，其始原係徵收本色，後經改爲折色，每石僅折徵銀五錢，推原其故，實因此項輕齎米石，本係正額外加增隨漕之款，是以折徵銀數特從輕減。今該漕督議將每石應徵一斗六升及二斗六升之輕齎並三斗六升之輕齎，摘出二斗六升，均徵本色，賞給各丁，令其按每石折銀五錢之數繳出解道，是欲以旗丁五錢之銀，易小民一石之米。按有漕八省計算，每年應共加徵米六十八萬餘石，仍與加賦無異，恐不肖州縣勢必借此浮收，種種滋弊，所議實不可行，應請旨飭令該漕督遵照臣部節次奏准，酌給曬颺等項米石章程辦理，其所請借給旗丁銀兩及輕齎改徵本色之處，均毋庸議。是否有當，伏乞皇上訓示遵行。謹奏。

嘉慶四年十二月初四日奏，本日奉旨：依議。欽此。

議准添給浙江幫丁折色銀兩摺

户部謹奏爲奏明請旨事。據前署浙江巡撫書麟等題寧波等十二幫應支本色月糧米石，折給價銀不敷買食，請將杭州等府屬原徵折色米價銀內，每石餘膡銀四錢添給幫丁，以資調劑一案，嘉慶四年十二月十二日奉旨：該部議奏。欽此。欽遵，由户科鈔出到部。

查原題內稱，浙江省寧波等十二幫月糧改支本色一案，於乾隆五十二年經前任漕臣毓奇奏准，於南糧餘米項下全給本色，嗣將常年餘米四千七百石，并五十九年裁兵餘米八百石，議請加給各幫，其米五千五百石，係常年按幫勻給，并聲明不敷本色米石，俟有餘款，隨時另籌撥補在案。兹據署布政使事、鹽運使張映璣、糧儲道恩特赫謨會詳稱，寧波等十二幫軍丁以奏改月糧同原支本色米石，每船共支米十六石零,核之應給各船米石,實數僅止十分之三,其餘仍支折色銀一兩二錢,不敷買食,與同時奏准改本之江淮、興武兩衛十八幫全支本色,各幫有異,未免向隅,請將杭州等府屬縣零户折價及折色米石,仍照舊例改徵本色支給等情。司道等備查,各該幫丁力本疲,又因食米不敷購買,賠累日重,自應量予調劑,惟所請杭州等府屬縣零户折價及折色米石,雖係原徵本色多餘之米款,但自奏請改折以來,民間相安已久,未便復事更張。查此項零户折價等米共一萬七千五百餘石,每石原徵價銀一兩六錢,歷年解司造報充餉,應請除去原支銀一兩二錢,所有多餘銀四錢添給幫丁,按船均派,俾各丁得資買食無所藉口。其常年尚不敷米五千四百八十九石零併遇閏加增,共米七千九百五十一石有零,仍俟將來遇有餘米再行議給,亦與前任漕臣毓奇奏案相符。如蒙允准,應請即於嘉慶四年冬漕起運為始,將所請添給銀兩于南米折價項下由司移解道庫撥給各幫,按船支領買食,仍于南米奏銷及交代各案內將實給銀數分晰造報,以清案款,擬合詳請會題等情。臣覆核無異,謹會同漕臣蔣兆奎合詞具題等因前來。臣等伏查,有漕各省軍丁應支月糧米石,例係半本半折銀米兼支,惟浙江之寧波等十二幫及江南之江淮、興武二衛應支一半本色米石,向按每石一兩二錢例價折給銀兩,嗣於乾隆五十二年,經前任漕運總督毓奇以各該幫所領折價不敷買食,奏請全給本色,經臣部議覆,奉旨准行。除江淮、興武二衛業經全給本色外,所有寧波等幫因南糧項下常年支賸南糧及裁兵餘賸之米,止有五千五百石,按船勻給所得本色無幾,其餘應支米石並無米款可動,仍按每石一兩二錢折給。今據該署撫等疏稱,寧波等十二幫丁力本疲,又因食米不敷,購買維艱,應量予調劑。查有杭州等府所屬各縣零户折價及折色等米,共一萬七千五百餘石,折徵已久,自不便改徵本色。惟查,此項米石原徵折色價銀每石係一兩六錢,內除幫丁原支銀一兩二錢,其多餘銀四錢向係解司報撥,今請添給幫丁,按船勻給,俾資買食等語。是以各縣原徵折色之有餘,補各幫食米買價之不足，是爲體卹軍丁起見。且查，所議添給銀兩，係原徵兵米折價多餘之款，不須另向民户派徵，而十二幫軍丁得此添給之銀，每年共計七千兩，均匀派給，於生計自屬有益，理合據題奏明請旨，可否准其添給折色銀兩以裕丁力之處，出自聖恩，如蒙俞允，臣部行文該撫等欽遵辦理，並將添給銀兩，准其自嘉慶四年冬漕起運爲始，即飭糧道在于解司銀內按數扣支，報部查核，仍于南糧漕項并交代各册内核明收支各數，分晰造報核銷。是否有當，伏候皇上訓示遵行。謹奏。

嘉慶五年二月十二日具奏，本日奉旨：依議。欽此。

己庚編卷下

壽陽祁韻士編

議駁兩江裁減糧船摺

戶部謹奏爲遵旨速議具奏事。嘉慶五年正月初五日，由兵部接到軍機處交出兩江總督費淳、漕運總督鐵保會奏上下兩江各衛漕船請量加裁減一摺，正月初四日奉硃批：戶部速議具奏。欽此。

據原奏內稱，旗丁造船一項最爲賠累，除官給銀二百八兩外，每造船一隻，旗丁貼賠銀七八百兩至千兩不等，不免借貸周章。臣等再四思維，欲爲增補，既無項可給，又無款可借，惟有裁減船隻，可以節省帑項，而所減經費撥爲本幫造船之用，實有裨益。惟是本年十二月內，准部咨江西奏請裁船爲旗丁籌給運費，經部議駁，緣江省運船裝米一千餘石，裁船灑帶未免過重，且將裁船十年大造官給二百八兩之款作爲津貼，本非正辦。今上下兩江五十八幫運船三千餘隻，每船原裝米六七百石，與江西情形不同，如議裁減，每船灑帶不過二三十石及四十餘石不等，不爲負重。按幫酌減，計船一百六十餘隻，可節省造船官項三萬三千餘兩，至應得行贈銀米等項，即留爲幫貼大造之用，計每運船大造可得幫貼銀一百數十兩至二三百兩不等，以裁船之有餘，補修造之不足，請自嘉慶五年爲始遵照辦理，謹將裁減事宜另繕清單等語。臣等伏查，各省漕船均有定額，原係按起運糧數之多寡分別酌定，遵循已久。上年十一月內，據江西巡撫張誠基奏，請將江西漕船裁減船四十隻，經臣部議，以加裝米數過多，負重堪虞，是以議駁，奉旨依議在案。今該督等請將上下兩江各衛漕船裁減一百六十二隻，據稱每船原裝米六七百石，與江西情形不同，但查江西船隻長九丈五尺，寬一丈六尺，深六尺九寸，至兩江船隻僅長八丈，寬一丈五尺，深六尺，是該二省船式本屬較小，是以額設船數較多。今遽裁去一百六十餘隻，既於體制未協，至將米石灑派通幫，據該督等所開清單內加裝自三四十石至七十餘石不等，裝米過多，船身愈重，倘遇水淺之年，負重難行，必須加造撥船，既滋糜費，且節節起撥，多延時日，恐於漕運有悞。且現在欽奉恩旨，每船准多帶土宜二十四石，合之加裝米石，計每船即須添載九十餘石及六七十石不等，難免行走濡滯之虞。如謂該省造船向無幫貼，所有官給造費不敷，須加調劑。現據該督等奏，請將徵收行月項下向不給丁之隨徵耗米一斗，並隨徵銀六分，全行撥給各幫，每船以銀米牽算，可得銀二十餘兩至三十兩不等，業經聖恩允准，又經臣部前于籌議津貼案內，上江增給漕耗米二升，下江增給曬颺米二升七合六抄，是丁力較前已屬從容，毋庸再議津貼，所有該督等奏請裁減船隻之處，應毋庸議。是否有當，伏候皇上訓示遵行。謹奏請旨。

嘉慶五年正月初八日奏，本日奉旨：依議。欽此。

議准江西州縣僉丁摺

戶部謹奏爲遵旨議奏事。嘉慶五年正月二十日，內閣鈔出江西糧道張彤奏江西僉丁請復舊例仍歸州縣僉解一摺，十九日奉硃批：該部議奏。欽此。

據原奏內稱，江西漕船每屆十年大造，例由州縣選僉殷實正副二丁，由府解道，驗發承造領運。乾隆四十八年，經原任江西布政使馮應榴奏請江西漕船僉丁令各州縣會同在次衛弁選解等因，部議准行在案。臣查，江西各府漕船概係停泊省城，州縣漕米除饒州一府外，餘皆運赴省倉受兌，所以衛弁亦均住省城。惟軍戶人等星散住居，多在遠府外縣，并有散處鄰省者，其家道之是否殷實，運務之果否諳練，衛弁本無從知悉。每逢僉丁之時，衛弁等赴縣會僉，往返經旬纍月，一切夫馬、船隻、公館、飯食諸費，率多取諸旗丁，且州縣以事非專責，諉之衛弁，而衛弁仍聽州縣書役舞弄，並有衛所書役串同作弊，各軍戶等免僉既欲出資，承僉又須出費，深以爲苦。衛弁會僉之例，實於公事無補，應請仍復舊例，歸州縣僉解，毋庸衛弁會僉，倘有遲延脫逃等事，惟該州縣是問。如此各州縣知責無旁貸，自顧考成，亦必認真選解，不敢朦混玩延，旗丁等更免浮費等語。臣等伏查，江西省僉選運丁，向例係由州縣僉報，衛弁並不經管，嗣於乾隆四十八年，經原任江西布政使馮應榴條奏，以衛弁與運丁輪年押運，孰殷孰疲，較州縣知之更真，請嗣後江西僉丁令州縣會同衛弁選報，倘有遲延脫逃等事，即將該州縣與衛弁一體嚴加議處，臣部議覆准行在案。今據該督糧道張彤奏稱，江西漕糧均在省倉受兑，運丁散居遠府外縣，并有住居鄰省者，其家道之殷疲，衛弁無從知悉，且衛弁等赴縣會僉，一切夫馬、船隻等費，率多取諸旗丁，各軍户深以爲苦，而州縣以事非己責，諉之衛弁，衛弁仍聽州縣書役舞弊，並有衛書串同作弊，實於公事無益，請仍復舊例，專歸州縣僉報等語。是運丁散處各州縣地方，其孰殷孰疲，衛弁本不能周知，而赴縣會僉之時，又多浮費取諸旗丁，實於公事無益，自不若仍復舊例，責成各該州縣一手經理較爲妥便，應請如該糧道所奏，嗣後江西省僉選運丁，毋庸復令衛弁會僉，即責令該丁住居之各州縣地方官秉公僉選結報，仍照例聽府道查驗承運，倘有僉驗不實及遲延脫逃等事，應將承僉之州縣及該管上司一併分別議處，以昭慎重而專責成。是否有當，伏乞皇上訓示遵行。謹奏請旨。

嘉慶五年二月初一日奏，本日奉旨：依議。欽此。

議覆橋壩銀錢摺

户部謹奏爲遵旨議奏事。嘉慶五年二月初二日，軍機處交出倉場侍郎達慶等奏，請將禄米等十一倉應領制銀並大通橋車户津貼各倉錢文停其支給，留作橋壩辦公之用，並將各倉應得領米兵丁箇票錢加給四文，以抵前項停給銀錢暨土壩車户應扣欠項，請令歷任各員攤賠等因一摺，奉旨：户部議奏。欽此。欽遵，到部。

據原奏内稱，大通橋車户與石土壩經紀車户，自康熙、雍正年間節經酌減腳價以後，初時尚可支持辦公，迨後漸形疲乏，兼之排造船隻、修理號房以及挑挖護城河等項費用，向未定有開銷款項，俱係借支庫項通融辦理，統於運米腳價內分年扣還，頻年積壓欠項日增。查石土壩經紀車戶除應領腳價及每石例須幫船笛兒錢二十二文，大通橋車戶止有應領腳價，此外別無應領款項，亦斷不能復議增加。臣等擬將祿米、南新、舊太、海運、北新、富新、興平、太平、萬安、裕豐、儲濟等十一倉應領茶果項下放米制銀，每石二釐之數停其支給，每年約銀四千兩內外。又查大通橋車戶有津貼各倉收米笛兒錢一項，係每大米一石制錢一文，小米二石制錢一文，亦請停其給發。此項錢文即於大通橋應領銀內按數扣出約銀二千餘兩，連前項制銀共可得六千餘兩，一併留貯通庫作為橋壩辦公之款，可期敷用，毋庸車戶經紀等借款坐扣，以免拖累，至各倉少得制銀笛錢，似亦不無竭蹶。查各倉放米例有應得領米人笛票錢文，前於乾隆五十九年經部議定，每石給笛票制錢二十八文，上年復經御史條奏，減去八文。查此項錢文係由領米人名下扣出，官為給發，原杜各倉花戶額外需索，節年遵行未有異議，今減去八文未免過多，應請嗣後定為二十四文，在領米之人所費無幾，而各倉多此額定數文，以之分抵放米制銀及津貼笛錢，亦屬有盈無絀，倉役亦自無所藉口。其餘通州西、中二倉及本裕、豐益、恩豐等三倉，向未加增笛票錢文，應仍照舊辦理。至現在大通橋車戶應扣款項，業經刑部奏明，著落歷任各員分別賠補。又，石壩軍白糧經紀亦有應扣借支各項，約共銀十三萬一千餘兩，該經紀等每年承運漕糧領項較多，今又酌將船隻、號房等項費用撥出歸公辦理，該經紀等更可漸形寬裕，應請將以前欠項仍照奏定分年勻扣之案，按數清款。惟查土壩車戶等亦有應扣借支，各款共銀一萬七千餘兩，該車戶專司運進通倉漕糧，自乾隆五十九年俸米改歸京倉以後，通倉每年坐米不及十萬石，應領腳價無多，雖令全行扣抵，亦斷不能如限清款，況每年運米究須腳費勢不能不照例給發，合無仰懇皇上天恩，准將土壩車戶欠項應扣未完銀一萬七千一百二十五兩二錢三分二釐全行豁免,抑或責令歷任倉場侍郎、坐糧廳各員分別攤賠,官項不致日久無著。又夾片奏稱,大通橋排造撥船向來每隻止給料價一百三十兩,實不敷用,請酌加增銀七十兩。挑挖護城河如大挑一次需用銀一千數百兩,每年歲修用銀六百兩,均動前項辦公銀兩等語。臣等伏查,漕糧運進京倉向由石壩經紀運至大通橋,復由該橋車戶轉運各倉,其運進通倉漕糧則由土壩車戶運交,此項人役均有例支腳價以資辦公,因排造撥船、修理號房及挑挖護城河等事,向無作正開銷之例,皆係隨時奏明,由通濟庫先行借墊,於該役等應領腳價內分年扣還,並因節年辦理先漕豫備事宜,該管官不知加意樽節,致該役等每有透支銀兩,勢難立時歸款,不得不令其分限坐扣,是以各役欠項日積日多,此近年以來經紀車戶等辦理運務竭蹶之由來也。今據倉場侍郎以該役等疲乏情形亟須調劑,奏請將祿米等十一倉應領放米制銀並大通橋車戶津貼箇兒錢文停其給發,計每年共扣存銀六千餘兩,留作排造撥船、修理號房及挑挖護城河等項辦公之用,嗣後無庸復令該役等借款坐扣,以免拖欠,並請將大通橋排造撥船料價每隻加增銀七十兩,自爲體恤役力起見,應請如所奏辦理。其修理號房及挑挖護城河遇有應行動用之處,未便任其浮糜,應將所需工料銀兩切實估計,隨時報部核給,以歸實用。至祿米等十一倉應領制銀及應得津貼錢文,既經扣存不給,則花戶人等亦恐不免竭蹶。據該侍郎等聲稱,領米兵丁所給各倉箇票錢,向係每石制錢二十文,自乾隆五十九年定爲二十八文,上年議減八文,請定爲二十四文,給與花戶人等,以抵前項扣存不給之數,在領米之人所費無幾,而各倉花戶人等亦不至因少得錢文有所藉口,致啓額外需索之弊,應請如所奏,行文各旗及祿米等十一倉,自本年四月爲始,遵照辦理。其通州西、中二倉及本裕、豐益、恩豐三倉向未加增箇票錢文,應毋庸議。又查該侍郎所稱土壩車戶積欠銀兩,共計應扣未完銀一萬七千餘兩。臣等詳核各題奏原案內,除修理號房、排造撥船前後三案未扣銀四千八百八十兩二釐,應仍照例勻扣外,其餘辦理陸運、露囤及透支、賠修各案未完銀一萬二千二百四十五兩二錢三分，查非理應坐扣之款，既據該侍郎等奏請分賠，應將乾隆五十年起至嘉慶四年止，歷任倉場侍郎及坐糧廳各員，按其在任月日，認賠歸款。查前經刑部奏明，將大通橋欠項共六萬餘兩，責令歷任侍郎監督各員賠繳，續經臣部行令，該侍郎等將應賠銀內歷任侍郎應賠若干、歷任監督各賠若干，分晰查明，造册報部，所有此次土壩議賠欠項，應一併行令，按照大通橋認賠之案自行分晰，查造奏明辦理。至石壩經紀等應扣各項銀共十三萬一千餘兩，既據該侍郎等聲明，該役等得項較多，所有應扣銀兩仍令遵照奏定年分按數清款，應毋庸議。自此次調劑之後，所有應發各項銀兩，該侍郎等務須督率坐糧廳加意撙節，核實妥辦，毋任該役等再有長支透用，致滋懸宕。謹將臣等核議緣由繕摺具奏，伏候皇上訓示遵行。謹奏請旨。

嘉慶五年二月十五日奏，本日奉旨：依議。欽此。

議覆搭放倉麥摺

戶部謹奏爲請旨事。嘉慶五年二月十四日，倉場侍郎達慶等奏酌辦在京各倉舊存麥石一摺，奉旨：知道了。欽此。欽遵，於十八日咨送到部。

據原奏內稱，上年豫省額徵并豫、東二省改徵漕白麥到通五萬七千餘石，除內務府等處應用之外，現存麥五萬一千餘石。查麥粒質性較嫩，不耐久貯，若不豫行籌辦，恐一過夏令，不免有發黷折耗之虞，且本年又有豫、東二省新麥運通，亦無須舊存之麥接濟。臣等照例移咨戶部，俟青黃不接之時，視麥價之高低，臨期察看情形，酌定辦理，俾舊存麥石不致有折耗之虞，而本年新收之麥又可陸續貯廒備用，於民食、倉儲均有裨益等語。臣等伏查，豫、東二省漕麥，先於乾隆五十二年六月內，經留京王大臣會同臣部并倉場侍郎等籌議，嗣後遇麥價平減無須出糶，即於俸甲米內以之配抵搭放，并聲明如麥賤於米之年即應抵作俸米，麥貴於米之年抵作甲米等因，奏准遵行在案。此項倉存麥石原爲豫備平糶之用，現據五城月報，糧價皆屬平減，前項麥石無須出糶，但查麥價貴於米價，應請遵照原議，將各倉現存麥五萬一千餘石，即於八旗閏四月甲米內應領稜粟米項下盡數均勻抵放，俾兵丁普沾實惠，而京城多得此項麥石，市價益可平減，且豫、東二省本年又有新麥來通，亦無須舊存之麥接濟，於倉儲、兵民均有裨益。是否有當，伏候皇上訓示遵行。謹奏。

嘉慶五年三月初一日奏，本日奉旨：依議。欽此。

奏江蘇濫給改兌耗米摺

戶部謹奏爲請旨事。嘉慶五年三月十九日，據署兩江總督、江蘇巡撫岳起咨稱，奉部議准撥給旗丁曬颺耗米一案，細核部議，每米一石給丁二升七合六抄，聽其糶賣濟運，雖未指出正、改兌米一體撥給，但有每船可得米十五六石之語，因思每船額運正、改兌米五六百石，統給二升七合六抄，方多米十五六石，若將改兌米剔出，每船止得米八九石，與原議不符，是貴部所議，似已將正、改兌米賅舉在內。現經司道等檄飭有漕州縣無分正、改兌米，每石統給旗丁曬颺米二升七合六抄，聽其糶賣，以資接濟。惟查正兌、改兌究分明目，自應咨明，將來糧道衙門應造開幫等冊及填批起運正耗米石，將正、改兌項下耗米給丁米二升七合六抄分晰扣除，并於全單內粘籤注明，以歸畫一，而免舛錯等情，相應會同漕運總督鐵保合咨等語。

臣等伏查，各省漕糧運進京倉者爲正兌，運進通倉者爲改兌，正兌項下每石原備曬颺米四升七合六抄，改兌項下每石原備曬颺米四升八合三勺二抄，米數本不相同。上年酌議津貼旗丁案內，經臣部奏准，江蘇省每石割付旗丁曬颺米二升七合六抄，所剩二升隨正交倉，係查照該撫岳起原奏專指正兌曬颺耗米而言，並無改兌曬颺之米在內。原議內所稱每船可得米十五六石，亦止就專裝正兌米石之船約署核計，並無不論正兌、改兌，一概割給二升七合六抄之文。今據該撫來咨，除正兌項下割給外，並將改兌項下之米一併割付旗丁，殊與臣部原議不符，且查此項給丁米石，各省均係正兌項下議給，不獨江蘇爲然。前據山東巡撫咨請部示，業經臣部指明，令其遵照原議，尚將正兌之項劃給別省，並無將改兌劃給之案，況查外省動用銀米各款，遇有應行酌給之處，理應專摺奏明，請旨定奪，或咨部核覆，方可遵照辦理。今該撫並未將改兌曬颺米石奏請增給，又未將應否動用先行咨部，輒於旗丁兌糧時濫行劃給。臣等按照額運改兌米數核筭，計濫給米四千六百餘石，辦理實屬錯誤。此項米石旗丁等業經支領開幫，未便再向追繳，致滋擾累，相應請旨，即著落該撫及經管司道等，將前項濫給米石查明確數，分別認賠，按照時價折銀歸款，并請飭令嗣後將正兌、改兌二項曬颺米石，分別應給、不應給，於起運漕糧時分晰辦理，毋得再有牽混。其辦理錯誤各員，應令吏部查取職名，照例議處。理合據咨繕摺具奏，伏候皇上訓示遵行。謹奏請旨。

嘉慶五年三月初六日奏，本日奉旨：依議。欽此。

議駁給丁改兌耗米摺

戶部謹奏爲遵旨議奏事。嘉慶五年三月初七日，軍機處鈔出倉場侍郎達慶等奏，各省運到漕糧請無分正兌、改兌，一律劃給旗丁曬颺耗米一摺，奉硃批：戶部速議具奏。欽此。欽遵，到部。

據原奏內稱，查各省起運漕糧有正兌、改兌之分，米數多寡雖有不同，而兩項均有原備曬颺耗米，似應一體劃給，以歸畫一。茲查豫省送到漕冊，已於正兌耗米項下劃除給丁，其改兌耗米以及搭運正兌耗米，仍係照舊起運，並未劃除。現又接准江蘇巡撫岳起咨會，該省起運漕糧無分正兌、改兌，每石統給旗丁曬颺耗米二升七合六抄，業據辦理開行北上。臣等伏思，各幫旗丁同一領運漕糧，正兌項下既有津貼耗米，而改兌並無津貼，似未足以昭公允。原奏撥給旗丁曬颺耗米案內，有每船可得米十五六石之語，今若將改兌米剔出，每船隻得米八九石，亦與原議不符，況河南、江蘇兩省辦理互異，其別省亦未必劃一。臣等職司倉場爲糧船總匯之地，不能不一律兌收。

目下豫省漕船業已抵壩,臣等擬將豫、東二省運到漕糧,無分正兌、改兌以及搭運,原備曬颺耗米項下一律劃給旗丁二升七合六抄,其江蘇等四省改兌米石均照正兌二升七合六抄之例一律辦理等語。臣等伏查,上年酌議津貼旗丁案內,所有各省酌給正兌曬颺米石之議,倡自江蘇巡撫岳起,係尚指正兌米石而言,並無改兌之米在內,原奏甚明。經臣部議照所請辦理,奏准通行各省,一體遵照,嗣經岳起咨報臣部,又稱業已於兌糧之時無分正兌、改兌,全行撥給曬颺米二升七合六抄。臣部核與原議不符,因將該撫辦理錯誤職名奏請交部議處,並議將濫給之米著落賠補,奉旨依議在案。今復據倉場侍郎請將正兌、改兌米石項下一併劃給旗丁曬颺米石,並稱接到江蘇巡撫咨會應行一律兌收等語。臣部查,各省漕糧原係正兌多而改兌少,是以該撫原奏內並未將改兌項下撥給,自因為數有限,未經議及,乃於甫經奏明之後,復自亂其例,擅行撥給,已屬錯誤,且此項劃給之米原為濟運而設,疊經奏明於水次兌米時即行劃付。前經該倉場侍郎咨請於漕船抵通時劃給,業經臣等咨令遵照原奏辦理。今該侍郎所奏,仍欲於抵壩時劃給,並欲將豫、東二省已將到壩之米,照江蘇錯辦之案找行劃給,以與濟運無涉。查各省兌運事宜係巡撫漕督尚管,收米事宜係倉場專管,各有職司,即使前項議給旗丁之米,或有不敷及應如何酌濟之處,該督撫自必奏明,請旨辦理,無庸該侍郎等代為陳請。且核與臣部節次奏准之案不符,礙難准行,所有該侍郎奏請撥給改兌曬颺米石之處,應毋庸議。伏候皇上訓示遵行。謹奏。

嘉慶五年三月初十日發報具奏,本月十一日奉旨:依議。欽此。

議覆內黃漕糧仍歸河南糧道經理摺

戶部謹奏為遵旨議奏事。據直隸總督胡季堂奏:請將改歸大名府屬之內黃縣額徵漕糧仍歸河南糧道經理一摺,嘉慶五年三月十一日奉硃批:戶部議奏。欽此。欽遵,于本月十二日由軍機處鈔寄到部。

查原奏内稱，內黃縣沙窩地方紛岐錯襟，稽察難周，原係直隸所屬，經臣奏奉諭旨，勅部議准，仍歸大名管轄。其改隸事宜，現據清河道喬人傑、河北道羅正墀等會議列款具稟前來，臣逐加查核，均無窒礙難行之處。現在札商河南撫臣吳熊光公同酌定，另行會題請旨。惟內黃原隸大名，向無漕糧，自改歸河南之後，始議徵收漕米，每歲運至楚旺鎮兌收北上。今改歸直隸，自應仍舊徵收，第直省向無糧道，其徵收兌撥事宜不值專設一員。臣前任江蘇臬司時，竊知江安糧道駐劄下江江寧府，既管江寧等府漕米，又管安徽省各府糧務，一道而兼理兩省漕糈，並無格礙，似可倣照酌定，所有內黃田賦、戶口、學校、里甲等事，均照內黃原管疆界統歸直省管理外，其漕糧一事應請仍歸河南糧道照舊經理，以歸簡易，而免設糧道之繁費，至兌漕、挖淺各事仍責內黃縣按照舊章妥爲辦理等語。臣等伏查，河南彰德府屬之內黃縣，前據直隸總督奏請改歸大名府管轄，經吏部議覆奉旨准行在案。今據該督奏稱內黃縣漕糧應仍舊徵收，第直省向無糧道，其徵收、兌撥等事不值專設一員，應請倣照江安糧道兼管江寧、安徽兩省漕務之例，仍歸河南糧道經理等語。查州縣辦漕，例由糧道稽核，今河南內黃一縣改歸直隸，其應辦漕糧既據該督聲請照舊徵收，不可無大員督率稽查，以昭慎重，但直隸向無糧道，又未便專設一員，致滋繁費，應請如該督所奏倣照江安糧道兼管江寧、安徽漕務之例，准其將內黃縣徵收漕糧仍令河南糧道照舊經理，以歸簡易，而專責成。其所稱兌漕、挖淺各事宜，請令內黃縣按照舊章妥辦之處，亦應如所奏辦理。至該縣改隸，田賦、戶口、里甲等事，據該督聲稱現在會同河南巡撫酌定另行具題，應俟該督撫題報到日再行核辦。伏候皇上訓示遵行。謹奏。

嘉慶五年三月二十五日奏，本日奉旨：依議。欽此。

議覆改撥兵餉摺

戶部謹奏爲遵旨議奏事。據江蘇巡撫岳起奏蘇州藩庫地丁銀內協撥甘肅、貴州、雲南等省兵餉分別起解并不敷銀兩，應請改撥一摺，嘉慶五年四月初六日奉硃批：戶部議奏。欽此。欽遵，于本月初七日，由奏事處鈔出到部。

據奏稱，蘇州藩庫秋撥留協地丁項下，奉部題撥甘肅省庚申年兵餉銀四十四萬六千餘兩，又貴州省兵餉銀二十萬兩，又雲南省兵餉銀四十萬兩，內留協銀一十五萬兩，己未年未完地丁銀二十五萬兩等因，當即轉行遵照去後。茲據布政使方昂詳稱，蘇州藩庫嘉慶四年秋撥冊造存庫銀兩，係截至該年六月底止數目，七月以後已續有收放，現在存庫銀兩不敷動用。截至前署司李廷敬于本年二月初六日卸事止，存庫正項、耗羨、存公各款共銀八十六萬二千九百三十兩零，內除遵解貴州省兵餉銀二十萬兩、甘肅省兵餉銀三十萬兩，又蒙奏撥河工銀一十萬兩外，止餘銀二十六萬二千餘兩，僅可抵支本省兵餉，并未放各官養廉、俸工、裱支、工程、公費及本款應支之項，不敷甘肅省兵餉銀一十四萬六千餘兩，應俟催提各屬未完銀兩湊數陸續起解，所有蒙撥雲南省兵餉銀兩實無可動之款詳請奏明，另行撥解等情。查部撥兵餉，係即應起解之項，不便稽遲，蘇州藩庫既無可動之款，自應于就近司道關庫查撥。復又行查，據覆均無堪撥之項。惟蘇糧道庫移上年秋撥及本年春撥案內，有報存銀一十一萬四千餘兩，即經飭令移司湊解，并據布政使方昂詳請，將道庫移解銀十一萬四千餘兩，再于司庫動銀三萬餘兩，湊足十五萬兩，委員解滇，以抵部撥秋撥留協地丁之數，并據聲明尚有雲南兵餉指撥蘇州，己未年未完地丁銀二十五萬兩，緣各屬己未年未完地丁銀共四十二萬餘兩，應留撥本省各標營兵餉，并應找解甘肅省兵餉以及年例裱支各款抵用，至本年地丁甫經開徵，現亦緩不濟事，實在無款可撥等情。查雲南兵餉，部撥己未年未完地丁銀二十五萬兩，既據查明無款可撥，除咨部查核外，惟有仰懇皇上勅部查明，另行酌撥，謹會同兩江總督臣費淳、漕運總督臣鐵保恭摺具奏等因前來。臣等伏查，雲南省庚申年應需兵餉銀兩，前經臣部于嘉慶四年冬撥案內，將蘇州秋撥留協地丁銀一十五萬兩,并蘇州己未年未完地丁銀二十五萬兩,題准撥解,行文遵照在案。今據岳起奏稱,蘇州藩庫秋撥留協地丁銀內,應撥雲南省兵餉銀兩,因藩庫現存銀內除已撥貴州省兵餉銀二十萬兩、甘肅省兵餉銀三十萬兩,又奉奏撥河工銀一十萬兩外,止餘銀二十六萬兩,僅可抵支本省兵餉及俸工等項之用。現將糧道庫銀移解司庫一十一萬四千餘兩,再於司庫動銀三萬餘兩,湊足十五萬兩,委員解滇,以抵部撥秋撥留協地丁銀兩之數。至指撥蘇州己未年未完地丁銀二十五萬兩,緣該年各屬未完地丁共銀四十二萬兩,應留撥本省兵餉并找解甘肅兵餉及雜支之款,而本年地丁甫經開徵,現亦緩不濟急,實在無款可動,應請改撥等語。臣部查廣東春撥冊報,實存地丁銀三十九萬二千六百六十餘兩,即請在于此項銀內動撥銀二十五萬兩解滇,以供兵餉之用,至前項撥解貴州兵餉銀二十萬兩、河工銀一十萬兩并已解甘省兵餉銀三十萬兩,應令速飭委員分別起解,其所稱不敷撥解甘省兵餉銀一十四萬六千餘兩,請俟催提各屬未完銀兩湊撥起解之處,仍令該撫速即嚴催完報。解甘應用,毋致延緩。恭候命下,臣部行文該督撫遵照辦理。爲此謹奏。

嘉慶五年四月十五日具奏,本日奉旨:依議。欽此。

議准江蘇給丁改兌耗米摺

戶部謹奏爲遵旨議奏事。嘉慶五年四月初十日,軍機處鈔出江蘇巡撫岳起奏查明漕糧改兌耗米實需撥給情形一摺,奉硃批:戶部議奏。欽此。欽遵,到部。

據原奏內稱,本年三月二十日,准軍機大臣字寄奉上諭戶部議駁達慶等奏,請將各省運到漕糧無分正兌、改兌一律劃給旗丁曬颺耗米一摺,已依議矣。旗丁津貼項下將正兌曬颺耗米酌給,其議倡自岳起,即專指正兌而言,并無改兌之米在內,乃岳起於甫經奏准後,又以無論正兌、改兌,先行撥給咨部,實屬自亂其例,是以照部議,將該撫議處并將濫給之米著落賠補,但朕思各省旗丁經費不敷,將陋規統行飭禁,經各督撫酌增津貼銀米,並特旨准其每船多帶土宜以資運費,是丁力諒可不致拮据。惟各省漕運情形不同,或尚有應行調劑之處,著傳諭各該督撫察看情形,如旗丁津貼已足敷用,毋庸再議加增,倘於前項津貼之外,運費尚有不敷或必需撥給改兌米石之處,不妨將實在情形詳悉具奏,候旨遵行等因。欽此。查正改兌米名目雖分,而旗丁挽運輸倉事同一律,自應一併撥給曬颺米石,旗丁得項方免彼盈此絀。茲奉諭旨,飭將實在情形詳悉具奏。伏查江南省改兌米每石耗米一斗七升內曬颺耗米四升八合三勺二抄,除常州府屬無改兌米石外,其餘各府州屬有正兌米多而改兌米少者,亦有改兌米多而正兌米少者,即如淮安府屬此次起運漕米共一萬九千六百九十餘石內,改兌米一萬五千餘石,正兌米僅止四千六百餘石。又,海州漕米七千五百石零內,改兌米六千五百餘石,正兌米僅九百九十餘石,並徐州府屬之宿遷縣起運米三千三百餘石內,改兌米二千一百四十餘石,正兌米僅一千一百七十餘石,是正兌米不及改兌米十分之三四,若將改兌耗米剔出,實屬不敷運費。惟有仰懇天恩俯准,將改兌耗米之內曬颺米四升八合三勺二抄內,一律撥給二升七合六抄,俾旗丁一體均沾聖澤。惟是前次奏請津貼未經議及改兌名目,迨後撥給改兌耗米又不續行奏明,僅咨部辦理,實屬糊塗,咎無可辭,謹請旨交部議處等語。臣等伏查,江蘇省上年酌議津貼旗丁曬颺米石一案,因該撫奏,請將正兌漕糧項下每石原備交倉曬颺米四升七合六抄,全數劃給旗丁。經臣部酌議,劃給二升七合六抄,其下剩二升隨正交倉,至改兌項下原備曬颺米石,本未議及劃給,是以本年二月內,據該撫咨報,將改兌項下之曬颺米一併劃付旗丁。當經臣部查與原議不符,奏請將濫行劃給米石毋庸復向旗丁追繳,即著落該撫及經管司道等分別認賠,按照時價折銀歸款,並議將辦理錯誤各員職名咨送吏部查議,奏蒙聖鑒在案。今據該撫奏稱欽奉諭旨,飭將實在情形詳查具奏,查江南省改兌米每石原備曬颺米四升八合三勺二抄,除常州府屬無改兌米石外,其餘各府州屬有正兑米多而改兑米少者，亦有改兑米多而正兑米少者，若将改兑耗米剔出，實屬不敷運費，請將改兑項下之曬颺米四升八合三勺二抄内，一律劃給旗丁二升七合六抄等語，是改兑曬颺米石一項，既據該撫此次遵旨奏明必須一併撥給，俾旗丁得項無彼盈此絀之分，尚屬實情，應請即如該撫所奏，照正兑曬颺米石之例一併劃給。惟查該省本年改兑項下給丁曬颺之米，業已奉旨著落經管各員分別認賠，應請自嘉慶六年爲始，將正兑、改兑項下應給米石一律辦理。再，該省起運漕糧除本運正兑、改兑之外，尚有帶運正兑、改兑一項，今該撫摺内又未分晰聲明，僅於淮安府屬並宿遷縣起運米數内籠統開入，殊屬含混。查本年山東、湖南等省帶運漕糧，前據該撫等咨請一體支給曬颺米石。經臣部以原議内並無此項米款，不便擅給旗丁，行令照舊交納。今江蘇改兑項下現議照正兑劃給，其帶運項下曬颺米石是否一體奏請撥給，現在該撫所開淮安等處起運米數有無此項帶運米石在内，應令該撫詳細查明，咨部另行核辦。至該撫於前次撥給改兑曬颺米石之時，並未據實奏明，咎實難辭，所有該撫聲請交部議處之處，仍令吏部照例核議。伏候皇上訓示遵行。謹奏請旨。

嘉慶五年四月十五日奏，奉旨：依議。欽此。

議覆銅廠減額摺

户部謹奏爲遵旨議奏事。據雲貴總督書麟等覆奏湯丹等三廠酌減額辦銅數，請令得寶坪廠加辦額銅抵補一摺，嘉慶五年三月二十八日奉硃批：户部議奏。欽此。欽遵，於本月二十九日，由奏事處鈔出到部。

據原奏内稱，接准部諮議覆雲南布政使陳孝昇條奏請減湯丹、碌碌、大水溝三廠額辦銅數加於得寶坪廠一摺，議以湯丹等三廠減去額銅一百一十七萬斤，爲數未免過多，恐啓偷漏之弊，即云所減銅數可將得寶坪廠多辦銅八十萬斤抵補，但較原運之額究屬虧短，且查得寶坪廠係甫開新廠，若令每年連正額加辦銅至二百萬斤，是否出銅可期源源接濟，設有短絀，又將何廠銅斤抵補，得寶坪廠坐落迤西地方，較迤東之湯丹等廠運送瀘州路途遠近，是否相等，運脚銀兩果否，不致多糜，原奏均未籌及，請旨飭交該督撫將各該廠果否應減應增情形確勘結報，另行核實，奏明辦理，以昭詳慎等因。奉旨：依議。欽此。欽遵，移咨到臣。臣等當即委員密赴各廠查察出銅情形，並調查近年造報案卷，會同悉心稽核。查滇省每年承辦京銅六百三十三萬一千四百四十斤，而大小各廠原定年額銅八百七萬四千五百一十二斤，較之應運數目本屬有盈無絀。向來各廠或額外多辦，或辦不足額，每年考成冊内據實開列奏銷，將多辦之員照例議敘，辦不足數之員照例議處，而通計各廠一年實辦獲銅總數應運額數，緣各廠土中取礦此盈彼絀，衰旺原無一定。今該藩司奏請湯丹廠酌減銅八十六萬五千餘斤，以二百三十萬斤爲定額，碌碌廠酌減銅二十萬三千餘斤，以六十二萬斤爲定額，大水溝廠酌減銅十一萬斤，以四十萬斤爲定額，三廠共請減額銅一百一十七萬斤。臣等覆查，滇省大小各廠額辦銅斤向來遇有礦砂衰薄，獲銅短缺，例准題請減額，其獲銅豐旺多於舊額者，亦准據實報增。今查湯丹、碌碌、大水溝三廠委因開採年久，硐深礦薄，是以歷年均不足額，廠員照短缺分數開參均有案據，並無偷漏走私情弊，且歷年係將別廠辦出銅斤撥運，是以於京額並無貽誤，與其虛列名目，莫若將額減除，以昭核實。至得寶坪廠係甫經新開，今請加增額銅八十萬斤，每年連原額共計應辦銅二百萬斤，是否可期源源接濟，雖不可必，但該廠現在出銅委屬豐旺，自當計入額數，給價收買，庶廠民工本有資，從此益可踴躍攻採出銅，自必日漸增多，即或將來年久，礦砂漸不如前，而滇省不乏可開之地，自當隨時廣開子廠，以資腋湊，似不致有誤京運。至該廠加增額銅八十萬斤，較之湯丹等三廠減去銅一百一十七萬斤計，不敷抵補銅三十七萬斤，但通計大小各廠原定額銅八百零七萬四千五百一十二斤，除去三十七萬斤，尚有七百七十萬斤零，足敷運京額數。至運脚一層，查尋甸州爲各廠京銅匯集之所，湯丹廠坐落迤東，自廠至尋每百斤支銷工本運脚銀七兩九錢二釐。乾隆三十七年，因湯丹廠辦銅短縮，京運積壓於迤西之大功廠，年辦京銅四十萬斤，每百斤自廠至尋支銷工本運脚銀十兩七錢三分四釐。四十三年，又於迤西之寧臺廠年辦京銅二百萬斤，自廠至尋每百斤支銷工本運脚銀十一兩九錢六分三釐。今得寶坪廠亦係坐落迤西，自廠至尋每百斤支銷工本運脚銀十兩四錢七分五釐。嘉慶三年，定額辦銅一百二十萬斤，已將寧臺廠額銅減去一百萬斤。今又請加辦八十萬斤，將湯丹等廠額銅減去一百一十七萬斤，該廠運脚較之湯丹等廠雖屬有增，而較之寧臺廠、大功廠尚有節省。該廠現在出銅既旺，且銅色頗高，自應准其抵補等因前來。臣等伏查，滇省各廠額辦銅斤，向來遇有礦砂衰薄，獲銅短缺，例准題請減額，其獲銅豐旺多於舊額者，亦准據實報增，節年遵辦在案。上年九月內，據雲南布政使陳孝昇條奏，請將湯丹、碌碌、大水溝三廠額銅減去一百一十七萬斤，新開得寶坪廠加辦銅八十萬斤。經臣部議覆，以各該廠所辦銅數果否應減應增，運脚銀兩果否不致多縻，請旨飭交該督撫確查實在情形，奏明辦理。兹據該督等詳查覆奏，仍請照該藩司原奏，分別增減。查滇省大小各廠采辦銅斤多寡不等，各有一定額數，所有湯丹、碌碌、大水溝三廠辦銅原額共四百四十九萬九千七百一十二斤，今於此內請減一百一十七萬斤。經臣部以爲數過多，是否不致偷漏，議令核實查辦。今據該督等聲稱，各廠原定年辦京銅八百七萬四千五百一十二斤，實在每年出運祇需六百三十三萬一千四百四十斤。今湯丹等廠減去一百一十七萬斤，若另於得寶坪廠加辦八十萬斤，共計尚有七百七十萬斤足敷京運，不致有誤。湯丹等三廠委因開採年久，硐深礦薄，歷年均不足額，並無偷漏走私等弊，應請分別酌減。臣部核與各廠礦砂衰薄，准其減額之例相符。惟運脚一項，湯丹等廠每銅百斤脚費銀二兩九錢零，得寶坪廠每銅百斤脚費銀六兩零。臣等將歷年報銷通盤核筭，若以湯丹等廠酌減銅斤於得寶坪廠加辦抵補，合計每年多縻脚費二萬四千餘兩，該督等自應將減銅之廠比較增銅之廠運脚相等，方爲允協，何得援迤西至遠之大功、寧臺等廠較量，又稱尚有節省。查得寶坪廠坐落迤西，該督等自宜查明迤西附近應需銅斤省分，將該廠銅斤就近酌撥各省採買並本省鼓鑄之用，庶脚費不致多糜。其湯丹等廠缺額銅斤，應令該督等再行察看附近各廠情形，妥協籌補，務足年額，俾京運既無貽誤，而運脚亦免浮費。統俟該督等覆奏到日，臣部再行核議。謹繕摺具奏，伏候皇上訓示遵行。謹奏請旨。

嘉慶五年四月二十六日具奏，本日奉旨：依議。欽此。

議覆調劑江浙疲幫摺

戶部謹奏爲遵旨議奏事。嘉慶五年四月初七日，軍機處鈔出漕運總督鐵保奏，請將江浙疲幫仿照成案，量爲調劑一摺，本月初六日奉硃批：即有旨。欽此。同日奉上諭：鐵保奏調劑漕船疲幫，請將泗州前等幫九運船隻照加一免僱之例辦理，又江淮等幫抵通後請仿成案，將餘米留船二款，著戶部詳查舊例，妥議具奏。至所稱揚州頭幫有未繳道庫末限贖屯銀九千三百五兩零，請照浙江二十一幫應徵借撥行月食米銀兩之例，分作六年扣完，以紓丁力等語。事雖可行，但浙江幫應繳銀兩有三萬九千四百餘兩之多，自應加恩分限六年。至揚幫應繳銀數僅止九千餘兩，何得率請照浙省之例展限六年扣繳。所有此項揚幫應繳銀兩，著加恩分限二年，計每年所繳銀數比照浙幫每年應繳之數已屬減省，該旗丁自必易於措辦，於濟運、恤丁均有裨益。該部知道。欽此。欽遵，到部。除揚州頭幫應繳銀兩准其分限二年完繳，臣部行文漕督欽遵辦理外，所有原奏內調劑疲幫二款，臣等謹遵旨詳查舊例，分別核議，恭呈御覽。

一、九運船隻請免僱募一款。據稱漕船十年成造，旗丁最爲苦累，緣定例滿號漕船一隻，額領料價銀二百八兩零，本屬不敷成造，迨至九運不堪裝載，又應本丁自行捐資僱募民船起運，動須二三百金，是甫經僱募，轉瞬即屆成造，在殷實之丁已屬勉力辦理，如泗州前等十八幫素稱疲乏，一催一造，相隔不及年餘，實有難支之勢。查乾隆五十八年以前，江省曾有將九運之艘按照該幫船數加一留次成造，免其僱募，所有應運糧米灑派本幫各船，將漕贈負重等項錢糧分給灑帶之丁，行月銀米即添補造船工費。經部臣節次覆准，嗣恐灑帶之船載重難行，又有咨駁之案，但查現在江南各幫，仰蒙恩准將旗丁應領贈五行月等米全行變價折給，每船已少裝米八九十石。今昔情形不同，如將泗州前等十八幫照辦過成案，一體免其僱募，每船不過灑帶五六十石，較之原裝數目尚輕，不特造船各丁得此接濟，即帶運之丁亦可稍沾餘潤等語。查漕船運至九年而有事故以及腐朽難修者，例應責丁僱募足運至十年，滿號始行給料成造，前於乾隆五十六七等年，江南廬州等幫因丁力疲乏，僱募維艱，節據總漕咨請，將九運漕船存次配造糧米分灑通幫帶運，免其僱募。臣部因其爲調劑疲幫起見，均經覆准有案。嗣因該省九運各幫皆以疲乏爲辭，屢請免僱，復經臣部於五十八年駁令遵照定例辦理亦在案。今據該漕督查明，泗州前等十八幫素稱極疲，一催一造，相隔不及年餘，疲丁力實難支，請照成案將九運船隻免其僱募，自係專爲極疲幫丁亟須調劑起見，核與五十八年以前成案亦屬相符。惟查免僱幫船其糧米分灑通幫帶運，若過於負重，恐遇水淺難行諸多未便。據該漕督聲稱，現在江南各幫贈五行月等米，業經奏明，全行變價，計少裝米八九十石，今若准令免僱，每船不過灑帶五六十石等語。但查每船尚有欽奉恩旨准多帶土宜二十四石，是該船果否不至負重，必須詳加籌酌，以昭慎重，且查該漕督既稱調劑疲幫，自係暫行免僱，並非永遠爲例，其餘未疲各幫亦不得於九運時概請免僱，原摺內均未聲明，應請勅下該漕督會同兩江總督等詳籌妥議，到日再行核覆。

一、交倉餘米請留給丁船一款。據稱，現報長河水勢較小，剝淺之處稍多，旗丁不免繁費，兼之遇閏一切水手工食無不加增，刻下各丁設法撙節，僅可不誤重運，將來回空食用難免拮据，且現在通壩積弊肅清，無可挪借，自應從長計議，以免臨期周章。查重運漕船抵壩，例將旗丁每石應得三升八合餘米隨正米交倉，由倉場衙門折給價銀交丁收領，以資回空費用。從前因幫船剝淺多費，恐回空食米不敷，經前漕臣楊錫紱、崔應階、鄂寶毓奇節次奏准，將此項餘米緩交有案，本年情形正復相似，除稍可設措之幫未便一體緩交外，所有江淮等五十三幫，仰懇皇上天恩俯准，將各丁本年應交三升八合餘米，仿照成案，暫緩交倉，於今冬爲始分作二年搭解，在明年既非逢閏之年，又經多方調劑辦理，自可裕如，而本年回空有資，亦不致遲誤等語。查漕糧運進京、通各倉，除應交正耗米石，每石尚有三升八合餘米，例應隨正交倉折銀給丁。臣等詳查乾隆四十及四十九等年成案，各省糧船遇有湖河淺阻、回空過遲之年，經總漕奏准，將三升八合餘米先交一半，其餘緩至次年帶交，或全數緩交，分作二年搭運，均經遵辦在案。今該漕督以本年長河水勢較小，剝淺較多，旗丁不免繁費，恐回空食米不敷，援照從前辦過成案，請將江淮等幫餘米緩其交納，但查所開江淮等五十三幫内，江南三十二幫，浙江二十一幫，共船二千五百三十隻，其應交餘米計五萬五千六百餘石，若如該督所請，全行緩交，爲數未免過多，且分作二年搭運，是該丁等雖於本年暫免交納，至下兩年均須新舊並交，轉致丁力拮据，于恤丁仍屬有名無實，應請旨將江淮等幫餘米准其先交一半，其餘一半緩至次年搭運交納，以紓丁力，仍請飭令嗣後不得援以爲例，再行瀆請。

以上二款，謹將臣等核議緣由繕摺具奏，伏候皇上訓示遵行。謹奏請旨。

嘉慶五年四月二十六日奏，本日奉旨：依議。欽此。

奏平糶米麥摺

戶部謹奏爲遵旨酌議平糶章程恭摺具奏事。嘉慶五年閏四月初二日，軍機處鈔出奉上諭：前因近畿一帶貧民口食維艱，已諭令五城順天府將粥廠展賑一月，茲屆青黃不接之時，京城米價不無昂貴，著再於五城分設廠座，平價糶賣並著米麥兼糶，以平市價而便民食，其應如何分城設廠並撥用何項米麥及派員經理之處，著該部查照向例，速行妥議具奏。欽此。

　　仰見我皇上軫念黎元，平價裕民至意。臣等伏查，乾隆五十七年平糶成案，係五城分設正副十廠，撥給京倉秔米及成色米共五萬石，又撥給麥四萬石，按市價酌減糶賣，俟市價遞平，官價亦量爲酌減，其糶賣之數每人每日准買一二升至二斗爲止。此次欽奉恩旨，酌議平糶，臣等謹查照向例，悉心籌酌。現在京倉存貯之米惟粳米最多，其秔、粟二色存貯無幾，五城呈報糧價亦惟粳米價值較昂，其秔、粟二項價尚平減，自應酌撥倉貯最多之米，以平市間較昂之價，請即於倉存粳米內照上屆平糶之例撥出四萬石，分給五城十廠減價糶賣，至麥石一項亦應查照上屆成案一體糶賣。現在倉存舊麥，業已奏准搭放閏四月甲米，其本年新到之麥計共五萬餘石，請於此內撥出四萬石分給五城十廠，與米石一同減價平糶，以便民食。查京城現在糧價每粳米一石，市價制錢一千九百文，今酌減制錢二百文，以一千七百文出糶，所有市賣麥價，每石制錢二千八十文，今酌減制錢二百八十文，以一千八百文出糶，仍照向例每人每日糶買米麥俱自一二升起至二斗止，不得逾數多買，如市價遞平，官價亦奏明量爲酌減。再，向例設廠平糶，由臣部奏請欽派監糶大臣十員，督同五城御史分廠稽查。此次平糶，臣等謹開列各部院滿漢大臣名單，恭請欽點監糶大臣滿漢各五員，分派各司一廠，以專責成，並會同各城御史每日在廠嚴查妥辦，仍令步軍統領選派妥幹員弁督率兵役密爲訪查，如有奸商影射偷糶及胥役藉端需索等弊，不拘何人查出，即行從重究治，務使閭閻普被皇仁，均沾實惠。恭候命下臣部行知各城轉飭，即日赴倉關領開糶，其糶賣錢文照例陸續解部，以備搭放兵餉、工程等項之用，至應給車脚等項，均請查照從前章程辦理。所有臣等遵旨酌議緣由，理合恭摺具奏請旨。

　　嘉慶五年閏四月初四日奏，本日奉旨：知道了。欽此。又奉硃筆圈出：張若淳、達椿、汪承霈、明安、蔣曰綸、西成、舒聘、陳嗣、龍繼善、劉湄。欽此。

奏抵補米麥折耗摺

户部謹奏爲請旨事。竊查京、通各倉收受漕糧例應抽驗一二袋，如有潮溼，計其折耗若干，將未驗之米一律照算，於旗丁原備曬颺米四升七合六抄内扣除折耗之數，其餘作正交倉，節年辦理在案。本年二月及四月内，據倉場侍郎達慶等以上年各省酌議津貼旗丁案内，江蘇等省奏准劃給旗丁正兑曬颺米二升七合六抄，山東、河南二省劃給旗丁一升七合六抄，除粟米、黑豆二項折耗較少，尚有餘賸外，惟粳稄米及麥石二項向來折耗較多，每石計有三升二三合，除去給丁二升七合六抄之外，僅餘二升，不敷折耗等情，先後咨商到部。經臣部詳查節年題銷案内抽驗折耗之數，只係籠統造報，其各倉驗明折耗若干，作正若干，並無分晰細數，按册核算，亦與所稱每石三升二三合之數不符，行令確核妥議。去後。今于本月初五日據該侍郎等覆稱，每歲漕糧北上，水氣侵蒸，米粒不無增漲，迨抵通收受時，當夏暑帶熱進倉，一至秋深氣爽，米身收縮，米臍脫落，必有折耗。本年到通南糧内曾經親爲抽驗二袋，封貯公所旬日，復行較掣，其一袋即折耗二升數合，其一袋折耗三升，恐入倉以後虧折堪虞，如山東、河南二省原備曬颺米豆項下除劃給旗丁及曬颺折耗外，尚有餘賸，自應盡數作正，至該二省麥石及江南等省粳稄米除劃出給丁外，無可作正，應將劃賸米麥，盡數准其折耗，尚有不敷，即請于正項内開除等因前來。臣等查各省正兑漕糧進倉，例按正米一石收耗一斗四升四合九勺四抄，此係額定入倉正項，顆粒不容短少，斷無因抽驗折耗閒有不敷，輒將正項米麥開除之理。該侍郎等所稱漕米帶熱進倉，一至秋凉米身必有收縮，固屬實情，但查定例漕米入倉至一月以外，每石每月准折耗米一合一勺六抄，以三十六個月爲止，共准折耗米四升一合七勺六抄，名爲遞減，例有明文，是所慮入倉以後之折耗，自有此項米石可抵，與收受時當下抽驗之折耗無涉。惟查向來抽驗遇有折耗，係在原備曬飃米内開除，所有粳稉米麥折耗之數，本較粟米、黑豆稍多。現據該侍郎等聲稱親加掣驗，每袋有折耗三升者，有折耗二升數合者，是實在折耗之多寡，原非可以預定，而約計其數，率在二升以外。今曬飃米麥四升七合六抄内，既蒙聖恩賞給旗丁二升七合六抄，所餘僅止二升，據該侍郎等親加掣驗，折耗實屬不敷，自應通融籌補，以慎倉儲。查進倉正項之外，例有三升八合餘米隨正交倉，麥石項下亦有三升八合交倉之數，此項米麥原與正項有間。臣等公同商酌，除粟米、黑豆二項折耗並無不敷，仍照舊例辦理外，所有曬飃米麥項下，如遇折耗不敷，可否將三升八合餘米麥内撥出八合，量爲抵補之處，理合具奏請旨。如蒙俞允，臣部行文倉場侍郎遵照辦理並行令實力稽查，務飭各該倉將實在抽驗折耗確數切實結報，如果折耗過多至二升以外，准其將八合餘米通融撥抵，不得再逾此數，如或無須撥抵，仍將備抵之米歸入原款報銷，毋任稍有浮濫，以昭核實。是否有當，伏候皇上訓示遵行。爲此謹奏。

嘉慶五年閏四月十六日，奉旨：依議。欽此。

議覆興武幫分賠漕米摺

户部謹奏爲遵旨議奏事。嘉慶五年五月十八日，奏事處鈔出巡視通州漕務御史馬履泰奏，江南興武五幫、六幫應賠漕米，請令青浦、吴江二縣分賠一摺，奉硃批：户部議奏。欽此。欽遵，到部。

據原奏内稱，查二進南糧有興武五幫之青浦縣漕糧米色黑腐攙雜計六百餘石，興武六幫之吴江縣漕糧亦有灰暗黑腐計二百六十餘石，均難收受，經倉場侍郎臣達慶等擬令該弁丁照例變價收買別幫餘米，充賠完交，如不足數，即令該丁等下年照數買補搭運等因，具奏在案。又，前經漕臣鐵保奏明，倘有藉詞虧耗等弊，即著落該弁丁與原兑米色不純之州縣分別賠補亦在案。茲查興武五六兩幫米色不堪收受，並訊據該運弁等稟稱，在水次受兑時，米色即屬平常，加以長途悶貯，到壩蒸變等語，是色質黑暗不能完納，即與虧耗無異，應如漕臣前奏,著落弁丁等與原兌米色不純之州縣分別賠補,始昭平允。今侍郎臣達慶等但稱所有不足米數,令該丁等於下年照數買補,尚未分晰指明與青浦、吳江二縣分別賠補,將來該省糧道等專責旗丁補交,而米色不純之二縣於買補一節轉得置身局外。現在體卹丁力,而旗丁獨力賠繳,未免向隅,似於核實辦公之道稍有未盡,且該弁丁等守候在通,變價完公,貲斧已屬耗竭,所有不敷米數下年搭運,應令青浦、吳江二縣分賠十分之六,該弁丁等分賠十分之四等語。臣等伏查,江蘇省本年起運漕糧,前據該撫岳起奏明松江府屬之青浦、華亭、奉賢、婁縣、金山、上海、南滙七縣,與蘇州府屬之崑山、新陽二縣,米色稍嫩,並據漕運總督鐵保奏明,前項漕米到通,如有虧耗,即著落弁丁與原兌米色不純之州縣分賠各在案。今興武五幫六幫所運青浦、吳江二縣漕糧到通,經倉場侍郎達慶等查驗,內有米色黑腐攙雜者共八百餘石,議令弁丁變價,在通買補賠交,如不足數,責令該丁等于下年買補搭運。茲又據該御史奏,請於下年搭運時,令原兌米色不純之州縣與旗丁分賠。查該二幫應賠米石自應確核霉變之由,分別辦理,方得情事之平,所有興武五幫黑腐攙雜米六百餘石,查係原兌青浦縣之米,既經該撫奏明米色較嫩,是霉變不爲無因。該倉場侍郎責令該丁獨賠辦理,原未平允,應如該御史所奏,應賠米石除旗丁將黑腐等米變價買抵外,其不敷之米著落青浦縣分賠十分之六,幫丁分賠十分之四,統令于下年搭運交納。至興武六幫攙雜黑暗米二百餘石,查係原兌吳江縣之米,該撫原奏內所指米色較嫩之蘇松府屬九處,並無吳江縣在內,是該縣原兌米石本無不純,何以該幫到通,輒有霉變之米,自係弁丁等收藏不慎所致。今該御史奏請令吳江縣分賠,不足以昭平允,應仍照倉場侍郎原議,專責旗丁賠補,以杜沿途盜賣等弊。如此辦理,庶弁丁、州縣均無偏枯,于慎重漕糧之道較爲允協。是否有當,伏乞皇上訓示遵行。謹奏請旨。

嘉慶五年六月初五日具奏,本日奉旨:依議。欽此。

奏官員承買豆石摺

户部謹奏爲奏聞事。臣等伏查，各倉存貯黑豆一項，遇有充積較多，因不耐久貯，節經臣部奏明，照時價酌減，令王公大臣官員等各按品級承買，於俸廉等項銀内扣價歸款，節年遵辦在案。今查，京倉存貯黑豆四十萬餘石，計自本年十月起至明年三月新漕到通止，除八旗各衙門應需豆十萬餘石外，應餘存豆三十萬餘石。請將此項餘存豆内照依節年承買之例，令八旗各衙門王公滿漢大臣官員等，各承買明年春夏二季黑豆約需十餘萬石。除承買外，倉内尚實貯豆二十萬餘石，明歲山東、河南、奉天三省又有額徵運通豆二十八萬餘石，在倉儲甚屬充裕，而現在准令承買，於市價更可平減。至應扣價值，向例每石按時價酌減二三錢，現據五城呈報黑豆市價，每石銀一兩一錢五分，應請照例酌減銀三錢，以八錢五分承買，仍於俸廉等項銀内依限照數坐扣歸款。俟命下之日，臣部行文八旗各衙門一體遵照。謹奏請旨。

嘉慶五年十月十七日奏，本日奉旨：依議。欽此。

議奏倉場兩議俸米摺

大學士慶等謹奏爲遵旨議奏事。據倉場侍郎達慶奏，請將滿漢官員俸米專在城外太平等四倉關支，又倉場侍郎鄒炳泰奏，俸米若盡貯城外四倉支領，恐京城米少價昂等因二摺，嘉慶五年十月二十五日奉旨：軍機大臣會同户部議奏。欽此。

據達慶原奏内稱，各省糧米到通，例由五閘運交大通橋轉運進倉，自乾隆五十九年，改撥本裕、豐益二遠倉米六萬餘石，又官員俸米改歸京倉米三十餘萬石，此兩項約計四十萬石皆須由橋轉運，一遇糧多道濘，遠倉車輛難行，不能起運，城外四倉又應與京倉匀派，往往及額而止，所有城内七倉並須由朝陽門行走，以城門一軌之路，每日有應進二三萬石之多，即在晴乾之時，勢且不能如數轉運，設遇連縣陰雨，壅滯堪虞，是以今年七月內，因雨多道濘，奏明暫貯太平倉，俟糧務告竣，照原派倉廠分運收貯，究係一時權宜。伏查朝陽門外太平、萬安、裕豐、儲濟四倉，與城內之祿米等七倉，統謂之京十一倉，城外四倉輪放俸甲各米，亦與城內七倉無異。臣達慶悉心籌酌，應請於城外之太平、萬安、裕豐、儲濟等四倉，每年多派貯米二三十萬石，得以隨時通融籌撥，以均緩急而疏運務，所有應放京倉俸米即在此四倉輪流關支，無用城內之七倉輪放。如此辦理，庶當糧務喫緊之時，車輛、口袋均不致有壅滯停壓之虞，實於轉運大有裨益，而官員俸米仍係在京倉關領，亦與原議相符，緣來年係全漕到通，不得不預爲籌辦等語。又據鄒炳泰原奏內稱，滿漢京員支領俸米，除文職三品以上，武職二品以上，在通倉支領外，文職四品以下，武職三品以下，世職子男以下，俱在京倉輪轉支放，京員或自行到倉支領，或將米票向鋪戶折換細米，是以京城除大檔甲米外，又有俸米爲之通轉，米價不致昂貴，而民食亦藉以充裕。現在各城門有步軍統領衙門及五城御史稽查，不准米石出城，例禁甚嚴。今達慶請將俸米數十萬石盡貯京門外四倉支領，在領米之人即略增脚價亦無多費，特恐鋪戶有就便串賣等弊，則米石四散外出，而城內米價易昂。現朝陽門外接近倉廠，已有開設米局十餘處，每年值糧艘雲集之時，向有回漕米之說，即如本年興武幫虧短米石至一千四百石之多，倘城外稽查稍疏，難保無乘利回漕等事，不可不防其漸。至大通橋運進各倉米石，原有一定章程，從來轉運未見貽誤。再，上年經請旨飭部查辦局錢後，現已並無虧累，浮費亦俱裁革，所領脚價，計全漕之年實有十萬餘兩，盡足敷運。惟在隨時督飭，多備車輛，照例趕運，令口袋不致停壓，則起運自可無誤，似不必以車運不力更改章程，致城內有米少價昂之弊等語。臣等伏查，滿漢官員俸米每年共需三十餘萬石，向在通州中、西二倉支領，嗣於乾隆五十九年經戶部奏准，將前項俸米添貯京倉，按照城內祿米等七倉、城外太平等四倉，挨次輪流支放，節年遵辦在案。今據倉場侍郎達慶以此項俸米添貯城內七倉，均由朝陽門行走，以城門一軌之路，日進米二三萬石，在晴乾之時，勢且不能如數轉運，設遇陰雨連緜，車輛、口袋均有壅滯停壓之虞，請將前項俸米專貯城外太平等四倉開放，固爲轉運疏通起見，但查漕糧運進京倉備供大檔甲米，就城內七倉而論，每年約共運貯米一百八十餘萬石，均係由朝陽門行走，似不因添貯此項俸米，輒有車輛壅擠之虞。至口袋一項，如果嚴行督飭，令其隨運隨收，周轉起卸，亦不致遽有停壓，即或天時偶遇陰雨，道路泥濘，恐遠倉一時不能趕運，亦屬事所恆有，節年均經該侍郎等奏明暫貯太平倉，俟天晴路乾，再行轉運各倉，自有舊案可循，無虞掣肘。且查五十九年，户部奏明將俸米改進京倉者，原因京倉添貯此項米石，流通較廣，米價不致昂貴，於旗民食用均有裨益，是以本年三月內，欽奉諭旨申明定例，不准米石出城，若如該侍郎所奏，俸米專貯城外四倉，恐米石四散外出，以致京城内米少價昂，誠不可不防其漸。再查近年大通橋所以轉運拮据之由，實因車户人等應扣欠項纍累，又值輪免漕糧，所領脚價無多，是以稍形竭蹶。自上年十一月經該侍郎等奏明，將挪用局錢一案著落歷任官員分賠，該車户等舊欠廓然一清，且明年又係全漕到通，計其所領脚價有十萬餘兩之多，盡可從容辦運，未便以車運不力，另議更改。臣等公同籌酌，前項應放俸米，應請仍照五十九年奏定章程，勻貯城內城外十一倉輪流支放，該侍郎達慶所請專在城外四倉開放之處，應無庸議。至鄒炳泰所奏情節，均係按照户部舊章辦理，自應無事更張。惟所稱向有回漕米之説大干例禁，今既仍循舊章，則明年新漕到通，務令該侍郎等嚴密查訪，實心妥辦，更不得藉詞推諉。謹將臣等酌議緣由繕摺覆奏，伏候皇上訓示遵行。謹奏。

嘉慶五年十月二十八日奏，本日奉旨：依議。欽此。

議覆南北丁役情形摺

户部謹奏爲遵旨核議具奏事。竊查本年五月初九日，臣部右侍郎額條奏南北丁役情形一摺,奉旨:著交倉場侍郎、直隸總督、漕運總督等將所奏各條分別悉心妥議具奏等因,欽此。當經臣部行文該倉場侍郎等欽遵查覆,去後。嗣於六月初五日,據倉場侍郎達慶、鄒炳泰等奏到,奉旨:户部核議具奏。欽此。六月十二日,據漕運總督鐵保奏到,奉旨:户部併議具奏。欽此。今於十一月十三日,據護理直隸總督、布政使顏檢奏到,奉旨:户部議奏。欽此。又,前于五月二十八日,據江蘇巡撫岳起奏,請將江蘇省帶運正兑、改兑曬颺米石一體撥給旗丁一摺,奉旨:交户部歸案核辦。欽此。臣等謹將先後奏到各款逐一公同核議,恭呈御覽。

一、北運河官設撥船酌請裁除一款。據侍郎額原奏内稱,糧船至北運河負重難行,必須撥船起載,舊例官設紅撥船隻後改爲旗丁自僱及官爲封僱。迨乾隆五十年,長蘆鹽政徵瑞條奏,官僱民船豫封守候,致商鹽艱于挽運。據長蘆商人呈請捐銀三十萬兩,備造撥船一千五百隻撥運漕糧,令直隸總督議定章程,自津至通每運米百石,令旗丁出飯米一石二斗,制錢三千文。立法之始,各幫甚爲有益,無如日久弊生,所募船户孑然一身,毫無瞻顧,往往中途逗遛,甚至將米石偷盜一空,棄船逃避,且視船非己物,篷桅器具皆係官爲置備,一任損漏,以致米石受潮,幫丁賠補,種種受累,日漸加深,請自明年起將官撥船一體裁除,斟酌舊章,另行核擬等語。據漕運總督鐵保覆奏,官撥船户水手半係無籍遊民,不受旗丁約束,復視爲官船並不隨時修補,一任損漏,以致米石潮溼發變,又復任意偷竊,棄船逃匿,地方官與押運各員又回護處分,不肯逐案呈報旗丁等因,官撥受累,情願仍僱民船。額所奏俱屬實在情形,應請仍照舊定章程,以紓丁力。至如何調備民船不致臨時貽誤,應歸直省確按情形籌畫辦理等因,又據護直隸總督顏檢覆奏,直隸河道非如長江九河,民船較少,每當南漕擁集,有此官撥船一千五百隻,間有不敷輸轉之時,旗丁尚須添僱民船協濟,如將官撥船裁減,一時難得如許民船,且恐船户居奇刁難,訛索重價,仍爲旗丁之累,若令官爲封僱,不能不假手胥役,非得錢賣放，即以朽舊船隻充數，甚至將沿河已載貨物之船隨路起卸，貽累商旅，是裁除官撥未見有益於運漕，而地方已受封僱民船之擾，似不若仍循其舊等因前來。臣等伏查，北運河官設撥船一千五百隻，原爲從前封僱民船諸多未便，是以奏明改設官船，立法未嘗不善，祇緣日久弊生，船户人等以船非己物，一任損漏，以致米石受潮發變，甚至任意偷竊，棄船逃匿，旗丁等不得不爲賠補，未免滋累。現據該漕督鐵保議，將前項官撥船隻全行裁撤，與額原奏相符，自係爲卹丁起見，但據該護督顏檢奏稱，每年當南漕擁集之際，撥船不敷輪轉，尚須添僱民船協濟。今若將撥船裁汰，恐民船一時難得如許之多，又恐胥役等藉端滋擾，貽累商旅等語，是因卹丁而或致累民，誠不可不爲慮及，且恐僱覓不敷，有誤漕運，仍不免於累丁。臣等再四熟商，應請照顏檢所奏，將官撥船隻仍舊設立，毋庸議裁。惟是撥船弊端不一，急宜嚴爲釐剔，其最甚者莫如偷竊米石，棄船逃逸。其次，則視船爲官物，一任損漏，以致米石受潮發變，累丁賠補，推原其故，由于地方官召募船户之初，並不慎選誠實良民，僉派充當，率以遊手好閒之徒充數塞責，其修理油艙等事，又非官爲經理，船户等自不肯認真修補，遇有偷米之案，該管官復視同膜外，並不嚴挐懲治，以致船户等毫無顧忌，種種滋弊，貽累旗丁。今欲杜弊卹丁，惟在責成地方官認真辦理，以除積弊。據該護督請將大城、霸州等七州縣原管撥船，改歸通州等十一州縣就近分管，務選有身家之人出結承充，仍令船户十人連名互保，造冊存案，其承造船隻及每年油艙等事，一併著落經管州縣實心經理，旗丁等向來所給船户食米，應照時價折給錢文，不准顆粒上岸，以杜影射偷米，并令各幫旗丁自派副丁在船看守米石，不得僅交船户運載，所有押空千總于本幫起撥後押令本幫撥船尾隨前進。以上各款均應如所奏辦理，並請嗣後遇有偷盜米石等事，一經發覺，除將該船户照律治罪外，其短少米石即著落該管州縣照數賠補，如起撥後米石潮溼，即將應賠米石著落旗丁與該管州縣分賠，以示懲戒而專責成。至所稱運河一帶設立堆房，添派兵役防護一節，不惟紛紛建蓋堆撥，致滋糜費，轉恐兵役借此擾累旗丁，又增一弊，此款應毋庸議。又所稱楊村通判改歸天津道管轄之處，事關更改官制，應令該護督另行詳悉妥議，到日交吏部核辦。

一、津貼旗丁耗米請照例價折給銀兩一款。據侍郎額原奏內稱，漕糧正兌、改兌項下，每石有曬颺耗米四升七合六抄交倉，今于此內撥出二升七合六抄給丁，入於餘米內割出八合爲倉中折耗，輾轉牽算，每年少收米十餘萬石。查津貼旗丁銀米俱可，倉中折耗惟米是賴，與其給丁以米，反至易賣滋弊，莫若給丁以銀，請於辛酉年爲始，將給丁耗米按照收買餘米例價，通折銀兩給發等語。據倉場侍郎達慶等覆奏，給丁耗米雖在正米之外，而倉場每歲少收米七八萬石，積貯攸關，應如所奏摺給銀兩較爲妥便，其原備曬颺耗米，仍照舊例全數運通，各倉收受亦照舊辦理，毋庸在餘米項下撥出八合折耗等因。據漕運總督鐵保覆奏，此項給丁米石，原因運費不敷，特奉恩旨，經臣部議定於曬颺耗米項下撥給旗丁，以資接濟，約計各丁所得米自四五石至十五六石不等。今議照餘米例價折銀給發，固爲倉儲起見，惟按餘米例價每石五錢六錢七錢核算，每丁應得米四五石者僅領銀二三兩，得米十五六石者僅領銀十一二兩，是較原賞之數僅得三分之一。現在丁情拮据，應請仍照上年部議遵行，毋庸更改，以濟漕務等因前來。臣等伏查上年酌議津貼旗丁案內，臣部奏明將江浙、江、廣等省曬颺耗米於水次兌漕時，割給旗丁二升七合六抄，東、豫二省割給一升七合六抄，原爲近年來丁情拮据，節經該督撫等陳奏，是以議准割給。今據額以給丁之項銀米俱可，與其給丁以米易賣滋弊，若莫照收買餘米例價折給銀兩，是使旗丁等既不得影射偷米，而耗米全數歸倉，毋庸另籌折耗之款，於倉儲亦屬有益，所奏不爲無見。惟查收買餘米例價，粟米每石五錢，稜米每石六錢，粳米每石七錢，較市賣米價本少。現據鐵保覆奏，若按例價折給核算，每船應得米四五石者僅領銀二三兩，得米十五六石者僅領銀十一二兩，較原給之數，旗丁僅得三分之一。現在丁情拮据，應請仍照上年部議劃給米石，毋庸改折銀兩等語，是此項給丁耗米若照例價折給，旗丁等未免不能多沾實惠，自屬難行，但若仍給本色米石，恐旗丁等因前項耗米爲應得之項，藉端影射，以自賣耗米爲名，輒將正糧偷竊，致啓沿途盜賣之弊。臣等悉心核議，莫若照該漕督等本年奏准行月變價之案，將應給旗丁耗米于水次兌漕時，令各該州縣按照市價代爲售變，不得減少，將所變價銀交給各丁，一經兌完開幫，毋許顆粒上岸，仍令沿途地方官密爲訪查，如有前弊，立即照律嚴辦，以杜盜賣透漏之弊。

一、江淮等五十三幫緩交一半餘米請免交納一款。據侍郎額原奏內稱，本年漕臣鐵保具奏，將旗丁三升八合餘米暫緩交倉，自今冬爲始，分作二年搭解，經部議以爲數太多，准其先交一半，其餘一半緩至次年搭解，此項餘米交倉後，按照例價五錢六錢七錢之數賞給銀兩。本年緩交一半，該丁等即少得一半價銀，且前款曬飈米石若准折銀，則明年旗丁所得米數更少，新舊並交，丁力恐形拮据，請免其交納等語。據倉場侍郎達慶等覆奏，江淮等五十三幫內，鳳中二、鳳陽常、江淮三、江淮六等四幫，因接准部咨之先已經到壩，照舊全交，其餘四十九幫，遵照部議准其緩交一半，該侍郎所奏係爲丁力拮据起見，請如所奏，免其交納等因。又據漕運總督鐵保覆奏，前因該幫等剝淺稍多，不免繁費，恐回空食米不敷，是以經臣奏請緩交，分作二年搭解，經部議覆，若全行緩交未免過多，准其先交一半，其餘一半緩俟次年搭運，已屬格外體卹，若將暫請緩交之項遽行豁免，是因卹丁而轉虧國課，此端斷不可開。惟是明年新舊並交，旗丁艱難，係屬實情，請將下運應搭餘米二萬六千餘石，分作兩年搭解交納等因前來。臣等伏查，各省漕糧運通，除正耗米之外，例有每石三升八合餘米原應照數交倉，官給價值。本年四月內，該漕督鐵保以江淮等幫回空食米恐有不敷，奏請將前項餘米五萬五千六百石，暫緩交倉，分作二年搭解。經臣部議覆，令其先交一半，其餘一半緩俟下年交納，奏奉恩旨允准在案，是江淮等幫本年緩交一半米二萬六千餘石，應於下年全數帶交。現據鐵保奏稱，此項米石原係暫請緩交之項，不便遽行豁免，自應仍照臣部原議辦理，但查前款曬颺耗米既議折給銀兩，則下年旗丁所得米數較少，恐新舊並交，丁力不無拮据，亦屬實情，可否照鐵保所請，將前項緩交米石分作兩年搭解，以裕丁力之處，恭候欽定。

一、軍白糧經紀借項請分別豁免緩扣一款。據侍郎額原奏內稱，漕米進京每石給經紀脚價銀一分八釐外，河、抗價各一釐，共銀二分，以全漕之年核計，除土壩及白糧協撥外，每年應得銀四萬九千二百兩，而歷年各項積欠銀十一萬二千一百餘兩，按各原奏之數勻扣，計每年應扣銀一萬八千二百八十餘兩，再加應扣題定公費等項三萬餘兩外，所賸脚價無幾，役力實屬拮据。查該經紀等所欠銀兩，案有攸分，如借支排造撥船、修理號房、增借排造及辦公銀五萬三千八百餘兩，皆係長年透支之款，自未便稍爲寬貸。至露囤長支、不敷脚價、長支口袋等款銀五萬八千三百餘兩，原因各該年糧船到遲，於沿途截留露囤及天津北倉轉運，多糜運脚雜費，出於一時所不得已，非長生所有之款，可否將此項緩年勻扣，或全行豁免，出自皇上天恩，其餘應扣銀五萬三千八百餘兩，請在奏准留存、排船等項銀內通融勻扣。再，白糧經紀欠項情事相同，請交倉場侍郎一併詳查等語。據倉場侍郎達慶等覆奏，軍糧經紀欠項內有露囤長支、不敷脚價、長支口袋等款，除節年扣過外，實未完銀五萬四千六百四十四兩一錢二釐，原因各該年糧船到遲，糜費甚多，彼時未另請項，率以借支了事，貽累至今，未能清結，誠如該侍郎所奏，出於一時所不得已，皆非長年所有之款。白糧經紀欠項內，亦有積年長支等款，除扣過外，未完銀九千五百四十二兩五錢五分三釐，可否該將經紀名下未完銀共六萬四千一百餘兩全行豁免。至軍白糧經紀，尚有借支排造、修號及增借辦公等項除扣過外，未完銀共六萬七千四百二十九兩三錢二分六釐，土壩車戶欠項，尚有修號、排船等項，應扣未完銀四千八百八十兩二釐，皆係該經紀車戶等長年透支之項，未便稍爲寬貸，應請如該侍郎所奏，准其在于奏准排船、修號等項下先行通融勻扣等因前來。臣等伏查，漕糧由石壩運進京倉，係軍糧經紀承運，由土壩運進通倉，係土壩車户承運，其白糧進倉，係白糧經紀承運，每運糧一石，經紀例給脚抗價銀二分，車户例給二分二釐。按全漕到通之年計算，該役等應領脚價及旗丁津貼筒兒錢文，辦公之費本無不敷，衹因近年適值輪免漕糧，應領脚價較少，又節年積欠，應扣銀共有十三萬六千餘兩之多，以致役力稍形竭蹶。今據額條奏請分別原借之案，除係長年透支者未便寬貸外，其餘均因漕糧到通較遲、辦理露囤等事，出於一時所不得已，應請分年緩扣或全行豁免，出自皇上天恩等語，據達慶等覆奏，亦與額原奏相符，是役力拮据係屬實在情形，自應量予調劑，但案情輕重攸分，必須詳加查核，分別定議，未便一律辦理。臣等詳查，題奏各原案內，軍糧經紀名下有露囤借支未完前後六案，共銀一萬四千七百八兩一錢零，實因從前糧船到遲、沿途截卸、辦理露囤所致，其長支尚屬有因，可否將此項未完銀兩准其豁免之處，恭候欽定。其餘該役等透支脚價、長支口袋等項銀十二萬一千餘兩，核與辦理露囤之案不同，自不便一體邀恩豁免。惟是現當調劑漕務之時，若仍令照從前奏定原限坐扣，誠恐役力有所未逮，應請將該經紀等欠項，於原限之外分別酌予展限，均勻攤扣，以抒役力。查軍糧經紀得項較多，其應扣銀兩，限前項請豁銀一萬四千餘兩，仍未完銀一十萬一千四百餘兩，應請展限三年勻扣，約計每年應扣銀八千二百餘兩。白糧經紀，土壩車户得項較少，所有白糧經紀未完銀一萬五千四百餘兩，應請展限五年勻扣，約計每年應扣銀一千四百餘兩。土壩車户未完銀四千八百餘兩，亦請展限五年勻扣，約計每年應扣銀三百五十餘兩。以上各項，除本年應扣銀兩仍令照舊坐扣外，其餘銀兩請自嘉慶六年為始，均勻攤扣，庶該役等每年應扣之項，為數有限，該經紀等得以從容辦公，於漕運實有裨益。至前項應扣銀兩，議於留存排船、修號項下通融勻扣之處，查大通橋及各倉扣存放米制銀及筒兒錢文，每年約得銀六千餘兩，係該倉場侍郎等奏明，留備大通橋及石土兩壩排船、修號、挑河等項辦公之用，按照十年牽算，約每年需用銀不下六七千兩，若以此項扣存銀兩，先行通融勻扣積欠，是前項需用辦公銀兩轉致無項可動，又須另行籌款借給，自不若仍照向例，將應扣銀兩在該役等應領脚價內坐扣歸款，較爲允協。

一、江蘇省搭運正兌、改兌項下曬颺耗米請一體給丁一案。據巡撫岳起原奏內稱，江蘇省漕糧改兌曬颺耗米，前經奏請照正兌之例劃給旗丁，部議以本年改兌項下給丁耗米，已奉旨著落經管各員認賠，請自嘉慶六年爲始，再行一律辦理，並稱本運正兌、改兌之外，尚有搭運正兌、改兌一項，摺內未據分晰聲明，僅於淮安府屬起運數內籠統開入，是否一體請給，行令查明咨覆。今查此項搭運米石即係節年漕糧因災緩徵之項，同屬額徵，並非另款，應請亦自嘉慶六年爲始，一體劃給旗丁。至前次撥給改兌曬颺耗米，即經部議令臣與司道各員認賠，則前給之搭運曬颺耗米，亦請一併分賠。現飭各司道查明各數在于養廉內扣存藩庫，至改兌項下，既經議准明年照撥給丁，是本年辦理各司道尚無錯誤，應請免送職名等因前來。臣等伏查江蘇省正兌項下曬颺耗米，前據該撫奏請撥給旗丁，經臣部於上年十一月內議准。其改兌項下曬颺耗米，據該撫于本年三月內續請撥給，亦經臣部議准，均蒙特旨賞給在案。今該撫奏稱尚有搭運正兌、改兌曬颺耗米，請一體撥給旗丁。臣等查，本年出運之正兌、改兌項下耗米，既經奉旨賞給旗丁，以示體卹，此項搭運耗米即係節年帶徵正改兌項下之米原非另款，既據該撫專摺奏請，可否准其將該省搭運正改兌曬颺耗米，自嘉慶六年爲始，一體撥給之處，恭候欽定。至該省從前未經奏准之先，輒將改兌項下耗米擅行撥給，辦理原屬錯誤，應請仍照臣部原議，查取應議職名送部核議，所有該撫聲請免開之處，應毋庸議。其搭運項下本年給丁曬颺耗米，該撫亦于未經具奏之先輒行撥給，現據該撫聲稱一併分賠，在于養廉銀內扣存藩庫，應令照數扣繳，報部查核。

以上各款，臣等謹將遵旨併議緣由繕摺覆奏，伏候皇上訓示遵行。再，臣部右侍郎額係原奏官，不應列銜，合併聲明。爲此謹奏請旨。

嘉慶五年十二月十一日具奏，本日奉旨：户部核議。倉場侍郎及各督撫等議覆侍郎額勒布條奏南北丁役情形並帶運正改兑曬颺耗米一摺，江淮等幫本年緩交一半餘米二萬六千餘石，本應于下年全行帶交，但念旗丁等新舊並交，丁力不無拮据，著加恩展限，分作兩年搭解，以裕丁力。其軍糧經紀名下因露囤借支未完銀一萬四千七百八兩一錢零，係因從前糧船到遲、沿途截卸、辦理露囤所致長支尚屬有因，著加恩全行豁免。至該經紀等透支脚價、長支口袋等項銀十二萬一千餘兩，與辦理露囤之案不同，自未便一體豁免，但現當調劑漕務之時，若仍令照原限坐扣，恐丁力實有不逮，所有軍糧經紀應扣未完銀一十萬一千四百餘兩，著加恩于原限外展限三年，白糧經紀應扣未完銀一萬五千四百餘兩，土壩車户應扣未完銀四千八百餘兩，均著加恩于原限外展限五年勻扣，俾該役等得項較多，得以從容辦公。餘依議。欽此。

議奏運糧千總俸工摺

户部謹奏爲奏明請旨事。據漕運總督鐵保咨稱，蘇松糧道所屬蘇州、太倉、鎮海、鎮江四衛各前後幫，并金山幫千總俸工及鎮江前後兩幫隨幫廩工銀兩，從前于各該衛編徵本款内徑支，惟出運之員題定于道庫隨漕墊給，飭徵還款，嗣因奉文禁止留支案内，以各幫千總在次督丁修造，趕辦兑開，率丁赴道支領新運錢糧，即應回幫稽察，催儹北上，在道支領俸工不惟便易，更免稽遲漕運，且每年出運之員，或有别幫調委，或有標員委運，其支食俸工本無編款，又須于道庫漕項内分別撥給，開銷並非一定，更或遇有中途事故及借支庫項，應須核扣銀兩，在司無從稽核，請循照江安之例，無論出運、候運，一律于道庫漕項正銀内分別支給，統于漕項奏銷案内，同蘇松等府白糧幫千總俸工銀兩一律造報請銷,原編衛款解司歸入地丁限下報撥等因,咨准部覆在案。今奉部議,各直省道府州縣教職、佐雜、俸工、役食等項,照舊歸于地丁項下畫一坐支,所有衛幫俸工未奉分晰指明。查蘇、太等衛金山各幫千總俸工及鎮江前後隨幫廩工銀兩,業于道庫漕項正銀內,按照起止月日核實支給,造入漕項奏銷由來已久,與州縣留支編款不同,應否循照奉部覆准之案,由道查明,隨漕分別核實支給,與江、安各衛幫向于道庫放給之例畫一辦理,以免紛更等語。臣等伏查,蘇松糧道所屬運糧千總應支俸工銀兩,向係在衛徑支,乾隆四年改為道庫墊給,飭徵還款,嗣于乾隆五十二年,咨准各衛編徵俸工原款全數解司,所需俸工銀兩均在道庫漕項銀內支給,節年奏銷在案。今該漕督以本年閏四月內臣部題准文職各官俸工等項改歸地丁項下畫一坐支,此項千總俸工與州縣留支編款不同,應否仍照五十二年之例,由道庫漕項銀內給發,咨部示覆。臣等查,運糧千總內遇有別幫調委及標員委運,其支食俸工本無編徵之款,與州縣留支編款原自不同,每年出運之時,率丁赴道支領新運錢糧,所有本員應支俸工自可就近一同支領,或遇中途事故應行核扣,該道亦無難隨時稽查,是千總俸工銀兩在于道庫支領最為妥便,既據該漕督咨請,仍照五十二年章程辦理,相應奏明請旨,准其仍在道庫支給,無庸更改。再查有漕各省千總俸工一項,除江南省江安、蘇松二道所屬均在道庫支給外,山東、浙江、江西三省及河南協運八幫亦係道庫支給,其餘如湖北、湖南糧道所屬又在司庫支領辦理,殊未畫一。其千總應支養廉一項,有在州縣支領者,有在道庫支領者,又有在司庫支領者,更屬參差不一,每年漕項奏銷之時,臣部殊難查核。伏思運糧千總一官,既統歸糧道專管,其俸工養廉自應統歸糧道支銷,較為簡便,各省糧道經管漕項正耗銀兩,盡可通融支放,並無不敷,似可無庸復在司庫找支,致滋牽混,相應一併請旨,飭交漕運總督悉心籌議,將千總應支俸廉銀兩,統歸道庫支放,俾得就近支領,以歸簡易,如果各省情形不同,或有不能改歸道庫之處,亦即詳細查明報部，再行核辦。至各省漕項耗銀，均係隨同正銀一併解交糧道，由糧道造報奏銷。其經徵、督徵完欠職名悉歸糧道考核，惟江西一省漕項耗銀，又係徵解司庫由藩司奏銷，不由糧道考核，亦未畫一，應請嗣後將該省應徵漕項耗羨，查照各省之例，隨同正銀一併解道查收，統由該道造入漕項奏銷冊內，核計考成。其支給俸廉等項餘賸銀兩，仍即分別存庫解司，按年報部，以憑稽核。是否有當，伏候皇上訓示，俟命下之日，臣部行文漕運總督并有漕各督撫遵照辦理。為此謹奏請旨。

嘉慶五年十二月二十一日奏，本日奉旨：依議。欽此。

議駁輕齎改徵本色摺

大學士王等謹奏為遵旨會議覆奏事。本月初二日，兩江總督費淳等奏江蘇、浙江二省應徵輕齎折價銀兩請改徵六成本色給與旗丁一摺，奉旨：此事前經戶部議駁，若仍專交戶部議覆，恐不免回護前議。事關賦民濟運，著大學士、九卿會同悉心妥議，具奏摺併發。欽此。

據原奏內稱，各省漕糧自次抵通，本屬軍代民勞，從前原係軍民自為交兌，因民弱軍強，順治九年以後定為官收官兌，酌定贈貼銀米隨漕徵收，迨後運費不敷，隨時加給，如雍正七年撫臣尹繼善奏明江蘇每石漕費加徵銀六分，乾隆四年漕臣托時題定安徽每石漕費加徵米一斗，分別給丁。茲又相隔六十餘年，以現在之人工物價核之，從前所定經費入不敷出，係屬實在情形。又，現在水手身工及經紀箇兒錢文，均應從今冬起在旗丁得項內劃出，量為加給，亦不得不另為籌畫。臣等公同籌議，浙江輕齎每石係三斗六升，定例按五分一斗折銀，僅合銀一錢八分，江南輕齎每石係二斗六升，共折銀一錢三分，原定折價太少，本不足以服旗丁之心，莫若劃徵實數，俾民丁永絕葛藤，除安徽省運費尚敷毋庸籌議外，應請嗣後江蘇、浙江輕齎折價以十成折算，分為四六，將六成改徵本色，以撫旗丁，四成竟予豁免，以惠百姓。其例應解通三六、二六輕齎銀兩，即在旗丁應領錢糧內照原定折價扣繳，在百姓既可省以未易銀外加火耗之費，而旗丁每船計多得米自三四五六十石至一百二十餘石不等，除扣繳解通銀兩外亦得共沾餘潤。臣等竊思，自下供上謂之賦，逾額浮收謂之加。今豁免百姓應繳輕齎米十分之四，僅改本色六成俱給旗丁，顆粒不能入官，又係在百姓本分應繳數內通融辦理，實非加賦。且現在嚴禁浮收已有成效，較之從前加五加六所省不止倍蓰，出此區區添補旗丁，又非於額外稍有徵求，百姓具有天良，實所樂從，而旗丁濟運有資，不能再向州縣索費，州縣無可藉口，亦不敢稍累閭閻。如此一轉移閒，既與蔣兆奎從前專務恤丁，有類加賦之案不同，更於雍正七年、乾隆四年舊案辦法暗合，倘嗣後仍有愍不畏法之州縣弁兵浮加勒貼，即照枉法贓據實嚴辦，以昭懲創。再查浙江前因造費不敷，上年經兼署撫臣書麟於調劑案內聲明另行籌議，現在無款可籌，應即於此次輕齎改本項下、江浙兩省旗下均酌留十分之二，變價留存道庫，以爲添補造船之用，庶運造兩有裨益等語。臣等伏查，各省徵收漕糧，俱有隨徵輕齎一項，江蘇省每正糧一石係輕齎米二斗六升，浙江省每正糧一石係輕齎米三斗六升，名爲米石，其實均係折徵銀兩，每斗折銀五分，由來已久，因此項扣徵銀兩解交倉場通濟庫，較米輕便，是以謂之輕齎，原爲漕糧到通時轉運脚費及一切公用而設，與旗丁得項本無干涉。上年十二月內，前漕臣蔣兆奎因議津貼旗丁，請將前項輕齎銀兩改徵本色賞給各丁，經戶部按有漕八省計算，每年應加增米六十八萬餘石，事類加賦，不便准行。又，本年九月內，浙江旗丁儀洪遠等在户部具呈，請將輕齎改徵本色給丁，復經户部議駁，均經奏蒙聖鑒在案。今又據費淳等奏稱，輕齎米石原定折價太少，不足以服旗丁之心，莫若劃徵實數，所有江蘇、浙江二省輕齎折價，請以十成計算，將六成改徵本色，以撫旗丁，四成竟予豁免，以惠百姓，並據聲明，係在百姓應繳輕齎米數內通融辦理，並非加賦等語。查向來收漕定例，江蘇省每年徵輕齎銀一十五萬一千五百餘兩，浙江省每年徵輕齎銀一十一萬四千五百餘兩，係按每石折銀五錢計算，百姓相安已久。今若如該督等所議，改徵六成本色，雖較從前蔣兆奎所奏，全徵一石本色之數，酌減四成，然按六成米數核計，江蘇省即應改徵米一十八萬二千一百餘石，浙江省即應改徵米一十三萬四千三百餘石，不但改銀為米頓覺浮多，百姓未必樂從，難以援照從前加徵漕費舊案辦理。即就米價而論，前據該督等於江蘇行月變價案內聲明，以一兩九錢作為變價定數，是該省市價每石總在二兩上下，約略核算，完納前項六斗之米較原定折價幾多至一倍有餘，是使小民虛受四成豁免之名，轉增六成改本之累，實與加賦無異，況折徵銀兩尚虞加耗滋弊。今若改徵米石更可藉口浮收，恐不肖州縣輾轉勒索，弊竇叢生。即云原定折價每石五錢為數太少，原係國家愛民薄斂之意，業經百有餘年，未便輕議更張。又，並非旗丁應得之項，該督等何得以丁心不服為詞，致伊等妄生覬覦，且查調劑旗丁案內，江浙各幫節經該督撫等奏准劃給曬颸米石并撥給漕費錢文，行月變價銀兩以及運費船隻免其雇募，應繳借項分年扣還，且欽奉特旨，每船准多帶土宜二十四石，通行核計，旗丁等諒不至仍前竭蹶，即如增給水手身工及經紀箇兒錢文，前據該漕督自行奏明撥給，並稱於調劑項下少得十分之一二，不至遽形拮据。今何以又稱旗丁得項不敷，尚須另為籌畫。如或各幫情形不同，丁力殷疲不一，惟在該漕督等隨時酌量調劑，以期核實，今不論殷疲情形，概議加增米石，實與收漕定例不符，礙難准行。臣等公同籌酌，前項輕齎銀兩應請照舊徵收，該督等所請收徵六成米石之處，應毋庸議。至所稱酌留改徵米十分之二變價解道，以資造費等語，今米石既不改徵，此款亦毋庸議。謹將臣等會議緣由繕摺覆奏，伏候皇上訓示。再，此摺係內閣主稿，合併聲明。為此謹奏請旨。

嘉慶五年十一月十八日，奉旨：依議。欽此。

戶部福建司主事坐辦雲南司事甘泉後學董醇謹校

先大夫於嘉慶初年主稿滇司,值清釐漕政,所擬疏稿爲《己庚編》二卷,凡四十三首,內惟二首爲議銅廠減額事,餘皆陳漕倉利弊也。藏之家笥四十餘年,寯藻猾以不學,承乏司農,又值籌議倉儲之時,買米捐米,繼以海運,滇司公務殷繁,簿書委積,而多年舊稿顧頗放失,闕焉不完。每當退食,私玫楹書,今昔情形多有足印證者,爰出付梓,以備檢尋,且存手澤於弗墜云。

道光二十有八年秋九月既望,男寯藻謹識

袖爽軒文稿

袖爽軒文稿　一

先君雜文寫本四册，未編次，須精選擇要付梓，萬勿失墜。

癸丑二月十三日記（此爲祁寯藻記——編者）

那繹堂先生《奏議初編》序

　　國家氣運所鍾，賢哲繼起，八旗世家鉅族以勳業顯者，指不勝屈，就近時而論，若吾師阿文成公一門爲最盛。文成公爲文勤公冢子。而今宮保制府那公，則又文成公之第三孫也。初由翰林編脩，受高宗純皇帝特達之知，不五年，擢任內閣學士，入直南書房，洊遷吏、户、工三部侍郎，兼充軍機大臣。嘉慶四年，上親政，擢任工部尚書，仍兼軍機大臣。時川陝教匪未平，五月命以欽差大臣，至陝視師，尋授軍營參贊大臣，督兵勦捕。明年召還，以未擒獲高、馬二賊鐫秩。未幾，復由翰林侍讀洊陞閣學。七年五月，赴江西訊案，適廣東博羅、永安二縣會匪滋事，前總督辦理未協，奉旨馳往查辦，即署廣東巡撫。公廉知永安已降，匪徒據鐵籠嶂之險，負固不服，率兵討平之，得旨嘉獎，陞署吏部侍郎。八年春，赴浙江查訊鹽務控案。五月還京，赴直隸樂亭縣訊案。十二月，赴黑龍江訊案。九年，仍兼軍機大臣。六月，奉命勘視河南睢工。七月，署陝甘總督，籌辦新兵□伍及一切善後事，稱旨，疊荷褒獎。十二月，授兩廣總督。時海氣熾甚，□匪會匪勾結滋擾。公莅任，先斷接濟，設法督勦，誘擒盜首李崇玉，餘皆次第就捕伏法，一時聞風悔罪，投誠者甚衆。十年，以不合給與李崇玉頂戴，鐫秩。十一年，授伊犂領隊大臣，調喀喇沙爾辦事大臣。十二年，西寧口外沙卜浪番族搶掠滋事，特調青海辦事大臣，馳往會勦，旋準其乞降，邊境以安。十三年三月，授南河副總督。十四年，奉旨赴喀喇沙爾辦事，未至，授葉爾羌辦事大臣。七月，調喀什噶爾參贊大臣。十二月，補授陝甘總督。上以廣東海□肅清，追念前功，賞還一品頂戴。十五年，奏準陛見，已有旨，令陝撫往署督。公以甘省二十四廳州縣被旱成災，不敢拘泥前奏，即請留辦賑務，特賜襃，有"不愧廣廷相國之孫"之語。嗣籌辦設粥散賑，定立章程，積弊除而民沾實惠，至今人稱頌之。十八年九月，河南滑縣教匪李文成、牛亮臣等糾黨作亂，特命選帶陝甘水路兵往勦，以欽差大臣總統軍務。公聞命，疾馳八晝夜，抵衛輝軍營。時賊勢猖獗，公相機兜勦，先後廓清道口、桃源集等處，翦賊羽翼，復分兵截勦司寨竄匪，陣斬李文成。十二月十日，破滑城，生擒牛亮臣，馘斬著名諸賊首，餘匪肅清。捷聞，上以成功不滿百日，獎賚優渥，晉太子少保，賞戴雙眼孔雀翎，封三等子爵，示醻庸焉。十九年春，復命入京，以承祖訓、著偉績，特賜文成公墓祭一壇。先是，公在軍中，直□總督缺，命即以公補授，蓋念賊匪初平，資公鎮撫安輯也。至是軍務告蕆，巡閱開州一帶，至二月始抵直督任。溯公自通籍以來，敭歷中外，至今二十餘年。凡署巡撫、總督者二，實任總督者三，任邊疆辦事者四，參贊者一，任總河者一，視師、總統軍務又各一，疊經聖明簡畀，身膺重寄。歷任所至，皆竭誠守正，寬猛得宜，時以報主恩、紹先德爲兢兢。迨秉鉞專征，則以素練之師，人人用命，掃靖兇逆，蔵功完善，用以仰紓宵旰，尤爲近年來所罕覯。蓋公天性忠懇，久邀眷注，故疊奉恩旨，不一而足，非曰"不愧某孫"，即曰"克承祖訓"。一門勳業，輝映後先，古所稱世臣、社稷臣，非公而誰？嗚呼，可謂盛矣！比者，公子容安，從學於余，暇輒蒐錄公歷任奏牘，請余爲之編次。余苦奉職史垣，受知於文成公，幸爲承輯奏疏全册，繼復獲年譜，玆又快讀制府公奏議，預編校之役，抑何幸歟！謹按歷任年月先後，擇其要者編之,釐爲二十六卷。其尋常循例具奏之事,不載。題曰《奏議初編》,示續輯未艾云爾。

嘉慶甲戌秋,前史官壽陽祁韻士頓首敬題。

世譜引

《記》曰"萬物本乎天,人本乎祖",又曰"尊祖故敬宗"、"敬宗故收族"。三代以降,九兩五宗之法久廢。士大夫家所賴以敦本睦族、不失先王之遺意者,惟有敘譜一事而已。譜之敘,必明其所自出。吾宗祁氏,出自黃帝。《史記》注,黃帝子二十有五,一食於祁,遂爲氏。歐陽文忠公爲《祁衛尉墓碑》嘗引之。至《姓苑》《姓纂》諸書,則以爲帝堯之後。夫堯氏伊祈,非祁也。祈、祁古文雖通用,然祈或作耆。又,李唐時有處士伊祈元解,是伊祈自爲一姓,厥證甚明。祁氏之賢,晉大夫奚最著,《春秋傳》稱其"內舉不辟親,外舉不辟讎"者也。奚生午,午生盈,盈之世滅於六卿,子孫失位,遂爲庶人,散之他國。其居晉者,太原、河東諸郡悉有之,類皆食德服疇,胙縣椒衍,守耕讀之舊緒,紹唐魏之遺風。顧以百代滄桑,罕存圖籍,世次先後,不可得而詳焉。吾祖河東公,當元之季,始自洪洞來徙壽陽,逮韻士之身,閱十五世,族中子姓至數十百人,嗚呼,可謂盛矣!雖然,韻士於此竊有感焉。夫一人之身生而爲昆弟,昆弟之子又生而各爲昆弟,世漸遠,則情漸疎,嘗以韻士一世度之,某也兄,某也弟,緦服以內者,韻士少從游,罔弗與之習。其緦服以外者,韻士以薄宦故,離鄉日久,不能盡知而徧識之也。過此以往,時異世殊,形暌勢隔,其不至如蘇明允所云"塗人也"者幾希,譜之敘,又烏可緩乎哉。先是,族無譜,吾父長治公廣諮博訪,實草創之,未有成書。韻士懼久而失傳,且思借斯譜之成,相與序昭穆,別長幼,俾吾族之父父子子、兄兄弟弟,肅然興起其尊祖敬宗之心,而求以合乎先王敦本睦族之意,斯則韻士之所厚勖也。夫譜成,於是乎書。

賑紀序 爲鐵冶亭先生作

古稱救荒無奇策,非無策也。自《周官》十二政、《管子》五惠而外,溫賑沾□,代不乏書。然古今異俗,時勢異宜,區畫有不當,或行之不以實,往往滋弊。若今那繹堂制府之於賑,可謂策之善者矣。先是,庚午歲,甘省夏旱民飢,至三十餘廳縣。時繹堂初莅任,亟爲請於朝。得旨,緩本年征,特命予賑,爰議大賑之先,所在設廠煮粥爲急賑,免流民轉徙。既則思賑廣人衆,弊端百出,自點閱户口,以至按日給賑。一切稽核督飭之法,不可不預定,但其要,莫先於杜弊,使不肖官吏無由飽囊槖,始有實濟。日與寮屬講求,集思廣益,先奏定辨賑章程六款:一、被灾地畝,責成該管道府親往督勘;一、增設木牌,開明應賑細數,懸掛各堡;一、先給賑票,令各户收執,屆期照票給領;一、擇地分廠,揀派大員,往來督查;一、散放銀糧,務查點足數,嚴禁克扣;一、查灾散賑,印委各員,裁革夫馬供給。旋奏定煮粥章程八款:一、先示諭流民,使知給賑;一、男婦分廠,毋令混雜;一、印委營員,公同監放;一、增設木籌,輪流領繳;一、按五日、十日,開報候查;一、分派營員彈壓;一、酌蓋蓆棚及空閒寺宇,蔽風雨;一、勸諭流民回籍,給口糧資送。又通飭各屬規條十六款,皆次第實力行之。其給賑之期,以九月爲普賑,十月至十二月爲加賑。又因蘭州、固原兩城歲久宜脩,奏明以工代賑。賑務既舉,民得按口授食,遠近如歸,莫不感頌皇仁,同聲歡忭。凡賑四十七萬六千三百餘户,二百六十五萬五千九百餘口。糧用九萬五千六百石有奇,銀用五十七萬一千九百兩有奇。次年辛未正月,上念灾黎青黄不接,復加賞口糧一月,并借給籽種,計所以益民而裕食者無弗至。是歲夏秋二收,豐稔倍常,民之元氣頓復,蓋聖恩有以感召天和,如此其神也。是舉也,政肅而弊除,恩普而民悦,往來於蘭者,皆歎其事之善。越二年癸酉,余東歸過蘭,繹堂爲余述始末甚詳。余作而言曰:"聖天子愛民如子,不惜畀百萬帑金救民饑,爲大吏者體上恩意,盡心襄厥事,俾實惠逮且遍,固其職也。然杜弊之策,若繹堂所定各款,精密周詳,纖悉畢備,洵可爲救荒良策,議賑者皆當以此爲法。昔富鄭公在青州,出粟賑民,全活甚衆。當時下其法於諸州,稱爲善政。以今視昔,有過之,無不及矣,宜撰述以示後人。"繹堂瞿然遜謝。余嘉其不居成功,而重念聖主活民之賜,不可以無紀。爰就所聞叙之,爲斯民幸焉。

《宜良嚴氏族譜》序 代繹堂先生作

匡山觀察爲余校文成公年譜,竣事,持所自撰族譜諗余,曰:"是先人手澤踵而成之者,敢請一言以爲序。"余惟古者最重氏族,自隋唐而上,歷代皆置圖譜局郎、令史掌之,凡百官族姓之有譜系者,上之官撰次簿,藏於秘閣。厥後官不撰次,惟聽私家著述,或稱慶係圖,或稱家譜、族譜,名目不一。國朝定制:八旗氏族通譜,官爲撰集,即古簿之遺;而各直省仕宦之家類皆叙述其先世官譜系,家勒一編,雖不復上之官,然所謂尊祖敬宗,不忘其所自出,俾族人油然生其孝弟之心,而不至視爲塗人,若老泉所云者,皆於是乎在。然則匡山是譜之作,誠不可以已,況其爲先人手澤耶。夫人生大節,忠孝爲先,資於事親以事君,則孝又爲忠之本;而繼志述事,用以竟先人未竟之緒,尤爲孝之大。今匡山克繼先志,勒成是編,使世德不至泯没,木本水源之義傳之奕世而不墜。噫,可謂孝矣!匡山從余爲政四年,立意作循良吏,余所倚重。今觀是譜,益信篤慶貽謀之厚,其來有自。由是推之,本仁孝以篤忠良。他日樹立卓卓,俱於是决之,豈特著述得體云爾哉?爰書而歸之,使爲之序。

《類函文鈔》序

國初刊定類書,如《駢字類編》《分類字錦》不一種。其於詩賦家采用最便者,莫若《淵鑒類函》《佩文韻府》二書。《類函》分門別類,如人之有眉,朗列在目;《韻府》按部就班,如人之有腳,踏實在地。

一資攷據,足以沿流討源;一便推敲,足以依律和聲。雖取材致用,各有所宜,然其爲初學醫貧之藥、益智之方,厥功維均,缺一不可。壬癸之歲,余主講蘭垣,端居多暇,既摘《韻府》駢語,手鈔四卷,以示屬對定式;復就《類函》雜文,依類選輯一二,擷其精華,屬門人陶繼祖、楊成勳、楊松齡、張振濯書之。既竣,目爲《類函文鈔》,凡八卷。獨不鈔詩,懼太繁也。然是錄已無體不備,學詩賦者,其以此爲百花之蜜可乎?至前二書,皆成於康熙五十年。當時司編纂者,非翰苑前輩,即南齋供奉。故其書,采擇精詳,無訛舛。其稱"淵鑑"、"佩文"者何?皆内庭齋名,刊定時所標題,今避而不書,示不敢褻也。

范母郭太夫人八十壽序

當代漢軍世家,推范氏爲第一。自文肅公以文館儒臣從大軍入關,首建"得人心爲本"之議,佐世祖定天下,卓然爲開國元勳。再傳忠貞公,兄弟均以忠孝節義流芳簡冊。其貽謀世澤迄於今遊擊楷亭君,凡五世子孫多而賢,循循有家法。余秉筆史垣者八年矣,暇則僂指先達諸鉅公之後嗣,未嘗不豔羨神往於范氏一門之盛,爲不可多得。乃其閨閣中,則又多賢媛令母。媲鍾之禮,齊郝之法,如楷亭之母郭太夫人,非古所稱林下風耶?或曰:"范氏累代之忠勳載在信史,子固能詳言之矣。若其家,婦人職主中饋,惟酒食是儀,内言不出於梱,非若男子之志在四方,卓自樹立,足以有聞於時,則夫四德之嫻,雖親串往來,罕能詳其事蹟。子耳食者也,又烏足以知太夫人之懿美哉?"余曰:"唯唯,否否。夫飲水而思源,覩木而知本,理之至明者也。形正則影正,盂方則水方,又事之甚了了者也。以余所聞楷亭之爲人,雖產於閥閱世祿之家,席豐履厚,顧能謙抑好禮,與人交藹然情文以相接,即至微賤不敢慢;而其爲政,又能識大體,不喜事,不作威,不苛下官,於拱極城車馬輻輳之區、居民商賈之所萃處,潔清自好,嚴正自持,絕未聞有一事近於翻手覆手之所爲。故一方士庶,莫不陰受其福,嘖嘖頌令德焉。則惟太夫人之教子義方,實有以啓之，可想見已。"兹因設帨之辰在中秋後二日，都人僉謀登堂而介眉，乞余一言爲嘏辭。余既嘉都人之知禮，而因感其嗣之棠愛，相與歸美獻頌於其親，抑亦古者長言咏嘆之遺意也。況范氏一門之盛，尤余之所欣羨而樂道者哉！遂書而授之，俾爲之序。

席含馨先生八十壽序代作

安邑，神禹舊都，風俗最爲近古，其行誼不出里閈，而孝友德義著聞一時者，往往而有。如余所知封翁含馨先生爲余通家，席君大賓之祖父，需次州佐，援例晉秩府別駕，誥封承德郎。生平行誼篤厚，晉省知交恒爲余言，因心企久之。歲己亥，余分校北闈，獲席君捲，擊節歎賞，薦於座主，竟因後塲紅號有悞，未入㲄榜。後來謁，果篤學士也，能以時命自安，而絕無怨尤。叩其家世，知爲封翁先生仲孫，其執經請謁得父某公庭訓，而貽謀則自封翁先生始。蓋先生天性孝友人也，順志承顏，終身如一日。以故，席君之曾大父某翁行年九十，精神矍鑠，日與同社友往來飲食笑語，不自知其年之老也。先生之族兄某，幼失怙恃，招之同居，式好無閒言，雖同懷無以過。又性樂施與，濟人之急，邑歲比不登，則出儲減糶，復道同志共襄厥事，多所全活。邑有商籍應試，計貲足額，方得註名。先生憫鄉里之無力承商者貸，爲出貲，於是寒家子弟皆得應試。尤精於岐黄，屢以方藥拯人，而未嘗一取其值。人以是被其德而誦其義，遠近如一。蓋余自與席君游，而備得其詳如此，所謂行誼不出里閈，而名譽著聞者非耶？則曩之所聞於晉省知交，而心焉企之者，良不虛矣。惜其年之暮，而不欲見用於世也。今歲初秋八日，爲先生攬揆之辰，修齡八秩有六。席君友輩在都門者，將申九十預祝之慶，而問序於余。余聞"福由德致，仁爲壽徵"，以先生之孝友德義，固宜享此大年，使蒲輪繡帛下逮里門，雖古賢士大儒何以加焉。況以桂茂蘭叢，森列階砌，登仕版、列賢書者，行見聯翩而起。吾知葱鬱佳氣長滿五福之堂，而鰲海仙籌且與歲而俱添矣。是爲序。

樊橘翁先生六十壽序

事有有所爲而爲之者,有無所爲而爲之者;有求之而得不得未可知者,有不求而決其必得者。銳志於進取之途,致力於榮世之業,有所爲而爲之者也;獨行根於性,成而不望知,陰德成於義,舉而不圖報,無所爲而爲之者也。若夫崇名厚實,震耀眩赫,一切可驚可羨之事,皆得倖以智取力致,獨至於五福之壽,則懸之茫茫,索之冥冥,雖貴爲卿相,富擬王侯,良、平之智,賁、育之勇,卒一無所施,以聽其自至,則所謂求之未必得,而得之不必求者也。臨汾樊菱川,以名進士官於朝。乙巳歲夏五月,爲其尊甫橘軒先生六旬誕辰,同人之官都下者相率製錦稱觴,以爲先生壽。余隨賓客之後,舉爵而言曰:君等固知先生之所以壽乎?先生孝子也,弱冠而孤,祖母李、母黃兩太宜人孀居在堂。先生板輿奉侍,得歡心;撫幼妹,意無弗至,內外無閒言,卒能刻苦成立。大吏重先生之行,以李太宜人節聞於朝,得旌,黃太宜人亦以旌恩被褒贈焉。先生義士也,葺學宮,建書院,皆以身任。歲偶歉,輒傾囊爲之施。鄉人賴以婚葬者,無論數十家。浙倪君雨林,名宿也,館於家,念其老而乏嗣,不遠數千里,致其室於晉。此數者,皆當世所謂難能而可貴者,而先生行之無德色。先生性既淳篤,尤好讀書。自少不喜爲帖括,學獨探求性理諸書,服膺於薛文清公《讀書錄》,病傳寫多訛,親加校正,付梓人以廣其傳。又絕不喜飲酒,興所至,輒爲詩。書愛顏魯公,日臨摹不倦,然不以此名也。尊人續長公以來,兩世早孤,無兄弟。至先生,乃有丈夫子十一人。長名士鋒,令陝之靖邊。菱川名士鑑,其叔子也。余皆好學能文,有聲庠序閒。今先生年及耳順,而康強矍鑠,視聽不少衰,然則天之所以顯揚而昌大之者,由是以至期頤大耋,正未有艾。是豈求而後得、有所爲而爲之者歟?抑不求而得、本無所爲而爲之者歟?余於先生之壽徵之矣。衆賓聞余言,皆曰:善!爰拜手而書爲序。

鄭彥伯先生七十壽序

中條之麓，涑水之濱，有隱君子焉，曰彥伯鄭先生。先生以明經家居，敦孝弟，崇禮讓，無一事不以古人爲法。薰其德而善良者，如羣飲於河，漸引漸滿，各極其量而止也。歲丁酉，先生仲子潤齋，與余同時選拔。明年，余濫竽詞館，潤齋又以校錄《四庫全書總目》留京師，頻過余，是以獲稔先生之爲人。越六年，潤齋以考滿授江南泗州別駕，將之官，謀假道歸省，跽請迎養，而先生適以是時爲七旬華誕，因乞余一言，以歸娛其親。余不文，復不耐爲祝嘏浮諛之詞，謹述所聞先生之積德，以當南山一卮，可乎？先生生而端厚，天性過人。幼時，親嘗有微恙，憂泣至不能下咽，侍奉湯藥，浹數旬衣帶不爲解。恙已，乃復初。同産僅一姊，友愛最篤。太夫人既没，篋中物悉遺姊，纖芥不忍留。祖澤九公貽"寬厚傳家"四字，先生懸之壁間，俾代書紳，以蘄無愧於先人。同族二百餘家萃處里中，過從罔弗驩。貧不克舉火者，析己田屋給之，察其子弟聰慧可讀書，而力不足以延師，輒令偕己子共筆硯，族中譽髦往往賴以成立。先是，族有祠堂爲風雨所侵，先生之父樸庵公竭力修葺，迄今承先志不敢懈，遇拜掃，倡族衆爲奉先會，必誠必敬，未嘗有倦容。性慷慨，重義氣，戚里眦眦爭，先生至，一言即解。或以匱乏告，傾囊救助，立券，欣然受之；恐不受，則其人德我也，久乃付之一炬，亦不使其人知。治閭里公事，獨爲其難，雖勞瘁未嘗辭，其天性然也。余嘗謂士君子出一語，舉一事，必有濟於物，始無愧於心。在官，則當勵廉明勤慎之操，以守其官；在鄉，則當敦睦婣任卹之風，以化其鄉。近世榮青紫，而於月旦多忽之，求如先生之所爲，百不覯一矣。先生嗜讀書，課子尤嚴，嘗手錄先儒格言，提撕警戒，俾知所師法，勿屑屑於章句。膝下丈夫子三：長蒼沛，次即潤齋，三晉昆，均能不負先生之教，卓然有以自立，而潤齋又捧檄江南，惓惓以迎養爲請。先生將乘板輿，恣遊歷，徜徉於丹山碧水之間，以頤養其天和，而益臻於耄耋。《詩》有之："令德壽豈。"豈者，醑也。余知天所以醑先生之積德方未有既，而潤齋之得以娛其親爲可羨也。是爲序。

賈翰翁先生六十壽序

余初游太原，聞翰翁賈先生之賢，心竊向往之，而未之識。既而與先生之子昌就學書院，且爲選拔同年生，拜先生於里第，於是嘉言懿行，余得稔知之。先生天資純篤，自其少時，不好嬉戲，嗜讀書。父某公授之章句，甫成誦，輒能解大義；有所疑，反覆諮詢，必盡晰乃已。操筆學爲文，則灑灑數百言，驚其儕輩。遭母蔣太孺人之喪，年甫十三耳有兩妹尤幼，先生黎明詣塾中，力學至晚歸，攜持保護，問衣問食，惟恐友愛弗至，增父憂。事繼母羅太孺人甚恭，依依膝下如蔣太孺人時，羅太孺人亦曲意翼覆之如己出。顧以讀書積勞故，邁弱症幾殆，醫養經年始漸可。祖某公時猶在堂，素鍾愛先生，乃命代主家政，勿復事詩書。蓋其身體康強，皆賴此數年調攝之力。然以早棄儒業，弗獲卒讀，與文人學士角勝詞壇中，心恒以爲歉，故其教子昌，不使少懈。昌曾爲余言，昌八齡，出就外傅。每夕，輒令背誦日所誦書，必無一字不熟，乃使就寢。有暇，輒至館中談文藝，聽咕嘩，至夜分不倦。尋爲延名師，課舉子業，修脯必從厚，嘗諭昌曰："吾雖力薄，汝果獲師，益階上進，即竭蹶，吾亦樂之。"洎昌以選拔貢成均，旋校錄《四庫全書》，復諭之曰："吾棄儒業久，今見汝獲寸進，吾心稍慰，但前程遠大，當努力勤學，繼汝祖書香，毋自畫。"其訓誨諄切類如此。先是，祖某公既命代主家政，內外井井悉有法。及某公即世，父某公已先卒，先生哀毀盡禮，營兆域，葳葬事，敬慎無悔。伯叔兄弟皆倚賴之，遇冠昏諸事，躬自摒擋，豐儉咸適宜。弟姪輩或染疾，爲視藥餌，必使復初，否則寢食不安，故自某公以下三十世至今，同居家庭之間，雍雍如也。先生性慷慨，不屑屑較量多寡。尊長有命，未嘗敢違。族衆有所須，或能爲力，輒身任之，弗諉謝。與人交，力敦古道，不爲利己損人之事。雖厮養輩，撫之極有恩，有服役二十餘載不忍去者。蓋先生純篤之資出自天成，不假勉强而然，故孳孳爲善，久而益力。傳曰積善有餘慶，修德必獲吉。以先生之賢，成義方之教，內有以敦孝友睦婣之實，外有以勸慈和廉讓之風，一言一行，靡不協乎人心之所同，然而得乎天理之所共具，則其所以受繁祉、邀顯譽者，豈偶然哉！乙巳歲大呂之月，爲先生六十初度，而昌適以是年校録期滿，議叙廣文，循例請封如其官。爰是同譜之人謀所以侑觴，合詞屬余。余雖不敏，然知先生之賢久矣，謹就所知，書而歸之，俾爲之序。

照遠王太先生壽序

恒山之北稱善士者，必曰照遠王君。君之孫士元，於余爲同年友，游京師，晨夕相過從。余因稔知君之嘉言懿行蓋多可傳，而又克享壽耇，膺福祉，一堂備四代之榮，二老具百年之慶。於是鄉之人謀製錦焉，而同譜之介眉者問序於余。余惟積善之家，其後必昌；篤行之門，其氣必厚。然使冀其昌與厚而始爲善，則其善也可知矣。以余所聞王君之蓄德，其真不愧善士歟！君生而端慤，弗干聞達，孜孜以守樸力行爲己務。其事母馬太孺人也，菽水承歡，斑衣娛志，慰柏舟之苦節，履負米之遺型，數十年如一日。君之德配李孺人，雞鳴戒旦，善相夫子，伯鸞之莊，冀缺之敬，無以過也。生丈夫子三，冢嗣爲余年伯裕後先生，誦詩秉禮，讀書教子，識者謂世德彌光，家聲永茂焉。孫八人，士元其長也。士元以英雋之才，膺特達之選，明經高第，袠然貢成均。士大夫與交遊者，嘖嘖稱其賢，而以余觀其爲人，欿然常有以自下，其意念深矣，抑亦燕詒之謀有馨焉者乎？君之居鄉，視家尤謹。見人之善，必獎勗之；見人之不善，必訓誡之。先是，宰社里中，至公至直，無懼無阿。當事者曾以"表率閭里"旌其門，鄉人迄無異詞，其見服於衆也如此。夫士君子守一官，必盡一官之分；涖一事，必求一事之益。若夫里居不仕，則惟有潔身砥行，俾一鄉之人，父詔其子，兄勗其弟，相與敦孝弟廉讓之風，而一切澆漓浮夸之習，將不戒而自戢。嘗觀西漢王烈之篤行，慨然謂吾鄉之中，必有聞風而興起者，君庶幾近之矣。然則君之享壽耇，無意於壽而壽自臻；君之膺福祉，無意於福而福自致。天之報施善人，余知未有艾也。余昔隨宦鄱陽，往來代朔，越雁門之古塞，望北岳之巃嵷，鬱鬱蒼蒼，橫亙千里，意必有忠信淳樸、磊落瑰奇之士生乎其間，如君者非其倫耶？余之慕君久矣，而又重以士元之請，遂不辭而爲之序。

趙母王孺人八十壽序

《洪範》五福，壽居其一，顧人之獲福而至於壽，必自惜福始。吾鄉唐魏之遺風，生其間者，類能敦節儉，薄豪華，根諸天性。閨閣中於此尤兢兢，如王孺人之克享大年，豈偶然哉？蓋其幼嫻詩禮，長配名門，操井臼以奉姑嫜，潔資餌以和姻戚，一米一粒惡棄於地，寸絲寸縷戒荒於嬉，推之相夫以順，訓子以義，罔弗本勤儉之良箴，爲持家之要道。夫敬天者，天之所祐也；愛物者，物之所歸也。故克頤養脩齡，躬膺厚福，覯孫曾之成立，衍積慶於無窮。持驗近今，式觀前古，淑媛壽母，無以踰斯者矣。國家承平，百有餘年。億庶繁昌，洊登大耋。比年地方大吏以壽民夫婦入告者，動輒數十百計，無不仰邀昇平人瑞之旌。蓋上之休養生息，有以躋斯民於仁壽，固若是之碩大而厖鴻；而吾民之飲和食德，優遊歲月，咸知敦生計，勸農桑，用以豐衣食而長子孫，其邀福於天，克有以載之也。今孺人之嫕行懿範，余雖未得其詳，然歐陽氏有言："見其子之賢而有立，則知其母之義方。"余於孺人亦云：夫博采風詩，表揚幽德，史氏之職也。余故推孺人惜福致壽之由，而卜其家之且將興也，使弁諸錦，以爲之序。

學師鄧綬翁先生七十壽序

今上七旬萬壽之明年，姑洗之月，爲吾師綬翁先生七旬華誕。邑之老成秀士沐先生之教澤，思有以侑觴而介壽焉，問序於余。余昔隨宦上黨，先生以名孝廉需次家食，抱道德而能文章，非苟同流俗者。嗣先生秉鐸來壽邑,余爲諸生,竊見先生之教,約而能詳,嚴而有體,日與諸生講求性命根本之學,不屑屑於章句。生平著作甚富,大抵原本仁義,根柢性情,讀所作《會講堂百言賦》,灑如也。夫國家衆建師儒之官所,使扶持名教、作育人材也。人材之盛,在乎敦勸之得其道,而訓課之蕲其實。吾壽僻處山隅,然百餘年來英賢輩出,科第聯緜。繼此者,或從而嬉焉,乃頹然壞矣。先生燭厥弊,至則慨然以激揚士類爲己任,飭士習,獎實行,勤督課,廣樂育,宮墻巍煥,文教聿興。翼翼然,雍雍然,曳青衿而游黌序,不問而知其爲先生弟子也。蓋先生造士之苦心,十數年於兹矣,猶憶丁酉歲,賓興之期,鶴集泮林,翔鳴累日,余適以是科第五人舉於鄉,而秦君尚志領解。一時論文運者,嘖嘖徵鶴,而不知先生之教澤實有以致之。洎余次年成進士,入詞林,先生郵寄《咏鶴詩》,有"羽毛豐滿自飛鳴,仙風萬里到蓬瀛"之句。蓋先生教士之化洽,而期望之心尤摯,故不覺言之而遂爲祥也。於戲!如先生者,可謂不愧師儒之職者矣。今先生年近大耋,神明不衰,而膝下三株,又克自樹立,濟美鳳毛。余知先生怡然有以自樂,益出其學問根柢之所得,以廣兹化道,俾壽之士風日益敦,而文運日益盛,於以知黼黻休明,蔚然爲山右人文之冠,則先生之教澤寧有既乎?是爲序。

張太翁八十壽序_{代大司馬周海山先生作}

孝莫大於顯揚,福莫隆於壽考。壽考者,凡爲人子之所祈,無不致願於其親,以抒其孝。然而凝禧集慶,克享者少,故孝多不著,福亦多不備,安能人人奉丹詔而膺朱紱,俾四方賢士大夫,羣相歌頌於靡已?以余所聞,張太翁之獲福崇矣,抑厥德有裕焉者乎。其居家孝友,則茅容之炊黍、姜肱之長被也;其與人信義,則季布之然諾、魯肅之指囷也;其讀書績學,則五車博物、三賦騁詞、泮宮之繡虎也;其義方訓子,則才富青錢、經傳黃石、謝家之寶樹也。夫積德之家必興,達人之後必大。以太翁之賢,使其遂功名、拾青紫,展經綸之夙抱,樹勳績於當時,未必不卓然可觀。詎知天之篤厚於斯人者,不於其身,乃於其子乎!太翁娶於侯,生丈夫子二:長某增廣生,未竟厥志;次濯,少習韜略,甲午領鄉薦,戊戌成進士,以二甲第四人授花翎侍衛。現官京師,於余爲通家。虎氣騰上,干城之選也,與濯游者,咸謂其得庭訓之力居多。恭逢今上七旬萬壽,孝治益宏,詔許內外文武臣工,各請封其親如其官。於是太翁得受封昭武大夫,且於是年十月爲八旬誕辰,其鄉之僚戚謀製錦稱祝,叩余請序。余雖未與太翁游,然以濯之克舉其職、能孝其親卜之,則太翁之福,正未有極。夫生際昇平,薦臻耄耋,可謂幸矣。矧有子而賢,功成名立,榮分晝錦,寵錫龍章,濟濟莘莘,一門協慶,顯揚之孝聿彰,壽考之福彌永,余益知太翁之德有裕焉者也。是爲序。

弓母王太恭人八十壽序 代大宗伯德定圃先生作

弓泉岡太守,余昔視學三晉所取士,以名進士起家,邑宰不六年,洊擢今職,蓋其爲治大非俗吏之能企及也。聖天子慎重吏治,特諭封疆大吏,察有司之才而賢者,專疏奏請引見,恩予簡擢,所以鼓勵人才之意至深且厚。往歲,太守以速獲鄰境盜渠,兩膺薦剡,抵都來謁,見其玉粹金和,溫然長者;諮以地方事宜,則侃侃立談,愷切周備;問詳家世,知太守之賢,其來有自。先是,太守令內黃,迎太恭人至官署。每公判事畢,太恭人輒詢問讞決何案,全活未滅者幾人?有則色喜,無則愀然不樂。性習儉素,不喜紈綺鉛華,自其來歸朝議公也,一燈佐讀,五夜鳴機。洎舉二丈夫子,咸教之成立。以至太守既貴,數十年來,無故未嘗着錦綺。階前孫枝森立,或稍涉華飾,輒譙讓之。遇祭祀、賓客之事,則必命豐潔盡禮,其中度如此。當太守之由內黃遷信陽牧也,太恭人以不願渡河旋里,時時寄語太守,勉作好官,勿以吾爲念。嗣太守擢任永平,太恭人聞之色喜,謂:"汝世代寒素,鮮仕宦,猥以微勞受聖主高厚恩,官至二千石,榮矣,當益勵冰兢圖報効。"太守謹誌之,不敢忘。以故太守之爲政,精明仁恕,出於至誠，潔己率屬，一介不苟。其治永平，無異治內黃、信陽時。廉能之吏，無負帝簡，無忝慈教，政行彪炳，豈不偉歟！茲以庚子南呂之月，爲太恭人八旬帨辰。郡之人士既相與祝嘏而頌禱之，而其寅寮以余與太守有通家之誼，丐余一言，爲太恭人壽。余嘉太守之克砥其守而不渝，而又喜其寅寮之相與以有成，因爲述所聞於太恭人之懿行，使知太守今日之大有造於是邦非偶然也。是爲序。

鈕太翁八十壽序 代侍御潘容齋作

壽陽居晉之東偏，爲古馬首邑。歲己亥，余典試至晉，道經其地，流覽山川之淳樸磅礡而鬱積，意必多忠信敦愨之賢與夫瓌瑋豐麗之士出乎其間，心甚向往焉，而郵亭一宿，莫之能詳。比試事既竣，有鈕生炳綬者，執贄來謁。詢其籍，則壽產也。詢其家，則二老皆享眉壽，而尊人浩翁先生之積德，適有類於余之所謂忠信敦愨，卓然不愧爲一鄉之善士，愈嗟異之。越五年，余以視學黔南秩滿，來京師，復晤鈕生，於是浩翁年八十矣，猶矍鑠，神明不衰。其孺人溫，亦皓首齊眉，康健如昔。夫積善之門，必有餘慶；敦行之士，多享全福。人但見其慶與福，而不知所以致此之由，正自不易。翁少時，家苦貧，已乃棄去，學古陶朱、白圭之所爲，操奇贏，握管算，雖錙銖不忍損，貲遂積，稱素封焉。性好善，嘗患膝軟臥，日誦《覺世真經》及《陰騭文》，以爲常。或諫其疲，則曰："人不可無事，無事則心放。吾之爲此，欲以收放心也，何疲耶？"先是，翁於襁褓中，父綺季公及母某孺人見背，伯父玉之公撫若己出。迨玉之公之卒也，翁潸然曰："吾少孤，嘗以得付伯父爲幸。今已矣，吾何以報哉？"乃進諸子弟訓之曰："吾遵伯父教，知立身立家不外勤儉二字。汝曹少年，席豐履厚，當思一絲一粒來處匪易。倘習於驕肆，耽於逸樂，讀書不邀一命之榮，服賈不獲三倍之利，均爲不孝。"其家訓諄切類如此。生平敦信義，鄉人重之。蒞斯土者，遴爲社倉長，董理經畫，一無所私。前後歷十餘載，屢以老病辭，卒勿許，蓋難其選也。膝下生子一，即炳綬。

余謂翁之一生,備閱艱難困苦,未嘗有所憑藉,卒能以心計肥其家,而復嚴義方之訓,以興其家。故炳綬既以名諸生舉於鄉,詩禮衣冠,彬彬繼起,翁得以桑榆晚景,優遊太平之歲月,怡然恒有以自適。鶴□□□□長此膺厚福,衍餘慶,所謂士之瑰瑋而豐麗者又於是乎在,非其□□足以致之歟?抑斯土淳樸之氣篤生自不偶歟?或請於余曰:"翁生長於壽,齒適與之符,且有隱德。君盍爲文畀炳綬,俾歸而書之於錦,以榮其親,并以告其鄉人。"余曰:"唯唯。"遂不辭而爲之序。

李處士七十有一壽序

自古未有行成而名不立者。行著於一家,則一家稱之;行著於一鄉,則一鄉稱之;行著於天下,則天下稱之。名之所及有廣狹,行則一而已矣。余友李曜東之兄處士某,素行脩潔,爲鄉人所稱。余耳其名有年,得曜東爲余覼縷言之而益信。君幼明敏,以家貧故,服賈不習儒業,然最重讀書,知大義。當曜東少時,延師課讀,竭力督勉,無弗至。曜東獲□□□□□領鄉薦。君之子三,其一入庠序有聲,性坦易正直,與人交不設城府,從無急言遽色。其存心行事,率皆異乎世俗之所爲,有古長者風,以故鄉人重其行,嘖嘖贊美不置,所謂行成名立,其庶幾焉。余嘗謂人之一生,其賢否,無論達與不達,莫若鄉黨之品題最真且切。其達者,鄉之人猶或憚其勢位,而不敢明言;否則嫌於阿好,而亦不肯直言。若夫窮而在下,外無攀援標榜之可依,內無豪華富厚之可據,乃其一言一行,人人欽服,奉爲儀型,而親近愛慕之不□。其故何歟?豈非以古道自在人心,而月旦之評有不可以稍爲假易者歟?然則如君之名,雖未及於天下,但觀於其□斯素行之敦於家,而型於世,概可知已。曜東以乙卯之冬需次廣文於京師,將歸,復爲余言:"鄉人以□年七十有一,謀集錦爲壽,辭不獲已,而未有文以弁其首,請子一言以爲光寵。"余愧不文,然曜東之請不可以已。爰就所聞,書而歸之,俾爲之序。

弓仲錫六旬壽序

壽言之作,昉自近代,類皆録其人生平行誼之美,爲之闡述稱揚,列諸屏幛間,以爲交遊光寵,亦猶古者介眉頌禱之意也。然必其人有可稱,始相率爲之,否則未有聞焉。若仲錫者,余與之交四十餘年矣,托肺□至戚,深知其爲人。憶其少時,就家塾讀書僅三載,以家貧故,未遑卒業,去而學賈,非其志也。性特聰敏,雖在市肆中,暇輒披讀,讀輒解析大義,明於古今事理。每議論得失,多與古暗合。且勇於爲善,稱公正。遇事審度是非可否,有決斷。他人數十言不能了者,輒以數語了之。與人交,坦白豪□,妙於語言,或廣衆會集,至則一座爲之盡歡。重信義,不苟然諾,尤爲人所折服,其襟懷磊落有過人者。夫以仲錫之才,使其得以刻苦讀書,就功名,必能拾青紫,取仕宦,固屬易易;即仕宦矣,亦必能奮發有爲,卓然見用於世。奈何不遇,而終以市隱也!顧嘗自念先世書香不敢失墜,督其子讀書成立,克繼己志,豈非爲善之報哉?比者年周花甲,精悍之色,見於眉間,和易近人,興復不淺。親串鄉族無少長,咸樂與之游。於其懸弧之辰,將謀製錦稱祝,用以揄揚其行誼之美,而乞余爲文以弁之。蓋以余之知仲錫深也,爰不辭而爲之序。

白桃花賦 以"名爲銷恨,淡欲無言"爲韻

何玄都之仙植,霏雪浪以舒英。別晶枝於爛漫,儼一色之空明。夾岸千株,噴出晴烟漠漠;沿堤萬樹,籠來香霧盈盈。出塵埃而不染,飄露井以常清。度縹緲之仙風,奇葩溢目;沐廉纖之春雨,雅態橫生。錫命則冰桃異品,凝香則白雪齊名。爾其秉金精而煥發,乘木德以花滋。綽約籬開,不共緋紅鬥麗;依稀竹外,時逢三兩連枝。謝雕飾於天然,空即是色;迴芳菲於凡艷,粉不同脂。信繽紛兮獨絶,矜絢爛兮奚爲?倘種向仙流,疑傍白雲之閣;即折從嬌女,還歌《白紵》之詞。彼夫華林月夕,上苑烟朝。砌堆碧綬,階列紅綃。緗

核含霜而灼灼,紫文帶露而夭夭。莫不妬風流於紅粉,競粧點於妖嬈。豈若冷艷高標,珠簾忽捲;清華遠映,銀蒜徐飄。亭亭明月樓頭,映玉人而體素;皎皎春風閣外,降仙子而魂銷。人面曾逢,閒倚朱門寂寂;仙源何處,杳然綠浪迢迢。敷榮不伍於凡卉,振採豈遜乎瓊瑤。故其爲狀也,吐秀疑慵,含芳似怨,如萱草之忘憂,若海棠之尚困。香腮淺暈,微留漬酒之痕;粉頰新勻,爭奈長春之恨。類臙脂之不買,慢誇翦錦裁綃;宛淡掃以爲容,何羨梨嬌柳嫩。風光助其嫵媚,居然色淡而香清;勝地藉以翩翩,一任紅千而紫萬。豈入畫不屑丹青,而對月獨深纏綣者哉?於時宿雨初晴,春流乍覽。辟餐霞之玉洞,攜晶枕以遨遊;開醉月之瓊筵,引珀杯而恬憺。對茲雅素,誰憎柳絮?同縣契彼,幽貞共道。毳衣如菼,披輕颸而拂拂瑤葩;璣蕊同清,滴曉露而溥溥雪貌。冰姿共淡,不煩灑墨自爾;參差幾見,拋丸誰徵顪頷?如識去年崔護,免題紅玉之篇;或逢前度劉郎,不作朱霞之感。而況古艷撩人,鮮華駭矚,逐旖旎於楊花,寫喧妍於朝旭。光搖銀海,占九十而常春;影入瑤池,幻三千而何欲?輕雲落地,莫尋雨片之紅;古渡成林,記取波紋之綠。祇疑送酒人至,爲洗艷粧;豈思跨鶴雲來,漫栖仙躅。種樹祇應天上,傳聞洞口茁瓊葩;開華非復人間,爭道藍田生寶玉。乃歌曰:明珠作蒂玉作柎,英英白雲葉何紆。不數天上千株榆,冰膚雪肌姑射姝。何人爲寫玉人圖,等閒覓得武陵無。又歌曰:幽人守芳素,達者悟真源。白雪紛開落,桃花終未言。

青藜照讀賦

古有博學,生於漢庭。名著卯金之子,精感太乙之星。中秘攤書,羅玉軸金題之富;石渠炳燭,現赤文綠字之形。鳩杖何來,映琅函而乍碧;虹光欲吐,依竹冊而還青。異鑿壁之微明,真氣忽驚牖戶;覘虛窗之朗照,光華直透疎櫺。於時圖書燦列,翰墨標題。插架則雲章寶笈,紬文則玉檢金泥。前席頻移,雅耽懷於探討;焚膏屢繼，勤錐誦於參稽。乃非暗以爲投，驟捧夜光之璧；旋自他而有耀，若揮碧海之犀。徹五夜之孤燈，熒熒在望；對三更之皓魄，朗朗何迷？蓋惟中壘遊思於竹素，斯神光遂協於然藜也。想夫翠餤旁敷，清輝遠耀。爝火匪奇，明珠差肖。燭冊府之琳琅，闢書淵之奧窔。依金闈而璀璨，紛披星斗之華；開玉局以晶熒，仰挹天雞之照。魯魚混目，鼇點畫以分明；蝌蚪殊文，現形模而各妙。縹若蓮炬之舒葩，煥若晨光之吐曜。牙籤動處，增丹黃鉛槧之奇；斑管窺時，得鳥篆蟲書之要。爾乃舒青睞於蘭臺，披青箱於天祿。下彼十行，豁我雙目。口不絕吟，書必手録。娜嬛福地，那尋燭影之三條；宛委名山，豈借螢光之一斛。發蕓香於古帙，潛形之脈望應飛；吐正色於寒芒，映月之方諸可伏。見所未見，展卷則碧餤森森；神乎其神，啓矇則幽光煜煜。儼虛室之生白，炯炯迎眸；宛蠹簡之騰輝，琅琅佐讀。何只五車績學，聊映雪以編摩；長此七略傳家，味經腴於卷軸。我皇上炳煥鴻圖，輝煌典故。館闢三通，書藏四庫。光華復旦之昌期，千載一時之隆遇。原原本本千百代，薈萃儒林；炳炳麟麟億萬冊，包羅藝圃。微臣校讎分職，愧無光禄之文章；巍煥論功，竊陋漢家之詞賦。

以德爲車賦

建極維皇，起化自邇。聲訖殊方，象符同軌。宅中御宇，周六合之絣幪；出治乘權，範八紘之率履。統羣倫而在宥，廣運自覺無爲；錫五福而斂時，推行必有所以。故東漸西被，共覘輻輳之何奇；而帝驟王馳，堪驗樞機之在己。思夫利用之器莫如車，天下之肥本於德。德隨在而咸宜，車攸往而靡忒。是以聖王之恭己也，獨持要道，而絕少操縱之形；其運世也，不設成心，而自協疾徐之則。法天行於斗運，象孚乎坤轉乾旋；葉至理於鸞和，道範乎轅南轍北。利有攸往，王道著其蕩平；與時偕行，天衢占其正直。蓋以道通帝載，化洽氓蚩。開康莊之路，達忠信之逵。含圓神以爲蓋，裁方體以爲維；秉亨通以爲轂，守貞幹以（爲）軹。平正通達致其用，聖神文武立其基。

倚衡而至理咸昭,本體豈輪轅之飾;攬轡而斯民在抱,範圍無轍迹之歧。馭九有而奉三無,羣識指南之化;運八方而持寸軸,寧誇致遠之奇。是故無遠弗屆者其德,四達不悖者其車。蕩蕩無名,儼執綏之和協;惛惛式度,怳秉策之安舒。雷霆震而不驚,見珮玉鳴鸞之合節;置郵傳而更速,識和風甘雨之隨輿。而聖人者,方且弭節清虛之府,息駕太一之居。弗擾擾於功利之趨逐,非汲汲於智術之補苴。德音徧千里而遙,孜孜靡間;德意放四海而準,恢恢有餘。彼夫美著結旌,音調玉輅。九斿昭日月之華,八表遵經環之路。寸樞默運於無方,厚載斯徵其有具。兩驂從靳,妙存神過化之機;六轡如琴,協敬信篤恭之度。我皇上心契中和,治隆淳素。御天體健,六龍挾華蓋同飛;應地無疆,五路與方圓永固。猶且念馭世之克艱,茂聖脩之日裕。道彌天而昭宣,化彌神而遍布。萬方效職,瞻星拱之同符;四海歸仁,頌德輿而獻賦。

五明扇賦

昔有虞氏,玄德承堯,昌言啓禹。奠四海之平成,舞兩階之干羽。既已治炳寰區,聲馳率土。協氣暢乎三靈,淳風覃乎九寓。乃猶慮賢自野遺,士與俗伍。四門之辟未宏,《九歌》之勸弗普。爰裁妙製,俾竭巧於工倕;肇錫嘉名,還受則於薰莩。側陋咸揚,袞職是補。出時延之車服,明試者三;佐解愠於南薰,揮絃者五。蓋將廣其路於明目達聰,詎惟申其意於陳殷置輔。今夫扇之爲物也,皓姿月偃,素體雲橫。或集翎以表潔,或削竹以舒莖。第一人禦暑之用,非九重馭物之衡。何情殷於納諫,號寶扇曰五明。豈假之以指揮萬象,抑借此以宣達羣情。徒觀其方圓協則,表裏含清。邁六角之玲瓏,綠沈璀璨;拂七華之瑰麗,白綺晶瑩。颯然而風自鼓,灑然而意還平。周武王之翣文,方斯未巧;殷高宗之雉尾,對此彌輕。而況舒捲機圓,張弛體變。振素海隅,宣風江甸。妙闔闢之因心,廣吹噓於羣彥。以岳牧爲指引,以夔龍爲吹薦。會蒲坂之風雲,走大麓之雷電。清飔披拂,結逸想於巖阿;浩氣舒徐,增微涼於寶殿。東西南朔,風動自爾凝休;吁咈都俞,翕受因而罔倦。惟公生明,非偏致眩。大暢登庸,旁敷帝眷。彼懼尊雖設,或虞挹注之勞;韜鐸誠懸,未覯應求之遍。此帝舜之求賢,所以取義乎茲扇也。今天子盛德昭宣,仁風布濩。開綸扇之寶笈,睿鑑高懸;羅儒席之奇珍,金甌永固。無一善之弗庸,誠千秋之隆遇。誦喜起之歌,參古今之注。竊惟盛代之掄英,揆虞廷而合度。敬搦管以摛詞,向明堂而獻賦。

君以民爲體賦

粵自胚胎既肇,品類攸分。物以本天者本祖,天以作師者作君。明聖乘權而首出,億兆託命於同羣。元后父母乎斯民,《虞書》論其肫切;聖賢時人之耳目,韓子喻其懇懇。推彼相關之義,莫如《緇衣》所云。夫以君之視民,豈但臂之使指。相去迥若雲泥,相懸不啻倍蓰。應運而生,昊天其子。思道則恭默爲容,主器則禮義是以。黈纊表元首之尊,堂廉嚴無二之軌。莫不仰帝座於九重,望君門兮萬里。將謂一體之相聯,恐非愚賤所敢擬。然而一人既統天下之人以爲人,一人之身即合天下之身以爲身。父事天,母事地,溯本源之所出;民吾胞,物吾與,知一脈之最親。飢溺必思由己,遊豫惟求便民。蔀屋雖微,課雨暘而若覯;茅簷雖遠,問疾苦而皆真。髮膚身體之傷,瘝痳每周乎黎庶;股肱心膂之寄,鞠育詎委夫臣鄰。儼祖父之愛子孫,恩深骨肉;非路人之視肥瘠,迹同越秦。豈不以民也者,醇醇悶悶,攘攘熙熙,雖不知而不識,曾難得而難欺。望澤情殷於引領,邀恩志切於觀頤。倘偶缺其飽煖,將重念夫瘡痍。一體違和,眾體爲之不快;萬民得所,一民慮或有遺。愛民若子之懷,類手足之捍頭目;視民如傷之念,同痛癢之切膚肌。主恩而無主義,相係而即相維。保赤胥歸天性,誠求詎假人爲?觀夫闓澤旁流,醲化四啟。六合不外一身,同心殊無二體。道洽乎東西朔南,德涵乎笙簧酒醴。統千百萬人而興感,大君爲課其農桑;合家國天下而俱肥,王道能操其根柢。舉凡德意之痌瘝,悉本天懷之豈弟。我皇上五福凝禧,八徵衍祚。積宵旰之孜孜,惟勤民爲要務。恩破格而頻加,富藏民而益裕。三免漕徵,五蠲正賦。閒入告乎偏災,仍賑施之疊布。一晴一雨,宸章每著。吟哦治海河,重帑屢頒府庫。皆曠古所未聞,洵千載之僅遇。微臣幸際昌明,均沾雨露。願隨皞皞者,共遊於春風化日之中,曾何《曲臺》舊説之足慕也哉!

六事廉爲本賦

稽周室之設官,既班爵而班禄。謂吏治之寅清,宜首嚴夫貪黷。旌廉著典,必思正本而清源;弊吏分條,不憚提綱而舉目。勗靖共於爾位,日宣之德惟三;矢精白於乃心,率屬之卿有六。彼夫學古入官,策名委質。上凜對揚,下膺撫字。忠孝不負平生,温飽初非本志。金揮暮夜,懼爲天地之知;衙署條冰,願作清白之吏。士若不貞其行,即屬官邪;智以近利而昏,能無心愧?凡百爾位,允以由守以及才,無貳爾心。勗哉!後食而敬事,事不一事。其目有六,六非徒六,厥本曰廉。明辨則意崇雅素,程能則志切撝謙。守法則奉行維謹,樂善則心性多恬。秉正則取與不苟,主敬則蹈履無嫌。合庶績而别其科,所優不掩所絀;集衆長而課其最,相成不必相兼。然而職雖分夫鉅細,理不别於洪纖。凡夫良吏之奏績,必由守己之維嚴。未有名節負慚於衾影,而才猷克著夫堂簾者也。觀夫佩金紫,咏素絲,或鳧趨乎丹陛,或鵠立乎彤墀,或繫圭組以莅衆,或秉符節以匡時。欲求無負於國,必先不苟所爲。往往名一錢而不屑,睨萬鍾而若遺。縱身飲貪泉,彌覺寸心不染;豈家依讓水,還云暗室無欺。聳貞幹之千尋,不啻桂生高嶺;寫清心之一片,何殊月照冰池。直哉!惟清效可覩矣。廉而不劌,一以貫之。彼夫《詩》咏司直之裘,《易》著匪躬之蹇。有猷、有爲、有守,並論而詞未專;曰清、曰慎、曰勤,首舉而義彌穩。惟儒吏之難廉,深所望於補袞。如經先緯,昭其意於志潔行芳;若網在綱,寓其情於善則端本。比諸唐之四善,立法獨見周詳；持擬晉之六條，定制尤爲深遠。我皇上炳離照以飭官型，握乾綱而澄庶務。瞻百寮之効績，盡矢廉明；即末吏之微勞，獲邀簡注。養恥而縻帑藏，典重朝常；退食而謹委蛇，恩深湛露。法廉備諸聖代，豈僅如漢吏之循；冰雪勵夫臣衷，願爲誦《周官》之賦。

棘猴賦

昔燕市之好奇，類談天於齊稷。有挾策之梓人，來遨遊乎上國。陳華説以自譽，攄至巧於胸臆。謂緣物以造形，徹毫茫而罔忒。遂鬥智於心猿，獨擅長夫削棘。思夫棘之爲物也，質受斧斯，形同茅塞，既非梧檟之良，孰假刮磨之力。將使國工雕琢，徒看結體之微茫；即彼意匠經營，仍苦象形之偪仄。何來妙手，縮猿臂而如拳；絶肖天然，現沐猿而屢拭。當其匠心獨運，取材概視夫洪纖；因而妙會通神，遊藝不操乎繩墨。技優郢匠，勿憂堊鼻之傷；巧過公輸，殊勝木鳶之刻。蓋其智緣意造，象與神謀。物無大而非小，思以幻而通幽。九折連蜷，乍闢羊腸之路；須彌剛岁，還容芥子之舟。體物肖形，具胸中之成竹；得意忘象，失眼底之全牛。借毫末以呈能，欲共邱封之輾轉；狀睢盱於升木，幾同鳥道之爬搜。微乎其微，塊爾之須眉畢具；動而無動，個中之斧鑿奚求？供奉何名，託微知於匠石；王孫有貌，煩諦視於離婁。此即蝸角盤旋，蠻觸徒歸髣髴；睫巢隱約，蟭螟莫覿綢繆。而况語小見斯道之妙，搜奇乃智者之儔。魯削宋斤，徒滯形於鑿枘；鼠肝蟲臂，可齊物於蜉蝣。薄而觀之，猶是場師之貳棘；神乎技矣，居然巌谷之獮猴。然而語似涉於子虛，跡已成乎風捕。求其人則迂，泥其説則固。憑虛而造，貫蝨或可成輪；執象以求，刻鵠反虞類鶩。蓋韓非之寓言，寧徵實之有具；逞博辨於滑稽，隨所觸而生趣。聖天子天縱多能，考文制度。既嚴技巧之誅，不廢剞劂之務。小臣身類鷦鷯，學慚書蠹。鑒思巧於穿珠，悟力全於搏兔。靜覘小道，長留篆刻於寫生；爲繹卮言，竊向棘槐而作賦。

程表朱裏賦

緬扶風之碩彥,開絳帳以培英。既性耽夫音律,無博辨乎形聲。截竹而吹,偶作郿陽之客;倚歌而和,疑聞子晉之笙。悟文質之相宣,管未拈而元音已具;合中邊以俱徹,響甫叩而妙趣旋呈。呼吸孰司其鑰,疾徐若守其程。寄微思於顧曲,洗俗耳於聞箏。搦長笛以作賦,寫情狀之如生。原夫笛也者,周笙師之所司,漢邱仲之攸肇。義取滌濁而揚清,聲本由裏以達表。表非裏,無以寓其機緘;裏非表,無以傳其縹緲。條理自具夫始終,高下仍調乎純皦。異琴瑟之在御,逸韻迢迢;詎笙磬之同音,餘思嫋嫋。外觀弗耀,合程度而神凝;有美在中,借朱華而色皎。發天籟於寥空,別中聲於分杪。握管雖多,知音絕少。其程表也,形同夏籥,濫異齊竽。非混沌之竅鑿,比疏越於絃朱。三尺二尺之調遞減,六孔七孔之製寧殊。玉尺初量,布指難逾分寸;黃鐘既定,吹灰不爽錙銖。戛戛生新,長短協自然之度;纍纍若貫,徑圍昭有定之模。類一手之所成,匠心獨巧;即兩端之並叩,全體同符。其朱裏也,質異白而中虛,色非黃而通理。渥必流丹,奪還惡紫。炳分離照之輝,燦若餘霞之綺。文章徵其素蘊,恒匿彩而韜光;心手得以均調,由返聽而內視。吐真容之點點,只在個中;含赤燄之重重,獨歸皮裏。朱絲比直,昭質本自無虧;彤管增華,情文因而並美。豹不厭其全窺,黍無差於頻累。是誠裂帛之先聲,倚樓之嚆矢者已。我皇上德備中和,樂成韶護。全書探律呂之原,七音通古今之趣。鈞天之雅奏頻聞,薄海之謳歌遠布。八風從律,詎誇黍谷之吹;大樂同和,願譜洞庭之賦。

玉水記方流賦

惟浩渺之重淵,有瑤琨之美玉。涵璀璨以盤旋,應榮光而上燭。波心乍捧,開鐵網之千層;水面初擎,泛璇源之九曲。映出折還之象,鮫宮即是崑岡;浮來稜角之痕,赤水還看結綠。溯顏監之贈言,徵奇聞於《尸子》。璧匪產自藍田，璜乃浮乎渭涘。合南金東箭以爭奇，羅魯寶荆璆而著美。盈盈縠浪，連曉氣而還青；奕奕瓊華，映迴瀾而忽紫。奐若瑟若輯，諸石而質已成珪；瑩如皎如藏，自淵而德仍配水。夫其瑞靄山輝，象通川媚。色潤而溫，質精以粹。既結信而懷忠，亦浴仁而抱義。廉隅見其渾成，特達高其位置。不貪爲寶，絕無求售之心；深藏若虛，豈洩精華之秘。然而鍾秀惟天，愛寶非地。本晁採之欲浮，寧層波之可閟。類彼珊瑚七尺，茁海底而尋根；那同瓊樹三株，向山巔而吐異。甕則磊砢以達河，磬或倨句而浮泗。他日瑞連蒲穀，盡成廊廟之珍；此時寶獻璠璵，欲譜璿源之記。爾乃騰海市，吐夜光，列琛賮，備琳琅。瑤波微動，盂水同方。臨風則寶樹玲瓏，恰映方塘鑑碧；吐氣則長虹宛轉，驚看方澤琮璜。疑方罟之涵秋，長天一色；儼方諸之印月，在水中央。瀲灩浮來，孰遇圓而成璧；觚稜起處，寧得半而爲璋。猗彼碧藻朱英，不逐勻圓之浪；縱謂一波三折，莫淆圭角之芒。至若連城著望於國寶，衝牙鳴佩於清流。器不雕而不琢，性若沈而若浮。攻向他山，豈出模棱之手；釣從海客，勿登屈曲之鉤。刀擲昆吾，削向一泓水底；峯攢羣玉，飛來千頃波頭。驗抱璞於深淵，類正人之甘自守；占握瑜於滄海，宛良士之重好脩。故知物象之瑰奇，堪飭儒家之趾步。象孚瑟彼，方將比德琮璜；譽著溫其，雅欲納躬矩矱。況今聖天子端拱凝旒，摺斑式度。開淵海而上列球圖，貢瑞琯而羣覘琛賂。敢隨閬圃之奇珍，敬捧琅函而獻賦。

袖爽軒文稿 二

祈雪疏

同雲被野，玉屑爭霏；珠霰排空，瓊花欲綻。仰豐年之膏澤，端賴神貽；盼瑞雪之霑濡，實資民福。乃今三冬過半，六出猶稽。日誠可愛，雖多負曝之春；旱恐爲災，不減祁寒之慮。豈虞越犬之吠，片璧奚珍；無假柳絮之飛，寸珪何惜。鳴鴉隴畔，青青之覆麥將枯；擊壤村中，拂拂之塵埃漸起。瘡痍多患，均由積暖之過亢；瘟疫將興，惟願飛霙之早降。民之戚矣，神豈怡然。某忝涖此邦，憂心如擣。睠時序之未調，深慚政拙；念輿情之久鬱，竊籲神聽。伏望速賜瓊瑤，廣爲布濩。終南一色，添瓊樓玉宇之觀；東郭千村，類澍雨甘霖之遍。澤沛則層塍脈潤，膏流則比屋歡騰。行見龍宮赫奕，椒馨與賽鼓交陳；寶罕飛揚，廟貌共漳流永奠。快覩三白之祥，允符萬家之祝。

公謝緩徵大同府屬積欠錢糧疏 _{乾隆五十三年}

奏爲恭謝天恩事。本月某日，內閣奉上諭：山西大同府所屬積欠錢糧，著緩作兩年帶徵等因。欽此。

欽惟我皇上壽宇延禧，惠心孚吉。萃千百萬戶之恬熙，耕鑿羣歌帝力；積五十三年之休養，宵旰每切民依。裕葢藏於粒食，當有秋而尚念艱難；寬逋賦於田家，雖應徵而仍懷體恤。有加靡已，至德難名。昨歲雲中末郡，偶因秋暵微告，未遽困於輸將，致上煩夫補助。按丁授食，人餘太府之金；減額稽徵，戶飽天庾之粟。仰離光之遍炤，負曝與挾纊同溫；欽兌澤之宏敷，芹獻並嵩呼共切。而且重申巽命，普錫春祺。青黃不接，州縣廳再沐恩施；賑借頻加，左右衛亦叨煦育。饁餉歡騰乎，比屋競勸春耕；盈寧兆慶乎，今秋果逢大熟。登場築圃而後，榆關雁塞之間，徧謳歌於黍稌。正賦之完納爭先，覘廩積於倉箱；富歲之供輸恐後，而況額徵貯帑。力已從容，貸粟歸倉，分難刻緩。乃邀燾冒之鴻慈，謂當元氣之初復。逋課既數逾廿萬，完限竟寬至兩年。旨深藏富，較用一緩二而彌優；恩溥勸農，計耕九餘三而自裕。茅簷作息，入睿慮而俯仰悉恬；溫綍周詳，合綉甸而撫綏胥徧。雖慈母之保赤子，無以加兹；惟大造之育羣生，庶幾若此。臣等職廁楓廷，情殷枌社。捧德音之疊沛，連井裏以臚歡；荷閭澤之均沾，盼鄉關而洽喜。域登仁壽，願偕黃童皓叟以同游；歲紀豐亨，謹隨巷舞衢歌而共忭。所有臣等感激微忱，理合繕摺，恭謝天恩。伏祈皇上睿鑒。謹奏。

奉旨：知道了。欽此。

謝授右中允呈稿_{乾隆五十五年}

呈爲懇準據情代奏恭謝天恩事。七月二十九日，內閣奉上諭：祁韻士補授右春坊右中允。欽此。

竊臣山右寒微，至愚極陋。由乾隆四十三年進士，蒙皇上天恩，拔置詞垣散館，授職編脩，充國史館提調兼總纂事。上年京察一等，蒙恩記名以道府用。涓埃未効，時切悚惶。兹復仰荷溫綸，補授右中允。驟遷清秩，感超擢之難名；自揣庸材，實循省而滋惕。惟有勉竭駑駘，勤慎行走，以期仰報高厚鴻恩於萬一。所有感激下忱，理合具呈，恭謝天恩。伏祈中堂據情代奏，實爲德便。謹呈本日軍機處繕摺代奏。

奉旨：知道了。欽此。

公謝緩徵永濟六縣錢糧倉穀疏_{乾隆六十年}

奏爲恭謝天恩事。八月二十五日，內閣奉上諭：蔣兆奎奏山西蒲州府所屬之永濟等六縣，因夏間得雨稍遲，以致秋成不過六分等因。欽此。

钦惟我皇上宝籙延禧,贞符协庆。遍垓埏而锡福,萃寰海以归仁。六十年宵衣旰食,无顷刻不念切苍黎;亿万衆毕雨箕风,每入告必恩加轸恤。因所利而利,同大造之育羣生;民之心爲心,逾慈亲之保赤子。维兹河中之一郡,不过晋省之偏隅。夏霖偶阙於山田,秋获稍输於邻壤。岁宁稱俭区,本非灾在编氓;葢藏素裕力,未遽困於输将。况比年丰稔频登,象更无伤於富庶;乃启曡吏之封章,辄荷圣明之洞烛。温纶宣布,谓六邑究属歉收;天语丁宁,虽一夫毋使失所。正赋许宽於来岁,家家馀太府之金;春逋并免夫追呼,处处饱常平之粟。入閒閻而代谋康乐,宸衷备极周详;勅官吏以实力奉行,恩逮益昭普徧。伫见十行诏下,欢腾蒲坂之津;悬知五色云开,颂满王官之谷。臣等职近枫宸,情关梓里。笃生计於农桑,仰叩眷顾;捧德音於纶綍,光切瞻依。感寿寓之咸登,永壮表里河山之色;沐恩波之广沛,勉敦唐魏勤俭之风。心殷负曝,偕黄童皓叟以齐欢;志切倾葵,率巷舞衢歌而共忭。所有臣等感激下忱,理合缮摺,恭谢天恩。伏祈皇上睿鉴。谨奏。

乾隆六十年九月初二日,奉旨:知道了。钦此。

公谢恩免六省钱粮十分之二疏 乾隆六十年

奏爲六省合疏,恭谢天恩事。九月二十四日奉上谕:前经降旨普免天下积欠,令各该督抚查明具奏。节经各督抚等查奏各省未完节年地耗正粮等项,共银一千七百十馀万两,粮穀米豆等项三百七十五万馀石零,俱已加恩,全行豁免。内奉天、山西、四川、湖南、贵州、广西等省,向俱年清年款,并无积欠。朕临御六十年,普免钱粮四次,漕粮三次。其馀水旱偏灾,蠲赈兼施,所费帑金不下万亿。所有藏富閒閻、爲小民谋生计者,无微不至。此等年清年款省分,小民踊躍急公,输将恐後。今转以并无积欠,一体邀恩,不足以昭平允。所有奉天、山西、四川、湖南、贵州、广西六省,向无积欠,俱着加恩,於下年正赋宽免十分之二。该督抚等务宜董率所属,均匀减免,酌定章程,報部查覈,以副朕愷澤頻施、恩加無已至意。欽此。

欽惟我皇上福疇衍慶,壽宇凝禧。六十年之深仁厚澤,宵旰時切民依;億萬衆之樂業安生,雨露恒欽下逮。溯自御極龍飛之歲,迄今紀元周甲之期,免直省漕糧者三,免天下地丁者四。偶遇偏災之入告,不惜國帑之頻頒。賑貸兼施,蠲緩備至。誠史册所罕覯,亦曠代所未聞。前者特降溫綸,普免各省積欠。飭置吏以清□,恩覃十八省而遍;計節年而全豁,數逾二千萬而贏。乃今澴命重申,渥恩載錫。念六省向無逋課,不在普免之中;謂來歲尚有徵租,許減十分之二。閭澤洵有加靡已,睿鑒真無隱弗周。臣等伏念,遼左爲國家根本之區,風氣夙稱淳樸。山右屬神京股肱之郡,生計素勸農桑,俗徵富庶。蜀江之沃壤原多化洽,邊隅黔省之民情獨厚。楚南擅川澤之利,灌漑盈疇;粵西饒山水之奇,田園彌望。地雖遠隔於疆輿,民盡心知夫愛戴。庶土之肥磽互異,比年之豐稔皆同。農多餘粟,納秸寧假夫催科;歲有常供,完課自形其踴躍。是以則壤維三,丁賦略分多寡;急公如一,顆粒不見追呼。蓋由年清年款,久已習慣爲自然;何期民用民情,竟叨鑒觀於格外。曠典之均沾最渥,慈懷之丕冒彌殷。不私一物,以上帝之心爲心;用錫庶民,合天下之樂而樂。計盈縮而富藏閭閻,寶稼穡不寶金玉;統億兆而安登衽席,利東北復利西南。董率期歸實濟,合山陬海澨而靡遺;體恤曲中輿情,萃畢雨箕風而共協。臣等誦丹詔之十行,矢欣榮於葵藿;捧鸞書之五色,思寄語夫鄉關。望繡扆而羣欽保赤,普天盡沐恩波。偕童叟而快讀謄黃,到處皆成樂土。願抒含哺鼓腹之悃忱,長祝無疆於仁壽;欲寫巷舞衢歌之忠愛,還頌有象於昇平。所有臣等感激下忱,謹合詞繕摺,恭謝天恩。伏乞聖鑒。謹奏。

奉旨:知道了。欽此。

《蒙古回部王公表傳》書成,奏請議叙疏 乾隆五十二年

奏爲請旨事。臣館於乾隆四十四年七月,欽奉諭旨:纂輯《蒙古

王公表傳》。九月又奉旨：將回部王公有封爵者，一體纂立表傳，並命臣等按照部落，各立三合字體，書成頒發各部，并同宗室王公表傳，以□字錄入《四庫全書》，用垂久遠。當經臣等遵旨，選□纂修各員，會同理藩院派出官員，詳慎編輯。嗣因繕寫三合字體，人不敷用，兩次奏明於八旗候補中書、筆帖式、生監人員內，考取繙譯、譯□、校對、謄錄等六十名額外，又酌取數名備用，並於吏部考取□謄錄內移取十名，照依趕辦。無圈點老□之例，令其自備資□，在館動力，隨同現派各員上緊趕辦。如果行走奮勉，迅速完竣，其量予議叙之處，臨期再行請旨，等因。

奉旨：知道了。欽此。欽遵，在案。

臣等竊查此書，係奉特旨新纂之書，並無舊本可循，且字分三體，功課浩繁，非分頭趕辦，不能及早完竣。因勒限督同提調、纂脩各員上緊編纂，隨成隨進。計自四十五年進書起，至五十年《□字表傳》全行進完。自五十年起，至本年二月，《清字表傳》全行進完，共一百二十卷。《清漢正本》，亦俱陸續另行進呈。其《蒙古字內扎薩克表傳》，亦於上年進完。除《外扎薩克蒙古字表傳》，書篇較多，未進完，臣等總裁不敢仰邀議叙外，所有承辦此書之滿漢提調、纂脩各員，編輯尚屬詳慎，其收掌繙譯、譯□、校對、滿漢謄錄及供事人等，亦屬奮勉，毫無貽誤。可否請照原奏，量予優叙，□處出自皇上天恩。伏乞聖鑒。謹奏。

奉旨：知道了。欽此。

蘭山書院告諭

查書院肄業生徒，理宜認真用功，按期作課，將文詩各藝悉心講習，以期工夫純熟，日見長進，不應稍有曠廢。近來察看諸生內，有志上進之士固不乏人，而□於作課，未免自暴自棄者正復不少。即如文課之期，每次不過六十餘卷，除附課外，內外課七十人計，止五十餘卷；即因偶遇事故，曾經告假，何至曠課多人；且所作文字，往往敷衍了事,甚或勦襲舊文,並倩人代作、代寫,潦草塞責,其平日工夫疎□已可概見。至逢八課期一賦一詩,課卷更屬寥寥,每次或少至十餘本。詎知所以添設此課者,原以甘省士子土音較多,聲律有所未諧,是以欲令隨時學習詩賦,推敲平仄,免致舛錯,乃羣視爲不急之務。殊不知律賦與詩同功,果能日常作賦,則平仄、詩韻不時翻閲,典故亦可多記,與作詩兩有裨益。但如果素日不諳作賦,亦自難强。若試帖詩,僅八十字,間數日之久,僅作一首,又有何難可畏?而亦苟安若此,吾爲諸生愧之。況明歲即屆鄉試之年,諸生志切觀光決科,自屬要事。惟念平日既不肯發奮讀書,悠悠玩愒。論文則習爲空滑,徒作應卯故套,並不知體會出旨,講求格局,鎔鑄書卷,着實爭奇制勝,而詩句平仄,動輒訛舛。窗下本未留心,塲中豈能妥協?即有佳文,必致爲詩所誤,吾又爲諸生惜之。且本年大憲捐廉,添置膏火二十分,惓惓作養,原望諸生爭自濯磨,蒸蒸日上,將來人才輩出,爲吾黨增色。豈合妄自菲薄,轉將應交課作,尚煩督催。餔啜之譏,何以自解?吾尤爲諸生恥之。今特爲此誡諭,嗣後諸生務當振刷精神,奮勉用功。每遇課期,認真完交,萬勿仍前怠忽,有負諄誨。特諭。

諭蘭山書院諸生

本年秋闈在邇,諸生可中之才甚多,但功夫宜益加純熟簡練、揣摩精勤爲要。向來堂課文期,每月僅止二次。此時自應□爲變通,將十八、廿八堂課詩賦之期,一體改作文課。是每月官課之外,堂課文期□有四次,講習較密,於諸生更屬有益。無論内課、外課、附課,務宜按期交卷,各知自奮。余亦欲爲批閱,必不憚煩。在諸生平日所長,或服膺大家,或取裁墨藝,原可不拘一格,各宜選擇所讀佳文,日夜背誦,爛熟胸中。一屆文課之期,審題布局,研精搆思。取機神者,勿蹈空疎;用書卷者,須知鎔化。惟期詞達理舉,有筆有書,求爲必中之文。屬稿時,果能慘澹經營,有得意疾書之樂,閲者自必擊節嘆賞。鍼芥之投，若持左券。青雲得路，指顧可期。諸生勉之！余實有厚望焉。特諭。

爲容子靜與陸勍文爲啓 名耀通

比者接讀手箋，備邀雅注，就稔勍文學長先生。稽古之餘，與居佳善，甚慰溯懷。承將就正拙稿發還，獎飾種種，至再至三，疊誦齒芬，轉增顏甲。自維材輶識淺，率爾操觚，學步邯鄲，翱翱如畏。無論"四子"之旨趣閎深，發揮匪易，即以古今體而論，學海千尋，詞林萬葉，偶作形似，不啻蟬嘯蛩唫，何敢上薄梁陳，安希李杜？至於讀史一節，上下千古，討論人物，各抒所見，言人人殊，即如班固譏遷，論多未愜，古人早以有言。劉子元《史通》，內外四十九篇，論得失者未及其半，或亦有見於此，不肯輕作。□黄□□論古諸作，偶就一時管見，姑妄言之。積久自思，輒欲悔易，恐乖義理，終難信心。若以未學後生，竟欲突過紫陽功臣與眉山父子，則尤惶汗滋甚，遜謝不敏者也。敬維學長先生博學多文，弟所心佩。正擬仰叩匡正，何期推獎逾涯，不免投蚓之譏，猥煩嗜痂之癖。且愧且奮，莫可言宣。敬當砥礪潛脩，再申商榷。謹此奉覆，用布腹心。順候文祺。統希荃照。不宣。

《晉乘蒐略》跋

粵稽古昔，草昧既辟，神聖肇興，洪水平而天下治，風氣之開，莫先於晉。堯、舜、禹三聖人皆晉産，所都平陽、蒲坂、安邑皆晉地。其時明良喜起，軒、嚳子孫聚族而居於斯，治化人才，同臻極盛。溯厥所由，固因中天景運，復旦呈奇，抑亦川岳靈秀之氣，磅礴而鬱積，有以致此。余晉人也，嘗就晉之山川形勢論之。大茂、中條，南北亘峙；滹沱、汾曲，東西分流。左有太行，天下之脊；右臨黃河，不測之深。關山重疊，表裏雄固，儼若天府。三聖人相繼定都於此，雖曰以德不以險，然冀州帝域，宅中馭外，規模閎闊，啓堂皇而臨階陛，形勝所會,天下莫强信矣。至其風俗之勤儉,人心之樸厚,有先王遺風,歷代稱美,見於傳記,以今驗之,良然。夫自古帝王,不易民而治。四方川谷異制,民生異俗,教化漸被,風氣自殊。當時并、汾、恒、霍之民,生長首善,霑濡聖澤,歷有年所。其感之也切,其入之也深,故至今人心風俗,最爲近古。吾儕生聖人之鄉,享聖人之澤,乃忘明德之遠,揆諸飲水知源,不亦憒乎？余嘗欲采輯舊典,勒爲一書,憚其體大,弗敢自任。庚午歲,爲金陵之游,時合河康茂園先生弭節袁江,出所著《晉乘蒐略》見示,敬取而讀之。所叙山川形勢,風俗梗概,原原本本,朗若列眉。先生以晉人述晉事,故其言悉詳,核有據。竊觀是書,以祀事之文,創編年之體,網羅賅洽,上下數千載,蒐討靡遺。間以己意疏解,融會成一家言。且所稱述,皆斷自堯以來,與《尚書》首虞、夏同例。即後世詩歌一切風雲月露之作,無關政治得失者,概置弗錄。其體裁謹嚴,得史法,爲近代著作家所莫及。於戲！洵可傳也已。

嘉慶甲戌日長至,前史官壽陽祁韻士拜手謹跋。

宗室夫人言行贊 七章 有序 夫人爲宗室恒將軍瑞之女

古者蘋蘩之美,首係《風》詩,特不知其爲某夫人而作,疑當時采風者逸之。然可傳在德,不在人也。若今尚書那繹堂先生之德配宗室夫人,身殁而名彰,非以厥德茂歟？讀行狀,竊見嘉言懿行,美不勝書。其孝敬而恭順,即《采蘩》之公侯夙夜也；其明敏而脩整,即《採蘋》之筐筥錡釜也。夫德之美有其一,已足以不朽,況兼綜畢貫若是。於戲！其可傳也已。爰撮言行之要,叙而贊之,釐爲七章,作世閨範。質言紀實,示不敢溢美云。其辭曰：

肅肅女表,式昭令儀。四德純備,孝爲之基。鷄鳴盥櫛,趨侍盤匜。服必手製,饌必親炊。喜食何味,喜服何衣。先意敬進,左右有宜。視形聽聲,恒察於微。歡顔樂只,柔色溫其。羸固善病,口弗言疲。克恭克順,念兹在兹。姑曰懷哉,嘉汝孝思。孝思不匱,誰其嗣之。

作配君子,世德清宦。禮肇合昏,詩賡戒旦。典釵購書,一燈相伴。丸熊慮廛,蔽窗施幔。豈泣牛衣,惟莊鴻案。浟閱鼎貴,虎豹攸變。萬里馳驅,一別不面。中饋劻勷,潔羞馨膳。採蕨含悲,倚閭釋戀。夫子曰嗟,予勞汝贊。垂三十載,憂患居半。故劍空求,能不永歎。

箁珈吉劭,參昴惠孚。螽詵椒衍,玉潤華敷。既毓雛鳳,旋抱連珠。恩斯育斯,愛養無殊。君子於役,□□在廬。母申父教,□讀父書。棄爾幼志,勖爾□圖。忠孝克紹,紈袴莫汙。譬彼種梅,培根在初。譬彼學山,覆簣在吾。昭茲彝訓,緬厥勤劬。家人嚴君,有如是夫。

家政綜操,循繩授準。喁喁嘻嘻,言不出閫。蓋自居室,性習所近。年未及笄,以實專壺。儼若成人,端莊勤敏。弱弟成立,伯姊是稟。輶迂宜家,留車視軫。如驂從靳,如鞅從靷。內外秩秩,既明且允。恤下維慈,制節維謹。豐弗趨奢,儉弗入窘。僉曰休哉,此謂知本。

憎彼鉛華,愛茲質樸。冬不擇裘,夏不擇葛。一簪一珥,珠玉是斥。見則鄙之,謂此何物。每恨世人,珍奇逐逐。非惟損品,抑至覆族。艷服靚妝,豈家門福。人生□命,若帛有幅。縱慾暴殄,行啓貪黷。曷為潔素,瘼瘝清淑。噫嘻至言,不厭三復。天性蓋然,匪矯匪飾。

長守富貴,憶昔居貧。綈袍感贈,志勵夫君。豈曰匪惠,豈曰匪仁。施不望報,受安可頻。士貴自立,及早致身。使人感我,勝我感人。衣敝弗改,或睍且嚬。謂此牸□,何恥足云。詎久屢□,舊終易新。古人有言,聊樂綦巾。如金如石,有心有筠。矯矯志量,閨閣誰倫。

長齋繡佛,曰種福田。召巫逐疫,曰禳禍愆。夫人曰嘻,予甚惑焉。象教清淨,不在歸筌。恒河沙數,誰見云然。我心即佛,敬事所天。心自我盡,佛自我虔。變怪物祟,尤無足言。邪弗勝正,奚懼之偏。置言成範,軼後空前。德徽允穆,歎逝稱賢。敬告女史,垂示蕓編。

伊犁鐘銘 嘉慶丁卯夏五月

工倕運巧,鳧氏儲精。千鈞作體,百鍊斯成。有弇其口,有厚其脣。來儀紺宇,振響玄宮。神維聽止,由虡而鳴。立橫立虡,以大以宏。巍巍閟殿,煌煌廣庭。和彼鞉鼓,發此鏗訇。衆賽錫福,和樂且融。萬禩永鎮,祀典攸隆。

漢高帝欲易太子論

自古英雄之主,有所明不能無所蔽,然蔽而不失其爲明,是以謂之英雄。高帝提三尺劍定天下,及身之世,反者九起。知太子盈懦弱,他日不足以鎮撫天下,故欲易之。知子莫若父,是其明也。獨疑當日諸子中,長而賢可立者,宜莫若代王恒。既欲易太子,何以不屬之代王,而乃屬之乳臭之趙王如意?是其蔽也。張良、叔孫通輩數諫不聽,然太子卒得不易。蓋帝亦知天下議已溺□,終不肯以牀第之私易宗社之重,故借四皓羽翼一語,絕戚夫人之請,割愛不立,是蔽而不失其爲明,猶帝之正。非英雄,安能若是?惜其不遂立代王爲太子,爲失計耳。誠使當時立代王,吕後雖鷙悍,以代王之賢,必有所以感動而善處之道,不似飲酒哭泣之懦,何自人彘之慘既見於前,而諸吕之變復貽於後哉?噫!此則高帝之明所不及料也夫。

滇司職守說

客有問余者曰:"世之爲民者曰當百姓;爲兵者曰當差;爲士者曰當秀才、舉人、進士;及其既仕,則曰當官。是果有説乎?"余應之曰:"有。夫當者,難詞也,亦愧詞也。知其難,而求其不愧其於官也,庶幾乎。余承乏滇司,十載於兹,竊以度支之要,莫如鹽、漕、銅、關四事。鹽隸山東司,銅隸廣西司,關隸貴州司,漕隸雲南司。四者之中,銅之事較繁於鹽與關,而漕之事又較繁於銅,故滇司為農部繁司第一,官是司者,率以稱職為難。己未、庚申之歲,聖天子銳意清釐漕政,一時漕帥及封疆大吏言漕利弊者,封章踵至。余與掌鑰蘇君及同事諸君子,稟承大少司農指授,一一悉心條議以上,皆得旨俞允。蓋知其難,而不敢不慎為之。論者輒交推以為能盡其職,愧滋甚矣。夫國家歲輓東南數百萬石之粟,以輸京師,而貯之城內外及通州水次,凡十七倉,以備百官廩祿,並八旗甲兵口食之需。其事始於漕,而終於倉,所謂以三十年之通制國用者,實於是乎在。而漕自州縣徵收交兌,以至長途輓運抵通,諸弊叢生。除之不可不疾,然亦不可驟。董其事者必熟籌乎寬嚴緩急之間,以權其要而制其樞,俾行之萬全而無弊,是誠天下之至難者也。且夫大臣治其綱,小臣治其目,分也。漕之為目夥矣,米曰漕糧,銀曰漕項,糧有漕、白、薊、易之分,米有粳、秈、稜、粟之異。同一貼費,而有漕截、漕贈、潤耗之各殊;同一輕齎,而有一六、二六、三六之各別。丁疲則悞運,當思所以益之;賦加則病民,當思所以絕之;浮冒之漏卮必塞,銷算之款目宜清。是漕政之大端節目,雖日為講求,終愧覼縷之不能盡焉。若夫由漕而至於倉,其目亦非一矣。運分水陸,費別多寡。兵糈之裁增不一,零檔、大檔各異其名;支放之定限難逾,俸米、甲米更殊其等。或議平糶以濟時,或應搭放以疏積,或挨倉核刴以杜弊,或補額趕領以恤兵。此又終乎漕之事,而稽察調劑之不可不周者也。"客曰:"若子之言,滇司之所難者漕耳。彼滇南本省田賦之事,固皆可畧也乎?"余曰:"否,否。天下事難易之數,較其輕重而已。輕者與重者較,輕之易,重之難,昭昭也。重者與尤重者較,則尤重者乃難,而重者反易矣。滇省為西南邊徼,凡夫戶口丁役之籍,兵馬錢糧之册,與夫倉庫出入盈絀之數,稽核亦自不易,特視漕政稍簡耳。雖然,滇為產銅之區,銅為鼓鑄之本。其自起運在途,以至交局配鑄之事,始隸廣西司,而其在廠采辦,則仍滇司之事也。事為滇司之事,官為滇司之官。當此官,即求不負此官,難矣哉!余與諸君子所由夙夜維寅,以期黽勉襄事,而不敢稍自暇逸者以此。然則當官之難於兵、民與士也,審矣。"客唯唯而退。

祁氏老塋祭田記

余族聚居平舒,十數世矣。東岡之上有地,外仰而中俯,雁往來羣鳴集於此土,人呼爲雁朋堰,余家老塋在焉。自始祖碩公由洪洞之大槐樹肇遷來壽,歿而卜葬是阡。數傳之後,子孫衆多,分爲中、西、東、南四支,葬非一所,獨此爲闔族公共之塋,稱曰老塋,不忘本塋之制。□山□□向,東西□廣□十丈,南北袤□十□丈,四隅各有望柱界之,爲康熙己巳年建碑時所立。碑在塋中,大書"祁氏始祖碩公諱旺謝氏暨列祖先塋之誌"十七字。誌文鐫於碑陰,上方云:"本族户大人繁,各派墳塋,卜吉另葬。老塋拜掃,止清明一祭。代遠人深,恐致迷失,因之立碑銘,刊石椁,樹旺柱,以誌不忘。嗚呼!水源木本,其來有自。祖功宗德,流澤無疆。後之子孫,尚其慎之。"下方則備書建碑人名。余中支先人及西、東、南三支之人皆預,凡二百五十七人。余族與土著之同姓非一族,觀此碑,無彼一人闌入者,益信夫人本乎祖,忘其所自出,與非族而誣祀之,皆爲不孝。自己巳建碑之年,上溯碩公始葬之歲,約有三百餘載。余先人特勒是碑,兢兢以代遠年深迷失爲懼,其用意深矣。自己巳下推至今,又閱百有餘載。代愈遠,年愈深,雖歲致清明一祭相沿爲禮,莫之敢廢,而祭田未立,仍恐非久遠計。嘉慶癸亥,族人公議捐貲爲老塋置田,走書抵京師咨余,余亟贊成之。惟族中皆讀書力田之人,仕宦有力者少,僅醵□百餘金,先置田□畝,用以備祭掃而資守護。他日拓而廣之,將自此始。不可無文以勸後,謹識其緣起如此。

海澱六聖祠碑記

海澱清梵寺内有六聖祠,祠三楹。中祀玄壇及火祖,左祀馬祖,右祀財神，又左祀竈神，又右祀魯般，均南向。以六神合享一殿，故曰六聖祠。先是，寺中無此祠。戊戌歲，土人佟尚志等倡議，海澱爲御園孔道，車馬之往來，商賈之輻輳，櫛比鱗次，無慮數萬户，往往賴諸神呵護，用能安其生業而豐其貨殖，宜建祠以答神貺。會四方之懋遷於是者聞其議，皆曰：善！乃相與醵金六千餘，創爲此舉。卜地於寺之西偏，以三十緡易諸寺僧，故祠雖附寺，實於寺無與也。顧地址袤而狹，自享殿迤西爲齋廊，廊盡爲門，門之西又爲外齋，廊爲穿堂，凡若干間。堊茨丹腹，董其役者，靡弗踴躍，歲未浹而工告蕆。祠成，榜曰"六聖"，咸衆志也。稽古先王設教之義，凡有功德於民及能爲民捍災禦患者，各立專廟，載在祀典，所以昭誠敬、肅報享也。今六聖合祀，雖爲祀典所不載，其功德之切於日用者，皆不可一日而無。民之祀之也，蓋原於心之不容已，而特限於地，故合享之無譏焉。觀夫宗桷瑰麗，金碧炅晃，扃玄樞之幽秘，宣離景之昭明，房精燭而下孕，寶光朗而上昇，萬井騰烟於虛牖，百工獻巧於重簷，罔不悚然動其誠敬之思，而愈以虔其報享之禮，固知神之默相潛佑，大有造於斯土也。《記》曰禮以義起，兹祠以"六聖"稱，俚而合於義矣。自祠既建且七年，衆始謀勒石，請余爲記。余曾游祠下，因爲叙創建始末，以示來兹，而并係之以辭，俾歌以侑神。其辭曰：

　　玉泉兮巃嵸，天作兮帝宫，鬱芳澱兮葱葱。神受職兮物滋豐，岸草碧兮霜葉紅，羅俎豆兮仰元功。賽鼓喧闐兮樂未終，靈旗颯沓兮來英風，願神呵護兮長無窮。

重脩蘭州城碑記_{自此以下九篇代那繹堂先生作}

　　國家建中立極，法度脩明，所在郡邑城郭，例得以時葺治，俾令完整。省會之區，金湯尤重，所以慎封守、資捍衞、肅觀瞻、隆體統也。蘭州爲陝甘督臣駐節之所，面山爲城，倚河爲津，形勢最爲扼要。且自我高宗純皇帝耆定西域以來，拓地二萬餘里，版圖日廓，琛賮來同。自回部王公伯克以及要荒貢使，若哈薩克、布魯特、霍罕、安集延並西寧邊外番僧人等，凡隨蒙古臣僕年班入覲者，罔弗取道於蘭，爲必由之路。往來絡繹，歲以爲常。至則督臣宣佈恩德，諭遣北上，歸亦飭屬，資送出關。其所係於觀瞻者，尤與他省不同。都會名區，層闉周郭，允宜隨時完繕，以崇體制。攷郡城建自隋開皇初，宋苗授復爲脩築，有明因之，宣德、正統間，遞增外郭。我朝改置省會，規制大備。康熙二十四年重脩，乾隆三年踵而新之，迄今越七十餘年，坍損日甚，雖不時補葺，未臻完固。余前任督臣時，有司即議重脩，以事弗果。庚午春，仰膺簡命，重蒞兹土，有司復以請。會固原州城亦議重脩，核其事，誠不可緩。而是年夏，雨澤愆期，民艱於食者多，雖已得請賑貸兼施，恐來歲青黃不接，民食猶未足，乃建議乘時脩補城垣，以工代賑，爲一舉再得計。奏入，得旨俞允。命既下，民知其活己也，相率歡呼踴躍爭就役。爰遴員董版築事，鳩匠飭材，以十六年夏興工。畚鍤如雲，百堵皆作，琢削甃治，衆力畢殫，次年秋告竣，用帑金八萬九千有奇。是役也，工舉而民悦，城成而歲熟。於是垣墉高堅，雉堞鱗次，樓櫓翼然臨於其上，俯瞰洪□，遠連紫塞，不獨郡人士喜新斯城，謂言言仡仡，焕然一新，與古金城名實相副，益足以嚴捍衛而資鞏固。即凡重譯遠來、緌屬戾止者，獲覩城之高，池之深，與夫軍旅之壯盛，閭閻之富庶，孰不懷誠歸命，欣欣然生其嚮慕，而增其肅敬？是郡城之雄峙維新，固西域往來者之一鉅觀矣。雖然，余於兹更有幸焉。憶脩城之舉，前數歲已議及，顧遲遲至今始得蕆，其端乃自救荒發之；即吾民工賑相資，獲受傭得直，以糊口免飢餓，其策又由脩城及之。兹二事不相謀，適以相成，若不期然而然，非□賴聖主鴻慈，俯鑒情形，體恤周至，曷克蕆此？余故曰：工舉而民悦，城成而歲熟。紀其實，所以重爲斯民幸也。是爲記。

重脩固原州城碑記

蘭郡迤東，形勢之險，莫若隴；隴之險，莫若六盤。六盤當隴道之衝，蜿蜒盤旋而北折，有堅城焉，是爲固原州治。州本漢高平地，即史所稱高平第一者也。北魏於此置原州,以其地險固,因名固原。城建自宋咸平中,明景泰三年重築,疑就古高平第一基址爲之,年遠不可攷。然觀其城,內外二重,內周九里,外周十三里許,規模宏闊,甲於他郡。國初特設提督鎮之,又以平慶道移駐,文武鎮撫所係綦重。康熙庚寅、乾隆己卯,脩葺者再。歲久日就傾圮,有司屢議重脩未果。嘉慶庚午,余奉命重蒞總制任,甫下車,有司復以請,時州苦亢旱,民艱於食。余方得請賑貸兼施,爲之焦思徬徨,頒章程,剔賑弊,俾飢民沾實惠,顧敢用民力脩築,致重困?既而思之,城工事固不可緩,且來歲青黃不接時,民食仍未足,奈何?莫若以工代賑,爲一舉而兩得計。會□蘭亦給賑,情形相同,因並縷陳其狀,馳以聞,得旨如所請。已乃遴員董工役,相度版築,以十六年閏三月興工,次年秋工竣。計是役募夫近萬人,用帑五萬餘金。民樂受雇而勤於役,向之傾者整,圮者新,垣墉屹然完固如初。方余之議重脩也,或疑爲不急之務,謂是州之建在明時,套虜窺伺,率由此入,惟恃一城以爲守禦。州境延袤千里,北接花馬池,迤西徐斌水,□處又與敵共險,無時不告警。當時之民儳甚,故城守不可不講。若我國家中外一統,邊民安享太平之福百有餘年,城之脩不脩似非所急。余曰:不然。夫城郭之設,金湯之固,本以衛民,體制宜然,猶人居室,勢不能無門戶。守土者安可視同傳舍,任其毀敗,致他日所費滋多。使其可已,余曷敢妄爲此議,況地方偶遇灾□,民力不免拮據。仰蒙聖天子軫念痌瘝,有加無已,凡可以便吾民者,每入告,輒報可,立見施行,俾民氣藉以復初,歡忻鼓舞,若不知有儉歲者,茲非其幸歟!救荒之策既行,設險之謀亦備,從此往來隴西者,登六盤西北眺,謂堅城在望,形勢良不虛稱矣。雖然,在德不在險。保障哉!無忘艱難,余願與賢有司共勖之。是爲記。

重修寧夏渠工碑記

寧夏,古朔方郡,河渠之利甲天下。漢唐二渠,由來舊矣。國朝康熙四十七年，同知王全臣創建大清渠。雍正四年，增建惠農、昌潤二渠。自是渠合爲五，分流灌溉，民利賴之。夫黃河自積石入中國，所從來者高，浩浩湯湯，經數千百里，以入於海，所至輒爲患，獨夏郡享其利，雖地勢使然，豈非廝渠之力哉。顧石水泥六斗，日久淤墊，渠必病，故歲脩而外，或十年，或數十年，小脩大脩，守土者隨時疏道之宜，不可以不講。溯自雍正四年浚，乾隆四年、二十四年大脩者二，五十一年小脩者一。迄今又閲二十載，閘座之傾圮，湃岸之卑薄，陡口之衝刷，不一而足，蓄洩因以失宜，浸溉弗能遍及。每歲收穫，幾不及往時之半，民以爲憂，告脩孔亟。庚午歲，余莅總制任，周諮利病，知其事。乃議脩之時，有慮工亥而費鉅者爲余言：五渠次第，唐渠爲首，自青銅峽起，經郡城西而北，至上寶閘堡入河，袤三百二十餘里。次則漢渠，自陳俊堡二道河起，經郡城東而北，至王澄堡入河，袤一百九十五里。又次則大清渠，介漢唐二渠之間，自大壩堡、馬關嵯起，至宋澄堡入唐渠，袤七十二里。其惠農渠，則自漢壩堡、剛家嘴起，至尾閘堡入河，袤二百六十二里。昌潤渠，則自通吉堡、溜山子起，至永屏堡入河，袤一百三十六里。即踵舊脩補，所費仍不貲，奈何？余曰：唯唯，否否。夫舉大事，必先權其輕重，既民瘼所繫，勢不容已。費雖鉅，必以請，乃吾職也。況我國家休養生息百有餘年，茲渠之設，萬世永賴，例得以時脩整。夏郡數萬生靈，咸仰給於五渠，倘任其敗壞而不之恤，或苟且塞責，或因以爲利，何以爲民父母乎？且事在核實，得人而任之，費奚由糜。爰檄所司確勘佑帑。旨俞允，亟屬觀察蘇君董其役，以辛未春初興工，克日告蕆。開水如期，暢流順軌，分灌寧朔、寧夏、平羅三邑之田，凡萬八千七百七十餘分。於是綺壤繡錯，且溉且糞，用以長禾黍而潤秔稻，歲獲滋豐，輿情歡悅。乃知五渠之大有造於是邦者，厥利誠溥矣哉！蘇君請記其事，因爲叙之如此。

分建雷雨風雲太白泉神廟碑記

余奉命督秦隴，於庚午三月重莅蘭垣。值歲旱，詣壇步禱，遍走□望，潔牲瘞帛，既虔既飭。郡士民耆老相率跽而請曰："維茲社稷山川之壇，舊建西郊。雷雨風雲諸天神以及太白泉神，實皆從祀，無專廟。顯仁昭應，民受厥福，歷有年所。昨歲移壇東郊，秋弗告登，旱祲繼作。衆心滋懼，意神其不饗於茲，請復西郊舊制。"余以取位之設，義立妥侑，有舉莫廢，其敢類置某，以作神羞。衆固請，察其意若甚有惴惴者，乃諭之曰："夫神依民而立，無所往而不在。誠敬之至，通乎神明。掘井及泉，而曰水專在是，昔人所譏。顧神之有壇廟，無異人之有室宇。安土重遷，舍其舊而新是圖，難強以所不欲。人情類然，神亦宜之。以歲之不登，旱祲之不克免，適當改建壇位之神明示譴，厥象炳然。社稷山川，民之司命，其宜仍復舊制，移之西郊。至雷雨風雲諸神既無專廟，未全其尊，即以今改建所遺基址，建立祠宇以祀。一壇一廟，一西一東，亦禮所謂求於彼、復求於此之義也。若是，神其庶有豸乎？"衆皆曰："善！"乃定議。分別鳩工，克期集事。捐廉興造，不假民力。壇成於辛未八月，廟亦於次年告蕆。工既竣，余親往祭告，敬謹成禮。郡士民耆老乃大歡曰："自定議復舊制，二年於茲矣。明神昭格，庇我田畝，雨暘時若，年穀順成，微定議之力不及此。"意若欲歸功於余。余惟封疆大吏，民生之休戚利病與事之宜因宜革，順其機而利道之，乃分之宜。舉事求得當，獲免咈於民而違於神，幸矣。繼自今廟貌巍峩，以饗以祀，神其永孚於休用，克侑我民，安享樂利於無窮。余惟額手稱慶之不暇，敢貪天功以爲己力乎？是舉也，寮屬稔其始末，謂不可以不書。爰爲紀實，叙之如此。

重修雷祖廟碑記

余既從郡民之請，建雷雨風雲神祠於東郊，合而祀之，茲復於西郭脩雷祖廟者何？表異蹟、昭靈貺也。廟爲明肅藩所建，在金天觀中。雍正甲寅，中丞許公禱雨獲祐，請於朝，加封"顯仁應瑞"之號，頒賜褒額，以答神貺。郡乘載其事甚詳。嘉慶庚午，余苻總制任，下車之初，值歲旱，詣廟禱焉。已而，甘霖沛，渥澤周。事聞，復邀宸翰之賜，天章炳煥，靈應丕昭。追溯許公時事，若合符節，厥靈赫矣。夫萬物須雷而解，所以辟陰宣陽，噓吸雨靈，其功用至溥，顧獨示應於蘭郡，何哉？蓋雍州本神明之隩，隴右爲積高之區，土厚且燥，地氣驟難上騰。當亢暘之極，非借雷霆鼓盪，發揚隱伏，有以舒其磅礴鬱積之氣，而協夫陰陽和會之宜。山澤既弗能通，雨澤奚自而沛。故民生其閒，往往以艱澤爲憂，不得已祈福於神，冀有以庇之，實地勢使然也。而神之妥侑於是邦者，果亦爲之默相，遇禱輒應，蕩滌煩鬱，感召休和，用能協雨暘而兆豐樂。惟視守土大吏，竭誠致虔，爲民請命，鮮有不旋至立應者。由是以觀，神之大有造於茲，良非偶然。即余之一再脩建，洵所以表異蹟而昭靈貺，皆從民望爲之，瀆云乎哉？廟貌既新，祀事共肅。爰書其事於石，以誌靈蹟，且爲歌以侑神。其辭曰：

維帝出震鼓鴻蒙兮照臨下土，憫三農兮旱魃構虐。嗟□蒙兮鑠石流金，降鞠酗兮神赫斯怒。御雲龍兮珠幡翠罕，乘靈風兮車馳鼓擊。殷隆隆兮霹靂一聲，起殿中兮鬱律嚴突。倏爾□兮巫尪避匿，驚瞶聾兮呼吸雨氣。山澤通兮俄頃滂沱，洒灑凍兮既優既渥。徧南東兮動之潤之，協蒼穹兮翼我禾黍。年穀豐兮民曰休哉，樂融融兮室無懸罄。倉箱充兮塗墍丹臒，仰神宮兮休徵時若。利無窮兮潔牲告虔，頌元功兮（原稿以下缺文——編者）。

重脩泉神廟碑記

距皋蘭城四十里許，有所謂何家山者，泉神廟在焉。廟不甚閎闊，而神最靈。乾隆丁未歲旱，禱雨有應。制府福公聞其事於朝，敕封神侯爵號曰"廣潤"，廟貌鼎新，答靈貺也。嘉慶庚午歲復旱，余檄有司往禱,已而,甘霖果普降。感神之惠,念祠宇歲久漸圮,謀所以更新之。將竣,有司請余爲文以記。余攷古者聖王之制祭祀,凡有功於民、禦大菑、捍大患,則祀之。山林、川谷、泉澤、邱陵能出雲爲風雨,皆曰神。歲十二月,九州之民莫不各獻其力,報有功,載在祀典。謹丹塈而隆胖饗,誠重之也。末世不明祭祀之義、祈報之禮,佛老二氏,叢林穹觀,建造日多,殫極壯麗,而邱陵泉澤百神之祀,反置焉不講。豈其功不足以及民,而神弗靈歟?抑人之惑於淫祀者多,而本末倒置歟?即以泉源而論,其在皋蘭近境者,莫著於五泉:曰甘露、曰掬月、曰摩子、曰蒙、曰惠齏。沸濫涌若沃若汎,奔注於溪谷,漫衍於溝澮,用以潤田園、資灌溉,果蔬百物之利皆於是乎取給,其利溥矣。若兹何家山之泉,一綫清流,雖不若五泉之霑潤者廣,然以神之靈,當亢暘之際,獨能感應顯赫,遇禱輒應,澍雨流甘,追攷舊徵,若合符節。是其大有造於斯土者怙冒優渥,非僅旦夕之利而已也。然則是廟之建,既合有功則祀之義,今之汲汲於脩葺,又以昭嘉貺而緜保護,其視無益之建造何如哉?廟以壬申六月興工,七月工竣。廟側有聖母祠,其來已久,因併葺新之。是爲記。

老龍泉神祠記

何家山泉之西岡巒起伏,數里許,有泉焉,蓋水之上源也。土人呼爲老龍泉,湮塞已久,不知始自何年。曩者,余禱雨何家山,獲應。聞有是泉,欲並求濬治之。詢諸士庶,則曰前總制福公曾遣人求之,弗得,乃止。越二年,春麥望雨,余復欲求濬之,所屬仍以前言對。居數日,有告休都司□姓者,年七十餘,自言知此泉所在。亟命之往,至,則審視爬疏,出土數尺餘,泉忽見,汎濫噴涌,若神瀵然。攜水至郡,霢霂隨之。既而,甘澍疊沛,既優既渥。衆喜神其事,謀建祠以祀,請於余。余曰:夫源澤、井泉有功於民,則祀之。古者嘗以時祈報,罔或敢廢。今老龍泉既有甘澤之應,祀之以答靈貺,禮也。惟念是泉不見於福公往求之日,而獨以余見,求之且必至再,雖曰水在地中，顯晦有時，豈非神之降鑒，誠不可揜其爲靈昭昭乎。茲者祀事之脩，禮以義起。祈福爲民，吾知神潛孚默佑，益有以沛膏澤而兆豐年，俾吾民沾丐，踴躍往來於泉源之側，以致其享賽之誠，肅然而往，歡然而歸，歲時罔有閒焉。是泉之靈，將與何家山泉共垂不朽矣。爰書其事於石。是爲記。

金縣太白泉神廟碑記

隴西諸郡居積高之區，艱於雨，所在多祀泉神，然其稱"太白"者，何哉？昔人言："武功太白，去天三百。金星之精，配華作鎮。"其山靈，故其泉亦靈，禱雨輒應，載在祀典。秦隴皆金方，於是隴西泉神之祠，亦無不以"太白"名者，蓋神之也。金縣舊有太白泉，著靈於興隆山中，其來已久。癸酉歲，民禱雨於此，挈瓶取水有應，走相告，以爲雨且立至。已而果然，民益以爲神，將新祠宇以答靈貺，守土者請爲文以祀之。余惟水之德及人最廣，出高而施下爲天澤，尤於泉乎是賴。然秦隴間水性，古稱其坩最而稽，淤□而□，蓋地脈使然。茲泉則□澈內鏡，明澂弗渝，湛湛若凝。非太白之神肸蠁昭假，實或憑之，奚以所在崇祀勿替也。且圖籍所載，泉之在隴西者，最著莫若皋蘭之紅泥、長城之白道、鞏昌之十九泉。而余蒞任以來，又循訪疏濬，得何家山老龍泉諸勝。禱靡弗應，若左券焉，益信名山、巨嶺、穹岩、邃谷之中，其雄秀處必有泉，其泉且必靈，類皆有神呵護於其間，而世人往往弗之知，即知之，其靈或不著。由於人心不誠，不足以感召神庥，故泉閟其靈，神弗福。可若茲泉之祀而禱，禱而應，其靈昭昭若是？神之貺，亦民之虔也。故著之，以爲治民事神者勸。

固原重脩萬壽宮碑記

當代郡縣以千計，官吏以萬計。所有建有萬壽宮，自封疆大吏以至郡守、牧令、丞倅，恭逢聖節，各依班行階級，以次序列於庭。趨蹌有節，進退有度，罔不翼翼濟濟，謂天顏不違咫尺，升香跪拜，必敬必肅。其宫墙之制，一如京闕規模，楹桷瓴甓，晃耀金碧，繚垣□道，環衛周廬。非侈壯麗之觀，實本尊嚴之義。顧或風雨不時，黝堊未潔，揆諸典禮，殊滋懼焉。某恭膺簡命，承乏總制，三載於兹。每諭所屬有司隨時省視，勤暨茨，慎丹雘，昭坤靈之正位，協太紫之圜方，毋得視爲虛位，脩治弗謹，良以盛典上儀未有重於此者也。比因固原萬壽宫創建年久，亟令葺而新之，完整如制。工既蕆，有司請爲文以紀歲月，其奚敢辭？粤稽千秋令節之稱，舞蹈呼嵩之典，起自秦漢以還，未聞上古有之。然觀《詩》三百篇，若《天保》九如諸什，善頌善禱，厥有明徵。其他所稱"天子萬年"、"萬壽無疆"，形諸歌詠，不一其詞。想見當時公卿大夫以及百爾庶士，生逢盛世，國祚靈長，咸獲道，揚盛德，奉觴斝，介眉壽，借抒忠愛之忱，用誌普天之慶。所謂"莫非王土"、"莫非王臣"，其恩無不逮，而禮無不達者如此。今萬壽宫之建，非即此意也歟？夫山郡小邑雖非都會之區，社稷城池悉重官司之守，百堵皆興，無一可以具文塞責者。況宫垣在望，典禮攸關。守土者於此，謹燥溼而勤相度，完繕維新，喬皇峻麗，用以肅觀瞻而崇體制，固其分也。雖然，更有進焉。聖天子黄屋非心，窮簷是恤。牧令親民之官，誠能仰體宸慈，勤思厥職。民未遂歟，必思所以裕之；歲未豐歟，必思所以濟之；害已除歟，必思所以盡之；利已興歟，必思所以廣之。允若茲靖共爾位，用康又民，將見祝釐屆節，鵠立階墀，言念天威臨下有赫，必無愧於厥心，庶斯舉爲不虛云爾。

吉祥寺香火碑記 _{爲蘇雲畊觀察作}

寧夏郡城中有吉祥寺，余祖醒幻公昔年寓居處也。先是，伯祖諱炳安於乾隆初年任寧夏觀察，以地震後所建。城工日久，不無坍損，經制府黄公劾令賠脩。伯祖遷任南中，不克自來督辦。時醒幻公方攻舉業，中副車，未有職任，慨然念手足至情，願以身代，即日束裝西來，任賠脩事。顧體大工鉅，又人地生疎，必欲堅實免後患，非倉卒苟且所克蕆事，留辦十餘年，始得工竣還京。是役也，醒幻公只身羈留數千里外，閱十餘年之久，辛苦備嘗，身心交瘁，還京後亦即無仕進意，恬退自安，以副車終。當時在夏郡僦居。兹寺本名地藏庵，爲易名曰"吉祥"，且爲題額。余少時耳其事甚詳，特無緣來此訪遺蹟。嘉慶己巳，余奉命任寧夏觀察，甫下車，即遍訪醒幻公舊居，無知者。寺中有老人，年七十餘，偶遭問之，則恍然曰信有之，老人猶得逮事，公所書額尚在寺中。余聞之，亟往瞻拜，墨蹟爛然，音容如睹。余捧而喜，繼之以泣，念我祖當年旅寓寺中，其寂寞困苦之狀不知何若，而余蒙祖父之餘業，獲有今日國恩。祖澤至深且重，其敢有佚志，以貽先人羞。況當時仰邀神祐，克蕆厥事，歿而有知，其不能忘情於此寺可知也。機緣前定，夫豈偶然。寺年久圮廢特甚，乃爲鳩工重脩，佛堂寶相，粧塑維新。捐貲二百金，付商生息，爲每月奉香資二金之用，以酬神惠，且屬府縣存案，以垂永久。或曰兹事不可以不誌，爰叙其始末如此。

增置蘭山書院膏火恩德碑記

國家崇尚儒術，所在郡縣有學即有書院。□業生徒，例給膏火，所以勵人才、廣造就也。蘭山書院爲隴右人文薈萃之所，膏火定□向止五十分。每歲二月，督院甄別，超等限取四十人，爲內課；特等限取十人，爲外課，由來已久。今尚書總制那公，以庚午歲蒞任。越二載，政和民康，百度就理，慨然念書院爲儲才地，欲有以振育之。肩試諸生，擇其文理清順，堪造就者，□獎示異，特令增設膏火，內課十分，外課十分。率同兩司、首道、首府諸公捐廉給之，□入定額，歲以爲常。次年再試，以課藝較前益進，且值鄉試之年，諸生志切觀光、來院就學者，多至二百餘人。公喜甚，復爲增置，內課膏火五十分，外課三十分。自二月起，至八月止，一一捐給如初。是舉也，恩施逾格，風化大闡。諸生鼓篋臚歡，莘莘濟濟，莫不感公恩德，謂樂育栽培如此，其厚實從來未有也。夫書院講學，起自宋代，明張江陵嘗毀之，然卒莫之敢廢，至今垂爲令典。人才往往出於其中，觀摩受益,較學校爲尤切。誠使爲之師者,日以誘掖後學爲心;爲弟子者,時以勤勉文行爲誌;而地方大吏有主持教化之權,復若是之提倡鼓舞,用以振士氣而示宏獎,安見豪傑之士有不興起恐後,而他日賢才輩出,頌美維楨,不即自此基之歟?然則公之是舉,其大有造於是邦人士,非淺鮮也。公爲政清而不刻,肅而能寬,仁惠以愛民,簡重以率下。其德澤及人,難以枚述,此特愛士育才之一端,然亦足以見公之爲人矣。諸生將勒石紀恩德,乞余一言爲誌。余承乏院長稔其事,敬述始末,以示後人。是爲記。

重脩雙鳳山五龍聖母廟碑記

户部郎中前翰林院編脩邑人祁□□薰沐謹撰

山開雙鳳,天降五龍。靈巖尊聖母之祠,雲雨協邱陵之祭。庇全邑以垂慈,枌榆永奠;面八村而作鎮,龕宇攸崇。溯創建之何代,在有元巳紀重脩;披碑碣之如林,知歷年均經補葺。洎嘉慶庚午之歲,值雲漢昭回之期,黎衆咨嗟,入山籲禱,甫議興脩。夫傾卮旋邀,普被乎甘霖(此句前似有缺字——編者);歡聲雷動,社鼓遂爾喧闐;義舉雲興,檀疏皆爲踴躍。爰於辛未春末,庀材鳩工。迨及冬初,土木告蕆。計要工之七舉,咸丕煥而一新。閟殿巍峩,首昭輪奂。仰寶相之莊嚴,座畔羣祇翼列;看崇埠之鞏固,階頭古井瀾翻。天花燦而屋頂流丹,石筍森而簷牙滴翠。松棟雲連,翬斯飛而仰跂;玉除繩直,礛若砥以平鋪。而且蘭桂依將軍之蔭,夾室金裝;螽麟荷泰媼之祥,崇墀玉截。固已煥靈光之彪炳,聳山刹之嵯峨矣。更有別厦穹窿,新宮炭業,拱峯巒而互峙,麗金碧以聯輝。楊枝一滴,白衣大士之庵;岱岳千峯,碧霞元君之宇。晞珠露於東樓,蛟虬繞砌;盥銀河於北斗,涎溜成池。巖腹之層臺,日闢會舞,彌可擅場;山腰之古洞,雲封樵牧,何由踐履。撲其規模之式廓,具見經畫之得宜。募千金而無縻費,勝境遂復輝煌;經一載而告成功,靈山益昭感應。從此慈雲普護,路迥十里松苓;法雨優沾,澤潤萬家禾黍。縣祭賽於億禩,永頂

禮夫神明。豈特波澄壽水,環滋郭外之田;霧鑱方山,遥指雲中之樹已哉!乃爲銘曰:

於赫龍母,雨施雲行。朝陽是宅,乂我壽氓。舊貫鼎新,構厥崢嶸。以妥神祜,以洽輿情。飛甘降醴,百穀用成。於萬斯年,大德莫京。

平定州東路脩治石道碑記 甲戌十一月朔書,代繹堂先生作

畿輔西南達川陝及新疆之路,必取道於平定州。州則環境皆山,崎嶇少平坦。東路白石嶺,土人呼爲東天門,蓋以西路有所謂南天門者。遥遥對峙,號天險,往來車馬艱於行,即古井陘口也。地雖近平定,實隸井陘。舊有石道袤亘於山崖仄徑之間,久殘毀,坎坷特甚。行者不免覆車瘏馬,惴惴焉,視爲畏途。有義士張鉞者,平定人也,倡議募脩。時州刺史吴君,方督脩西路,工竣,聞東路有此舉,亟獎成之。顧費不貲,皆由募致,不假民間絲毫力,越數年工始就。自嶺而東,剗削梗塞,以巨石甃砌,堅整若棋局然。附近百餘里内外,凡犖确難行處,一一平治,罔弗堅且整,於是向之視爲畏途者,今且嘖嘖稱利□慶康莊矣。先是,辛未之秋,余以述職,西還秦隴,出是道,晤吴君,談及脩治策。别後相隔久,亦不復記憶。今年春,移節畿輔,□豫北來,路未出平定,吴君乃郵書述余前言,以工竣告,且請誌其事。噫!吴君其可謂信人矣哉。或曰:"是役也,地隸井陘,而功歸平定,奈相形何?"余笑應之曰:"此□亭之所以致悦於梁亭也。夫國家車書一統,有分界,無分民。通衢遠路,天下共由,非一家一邑之所得私。井陘本瘠區,既無好義有力如張鉞者其人,而刺史吴君獨能脩其政,化其民,不分畛域,成義舉。天下之善一也,何間焉?"且余以一言而幸觀厥成,從兹西南孔道遵蕩平而歸會極,胥於是乎賴。其事不可以不誌,爰書而歸之,獎義且爲行者幸也。是爲記。

袖爽軒文稿　三

徵仕郎李直甫墓誌銘_{代相國梁階平先生作}

乾隆四十有八年，歲在癸卯，靜樂直甫李君卒於家。越明年，甲辰冬，葬有日矣。其孤清葵走忤京師，乞予爲文，將以刻於隧墓之石。余昔游姑熟，君之尊人閣成先生適守是邦，因得拜謁於官舍，相得甚驩也，而未及識君。後余分守冀寧行部，至靜樂。君以禮見余於行舘，簡而文，恭而有禮。余雖未獲久從君游，而知君之爲君子也。歲戊戌，君之子清葵，以選貢赴試闕下，余復得識焉。觀其語言進退，恂恂有法度，爲余述君居家事頗悉，余益有以知君之爲君子也。嗚呼！自余之識君也，去閣成先生之歿已十餘年矣，又十餘年而誌君墓焉。人生離合盛衰之故，可感也已。按狀，君姓李氏，諱冀偕，字吾三，直甫其號也。先世本江南鳳陽人，始祖茂欽公，明初遷於晉，遂爲山西靜樂人。三世、六世祖俱起家邑宰，有政聲。自是以後，簪纓相望，累數十世不絕，裒然爲晉中望族矣。光祿寺丞惟靜公，君曾祖也，江南高郵州知州，從祀鄉賢。含香公，君祖也。君之父歷知江南池州、太平、淮安、揚州四府事，即閣成先生。閣成先生之兄曰訥如公，官湖北長陽縣知縣，無子，以君嗣焉。君天性純孝，事其生父母與嗣父母，色養交盡，終身無閒。自其先世以來，號素封。君性儉約，布衣蔬食恬如也。顧獨好施與，族中貧者婚葬之事，一以資於君。族姓穎秀者，或力不能從學，君力周給之，至耗重貲不悋，有成立者。靜樂地故瘠，戊寅歲偶歉於收，君傾囷賑濟。家之食指以百計，時或不給弗恤也，而邑賴以無流移。嗚呼！凡此數者，豈非古之所謂政成於家者耶？有一於此，皆足以信今而傳後，況兼之耶。弱冠補博士弟子，期年食餼於庠。今大宗伯德定圃、前少司馬蔣時庵兩先生，先後視晉學，咸重之。蔣嘗語人曰："如李生者，真名士也。"由是益自刻苦,冬夜讀倦,握積雪拭目,曰:"使吾文思之清如是。"庚辰恩科中式本省副榜。自是以後,學益博,文益古,而格於有司成式,迄不售以終。夫人有所絀於此,必有所豐於彼。以君之才,宜見用於世,既屢不遇,而復奪之年,其故何歟?嗚呼!余未獲久從君游,而知君之不愧爲君子也。且有三世之舊焉,則誌之銘之,又烏可以已耶。君卒於乾隆四十八年四月十一日未時,距生於雍正三年五月初八日子時,實年五十九歲。例贈徵仕郎,候選直隸州判。原配康孺人,故湖北黄州府知府諱忱公女,早卒。繼配張孺人,故廣西提督諱旺公孫女,江西建昌府知府諱自謙公女。子男三人:長即清葵,丁酉拔貢,次清芬,次清荃。女二:長適興縣廩生孫受元,次字陽曲賈某。孫男一,孫女二,俱幼。銘曰:

我初識君,君方壯齒。玉珮瓊琚,鸞翔鵠峙。藹藹吉人,廉吏之子。豈意十年,而止於此。彼汾一曲,新阡鬱起。作善降祥,百世可俟。

湖南綏寧知縣加同知直隸州銜漢章趙公墓誌銘

歲在乙丙之交,晉人之仕楚南者有五循吏,皆治行卓卓,名聞於朝,漢章趙公其一也。公與余同里,且同學,知公者蓋莫若余。其爲人博學而能文,寬厚而正直,生平作事無所苟。自其爲諸生時,以孝弟忠信自砥礪,不隨俗好。發爲文章,淵然經籍之光,醇乎其醇。同時三晉知名士,咸歎服莫及。乾隆甲午,既領鄉薦,屢上公車不第,乃折節爲吏。初筮仕於楚南,厥邑爲鄺。鄺固僻壤,神農氏之陵在焉,士椎魯而弗知學。公至,爲之立課程,延名師,捐田置脩脯,以教育人才爲己任。購書數百卷,貯烈山書院中,時時親往講解,或扃試,評甲乙爲獎勵,於是鄺之士勃然丕變。乙卯,邑人羅瓊章舉於鄉,乃勒石紀事,以勸來茲。他若勤訟獄以釐積案,課農桑以重本業,嚴胥吏以防奸蠹,飭保甲以警萑苻,種種善政。有自訂《訓俗編》一書,鄺人奉爲布帛菽粟之文,至今誦習弗輟。當是時,苗匪滋事,大吏以公有幹濟才,檄令辦驛站事。公皆隨時調度,事無廢而馬不疲。又檄赴鎮□大營,轄夫役多至五千人,皆駐城外。公以夫役勞甚,非保護之,恐不能盡力,乃出己貲於棲止處,結茅爲屋,十人一棚,以蔽風雨。又爲深塹,以禦外侮。每有指揮,諭以大義,俾努力圖報。此五千人者,無不俯聽令。工食衣履,必躬自散給,夫頭格外賞之。深夜往來巡省,衣不解帶者年餘。嗣奉檄移城中,專理摺報,小心精核,百事無一誤。會大功告蕆,中丞姜公上其功,奏請加同知直隸州銜,得旨允所請。旋調任綏寧縣,其地本苗疆,地廣民不知墾。公爲改建社稷壇,樹以石主,立華表,又置爵鍘、簠簋、籩豆之屬,爲百姓祈福。繼爲墾水田、述農說、安生理、禁重息,復教以種棉藝麻之利,曉以縫紉紡績之功,以及蠟可樹、茶可油、蘿蔔可藏,至纖至悉,無不物土宜而示之法。民既安居樂業,則爲之禁賭博,頒條約,廣教化,崇禮節。向之行於鄙者,皆一一而施於綏寧。自訂《蒔竹編》一書,邑人奉圭臬焉。己未歲,邑苦旱,公設壇以祈,日三往暴日中,疾遂作。邑人聞公病,詣神祠爲禱,卒不起。卒之日,邑人泣涕如雨,置龕奉主,祀公於書院。其感人心如此。余嘗謂士人一行作吏,往往艱於稱職,非拘迂則鹵莽。當盤根錯節之際,治理尤非易。易如公者,可謂不愧循良之目矣。論者方謂公且竟所用,乃以禱雨故,一病不起,可惜也夫!公生於乾隆九年九月廿三日丑時,卒於嘉慶五年八月廿八日亥時,享壽五十有七。元配姜氏卒於公先,年三十有七。繼配聶氏卒於公後,年三十有八。子四:長鶴雲,國學生,娶霍氏,處士大明公女;次彤雲,優貢生,候補實錄館謄錄,娶雷氏,處士名霆公女,繼娶任氏,處士諱俊生公女,姜宜人出;次五雲,娶潘氏,恩賜副榜名思用公女;次師雲,聘任公名厚載女,聶宜人出。女二:長適國學生冀君復禮子定邦,姜宜人出;次幼未字,聶宜人出。孫七:棣萼、棣思、棣選、棣苞、棣儀、棣肅、棣愷。公將葬,其子彤雲以狀抵京師,乞余爲誌,因書而歸之,且爲之銘。銘曰:

  生有祠兮,死有鄉。歸故里兮,望瀟湘。永無極兮,壽水傍。環壽域兮，流湯湯。

劉母曹宜人墓誌銘

余昔隨宦潞郡，時壺關劉君鐵崖，以名諸生讀書上黨書院，膺選拔，與余兄貫亭同筆硯，稱莫逆。其後，余官京師，鐵崖之子青蓮從余講課，登順天賢書。兩世交契，久而彌摯，非泛泛者。茲青蓮將葬其母曹宜人，持行狀示余，乞爲誌，余不獲辭。按狀，宜人姓曹氏，長治生員秉仁女。生而端淑，習閨訓。年十七，歸鐵崖爲室，荆釵裙布，宜其家人。事舅姑孝，得歡心。鐵崖家素貧，與兄九牧、金聲兩文學以筆耕爲生活，無儋石儲。宜人勤女紅、操井臼，雍容於娣姒閒，數十年無閒言。性儉約，持家整肅有法。遇鄰族困乏，必出所有周之。其慈惠出於天性，未嘗有德色。癸丑歲，鐵崖即世，子青蓮以孝廉家居未仕，青蘭又年少，家益貧。宜人摒擋之餘，時訓二子以成父誌、振家聲爲孝。越八年，辛酉，舉班大挑，青蓮列一等，以知縣試政□輔，青蘭亦以是年舉於鄉。宜人乃色喜，謂兩子成名，不負乃父誌。乙丑，青蓮攝□柏鄉，迎養至署，諭曰："爾父讀書一生，欲爲廣文冷官不可得。爾今遽作縣令，爲民父母，任非輕，須好爲之，毋負國恩，致貽前人羞。"嗣是青蓮任滿城、補寧津，宜人皆就養所至，諭以寬仁爲政。每笞一人必誠慎刑，每治一獄必問平反，有與古賢母行事暗合者。祿養久，不廢紡績，衣必以布，每言願汝輩惜福，勿染奢靡習。己巳，青蓮奉檄調清苑，爲通省首邑，政繁劇，宜人戚然曰："吾慮汝不勝任，宜力辭。"然大吏知其能，卒不許。宜人乃爲歸計，瀕行，猶以作好官、愛百姓爲諄諄。越四年，壬申，青蓮以治最，陞任西路同知。宜人聞之喜甚，傳諭訓勉如初，其篤於教子如此。明年癸酉，九月十三日壽終於家，距生於雍正十二年月日，享年八十歲。以子貴，例封宜人。子二：長即青蓮，乾隆丙午科順天舉人，歷任直隸柏鄉、滿城、寧津、清苑縣知縣、磁州知州、順天府西路同知。次青蘭，嘉慶辛酉科本省舉人，揀選知縣。孫二：長壽和，業儒，青蘭出；

次沛和，幼，青蓮出。孫女一，適本邑癸卯舉人四川中江縣知縣王君遐齡之子生員魁，青蓮出。乙亥正月，祔葬宜人於例贈奉政大夫鐵崖君之墓，禮也。爰係之以銘曰：

賢哉母，淑且厚。誨爾子，昌爾後。勒之貞珉，垂不朽。

從堂伯父效周公墓表

余家聚族而居壽之平舒者，今二十世。自余高祖文學公肇詩禮之緒，誕生四子，保世業而滋大。第三子諱峻德，是爲余從兄增廣生員樹立之曾祖，有子一，諱雲雯，效周公其長子也，諱文濂，效周其字。幼英敏，讀書識大義，通達世務。公之從兄北溟公宰江陰，邀往理署中事，渡江遇風暴，舟幾覆，衆惶懼失色，公獨宴然若不經意者。既濟，衆問故，答曰："死生命耳，豈一懼所能逃耶？"其卓識類如此。嗣自江陰歸里，以食指浩繁，慨然念男子志在四方，或仕宦，或商賈，各行其志，株守非所宜，乃北出雁門，爲貿遷之業於歸化城。當是時，公年盛壯，意氣豪邁，獲與交者，罔弗欽其磊磊落落，爲丈夫本色。而公於肆應之餘，一嘯一歌，悠然自得，不以貧富縈情，廓如也。夫貧富之迹，古人論之詳矣。其處富而惟恐失其富者之戚戚，何如處貧而能忘其貧者之坦坦如公者，詎多覯歟？公篤於友愛，待兩弟文瀞、文潔甚懇，怡怡笑語終身，未嘗加呵斥。即族中子姓，不下數十百人，無弗樂親公者。其於鄉，則雅量坦懷，從未忤一人。爭錐刀者，或羣聚而哄，公至，罕譬一二語輒解，或愧悔不敢見。公嘗語人曰："吾生平別無得力處，但能守分安貧，未嘗一入公門耳。"初，公艱於嗣，僅有女三。逾四旬，始舉一子，即樹立。顧體素健，精神矍鑠，年至八十有一卒。見子之成立，猶時時據鞍顧盼，無異曩者跋涉南北時。蓋天性豁達，一切可欣、可厭、可憂、可懼之事，舉不足以動其中，故健若是，抑其得天者獨厚也已。公没十有餘年，樹立將勒石隧前，而屬余爲文以誌，固紀實云。

從堂伯父邑庠公墓表

乾隆戊申春,姪孫士名等既葬其父廷燦於太安河新塋,將復爲其曾祖父母及祖父母舊塋墓前勒石,郵書寄京師告余,並請爲文以紀。謹按吾宗世系,詳見於余父長治公所著譜中。蓋自始祖河東公至余高祖文學公,閱十一世而族滋盛。文學公之即世也,年四十,子四人皆幼。病將革,以屬族弟繼昌曰:"汝吾所教,吾歿,汝教吾子。"繼昌謹受命,而高祖母李太君訓子尤嚴,有丸熊畫荻之風。故余曾祖父兄弟,繩繩繼繼,能以孝弟力田,衍詩禮之傳,用啓佑我後人,至於今弗墜。余伯曾祖廩膳公,諱懋德,生子二,長文林公,諱雲龍。文林公生子四:長邑庠公,諱文溥,即士名曾祖;次增廣公,諱文淳;次江陰公,諱文瀚;次文林公,諱文濬。邑庠公幼端敏,天資過人,年甫冠,聲振黌序,與弟增廣公齊名。詎天不永其年,二十有二而逝,遺孤樹楷僅三齡耳。維時未亡人張孺人,年亦二十有二,克明大義,矢志撫孤,卒以成立。夫殉夫易,撫孤難,昔人屢言之。余家自文學公早逝,賴李太君以節孝縣世緒,乃三傳及於樹楷。世爲家嗣,宗係攸關,復惟張孺人青年守節是賴,而孺人亦壽至八十有一。樹楷爲之請旌入祀節孝祠,與李太君并垂彤管,蓋天之所以祚吾宗者厚矣。嗚呼!是安可以不誌。余嘉士名等之爲此請也,爰紀實而付之,俾書諸石,以詔後人。

武庠生孫君墓表

君諱端,字子元,姓孫氏,太原榆次人。少習弧矢業,游黌序,不樂進取,退而老於鄉,敦本尚義,不類流俗之所爲。既歿十餘年,里人述其軼事,多可傳。有子三:長創文,廩貢生,元配羅孺人出;次某、次某,繼配某孺人出,均恂謹自守,其家法蓋如是。余與創文遊學晉陽,交最久,然契闊者數載矣。甲辰之夏,創文來京師,視余邸舍,款洽如平生歡,繼而泣曰:"吾父以壬辰即世,母氏相繼見背,已祔葬，墓石尚闕。乞子一言以誌，敢請。"余辭不獲已，應之曰：夫身以德義重，家以雍睦興。二者皆視其人之自取，而於蓋棺後驗之益信。士君子苟得位，爲國家効馳驅，宣力四方，必求如古之所謂循良者，而後可以即安；不則敦尚風節，篤行孝弟，俾一鄉之人，咸有以薰吾德而善良，而自顧一門之内，亦必雍雍秩秩，習於樸素，克勤克儉，俾耕者致力乎稼穡，讀者潛誌乎詩書，蒸蒸然有日興之象，斯亦曷可多得哉？况人生百年，如駒過隙。誠使其生也，爲一鄉之善士；其歿也，爲兩間之完人，可謂卓自樹立者矣。乃其子若孫，復能禀先志，爭自愛惜，絶不馳騖於紛華靡麗之習，以期不愧乎其親，則家法之垂於弗墜者，尤足以瞑目無憾也已。是説也，余欲起九原而質之。

太學生孫君墓表

榆之北鄙稱素封者，必曰孫氏。蓋其先世實有隱德，故椒衍百餘年，而福澤之薈萃於其家者，方昌熾而未有艾焉，非偶然也。顧吾每怪世之所謂賢豪間者，奔走一生，往往竭心計，觀時變，徵逐於貨貝輻輳之場，熟權乎泉刀子母之術，銖積寸累，藉以起白屋而登廣廈，棄立錐而廣良田，儼然財雄一鄉，名重闤闠，稱暴富焉。乃易世之後，上下不越數年，或數十年之間，滄桑頓改，局面全非，向之所稱暴富，一旦變而爲赤貧者，指不勝屈也。是豈蒼蒼者甚有所靳惜於斯，故旋予而旋奪之歟？抑本其盈虛消息之理，而皆自於人歟？善哉！顔魯公之言曰："滿而不溢，所以長守富也；貴而不伐，所以長守貴也。"噫，知此者鮮矣！吾獨於孫君有取焉。君性敦慤而寬和，席先人之世業，樽節愛養，不作無益之舉，不覬非分之謀，不取損人之利，勤勤懇懇，日課子弟而訓之，以物力之艱難，與夫侈肆驕惰之習，不可以一日而少濡，故家業久而弗替，厚而益光。噫，是誠保家之主哉！《易》曰積善餘慶，天慶匪易，臻於有餘。而善之視其積者，亦未能襲而取之，致於旦夕。然則吾之所以誌君墓者，可爲君後嗣勸矣。君諱繡，字子係，太學生。原配趙氏，繼配尚氏，子一：爾衮，附貢生。

孫四人。

處士郝君墓表

蘊輝郝君,既葬數年,墓石未立。癸亥之秋,其子特詔以狀抵京師,丐余爲誌。余與君爲姻戚,素重其人,不敢辭。按狀,蘊輝之先由洪洞遷居壽陽,其居寨底村者,約十余世於茲矣。碑誌久佚,世系無考,其可紀者,始自蘊輝之十世祖,諱騰漢,以善行著。明嘉靖間舉鄉耆,由寨底徙居西峪村,歿而葬焉。生子三:長諱謐,晉王府典膳;次諱謙,次諱詔,俱義宦。謐生三子,長諱元德,義宦,性喜施予,萬曆十六年歲兇,蠲粟賑飢,活人甚衆。元德生子一,諱世連。世連生子五,其第三子諱齊,仍徙居寨底村,並遷葬騰漢公以下於村之東坡,是爲蘊輝高祖,有子五。其第四子諱聲譽,是爲蘊輝曾祖,有子二。長諱彥士,字宏儒,縣學生,是爲蘊輝祖。宏儒公以文學起家,教子孫讀書砥行,有家法。生子四,其第三子諱福世,字鍾秀,即蘊輝之父,以文行著於時,補學官弟子。元配郭太君,繼配張太君。有子二:長文魁,字殿元;次文斗,蘊輝即其字也,皆郭太君出。蘊輝自幼靖謹,不好嬉戲,隨兄讀書塾中,解大義。因家貧無以爲養,恐兄不能專攻舉業,慨然棄去學賈,冀以供菽水之資,且使兄得專志於學也。乾隆己未,郭太君卒,蘊輝哀戚殯葬如禮。既而,事繼母張太君,無間言。丙寅,兄殿元入邑庠,蘊輝大喜慰望,怡怡彌篤。丙子,父遘疾,蘊輝晝則貿易鄰村,晚必走抵家省視眠食,雖大風雪,無少間。越一年餘,卒不起,搶呼欲絕,水漿不入口者累日,嗣經營窆葬,盡禮無悔。未幾,殿元又以病歿。蘊輝日益悲戚,煢煢獨立,形影相弔。丁亥,張太君卒,喪葬仍如禮焉。自是以食指漸繁,謀生之策日亟,而治家以勤儉自持,布衣蔬食恬如也。性嚴正,遇鄉里□劇,從未寓目,或路過聞聲必避。又好勸人務本,毋爲匪。見少年好博,必力阻,多有因而改悟者。然待人寬和,未嘗有疾言遽色,終其身無一字入公門,其天性謹飭如此。辛亥冬,偶患痰疾,還家養疴。越二年,以癸丑十一月初一日卒,距生於雍正甲辰七月二十八日,享年六十九歲。元配王太君,處士大明公女,慈惠貞淑,與蘊輝相莊,克嬪內助,以嘉慶辛酉十月十四日卒,距生於雍正丙午十二月二十一日,享年七十三歲。今合葬於東坡祖塋之南,禮也。余謂蘊輝終身一韋布,未嘗榮顯,足不出鄉里。其孝友仁恕,至今里黨姻戚追念弗置。嗚呼!是亦可以傳矣。爰據所聞見,直書付之,使勒諸石,以塞特詔之請,且以示其後人。謹表。

陳方伯墓表代那繹堂先生作

紅圃方伯姓陳氏,諱祁,字如京,紅圃其別號也,世爲浙江嘉善人。由縣佐起家,仕至甘肅。方伯服官三十餘年,不出秦隴,歿而民追思之不已。生平嘉言懿行并家世譜系,詳具行狀中,余不復誌,誌其與余相識及共事政績之大者。憶自嘉慶己未歲,余奉命視師漢南,紅圃時以臨潼令從軍,隸恒將軍部下,聞其能,練兵勇,嚴守禦,兼督運饋餉著勞績。比來謁,則恂恂一書生耳,心奇其才。越五年,甲子,余總制秦隴,紅圃時爲陝安觀察,襄辦陝省善後事,井井有條。入南山搜捕鼠孽,不遺餘力,益信其才可用。已而,果邀簡擢,洊任方伯,分藩於蘭。庚午春,余再莅總制,與之共事凡三載,始知紅圃不僅以才見,蓋古所謂篤行君子也。自少績學,爲名諸生,屢試未售,故不由科目出身。生平耿耿,常以爲憾。然觀其立心行政,原本學述,類非俗吏之所能爲。其臨事以敬,持己以恭,接同官和而能介,遇屬吏而不弛(此句中似有缺字——編者),尤勤於民事,用心篤摯。庚午夏,甘省值旱祲民飢。余請帑百萬爲撫卹,計念弊端不除,災黎未必均沾實惠,商之紅圃,爲籌杜弊之法,並平糶、運粟、設粥、興工、代賑諸條款,皆次第實力行之。於是民得全活,感頌皇仁,謂前此給賑未有若此之善者,皆紅圃籌辦力也。時又奏明清釐通省倉庫,悉心勾稽,務確實一一籌歸,補如額,其公正精詳類如此。壬申九月以疾卒於官,接任者以司庫款貯絲毫無虧告。嗚呼!可謂殫厥心,以靖厥職者矣。使天假之年，必將敭歷封圻，益出其經濟，以實心行實政，卓然爲國家楨幹臣。惜乎未竟其用，而止於斯也。雖然，足以傳矣。余故就所知誌之，使表其墓云。

璞荇吳公墓表

公姓吳氏，諱生瑛，字玠之，號璞荇，西張寨人也。寨居雙鳳山之麓，土厚而水深，其閒類多忠信愿謹之士，而公尤傑出，爲鄉里所推重。生平敦孝友，睦鄉黨，儉以持家，和以處衆，人至今稱道之。公於先大夫爲中表兄弟，交最歡，誼最篤。其視余兄弟，勤勤懇懇亦如之。臨終猶誡諸子曰："此門中表，吾至戚。汝曹當往來無閒，若吾在時，勿稍疎遠。"嗚呼！何其語之切，而情之摯也。夫三黨之愛，人孰無之。易世而降，漸至疎逖，其勢固然，而公獨能念朱陳之世好，敦睦婣之雅誼，世雖易，而情終無以易。由是以推公之生平行事，其足以爲鄉里所推重，而動人之追思者，大率類此。豈非忠信傑出，得地氣之厚而然歟。公生於康熙四十六年七月二十四日，卒於嘉慶元年四月二十八日，享壽八十九歲。配雒太君，與公同歲生，以乾隆十四年卒，享年四十二歲。繼配張太君，生於雍正三年四月二十九日，卒於嘉慶十五年二月初一日，享壽八十六歲。子五人，雒太君出者二：曰克明、啓明，俱歿。張太君出者三：曰浚明、昌明、彥明。女四人：雒太君出者三，適安，適武，適王；張太君出者一，適弓。孫七人：榮邦爲克明子，榮世爲啓明子，榮基、榮國爲浚明子，榮宗、榮業爲昌明子，榮體爲彥明子。曾孫六人：敏功爲榮邦子，敏文、敏行、敏忠爲榮世子，敏事爲榮基子，敏信爲榮宗子。玄孫一人，凌霄爲敏功子。壬申春，彥明將與其兄浚明、昌明扶張太君之柩祔公之墓而合葬焉，乞余爲文，乃爲叙之如此。

公舉賢孝摺書祁處士墓表

嘉慶庚午，從孫生員用唐卜佳兆，合葬其父母。既葬事，族人感其喪葬盡禮，追念舊德，公舉父子賢孝狀。邑侯陸公給匾，旌其門。用唐將勒石於阡，乞余爲表墓之文，乃叙之如左。

處士諱廷對，字摺書，姓祁氏，爲人天性肫篤，品行端慤，即族人公舉所謂賢孝者也。父生員岱岩公，有子三，處士其長。生甫四齡，母曹氏即世，時以不克逮養爲慟事。繼母趙氏不啻所自出，孺慕色養，得其歡心；視兩弟廷錫、廷雋，怡怡友愛，篤手足之情，岱岩公慰甚。家素貧，析爨後，又值儉歲，屋無儋石儲，自父母以下十數口待哺，嗷嗷勢不支，慨然獨引爲己任，向友人告貸，得粟三十餘石，載以歸，始克全活。嗣復獨力謀償，未嘗諉兩弟，亦不令父母知。岱岩公晚年失明，質衣侍醫藥，罔弗盡力。菽水承歡，數十年如一日，内外無閒言。族黨咸稱其孝，謂出於至性，非勉强而然也。少嗜讀書，以家貧故，棄儒業，服賈於盂，爲人理質庫事，然諾必謹，非所應得，雖一介不取。人爭與之交，蓋服其廉潔而愛其忠信，迄今猶稱道不衰。嘗有人遺金及錢物於途，亟訪其主還之。如是者再，無吝色，亦無德色焉。夫末世風俗澆灕，人心不古，錙銖之利，猶將爭之。况以家徒壁立之人，辛勤學賈，逐蠅頭利，欲以贍父母兄弟妻子，一旦獲意外財，孰肯慷慨相付者？而處士獨能臨財不苟，視儻來之物若敝屣，取諸其懷而與之，毫無所動於中，雖古人揮金不顧之風，何以加兹。嗚呼！此其所以爲賢也歟。配武氏，荆釵裙布，與處士同甘澹泊，晝夜紡績，易粟而炊，艱苦備嘗。尤能明大義，教子讀書，卒食其報，以高年終。子一，即生員用唐，亦族人公舉賢孝者。女二：一適吳清吉，一適孟邑安。其孫男二：履壯、履信。孫女三。處士生於雍正己酉年四月初七日寅時，卒於乾隆丁未年二月廿六日未時，享年五十有九。武氏生於雍正戊申年十月初三日午時，卒於嘉慶丁卯年八月初六日未時，享年八十。初，處士附葬太安河舊阡之次，用唐既得佳兆於所謂青槐地者，乃遷其柩，與武氏合葬於斯。會廷錫没，遺言必與兄同葬。用唐不忍違叔言，且欲成其父生平友愛之誌，許以墳地二分，爲兩門公葬所，亦善舉也，因附識之。

皇清敕贈脩職郎隰州大寧縣儒學教諭
例晉文林郎崇祀本邑忠義祠浩然鈕封翁墓表

封翁以乾隆戊申即世，明年就窆矣。越十有五年，嘉慶甲子，吾邑人士追念其賢，公舉入祀忠義祠。後四年，戊辰，其子佩甫孝廉炳綬官大寧廣文，遇覃恩，贈翁脩職郎如子官。又六年甲戌，佩甫將勒石於墓，屬不佞爲文表之。讀所紀行狀，與不佞聞見合，無浮辭，乃纚叙事實如左。

翁姓鈕氏，諱遂志，浩然其字也。先世土著壽陽，居樹嶺村，今移城中。曾祖大力公諱誥，祖終山諱朝卿，父綺季公諱錦，母周孺人。翁生四月而綺季公歿，甫二齡而周孺人亦歿，伯父玉之公諱鍠實撫育之。玉之公子二：長遂良，次遂性，年皆長於翁，相友愛，無異同胞。初，就外傅讀書，解大義，師長目爲偉器。比成人，以家貧故，不忍坐食累玉之公，乃服賈，殫心力，家計賴稍裕。或告翁以周孺人歿時，曾言某莊有葦地田六畝，可稽收之，翁唯唯不言。他日舅氏出孺人所遺一紙，備載村中舊産及箱櫥中物十數事，宜屬翁有，乃懷紙歸，過先人墓所，哭而焚之。嗣家業漸饒，玉之公年老，兩子先後病歿，只有孫六，因呼翁議析産。翁曰："兒受伯父恩，願世世同居，何忍言析。"玉之公曰："吾慮諸孫倚汝慣，不思自成立耳。"强之再三，不獲已，乃三分其産，以二歸伯兄、仲兄之子，而己受其一。既析爨，迎養玉之公於己室，朝夕侍奉承歡，曰："吾幼失怙恃，不忍一日違伯父膝下也。"玉之公壽終，翁哀毀特甚，如喪考妣。自仲兄歿後，恤寡撫孤，皆引爲己任。伯兄及諸姪先卒者不一人，悉爲綜理家事。羅衆稚於前，教育之，俾無隳家聲。有不率教，但痛自責，示令知愧悔，其孝弟慈出於天性如此。性好施與，里黨親串間靡不加厚。察族中貧者，給籽種，勸之耕。歲歉，計口授食，不足，爲之貸倉粟，弗責償。或不能葬，復爲買棺具。有戚屬艱於食，至數日不舉火，載米卹之得活。撫戚孤女，及笄字之。中表某貧老無子，養於家十餘載，終其天年，庀棺以葬。鄰有持券貸三十金娶婦者，閱二十年未償，偶撿篋見券，召其人至家，焚焉。有贖刑者，出己鍰代爲之贖，其人感謝送券至，辭不受。遇歲荒，畿輔山左之民來邑就食者多，翁爲設粥門前濟之。後十餘年，邑有武姓自都中歸，述京邸見一冠帶者，詢里居，問鈕翁無恙？自言昔過壽陽，失行李，飢臥路側，賴翁餽食，贈衣物路貲，微翁賜，焉有今日？某尸祝久矣。翁憶十年前果有此事，然不復記其姓名矣。樹嶺村北有衢路甚險，度地勢周以繚牆，免臨不測。其地乏水，行人疲於渴，每夏爲之覓水以濟。至今人呼爲"設水窨"，頌德不衰。其他義舉大抵類此，不可殫述。翁於善惡之介，辨之必嚴，而氣宇渾厚無圭角，從不作欺人語。間有橫逆，禁子姪勿與較，有唾面自乾之風。邑宰聞其賢，舉充社倉長。先是，開倉發粟，必審貧富。富者不願貸，輒強之，貧則升斗靳弗與。翁慨然曰："倉之設，所以濟貧。交納不足，我任之。"於是貧戶得食者衆。迨秋穫，不催自納。一二無力者，代爲償，不少吝，亦無德色。任事逾十年，以老求代，乃得請。邑人莫不加敬，推爲長者。鄉飲酒禮，學師屢舉爲耆賓，力辭不應。其謙抑自下，有他人萬萬不逮者。生平喜閱書籍，嘗讀《論語》至宏毅章，訓其子曰："吾不解仁爲何事，然忠信孝友，知無不爲，爲無不盡，或可當一士字。"讀《綱目》，見忠孝軼事，輒慷慨擊節，或至泣下。尤喜讀《孝經》《先正格言》及《感應篇》《陰騭文》諸書，每爲人講解。其樂善不倦又如此。噫！世乏篤行久矣。若翁之賢，舉一事足以式澆而振靡，況美不勝書，卓卓可傳耶？其歿而血食於鄉也固宜。至翁生卒月日之詳及子孫濟美之盛，別具君所撰誌銘中，茲不復贅。只表其行事實蹟，俾貞諸石，用副佩甫孝廉之請，且以風示後人云。

徵仕郎歲進士彥伯鄭先生家傳

先生諱友儒，彥伯其字，別號亦希，姓鄭氏。先世聞喜人，明初遷居夏縣之張付村，迄先生之世，十二傳矣。曾祖注運，庠生，以文學起家。祖普歲，進士，績學有令德。父允升，邑庠生，鄉飲介賓，慷慨好義，鄉人重其行，薦入邑誌。先生幼聰敏，讀書日積寸許。弱冠補博士弟子，有聲黌序間。應省試，頻薦未售。餼滿貢成均，需次司鐸，未及仕卒。鄉之賢士大夫罔弗稱爲敦行君子，迄於今不衰。余與先生之子潤齋，爲丁酉選拔同年生，是以獲稔先生之爲人。蓋先生天性過人，篤於仁而厚於義。事親最孝，生養死葬必以禮。春秋祀先，致敬而哀。設祭田、置祭器，脩譜以聯族屬，親親之誼甚篤。居平儉約自矢，家雖豐，飲食起居無異寒素。遇戚里有婚葬事，貧不能辦，必力助之，無吝色。性尤好成人之美，閭里子弟有材可造而絀於力者，輒招致之入家塾，爲延名師課讀，一時成就甚衆。夫國家衆建師儒之官所，使作育人才也，然稱其職者罕矣。今先生處於鄉，無官守，乃能毅然以作育人才爲己任。使天下皆克如先生之用心，則凡士之不幸而困於貧者，何至廢學也歟？噫！是可以風已。先生初娶於劉，安邑名家女，淑慧而賢，生長子鄢霖，九歲而孺人歿，得年三十有六，即以其從妹續焉，生次子鄢霖，即潤齋也，又次邘霖。鄢霖穎悟絶人，十四齡入邑庠，以讀書積勞早歿，年二十四，無子，先生命潤齋以長子製錦爲之嗣。邘霖少明達，具幹濟才，綜理家政，能稱先生意，今爲國學生。潤齋自少端謹，言笑不苟，先生教以脩己爲學之要，甚詳且摯，其訓子可爲世法。甲辰歲，潤齋以校書《四庫》得甄敘，除授江南泗州別駕。將之官，謀迎養先生及劉孺人抵署。於其行，都中士大夫爭爲歌詩致祝嘏，余亦爲文以敘之。既而遇覃恩，先生得受封如子官。越二年，劉孺人卒於泗。又三年，先生卒於家，壽七十有三。舊史氏曰：余與潤齋交，知先生之積德，獨念以彼志行，使達而措之事業，雖垂名竹帛可也。顧未竟所學，僅以明經老，惜哉！及觀潤齋之判泗洲，克舉厥職。今謁選復來都門，恂恂謹飭如曩爲諸生時，無一毫仕宦習氣。余又知先生之垂裕遠，殆將食報於無窮也。

鄭母劉孺人傳

余既爲彥伯鄭先生撰家傳,稔其門閥甚悉,爰復詳叩潤齋分符泗洲時事,參以向之所聞,嘆其存心利物,不類俗吏之所爲,宜州之民追頌焉。此固潤齋砥礪廉隅,弗愧所學之實效,抑亦夙稟庭訓,其來有自。潤齋悚然起立,愀然有間而言曰:"吾何德於彼州之民哉?吾自甲辰歲筮仕,吾父諄諄以清、慎、勤爲勖。不寧惟是,吾母亦頻寄書,勉令恪盡乃職。鄢霖謹誌之座右,弗敢忘。苾任一載,幸政無煩苛,州之民相與安生樂業,吾亦免隕越,皆吾父母訓諭之力也。吾何德於彼州之民哉?乙巳春,迎養吾父母至署,冀得以廉俸所入供甘旨,承歡膝下,長此無極也。不意於是年秋,吾母染患時疫,投藥罔效,遽見背,享年僅五十有五。雖恭遇覃恩,仰邀封典,而祿養僅及數月,溘焉長逝,未獲斑衣舞彩,少伸烏哺之私。此鄢霖所爲仰天椎心、泣血而不能自已者也。追思吾母懿行,弗可殫述。母爲先外祖安邑劉翁三漢女,幼嫻《内則》,年十五,繼前母劉孺人來歸。孝事舅姑,色養得歡心。撫前母所遺子鄢霖及二女,恩勤備至,不啻己出。母產吾弟邟霖時,未匝月,值先祖邁疾,佐吾父侍湯藥,晝夜不離側。及不起,吾父哀毁骨立,殯斂葬具一切,誠信無悔,吾母實勸助之。既而,先祖母即世,喪葬盡禮如前,積勞至患目眚者,數月始愈。自丁酉至甲辰,鄢霖以校書《四庫》留京邸,定省缺如。吾母佐理家政,勤儉自持,備極辛苦,遇歲時祭祀、西席飲饌、親串往來之事,則必豐必潔,不肯稍貽人譏。生平服食安淡素,教子婦董時,諭以物力之艱難,中饋肅然。每諭鄢霖等曰:'汝曹承祖父遺澤,衣食幸豐足,當端方持己,謙謹接物,以圖上進,毋稍自放恣,玷家風。'嗚呼!鄢霖之得效一官,夙夜兢兢不敢自弛者,其賴吾母慈訓多矣。皋魚有言:'樹欲靜而風不寧,子欲養而親不逮。'無已,則請子一言以光泉壤,以垂家乘可乎?"余曰:"唯唯。子之孝思可懷,太孺人之懿行可表也已。"遂書其言爲傳,示紀實焉。

故河帥心如徐君治河行狀 代容子靜作

公諱端,字肇之,姓徐氏,別號心如,浙之德清人。歷官江南河道總督,以嘉慶壬申四月,卒於清江上次。安讀公自訂年譜,不禁唱然而歎也。蓋公由河倅起家,洊歷觀察,受主上特達之知,擢授河帥,三任爲正,再任爲副,熟於治河。凡夫脩防之要,疏濬之宜,罔弗洞悉,竟始終以之。嗚呼!可謂以死勤事者矣。其始任蘭儀通判時,襄辦儀封麻姑寨新工,堵築睢州宋家堂漫口,不辭勞瘁,卓卓有聲。繼爲睢寧同知,適史村鋪河溜逼堤,勢甚危,設法搶護,始化險爲平。調赴商虞,搶辦險工,增培大堤,復督濬汴河濠,無不精詳妥慎。當事者廉其能,咸倚重之。其任兗沂漕道時,曹工大壩屢告□。公相度地勢,就引河頭,築攔壩南北兩堤,灘面築橫堰,以防漫水串入引河,致有淤墊。又以曹下汛六堡工險,晝夜督鑲埽工,保護夾堤內村莊數十,往來巡防不少懈。會上游睢州四堡漫溢,曹工水涸,乃於二隄內鑲護埽,預爲淤退守計,仍克期挑引河。明年,睢工合龍,河歸故道,果暢流東下,大爲得力。既而,伏汛水漲,二壩前溜勢逼近,危在呼吸,非以水抵水不可,急開大壩東尾,引水入塘,使內外水面相平。工甫就,二壩尾灘面已陷,幸塘水滿,足抵禦,不至爲害。其隨機應變如此。及任淮徐道時,堅守毛城鋪諸處,減水閘壩,弗輕□全溜得以刷河淤,灘高河面遂丈餘,兩岸堤工從此弗報險,皆公力也。其任河東河督時,值江南河口淤阻,奉命至江,設法疏通,展挑引河,啓詳符五瑞閘,引河水分注洪澤湖,助清敵黃,於是漕船暢行無阻。旋授江南河道總督,既履任,督辦高堰山(盱)〔圩〕,加高石工,築子堰,幫培土,餞移建束清壩於湖口。復奏準償堵義壩,將五壩底大加脩砌,增建碎石滾壩,並脩建運口各閘,宣洩下河積水,培築隄工方家馬頭大隄,填砌碎石,補築中河縴隄,皆次第就理。又以淮城上下運河淤□,一律督挑深通,以便漕艘往來,一一皆中窾要。會淮水增漲,高堰諸□存水至丈八尺,與海漫石相平,賴上年所築子堰加高四尺,本年又加高二尺,實資捍禦。上喜其未雨綢繆之,於河務盡心焉。未幾,河由馬巷口東注,議者紛紛,謂宜改海口,公獨服膺御製《治舊河記》,謂宜仍循故道。其有定見,不爲浮議所惑又如此。歲庚午,以堰(盱)所屬三壩過水,石工坍四千餘丈,命鐫秩留工償堵。次年賞給通判,遇缺即補。會王營減壩,李家樓先後漫溢,與今河督陳公分任堵築,專駐李家樓督辦引河。時值嚴寒,在工三閱月,感疾,遂至不起,年六十有二。彌留之際,無一語及家事,惟以涓埃未報爲恨。嗚呼!以死勤事如此,可謂難矣。夫國家當今要事莫若河,其事之難亦莫若河。以公之熟於治河,上又知公久,使天假之年,必復用公,用亦必復專,乃不克竟其用,遽賫誌以歿,良可悼惜!雖然,公之盡心於治河,始終以之,其亦可以無憾矣乎。公於安爲父執,曩者安隨□清江得見公,承所以期望之者甚至。公婿許君之兄玉年,又與安爲總角交。公之卒,玉年寄書屢爲□誄。安不獲辭,爰撮敘公生平治河之要,表而出之。此外政績甚多,以無關於河,故不備著。

郭室范安人誄詞

桂輪易缺,金粟墜兮。愁海難填,仙蹤閟兮。錦瑟哀絃,空墮淚兮。天荒地老,悲遠思兮。懿惟夫人,四德備兮。端莊淑慎,明大義兮。歸我年友,主中饋兮。蘋蘩薀藻,罔弗庀兮。克相夫子,靖共位兮。柱史秉筆,推職志兮。委蛇退食,恣厥嗜兮。厥嗜伊何,圖書萃兮。牙籤錦贉,代題識兮。夜分佐讀,尚無寐兮。長檠短檠,人影二兮。琴瑟膠漆,情難譬兮。如花吐萼,舒百媚兮。如草敷榮,欣得地兮。結褵一載,方改燧兮。彼二豎子,謀作祟兮。處世若夢,人如寄兮。或甚聰慧,造物忌兮。賢哉夫人,孰爲甚兮。古人有言,死猶漸兮。生氣必盡,死乃至兮。中道折軸,遽捐棄兮。天奪之速,奚以致兮。我友神傷,容顑頷兮。某等謂君,意勿恚兮。曾聞仙姝,坐遊戲兮。謫向人間,飄脫屣兮。生本非真,死亦僞兮。蓬萊縹緲,集靈異兮。瓊樓玉宇,巢翡翠兮。紫雲絳霄,嘶麒驥兮。竊藥長生,靡怨懟兮。六銖翩翩,衣荷芰兮。春雁一行,留錦字兮。愁雲萬疊,羃玉笥兮。勸君一杯,付之醉兮。蕙悵依稀,聊贈禭兮。芻言致誄,慰幽邃兮。

廣室馮淑人誄詞

雲駢迢遞,鸞鏡參差。謝容華於絶代,遺簪珥於深閨。紛悼亡之離緒,增歎游之幽思。泉以九而永隔,德有四而莫追。懿賢媛之閫範,稱吾友之齊眉。名媲鍾郝,美軼姜姬。少毓貞於珂里,長溢慶於門楣。嫻銘椒而賦柳,兼習禮而明詩。以臺揆之愛女,配宰相之佳兒。調靜好於琴瑟,協柔順於唱隨。翁嬟喜其婉娩,娣姒悦其和怡。迨夫子之通籍,昭郎署之光儀。蜚直聲於臺諫,宣茂績於青齊。復植棠於分陝,旋秉臬於西陲。蘋蘩永戀,福祿攸綏。慮無煩於內顧,政默贊夫中□。古列女之淑志,詩碩人之芳規。允其吉矣,何以踰斯。乃年華之正富,忽霜雪之暗摧。大斾北征之日,細君永訣之期。越二日而訃至,謂前夕其長辭。痛落皇華之淚,魂飛杜宇之祠。款故人於都下,猶執手而淒其。蓋賢內助之不可以復見,誠賢大夫之所不能無悲。某等欷歔永歎,匍匐致詞:謂凡不櫛之淑女,類皆謫降之仙姿。現浮漚於塵海,終返駕於瑤池。本去來之非偶,奚修短之足疑。溯坤儀而是式,酹椒奠於寸厄。指靈旗之飄拂,□鑒格而在茲。

劉母馬太宜人祭文

自古閨閣之賢夥矣,其傳者,類皆以教子孫著名於後世。跡其所處,必極之顛連困苦,不改厥志,以底於有成,卒及身而獲報,無不如其意以償,斯傳者益著。如我太年伯母馬太宜人,其有合於此乎。太宜人之冢孫沈齋檢討,爲某等丁酉同年生。太宜人之懿行,某等耳熟久矣。沈齋以太宜人明歲八十大慶,預謀製錦介壽,而太宜人忽以今年六月溘然先逝。沈齋痛極而悲，謂未符八十成數也。夫太宜人壽至七十九，春秋不可謂不高。況其卓卓可傳者，尤不係此一歲之光陰以爲修促耶。太宜人誕出名門，詩禮之嫻有自。年及笄，歸我太年伯容庵公爲繼室，時我年伯奉直公甫四齡，而容庵公之父欽齋公鰥居，年七十矣。容庵公次弟達泉，久客喪耦，遺子在襁褓中，三弟承庵尚未娶。太宜人以新婦入門，上無姑嫜之依，下無娣姒之助，形影相弔，孑然一身，爲中饋之主，肩萬難之任，奉舅撫叔，育子暨侄，左支右絀，竭力殫心，不終年而內外井井。縞衣綦巾，不知其爲新婦也。既而，欽齋公即世，太宜人相容庵公蕆喪葬大事，盡禮無悔。容庵公性豪邁，不問家人生業，間遭荒歉，迄容庵公歿，家日落。奉直公稍長，太宜人教之讀書砥行。初娶梁宜人，繼即溫宜人，均早卒。太宜人以所遺子女呱呱靡依，慘然憶新婦入門時景況，乃復以育子者育孫。飲食寢興，曲意翼覆之，惟恐傷。沈齋今每言及，淚輒涔涔下。嗚呼！家徒四壁，食指浩繁，煢孤不辰，又及兩代，太宜人之遭遇，洵所謂顛連困苦者矣，乃猶摒擋支撐，歷艱難而益勵。前數十年以婦代姑，後數十年以姑代婦，卒使詩書濟美，貧不爲病。非教育並施，不改厥志，黽勉經營之所致哉！沈齋初以廣文司鐸靈邱，繼監晉陽書院事，迎養太宜人至省垣，凡二載。及成進士，官於朝，奉直公以太宜人年高，奉居里中。其叔姑田、趙兩孺人，年近斯頤，康强無恙。太宜人與之優遊相依，蒼顏皤髮，萃於一門，里黨艷羨之，而太宜人復以覃恩受封。此及其身而獲報，無不如其意以償之明驗也。顧聞太宜人終身未嘗食肉，有長齋繡佛之風，則其夙慧靈根，又豈尋常之所得而儗耶！壽雖未及八十，不克遂沈齋頌禱之私衷，而其可傳之懿行，則固侚侚乎遠矣。沈齋聞訃，既爲位而哭。某等因得致其哀詞，述所聞於太宜人者，書之爲閨閫法。太宜人有知，其鑒茲乎。

李直甫先生祭文

仙飆轉蕙,涼魄盈濤,樹啼反舌,鳥脫重條。乘箕朗曜,跨鳳舒毛。琴亡玉軫,弓墜烏號。今歟古歟,逝水滔滔。先生隴西世胄,汾左人豪。筠心比德,冰玉同操。少承宦學,遊歷江皐。才霏錦繡,詞擅風騷。統歸徽鏡,鑒佩虡刀。意氣雄傑,交遊俊髦。蕊榜列座,後車載旄。置懷蝸門,遊心羽翱。若松千丈,磊砢自高。若波萬頃,澄澈何撓。某山某水,一巾一袍。芳園醉月,菊圃題餻。菜根滋味,樂也陶陶。一經守訓,萬卷焚膏。祭魚羞獺,升木戒猱。蒔花種樹,課藝兒曹。嗣君繼美,槐市脣襃。隱南山豹,釣東海鼇。菖畬未穫,荼毒云遭。奚天不弔,長此號咷。某等識戎舊好,附驥榮叨。露悽賦薤,里愴歌蒿。愧陳芻束,謹列醇醪。將之一慟,怛怛心勞。

郎耕莘先生祭文

桐百尺而被劗兮,花千葉而忽萎。騁長途以縱轡兮,終投鞭而折箠。噓白浪之茫茫兮,漱清流之沘沘。翹首欲叩天閽兮,嗟吉人乃弗獲祉。惟先生殊標之獨秉兮,邁秋蘭與芳芷。揮筆陣之嵯峨兮,俯拾芥夫青紫。念高堂之遠宦兮,謗兩騰乎薏苡。挺子身以摒擋兮,心吐華而結蕊。肆彩舞之翩翩兮,侍板輿而燕喜。煦丹筆以春風兮,矢平反以爲理。閱十寒暑於茲兮,遂上膺乎襃嘉之溫旨。秉簡卓爲諫官兮,旋陳臬使作士。感拔擢之超倫兮,勵羔羊之素履。彌竭力以馳驅兮,仁風播乎郊鄙。何微疴之偶抱兮,促赴召於玉几。天子聞之悼惜兮,詎枋用乃如斯而已。某等附驥夫二阮兮,跡轉蓬乎燕市。挹清風於襟袖兮,問像具於宰庀。遙咨嗟而歎息兮,悟臣心之如水。陳桂醑與椒馨兮,冀來歆而鑒止。

郎拙夫先生祭文

芙蓉縹緲,甲馬騰驤。雲深塞紫,露冷葭蒼。哲人何在,勾注仙鄉。騎鯨飛去,埋玉北邙。惟公德標金管,澤守青箱。斗南冀北,行表言坊。公初隨宦,西蜀翱翔。侍祖歸養,歡奉高堂。年甫毀齒,斐然成章。孫代子職,戲綵成觴。七旬二老,矍鑠徜徉。承顏八載,遭祖父喪。盡哀盡禮,大事克襄。寬慰祖慈,賴以康強。退而課讀,努力縹緗。囊開古錦,閣序滕王。董帷既下,譽噪膠庠。尋復入蜀,琴鶴攜將。趨庭侍訓,攝篆江陽。江俗健訟,縲絏相望。歲值饑饉,無實承筐。罪非大辟,糧絕秕糠。代庖傳舍,孰慘而傷。公時抵署,廉得其詳。念茲囚眾,轆轤轉腸。孽固自作,屍緣餓僵。好生大德,呼籲天閽。急昌義舉,用拯踉蹌。募金捐俸,設粥施漿。全活無筭,到今稱良。自蜀之滇,遠徹炎方。瘴癘蒸鬱,夷獠昂藏。曾無醫藥,多患膏肓。公製丹粒,法本岐黃。通衢散給,感者涕滂。氣消兵疫,民鮮癰瘍。先是滇省,緬酋跳梁。軍書羽檄,神武維揚。永平衝要,晝夜靡遑。公念親勞,獨以身當。餉運絡繹,館舍高張。夫馬什物,芻茭糗糧。部署井井,若網在綱。關山匹馬,風雨戎裝。往來馳驟,內外徬徨。寒暑五易,形瘵體尫。然猶跋涉,徧歷星霜。公之偉抱,磊落堅剛。公之至性,孝友慈祥。公娶於郭,鴻案相莊。誕生四傑,器盡圭璋。公性至約,友誼慨慷。江左一士,謫戍投荒。隻身萬里,有類赤魴。公延內塾,推食解裳。憐彼艱嗣,置簽傾囊。數年舉子,槩已成行。凡斯陰德,宜壽宜臧。天奪乃速,中道云亡。十年就壙,永感滄桑。公之哲嗣,蕊榜連芒。鳳毛麟角,宋艷班香。某等忝列附驥,獲稔幽光。雁門隱隱,滹沱湯湯。謹持椒奠,用冀神嘗。

崔乙齋先生祭文

斗南星隕,冀北霜殘。蕭蕭木脫,潺潺水寒。騎騕天上,埋玉人間。哲人其萎,況也永歎。先生門高盧鄭,名匹張班。宦遊歸老,爲晉斗山。初舉孝廉,就日長安。鴻詞璣吐,秀藻雲剜。州平季玉,鳳逸龍蟠。榜花脫穎,賜錦衣還。覲親學舍,苜蓿承歡。博親之心,力無弗殫。嗣謁選人,出宰河干。河干有虞,密邇狂瀾。先是邑宰,作傳舍看。公甫下車,慨念錯盤。愛民潔己,疏鬱剔姦。平反庶獄,往往更闌。既而報最,童叟轅攀。淇澳有斐,借寇棲鸞。曰我公來,百姓無頑。陽春有腳,鐫民肺肝。治平第一,上達重巒。帝曰嘉哉,濟猛濟寬。擢爾評事,廷尉錫鑾。尋改祠部,洊歷郎官。秩清選妙,典禮攸嫻。含香獨誦,腧糜賜丸。光添署粉,心映墀丹。遂膺表薦,名注臺端。詎因公悞,解組歸閒。議者惜之,公則怡顏。一杖一履,骨節珊珊。倘佯竟日,牧馬水名垂竿。門盈桃李,室盡芝蘭。義方課子,瑜珥瑤環。三株競秀,仲子彈冠。省元壓卷,紅綾授餐。某等識戎都下,附驥詞壇。借悉公行,翹企識韓。鳳毛奪錦,椿闈據鞍。神明矍鑠,撫松盤桓。耄老未及,遽賜玉棺。嗚呼!蓉城絳帳,達人同觀。公乘箕尾,永絕塵寰。倘歸列宿,光綵斒斕。克家有子,公可勿潛。老成何在,虎賁殊覼。愧致生芻,匍匐間關。蕪詞寄奠,歌薤心酸。

褚師母主太夫人祭文

洪波東逝,桂魄西傾。去雲不返,墜露徒瑩。萱經秋萎,藕剩絲縈。瑤池駕鶴,緱嶺吹笙。星妃歡笑,素女逢迎。撒手長往,仙遊玉京。大孝孺慕,中路失嬰。感時涙淺,觸目心驚。哀深罔極,痛極無聲。及門諸子,蓼莪廢賡。緬惟慈範,淑惠且貞。篤生我師,誨之成名。初登薇省,繼入蓬瀛。金蓮撒炬,絲籠攜櫻。五雲效陟,八磚異程。西江掄秀,南國培英。三晉識虁,七閩賦蘋。桃李門滿,著作笥盈。胸羅列宿,字結堅城。粲花斯吐,驚人則鳴。沈詩任筆,孔思周情。蔚為黼黻,佐我休明。學不阿俗,詞惟立誠。嗣古賢哲,賴母教成。荻畫代字,熊丸佐衡。悉禀懿訓,弗渝素盟。羹行修名立,卒為國楨。吾師奉母,較古彌榮。卅年侍養,九齡待旌。顯揚克篤,雖没猶生。仙軿縹緲,蕙帳縱橫。椒漿酹地,靈爽式楹。

雷師母張恭人祭文

竹隕湘江,蓮凋華井。簫悵嬴樓,笙淒晉嶺。麝粉千堆,兔華萬頃。天上春沈,人間夜冷。惟師母珩璜德懋,蘋藻躬鞠。柔嘉備美,淑慎稱賢。幼滋蘭畹,蚤苗璧田。珂鳴七葉,錦濯千川。賦成香茗,屏繪天仙。鳴雁雝和,綵鸞凤駕。作配高門,恪恭子舍。饋食中庭,篝燈永夜。馨徹椒蘭,蔭餘桑柘。昔我夫子,豹隱家園。梁莊冀敬,嬿婉琴尊。洎登史館,洊濯臺垣。劻勷左右,隨宦都門。歷十餘載,內則彌敦。海國珠洋,漩渦雪吼。帝勅黃門,巡方佩綬。手拳蛟龍,口銜星斗。夫人歡笑,爲公治酒。公曰俞哉,別離非久。先是夫人,微疴臥第。使幨既發,遂爾不起。未遇金膏,難逢石髓。鵑血題紅,籜斑化紫。歲轉週星,香飄朏魄。我公旋歸,寒暑方易。遺挂摩挲,潸焉標擗。芻蕘有言,願爲公釋。庭花四照,玉樹三柯。熊歗荻歗,厥覘良多。芳華已謝,金石誰磨。峯傾天姥,宿映星娥。七襄雲錦,照徹銀河。某等桃李依春,風霜歌薤。壺範空留,母儀難再。敬芼芳蓀,冀歆沆瀣。縹緲風來,髣髴神在。

衛母某孺人祭文

兔華時缺,朱顏易凋。衣颼瑟瑟,古木蕭蕭。霜橫雁塞,露滴楓橋。嶺頭跨鶴,樓外聞簫。淒深冷落,慨結空寥。孺人蘋蘩永懋,璜瑀諧調。徽音懿德,歷久逾昭。幼嫺四德,作嬪二姚。敦詩習禮,賦菊銘椒。克相夫子,佐讀中宵。家徒四壁,樂共一瓢。摒擋內政,井井有條。藁砧勿泣,善類相焦。雙丁兩到,天骨殊超。虎疑是綉,龍自稱雕。鹿車對挽,斗柄移杓。教之大義,不染時澆。手親畫荻,心細抽蕉。鳳毛毓彩,驥足連鑣。詩淩皮陸,文亞董黿。雙鴻振羽,一鶚翀霄。木天聳立,蓮炬高燒。母喜而言,汝官於朝。譬巢珠樹,許借鷦鷯。君恩厚矣,慎哉勿驕。嗣余同年,冰署逍遙。曠典榮遇,紫誥榮邀。板輿奉母,樂事頗饒。詎期惡耗,屋角鳴鴞。棘人哀哀,瘠擗有摽。某等追隨哲嗣，拜獻芻蕘。夙欽閫範，共仰芳標。敬陳桂醑，冀挽仙軺。名當不朽，魂或能招。望雲愴切，歌薤聲銷。

張文學祭文

嗚呼！生則壽其身，没則壽其名，雖曰天命，豈不以其人哉？苟非内行之無失，孰使余欷歔慨慕而不自禁。惟公幼遭孤苦，晚樂天倫，習聞夫哲孫之所述，乃歎大德之播遠近而俱馨。蓋公雁門望族，拓籍唐林。考椿闈之見背，公方呱呱於慈母之懷中，外誠無期功强近之親，内真無應門五尺之童。當是時也，方慮簪纓累葉，一綫僅存，詎知後日之享大耄，而種福田於子孫。況公生而敦厚，至性過人，事母以孝，名聞泮宮。建節榮旌，不愧京兆之派；同居合愛，大興公藝之宗。慰北堂之荼蓼，茁玉樹於階庭。五代其郭，八龍其荀。曠百代而相映，實近世所希聞。而公天資之肫篤，至易簀而猶不忘以孝友忠厚，諄諄爲之誥誡丁寧。凡此留耕於方寸，展更僕而難終。某等雖未識公之面，竊幸聞公之風。謂天之報施，每不爽於善人，而非公之積德深厚，烏能上世其家而下興其門？嗚呼！如公者，洵生而宜享其福，没而可著爲型。俾薰其德而善良者，共慨然於古人之行，而不覺其泣下沾襟。公如有知，鑒我鄙誠。

某處士祭文

處世有如大夢，公論定自蓋棺。修短天操其柄，臧否人握其權。自非慷慨見重於朋友，正直克敦夫英賢，孰爲過黄公之壚，撫人琴而太息；履西州之道，緬宿草而永歎？惟我賢友之積德，盡人思之而心酸。姑勿論純全之百行，祇爲述義氣之一端。蓋其秉性坦白，立念温寬，學貨殖於端木，操奇贏於計然。寄心湖海，結客幽燕，獨重金蘭之契，隱於鹽鐵之間。訂交以不欺爲主，接物以存厚爲先。心如其口，行應其言。矢始終而不渝，守公正而無偏。凡其所敭歷，與其所戀遷，熙熙攘攘，擊轂摩肩。或挽王孫之馬，或乘大夫之船，罔不服鯁直，悅其廉狷。一諾既定，千金可捐。人之斯愛而斯傳者，垂數十年。某等夙託交遊之好，叨陪知己之緣。往往來來，借指南於籌畫；年年歲歲，陳杯酒以盤桓。方意吉人自有天相，福壽自爾兩全，桃開三島，椿紀八千。何天命之甚促，仍花甲之未延，故人重來而話舊，公已返駕而登仙。天南地北，渺若雲烟。縮地何從，慨蓬萊之縹緲；招魂無術，嗟愁海之難填。已矣乎！榆關嶺畔，石艾城邊。少微隕處士之宅，佳氣冪埋玉之田。徒令遼左舊好，薊北朋儕，相與憶襟期之磊落，共為欵厚意之纏緜。然竊聞積德之門必大，達人之後必繁。如公令嗣之克守世業，洵足裕後而光前，公亦可以瞑目於九泉。陳情椒奠，灑涕雲旛。典型何在，念之摧肝。

祭某公文

輪摧叱馭，裾絕悲岐。贅風木痛，廢蓼莪詩。蓋公至性，少即岐嶷。祝阿秉鐸，書帶盈埒。士枵罷咏，兒啼待炊。亟籌賑恤，亟拯尫羸。悉禀懿教，惟捐己貲。量移司馬，湘水之湄。汝諳吏事，且習邊陲。旬日抵里，歸與母辭。兒欲弗往，侍母甘旨。公迫母命，慘不忍離。仰天號泣，子職實虧。嗚呼賢哉，情見乎辭。公之居心，惻怛是資。古人有言，忠由孝移。

橄徵易喜，鼎養難追。勺水不入，卒以身隨。柳熊歐荻，問字多奇。一行作吏，百里牽絲。公時奉母，板輿至茲。人授之衣，户給之糜。既蘇而飽，民曰宰慈。勤慎厥職，如作宰時。可守大州，為予撫綏。迢迢邊郡，山驛邐迤。母曰往哉，忽念予衰。遲留始發，如慕如疑。萬里匏繫，九泉路迷。或為公惜，運蹇數奇。公之治民，有猷有為。長才未展，竟死何裨。

倥傯五馬，匍匐三危。大孝孺慕，於公見之。繡江濯錦，桂苑分枝。湟中積石，歲歉民飢。平反必告，哀彼蚩蚩。斃掩之櫬，病延之醫。惠政報最，好爵重縻。上官薦之，天子曰咨。公奉恩命，便道疾馳。迎養勢阻，違膝罪滋。甫抵任所，大故忽罹。生不能養，死以為期。公之立身，廉介自持。公之敬事，不亢不卑。豈知純孝，百行攸基。先立其大，完我秉彝。即忠即孝，道兼在斯。生不虛存，死亦何悲。如公足矣，千古名垂。某等後進，遜聽心儀。人間埋玉，天上騎箕。爲位以哭，敬酹一巵。

薛母李太孺人祭文

緬瑤臺之落月兮，感玉硯之流霜。歎坤儀之莫覯兮，驂鶴駕而雲翔。鄰春既慘其無聲兮，戚友捧訃而淒愴。惟太孺人之淑德兮，備女宗以流芳。雖覼縷其孰罄兮，試略舉其大綱。當夫子之南遷兮，本寄籍於滇方。依客中之形影兮，極艱苦而備嘗。貧病每至交加兮，鴻案儼其相莊。望松楸而雪涕兮，經伏臘而斷腸。念謀歸其弗易兮，俟子成名而再商。爰督課之嚴切兮，垂荻訓於縹緗。果翔鸞之振翼兮，發桂子之幽香。高荀龍之氣宇兮，吐薛鳳之文章。遂鳴鑣於薤榜兮，將攬轡於金閶。倚門閭而諄囑兮，謂邱壟其莫忘。必迂道以省視兮，陳椒酒於北邙。乃客囊之金盡兮，思拜掃而未遑。輒譙讓於再三兮，請他時爲治裝。矢努力以自愛兮，尋拔擢乎庶常。欣花誥之下賁兮，耀錦衣於故鄉。洎入門而致命兮，始悲喜其相將。謂他年之出宰兮，快北游於太行。雖黃河之遠上兮，終一葦而可杭。何人事之乖舛兮，絆驥足之騰驤。前未徵夫捧檄兮，淚淃淃以沾裳。嗟父書之罷讀兮，指歸路而茫茫。誦蓼莪而銜恨兮，來敦聘於三湘。拄桐杖而□□兮，主蓮幕之否臧。思秋風之蒓菜兮，旋輕斾於梓桑。試長材於滇海兮，築萬丈之陂塘。土岸易爲石隄兮，盤龍鞏於宣防。實稟承夫慈訓兮，成百年之金湯。大吏服其擘畫兮，父老享其安康。窺一斑於寸管兮，已炳蔚之全彰。詎板輿之未奉兮，空注銓於閩疆。撫春暉之易逝兮，悲寸草之難償。某等譜幸聯夫花萼兮，望素切於婺光。侑蕷詞而致奠兮，慰慈魂於一觴。

祭金輔之先生文 <small>諱榜壬辰狀元官止脩撰</small>

緬吾師之盛德，備有道之純脩。明出處於止足，寡言行之悔尤。

養以邃而莫尚，品以潔而罕儔。其褆躬也，若閬峯之美玉；其應物也，若大壑之虛舟；其篤學也，若井綆之待汲；其契道也，若鷗海之與浮；其舒華而摛藻也，若瑞日祥雲之忽現；其遺世而拔俗也，若龍蟠豹隱之難求。爰是抱遺經而矻矻，憩退谷而休休。大魁而不希大用，道謀而匪爲身謀。自歸田而解組，已廿易乎春秋。韜光華於道德，寫趣尚於湄陬。積等身之著作，爲林下之優遊。既德言之不朽，詎壽考其弗酬。胡乃騎箕尾而遽去，遠赴召夫玉樓。韻等久睽違夫幽丈，邀識拔於曩疇。念知己之未報，徒肅致夫書郵。歎道路之孔隔，感歲月之如流。兹側聞夫哀訃，彌延佇以悲愁。聊潔陳夫椒酒，寄一慟於山邱。倘靈旌之可挽，庶返斾而少留。

祭彭芸楣先生文

鴻泥易逝，駒隙難留。處世若夢，浮生似漚。騎箕升宿，駕鶴還緱。哲人已矣，愁焉心憂。緬公一生，遇隆學優。圭璋特達，少二寡儔。幼秉異質，博攬旁搜。百城富有，珍貝琳球。文成美錦，筆利長矛。巧思天授，名重南州。帝獎才子，拔列瀛洲。鴻篇鉅製，追韓媲歐。旋侍內直，出入星輈。屢膺文柄，珊網宏收。卿貳洊擢，吐茹剛柔。六官晉秩，八座鳴騶。經術吏事，判決如流。資深望重，枚卜金甌。風雲際會，魚水川舟。凡大制作，必公是謀。千文別輯，寵賁玄裘。公感殊遇，心專職脩。矢勤矢慎，寡尤寡悔。以効藎悃，以承鴻庥。綺聯排比，遺文校讎。博徵豹鼠，字辨屻嶁。觚稜殿角，丹碧璃頭。入惟管握，趨必衣摳。不言溫樹，眷渥恩稠。史藁繼繕，椽筆彌遒。夙夜蒐討，精核是求。拊心圖報，意摯且周。領袖詞舘，文字優遊。司空門峻，玄禮太邱。閒參戎務，聚米而籌。多可採納，仰副諮諏。克靖厥位，克宣厥猷。垂四十載，榮極願酬。精神矍鑠，不異曩疇。癣疥微恙，一病弗瘳。撒手殂謝，時維季秋。蟲鳴唧切，鳥語嘲啾。典型雖在，老成則休。燕許手筆，應呂玉樓。閬峯矗矗，雲路悠悠。姪等誦詩感舊，作賦增愁。敬陳椒奠，冀返靈斿。公其來降，鑒明格幽。

劉外姑王宜人哀辭

歲辛丑之春仲兮,余登堂而介眉。聆懿訓之淑美兮,欽閫範之溫熙。洵明詩而敦禮兮,謂不愧乎母儀。繼自夏以徂秋兮,惠肯來於京師。因愛女而戀戀兮,抑不棄予之如遺。甫笑言之浹月兮,遽返棹而言歸。堅挽留其不得兮,出都門而悲歧。重回首而謂余兮,恐後會之難期。余聞言而心動兮,還邸舍而淒其。寄浮生於宦海兮,自古少合而多離。雖前言之弗祥兮,詎盈魄其驟虧。飆歲輪之迅轉兮,僂指已九年於茲。恒望風為翹企兮,奈匏繫而長羈。頻尺素之遠接兮,信平安兩字之不我欺。語內子而共慰兮,謂壽考之維祺。顧怦怦而心惻兮,閱三載而逾時。雖伻書之屢訊兮,終隔閡而不怡。乃歸而謀諸婦兮,賦將母而西馳。計孟陬之下浣兮,悅辰屆而含飴。趣蓮輿使遄發兮,代達予悰之傾葵。快母女之歡聚兮,比燕羽之差池。念余子身遠隔兮,謂中饋其誰持。命迴車於北轍兮,俟重來其未遲。嗟予運之屯蹇兮,文枋不得而一司。徒碌碌而株守兮,兼號寒與啼飢。仰萬壽之期近兮,慶普天而祝釐。迎板輿而蒞都兮,叩貝葉而皈依。藉以慰數年之契闊兮,羌兩得而相宜。眾芳歇於歲暮兮,忽星隕於萱幃。開緘慘此凶問兮,讀未畢而涕洟。驚後會之果難兮,奚鶴算之不少稽。人生雖如駒隙兮,福以德而永綏。況康強其素稟兮,當百年曰期頤。何壽止六十有五兮,遂一病之難醫。女望雲而號泣兮,母長臥而不知。哀萬事之皆休兮,惟淑德其永垂。性慈祥而識大義兮,族黨長留夫口碑。遺徽標於彤管兮,鍾郝在今其首推。陋余筆之非椽兮,實不足以光門楣。陳桂漿而一慟兮,謹抒繾綣於菲詞。

萃五亭記 兄貫亭為李直甫作

余家興堡之東,有宅一區,為洞然書室。室之南,得隙地焉。地故爲族人有,計可一畝許,易於余。余惜其就荒也,乃命剗穢草,平坳凹,闢之以爲園。園狹甚,然一邱一壑,適意而已,梓澤平泉何取爾,因題其籬曰"小有天",示狹也。籬從西北入,束石子爲徑。徑之東,搆一亭,位中而面南,翼然起伏。左右二弱柳脇之,婆娑宜人,視西扉在隱約間。亭之上爲臺,可眺焉;亭之下爲沼,可鑑焉。沿沼而南,紅藥成行,爛熳若明霞錯錦,十數武,遂抵南亭。亭九楹,狀如列屏,黝堊有圖畫意,灌花者引水從壁罅中瀉出,其聲潑潑然令人吟,何必絲竹之句。折而東,蒔花卉數百本,點綴差強人意,然以地苦寒,故少異種。步盡處,復建一小樓,榜曰"東興",勢聳立,於園,爲北鎮,於書室爲巽峯,又與堡堞成犄角焉。樓之中,僅容數足跡,每當風止雨過,烟霞澄鮮,余輒躍然登之。背山斗絶,西望大汾若環帶,俯矙園中,紛紅駭綠,花氣罨罱,又一奇也。循故級而下,則啓亭之東扉而憩焉。昔放翁云"松菊僅三畝,作園真強名",語良可味。是亭之成,余延館賓諸君子落之飲。酒歡,諸君子眄庭柯,執爵而言曰:"巧哉斯亭!其畫舫類歟?經三之,緯二之,萃而成五,德星應聚於斯矣。"余辭謝。然以吾園之狹,而亭焉、樓焉、臺焉、沼焉,課兒僮輩移蒲植柳,亦足暢叙幽情,爲余休老地,又重以諸君子言,遂聯之曰"縱橫皆可屋,大小自成園",而以"萃五"顏吾亭,蓋紀實云。

覆瓿詩稿

宗室夫人行畧恭紀 七律四首

疎漏催殘百八鐘，寶光掩婺閟仙蹤。銀潢遠溯天孫譜，紫誥□傳大國封。梅擁重行憐翡翠，城臨雙闕想芙蓉。蓬山鸞鶴無消息，記取鴻儀式管彤。

陔華頤養潔馨香，黹繡殷勤進七襄。家息嘻嘻嚴婦子，習除紈袴訓諸郎。笄珈欲係珊瑚碎，書卷寧將瑇瑁裝。累葉金貂門第肅，堂堂闈政佐賢良。

鍾郝何曾禮法殊，慧心卓解古今無。不將佛佞同凡俗，豈受人憐作丈夫。鼎食鐘鳴知有日，荊釵裙布□何□。追維三十年前事，珍重名言列座隅。

一行丹旐返林邱，隴坂迢迢度八騶。逝影自隨鴻迹杳，徽音長共佩聲留。女宗肅穆推邦媛，家業芬芳備史輶。他日採風循召伯，蘋蘩重爲紀公侯。

寄容靜止 時靜止扶柩歸京

此行何日到長安，驛館淒凉傍曉寒。衣薄獨憐遊子絮，雪飛應上棘人冠。驚心杯棬情無極，滿目山河淚暗彈。但使靈輀歸路穩，節哀還欲勉加餐。

謝庭端合有芝蘭，脫手新詩擬陸潘。却悵相逢如夢寐，未曾十日作盤桓。馬前覓句君應慣，隴外尋梅我獨看。僂指歸期知不遠，好開行篋話詞壇。

題趙霽園刺史《望雲圖》小照 名宜暄

梁公昔於邁,太行曾陟屺。親舍感白雲,忠孝垂青史。卓哉武街牧,至性亦如此。示我望雲圖,希古非貌似。自言遠遊宦,五載離鄉里。濺淚復驚心,徒因在邊鄙。時時念慈闈,入夢還家喜。日歸歸未得,豈爲戀金紫。攄懷寫遐思,寥濶伸素紙。故山雲不隔,盈盈一水耳。仰瞻喬木陰,俯臨淥水汜。江鄉風物好,芬芳富蘭芷。高堂在何許?隱約想堦屺。片石心不轉,即此到桑梓。他日歸去來,舟從茲圖艤。余聞三歎息,謂是古君子。每飯不忘君,思親詎異是。絕裾彼何爲,天日在尺咫。教忠兼教孝,古今無二旨。瓣香學梁公,佳話稱雙美。

題友人小照倣選體

達觀忘形體,曠懷厭局促。青谿水石間,浩浩恣遐矚。武街有仙吏,昂藏書滿腹。聊爲瑩心神,寄興向林麓。玄溟契攝生,會心寫尺木。仰瞻瓊梅枝,俯玩淥水縠。一悟得自遣,意愜躬堪息。坡□不數□,宛轉具氾曲。來徑既逶迤,環諸亦往復。蘭芷長在眼,芬芳吐餘馥。東山足笑傲,奚事絲與竹。憶昔□版持,月日清案牘。齋暇撫琴書,江鄉娛泉石。□來振衣坐,秀色森蛾綠。長嘯六合寬,襟裾謝束縛。雲天何寥闊,乃與賞心觸。意氣深自平,英旿流華縟。曲水送漣漪,密林含清淑。解帶風入懷,翛然媚幽獨。滌胸無瑰礧,隨□符止足。至哉操斤人,重明許相屬。披圖爰瀟灑,吾欲從卜築。

題顧篠榭《採藥圖》小照

高致何如吏隱庵,仙風道骨愛清談。呼童漫把長鑱去,□得芝苗貯滿籃。

踏遍雲山與奧區,百花醞釀見工夫。不知此老經綸手,試看春山採藥圖。

陸寸園明府寄和山莊之作，賦此答謝

感君雅意報書郵，家書往來，賴明府爲之郵寄。樵唱還叨賞舊游。豈有酒盃浮北海，却因秋月想南樓。龍蛇墨妙驚先睹，主客圖成幸見酬。嘉賓淩香南及世坦諸賢，均有和詩。多少珠璣齊入手，蚓魚真作釣詩鉤。

堪笑長年作客新，林居踪跡暗生塵。廉頗有願終思趙，張祿無端又入秦。白髮催人添老態，青山待我置閒身。蓴鱸歸思秋風晚，桃李行看度二春。

張春溪名伯魁太守見示詩集，賦此奉答

天涯踪跡倩風吹，壠坂相逢話別離。却訝當時少年客，鬢邊也見數莖絲。

作吏居然似武功，時時技癢學雕蟲。宦囊漫説無長物，一捲新詩已不空。

紙鳶

指點長空一綫牽，風柔日暖早春天。輕絲蕩漾衝霄漢，隻影蒼茫破碧烟。得勢每從飛鳥外，凌虛時到夕陽邊。東皇無限吹噓力，莫把機關作浪傳。

巧匠曾聞造木鳶，無端剪紙認因緣。淮陰豈有軍中約，忠恕還教畫裏牽。鴿去寄書應莫遣，鴻來射帛欲同傳。更看內熱憑奇術，賺得兒童口向天。

哈密瓜

蒲萄曾送漢時槎，咫尺青門萬里沙。晶湧龍肝筒釀蜜，釵橫貍首碧流霞。頹盤捧出絺巾拭，雪□擎來玉手叉。美品西州稱第一，何須冰谷問仙瓜。

綠沈無樣不堪誇，色味爭推白帽家。塞上種奇歸沃土，貢餘品貴

赏新瓜。剖將紺實超橙橘,瀉得寒漿冷齒牙。却嘆東陵傳五色,不知珍産出龍沙。

《五泉補禊圖》序并詩

選勝游覽,春日最宜。蘭郡僻在邊城,可游者獨五泉可,顧非雨後尋春,難得佳趣。癸酉春夏之交,甘雨應時,忽憶山色春光,必多可觀。爰約方晴皋名仁學博,繆軍名霖、唐稼名晉錫兩明府,子靜、湛齋兩世講,及兒子寓藻凡七人往游。適是日,土人作佛會,頗喧囂可厭,然不能禁也。已而,子靜請曰:"今者蘭泉之游爲四月二日,較蘭亭禊辰剛遲一月。其以此游爲補脩禊也,可乎?"余亟應之曰:"可。"爰爲詩以紀之。

山城春到不覺早,款□未出春將老。禊事□期四月三,揮鞭且踏城南道。城南名勝説五泉,遊人□□聲喧闐。香花供養水陸會,云爲浴佛□因緣。我生未作佛弟子,胡然牽率來至此。本厭城市入山林,那識山林亦城市。空空色色若馳電,□在眼前誰得見?五道飛泉汩汩來,引我走入昆盧殿。崔巍傑閣上幾重,回首俯看千尺松。城郭樓台在眼底,古今興廢何匆匆。我聞河西漢置關,鏖戰曾到皋蘭山。又聞金城有屬國,枕席過師人不識。曩昔花門作豕突,翦滅猶煩使相力。謂阿文成公勳撒拉爾事。華林寺裏火如飛,龍尾山前雲似墨。自此天河洗甲兵,泉聲山色向人迎。緑樹陰濃遮不斷,翩翩人在畫中行。何當住此學辟穀,迎春送春開放目。試看天空鳥倦飛,日傍岩頭白雲宿。

閲邸抄佘女上書事感作

到眼突兀展寸紙,塊壘無端胸中起。咄哉何事傷我心,使我感欷欷不已。有女間關解上書,乞釋父戍還鄉里。聞説年才十有一,小字西州佘則氏。父名長安被仇陷,母爲救父中道死。自小未得見耶孃,無兄無弟無妹姊。厥祖父母八十餘,病卧思兒缺甘旨。自恨不作男兒身,慷慨訴官陳所以。齒牙便利涕漣洏,世間韶齔那有此?亟爲騰章上九重,天語親傳可憐只。許貸乃父得生還,金雞詔下人人喜。昔聞緹縈救父書,今之酉州毋乃是。吁嗟人生有至性,骯臟乃在一女子。嗚呼,骯臟乃在一女子!

滑城行

卓哉功勳垂竹帛,十旬奏凱滑城役。小醜伏莽偶不靖,大將旗鼓軍威赫。憶從初起烽火驚,赤眉黃巾裹白幘。人王宮伯作偽號,城狐社鼠穴斗隙。不言赤子弄潢池,自詫英雄起草澤。天子西顧簡重臣。將相名家精選擇。曰茲用兵非得已,汝往視師除兇逆。亞夫一拜平吳印,潞公早有破貝策。六事便宜奏馬上,遙度已令賊肮搤。一到河陽壁壘新,蟻附鴟張勢方劇。焱起爭傳楚炬紅,血流每歎周臣碧。先剪羽翼宋入阻,輚轏蔓延費芟柞。況復巖邑屹且固,狡兔爰爰據窟穴。不出奇計作火攻,頓兵城下終何益。明修棧道暗陳倉,聊仿故智隱其迹。別遣闞虎防豕奔,邀擊巨憝就俘馘。轟雷一旦地中奮,甓瓦皆飛土崩坼。將軍策馬首陷陣,從天而下森劍戟。指麾雲合競先登,頃刻城頭幟變赤。逝鱷僅留釜底魂,亡猿盡喪林中魄。妖術迷人死不悟,屠割螳臂如豚擘。牛李渠黨聚殲旃,網無一漏皆生獲。從此天河洗甲兵,吾民永不罹金革。詔書優獎下重霄,五等酬庸九州伯。翠羽雙輝紹祖功,一壇賜奠來宨穸。貽謀不愧文武憲,方虎原來似旦奭。當代經綸第一家,閥閱豈惟延世脈?推公決勝有成算,三載練兵經碩畫。隴西虎旅氣食牛,人人用命稱嚄唶。回首軍中鼓角吹,捷書計日纔滿百。一舉收功世業昭,三州綏靖宸懷釋。莠民除,良民懌,不誤春耕勤襏襫。大兵之後乃豐年,聞道雙歧呈瑞麥。多少行人過戰場,指點崇墉猶歎嘖。

題姜筠厓《左右脩竹圖》長句

寒碧空影倒入水,颯颯涼飀窗外起。飛塵却掃清涼界,身在千竿萬竿裏。知君嘯傲寄湖山，久憐觸熱襯襪子。繞屋種遍青琅玕，竟日陰森照棐幾。偶然婆娑作憩息，到處吉祥聞止止。多少炎歊轉不知，四座清絕惟圖史。神仙本向畫中見，展卷使我歎不已。一世俯仰或局蹐，大哉天地人如蟻。今者不樂可柰何，那得達觀盡如此。此君不見令人俗，漫言銷夏姑舍是。會心未遠有清福，底事商顏問園綺。聞君賓客老諸侯，耆英社友稱無齒。<small>君預江上無齒會中。</small>平生意興極飛動，不作俗狀雅而已。與可饞癖具胸中，輞川墨妙生眼底。莫把茲圖當泊宅，他日粉本柴桑里。置身巖壑賦小園，蘭眉爭羨魯山紫。

題施鶴來《琴菊》小照

披圖雅興小園開，竟日秋光撲眼來。竹影含風欹石徑，桐陰帶雨上琴臺。忘囂便作尋山約，得趣聊閒濟世才。他此亭臯相問訊，從君共醉菊花杯。

題《荷淨納涼》卷子

蓮花不記朵，一朵一清涼。到此野興適，忽焉囂境忘。暗香生幾席，微風透衣裳。笑指日向夕，棹舟歸滄浪。

題《三徑吟秋》卷子

蓬門畢竟為誰開，日日長歌歸去來。落葉聲中人跡少，遣秋不必又登臺。

碧天字落雁初排，雲影湖光淨似揩。且把秋山遠收拾，消將酒債入詩牌。

附録：

邀同鄉諸老食家鄉麪，賦長句二十韵

平陽徐柳厓昆官京師日，邀同鄉諸老食家鄉麪，賦長句二十韵，索先君和。今《覆瓿集》中和詩已佚，録其原作云：

冬日飲湯不飲水，北人嗜麪過稌秠。即今一陽初見復，思鄉因憶鄉味美。玉露_{酒名}釀冰澗河濱，新韭翦芽龍祠裏。酒耶韭耶遠莫致，家廬忽來亦可喜。銀泥玉屑搓抄工，秋練春緜婉轉似。莖草丈六化爲身，一窩絲細柔繞指。因員成珪方成璧，柳葉生春蝴蝶起。殊名或問肇何年，談古依稀髣髴耳。憶昔來暽降平陽，葦蒲扇廚應有此。娥皇娾首皆妙才，睿思入微創其始。然而茅茨方淳樸，粒食初興寧有是。懸揣增華自漢家，供於平陽公主使。子夫少兒纖手揮，故令分形變奇傀。惜也食經不能載，瑣事又不見信史。一鄉各嗜一鄉味，但曰平陽麪而已。僑邸邀客缺陪鼎，盤無兼味聊爾爾。殊媿名非列八珍，未必真堪下箸匕。野芹欲獻暄欲負，不旨仍妨竟曰旨。折簡那敢邀異客，供吾桑梓忘其鄙。却憶年來嗜此者，高雅筍河朱夫子。

平舒山莊六景詩

《平舒山莊六景詩》序

　　景天然者也,世人乃限之以數,郡率十,邑率八,幾若不可增減。果爾是村塢間詠景之作,至六而極矣。余家平舒山莊,居壽陽右臂,宅高而勢坦,泉潔而土肥,四望雲山,清流環繞,每當花晨月夕,雨霽風和,便覺魚鳥親人,會心不遠。夫足跡不出里閈,所見所聞,不過數里數十里之間,豈若遊歷名山大川,徧覽形勝,足以開拓心胸,舒吐奇氣,然而興會偶觸,欣於所遇,一邱一壑,妙景天然,流覽吟嘯,不能自己,亦村居之勝概也。比者,余自江左返棹,重訪舊山,登眺之餘,賦詩寄意,群季踵而和之,斐然有作,匯爲一册,以誌雅游,題曰《山莊六景詩》,示不敢僭郡邑之數云。

　　嘉慶辛未壯月,筠淥山房主人祁韻士自識。

鳳嶂連雲

祁韻士 訪山

翠黛連霄漢,凌空塔影橫。寺前青嶂合,嶺上白雲生。不見龍泉溢,_{山有五龍泉,冬夏不溢不涸。}如聞鳳鳥鳴。_{相傳雙鳳集於此山。}幽尋谿路遠,緩步閱巖耕。

鹿峰挹爽

愛閒同謝朓,廬舍近青山。雨灑千峰外,秋澄萬壑間。忘懷無觸壁,_{山以白鹿得名。}拄頰足怡顏。竟日清光滿,柴扉不用關。

龍門烟樹

峽鎖峰中斷,清溪到此收。形同巴字水,曲向巽方流。_{山莊東南兩阜夾峙中,涌清流若門然,名龍門渡。}出谷春鶯早,環隄衆木稠。青雲梯可接,問渡屬龍頭。

唐剎經幢

佞佛吾何敢,傳燈彼有靈。字留唐代號,_{幢爲唐中宗神功元年所建。}文別梵王經。_{鐫陀羅尼經全卷。}剎古香花寂,幢殘積蘚青。千年一片石,風雨幾飄零。

紗嶺屏橫

巾子山相似,層巒入望來。_{嶺作冠形,人以紗帽呼之。}岸斜屏障出,村近畫圖開。紫閣晴川路,_{騰蛟起鳳閣在嶺之東。}紅橋曲水隈。登高誰落帽,作賦大夫才。

葦汀雨過

蘆苗齊似剪，叢蘆彌望，名爲葦灣。零露倩風吹。綠暗天無際，林深暑不知。鳴蛙依草淺，舞蝶覓花遲，出入梅頻驗，田家雨應期。

鳳嶂連雲

祁廷儀 翩羽

最愛村居好，開門即看山。誰題凡鳥去，但見白雲間。石磴斜通寺，松扉靜掩關。烟霞饒逸趣，泉響日潺潺。

鹿峰挹爽

邐迤西來脈，峰巒秀色多。遠天橫翠髻，微雨點青螺。有氣皆浮爽，無風不帶和。欲尋香麝迹，徙倚問巖阿。

龍門烟樹

鼇鼇層雲起，龍門在目前。春歸桃李節，人到蔚藍天。好鳥鳴高樹，清波帶曉烟。武陵何處是，雞犬憶登仙。

唐刹經幢

擎天留一柱，非塔亦巍然。歲自神功紀，經緣佛頂傳。祝釐尊女主，幢爲武后祝釐而建。秉筆想唐賢。剔蘚摩挲處，蒼松起暮烟。

紗嶺屏橫

魚鱗排碧瓦，突兀對烏紗。林木村邊合，樓臺嶺外斜。溪明環綠野，天遠映朱霞。偶踏芒鞵去，遲歸興自賒。

葦汀雨過

山迴從北抱,水轉向南流。地接桃花塢,天開杜若洲。風吹青似竹,雨潤碧如油。莫羨蘆舟釣,樵歌聽未休。

鳳嶂連雲

祁朝鷺 丹崖

雙鳳開崇嶺,行雲斷復連。從龍高向日,出岫遠浮天。彩冪層峰樹,烟霏古殿泉。還知靈雨灑,<small>龍泉禱雨輒應。</small>膏澤被前川。

鹿峰挹爽

爽氣何瀟灑,山容列几前。碧含斜照靜,紅壓埭花鮮。振袖沾晴露,披襟惹暮烟。置身巖壑裏,風月喜無邊。

龍門烟樹

東南幽絶處,烟景問仙源。幾曲清流駛,千章緑蔭繁。文峰依巽嶺,枌社出高軒。況有凌霄閣,光芒應紫垣。<small>文光閣近龍門渡。</small>

唐刹經幢

閟殿靈光聳,神功認石幢。江山看久易,風雨漫相撞。佛頂尊無二,松身老尚雙。<small>寺有古松二。</small>硬黃摹舊蹟,墨瀋蘸銀缸。

紗嶺屏橫

名紀烏紗貴,屏風傍岸橫。地偏曾作壘,蹟古尚談兵。<small>明末土寇嘯聚於此,官兵討平之。</small>莿草山頭刈,高田嶺上耕。薜蘿三徑好,未許易簪纓。

葦汀雨過

登樓逢霽景,簷溜滴初停。洲曠濃遮柳,波迴綠滿萍。晴光連岸曲,翠色繞林坰。何必空階上,含愁入夜聽。

鳳嶂連雲

祁宬藻芝舫

聳峙來丹鳳,巃嵷勢莫攀。連天盈咫尺,拔地起屛顏。翠逐飛泉滴,雲隨去鳥還。欲攜筇不借,冒雨飽看山。

鹿峰挹爽

白鹿留仙逕,清泉掛碧峰。溪雲朝送雨,山寺晚聞鐘。濕翠涵空影,晴光蕩遠容。開簾幽賞愜,乘興欲扶筇。

龍門烟樹

別有一天地,到來多會心。烟浮春水闊,樹擁夕陽深。樵唱穿層霧,禽喧擇茂林。詩中難畫景,欲向輞川尋。

唐刹經幢

佛頂標尊勝,稱唐不係周。神功中,武后已改國號為周,幢猶係大唐字。留題惟片石,卓立已千秋。碧蝕苔紋老,朱銷字體遒。虬枝相掩映,暮色倚僧樓。

紗嶺屏橫

複嶺橫紗幘,都成拱抱形。畫中圍六曲,烟外列雙屏。天遠雲飛白,春寒草踏青。弁山傳髣髴,花柳問郊坰。

葦汀雨過

銷夏灣頭住，微暄趁曉晴。山花香半濕，谿路漲初生。掛樹蓑衣短，衝泥蠟屐輕。塵氛全不到，搖曳看蘆莖。

鳳嶂連雲

祁宷藻漁莊

鳳翼忽聯翩，雙飛疊嶂前。峰攢青靄合，澗繞碧雲連。映日籠高樹，迴風逗晚烟。會須凌絕頂，身到翠微邊。

鹿峰挹爽

一髮門前近，披襟爽氣含。彩霞明斷壁，遠樹露層嵐。雨霽三秋迥，天空萬象涵。廉泉如可酌，應許負瓢探。

龍門烟樹

不辨青溪路，鷄鳴覺有村。水還通馬首，壽陽即春秋馬首邑，壽水在其南。人自上龍門。岸外峰千叠，林間月一痕。欲從高閣裏，相與躡雲根。

唐剎經幢

古物從今識，幢分上下方。幢上方鐫陀羅尼經，下方鐫佛相花鳥，甚工。陀羅經不滅，尊勝佛難量。孔雀飄金翅，蓮花渡寶航。應隨東國寺，詔下共移坊。

紗嶺屏橫

螳臂當車日，烏紗嶺上經。層岡迷舊壘，曲磴敞橫屏。劍戟連雲冷,郊原帶雨腥。即今烽火靜,回首遠山青。

葦汀雨過

雨氣銷殘暑,新凉送葦灣。流雲千畝濕,濃翠一村環。古墅晨烟碧,南有古堡,不知何時所築。前峰夕照殷。林霏深淺處,人荷綠蓑還。

鳳嶂連雲

祁朝驥及泉

山勢真如鳳,迴翔護八村。近山八村主祈賽事。天光浮鳥背,日色透雲根。井汲叢祠古,寺有神井。龍蟠怪石尊。年年甘澍渥,膚寸應晨昏。

鹿峰挹爽

遠岫窓中列,蒼烟幾點收。曉來松月落,高處石泉流。谷暗常疑雨,山深早得秋。偶逢招隱客,共約採苓遊。

龍門烟樹

龍門望不極,天外起樓臺。岸樹層雲合,溪烟曲徑開。水涵橋影倒,風捲鳥聲來。幾度尋芳去,春光遍綠苔。

唐刹經幢

錯認韓陵道,神功字未訛。天留唐日月,地截晉山河。梵夾餘殘石,經文隱斷蝌。依稀聞棒喝,寶相尚巍峩

紗嶺屏橫

饒有烟霞癖,登臨不厭頻。柳陰遮小岫,瓜蔓繞前津。鳩喚千林

雨,帘拖一幅春。碧紗籠好句,披草坐芳茵。

葦汀雨過

細雨孤村霽,蘆洲泊釣竿。屐聲香徑滑,人影綠雲寒。岸闊晴添漲,樓高暮倚欄。何須渭川竹,終日對檀欒。

鳳嶂連雲

祁寯藻_{春浦}

壁立層霄峻,離喈憶鳳岡。嶺雲穿洞出,龍氣抱山藏。日暖松枝秀,風和藥草香。靈巖東望處,神蝠共青蒼。東與方山對峙。

鹿峰挹爽

蕭颯陂塘上,琤琮聽湧泉。一名湧泉山。林深時放鶴,山冷不聞蟬。笛倚輕寒月,人歸薄絮天。蒼苔與白石,爲訪鹿皮仙。

龍門烟樹

葱鬱氣佳哉,天然勝景來。水迎三面合,峰鎖一門開。碧靄含朝旭,春陰動早雷。登龍知不遠,鯉化有奇才。

唐刹經幢

蘭若傳唐代,危籤列石幢。尼經文未泐,佛力鼎疑扛。年號留冲主,人心係舊邦。神功猶紀大唐,不冠周號,可見當時人心。感懷興廢蹟,徒見古松雙。

紗嶺屏橫

嶺勢成山字,橫斜黛色鋪。暖烟披絮帽,晴翠落紗幮。路轉雙灣水,天開九疊圖。南屏脩竹好,佳唱憶髯蘇。

葦汀雨過

一雨便驚秋,涼生古渡頭。圓沙環曲岸,密樹起層樓。縠影鞾紋漾,嵐光墨點浮。蒹葭人跡少,閒聽鳥鈎輈。

鳳嶂連雲

祁用唐陶邨

極目雲生岫,峰巒最上頭。雨含青欲滴,烟鎖翠如流。碧蘚山中寺,丹霞竹外樓。誰知鳴鳳集,勝地足千秋。

鹿峰挹爽

林容開窈窕,一桁對軒楹。買宅常依麓,看山最愛晴。空濛連曙色,寥廓動秋聲。匹練飛泉湧,長歌憶濯纓。

龍門烟樹

谷口陰濃處,沿溪野徑通。人家流水外,樓閣白雲中。鳧浴朝烟碧,鴉翻夕照紅。劇憐春幾許,披拂待東風。

唐剎經幢

舍利迷三藏,浮圖送六朝。此幢何歷久,劫火不能燒。石氣松間冷,鐘聲月下遙。神功遺碣在,猶自托僧寮。

紗嶺屏橫

地接烏紗嶺,如屏四扇開。近遮村一角,遠隔水重隈。似訪烘雲畫,疑登臥月臺。幽人看不厭,攬勝幾徘徊。

葦汀雨過

叢蘆含宿雨,人坐麥秋寒。緑到蕉皮舍,涼盈竹籜冠。輕風香草岸,曲水畫橋欄。延佇添清賞,前林月影團。

鳳嶂連雲

祁　琛賚南

瀑布林間落,松杉勢鬱蒼。斷雲歸絶巘,鳴鳳向高岡。日永晴暉遠,岩深夜氣涼。探幽誰到此,一枕樂羲皇。

鹿峰挹爽

滿目延新爽,嵐光極窈冥。雲衣穿鶴瘦,石髮對松青。樵爲看棋至,山曾採藥經。敲詩來島佛,帶月叩柴扃。

龍門烟樹

掩映碧流前,龍門景物妍。溪平浮野彴,樹密裊晴烟。柳市清陰合,槐街緑影圓。誰家籬落近,隔水一燈偏。

唐刹經幢

古寺名崇福,危幢歲月賒。經殘迷梵唄,字缺走龍蛇。殿角聞疎磬,松梢集暮鴉。此心拈半偈,頻爲拂苔花。

紗嶺屏横

隔岸屏初展,前村路未遥。烽烟從昔靜,勝賞至今邀。走馬尋花塢,聽鸝過板橋。漫言登陟慣,脱帽興偏饒。

葦汀雨過

曲渚連方罫,微涼雨乍收。風搖蘆葉碧,路入葦花秋。淺映溪三面,低澄月一鈎。池臺涵倒影,北眺幾登樓。

鳳嶂連雲

祁世弇眉石

直北連山起,晴雲映碧空。峰開雙鳳秀,天降五龍雄。山有五龍洞。棧影籠朝霧,泉聲帶晚風。尚聞松鬣老,齊繞梵王宮。

鹿峰挹爽

笑指西山鹿,烟霞傍戶生。曉晴含萬象,晚翠豁雙睛。叠嶂迎凉早,層巒向日明。銜芝何處覓,秋到聽鳴苹。

龍門烟樹

不是崑崙水,門前也有波。人烟三徑杳,春樹一川多。雨歇歸雲散,林深宿鳥過。牧童牛背穩,吹笛隔村歌。

唐刹經幢

記取青蓮頌,太白有東魯崇明寺經幢頌。經幢建自唐。彩雲聞善住,貞石認靈光。未許金鵞換,還堪玉匣裝。當年波利譯,軼事問清凉。

紗嶺屏橫

平頂南岡上,層層擁帽紗。雲開屏面錦,春報嶺頭花。吉地留新樣,文星屬舊家。綠楊芳草路,烏巷莫輕誇。

葦汀雨過

暑意消叢薄,汀洲嫩緑匀。流鶯聲出樹,乳燕語親人。溪溜清添響,衣香淨佛塵。坐看驅犢者,高唱往來頻。

鳳嶂連雲

祁恩光 照林

幾叠雲峰淡,微茫畫不如。龍鱗烟際隱,鳳翼望中舒。黛影分青靄,螺痕上碧虛。誰將蕭照筆,着意寫林居。

鹿峰挹爽

排闥勢崢嶸,秋嵐入望橫。泉飛千嶂濕,松亞一峰平。薄霧遮難合,斜陽映獨明。從教襟袖爽,靜對愜幽情。

龍門烟樹

佳名誰肇錫,勝地號龍門。樓閣烟雲氣,林巒水墨痕。淺流回岸曲,濃翠繞崖根。前路春波闊,花明又一村。

唐刹經幢

何由尋鄂國,督建想初唐。大抵唐初寺宇多尉遲公督建,兹惜無碑可考。石點經三昧,花拈佛幾行。劫餘存歲月,字裏歷風霜。却憶元和後,韓碑共不忘。

紗嶺屏橫

拱列峰如幘,迴環地似弓。山當蕭寺外,村在畫屏中。一角沾巾雨,三秋落帽風。溪光重嶺隔,縹緲碧烟籠。

葦汀雨過

雨霽添新景,揹笻步葦灣。送來風幾陣,迎上月初彎。霧向橋邊斂,人從鏡裏還。詩情無着處,隨意看青山。

《山莊六景詩》跋

　　蓋聞桃源縱棹，五柳環自柴門；竹館眠琴，三徑開當輞水。或尋山而躡屐，或賞月而登樓。蘭亭修右軍之禊，鹽繭鼠須；甫里訪魯望之居，筆牀茶竈。勝懷每兼夫勝具，目謀更繼以神謀。舒登眺之幽情，識古今之同契。茲則鄉臨壽水，社接方山，雖殊崢嶸之村，久著太平之巷。樹無年而不綠，山何處以非青。蒼巒蠹峙，梯鳳棧而虹飛；素練斜拖，瀉龍潭而玉碎。遙聆滿壑松聲，寒濤入耳，小步空庭月色，爽氣迎眉。聳危幢於古剎，千年之蘚碣猶存；敲清磬於疎林，十里之溪烟欲斷。況復鷗波瀲灩，鶴渚淪漣。拱嵐翠以如門，環堤流而似鏡。遠樹與螺峰並碧，落花隨乳燕爭飛。浣衣處處，影上紅橋；挑菜家家，歌騰紫陌。迎風則漲起青蘋，冷到蘆舟之岸；帶雨則園開綠竹，涼生魚市之雲。路入仙人巖下，分峭石於天冠；春歸華子岡頭，展層屏於翠塢。田園之風味堪娛，周菘庾韭；泉石之襟期未遠，謝草江花。家君涉趣，拈六景以含毫，群棣聯唫，偕十人而吮墨。既詩情之漫引，亦畫本之新裁。招賢方唱詠竹林，乘興每往來蓮社。形勝傳為佳話，廣酬望之同人。詎擬天光雲影，四時樂鹿洞之春；聊思揭蚓投魚，一曲備巴人之調。云爾。

實齋祁寯藻謹跋

鶴皋年譜

　　余族祁氏，爲晉著姓，其占籍於壽陽也。自始祖河東公始，十五傳至余，世居平舒村。余初名庶魁，應試改名韻士，字諧庭，一字鶴皋，以所居山房額別號筠淥。村東北四十里有方山，往時愛其風景，嘗有卜築山中之志，顧宦學無成，忽忽六十餘年，茲老矣，獲賦遂初，而買山無資，竟成畫餅。慚對山靈，得毋騰誚，因復改號訪山，以誌夙約。暇日僂計，生平家居之日不過十載，追維往事，一一在心。既爲按年編述出處之概，重復省覽，不勝日月逾邁之感矣。嘉慶癸酉八月自題。

　　乾隆十六年辛未一歲。

　　八月十四日酉時，生於鳳臺縣學署。時先君子官鳳臺訓導，年四十九，母賈太恭人年四十一，兄贊亭諱樹楷十九歲，兄福亭諱醇士十四歲，兄貫亭諱恕士九歲，姊七歲。

　　十七年壬申二歲。

　　十八年癸酉三歲。

　　祖母雒太恭人即世。隨先君子歸重。

　　十九年甲戌四歲。

　　二十年乙亥五歲。

　　始識字，記絕句。是年先君子服闋。

　　二十一年丙子六歲。

　　入家塾讀書。

　　二十二年丁丑七歲。

二十三年戊寅八歲。

兄贊亭、貫亭同時補附學生。

二十四年己卯九歲。

先君子補官朔州訓導。姊適吳氏,姊丈國子助教吳井榆,余姑子也。越二年,姊没,年十七。

二十五年庚辰十歲。

學作詩。

二十六年辛巳十一歲。

始學作文,侍母赴朔州任。

二十七年壬午十二歲。

偕兄貫亭聽講鄡陽書院,山長周霽亭先生諱煌孫,江蘇山陽明經,邃於經學,善談論,美鬚髯,時年六十六,自號髯翁。飲興豪甚,每開講,引巨觥琅琅作金石聲。闢俗解,闡要義,啓發人心思,余兄弟深得其益。

二十八年癸未十三歲。

手鈔詩韻全部欲平仄審也。是年冬,先君子遷官長治縣教諭,便道至家挈余之任。

二十九年甲申十四歲。

兄貫亭奉母至署,姪朝鸞從焉,年四歲,爲兄贊亭出。先君子得孫晚甚,鍾愛之。長治爲潞郡大學,閣庋書籍自《十三經注疏》以及廿二史各種悉備。余兄弟日恣翻誦,而余性尤喜談史事,抄撮尋究,日夜不輟,即古人爵里姓字必爲疏記,小册纍纍,性之所好,殊不厭也。

三十年乙酉十五歲。

先君子督課極嚴,以余文字稍進獎勵之。是年秋,兄貫亭鄉試中式第二十三名舉人。

三十一年丙戌十六歲。

歸里完婚。十二月,弓宜人來歸,余年十六。宜人父諱勳世,居本邑段王鎮,母氏張,兄附學生持正,弟從九品表正。

三十二年丁亥十七歲。

應縣試取第一名,時邑宰龔岷川先生延其同年陳蒓涘先生閱卷,得余文,極爲獎贊,謂不愧讀書人手筆。既而蒓涘先生就館潞郡,聞余詣署省侍,亟召晤,且約排日爲文,爲之批閱,所以獎掖者甚至。蒓涘先生諱庭學,順天宛平籍,乾隆丙戌進士。岷川先生諱導江,浙江仁和籍,亦丙戌進士。

三十三年戊子十八歲。

應院試,受知於學使吕守一先生,補附學生。先生諱光亨,安徽旌德籍,乾隆辛未進士,官御史,授余《孝經》,使講習之。是年秋七月,先君子見背,余以赴省試,行五十里馳歸,語詳先君子譜中。九月,奉柩歸里。

三十四年己丑十九歲。

葬先君子於村東陽和塬之新阡,前母王太恭人祔葬焉。是年冬,兄貫亭就館靜樂,門人爲李清葵、李爔、李清芬。余亦同往授讀,門人爲李鑾宣。李氏閥閱舊家,書樓十餘間,藏弆極富,多善本書,畫亦絕佳。課餘次第觀覽,開卷有益。余留靜樂五載,非爲修脯計,戀其有書可讀耳。

三十五年庚寅二十歲。

母賈太恭人見背,余時送試忻州,由盂邑山中馳歸。

三十六年辛卯二十一歲。

先太恭人於二月祔葬。前十日,兄贊亭以察視窰窔中陰寒暴亡,年三十九。三年之内,父母長兄叠遭變故,哀慘已極,痛不欲生。而孤姪朝鸞年甫十一,煢煢在疚,彌切鴒原之悲,乃與兄貫亭携之出門,迭爲教讀,以冀成立。

三十七年壬辰二十二歲。

是年服闋。兄貫亭與余頻年遊學,家事悉兄福亭一人支持,此後遂以爲常,忘内顧焉。

三十八年癸巳二十三歲。

始應歲試,補增廣生。

三十九年甲午二十四歲。

科試補廩膳生。學使爲曹劍亭先生,諱錫寶,江蘇華亭籍,乾隆丁丑進士,官御史。時本邑諸生有秦、祁、趙、魏之目,謂余及秦君尚誌、趙君宗文、魏君向中也。秋,病目甚劇,勉就闈卷,薦弗售。九月,辭靜樂館,讀書晉陽書院,主講爲蘇園公先生,諱去疾,江蘇常熟籍,乾隆癸未進士。是年五月,第一子宬藻生。時第一女五歲,長適廩生王敷政,爲本邑生員王公獻賓子。女後於辛亥年殁,年二十一,遺一女。

四十年乙未二十五歲。

就館太原李觀察家,門人爲李應垣、李應均,侄朝鸞從學。是年,叔父九峯公卒。

四十一年丙申二十六歲。

辭李氏館,僦居校尉營道院讀書,與曲沃張西園國翰、靜樂李丹溪清葵、介休劉澄齋錫五同筆硯,旋同膺選拔。時相國朱文正公任山右方伯,宏獎人才,暇輒課所學,爲講經史,余蒙識拔最摯。太原司馬蔡公、陽曲令吕公亦以詩賦相勗。余有《白桃花賦》見賞於吕,蔡亦推獎不置,咸有知己之感。朱文正公諱珪,順天大興籍,乾隆戊辰進士。蔡公諱亮茂,浙江德清籍,乾隆丁丑進士。吕公諱公滋,河南新安籍,乾隆壬辰進士。

四十二年丁酉二十七歲。

受知於學使國石堂先生,舉選拔貢生。先生諱國柱,滿洲鑲黃旗人,乾隆乙丑進士,官翰林侍讀學士。是年秋,余鄉試中式第五名舉人,時鄉闈猶分經掄中,余習《禮記》爲孤經,故置第五。座師一爲長洲褚均心先生,諱廷璋,乾隆癸未進士,官翰林侍讀學士。一爲歙縣金輔之先生,諱榜,乾隆壬辰狀元,官修撰。房師爲張文園先生,諱灝,陝西富平籍,乾隆己丑進士,官嵐縣令。是科解元秦尚志與余同邑同學,榜發,座師晤學使,知兩人者素齊名,喜甚,以爲針芥之投,所見略同,果不謬也。先是,陳蒓溪先生別十餘年,至是由比部出守潞郡,余單騎往謁,至則先生爲之倒屣,亟命笠颿世兄預從余學,余亦以窗課就正蒓溪先生。若丁亥年事,每一藝出,口講指畫,改削評隲,必期於是而後已。余時文工夫略有所得,皆先生指示之力也,余嘗舉以示人,謂師弟淵源有自云。

四十三年戊戌二十八歲。

會試中式第九十三名,座師金壇相國于文襄公,諱敏中,乾隆丁巳狀元。嵩撫棠先生,諱嵩貴,蒙古鑲黃旗人,乾隆辛巳進士,官閣學。韓城相國王文端公,諱杰,乾隆辛巳狀元,時官少宰。房師爲雷紹堂先生,諱輪,四川井研籍,乾隆己丑進士,時官戶科給諫。殿試第二甲第四十七名,賜進士出身。朝考論一、詔一、疏一、詩一,欽取第二十一名,引見改翰林院庶吉士,尋派習清書。大教習師,其一初爲大宗伯德文莊公,諱德保,滿洲鑲白旗人,乾隆丁巳進士;繼爲相國阿文成公,諱阿桂,滿洲正白旗人,乾隆戊午舉人。其一爲錢籜石先生,諱載,浙江秀水籍,乾隆壬申進士,官少宗伯。小教習爲富竹軒先生,諱富炎泰,滿州鑲藍旗人,乾隆丁丑進士,官翰林侍讀學士。是科狀元戴蓮士先生衢亨亦習清書,約余同學。冬十月,弓宜人攜子女至京,姪朝鸞偕來,余課讀如初。

四十四年己亥二十九歲。

朝鸞應試補附學生。是年,恭遇覃恩,先祖先君子俱邀勅贈儒林郎、翰林院庶吉士,祖母雒太孺人、前母王太孺人、母賈太孺人俱贈太安人。

四十五年庚子三十歲。

春二月,高宗純皇帝南巡,恭進詩册。四月散館,列二等第一名,引見授編修職。秋九月,請假省墓,適朝鸞鄉試中式第五十七名舉人。此子幼失怙,無兄弟,余自遊宦以來,所至必攜與俱,茲幸成立,繼先人書香,聞之喜不自勝。抵里之日,拜先兄贊亭主,與孀嫂潘孺人相見，不覺涕之何從也。是年十月，弓宜人以產後失調病卒，兄福亭爲余聘劉氏婚。

四十六年辛丑三十一歲。

二月，劉宜人來歸余，年十八。宜人父諱熤，世居平定州河底鎮，乾隆丁巳進士，官湖北宜昌司馬、署漢陽太守，母宜人，兄貢生培和。四月，兄貫亭於會試後大挑一等，簽掣山東試用，時從兄樹檜任直隸清河令，余以送兄貫亭赴東，便道過其署相見，留十餘日，甚歡，商定他時建立宗祠事。會內兄弓子固與其從兄泉岡太守招余至永平署中，爲山海關之游，乃至臨榆海上，登澄海樓觀日出。夜夏方半，東方雲氣頗黑，已乃遞變朱碧黃色，日隱隱自水中湧出，不可偪視，但見百道金光激射天半，波濤奔擁，烟霞變幻，千態萬狀，不可縷述，洵鉅觀也。九月，假滿還京供職，充武英殿纂修《四庫全書》分校官。十月，劉宜人攜子女至京，朝鷟仍來從學。是年秋，兄貫亭補山東嘉祥令。

四十七年壬寅三十二歲。

充國史館纂修官。先是，奉旨創立《蒙古王公表傳》，武進管先生幹貞纂傳數篇，奉差離館，時無錫相國嵇文恭公爲總裁，知余諳習清文，派令接纂是書。余既任事，通核立傳體例，計內札薩克凡四十九旗，外札薩克若喀爾喀土謝圖汗、車臣汗、札薩克圖汗、賽因諾顏，若青海、若阿拉善、若土爾扈特，多至二百餘旗，以至西藏及回部，均應立總傳、分傳。羌無故實，文獻奚徵，雖有鈔送旗冊，雜亂糾紛，即人名亦難卒讀，無可作據。乃悉發大庫所貯清字紅本，督閱搜查，凡有關於外藩事蹟者，概爲檢出，以次覆閱詳校，擇其緊要節目，隨閱隨譯，薈萃存作底册，以備取材。每於灰塵坌積中忽有所得，如獲異聞，積累既久，端緒可尋，於是各按部落條分縷析，人立一傳，必以見諸《實錄》紅本者爲準。又以西北一帶山川疆域，必先明其地界方向，恭閱《皇輿全圖》，譯出山水地名，以爲提綱。其王公等源流支派，則核以理藩院所存世譜訂正勿訛。如是者八年而書始成，時與余同修此書者,惟檢討郭可之在逵一人耳。

四十八年癸卯三十三歲。

正月,第二子宣藻生,後於癸丑年病殤,年十一。是年,同人作文字會,余與編修孫敬軒希旦、吳古餘舒帷、顏酌山崇潙、吳樸園鼎雯、馮魚山敏昌、王乙齋天祿、錢次軒栻、檢討李墨莊鼎元、駕部邵楚帆自昌、韓聘之湯衡皆預焉,間數日一聚,討論商榷,上下古今,極友朋之樂。農部管韞山世銘別選《戊戌房書》行於世。

四十九年甲辰三十四歲。

《四庫全書》告成,議叙,紀錄二次。是年,高宗純皇帝詣盛京謁陵,恭進詩冊。

五十年乙巳三十五歲。

二月,奉旨大攷翰詹諸臣於乾清宮,賦一、論一、七言律一,余列二等第十六名,遇有坊缺,吏部夾單開列請旨。是年,高宗純皇帝南巡,恭進詩冊。

五十一年丙午三十六歲。

五月,第三子宷藻生。

五十二年丁未三十七歲。

充國史館提調兼總纂官。國史,三品以上大臣事蹟多者,例得立傳。惟查輯必以官書爲據,私家撰述不得闌入。册籍紛如,易有舛漏。余在史館久,國初掌故尚能熟悉貫通,必詳必慎,所進書未嘗有誤,每辰入酉歸,雖風雨寒暑無間。嵇文恭公知余勤勞,深爲器重。公諱璜,江蘇無錫籍,雍正庚戌進士。是年,兄貫亭調任汶上令,越年餘,因公離任。

五十三年戊申三十八歲。

秋八月,國學丁祭,余以資俸較深,輪充分獻官,行禮於崇聖祠西廡,詩以誌事,有"今日方能入聖門"之句。是年,本族宗祠落成,余撰族譜一册,寄藏祠中。

五十四年己酉三十九歲。

《蒙古回部王公表傳》書成，仰蒙欽定，凡一百十二卷。奉旨議敘，加一級，紀錄二次。初，是書因屬創立，又須清漢合璧，需用人多，繙譯、收掌、謄錄、供事人等二百餘名，自備資斧，在館效力十年於茲。書既成，循例開單請敘，總裁阿文成公、嵇文恭公、彭文勤公皆允代奏，獨和相珅不肯，以蒙古字未譯爲詞。余言蒙古字乃理藩院續辦之事，非史館所能越俎，且查各館定例，謄錄、供事悉給公費，每居五年，議敘一次，今此書效力人員，本係自備資斧，不給公費又越十年之久，著有微勞，勤苦可憫，若不奏請鼓勵，未足以昭平允。阿文成公以爲然，乃得具奏，蒙恩給敘如例，或謂余忤和相意，將有不利，余曰職任提調，公事公言，利害非所計也。時居京察，掌院阿文成公、嵇文恭公保薦一等，以行走勤，慎才，具明練，注考，引見記名以道府用，仍加一級。是年四月，第二女生，長適候選兵馬司吏目閻庭椿，爲順天府府尹閻公泰和子。閻公世居平遙縣大閻村，乾隆壬辰進士。八月，充順天鄉試同考官，得士薛任之、湯開、顧履厚、王進祖、陳庭碩、方仲梓、王丹楓、方遵轍、盧承祖、廖守謙、恒山、惠璉、解玷、哈晉、嵩延、劉承祖，凡十六人。

五十五年庚戌四十歲。

坊局缺，出吏部夾單，具題"奉旨：祁韻士著補授右春坊右中允。欽此。"隨具呈，謝恩。由軍機處代奏，奉旨："知道了。欽此。"恭遇覃恩，先君子晉贈翰林院編修、右春坊右中允。余本身妻室，應得封典，呈請貤封。兄福亭由府照磨貤封儒林郎、翰林院編修，嫂郭氏貤封安人。時《國史大臣列傳》自雍正十三年以前通完纂竣，均蒙欽定，凡八百餘篇。奉旨議敘，紀錄二次。欣逢萬壽大慶，恭進詩册。是年，第四子富藻生，越二年殤。子宬藻授室任氏，爲本邑宗艾鎮任公戀官女。

五十六年辛亥四十一歲。

四月，奉旨大考翰詹諸臣於正大光明殿，賦一、奏疏一、五言排律一，余列三等第十四名。引見以部屬用籤，分戶部，在雲南司主事上行走。前次丁巳大考,開坊翰林由四品降改者補郎中,五六品降改者補員外郎,其由編檢降改者補主事。此次陸學士伯琨、法學士式善皆補員外郎,余與編修俞君廷槐等一體改補主事,皆和相珅所爲也。阿文成公命余仍兼國史館總纂。七月,管户部現審處,審辦八旗爭訟地畝田租之事。是年冬十月,第一孫世弇生,子婦任氏產後病歿。

五十七年壬子四十二歲。

二月,高宗純皇帝巡幸五臺,余由户部派往扈從,往返三十八日。秋,兼管捐納房,尋隨大宗伯紀文達公覆校文淵、文源兩閣四庫書。

五十八年癸丑四十三歲。

六月,第五子寯藻生。上年,兄貫亭捐復原官,赴東候補,至是補博山令。

五十九年甲寅四十四歲。

十月,赴熱河,覆校文津閣四庫書,十二月還京。

六十年乙卯四十五歲。

户部纂則例,充分纂官。八月,第三女生,越六年殤。

嘉慶元年丙辰四十六歲。

恭遇覃恩,先君子晉贈奉政大夫、户部雲南清吏司主事,母晉贈太宜人。余得誥授奉政大夫,妻弓氏贈宜人,劉氏封宜人。是年二月,子宬藻繼娶徐氏,爲宛平徐公汝瀾女。徐公寄居天津碾坨嘴,乾隆庚子進士,時官福建漳平令。

二年丁巳四十七歲。

二月,題補雲南司主事。三月,子宬藻補附學生。五月,第四女生,字嘉慶辛未進士編修張公敦頤之子,張公世居平定州大楊泉。是年,兄福亭卒於家,年六十。兄家居,終身敦厚正直,舉充鄉飲大賓,爲鄉里所推重。子一:朝鳴,從九品。

三年戊午四十八歲。

是年,兄貫亭調任蘭山令。

四年己未四十九歲。

正月,第二孫世庚生。是年,内外臣工言事者多漕倉之事,職隸滇司,每有條奏,分別准駁,呈常定稿。時成親王總理户部,以余奏撰稿得體,屢蒙獎贊。冬,選授河南司員外郎,坐辦雲南司事。子寀藻由太學生報捐府檢校候補。

五年庚申五十歲。

春,題授福建司郎中,充則例館提調,仍坐辦雲南司事。兩年以來,漕倉章程,奏明改定,擇其要者,輯爲《己庚編》一册,别撰《滇司職守説》懸於司堂之壁,以紀其事。八月,充順天鄉試同考官,得士費士璣、葉有和、葉玢玉、輅恒福、陸佳棟、羅嘉元、朱垂廣、沈用維、馬應熊、鹿庭芳、文雅、英瑞、劉濟川,凡十四人。是年,恭遇覃恩,先祖、先君子俱晉贈朝議大夫、户部福建清吏司郎中,祖母、母俱晉贈太恭人。

六年辛酉五十一歲。

三月,上謁東陵,奉派扈從,往返十八日。時屆京察,保薦一等。四月,引見,加一級。七月,保錢局監督引見。奉旨:"寶泉局監督差著祁韻士去。欽此。"仍兼本部行走。十一月,第六子宿藻生,聘湖南候補知縣王公萬齡之女。王公世居太原省城。是年,子寀藻授室劉氏,爲平定生員劉公元春女。劉公世居河底鎮,與内兄劉育堂同族。子宬藻補增廣生,選拔副貢。

七年壬戌五十二歲。

郎中俸滿,截取保繁缺,知府引見,記名候陞。子宬藻攷取實録館謄録候補。是年秋,兄貫亭卒於蘭山官署,年六十一。憶少小時,隨兄讀書,昕夕不離,厥後出門就館以及供職京師,亦時相追隨,未嘗遠隔。自辛丑歲,兄作宰齊魯,各宦一方,始僅以尺札代面。戊申、己酉間,兄卸任入都,相依二載。壬子歲復官,旋又别去,十年之間,不獲一晤,遂爾永别,每一念及,爲之酸鼻。兄官東省二十年,歷任四邑,所至愛民以實,約束胥吏以嚴,民爲衣傘頌德。性清介,卒之日,一無所有,眷屬幾不能歸。子二:朝鸑候補縣丞,朝鷟太學生。

八年癸亥五十三歲。

七月,差滿回部供職。

九年甲子五十四歲。

局庫虧銅案發,歷任監督奉旨逮問治罪,余名亦在牘中。向來監督交代,僅憑册造出結,相沿致誤,追悔莫及。

十年乙丑五十五歲。

二月,同案監督五靈泰遣子申訴,欽派大臣覆訊。奉旨:"五靈泰發往熱河效力,宗室鳳麟、遐齡、丁樹本、董成謙、祁韻士均發往伊犁當差。欽此。"是月十八日由京啓行,七月十七日到戍,將軍松湘浦先生派充印房章京。自余西行後,眷屬歸里,子寀藻以充補實錄館謄錄留京。八月,第三孫世齡生。

十一年丙寅五十六歲。

公事之暇,閉户讀書,受業者熙慶、復蒙、善祺、丁廷蓋凡四人。

十二年丁卯五十七歲。

創纂《伊犁總統事略》十二卷,別摘山川疆域爲《西域釋地》二卷。是年,子寀藻議叙,分發四川候補鹽大使,子寯藻補附學生,第四孫世舒生。

十三年戊辰五十八歲。

七月期滿,蒙恩釋,令回籍。十月二十日,由伊犁啓行,次年三月初八日抵里。是役也,馳驅萬里,備述所經,有《萬里行程記》《濛池行稿》及《西陲百詠》詩刻。子寯藻補廩膳生。

十四年己巳五十九歲。

三月,子寯藻授室曹氏,爲平定曹公玉樹女。曹公乾隆庚子進士,官浙江衢州太守。四月,孫世拿授室潘氏,爲本邑羅城生員潘君淑英女。十月,萬壽聖節,入都恭進詩册,隨班行禮。十一月,旋里。

十五年庚午六十歲。

松湘浦先生調任兩江總制,招余襄理幕務。二月,至清江浦,四月至江寧。是年,孫世弇補附學生。子寯藻舉優貢生,鄉試中式第十一名舉人。

十六年辛未六十一歲。

二月,由江寧旋里。三月,訪張筠圃方伯於太原,留課其子張承恩、張汲讀。筠圃尋擢湖北中丞,余以不習南中水土未赴。七月,陝甘制府那繹堂先生約余至署授讀。十月,攜第五子寯藻抵蘭,令偕門人容安、容恩讀書。是年,有《平舒山莊六景詩》刻。

十七年壬申六十二歲。

兼充蘭山書院山長。是年,孫世弇補增廣生。

十八年癸酉六十三歲。

四月,諸生感余教澤,爲制"西河楷模"額,懸講堂中,列名者,舉人俞登淵、趙連魁、彭鶴齡、李德元,副榜朱慶元、史寶,拔貢馬疏、韓秉太、王者佐、滕成章、張應蘭,優貢翟敏德,廩生張振濯、趙潤等一百五十人。六月,第一曾孫友準生。

十九年甲戌六十四歲。

閏二月,繹堂先生移節保陽,寓書見招,仍至署中課讀,以第六子宿藻、長孫世弇隨,兼充蓮池書院山長。四月,子寯藻會試中式第九十七名,覆試一等第十八名,殿試第二甲第三名,賜進士出身,朝考第十一名,引見改翰林院庶吉士。余以戊戌通籍,今寯藻又以甲戌入翰林,兩世清華,賀者多謂余有積德。自揣耿介愚直,毫無可稱,惟頂戴天恩祖佑,勗子敦品勵志耳。

此府君自訂年譜也,嗚呼!痛哉!孰意至此遂絕筆耶。不孝寯藻等方冀年復一年,長依膝下,孰意府君竟棄不孝等而長逝耶,嗚呼!痛哉!謹和淚濡血附誌數言於簡末。府君既以甲戌春來保陽,旋聞不孝寯藻成進士、入詞館,甚喜,手書寄諭曰:"余族自十世後肇啓書香,及余身罔敢失墜,汝祖嘗言:'吾子孫若皆力學敦品,書種子不繼絕,足矣。'今汝幸獲寸進,當思繼祖父之業。勉之哉,毋墮乃志。"不孝寓藻謹受命,誌之不敢忘。自是府君氣體愈加健爽,授及門靜止、湛園兩昆季經史之學,口講指畫,昕夕不倦多年,師弟相得益親。又以蓮池書院爲畿輔首善之區,人才傑出可造就者甚衆,每月更增課期,逐卷必詳加評削,復面爲訓迪,以故諸生悦服,士風大振。八月,不孝寓藻請假省親至保陽,見府君動履矍鑠,私心竊愉快焉。九月,不孝寓藻歸里將母,府君率不孝宿藻及長孫世奇於歲杪亦同西旋,舉家團聚,舞綵承歡,一門之内,雍雍如也。府君前歲館蘭陽,以積勞故患腰痛,旋服藥有效。比年來舊恙時作時止,府君初不介意,然精神亦漸減。是歲十二月旋里後,因勞困感風寒,累日不思飲食,轉成瘧疾,不孝等心神焦灼,急延醫診視,百計調理。至今歲正月間,漸就平愈,時那繹堂制府復寓書見招,府君以病體既痊,即於二月十九日束裝就道,既登輿,顧家人曰:"吾自揣精力尚健,又善飯能睡,不露十分老態,汝輩勿念也。"不孝等聞命唯唯,喜懼交集。孰意府君抵保僅十餘日,瘧疾復發,徧體冷汗大作,至五六次,醫言内脈已虧,又嬰外感,投以參苓,竟無微效,嗚呼!痛哉!府君竟棄不孝等而長逝耶。府君痛於嘉慶二十年三月二十五日未時壽終保陽書院正寢,享年六十有五。不孝宬藻自乙丑歲叩送府君西行後,旋即遠宦川省,十載之中,天涯睽隔,生不能親色笑,没不能視含歛,終天抱恨,何以爲人。不孝寀藻居家奉母,又不獲躬侍府君朝夕盡養。不孝寓藻去歲請假回籍,數月以來,奔走之日多,定省之日少。不孝宿藻年幼無知,隨侍府君,不能慎選名醫上藥,悉心調治,以致府君病勢日臻遂不起。嗚呼!痛哉!不孝等罪深孽重,擢髮難數,復何面目偷延視息於人世耶。先是,府君至保陽,不孝等恐病後體弱,元氣未復,舊症易於觸發,因檢治瘧諸方,府君所服之有效者,令世奇持往侍奉,詎世奇抵保時,府君病已沉劇,越一日,遂溘然見背。嗚呼!痛哉!不孝寀藻、寓藻在籍聞訃,星夜奔喪,偕不孝宿藻及長孫世奇匍匐扶柩歸里,一切後事幸完善免遺悔,皆繹堂制府提攜軫恤之力也。當府君疾作,猶以書院課卷數百本置枕邊,手自評定,時惓惓靜止、湛園昆季學業,神氣言笑如平日,略無一語及家事,蓋素性淡定如此。府君孝友肫篤,每與不孝等言及先大父大母事,輒泣下不能成聲。又嘗撰先二伯父墓表云:人到中年憂傷多,故鴒原之感尤所驚心。回憶少小時,雁行追隨杳不可得,灑涕黃泉,思為一訴。嗚呼!至性所寓,時流露於言語筆墨間若此。府君一生淡泊儉素,無所嗜好,性敏毅,讀書必窺其大,每覽一編,捷如掃葉,尤喜談史事於斷爛中,別具特識。居官二十餘年,清慎介直,不避艱苦,以在史館久,凡國初掌故及滿州蒙古王公世家爵里世系與夫西北邊疆地理形勢,熟悉貫通,瞭如指掌。著有《西陲總統事略》《西域釋地》《萬里行程記》《己庚編》《書史輯要》《珥筆集》《袖爽軒文集》《覆瓿詩集》《筠淥山房試帖》《濛池行稿》《西陲百詠》,其餘《訪山隨筆》《雜錄》及采摘諸家紀載彙集成卷者共十餘種。伏念府君立身行己之大,服官勤政之要,若不即今闡述一二,不孝等罪戾滋大,謹泣錄府君自訂年譜授梓。至府君嘉言懿行,譜中未載者尚多,他日當別輯家傳補之。不孝等苦塊昏迷,語無倫次,伏冀大人先生俯鑒哀忱,錫之銘誄,以光泉壤,不孝等世世子孫感且不朽。

慈命稱哀 哀孤子 宬寀寯宿 藻泣血謹誌

附　錄

户部福建司郎中鶴皋祁公神道碑銘

[清]程恩澤撰

　　公諱韻士，字諧庭，一字鶴皋，姓祁氏，山西壽陽人。祁爲晉巨戴，其占籍壽陽，自河東公始，至公十有五世。曾祖敬德。祖雲瑞，贈朝議大夫，貤贈榮禄大夫。父文汪，贈朝議大夫，晉贈榮禄大夫。妣賈氏，贈太恭人，晉贈一品太夫人。公穎特，善屬文，自幼喜治史，於疆域、山川、形勝、古人爵里姓氏，靡不記覽。年十有九，館於靜樂李氏。李氏多藏書，書樓十餘楹，且弆善本，公寢饋凡五稔，益博洽。乾隆四十二年，拔貢生，是秋，鄉試中式。明年，會試中式。官翰林。五十年，大考翰詹，名列二等。五十四年，京察一等，記名以道府用。五十五年，擢右中允。五十六年，大考翰詹，改户部雲南司主事。嘉慶四年，授河南司員外郎。五年，升郎中，秋八月，充順天鄉試同考官。六年，充寶泉局監督，在局兩載。九年，局庫虧銅案發，歷任監督皆逮問下獄，故事，交卸憑册籍不盤，盤有期，公不及盤期，故無自檢覆。十年，同逮之監督五靈泰遣子申訴，得未減，發熱河，公與宗室鳳麟等戍伊犁。始公在史館也，奉旨創立《蒙古王公表傳》，嵇文恭爲總裁，知公深，屬公任其事。公核立傳體例，計内札薩克，凡四十九旗，外札薩克，若喀爾喀土謝圖汗、車臣汗、札薩克圖汗、賽因諾顔，若青海，若阿拉善，若土爾扈特、杜爾伯特，多至二百餘旗，及西藏，及回部，均應立總傳、分傳，而苦無數，館送旗册，亦雜亂紛糾，即人名重累,驟不可逗。乃悉發大庫清字紅本分檢之,有涉外藩事跡者,擇要詳譯作底册,每於塵坌中有所得,共詫爲異聞。於是按部落條析之,人立一傳,必以見諸《實録》紅本者爲確,復據《皇輿圖》西北垂疆域爲綱領,據理藩院世譜,訂王公等派系。凡八閲寒暑而成,計書百十二卷,終始佐公者,則郭檢討在迖也。及公戍伊犂也,則創纂《伊犂總統事略》,别摘山川、疆里,爲《西域釋地》。蓋公學自乙部入,窮源溯流,薈萃貫串,能擎其鉅,實經世可施用。性介直自將,不逐時爲俯仰,遂見抑於權要,力殫苦不食報,而師友皆名儒、偉公。以文字受知,則朱文正、王文端、阿文成、紀文達、曹侍御錫寶,金殿撰榜,汲引若不及。戴文端、那文毅、松文清,則服公才識,斷大事必咨之。及其趨萬里歸來,以著書佐治,授經老爲客而殁。嗚呼!可悼惜也已。公繼室劉夫人,智識英毅,公遣戍後,家破,夫人攜子輩還壽陽,亟延師爲授學,以鍼黹所入,具師饌,必潔酒肉,而自攻苦食淡。比公歸,公之嗣君,今閣學寯藻,學有成,入翰林,人謂慈教半嚴教焉。及閣學視學楚南,背公久矣,太君訓之若童時,小拂意,輒令長跽受杖,環楚南人皆頌學使之廉敏,有所自署,内外斬斬,無不憚太君者。恩澤與閣學契交,且同直十餘年,一日閣學謂恩澤曰:"憶先公在犴狴,奏當重辟,寯藻甫十一齡,與世弅實侍側,聞翼日讞上當勾,寯藻股弁,泣涕不自勝,先公意殊泰然,就燭下爲削詩文草數首,引枕鼾齁睡,迄今思之,森森若身置刀戟林也。"嘉慶二十年三月二十五日,殁於保定書院,年六十有五。官郎中,誥授奉政大夫,以子貴,晉贈榮禄大夫、内閣學士、兼禮部侍郎、加二級。配弓恭人,先公卒,年三十;劉夫人後公卒,年七十有一,皆贈一品太夫人。子六:宬藻,增貢生,四川鹽場大使。宣藻殤。寀藻,國學生,候選府檢校。富藻殤。寯藻,内閣學士兼禮部侍郎、南書房行走。宿藻,舉人。女三:長適候選訓導王敷政。次適兵馬司吏目閻庭椿。次適候選訓導張麗遷。孫七:世弅,優貢生,候選訓導。世庚,庠生。世齡,舉人。世舒,國學生。世佶,世敦,世長。女孫二。公著有《藩部要略》若干卷,《西陲要略》若干卷,《西陲總統事略》十二卷,《西域釋地》二卷,《萬里行程記》《己庚編》《書史輯要》《珥筆集》《袖爽軒文集》《覆瓿詩集》《濛池行稿》《西陲百詠》《訪山隨筆》若干卷。嘉慶二十三年,公暨弓太夫人葬於韋上之原。道光十有四年八月某日,劉太夫人合塋封,閣學屬恩澤爲神道碑,銘於墓道東南,銘曰:

公性介而和,伉爽而英多。學璞沈而輝華,喜會友以文。清酤雅歌,括史例,通國書,指掌輿圖,蔚然著作家。才富遇嗇,命也奈何。不於其身,於子若孫。視此豐碑之峩峩。

(摘自《程侍郎遺集》)

程恩澤,字雲芬,號春海,嘉慶進士。道光元年,同祁寯藻入直南書房。累官至户部右侍郎。其學於六藝九流無所不通。工篆法,熟精許氏學。詩文雄深博雅。於金石書畫,考訂尤精審。著有《程侍郎遺集》等。

清史列傳·祁韻士傳

[清]許鴻磐撰

祁韻士，字鶴皋，山西壽陽人。乾隆四十三年進士，改翰林院庶吉士，散館授編修。五十五年，擢右春坊右中允。逾年，大考翰詹，改戶部主事。洊陞郎中，充寶泉局監督。嘉慶九年，局庫虧銅事覺，遣戍伊犁。未幾，赦還。韻士穎特，善屬文。自幼喜治史，於疆域、山川、形勝、古人爵里姓氏，靡不記覽。少館於靜樂李氏，李氏多藏書，韻士寢饋凡五稔，益博洽。

在翰林時，充國史館纂修官，時奉旨創立《蒙古王公表傳》，韻士通核立傳體例，計內札薩克四十九旗，外札薩克若喀爾喀、土謝圖汗、車臣汗、札薩克圖汗、賽音諾顏，若青海，若阿拉善，若土爾扈特，多至二百餘旗，以至西藏及回部，均應立總傳、分傳。羌無故實，文獻莫徵，雖有鈔送旗冊，雜亂糾紛，即人名難卒讀，無可作據，乃悉發大庫所藏紅本，督閱搜稽，凡有關於外藩事蹟者，概爲檢出，以次覆閱詳校，每於灰塵壅積中，忽有所得，如獲異聞。積累既久，端緒可尋。於是按各部落條分縷析，人立一傳，必以見諸《實錄》紅本者爲準。又以西北一帶山川疆域，必先明其地界方向，乃以《皇輿全圖》爲提綱，其王公等源流支派，則核以理藩院所存世譜，訂正無訛。如是者八年，而書始成，即今著錄《四庫》之欽定《外藩蒙古部王公表傳》也。又撰《藩部要略》十八卷，先以年月日編次，條其歸附之先後、叛服之始終、封爵之次第，以爲綱領。蓋《傳》仿《史記》，而《要略》仿《通鑑》。武進李兆洛序之，謂如讀邃皇之書，覩鴻蒙開闢之規模云。

及戍伊犁，則創纂《伊犁總統事略》。厥後大興徐松再事纂修，將軍松筠以其書奏進，賜名《新疆識略》。韻士又別山川疆里爲《西域釋地》一卷、《西陲要略》四卷,條分件繫,考古證今,簡而能核,蓋生逢聖代,當敷天砥屬之時,閱歷萬里,如履閨闥,固非昔人潛行竊睨、依稀影響者所能及也。韻士性耿介,不與時爲俯仰。同時朱珪、王杰、阿桂、紀昀等,皆器重之。戴衢亨、那彥成、松筠尤服其才識,有大事必咨斷焉。其充寶泉局監督也,故事,交卸憑册籍不盤,盤有期,韻士不及盤期而案發,故得罪。及赦還,一以著書授經爲事。二十年,卒,年六十五。他著《萬里行程記》《己庚編》《書史輯要》《珥筆集》《袖爽軒文集》《覆瓿詩集》《濛池行稿》《西陲百詠》《訪山隨筆》。

子寯藻,大學士;宿藻,江寧布政使,自有傳。

(摘自《清史列傳》卷七十二)

郎中祁鶴臯先生事畧

先生諱韻士，字諧庭，一字鶴臯，壽陽人。幼讀書，喜治史事，於歷代山川形勝沿革、古人爵里姓氏，無不熟悉。年十九歲爲諸生，擅文譽。館於靜樂李氏，李富藏書，先生課餘涉覽，凡樓十楹皆藏書，五年而覽畢，至是學益博洽。乾隆丁酉充拔貢生，秋舉於鄉。明年成進士，得館選散館，改編修。會奉旨立《蒙古王公表傳》，稽文恭璜爲總裁，屬先生任其事。先生核立傳體例，計内札薩克凡四十九旗，外札薩克，若喀爾喀土謝圖汗、車臣汗、札薩克圖汗、賽音諾顔，若青海，若阿拉善，若土爾扈特、杜爾伯特，多至二百餘旗，及西藏，及回部，均應立總傳、分傳，而苦於無徵，館送旗册亦雜亂無緒，即人名重累，驟不可句讀。乃議悉發大庫清字紅本分檢之，有涉外藩事蹟者，擇要詳譯作底册，每有所得，均較旗册詳備。於是按部落條析之，人立一傳，必以《實録》紅本所見者爲確。復據《皇輿圖》西北陲疆域爲綱領，《理藩院世譜》則據以訂王公等派系。凡八年，成書一百二十卷。先生固勤編纂之役，而郭檢討在逵尤始終佐理檢校，得成其事云。乙巳大考翰詹，得二等。戊申又京察一等，以道府記名，旋晉右中允。辛亥大考，降户部主事。嘉慶己未，擢員外郎。明年補郎中，且充順天鄉試同考官、寶泉局監督。甲子局庫虧銅案發，歷任監督皆逮問下獄。故事：交代但憑册籍，不盤，盤别有期。先生不及盤期，故無自檢覆。在獄課子寯藻、孫世貪讀，閱書陽陽如平時。值冬至，上讞當勾決，先夕子孫隍泣不自勝，先生就燭削改詩文，草畢，引枕酣寢不稍異。明年，有同繫者五靈泰遣子申訴得未減，先生亦遂得遣戍伊犂，出獄就道。夫人劉氏挈諸子回壽陽，攻苦食淡，以針黹佐修資，使諸子讀書圖上進，有過失，斥責不稍貸。先生至戍所，松文清筠時爲都統辦事大臣，雅重先生，斷大事必引與諮議。先生既佐松公纂《伊犂總統事略》十二卷，復摘其山川疆理爲《西域釋地》，摭其事實爲《西陲要略》《皇朝藩部要略》等書，爲談西北掌故地之淵海。又以行經所及，爲《萬里行程記》，裒集在户部時所擬諸奏稿，計己未、庚申二年，爲《己庚編》。戊辰遇赦歸，己巳抵家。會那文毅彥成督甘肅，聘先生主書院講席，旋移督直隸，聘先生主保定蓮池書院講席。乙亥卒，年六十五歲。先生性峭直，不逐時爲俯仰，又力殫苦不圖食報。師友皆一時名德，如朱文正珪、王文端杰、阿文成桂、紀文達昀、稽文恭璜、曹侍御錫寶。金殿撰榜皆重先生學，樂爲汲引。戴文端衢亨及松、那二公並服先生才識，而時以大政問者也。先生學術以精熟西北地掌故爲專家，又深史學。究經、世略、西北地理諸書外，有《袖爽軒文集》《覆瓿詩集》《濛池行稿》《西陲百詠》《書史輯要》《珥筆集》《訪山隨筆》等。先生邑有方山，爲唐李長者翻譯《華嚴》道場，饒松石之勝。先生樂其幽邃，擬訪奇攬勝，卜宅終隱，至形之夢寐，作爲詩歌，以人事牽率，不得遂其志，因有"訪山"之名云。

（摘自《山西獻徵》）